제3판

교과수업 맥락에서의

인지발달과 학습

Cognitive Development and Learning in Instructional Contexts

James P. Byrnes 지음

강영하 옮김

PEARSON 아카데미프레스

Allyn & Bacon
is an imprint of

PEARSON

www.pearsonhighered.com

저자 소개

James Byrnes는 1985년 Temple University에서 발달심리 전공으로 박사학위를 받았다. 그는 2004년 이 대학의 교육학과 심리전공 교수로 임용되기 전에 City University of New York(박사 후 과정 연구원, 1985~1986), University of Michigan, Ann Arbor(초빙 조교수, 1986~1988) 그리고 University of Maryland(조교수-정교수, 1988~2004)에 재직하였다. 저자는 2006년에 Temple University 사범대학 교무담당 부학장이 되었으며, Jean Piaget Society 부회장을 역임하였고, 현재는 *Journal of Cognition and Development* 부편집자로 활동하고 있다. 또 저자는 미국심리학회 15분과(교육심리) 회원이며, National Science Foundation, National Institute of Health 그리고 U.S. Department로부터 연구비를 지원받고 있다. 그는 강의 우수 교수상도 수상하였다. 저자는 여러 인지발달 분야(예컨대, 논리적 사고, 수학학습)에서 60편 이상의 저서나 논문을 발표하였으며, 최근의 연구들은 주로 청소년의 의사결정과 학업성취를 설명하는 종합적 모형을 개발하는 데 집중되어 있다. 학업성취 모형은 특히 성, 인종 및 민족 간의 성취도 차이를 없애거나 감소시키는 방법에 대한 통찰을 제공하기 위해 설계되었다.

역자 서문

해묵은 숙제를 끝낸(?), 아니 중간 정도를 마친 기분이다. 교육학 공부를 시작하면서 교육학의 핵심은 효과적인 수업방법을 찾는 것이라야 한다는 소박한 생각을 가졌다. 교육심리학에 관심을 가진 것도 이 소박한 생각을 실천하기 위한 것이었다. 효과적인 수업방법을 찾기 위해서는 무엇보다 먼저 학습과정과 아동 특성을 이해해야 한다고 생각했다. 더 나아가, 수업방법의 모색은 교과 수업과 관련되어야 한다는 생각도 하였다. 이쯤에서 항상 벽에 부딪쳤다. 이 생각을 실현하기 위해서는 교과에 대한 이해가 필요한데, 교과교육 전공자가 아닌 역자에게는 현실적으로 어려운 일이었다. 그럼에도 불구하고 이 생각을 떨칠 수 없었다. 이 와중에 이 책—James Byrnes의 *Cognitive Development and Learning in Instructional Contexts(1996)*—을 만났고 번역을 결심하였다.

이런 결심을 하게 된 이유는 이 책이 역자가 가진 관심, 즉 교육심리학의 내용(인지발달과 학습이론)과 교과교육학 연구를 접목시키고 있기 때문이다. 처음의 번역은 초판을 가지고 시작하였으나 3판으로 마무리되었다. 이 책은 크게 두 부분으로 구성되어 있다. 첫 부분은 교과수업연구의 기초가 되는 인지발달과 학습이론, 기억, 문제 해결과 전이, 동기 그리고 지능, 적성 및 전문성에 관한 연구가 논의되었고, 두 번째 부분은 국어(글 읽기 및 글쓰기), 수학, 과학 및 사회과에서의 발달경향과 더불어 교과에서 나타나는 개인차와 인종차의 원인이 설명되었다. 원서의 내용에서 7장 읽기(문자해독)은 번역되지 않았다. 이렇게 제외된 것은 영어 해독과 한글 해독에는 차이가 있을 것이라는 역자의 판단에 따른 것이다. 이외의 부분은 원서에 충실하게 번역하려고 노력하였다.

번역이 정말 어렵다는 것을 실감하였다. 표현방법의 차이, 문화 또는 맥락의 차이를 극복하여 우리나라 실정에 맞게 번역하여 독자들이 이해하기 쉽도록 하려고 노력하였으나 소기의 성과를 거두었는지는 독자의 판단에 맡겨야 될 것 같다. 교과교육을 전공자가 아닌 역자의 한계로 교과교육에 관한 내용에 오역된 부분이 있을지도 모르겠다. 독자가 이해하기 어렵거나 잘못 번역된 부분을 지적해주길 고대한다. 역자는 이를 수용하고 고치기 위해 모든 노력을 할 것이다.

오랜 기간에 거쳐 진행하다보니 신세진 분도 많다. 가장 먼저 초판 번역을 같이 시작했던 김신호 대전광역시 교육감님(당시, 공주교대 교수)께 감사드린다, 중간 원고를 검토해주신 김지혜 선생님과 전유연 선생님, 정리되지 않은 원고를 교재로 사용하면서 검토와 교정하느라 고생한 공주교대 교육학과 2009학번 학생들에게 감사드린다. 구지 말하지 않아도 알겠지만 어머님을 비롯한 우리 식구에게도 감사드린다. 또 선뜻 출판을 맡아주고 작업이 늦어져도 불평 한 마디 않고 도와주신 아카데미프레스의 홍진기 사장님을 비롯한 임직원 여러분에게도 정말로 감사드린다.

역자가 교육학 공부를 본격적으로 시작하면서 가졌던 생각은 지금도 변함없다. 교육학은 교과교육연구의 기초가 되어야 하고, 이런 연구는 효과적인 수업을 통하여 학생의 건강한 발달을 도와야 한다. 이를 위해서는 무엇보다 교육학 연구와 교과교육연구가 긴밀하게 관련되어야 할 것이다. 역자는 이 번역서가 기초가 되어 교육학 연구자와 교과교육연구자가 서로 협력하여 이를 실현한 한국형 저서가 나오길 기대한다.

2011년 초봄에
역자

저자 서문

필자는 1989년 메릴랜드 대학에 「학교 맥락에서의 인지발달(Cognitive Development in School Contexts)」이라는 강좌를 개설하였다. 필자는 이 강좌를 위해 읽기, 쓰기, 수학, 과학 및 사회과와 관련된 심리학 연구 문헌을 발달적 관점에서 정리하였다. 당시, 필자는 교사를 위한 직전 교육 프로그램이 발달 이론과 연구에 중심을 두어야 한다고 믿었고, 지금 그 믿음은 더욱 강해졌다. 지금까지 대부분의 직전 교육 프로그램은 수업기법에 대한 설명에는 많은 시간을 할애한 반면 학교학습과 동기의 발달 경향에는 거의 관심을 두지 않았으나, 이제 수업 기법뿐 아니라 교육 관련 발달연구에도 많은 관심을 두어야 할 것이다. 이 강좌는 원래 직전교사와 현직교사들에게 특정 교과 영역에서 나타나는 연령별 변화와 이러한 변화를 설명할 수 있는 발달기제에 대한 통찰을 제공하는 것이 목표였다. 또 직전교사와 현직교사들이 현대의 학습이론, 고등사고 이론 및 동기이론에 대한 지식을 획득하도록 하는 것도 목표였다. 마지막으로, 교사들이 학업 성취도에서의 성차 및 민족차를 인식하도록 하는 것도 목표이다. 1989년에는 이러한 주제를 집중적으로 논의한 서적이 없었고, 지금까지 이러한 전통적 교육심리학의 주제를 발달적 관점에서 다룬 책은 없다.

이 책의 목표

필자는 교사, 교장, 정책 결정자, 학부모와 학생들이 교육 문제를 효과적으로 해결하는 데 필요한 지식을 갖추게 하고 싶었다. 원인을 아는 사람만이 학습이나 동기와 관련된 문제(예를 들어, 목표 도달 학생이 극소수에 지나지 않은 문제)를 해결할 수 있을 것이란 것이 필자의 기본 전제이다. 독자에게 마음의 내적 작용을 알려주는 것은 자동차 수리공에게 자동차 엔진의 내적 작용을 가르치는 것이나 의사에게 신체의 내적 작용을 가르치는 것과 같은 것이다. 자동차 수리공이 자동차를 수리하기 위해서는 엔진의 작용을 잘 알고 있어야 한다. 의사는 여러 신체기관과 조직의 기능을 모르면 병을 고칠 수 없다. 마찬가지로, 교사가 마음의 작용에 대한 지식이 없으면 학습이나 동기의 문제를 해결할 수 없다. 교사에게 마음에 관한 지식은 빼고 수업방법만 알려주는 것은 의사에게 약이 몸 안에서 어떻게 작용하는지는 알려주지 않고 약물치료 방법만 알려주는 것과 같은 것이다. 치료방법이나 수업 프로그램이(예컨대, 이것이 효과가 있다. 그런데 왜 그런지를 모르겠다고 하는 것과 같이) 신비주의적일수록 그 치료나 수업 프로그램이 비효과적이고 부적절하게 사용될 가능성은 더 높아진다.

이 책의 내용은 다른 사람들에게도 도움이 될 것이다. 예를 들어, 대부분의 발달심리학자는 일반적으로 수학이나 읽기와 같은 교과에서의 발달을 다룬 연구를 잘 알지 못한다. 인지발달을 다룬 대부분의 서적에는 학교 관련 학습에 관한 내용이 (포함되어 있다면) 한 개 장 정도 들어있다. 교육심리학 분야의 전통적인 서적은 그 반대라 할 수 있다. 전통적인 교육심리학 교재에도 이 책의 아이디어들(예를 들어, 기억이론과 동기이론)이 많이 들어있긴 하지만 발달에 관한 내용은 한 개 장 정도에 불과하다. 따라서 이 책은 전통적인 인지발달 교재와 교육심리학 교재의 보완서 혹은 대안서가 될 것이다. 더 나아가, 대학생, 대학원생 그리고 부모들도 이 책에서 많은 것을 얻을 것이다. 왜냐하면 이 책은 학교 관련 학습과 동기에 대한 메타인지 증진이 목표이기 때문이다. 마음의 작용을 아는 것은 학교에서 당면한 문제를 직시하는(예를 들어, 내가 왜 계산문제를 어려워하지?) 학생에게 유용한 정보가 될 것이며, 자녀가 학업 문제를 해결할 수 있도록 도와주려는 부모에게도 도움이 될 것이다.

과학적 기초

마음에 대한 이 책의 견해는 근거가 확실한 연구에 기초하고 있다. 즉, 이 책에는 발달심리학자, 교육심리학자 혹은 인지심리학자들이 수행한 실험이나 관찰에 의해 지지되는 정신에 관한 주장만 포함되어 있다. 교육자들이 그럴듯하긴 하지만 믿을 만한 연구결과의 지지는 받지 못하는 접근에 따라 우왕좌왕하는 경우가 너무 많다. 연방정부는 과학적 근거에 기초한 학교 교육 프로그램만 지원하려 하고 있다. 필자는 객관적인 연구결과를 강조하여 교육계의 여론과는 다른 주장을 펴곤 했다. 즉, 인기는 있으나 연구결과의 지지를 받지 못하는 접근이나 주제는 소개하지 않았다. 어쨌든, 이 책에서 논의된 연구에 기초하여 중요한 교육 개혁안이 제안되어 왔다.

수정 · 보완된 내용

3차 개정판에서 많은 내용이 달라졌는데 여기에는 발달과 학업성취를 결정하는 요인에 대한 생각의 변화가 반영되어 있다. 그렇지만 집필 목적, 즉 교육자들이 과학적 정보에 근거하여 학생들이 내용을 더 잘 이해하고, 실생활 문제 해결에 활용하며, 오래 기억할 수 있도록 도와주기 위한 최선의 방법을 결정할 수 있도록 한다는 목적은 달라지지 않았다. 인용된 자료도 보완되었다. 발달, 인지 그리고 교육심리학 분야에서 상위 랭킹에 속하는 학술지에 실린 (1) 일반 학습, 기억, 동기, 문제 해결, 지능 이론, (2) 수학, 과학, 읽기, 쓰기 및 사회과의 영역-한정적 이론, (3) 성취에서의 개인차, 성차 및 인종차를 다룬 2001년 이후 논문이 새롭게 포함되었다.

내용의 조직도 달라졌다. 첫째, 근래의 연구 경향을 반영하여 고차적 사고가 별도로 논의되지 않고 인지발달 및 학습이론(2장)에 포함되었다. 구체적으로 말하면, 이전 판에서 각 이론에 대해 제기된 질문(예를 들어, 지식의 본질은 무엇인가?)에 고차적 사고에 대한 입장에 관한 질문이 추가되었다. 미진한 부분은 문제 해결(4장)에서 보완되었다(4장 참조). 4장 문제 해결에서 전이에 대한 논의는 여전히 중요하게 논의되었지만, 전문가 이론에 대한 논의는 새로 추가된 6장 지능, 적성 및 전문성으로 옮겨서 깊게 논의되었다. 이렇게 지능, 적성 및 전문성에 관한 논의를 독립시킨 이유는 학업 성취도를 가장 잘 예측해주는 변인을 찾으려는 필자의 관심 때문이다. 6장에서 설명되겠지만, 지능과 적성은 어떤 학생은 1년 동안에 다른 학생보다 괄목할 정도의 지적 성장을 보이는 이유를 설명하는 데 도움이 된다. 이 두 요인은 성차와 인종차를 다룬 12장에 제시된 종합적 성취이론의 구성요인이기도 하다.

또 새로운 사례연구가 추가되었으며, 독자의 이해를 돕기 위한 요약도 새로 포함되었다. 이 책을 교재로 활용할 때는 제시된 사례연구 외에 Allen & Bacon사의 웹사이트 mylab.com에 있는 방대한 양의 영상자료도 활용하면 좋을 것이다.

1장에는 이 책의 내용이 학생의 마음에서 일어나는 "내적 작용"에 대한 통찰을 어떻게 제공할 수 있는지가 기술되어 있다. 이 내용은 교육자들이 학생의 잘못된 생각(오개념), 망각, 학습동기 결여, 성취에서 개인차나 인종차가 발생하는 이유와 같이 공통적으로 당면하는 문제에 대한 이해를 돕기 위한 것이다. 독자들은 1장을 통하여 교수방법과 교육과정의 선택에서 정보가 유용하다는 것을 알게 될 것이다. 이 책은 특정 수업기법이나 교육과정 패키지는 효과적이고 다른 기법이나 패키지는 비효과적인지를 통찰할 수 있도록 도와줄 것이다.

감사의 말

필자는 이전에 근무했던 Maryland 대학교의 동료 교수들, 그리고 지금 근무하고 있는 Temple 대학교의 동료 교수들에게 감사한다. 특히, John Guthrie, Jennifer Cromley, Joe Ducette, Joe Ducette, Joe Rosenfeld, Cathy Fiorello, Barbara Wasik, Kin Thurman, Michael Smith, Kristie Jones, James Davis, 그리고 Heidi Ramirez께 감사한다. 필자가 주말에 집필할 수 있도록 도와준 가족(Barbara, Julia, Tommy)에게도 감사한다. 마지막으로, 이전 출판에서는 물론 지금 출판에도 지원을 아끼지 않은 Allen & Bacon, Pearson, and Longman 직원들(Nancy Forsyth, Paul Smith, Arnis Burvikovs, Annette Joseph 그리고 Erin Reilly)을 비롯하여, 원고를 검토해준 Towson 대학교의 James Furukawa; West Georgia 대학교의 Myrna Ganter; Lyndon State 대학의 Linda K. Metzke; North Arizona 대학교의 Jennifer Prior; James Madison 대학교의 Ashton Trice 교수님에게도 감사한다.

차례

1

서론

이 장의 목적은 독자로 하여금 이 책의 성격과 접근 방법을 이해하도록 하는 것이다. 이 장은 네 개 절로 구성된다. 1절에서는 저술 이유가 설명되고, 문제해결을 위한 "진단적" 접근법도 소개된다. 2절에서는 선행연구들을 조직할 때 활용된 두 구인, 즉 인지 발달과 개인차에 대해 알아볼 것이다. 3절에서는 인지의 발달차와 개인차의 중요성이 논의될 것이다. 4절에서는 앞으로 논의될 주제들이 제시될 것이다.

집필 목적

이 책을 집필한 이유는 네 가지로 요약된다.

1. 성취도가 높은 대학생이나 대학원생이 성공한 이유를 이해하는 데 도움을 주기 위하여;
2. 수행에 만족하지 못하는 학생이 수행을 향상시키기 위해 할 수 있는 것이 무엇인지를 이해하는 데 도움을 주기 위하여;
3. 현직교사나 직전교사가 학습과 동기의 본질을 이해하는 데 도움을 주기 위하여;
4. 교육자, 교장 및 학부모에게 현재의 교과과정이나 수업실제를 평가하고 학급, 학교 또는 학교체제가 바람직한 수행기준에 도달하지 못했을 때(예를 들어, 특정 교과에서 학생들이 적절한 성취수준에 도달하지 못했을 때, 남학생과 여학생 간 혹은 민족 집단 간에 개인차가 있을 때 등) 어떻게 변화시켜야 할 것인지를 분명하게 이해하는 데 필요한 지식을 제공하기 위하여;

학습이나 동기 문제에 관심을 가진 독자에게는 이 책이 (교실 학습과 관련된 문제에 봉착하고 있는지 아니면 동기와 관련된 문제에 봉착하고 있는지에 따라) 독학서(self-help book)가 될 수도 있고 방법서(how-to book)가 될 수도 있다. 그러나 이 책의 목적은 독자에게 성공을 위한 일련의 처방이나 비결을 제공하려는 것이 아니라 학습에서 부딪치는 문제의 원인을 스스로 진단하고 문제 해결 방법을 찾는 데 필요한 정보를 제공하려는 것이다. 이 말이 초심자에게는 다소 위압적으로 들릴지 모르지만, 잘못된 것과 해야 할 것 간의 관련성을 찾기는 놀라울 정도로 쉽다. 필자는 1학년 첫 학기 교육학 전공 학생들이 "교육방법" 강좌를 한 번도 듣지 않았음에도 교실학습의 문제를 진단하고 해결방안을 제시하는 방법을 쉽게 학습하는 것을 실제로 경험한 바 있다.

문제 해결을 위한 진단적 접근법의 유용성을 다음의 유추를 통하여 이해해 보자. 자동차를 수리할 때 시행착오적 접근을 하는 수리공은 그 일을 오래하지 못할 것이다. 일반적으로, 엔진 고장(예를 들어, 엔진 정지)에는 두 가지 이상의 그럴 만한 원인(예를 들어, 기화기에 공기가 충분히 공급되지 않는 것이나 연료선 안에 물이 차는 것 등)이 있기 마련이다. 자동차 수리공은 고장의 원인(예컨대, 공기의 부족)을 찾아내야 수리(예, 공기를 더 공급하기 위해 기화기의 공기흡입 조정 나사 조절이나 공기의 흡입을 막는 이물질 제거)할 수 있다. 이와 마찬가지로, 의사도 질병(예컨대, 고콜레스테롤)을 효과적으로 치료하기 위해서는 무엇이 잘못되었는지를 알기 위한 검사를 실시하고(예컨대, 임상병동에 검사를 의뢰하는 것) 치료를 위한 처치계획(예컨대, 간장에서 만들어지는 저밀도 리포 단백질의 양을 억제하기 위한 약을 처방하는 것)을 권고해야 한다.

이 두 사례는 효과적인 문제 해결이 문제의 영역에 대한 확고한 이해에서부터 시작된다는 것을 시사하고 있다. 유능한 자동차 수리공과 의사는 자동차나 신체의 부품이나 부위 그리고 이들이 작용하는 방식을 잘 알고 있다. 이들의 지식은 문제의 원인을 이해하는 데 도움을 준다. 왜냐하면 이들은 무엇이, 어떻게 부품이나 체제의 정상적 기능을 방해하는지 이해하고 있기 때문이다. 자동차 수리공과 의사는 일반인과 달리 자동차 내부의 작용이나 신체 내부의 작용에 대한 매우 상세한 지식을 가지고 있다. 독자도 이 책을 모두 읽고 나면 마음의 성분에 대해 많은 것을 알게 될 것이며, 정보를 학습할 때 이들이 어떻게 작용하는지에 대해서도 많이 알게 될 것이다. 이 지식은 마음이 최적으로 작용하는 것이 방해받는 이유를 이해할 수 있도록 도와줄 것이고 대처방식에 대한 아이디어도 제공할 것이다. 실제로, 독자는 마음의 내적 작용에 대한 지식을 습득할 것이다. 이 지식은 효과적일 가능성이 높은 수업접근(또는 교육과정 패키지)과 효과적일 가능성이 낮은 접근 간의 차이를 바로 알 수 있도록 도와줄 것이다. 전자는 "마음과 잘 맞는(mind-compatible)" 반면에 후자는 그렇지 않다.

이 책을 읽고 난 후에 내릴 수 있는 진단을 이해하기 위해 다음의 질문을 살펴보자.

1. 어린 아동은 왜 특정 내용(예컨대, 음수, 화학의 개념, 경제원리 등)을 어려워하는가? 왜 나이 많은 아동은 같은 내용을 보다 쉽게 학습하는가?
2. 왜 학교에서 배운 것의 상당한 부분을 잊어버리는가? 왜 나이 어린 아동이 나이 많은 아동보다 잘 망각하는가?
3. 왜 많은 고등학교 졸업생들이 학교에서 배운 것을 실생활에 적용하지 못하는가?
4. 같은 학년임에도 불구하고 학생에 따라 왜 학습하는 정도가 다른가?
5. 왜 학년이 올라갈수록 학습동기가 낮아지는가?
6. 같은 학년에서도 학생에 따라 왜 학습동기가 차이 나는가?

교사건 부모건 정책 결정자건 또는 학생이건 모든 사람이 이러한 질문에 대한 대답에 관심이 있을 것이다. 이 책의 중요한 목표는 이 질문에 대한 최선의 해답을 제공하는 것이다. 이 질문에 대한 답이 제공될 때마다 문제에 대한 진단도 제공된다.

이 책의 내용을 이해하는 한 가지 방법은 **개념지식**(conceptual knowledge)과 **절차지식**(procedural knowledge)의 차이점을 참고하는 것이다(2장, 3장 및 9장 참조). 절차지식 또는 "방법지식(knowing how)"은 목표 지향적 행위(goal-directed actions)이다(Byrnes, 1999). 구두 끈 매는 방법을 알거나, 컴퓨터로 수학문제에 답하거나, 자동차를 운전하는 사람은 절차지식을 가지고 있다. 각각의 예에는 목표를 달성하기 위해 수행되는 일단의 행위들이 있다. 예를 들어, 직장이나 상점 등에 가기 위해 자동차를 운전한다. 경험이 많은 교사는 다른 사람은 가지고 있지 않은 중요한 절차지식을 가지고 있다. 이들은 특히 특정 수업기법을 활용하여 다양한 주제를 가르치는 방법을 알고 있다. 교사는 동일한 주제를 다양한 방법으로 가르칠 수 있다는 것도 알고 있다. 예를 들어, 교사는 수학적 사실을 가르치기 위하여 플래시카드를 사용할 수도 있고 아동들이 컴퓨터 게임을 하면서 우연히 학습하도록 할 수도 있다. 현실에서는 특정 수업기법이 다른 기법보다 더 효과적일 수 있다. 이 책은 특정 기법이 다른 기법보다 효과적인 이유를 이해하는 데 필요한 개념지식을 제공하기 위한 것이다. 이런 점에서, 이 책의 내용은 교사가 아동들이 수학의 계산 절차를 무의미하게 수행하지 않도록 하기 위해 제공하는 개념지식과 같다(9장 참조).

수업과 관련된 개념지식과 절차지식을 구분하는 것은 매우 성공적인 학교의 교육과정이나 수업기법을 학생들의 성취도가 낮은 학교에 도입하여 문제를 해결하려는 것이 현명하지 못한 이유를 설명해 준다. 이런 접근은 증상(예컨대, 호흡곤란)은 유사하지만 원인은 다른(예컨대, 세균 감염에 의한 폐렴 대 알레르기에 의한 천식) 두 집단의 사람에게 동일한 처방을 하는 것과 같을 것이다. 한 집단을 위한 처방(폐렴 환자를 위한 항생제 처방)은 다른 집단(천식 환자)에게는 효과가 없을 것이다. 교육 분야에서, 고학년 학생의 읽기 유창성 수준이 낮은 이유는 저학년 아동과 같을 수도 있고 서로 다를 수도 있다.

중심 개념

이 책의 내용을 파악하는 세 번째 방법으로, 여기에서 학습할 아이디어들을 조직하는 두 중심 개념을 살펴보자. 제목에서도 알 수 있듯이, 이 책의 일차적 관심은 수업 맥락에서의 인지 발달이다. 이 점을 보다 분명히 이해하기 위해, 먼저 **인지 발달**(cognitive development)이라는 말을 정의할 필요가 있다. **인지**란 용어는 이 책이(정서, 우정, 성격 특질과 같은 심리적 성분과는 반대되는 것으로) 사고, 학습, 기억, 문제 해결과 같은 심리적 과정에 초점을 맞추고 있음을 암시한다. 아동의 행위(예컨대, 검사에서 어떤 질문에 "맞다"라고 반응하는 것과 같은 행위)에만 초점을 맞추는 행동주의와 달리 여기에서는 이러한 행동의 범위를 정하거나 원인이 되는 인지적 사상(cognitive events)(예를 들어, 아동들이 "맞다"라는 반응을 일으키는 문제에 대한 개념적 이해)이 논의될 것이다.

*발달*이란 용어는 두 가지 사항, 즉 (a) 인지과정이 연령이나 경험에 따라 변화하며 (b) 이 변화는 더 좋은 방향으로 이루어진다는 것을 암시한다. 아동들은 나이가 많아지면서 부적응 행동(예컨대, 담배 피우기)을 할 가능성이 높다. 그러나 이 책에서는 일차적으로 아동이 학교에서 그리고 성인의 세계에서 더 잘 하도록 도와주는 변화에 관심을 둘 것이다. 그렇지만 발달에 대한 논의는 단순히 연령별 적응 경향(예컨대, 거의 대부분의 아동은 1세 때는 읽지 못하다 9세 정도 되면 유창하게 읽는다)을 하나하나 열거하는 데 그치지 않고 변화를 일으키는 요인과 과정도 함께 살펴볼 것이다. 발달 심리학 문헌에서는 이러한 요인과 과정을 모두 **발달기제**(developmental mechanisms)라 한다(Klahr & MacWhinney, 1998). 2장에서 보겠지만, Jean Piaget는 연령에 따른 변화 경향은 **평형화**(equilibration)라는 발달기제를 활용하여 설명할 수 있다는 주장으로 유명해졌다. 발달기제의 또 다른 예로는 수업(예컨대, 나이 많은 아동이 어린 아동보다 수학적 지식이 더 많다는 사실은 교사

가 아동에게 가르쳤기 때문이라고 설명할 수 있다)과 성숙(예컨대, 나이 많은 아동이 어린 아동보다 반응시간이 빠른 것은 미엘린 뉴런(myelinated neurons) 양의 차이 때문이라고 설명할 수 있다)을 들 수 있다.

결론적으로, 이 책에서는 사고와 같은 인지과정의 연령별 발달 경향이 논의될 것이다. 논의의 범위는 학교 관련 학습(예컨대, 아동의 수학, 과학, 사회과 학습)에 한정될 것이다. 이 책의 제목에 "교과수업 맥락에서의"란 말이 붙은 것은 바로 이 때문이며, 이 점이 교과에는 거의 주의를 기울이지 않는 다른 인지 발달 교재(예컨대, Flavell, Miller & Miller, 1993; Siegler, 1991)와 다른 점이다.

이 책은 인지수행의 발달차(developmental differences)를 살펴보는 것과 더불어 **개인차**(individual differences)도 살펴볼 것이다. 개인차의 의미를 제대로 이해하기 위해서는 발달차와 비교해보는 것이 좋다. 수행의 발달차 연구에서는 일반적으로 특정 학년의 평균적인 학생과 다른 학년의 평균적인 학생(예컨대, 6학년 평균적인 학생과 3학년 평균적인 학생)이 비교된다. 발달 연구가는 한 학년의 평균적인 학생 또는 전형적인 학생을 고려함으로써, 동일 학년의 학생 간에 있을 수도 있는 차이는 의도적으로 무시한다. 이와 대조적으로, 개인차 연구에서는 일반적으로 같은 학년에 속한 아동 간의 차이를 밝히려 한다. 앞에서 제기된 질문과 관련시켜 보면, 1번, 2번과 5번 질문은 발달차에 초점을 맞추고 있는 반면, 4번과 6번 질문은 개인차에 초점을 맞추고 있다. 학교 관련 과제에서 나타나는 인지수행의 발달차와 개인차는 이 책의 거의 모든 장에서 논의될 것이다.

발달차 및 개인차 연구 이유

경험이 많은 교사는 모든 학년의 모든 학생에게 효과적인 수업기법은 없다고 할 것이다. 특정 기법의 덕을 다른 학생보다 더 많이 보는 학생은 항상 있기 마련이다. 관련 연구는 경험에 기초한 이러한 주장을 일관성 있게 지지해 왔다(Pressley et al., 1994; Snow, 1994). 또 성공적인 교사는 6학년과 1학년을 똑같은 방법으로 가르쳐서는 안 된다고 할 것이다. 이 책의 주요 목표 중 하나는 수업이 학생 개개인의 요구에 부응해야만 하는 이유를 독자가 이해할 수 있도록 도와주는 것이다. 이런 정보는 교사가 수업에서 보다 융통성 있고 적응력이 있는 문제 해결자가 될 수 있도록 도와줄 뿐 아니라 수업 수요자(예컨대, 부모와 학생)가 특정 수업기법은 "효과가 있는 것으로 알려져 있기" 때문에, 학생의 학습문제는 그 수업기법 때문이 아닐 것이라는 수업자의 주장에 반론을 제기하는 데도 도움을 줄 것이다. 교사는 능력과 동기 수준의 정상분포에서 중심부(대부분의 학생이 속한 부분)의 학생에 맞는 특정 방식으로 정보를 제시한다. 이러한 접근은 수업을 개개 학습자의 인지적 요구와 동기적 요구에 맞추는 **변별수업**(differentiated instruction)과는 차이가 있다(Tomlinson, Brighton, & Hertberg, 2003).

또 Vygotsky가 오래전에 지적했던 것처럼, 학습자의 현 상태를 이해하는 최선의 방법은 이전 발달 상태와 이후의 발달 상태를 아는 것이다(Wertsch, 1985). 교육 심리학 분야의 여러 연구에서 유감스러운 부분은 연구자들이 항상 발달적 관점을 택하지는 않는다는 사실이다. 고등학교 교사가 지금 가르치는 학생이 중학생일 때 어떻게 사고했었는지를 안다면 매우 유익할 것이다. 이 교사가 학생이 할 수 있어야 할 것을 생각하여 그에 도달할 있도록 도와주는 것도 역시 유용할 것이다.

발달적 관점은 전통적인 "일방 분배식" 접근에서 시사되는 교사의 역할과는 많이 다른 역할을 암시하고 있다. 아동을 발달적 관점에서 보는 교사는 자신을 *방향성이 있는 긍정적 변화의 촉진자*로 생각하는 경향이 있다. 다시 말해서, 이들은 자신에게 "학생이 어떻게 여기까지 왔는지, 어디로 가야 하는지, 그리고 어떻게 거기까지 가도록 할 수 있는가?"라고 질문한다. 실제로, 이들은 특정 사실이나 아이디어를 학생에게 집어넣는 데 관심을 두기보다 긍정적 변화의 대행자, 즉 발달기제의 하나인 수업에서 핵심적인 역할을 수행하는 것으로 생각한다. 더 나아가, 발달적 관점의 기본 가정은 아동의 변화 가능성을 한정시키는 요인이 있을 수 있다는 것이다. 아동은 새로운 학습의 기초가 될 지식을 거의 가지고 있지 않을 수 있다. 즉, 지식의 결여로 새로운 학습이 어려울 수 있다. 또 아동의 정보처리 용량이 부족하여 (컴퓨터의 램(RAM) 크기가 너무 작은 컴퓨터가 복잡한 게임을 운용할 수 없는 것과 마찬가지로) 복잡한 정신과정을 수행할 수 없는 경우도 있을 것이다. 이 경우에는 한정된 정보처리 용량이 새로운 학습과 수행을 방해하는 것이다. 마지막으로, 발달적 관점은 교사가 발달기제의 역할을 이해할 수 있게 도와준다. 발달기제가 연령에 따른 변화를 설명하는 요인이거나 변화를 가져오는 원인이라면, 교사는 당연히 발달기제를 잘 알아야 하고 바람직한 변화를 위해 조작하는 방법을 찾을 수 있어야 한다.

공통 주제

이 책의 내용을 개괄적으로 소개하는 마지막 방법은 거의 모든 장에서 언급될 사항이나 주제를 제시하는 것이다. 이 책 전반에서 다음 여섯 개의 주제가 계속 언급될 것이다.

1. *암기학습과 유의미 학습의 비교.* 모든 교과(예컨대, 수학, 과학, 사회과)에는 학습해야 할 많은 사실과 습득해야 할 기능이 있다. 예를 들어, 학생들은 "6×7 = 42" 그리고 "물은 수소와 산소로 이루어져 있다"와 같은 사실뿐만 아니라 분수의 덧셈 방법이나 실험을 올바르게 수행하는 방법과 같은 기능을 배워야 한다. 대부분의 교육자와 학생은 이런 사실과 기능을 무의미하게 암기하는 방법으로 학습할 수도 있고 유의미한 방법으로 학습할 수도 있다는 사실을 인정한다. 수학, 과학, 읽기, 사회과에 대한 논의에서, 독자는 (a) 유의미 수업만 강조하고 암기학습을 강조하지 말아야 할 것인지, 반대로 (b) 암기학습을 강조하고 유의미 학습을 강조하지 말아야 할 것인지(어떤 때는 이를 조롱거리로 삼아 "재미와 게임"이라 부르기도 한다)와 관련하여 서로 대립되는 두 관점이 있다는 것을 알게 될 것이다. 이 두 극단적인 관점의 어느 하나를 따르기보다는 유의미 학습에 기초한 접근과 반복학습에 기초한 접근 간의 균형을 취하는 것이 더 효과적이라는 연구가 많아지고 있다. 이와 더불어, 고차적 사고에 관한 논의(2장)와 기억에 관한 논의(3장)에서 유의미 학습과 기계적 학습 간의 비교가 중요하게 다루어진다. 마지막으로 Thorndike의 이론과 다른 학습이론(예컨대, 스키마 이론)의 비교도 역시 암기학습과 유의미 학습 간의 구분에 따라 논의된다(2장 참조).

2. *구성주의 학습이론에 대한 강조.* 구성주의 학습이론은 객관주의 학습이론과 많이 다르다(Cobb, Yackel & Wood, 1992; Pirie & Kieren, 1992; Stofflett, 1994; Roth, 1994). 객관주의 학습이론에 따르면, 지식은 인식자(knower)의 정신 외부에 존재할 수 있으며, 학습은 외재하는 실재 지식이 인식자의 정신 속으로 직접 전이되는 과정에 지나지 않는다. 지식을 직접 습득할 수 있다는 이러한 생각에 따르면, 학생이 학습을 어려워할 이유가 없다. 더 나아가, 학생이 강의실이나 실험실에서 학습하는 것은 강의나 실험에 포함되어 있는 것(사실을 위한 사실)이며, 모든 학생은 동일한 정보를 습득할 것으로 가정한다(Pressley et al., 1994). 다시 말해서, 개념 간의 관계(예, 돈과 십진수의 관계)는 실재하는 사물 간에 존재하고, 그 관계는 명백하며, 모든 학생이 즉각 알 수 있을 것으로 가정한다.

구성주의자는, 객관주의자와는 달리, 지식은 정신 외부에 존재하는 것이 아니며, 학생은 기존의 지식, 경험, 전형적인 지각과 행동 방식을 활용하여 제시받은 것을 해석하는 것으로 본다(Pirie & Kieren, 1992). 구성주의자는 학생이 독특한 경험을 가지고 있기 때문에, 동일한 내용을 전문가와 다르게 이해할 수 있을 것으로 기대한다. 예를 들어, 같은 교실에서 중력에 관한 강의를 들은 학생 15명은 그 내용을 각기 다르게 해석할 수도 있다. 게다가, 각각의 학생이 가지고 있는 중력에 대한 생각은 물리학 박사의 생각과도 다를 수 있다. 마지막으로, 구성주의 학습이론에서는 강의와 경험을 통하여 지식이 구성되며, 구성된 지식은 보다 완전하고 정교한 지식을 구성하는 기초가 된다.

구성주의 학습이론은 Piaget의 이론과 스키마 이론(2장)에서 소개될 것이나 수학, 과학, 사회과, 독해에서도 논의될 것이다. 많은 교과 교육자(예컨대, 수학 교육자, 과학 교육자 등)는 구성주의 학습이론에 동의하고 또 주장하고 있다. 앞으로 논의되겠지만, 구성주의자와 객관주의자는 효과적인 수업에 대한 견해도 서로 다르다. 그러나 적지 않은 부모, 정치가와 일반인은 구성주의 때문에 학력이 저하되고, 국가의 수도나 남북전쟁 발발 연도를 모르거나, 구구단을 외우지 못하는 등과 같은 문제가 발생하는 것으로 생각하고 있는 것도 엄연한 사실이다. 아직까지 구성주의 접근의 효과와 기계적인 반복적 접근의 효과를 실제로 비교한 연구가 그리 많지 않기 때문에, 이들에 대한 논쟁은 경험적이기보다는 정치적이고 철학적인 경우가 많다.

3. *인지수행의 발달차와 개인차의 존재.* 독자는 필자가 학생의 현재 이해수준을 계속 강조하고 유의미 학습과 반복학습이 균형을 이루어야 한다는 주장을 하고 있다는 것을 알게 될 것이다. 또 독자는 모든 교과영역에 중요한 발달차와 개인차가 있다는 사실도 알게 될 것이다. 특히, 독자는 아동이 특정 개념(예컨대, 유리수, 표현의 자유 또는 자동차 구조 같은 개념)을 완전히 이해해야 다른 주제나 기능을 학습할 수 있다는 사실도 알게 될 것이다. 개념 이해나 기능에 발달차가 있다는 사실은 모든 아동을 동일한 방식으로 가르칠 수 없다는 교사의 생각을 지지하고 있다.

더 나아가, 독자는 학습동기는 물론 수행의 성차(gender differences)나 인종차(ethnic differences)가 있다는 사실도 알게 될 것이다. 이러한 연구결과는 중간 수준에 맞춘 수업이 모든 학생에게 이득이 되는 것이 아니며, 모든 학급에는 욕구가 충족되지 않는 학생이 있다는 주장을 지지하고 있다. 마지막 장에서, 성차와 인종차의 원인을 진단하여 교사가 개인차를 제거할 수 있는 방법을 찾는 데 도움이 될 단서가 제공될 것이다. 다른 장에서는 특정 교과영역에서의 성차와 인종차의 본질과 범위 그리고 기타 개인차에 대하여 논의할 것이다.

4. *거의 모든 교과에서 학생의 학업 성취도가 실망스럽다.* 수행의 발달차와 개인차를 밝히기 위해 학업 성취도를 분석한 자료를 검토하면서 대부분의 학생의 성취도가 기대보다 훨씬 낮다는 사실이 간과되기 쉽다. 예를 들어, NAEP(National Assessments of Educational Progress) 결과에 따르면, 각각 500점이 최고점인 과학,

읽기, 사회 및 글쓰기에서 상위 득점자의 점수의 평균이 350점에 지나지 않는다. 따라서 상위 득점자(소수 학생과 고등학교 3학년)들조차도 중간 정도의 점수밖에 받지 못하고 있는 것이다. 이에 못지않게 당혹스러운 사실은 대부분의 학생의 점수가 중간 이하라는 사실이다. 표준화 검사에 대한 일반적인 불신에 기초하여 이러한 평가결과를 무시해버릴 수도 있겠지만, 다양한 유형의 표준화 검사와 자작 검사에서 많은 학생의 지적 수준이 높지 않다는 것이 시사되는 현실을 보면 무엇인가 잘못되어 있는 것 같다. 350점이란 점수가 그리 나쁜 점수는 아니라고 생각한다 해도, 수업 방법에 개선의 여지가 있다는 주장에 반대할 사람은 거의 없을 것이다.

이 책에서, 마음의 본질에 관한 논의를 기초로 아동을 가장 잘 가르칠 수 있는 방법에 대한 시사점이 제공될 것이다. 상위 수준의 수행을 보이는 학생이 극소수에 불과한 원인에 대한 진단에 기초한 제안과 일반적인 접근과 비교해보는 것이 중요할 것이다. 그러나 이 책이 현대 교육과정이나 수업기법을 기술한 "방법서"는 아님을 명심해야 한다. 오히려 이 책은 보충교재이다.

5. *수행 향상 속도에 영향을 미치는 인지발달을 제한하는 요인이 많다.* 이 책에서 논의되는 교과에서 학생의 수행은 쉽게 그리고 신속하게 향상되지 않는다. 이러한 연구결과는 미국을 비롯한 많은 국가가 당면한 교육문제를 단기간에 해결하기가 어렵다는 것을 시사하고 있다. 더욱이, 특정 기능과 관련된 인지체제의 성장이 느리기 때문일 것이지만, 수행은 연령에 따라 완만하게 변화된다는 것이 시사되고 있다. 이런 점에서, 말을 더듬는 1학년 학생을 교정하는 것이 말 더듬는 5학년 학생을 교정하는 것보다 쉬울지도 모른다.

6. *학교에서의 성공과 실패의 원인을 밝히기 위해 더 많은 연구가 필요하다.* 주지하다시피, 그 동안 교과학습에 관한 연구가 많이 수행되어 왔지만, 일부 학생은 성공하고 나머지는 실패하는 이유를 완벽하게 이해하기는 요원하다. 그 이유는 널리 알려진 인지모형과 연구를 교과교육에 적용하기 시작한 것이 30년 정도밖에 되지 않았다는 데 기인할 것이다. 발달과 교육 심리학 분야는 의학, 화학, 물리학과 같은 분야와 비교하면 아직도 걸음마 단계에 머물러 있다. 더욱이, 새로운 연구결과는 한 가지 질문에 답하는 데는 도움이 되었지만, 다섯 가지 이상의 의문이 들게 하였다. 그럼에도 불구하고, 이 책에서 여섯 가지의 공통 주제를 찾을 수 있다는 사실은 시사하는 바가 매우 크다. 왜냐하면, 이는 우리가 올바른 방향으로 나아가고 있다는 것을 의미하기 때문이다. 또 한 가지 긍정적인 흐름은 (특히, 연방정부의) 재정지원기관들이 새로운 접근이 "효과가 있을 것처럼 보이기" 때문에 교과과정이나 수업실제를 전반적으로 변경시키는 교육정책이 결정되는 추세에서 벗어나 경험적 증거

를 요구하고 있다는 것이다. 이런 경향은 학업성취의 원인과 관련하여 그 동안 알려지지 않았던 새로운 사실을 밝히는 데 도움이 될 것이다.

이 책을 읽어 가면서, 학습과 동기의 본질에 관한 정보를 활용하여 학교 또는 보다 넓은 단위(교육청 수준 또는 국가수준 교육체제)의 옳고 그른 점을 진단하기 위해 노력해야 한다. 이와 더불어, 유의미 학습, 구성주의, 발달차와 개인차의 중요성에도 주의를 기울여야 한다. 마지막으로, 이 책을 모두 읽고 나서는, 앞에 제시된 여섯 가지 질문(p. 3 참조)에 대답할 수 있는지 스스로 점검할 필요가 있다.

2

인지발달과 학습이론

요약

1. Thorndike는 지식을 신경중추에 기초한 상황과 반응의 연합으로 설명하였다; 지식은 연습의 법칙과 효과의 법칙에 따라 성장한다; 학생은 "자기 조절적 존재" 이기보다는 "타인 규제적 존재" 로 간주된다.
2. Piaget는 구성주의 학습관의 선구자이다; Piaget는 지식을 스키마, 개념, 구조로 설명했다; 지식은 4개의 사고 수준으로 나타나는데 추상화와 평형화 과정을 통하여 성장한다; Piaget는 자기조절적 사고를 평형화로 표현하였다.
3. 스키마 이론가는 스키마가 세상에 대한 곡해나 왜곡된 기억의 원인이 되는 경우도 있긴 하나, 일반적으로는 문제를 해결하고, 주요 아이디어를 효율적으로 범주화하며, 이해하고, 기억할 수 있도록 도와준다고 주장한다; 스키마는 추상화 과정을 통해 형성되고, 경험에 의해 변화된다.
4. 정보처리 이론가는 두 가지 유형의 지식, 즉 선언지식과 절차지식이 있다고 주장한다; 지식 획득은 정보가 세 개의 기억고를 거치는 과정으로 설명된다; 자기조절적인 학생은 전략을 활용하여 아이디어를 효과적으로 기억하고 수행을 계획하며 점검한다.
5. Vygotsky는 지식을 개념과 기능으로 설명한다; 지식 획득은 교사, 부모 그리고 유능한 동료학생의 말과 행동을 내면화하는 과정으로 설명된다; 자기조절적 학생은 학습궤도에서 벗어나지 않기 위해 자기중심적 언어와 내적 언어를 사용한다.
6. 연결주의자는 인지를 모형하기 위해 "두뇌-양식 체제"를 제안했다; 이 체제는 다양한 강도(또는 비중치)로 서로 연결된 단위들로 구성된다; 지식의 변화는 단

위 간의 연결 강도가 달라지는 것이다.

7. 이상의 이론을 통하여 (1) 연습이 학습에서 중요한 역할을 하며, (2) 학습은 유의미하고 목적 지향적이라야 하며, (3) 아동이 수업에 임할 때 가지고 있는 지식은 학습에 큰 영향을 미칠 수 있다는 사실이 밝혀지고 있다.

1장에서 이 책은 어떤 수업기법이 효과 있거나 없는 이유를 이해하는 데 필요한 개념지식을 제공할 것이라고 밝힌 바 있다. 개념지식은 인간 마음의 내적 작용에 대한 통찰을 제공한다. 그 동안 제안된 인지발달이론과 학습이론을 살펴보는 것으로 개념지식에 대한 탐구가 시작될 것이다. 지난 100여 년 동안에 많은 인지발달이론과 학습이론이 제안되어 왔다. 한 개의 장에서 지금까지 제안된 이론을 모두 살펴볼 수는 없다. 따라서 취사선택이 불가피하다. 이 책의 목표를 고려하여, 수학학습, 과학적 사고, 사회과 학습, 독해 혹은 쓰기 분야에서 이루어지고 있는 근래의 연구를 이끌어온 이론에 국한할 것이다. 여기에서 이끌어 왔다는 말은 교육 연구가들이 근래에 (a) 학생 간의 발달차 또는 개인차를 해석하거나 (b) 새로운 실험을 설계하기 위하여 이론을 사용해 왔다는 것을 의미한다.

이론이 교육과 관련이 있고, 현대의 연구를 이끌어야 한다는 두 요건에 비추어 여섯 가지 이론이 선정되었다. 이 가운데 세 가지 이론(Thorndike 이론, Piaget 이론, Vygotsky 이론)은 개인이 제안한 이론인 반면 나머지 세 이론(정보처리 이론, 스키마 이론, 연결주의 이론)은 마음의 본질에 관한 가정을 공유하는 일단의 연구자를 나타내는 것이다. 오늘날의 이론이 예전의 이론과 어떻게 다른지를 보여주기 위해 Thorndike의 학습이론도 살펴볼 것이다. 이 책에서는 두 이론－전문가-초보자 접근(expert-novice approaches)과 "이론" 이론("theory" theory)－을 살펴보아야 할 것이다. 그러나 이 이론들은 교육과 직접적인 관련성은 낮다. 따라서 이 두 이론은 다른 장(전문가-초보자 이론은 6장, 이론 이론은 10장)에서 논의될 것이다.

이 장에서 살펴볼 이론은 역사적으로 교육 연구가들에게 영향을 미친 순서에 따라 Thorndike 이론, Piaget 이론, 스키마 이론, 정보처리 이론, Vygotsky 이론 그리고 연결주의의 순으로 살펴볼 것이다. 다음의 여섯 가지 질문에 대한 각 이론의 대답이 기술된다.

1. *"지식의 본질*(nature of knowledge)*"에 관한 질문:* 지식은 어떤 형태로 학생의 마음에 존재하는가?
2. *"학습과 지식 성장*(learning and knowledge growth)*"에 관한 질문:* 학생들

은 지식을 어떻게 습득하고 이 지식은 어떻게 성장하는가?

3. *"자기조절*(self-regulation)*"에 관한 질문:* 학생은 어떻게 학습궤도를 유지하고 수업에서 요구하는 바에 적응하는가?
4. *"교육에의 적용*(educational applications)*"에 관한 질문:* 학생의 성공과 실패를 어떻게 설명하는가? 또는 교사가 효과적인 수업을 제공할 수 있도록 어떻게 도와주는가?
5. *"신경과학*(neuroscience)*"에 관한 질문:* 인지신경과학과 어떻게 관련되는가?
6. *"고차적 사고*(higher-order thinking)*"에 관한 질문:* 낮은 수준의 사고와 고차적 사고를 구분하는가?

이 질문들을 통하여 이론들이 효과적으로 비교 · 대조될 수 있을 것이다. 일반적인 수준에서, 여섯 이론은 (a) 구체적인 질문에도 대답하려는지의 여부와 (b) 질문에 대한 대답에서 서로 차이가 있다. 이론평가의 견지에서 보면, 한 이론이 다른 이론보다 질문에 대해 합리적인 대답을 하고, 그 질문과 관련된 예측에 대해 경험적 지지를 받을 때, 그 이론은 좋은 이론이라 할 수 있다. 어떤 한 이론이 어떤 질문에 대답을 하지 못하거나 질문과 관련된 예측이 맞지 않는 것처럼 보이는 증거가 많아질 때는 다른 이론보다 열등하다고 할 수 있다. 신경과학에 관한 질문은 각 이론이 뇌와 마음 간의 관계에 대해 언급하는 정도에 대해 생각하는 데 도움이 될 것이다. 이론은 생물학적으로 설명이 가능한지 그리고 인지신경과학 연구결과와 일치하는 예측을 하는지의 관점에서 평가되어야 한다는 주장(Byrnes & Fox, 1998)이 있어 왔다.

Thorndike 이론

Thorndike의 고전적 이론(1913)이 (적어도 1960년대 이후로는) 연구자들의 관심을 끌지 못하고 있긴 하지만, 두 가지 이유, 즉 (a) 많은 교사가 가르칠 때 은연중에 Thorndike의 원리에 의지하는 것 같고 (b) Thorndike 이론이 설명했던 측면을 현대의 많은 이론이 설명할 수 있다는 점에서, Thorndike 학습이론을 살펴보는 것은 여전히 유용하다. Thorndike의 견해와 새로운 이론을 비교해 봄으로써, 새로운 이론의 가치를 더 잘 이해할 수 있을 것이다.

Thorndike 이론은 여섯 절로 요약된다. 각 절은 앞서 제시된 여섯 가지 질문에 해당된다.

지식의 본질

지식은 어떤 형태로 학생의 마음에 존재하는가? 만일 학생의 머리를 열어 그의 지식을 볼 수 있다면, 그것은 어떻게 생겼을까? Thorndike는 모든 지식이 상황과 반응의 연합적 연결망(network of associative bonds between situations and responses)으로 구성되어 있는 것으로 생각했다. 상황과 반응의 연합의 예가 그림 2.1에 제시되어 있다.

Thorndike는 상황의 각 측면(예컨대, 상황 1에서 칠판, 책상, 교사 등과 같은 측면)에 대한 정신적 흔적이 부호화되어 학생의 뇌에 저장된다고 가정했다. 이러한 측면이 지각되면 이에 상응하는 정신적 흔적이 활성화된다. 이어서, 정신적 흔적은 특정 반응과 집단적으로 연합된다. 연합이 아주 강할 때는, 상황 1의 학생은 빈번하게 반응 1과 같이 반응한다. 상황 2의 학생은 빈번하게 (반응 1이나 3이 아니라) 반응 2로 반응한다.

그림 2.1 Thorndike의 이론: 상황–반응 짝(pairings)의 예

상황 1: 한 학생이 김 선생님 반에 학생들과 같이 있다; 김 선생님이 (올림조로) "3×3=?" 하고 질문한다.
반응 1: 그 학생은 "9!" 라고 반응한다.

상황 2: 한 학생이 맨 앞줄에 앉아 있다; 김 선생님이 "여러분, 오늘 공부할 학습지예요." 라고 하면서 학습지 뭉치를 맨 앞에 앉아 있는 그 학생에게 건네준다.
반응 2: 그 학생은 학습지를 받아서 한 장은 가지고 나머지를 뒤에 앉은 학생에게 건넨다.

상황 3: 한 학생이 집으로 걸어가는 도중에 횡단보도에 도착한다. 그 학생은 신호등을 보고 빨간 불이라는 것을 본다.
반응 3: 그 학생은 멈춰 선다.

학습과 지식 성장

학습과 지식의 성장에 관한 질문은 이론가의 발달기제에 대한 신념과 관련 있다(1장 참조). 아동이 어떤 시점에서 그 이전의 시점보다 많은 지식을 가지고 있다면, Thorndike는 이런 발달적 변화를 어떻게 설명할 것인가? 그 대답은 연합학습의 세 법칙에 있다. 첫 두 법칙, 즉 연습의 법칙(the law of exercise)과 효과의 법칙(the law of effect)은 바로 논의될 것이다. 세 번째 법칙인 준비성의 법칙(the law of readiness)에는 신경과학적인 의미가 함축되어 있어서 뒤에 논의된다.

연습의 법칙은 두 하위법칙, 즉 사용의 법칙(the law of use)과 불사용의 법칙(the law of disuse)으로 이루어져 있다. 사용의 법칙은 다른 모든 조건이 동일하다면, "상황과 반응 간의 수정 가능한 연합이 빈번하게 이루어질 때 그 연결의 강도는

증가한다." (Thorndike, 1913, Vol. 2, p. 2)는 법칙이다. 불사용의 법칙은 이와는 대조적으로 "상황과 반응 간의 수정 가능한 연합이 오랫동안 이루어지지 않을 때는 그 연합의 강도는 약화된다." (Thorndike, 1913, Vol. 2, p. 4)는 법칙이다. 따라서 두 사건이 동시에 일어나는 빈도가 높을수록 연합은 더 강해진다. 이 아이디어는 오늘날의 기억 연구자들의 주장과 아주 유사하다.

효과의 법칙은 "상황과 반응 간에 수정 가능한 연합이 이루어질 때 만족스러운 상황이 동반되거나 뒤따르면, 그 연합의 강도는 증가되고, 불쾌한 상황이 동반되거나 뒤따르면 그 강도가 약화된다." (Thorndike, 1913, Vol. 2, p. 4)는 법칙이다. 연습의 법칙과 효과의 법칙 간의 차이는 강도가 증가되는 속도와 관계있다. 만족한 상황이 반응에 뒤따를 때는 상황과 반응 간의 결합이 각인(즉, 뇌에서 극적으로 증가하고 "견고하게 고정")되었다라고 하고, 불만족스러운 상황이 뒤따를 때는 결합이 억제되었다고 한다. Thorndike의 효과의 법칙은 강화가 없으면 학습이 일어나지 않는다는 B. F. Skinner(1974)와는 달리 단순히 짝짓는 것으로도 연속적인 동시발생으로 강도가 완만하게 증가하는 연합이 이루어진다는 것을 시사하고 있다.

결합강도란 학생이 특정 상황에 있을 때, 반응이 마음속에 떠오르는 속도와 일정 불변성을 일컫는 말이다. 예를 들어, 앞의 상황1(표 2.1 참조)에서 선생님이 "3×3=?" 이라고 했을 때 떠오르는 것이 없다면, 그것은 결합강도가 약하다는 증거이다. 이와 유사하게, 교사가 열 번 질문했는데 "9" 라는 반응이 세 번만 떠올랐다면, 결합 강도가 약하다는 것을 더욱 더 증명해주는 것이다.

자기조절

학생은 어떻게 스스로 진도를 따라가고 수업의 요구에 적응하는가? Thorndike는 교사가 학생을 규제할 수 있는 방법에 대해서는 많이 논의했지만, 학생이 자신을 어떻게 조절하는지에 대해서는 많이 논의하지 않았다. 앞에서 시사된 바와 같이, Thorndike의 견해는 B. F. Skinner의 견해와 아주 유사하다. Thorndike가 Skinner보다 앞 세대이다. Skinner는 Thorndike의 이론을 자신의 이론의 출발점으로 삼았다. 두 사람은 모두 자기조절보다 "타인규제(other-regulation)" 혹은 "자극조절(stimulus-regulation)" 을 강조했다. 그러나 자기조절 이론을 발전시킨 행동주의자(예컨대, Belfiore & Hornyak, 1998)도 있다는 사실을 염두에 둘 필요도 있다.

교육에의 적용

Thorndike는 교육심리학과 산수 학습 분야의 서적을 많이 저술하였다. 그의 관점은 교육실제에 큰 영향을 미쳤다. 그의 학습법칙을 고려할 때, 그는 교사에게 다음과 같은 세 가지 주요한 시사점을 제공했다.

1. 상황과 반응을 연합시키기 위하여 반복학습(예컨대, 플래시 카드, 일제 반응 등)을 많이 활용한다.
2. 정답 반응에는 보상(예, 스티커나 칭찬)을 주고 틀린 반응에는 벌(예, 낮은 성적, 공개적인 교정)을 준다.
3. 서로 관련된 주제의 수업은 분리시킨다. 두 주제가 동일한 자극특징(예컨대, 3+4=7과 3×4=12에서 3, 4 그리고 =)을 가지고 있을 때는 연합의 강도가 의도대로 증가되지 않을 것이다. 실제로, 틀린 답(예를 들어, "3 곱하기 4는 얼마인가?" 라고 질문했을 때 "7")이 규칙적으로 회상될 수 있다.

오늘날에도 많은 교사는 사실적 지식을 학습하도록 하기 위해 기계적인 반복과 보상 체제에 크게 의존하고 있다. 그러나 학교에서 많은 양의 사실을 학습하도록 해야 한다는 주장에 반대하는 사람도 많이 있다.

신경과학과의 관계

Thorndike는 뇌에 있는 신경세포의 결합을 통해 연합이 이루어지는 것으로 생각했다. 특히, 그는 지각된 상황과 관계있는 신경세포군과 반응과 관계된 신경세포군이 있는 것으로 가정했다. 상황과 반응 간에 연합이 이루어지면, 두 가지 신경세포군(즉, 상황과 관련된 신경세포군과 반응과 관련된 신경세포군)은 또 다른 신경세포 경로를 통해 서로 연합된다. 이러한 Thorndike의 연합주의는 현대 연결주의(connectionism)의 원조이다(현대 연결주의에 관한 설명은 이 장의 뒷부분 참조).

Thorndike는 시냅스(synapse)에 의해 연결된 신경세포 경로를 **전도단위**(conduction unit)라 불렀고, 만족스러운 사태는 "활동할 준비가 되어 있는 신경세포 연결 또는 신경세포 전도의 활동을 자극하거나, 최소한 허용한다. … 이 경우에서 필수 만족감은 [활성화할 수 없는 저항기(refractory period) 동안의 상태와 반대가 되는 것으로서] 전도할 준비가 된 신경세포에 따른 그리고 시냅스에 걸친 전도이며, 이 경우에서 불만족성은 이러한 전도의 결여이다." (Thorndike, 1913, Vol. 1, p. 127)라고 주장하였다. Thorndike는 이 주장을 기초로 세 번째 학습법칙, 즉 **준비성의 법칙**(the law of readiness)을 제안하였다. 준비성의 법칙은 "어떤 전도단위가 전도할 준비가 되어 있을 때는 그렇게 하는 것이 만족스러운 것이고 전도단위가 전도할 준비가 되어 있지 않을 때는 전도하는 것이 불쾌하다." (Thorndike, 1913, Vol, 2, p. 1-2)는 법칙이다.

Thorndike는 뇌신경세포의 활동을 통하여 학습법칙의 작용을 설명하려고 하였다. 강화와 벌의 신경학적 기초에 관한 그의 주장은 잘못된 것으로 판명되긴 했지만(즉, 그는 전도할 준비가 되어 있는 모든 신경세포 연결은 강화의 신경학적 기초를 제공할 수 있다고 주장했다), 학습은 시냅스 연결에 기초한다는 생각은 현대 뇌 과학이론의 주장(예컨대, Squire, 1987)과 놀라울 정도로 일치한다.

고차적 사고

Thorndike에 따르면, 모든 지식은 자극과 반응의 연합적 결합으로 이루어진다. 그러므로 간단한 곱셈문제에 답하도록 하건 아니면 복잡한 미적분 문제에 답하도록 하건 간에, 학생은 그 상황(예컨대, 미적분 문제를 보는 것)과 연합된 반응(예컨대, 면적을 계산하기 위해 도함수 공식을 활용하는 것)을 가지고 있어서 주어진 상황에서 어떤 말이나 행동을 할 것인지 안다. Thorndike는 고차적 사고와 하등사고를 구분하지 않았다. 이러한 설명은 근본적으로 모든 학년에서 모든 주제를 가르칠 수 있을 것이란 것을 암시하고 있다. 그의 이론에는 특정 연령에 어떤 아이디어를 이해할 수 없는 학생을 위한 대책이 없다. 연령에 따른 이해의 한계라는 아이디어는 Piaget의 이론의 중심 아이디어이다.

요약

Thorndike는 지식을 신경세포에 기초한 상황과 반응 간의 연합으로 설명했다; 그는 반복, 보상, 그리고 지식이 벌을 강조하는 연습의 법칙과 효과의 법칙에 따라 성장하는 것으로 보았다; 그는 학생을 "자기조절적"이기보다는 "타인규제적" 존재로 보았고; 고차적 사고와 하등사고를 구분하지 않았다.

Piaget 이론

Piaget 이론은 1960년대에서 1970년대 초반까지 발달심리학과 교육에서 가장 큰 영향력을 발휘했던 인지발달 이론이다. 그 이후로 발달심리학자 사이에서는 Piaget의 인지발달 이론에 대한 관심이 급격하게 낮아졌을 뿐만 아니라 널리 채택되지도 않고 있으나, 많은 교육연구가는 아직까지도 Piaget의 중핵적인 관점을 옹호하고 있다(그러나 몇 가지 구체적인 주장에 대해서는 동의하지 않고 있다). 교육에 대한 그의 유산은 학습에 대한 구성주의 관점에서 가장 분명하게 나타난다. 구성주의는 여전히 교육에서 가장 큰 영향력을 발휘하고 있다. 여섯 가지 질문에 대한 Piaget의 대답을 살펴보자.

지식의 본질

Piaget는 지식이 어떤 형태를 띠는 것으로 생각했을까? Piaget가 지식에 대하여 언급할 때는 **스키마**(schema), *개념*(concept) 또는 *구조*(structure)라는 용어를 사용하였다. 스키마는 신체적인 것일 수도 있고, 정신적인 것일 수도 있으며, 아동이 목표를 성취하거나 문제를 해결하기 위해 반복적으로 사용하는 행위나 과정으로 설명될 수 있을 것이다(Piaget, 1952). 신체적 스키마의 예로는 영아가 물건을 집어서 그것의 물리적 속성을 알기 위해(예컨대, 딱딱한가? 소리를 내는가? 등등) 사용하는 스키마인 "잡기" 스키마를 들 수 있다. 정신적 스키마의 예로는 청소년이 과학자가 어떤 결과의 원인이 되는 일단의 요인을 파악하기 위하여(예를 들어, 어떤 요인이 진자 운동의 속도에 영향을 미치는가? 줄의 길이인가? 미는 힘의 세기인가?) 사용하는 "변인분리(isolation of variables)" 스키마(10장 참조)를 들 수 있다.

스키마는 아동이나 청소년이 광범위한 대상과 상황에서 사용하는 지속적인 일련의 행위이다. Piaget(1952)는 이러한 특성을 설명하면서 스키마가 "변형" 될 수 있고 "일반화" 될 수 있다고 하였다. 그러므로 유아는 동일한 목적을 위해(예컨대, 물체의 모양을 알기 위해) 전혀 다른 두 대상이 포함된 전혀 다른 두 상황에서 잡기 스키마를 사용할 수 있을 것이다. 다양한 상황과 자극에서 스키마를 사용하려는 경향성은 Piaget의 스키마가 Thorndike가 말했던 단일 상황 한정적인 반응(singular, situation-bound responses)과는 다르다는 것을 말해주고 있다. 두 번째 중요한 차이는 스키마는 목표를 성취하기 위해 사용되는 반면에 Thorndike는 행동이 목표로부터 나오는 것으로 생각하지 않았다.

Piaget는 발달에서의 스키마의 역할에 대한 연구 외에도 시간, 공간, 인과성, 수, 보존, 부류와 같은 다양한 **개념**에도 관심을 가졌다. 부류란 "개", "삼각형"과 같은 대상들의 범주이다. 개념과 스키마는 다르다(Byrnes, 1992b). 개념은 대상 간에 또는 한 대상의 여러 측면 간의 **관계**가 포함되는 이해의 형식과 마찬가지로 목표 지향적 절차가 아니다. 예를 들어, 시간 개념에는 속도와 거리 간의 관계에 대한 이해가 포함된다(Piaget, 1969). 인과성에는 원인과 결과 간의 관계에 대한 이해가 포함된다(Piaget & Garcia, 1974). 범주화에는 대상 간의 요소 관계와 그 대상이 속한 범주(예컨대, Rover는 개다)는 물론 한 범주와 다른 범주 사이의 부류-포함(class-inclusion) 관계(예컨대, 개는 동물의 한 종류다)가 모두 포함된다.

Piaget에 의하면, 스키마와 개념 간의 두 번째 차이점은 모든 연령의 아동이 한 가지 또는 다른 형태의 스키마(신체적 스키마나 정신적 스키마)를 가지고 있는 반면에 개념은 연령이 많은 아동, 청소년 및 성인만 가지고 있다는 것이다. 개념은 다양한 대상과 상황의 추상화를 통해 형성된다. 예를 들어, 개라는 범주는 모양의 미묘한 차이나 소재지의 차이에도 불구하고 모든 개가 가지고 있는 공통적인 사실이 무엇인지 설명해 준다. 마찬가지로, 12시 5분과 12시 10분이라는 시간 간의 5분 차이는 특정 시계에서만 참이 아니라 모든 시계에서 참이다. 또 이 두 시간 간의 5분 차이는 12시 13분과 12시 18분이라는 시간 간의 5분 차이와도 같다. 마지막으로, 5라는 수는 그 대상이 어떤 모양이건 또 어디에서 볼 수 있건 간에 다섯 개의 대상으로 구성된 모든 집합에 대한 추상화이다. Piaget에 의하면, 추상화 과정에는 어느 정도의 시간이 필요하고, 다양한 상황에서 대상에 대한 많은 경험이 필요하다. Piaget가 개념은 오랜 시간에 걸쳐 서서히 출현한다고 주장한 것은 바로 이 때문이다. Piaget는 자신의 연구에서 (그가 정의한 것과 같은) 진정한 개념(true concept)은 비교적 나이가 많은 아동, 청소년 및 성인에게서만 나타난다는 것을 밝혔다. 그는 아동이 가진 개념을 "의사 개념(pseudo-concepts)"이라 하였다. 오늘날 많은 연구자는 나이가 많은 아동만 진정한 개념을 가진다는 Piaget의 주장(이 주장을 부정하는 증거에 대한 검토는 Gelman & Kalish, 2006 참조)을 비판하고 있다.

개념의 추상성과 관계성에 대한 강조는 Piaget의 견해와 Thorndike의 견해 간에 차이를 가져왔다. Piaget는 다양한 유형의 정신적 관계(예를 들어, 전/후, 앞/뒤, 야기된/야기되지 않은, ~보다 좋은/~보다 못한, ~의 한 종류 등)에 대해 논의한 반면에, Thorndike는 오직 한 가지 유형의 정신적 관계(즉, 연합)에 대해서만 논의하였다. Piaget에 따르면, 아동은 의미를 부여하기 위해(즉, 이해하기 위해) 대상의 세계에 시간적 관계, 공간적 관계, 인과 관계, 수 관계 및 범주 관계를 부여한다. 연합에는 의미가 들어있지 않다.

Piaget는 지식을 설명하기 위해 스키마와 개념 외에도 **구조**라는 말을 사용하였다. 구조는 형식과 내용을 모두 가진 어떤 것이다(Piaget, 1970). 지식 구조의 형식은 아이디어의 조직이다(Byrnes, 1992a). Piaget는 다양한 지식 영역이 서로 다른 내용을 가지고 있음에도 동일한 형식(즉, 조직)을 가진다는 것을 밝히려 하였다. 예를 들어, 부류-포함 관계는 생물학(췌장은 하나의 기관이다...), 수학(정사각형은 하나의 평행사변형이다...), 사회과(공화제는 정부의 한 형태이다...) 같은 다양한 영역에서 볼 수 있다. Piaget는 공식을 이용하여 여러 영역에서 나타나는 구조를 설명하길 좋아했다. 그는 부류-포함 관계를 "A+A′= B" 공식으로 나타냈다. 여기에서 A는 하위부류(예컨대, 췌장)이고 B는 상위부류(예컨대, 기관)를 말한다. 그리고 A′는 상위부류를 구성하는 나머지 하위부류(예를 들어, 췌장 이외의 기관)를 말한다. 많은 개념과 스키마가 형식과 내용으로 설명될 수 있는 것과 마찬가지로 구조로도 설명될 수 있다.

학습과 지식 성장

학생은 스키마와 개념을 어떻게 습득하는가? Piaget 이론에서 발달기제는 무엇인가? Piaget가 이 질문에 대한 연구를 시작했던 1920년대에는 지식의 기원에 대한 가능한 설명이 두 관점, 즉 **경험주의**(empiricism)와 생득주의(nativism)밖에 없었다. 철학자인 John Locke나 심리학자인 Edward Thorndike와 같은 경험주의자들은 (Thorndike도 선천적인 경향성을 인정하기도 했지만) 사람이 태어났을 때 정신은 백지와 같다고 하였다. 아동의 타고난 생리적 기능은 감각을 통해 지각한 대상 간의 연합을 형성하도록 해 준다. 따라서 대부분의 경험주의자들은 학생의 지식 습득 방법을 Thorndike의 두 가지 연합법칙(즉, 연습의 법칙과 효과의 법칙)으로 충분히 설명할 수 있을 것으로 생각했다. 세상에는 정신에 그 자체를 부과하는 자연적 규칙성이 있다(예컨대, 하루의 낮과 밤의 주기). 그러므로 경험주의자들은 단지 일, 월, 계절 등의 주기를 관찰하는 것만으로도 시간 개념이 발달될 수 있다고 주장할 것이다(Byrnes, 1992a).

생득주의는 경험주의와는 전혀 다른 입장을 취한다. Immanuel Kant와 Noam Chomsky 같은 생득론자들은 세상이 규칙적이거나 조직화된 것은 아니라고 생각한다. 또 이들은 개념적 관계(예컨대, 인과성, 시간 등)는 색상이나 온도와 같은 방식으로 느낄 수 없을 것이라 주장한다. 이 두 믿음은 세상을 접하는 것만으로는 개념을 획득할 수 없다는 것을 시사한다. 이 명제가 참이라면, 중요한 개념 중에서 아주 많은 것이 선천적인 것이 분명하다. 신생아에게서 이런 것을 관찰할 수 있는 것이나 아동의 뇌가 성숙되면서 시간에 따라 이들이 발현되는 것을 보아도 선천성을 인정할 수 있을 것이다. 생득론자들은 인간이 그 자체를 감지할 수 없는 자극을 이해하기 위해 인과성, 시간, 공간 등의 개념(예컨대, 동사)과 같은 많은 개념을 가지고 태어난다고 주장한다.

Piaget는 많은 숙고 끝에 경험주의와 생득주의 모두에 문제가 있다는 것을 알았다. 그래서 그는 세 번째 대안, 즉 **구성주의**(constructivism)를 제안하였다. 그는 사람이 세상을 이해하기 위해 부여할 개념을 가지고 있다는 생득주의의 견해에 동의했지만, 이러한 아이디어가 선천적이라는 주장에는 반대했다. 그는 아동이 경험을 통하여 알게 되는 규칙성과 구조가 있다는 경험론자들의 견해에는 동의했지만, 세상을 접했을 때 개념이 즉각적으로 학습된다는 생각에는 반대했다. 그는 세상에 대한 경험과 아동의 활동이 완전하게 발달된 아이디어를 위한 정신적 전조(precursor)를 만들어 낸다는 중도적 입장을 취하였다. 그는 아동의 정신이 이러한 전조요소를 취하여 그로부터 정교한 아이디어를 구성하는 것으로 생각했다.

예를 들어, 아기는 출생 시에 팔과 손의 움직임을 의지에 따라 통제하지 못한다.

모든 것이 반사적이다. 그러나 이들은 얼마 지나지 않아 의지적 통제력을 갖게 되고, 반사적 행동에서 벗어나 잡기 스키마나 밀기 스키마를 형성하기 시작한다(이런 점에서, 반사행동은 스키마의 전조이다). 출생 초기에는 잡기 스키마와 밀기 스키마가 서로 연결되어 있지는 않다. 그러나 장애물 뒤에 숨겨진 흥미 있는 장난감을 원하는 8~12개월 쯤 된 아기는 그 장난감을 찾기 위하여 잡기 스키마와 밀기 스키마를 결합시킬 수 있다. 아기는 출생 시에 이 두 스키마를 연결시키는 방법에 대한 지식을 갖고 있지 않다. 그리고 아기가 이 두 스키마를 가지고 있다고 해도, 생후 1년 정도가 되기까지는 가르칠 수도 없다. 아기는 목적을 성취하기 위하여(예컨대, 장난감을 갖기 위해서) 두 개의 스키마를 결합시키는 것에 대해 스스로 생각한다. 나이가 들면서, 수 세기는 집합 개념의 전조가 될 것이고, 무리짓기 행동은 가감산의 전조가 될 것이다. 더 나이가 들면서, 아동은 뺄셈이 덧셈의 반대라는 것을 이해하고 덧셈과 뺄셈을 결합시킬 것이다. 실제로, 행위에는 개념적 관계의 형판(template) 기능을 하는 논리 구조가 들어 있다.

경험주의, 생득주의 그리고 구성주의 간의 차이점이 비유를 통하여 보다 분명하게 이해될 것이다. 학생의 지식이 벽돌로 만들어진 벽이라고 상상해 보자. 각각의 벽돌은 다른 정보와 서로 연결된 정보조각이다. 경험주의자는 정신을 머릿속에 벽을 쌓는 교사를 위해 준비된 그릇에 지나지 않는 것으로 본다. 비유하자면, 교사가 가르치는 것은 또 다른 벽돌을 정확한 위치에 놓는 것이다. 반대로, 생득주의자는 그 벽이 아이가 태어날 때 이미 만들어져 있는 것으로 생각한다. 교사가 할 일은 학생이 자신을 돌아보고, 이미 알고 있는 것을 찾아낼 수 있도록 돕는 것이다(교사는 Socrates가 제안한 방식에 따라 학생이 이미 알고 있다는 것을 깨닫도록 도와준다). 교사는 아동의 뇌가 성숙되면서 벽이 스스로 구성되기를 기다릴 수도 있다.

구성주의자는 교사가 벽돌(아이디어)을 제공하지만, 교사의 역할은 벽돌을 스스로 쌓으려는 학생에게 벽돌을 건네주기만 하는 것이라 생각한다. 학생이 벽돌을 이해하지 못할 수도 있다. 그래서 그는 그것을 떨어뜨리거나 잘못 놓을 수도 있고 또 놓을 곳을 찾지 못할 수도 있다. 학생이 쌓을 곳을 못 찾는 것은 쌓인 벽이 특정 벽돌(예컨대, 아주 추상적인 아이디어)을 놓을 만큼 충분히 높지 않기 때문일 수도 있을 것이다.

경험주의의 문제점은 학생의 오해를 설명할 수 없다는 것이다. 교사가 적절하게 설명한다면, 학생의 정신에 벽돌이 적절하게 놓이는 것을 방해할 것은 없을 것이다. 더욱이, 아이디어는 모든 연령에서 아주 직접적인 방식으로 학습될 수 있을 것이다. 경험주의와는 대조적으로, 생득주의는 특정 아이디어가 아직은 나타나지(펼쳐지지) 않았다고 가정함으로써, 아동의 이해 실패를 설명할 수 있다. 그러나 생득주의자는 기존 아이디어를 스스로 창의적으로 결합시키는 것처럼 보일 때 일어나는 아동의 실수에 대해서는 설명하지 못한다. 더욱이, 생득주의는 성숙한 개인(즉, 성인)이 가지고 있는 오개념과 왜곡에 대해서도 설명하지 못한다.

Piaget의 이론은 오개념에 관한 연구는 물론 교육 관련 연구를 통하여 밝혀진 사실, 즉 아동의 이해력 성장 속도가 완만한 사실을 설명할 수 있다. Piaget는 아동이 어떤 경험이나 정보를 얻고, 기존의 지식구조에서 이를 위한 공간을 찾는 과정(전달받은 벽돌을 놓을 위치를 찾는 것)을 설명하기 위해 **동화**라는 개념을 사용했다. 그런데, 새로운 아이디어가 아동이 알고 있는 것과는 너무 다르기 때문에 동화되지 않는 경우가 있다. Piaget는 기존의 지식구조에 동화시키기 어려운 아이디어가 동화될 수 있도록 지식구조를 바꾸는 과정을 설명하기 위해 **조절**이라는 개념을 사용했다(Piaget, 1952). 비유해서 말하면, 조절은 새로운 벽돌을 놓을 공간을 찾기 위하여 벽돌들을 재배열하는 것과 같다. 대부분의 경우에, 아동은 현재의 이해수준에 맞는 경험을 동화한다는 점에서 조절은 항상 부분적이다.

Piaget(1962)는 놀이, 꿈 및 상상이 인지발달에 기여하는 역할에 대한 논의에서 "모방은 조절의 연속이고, 놀이는 동화의 연속이며, 지능은 이 둘의 조화로운 결합" (p. 104)이라고 주장했다. 그는 아동이 동화를 할 때는 아이디어를 실재에 끼워 넣는 것이고, 조절을 할 때는 스키마와 아이디어가 실재에 더욱 가깝게 일치되고, 스키마와 아이디어는 실재를 있는 그대로 복사하는 경향이 있다고 하였다. 더욱이, 놀이와 환상은 과동화(overassimlation)(즉, 아이디어의 너무 많은 부분을 실재에 끼워 넣는 것)의 예이다. 이와는 대조적으로, 아동이 (자신이 활동에 관여하지 않고) 누군가의 활동을 그대로 따르려고 할 때는 과조절(overaccomodation)하는 것이다. 모방에 대한 Piaget의 분석에는 스키마가 필요한 활동이나 조작을 수행할 수 있을 정도로 충분히 발달되지 않은 아동은 모방(교사나 코치의 행동을 재생하는 것)할 수 없다는 것이 암시되어 있다.

동화와 조절에 대한 보다 심층적 이해를 위해 몇 가지 예를 살펴보자. 밤중에 부모와 함께 자동차를 타고 가는 취학 전 아동은 종종 달이 자기를 따라온다고 생각한다(확실히, 그렇게 보인다!). 이 현상을 물리학적으로 설명하는 것은 너무 추상적이어서 아무리 설명을 해도 취학 전 아동은 그것을 동화시킬 수가 없을 것이다. 결국에 가서는 물리적 세계에 관한 이들의 지식이 이 현상(달이 자신을 따라오는 것)을 이해하기에 충분할 정도로 변화될 것이다(10장 참조). 이와 마찬가지로, 좀 더 나이가 많은 아동은 숫자를 수세기(counting)로부터 나온 실재적인 양으로 생각한다. 숫자가 음수일 수도 있고, 구성요소 간의 다양한 배열(예컨대, 3=1+1+1 혹은 1+2 혹은 3+0 등으로)이 가능하다는 아이디어는 기존의 지식구조와 다르기 때문에 쉽게 동화되지 않을 수도 있다(9장 참조). 아동은 결국에 가서 자신의 지식구조를 조절하여 이 아이디어들을 이해할 수 있게 된다.

Piaget는 지식구조와 일치하지 않은 아이디어에 직면하는 것이 지식 성장에 필수적이라고 주장한다(Piaget, 1980). 만일 아동이 스스로 형성한 잘못된 아이디어와 모순되는 정보를 듣거나 경험하지 못한다면, 결코 옳은 개념이 발달될 수 없을 것이다. 이런 점에서, 아동의 정신이 충분히 성숙해질 때까지 기다려야 한다는 "준비성"이라는 아이디어는 사실상 Piaget의 구성주의의 주장이 아니라 생득주의의 주장이다.

더욱이, Piaget는 동화와 조절이 서로 반대로 작용한다고 주장했다. 비유적으로 표현하면, 우리가 무언가를 동화할 때는 "내 아이디어의 조직과 정확도는 우수하다. 이 새로운 정보를 어디에 놓을지 찾아라."고 말하는 것이다. 우리가 조절할 때는 "현재의 조직은 완전하지가 못하다. 그것을 재조직하고 새로운 공간을 만들어라."고 하는 것이다. 어떤 것을 그대로 가지고 있으면서 동시에 변화시킬 수는 없다. 따라서 특정 상황에서는 동화나 조절 중 오직 하나만 작용한다. 이 두 과정 간의 "투쟁" 때문에 오개념의 변화는 교사가 불만을 느낄 정도로 아주 천천히 이루어진다. 경험주의자는 (잘못된 아이디어가 반복적으로 강화되었다는 주장을 할 수 있을지는 모르지만) 잘못된 아이디어의 변화가 완만하게 이루어지는 것을 설명할 수가 없을 것이다. 어떤 아이디어에 대한 투쟁이 해소되고 동화와 조절 간에 균형이 회복되면(Piaget는 이 상태를 **평형화**라고 했다), 아동의 이해는 더 높은 수준, 즉 보다 높은 수준의 통찰에 이르게 된다. 종종 아동의 이해가 더욱 추상화된다. 예를 들어, 아동이 개와 사람은 모두 동물이라는 것을 이해하기 위해서는 "동물"에 대한 개념을 더욱 추상화시켜야 한다(즉, "동물은 털이 있는 네 발 달린 것"이라는 아이디어에서 "동물은 스스로 움직일 수 있는 살아있는 것"이란 아이디어로 변화시켜야 한다). 요약하면, 세상에 대한 경험의 결합, 반박 그리고 평형화가 Piaget의 발달기제이다.

Piaget는 영아기에서 청소년기에 이르기까지의 많은 아동을 대상으로 실험을 수행하면서, 경험과 평형화 과정이 네 수준의 사고기, 즉 감각운동기(sensorymotor level), 전조작기(preoperational level), 구체적 조작기(concrete level) 그리고 형식적 조작기(formal operational level)의 출현을 촉진한다고 하였다. 각 단계는 아동이 세상을 보는 방식으로 특징지어진다.

감각운동 사고(sensorimotor thinking) 시기(출생에서 약 18개월까지)에는 수행할 수 있는 행위의 관점에서 사물을 이해한다. 예를 들어, 병, 장난감 그리고 손가락은 빨 수 있는 것이므로 모두 같은 것이다. 또한, 감각운동적 사고는 지금 당장

(here-and-now)으로 제한된다. 감각운동적 수준의 추론만 할 수 있는 아동(영아나 심한 정신지체를 가진 나이 많은 학생)은 과거나 미래에 일어나게 될 일들에 대해 생각할 수 없다. 그들은 단순히 사물을 현재의 관점에서 지각하고, 이와 상호작용하기 위하여 운동 스키마를 사용하고자 한다.

목표에 도달하기 위해 운동 스키마가 여러 번 반복된 후에, 아동은 운동 스키마를 정신적이고 추상적인 것으로 수정한다. 그 결과로 아동은 어떤 것을 수행하기 이전에 그것을 수행하는 자신을 상상할 수 있게 된다. 아동이 이렇게 표상적 방식으로 사고할 수 있게 되면, (18~24개월경에 시작되는) **전조작기**(preoperation) 단계로 들어가게 된다. 아동은 앞으로 일어날 일을 상상할 수 있는 것과 더불어 과거에 일어났던 일에 대해서도 생각할 수 있다. 따라서 전조작기 아동은 "지금 당장"에 제한된 사고에서 벗어난다. Piaget는 아동이 마음속에 떠올릴 수 있다는 점에서 이러한 사고를 표상적이라 하였다(Piaget, 1962). 영아는 표상 능력이 없다는 주장은 많은 연구자에 의해 반박되어 왔다(유아의 놀라운 기능의 예는 Cohen & Cashon, 2006 참조).

전조작적 사고가 감각운동적 사고보다 발전된 것이고 보다 적응적이긴 하지만, 다음 네 가지 측면에서 한계가 있다. 첫째, 전조작적 사고는 지각, 지각적 유사성(perceptual similarity), 공간적 관계에 지나칠 정도로 강하게 묶여 있다. 예를 들어, 필자의 딸은 세 살 때, 식구가 같이 있을 때만 가족이 존재한다고 믿었다. 식구가 멀리 떨어져 있게 되면 가족은 더 이상 존재하지 않는다. 마찬가지로, 많은 취학 전 아동은 5페니를 쌓아 놓았을 때보다 일렬로 쭉 펼쳐 놓았을 때가 더 많다고 생각한다.

취학 전 아동은 대상을 정신적으로 분류할 때, 지각적 유사성에 많이 의존한다. 예를 들어, 취학 전 아동은 개와 말은 모두 "강아지(멍멍이)"라고 생각하고, 금붕어와 고래를 모두 물고기라고 생각한다. 지각적 유사성에 따라 범주화되는 경우는 거의 없기 때문에 이렇게 분류하는 것은 당연히 좋은 생각이 아니다. 겉모습을 보고 의사의 범주를 정의하지 않는다. 국가, 독재자, 다항식 혹은 산성 등은 어떤가? 과학, 수학 혹은 사회과와 같은 영역의 대부분의 범주는 지각이 아니라 추상적으로 정의된다. 따라서 Piaget의 관점에서 취학 전 아동은 이러한 범주를 파악하는 것이 어려울 것으로 예측된다.

전조작적 사고의 두 번째 한계는 **단일 차원**(unidemensional)이라는 것이다. 즉, 전조작기 아동은 한 번에 한 측면(단일 차원)만 생각할 수 있다. 예를 들어, 전조작기 아동에게 대상을 분류하도록 하면, 여러 차원(예컨대, 크기와 색상)보다는 한 가지 차원(크기)만 고려하여 분류한다. Piaget는 분류과제에 관한 연구 외에 **보존**에 관한 많은 연구에서도 전조작적 사고의 한계, 즉 단일 차원 사고를 밝혔다. 보존이란 외양이 바뀌어도 그 양은 변하지 않는다는 믿음이다. 예를 들면, Piaget의 고전적 연구인 '액체량 보존 과제' 에서 취학 전 아동은 주스가 들어있는 (너비와 깊이가 각각 다른) 두 개의 비커 중에서 어떤 것에 주스가 많이 들어 있는지 판단할 때, 너비는 무시하고 높이에만 관심을 갖는다. 학교에서 가르치는 개념의 대부분(예를 들어, 사각형에 대한 정의나 공화국에 대한 정의)은 다차원적 개념이다. 따라서 초등학교에 취학한 후에도 이러한 사고를 계속하는 아동은 많은 어려움을 겪을 것이다. 이렇게 한 가지 차원에만 초점을 맞추거나 자신의 관점에서만 대상을 보려는 경향을 **집중화**(centration)라 한다(Piaget & Inhelder, 1969).

전조작적 사고의 세 번째 한계는 **비가역적**(irreversible)이라는 것이다. 즉, 취학 전 아동은 변형시킨 것(예를 들어, 공 모양의 진흙 덩어리를 소시지 모양으로 만드는 것)을 정신적으로 원래 상태로 되돌려(예를 들어, 소시지 모양을 공 모양으로 되돌리는 것) 생각할 수 없다. Piaget(1962)는 취학 전 아동의 사고의 이러한 한계를 영화를 거꾸로 상영할 수 없는 영사기에 비유했다. 대부분의 교과에는 가역적 사고를 요구하는 과제가 들어있다. 예를 들어, 수학에는 덧셈과 뺄셈은 서로 반대이고, −5와 5는 서로 반대라는 사실이 들어 있다. 역사 수업에서는 일반적으로 어떤 추세가 다시 원 상태로 되돌아갈 수 있는지(예를 들어, 자유와 자본주의를 경험한 러시아가 다시 억압적인 공산주의로 회귀하는 것)에 대하여 생각하는 것과 같은 과제를 요구한다. 전조작기 아동은 이런 것을 가역 가능한 변환으로 생각하지 않고 정지된 형상으로 생각한다.

Piaget의 초기연구에 따르면, 전조작적 사고의 네 번째 한계는 아동이 *현실 세계와 상상의 세계를 구별하는 데 어려움이 있다는 것이다.* 예를 들어, 전조작기 아동은 때때로 실제 인물과 TV에 나오는 등장인물을 구별하지 못하고(그래서 이들은 멜로극의 팬이 된다!), 아주 실제 같은 악몽에 괴로워한다.

Piaget에 따르면, 이상과 같은 전조작적 사고의 한계는 아동이 약 5~6세경에 구체적 사고 양식을 발달시키면서 극복된다. 특히, 구체적 조작기 아동은 더 이상 지각적 유사성에 따라 대상을 분류하지 않는다. 이 시기의 아동은 좀 더 추상적인 속성을 이해할 수 있기는 하지만, 이 특성은 구체적으로 묘사할 수 있는 것이어야 한다(예컨대, "포유동물" 은 "온혈" 이다). 구체적 조작기 아동은 또 실제 양과 공간 배열을 혼동하지 않는다(예를 들면, 공 모양의 진흙 덩어리를 소시지 모양으로 바꾸어도 진흙의 양은 변하지 않는다는 것을 안다). 또 이 시기 아동은 두 차원을 동시에 고려할 수 있으며, 정신적으로 원상태로 되돌릴 수(가역적 사고) 있다. 마지막으로, 구체적 조작기 아동은 현실 세계와 상상의 세계를 혼동하지 않으며, 세상을 자신의 환상적 바람에 동화하기보다는 규칙에 따른 게임을 하는 데 더 관심을 갖는다. 사실, 이들은 지나치게 "현실 세계"에 관심을 갖는다.

일부 문화에서는 (a) 지각적 유사성의 영향을 받지 않고, (b) 가역적이며, (c) 두 차원을 동시에 고려하고, (d) 현실적으로 사고하는 것만으로도 그 문화에 충분히 적응할 수 있다. 그러나 산업화된 문화에 적응하기 위해서는 그 이상의 사고가 필요하다. 예를 들어, 많은 학교 학습 과제에서는 두 차원 이상을 동시에 이해하는 능력과 현실 세계를 넘어서 가설적 가능성(예컨대, 케네디가 암살당하지 않았더라면 베트남 전쟁이 더 일찍 끝났을까?)을 사고할 수 있는 능력이 요구된다. 더욱이, 일부 개념(예컨대, 4차원, 보수주의, 함수의 한계 등)은 대상을 지적하거나 구체적으로 묘사하는 것으로는 정의되지 않는다. 다차원, 가설적 가능성, 추상적 속성에 대해 사고할 수 있는 학생은 (약 10~11세경에 시작되는) **형식적 사고** 수준에 들어선 것이다.

사고의 유형이 연령에 따라 다르다는 Piaget의 이론은 많은 비판을 받아왔고, 단계 개념을 반박하기 위한 많은 연구가 수행되어 왔다(Brainerd, 1978 참조). 이러한 연구를 통하여 아동은 Piaget가 주장했던 것보다 더 이른 연령에 많은 개념을 이해한다는 사실이 밝혀졌다. 또 많은 연구에서 모든 보존과제가 동일 연령에 성취되는 경우가 극히 드물다는 사실과 학생이 모든 과제에서 동일한 수준의 사고를 보이는 경우도 극히 드물다는 사실도 밝혀졌다(Gelman & Baillargeon, 1983). 대부분의 사람은 특정 연령에서 어떤 주제(예, 컴퓨터)에 대해서는 전조작적 사고를 하고, 또 다른 주제(예, 경제학)에 대해서는 구체적 조작 수준의 사고를 할 수 있으며, 또 다른 주제(예, 수학)에 대해서는 형식적 조작 수준의 사고를 할 수 있다. 이러한 사실은 영역-일반적 단계이론(domain-general stage theory)이 문제가 있음을 보여주고 있다. 또한, 근래의 연구결과는 4세와 5세 아동이 Piaget가 초기 연구에서 밝혔던 것보다 환상과 현실을 더 잘 구분할 수 있다는 것을 시사하고 있다(Sharon & Wooley, 2004; Wellman, 1992). Piaget 이론이 가진 이러한 문제점을 비롯한 여타의 문제점들로 인해 이 이론에 대한 연구자의 관심이 많이 줄었다. 연구자들은 이제 단계를 가정하지 않고, 어린 아동을 보다 유능한 존재로 보는 구성주의 이론(예를 들어, 스키마 이론, 소위 이론 이론)에 관심을 갖기 시작했다.

자기조절

학생은 어떻게 스스로 학습 궤도를 따라 가고 수업의 요구에 적응하는가? Piaget에 따르면, 정신은 본래 자기조절(또는 Piaget의 용어로는 자동조절) 경향이 있다. 특히, 그는 정신이 현실에 동조하지 못하는 것을 부적응이라고 생각했다. 학생이 아이디어를 세상에 적용해 보고 잘못되었다는 것을 알면, 현실과 더 잘 조화되도록 이 아이디어를 수정하는 것은 자연스러운 것이다. 물론, 정신의 자기수정(self-modifying)과 자기교정(self-correcting) 경향성은 Piaget가 동화와 조절 사이의 관계를 설명할 때 전제했던 것이다. Piaget(1952)는 정신의 적응 경향성은 평형화의 형태로 구현된다고 했다.

Piaget가 설명한 스키마와 개념의 적응적 가치를 이해하기 위해, (a) 16세 청소년이 5세 아동과 동일한 방식으로 수를 이해하고, (b) 성인이 우연히 일어난 일과 원인에 의해 야기된 일 사이의 차이를 말할 수 없으며, (c) 3세 유아가 대상 영속성, 즉 사물은 보이지 않아도 계속 존재한다는 것을 이해하지 못한다면, 어떤 일이 벌어질지 생각해 보라. 이러한 개념은 실재의 근본이다. 이러한 개념 없이는 어느 누구도 우리 문화에서 살아갈 수 없다.

교육에의 적용

Piaget 이론의 교육실제에 대한 적용은 세 가지 원리로 진술될 수 있다.

원리 1: 학생이 정신구조를 생성하기 위해서는 먼저 목표달성을 위한 반복적인 수행을 통하여 행위 스키마를 내면화해야 한다.

이 원리는 전조작적 사고가 감각운동 스키마의 내면화로부터 발생하는 과정과 행위의 논리가 정신적 논리구조의 형판으로서의 역할을 하는 과정에 대한 Piaget의 견해로부터 도출된 원리이다. 이 원리는 교사가 학생이 묵독하거나 암산할 수 있도록 하기 위해서는 그런 활동을 할 수 있는 기회를 많이 제공해야 한다는 것을 시사하고 있다. 더욱이, 이 원리는 체험학습(hands-on learning) 아이디어와 일맥상통한다.

원리 2: 각 발달 수준의 사고는 교육 프로그램을 설계할 때 고려해야 하는 독특한 특징을 가지고 있다.

전조작기 사고는 단일 차원적이며, 불가역적이고, 구체적인 현실과 환상의 혼동에 기초한다. 구체적 조작기 사고는 이차원적이며, 가역적이고, 구체적 현실에 기초한다. 형식적 조작기 사고는 다차원적이고, 가역적이며, 구체적 현실과 가설적 가능성 모두에 작용할 수 있다. 어떤 주제를 언제, 어떻게 제시할 것인지를 결정할 때, 교사는 세 가지 질문, 즉 (1) 학생은 동시에 몇 가지 차원이나 이슈를 고려할 수 있는가, (2) 주제를 이해하기 위해서는 가역적 사고나 반대 입장에 대한 이해가 필요한가, 그리고 (3) 아이디어를 충분히 설명하기 위하여 구체적으로 보여줄 수 있는 대상이 있는가 하는 질문을 해 보아야 할 것이다. 만일 학습을 위하여 특정 수준의 사고(예컨대, 구체적 조작기)가 요구된다면, 교사는 학생이 이를 이해할 수 있는지 없는지를 짐작하기 위해 학생의 연령을 이용할 수 있다. 예를 들어, 5세에서 9세 사이의 아동은 일반적으로 구체적 조작(사고)에 머물러 있다. 만일 어떤 주제가 형식적 조작을 필요로 한다면, 교사는 학생의 사고를 촉진하고 성장을 조장하기 위해 8~9세 되었을 때 그 주제를 제시하기로 결정할 수도 있을 것이다. 또한 교사는 학생이 이해할 수 있는 궁극적으로는 통합할 수 있는 주제로부터 전조 아이디어(precursory ideas)를 추출해야 할 것이다. 예를 들어, 학생이 나중에 대수 방정식을 이해할 수 있도록 도와주기 위해서 교사는 하나의 값(예컨대, 공이 떨어지는 높이)과 또 다른 값(예컨대, 공이 튀는 높이)을 짝지은 도표를 만들도록 할 수 있다. 학생은 시간이 지나면서 이 값들 사이의 체계적인 관련성을 이해하게 될 것이다.

원리 3: 아동이 (a) 후에 발달될 아이디어의 기초가 되는 전조 아이디어, (b) 현재의 잘못된 이해와 모순이 되는 경험 그리고 (c) 아동이 이해하고 실행할 수 있는 대안을 제공받지 못한다면, 사고는 발달되지 않을 것이다.

다시 말해서, "준비가 될 때까지는 아무것도 하지 말라"는 접근은 Piaget의 이론에 배치된다.

신경과학과의 관계

그 동안 일반적으로 Piaget 이론은 성숙요인을 고려하지 않은 것으로 잘못 이해되어 왔다. Piaget는 모든 아동이 거의 동일한 연령에 네 단계를 통과할 것으로 가정했다. 왜냐하면, 그는 세상의 물리적 구조는 모든 아동에게 거의 동일할 것으로 가정했기 때문이다. 따라서 스위스건, 미국이건 아니면 아프리카건 간에, 아동의 정신구조는 동일한 실재와 마주치는 경향이 있을 것이다. 그러나 성숙도 영향을 미칠 것이다.

> 지적 조작과 두뇌 사이의 관계에 대해 알려진 것이 거의 없지만, 성숙이 지적 발달에 관여한다는 사실은 분명하다. 특히, 단계가 순서적이라는 특징은 단계가 부분적으로 생물학적 성질을 가지고 있다는 것을 보여주는 중요한 단서이며, 따라서 유전자형과 후천적 발생의 항상적 역할을 주장한다. 그렇지만, 이 말이 인간지능의 기저를 이루는 유전적 프로그램이 존재한다는 것을 가정할 수 있다는 의미는 아니다: (Lorenz가 인간 사고의 선험적 성질에 대한 주장에도 불구하고) 선천적 아이디어란 존재하지 않는다. 논리도 선천적인 것이 아니며 단지 점진적인 후천적 발생 구인을 발생시킬 뿐이다. 그러므로 성숙의 효과는 본질적으로 새로운 발달 가능성을 열어 놓는 것이다. 즉, 이러한 가능성이 제공되기 이전에는 발현되지 않을 수도 있는 구조에 접근할 수 있도록 하는 것이다. 그러나 가능성과 실현 사이에는 연습, 경험, 사회적 상호작용과 같은 다른 요인들이 개입되어 있는 것이 분명하

다(Piaget, 1983, p. 117).

따라서 아동이 물리적 세계와 사회적 세계와 상호작용하지 않는다면, 신체적으로 성숙한 청소년기에 이를 때까지도 네 개의 단계와 관련된 인지구조를 발달시키지 못할 것이다. 그러므로 뇌 성숙은 지식발달의 필요조건이긴 하지만 충분조건은 아니다. Piaget는 마음과 뇌 간의 관계에 대한 견해를 상세하게 밝히지는 않았다. 그렇지만, 그는 정신적 동화는 생물학적 동화에 비유될 수 있다는 것을 자주 언급하였다(즉, 그는 소화에서 영양소가 동화하는 것과 매우 유사한 방식으로 아이디어가 동화된다고 하였다). 더 나아가, 그는 (a) 생물학적 구조 및 기능과 (b) 정신적 구조 및 기능은 서로 유사하고(Piaget, 1970), 정신적 동화는 신체에서 일어나는 생물학적 동화의 자연스러운 확장이라고 주장하였다. Piaget의 이론은 생물학적 요인이 인지발달에 일정한 영향을 미칠 수 있다는 "인상"을 주긴 하지만, Thorndike 이론이나 연결주의 이론만큼 구체적으로 밝히지는 않고 있다.

고차적 사고

고차적 사고에 대한 Piaget의 견해는 아동의 사고가 점차 (a) **추상화**되고 (b) **논리적**이 된다는 두 가정을 통하여 설명될 수 있다. 즉, Piaget에 의하면 고차적 사고는 추상적 사고와 논리적 사고로 특징지어진다. 고차적 사고에 대한 Piaget의 입장을 보다 상세하게 파악하기 위해 두 가정을 검토해 보자.

가정 1: Piaget는 추상적이란 말을 "지각이나 행위 그 자체에서 벗어나는 것"이라 하였다(Piaget, 1965; Piaget & Inhelder, 1969). 지각이나 행위에 얽매인 사고는 하등사고(예컨대, 감각운동적 사고나 전조작적 사고)이다. 지각이나 행위에 얽매이지 않은 사고가 고차적 사고(예컨대, 구체적 조작적 사고나 형식적 조작적 사고)이다. 더욱이, 단계가 이행될 때마다 사고는 지각이나 행위 그 자체에 덜 얽매이게 되기 때문에, 아동의 사고가 점차적으로 추상화된다. 즉, 전조작적 사고는 감각운동적 사고보다 지각 그 자체에 한 단계 덜 얽매이기 때문에, 전자가 후자보다 추상적이다. 마찬가지로, 구체적 조작적 사고는 지각 그 자체에 두 단계가 덜 얽매이기 때문에 전조작적 사고보다 추상적이며, 형식적 조작적 사고는 세 단계가 덜 얽매이기 때문에 구체적 조작적 사고보다 추상적이다(Overton & Byrnes, 1991).

구체적 조작기 아동은 실제 지시대상(real-world referent)과 다른 상징(symbol)을 사용하여 추론할 수 있게 된다. 예를 들어, 3이라는 상징은 세 개의 대상을 모아놓은 것과 다르고, 동물이란 단어는 특정 동물과 같은 모양이 아니다. 아동은 정신을 특정한 지시 대상물에 얽매이지 않게 함으로써 상징 그 자체에 대해 사고할 수 있다. 따라서 상징인 3이 사과 세 개의 묶음이나 트럭 세 대의 묶음을 일컬을 수도 있지만, 대상 3개의 묶음에서 하나를 빼면 (그 대상이 무엇이건 관계없이) 항상 두 개가 남는다고 판단할 때, 지시 대상물이 무엇인가는 무시될 수 있다. 형식적 조작기 청소년은 하나의 상징이 일단의 상징을 대표할 수 있다는 것도 안다. 예를 들어, 청소년은 x는 3이나 4를 나타내는 것일 수도 있고, 또 다른 어떤 것을 나타내는 것일 수도 있다는 것을 안다.

Piaget는 아동이 추상적인 사고를 하기 위해서는 대상이나 실제 내용과 상호작용할 필요가 있다고 했다. 예를 들어, 전조작기 아동이 3과 같은 상징을 이해하기 위해서는 대상을 실제로 세어서 3개씩 묶는 활동을 많이 해야 한다. 아동은 **반성적 추상화**(reflective abstraction) 과정을 통하여 묶음의 크기를 스키마로 표상하기 위하여 대상-정향 행위(object-oriented actions)를 추상화한다. 이와 마찬가지로, 아동이 대수식(예컨대, x+y=z)의 이해를 촉진할 스키마를 추상화하기 위해서도 대수 문제(예컨대, 3+4=7)를 많이 풀어보아야 한다. 구체적 사물과 산수 문장제 등을 통한 경험은 추상적 스키마 "제조공장"의 "원료"이다. 따라서 Piaget는 "특정 연령에 도달하기 전에는 추상적 사고를 증진하려 해서는 안 된다"고 주장하지 않을 것이다. 추상적 사고는 풍부한 경험이 없이 저절로 출현하지 않을 것이다.

가정 2: Piaget는 논리적이란 말을 사고가 말 그대로 논법(canons of logic)에 따르는 것이라고 하였다. Piaget의 실험이 있기 훨씬 전에, 철학자들은 보편적 "진(truths)"이라 주장되는 법칙과 명제를 고안하였다. 이러한 명제 중의 하나는 만일 A가 B보다 크고, B가 C보다 크다면, A는 C보다 크다는 주장이다. Piaget는 논리학에 정통하였고, 7세 아동이 논리학이나 수학에서 이행성 개념(idea of transitivity)을 배우기 훨씬 이전에도 이행추론(transitive inferences)을 할 수 있다는 사실에 놀랐다. 전조작기 아동은 정확한 결론에 도달하려면 이행 진술(transitive statement)에 언급된 각각의 항목을 검토해야(예컨대, 첫 번째 막대가 세 번째 막대보다 길다는 것을 알기 위해서는 크기가 점점 커지는 세 개를 모두 보아야) 하지만, 구체적 조작기 아동은 첫 번째 항목과 세 번째 항목(예컨대, 첫 번째 막대와 세 번째 막대)을 실제로 비교하지 않고도 정확한 결론을 내릴 수 있을 것이다.

구체적 조작기 아동은 이행 추론 이외에도 두 가지 방식으로 논리적 분석을 따를 수 있다. 첫째, 철학자들은 대상이 타당한 귀납추론(inductive inference)과 연역추론(deductive inference)이 도출될 수 있는 방식으로 분류되어야 논리적 사고가 가능하다고 주장해 왔다. 범주추론(categorical inference)의 타당성을 담보하기 위해서는 정사각형 혹은 포유동물과 같은 범주를 정확하게 정의하는 것이 중요하다. 정사각형에 대한 정의에 사각형인 것들이 적절하게 모두 포함되고 정사각형이 아닌 것들이 모두 적절하게 제외되어 있다면 그 정의는 정확한 것이다. 철학의 분류 관점에 따르면, 정확하게 정의를 내리는 최선의 방법은 "필요 충분" 속성("necessary and sufficient" attributes)의 목록을 활용하는 것이다(Smith, 1989). 예를 들어, 정사각형의 필요 충분 속성은 (a) 네 개의 변을 가지고 있고, (b) 네 개의 변의 길이가 같으며, (c) 각이 90도라는 것이다. 이 세 가지 속성을 가지고 있는 것은 모두 정사각형이고, 이 중에서 하나라도 충족되지 않은 것은 정사각형이 아니다. Inhelder와 Piaget(1964)는 전조작기 아동은 모양이 비슷하게 보이면 하나의 범주로 묶는(예컨대, 송어와 고래는 둘 다 물고기이다) 반면, 구체적 조작기 아동은 필요 충분 준거를 활용하여 대상을 범주화한다고 주장하였다. 이런 점에서도 구체적 조작적 사고는 전조작적 사고보다 논리적이다.

구체적 조작 사고가 보다 논리적인 세 번째 측면은 논박(negation) 개념 및 가역성(reversibility) 개념과 관계있다. 구체적 조작기 아동은 범주와 그 반대에 대한 조작을 연결시킨다. 예를 들어, 개에 속하는 모든 대상은 동물이라는 상위범주를 통하여 개가 아닌 다른 동물과 하나의 범주로 묶인다. 이러한 위계적 범주화는 아동이 부류-포함 관계(예컨대, 개와 고양이는 모두 동물이다)를 완전히 이해할 수 있도록 해준다. 이와 더불어, 각각의 정신 조작은 그 조작을 무력화하는 반대 조작과 연결된다. 예를 들어, 더하기는 그 반대인 빼기와 연결된다. 아동은 모든 것을 그 반대의 것과 연결시킴으로써 **논리적 필연성**(logical necessity)을 이해할 수 있게 된다. 즉, 이들은 자신의 연역은 틀림없이 "진"이라고 생각한다. 따라서 "이 세상의 모든 개가 죽는다면, 동물이 남아 있을까?"라는 질문을 받으면, 구체적 조작기 아동은 "물론이죠! 개는 동물의 한 종류일 뿐이에요!"라고 대답할 것이다.

형식적 조작 사고는 구체적 조작 사고의 논리적 측면을 새로운 방식으로 확장한다. 먼저, 귀납, 연역 및 이해 추론은 이제 실제의 것과 가설적 아이디어 모두에 적용된다. 이와 더불어, 형식적 조작기 학생은 가설을 검증하기 위하여 변인의 조합을 검토하고 변인 분리 기법을 활용할 수 있기 때문에 실험을 타당하게 수행할 수 있게 된다(10장 참조). 더욱이, 형식적 조작 사고의 추상적 성질은 아동이 그 내용과 관계없이 일련의 추론으로부터 한 걸음 물러서서 이러한 추론의 타당성을 추론할 수 있도록 도와준다. 예를 들어, "모든 개구리는 포유동물이다. 포유동물은 온혈이다. 따라서 개구리는 온혈이다."라는 삼단논법을 생각해 보자. 이 삼단논법의 내용은 사실적으로는 맞지 않다(개구리는 포유동물이 아니다)고 해도 형식적 조작적 사고는 청소년이나 성인이 이 사실을 무시하고 잠정적으로 전제가 "진"이라고 가정한다면 그 결론이 따라온다는 것을 인식한다.

요약

Piaget는 구성주의의 선구자였으며, 지식을 스키마, 개념 그리고 구조의 관점에서 기술하였다. Piaget에 따르면, 지식은 네 수준의 사고로 나타나고 경험, 추상화 및 평형화—Piaget에 따르면 평형화는 자기조절적 사고의 징표이다—를 통하여 성장한다. 뇌 성숙은 인지발달의 필요조건이긴 하지만 충분조건은 아니다. 그리고 추상적이고 논리적인 고차적 사고는 주로 구체적 조작적 사고와 형식적 조작 사고 능력이 있는 아동에게서만 볼 수 있다.

스키마 이론

Piaget 이론의 인기가 사그라지기 시작한 시기(즉 1970년대 초)와 거의 같은 시기에 스키마 이론에 대한 관심이 높아지기 시작했다. 심리학자들은 스키마 이론이 설명할 수 있는 기억의 왜곡(memory distortions)에 흥미를 갖고 있었다. 한편, 교육연구가들은 스키마 이론이 독해와 과학적 사고 등을 설명하는 데 아주 유용하다는 것을 알았다. 스키마 이론가들은 앞에서 제시된 6가지 질문에 어떻게 답하는지 살펴보자.

지식의 본질

지식은 어떤 형태로 학생의 마음에 존재하는가? 이름에서 암시되듯이, 스키마 이론은 **스키마타**(schemata: 단수형은 스키마)라는 지식 구조의 존재를 가정한다. 스키마타에는 두 유형이 있는데, 한 유형은 대상(예컨대, 개나 집) 스키마타이고, 다른 한 유형은 사건(events) 스키마타이다. 사건 스키마타는 일반적으로 **스크립트**(scripts)라 불려 왔으며(예컨대, 음식점 스크립트나 생일파티 스크립트; Nelson, 1986), **사건 표상**(event representations)이라고도 불려 왔다. 대상이건 사건이건 간에 스키마는 어떤 것과 관련된 모든 사례가 공통적으로 가지고 있는 것에 대한 정신적 표상으로 정의될 수 있다. 예를 들어, 집 스키마는 이 세상 모든 집의 공통적 속성을 표상하고, 음식점 스크립트는 음식점에 갔을 때 일어나는 사건의 전형적 순서를 표상한다(Anderson, 1990; Smith, 1989). 그림 2.2에는 많은 사람들이 가지고 있는 집 스키마의 예와 음식점 스키마의 예가 제시되어 있다.

그림 2.2에 제시된 집 스키마는 "홈 채우기(slot-filler)" 방식으로 서술되어 있다. 여기에서, "재료"와 같은 "홈"은 대상이 다양한 속성에 대하여 가지고 있는 값(예를 들어, 값=나무, 벽돌, 돌)을 구체화한다. 지식을 묘사하는 또 한 가지 (특히, 교육연구자와 교사에게) 인기 있는 다른 방식은 노드-연결(node-link) 형식을 활용하는 것

이다. 그림 2.3에는 집 스키마를 노드-연결 형식으로 기술한 예가 제시되어 있다. 노드-연결 방식은 아이디어 간의 관계를 보여주기 때문에 유용하다. 각각의 관계는 화살표(예, 상위 관계에 대한 "~이다" 의 연결)로, 각각의 아이디어는 타원형으로 표시된다(예컨대, "집" 노드).

그림 2.2 "집"에 관한 스키마와 "음식점"에 관한 스크립트의 내용

집 스키마

상위 스키마: 건물
부분: 방
재료: 나무, 벽돌, 돌
기능: 거주
형태: 직선형, 삼각형
크기:100~10,000평방피트

식당 스크립트

들어가기→ 예약자 이름 대기→ 자리에 앉기→ 음료 주문하기→ 차림표 보기→ 음식 주문하기→ 샐러드나 스프 먹기→ 음식 먹기→ 후식 주문하기→ 후식 먹기→계산하기→ 팁 남기기→ 나오기

출처: 집 스키마는 Anderson(1990)이다. 그리고 음식점 스크립트는 Bower, Black & Turner(1979)의 대학생 응답이다.

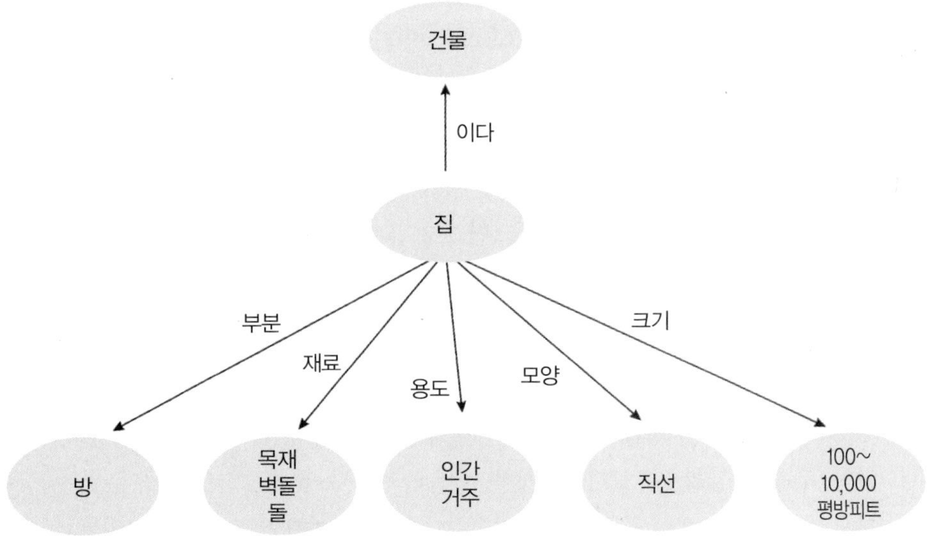

그림 2.3 집 스키마에 대한 노드 연결 묘사

스키마타는 네 가지의 기능을 한다. 첫째, 스키마타는 경험을 **범주화**한다(Smith, 1989). 범주화는 각각의 경험을 별도로 저장하는 것보다 기억 용량을 더 효과적으

로 활용할 수 있도록 한다. 이를 알아보기 위해, 이 세상에는 정확하게 10,000가지 유형의 대상(예컨대, 개, 고양이, 나무, 사람, 식당 등)이 있고, 어떤 한 유형에 속하는 100가지 사례(예컨대, 100마리의 개)를 보았다고 가정해 보자. 그러면, 서로 분리되어 연결되지 않은 구체적인 100만 가지(10,000유형×100사례) 사항이 기억될 것이다. 정신을 서류 정리용 캐비닛이라고 한다면, 정신에는 각각의 경험을 담고 있는 100만 개의 서류철이 들어있는 것이다. 이와는 반대로 한 유형의 사례를 보았을 때, 이를 범주화한다면(예컨대, 이것은 또 다른 "개" 이다), 더 신속하게 관련정보를 찾을 수 있는 훨씬 더 적은 서류철(즉, 10000개의 서류철)로 경험을(예컨대, 보았던 각각의 개를 한 폴더에) 묶을 수 있게 될 것이다.

스키마타는 다른 방식으로도 기억의 능률을 높인다. 스키마는 (비디오테이프에 녹화되는 것과 같이) 경험한 구체적인 사항을 모두 저장하는 것이 아니라, 경험을 간단하게 메모한 메모지와 같다. 메모지에는 특정 대상에 대한 경험(예컨대, Rover라는 이름의 강아지를 본 경험)과 동일한 유형에 속하는 다른 대상에 대한 이전의 경험(예컨대, Spot이라는 이름의 강아지, Fido라는 이름의 강아지, Fifi라는 이름의 강아지를 보았던 경험)에서 공통적인 것만을 적어 놓는다. 경험의 공통적인 것 이외의 상세한 사항은 망각되며, 이 때문에 기억 공간에 여유가 생긴다.

대상을 범주화함으로써 얻는 또 하나의 이점은 예측할 수 있도록 한다는 것이다(Smith & Medin, 1981). 예를 들어, 개의 범주를 알고 있으면, 개를 보았을 때 (미지의 것에 대한 경계와 놀라움의 표현으로) "어, 저게 뭐지?" 라고 생각하지는 않는다. "그래, 이것은 또 다른 개일 뿐이야. 아마 꼬리를 흔들거나 짖겠지?" 하고 예측한다. 이와 유사하게, 제대로 된 "식당" 스크립트를 가진 사람은 이 스크립트가 어떤 사건이 일어났을 때 기대되는 것과 할 것을 알려주기 때문에(예컨대, 주인이 차림표를 가져올 것으로 기대하는 것, 그림 2.2 참조), 식당에서 혼란을 느끼거나 위축되지 않는다.

스키마타의 범주화 기능은 다른 두 가지 역할 즉, **기억**을 도와주는 역할 및 **이해**를 도와주는 역할과 아주 밀접하게 관련되어 있다. 어떤 대상에 대한 스키마가 형성되어 명명(예컨대, 개라고 명명)되면, 그 명칭을 이용하여 같은 유형의 대상에 대해 알고 있는 것을 회상할 수 있다. 명칭을 사용하거나 누군가 그 명칭을 부르는 것을 듣는 것은 그 대상에 대해 알고 있는 것을 보기 위해 그것이 들어 있는 유형과 관련 있는 서류철을 찾아내어 사용할 수 있는 정신적 서류함에 들어있는 서류철에 이름을 붙이는 것과 매우 유사하다. 이와 유사하게, 기억에 저장된 그 대상의 다른 측면(예컨대, 모양, 부분 등)도 전체 스키마를 회상하는 데 활용될 수 있다. 예를 들어, 식탁 밑에서 꼬리를 흔드는 것을 보면, 이를 단서로 "개" 스키마를 회상한다.

이해란 현재 진행되고 있는 것을 안다는 것을 의미한다. 스키마타는 이야기에서 일어나고 있는 일을 이해하고, 다음에 일어날 일을 예상할 수 있도록 도와준다. 어떤 작가가 "Mary는 수풀 밑에서 개굴거리는 소리를 들었다. 그녀는 그 작은 생물을 집어서 울퉁불퉁한 피부를 느꼈다."라고 썼으면, 독자는 이 이야기에서 일어난 일에 대한 정신적 표상을 구성하기 위해 개구리 스키마를 이용한다. "개굴거리는 소리"와 "울퉁불퉁한 피부"를 개구리 스키마타의 일부로 가지고 있는 사람은 등장인물이 수풀에서 개구리를 발견했다는 것을 즉시 알 것이다.

스키마타는 경험을 범주화하고, 기억하고, 이해하도록 돕는 것 이외에도, **문제해결**에 도움을 준다. 예를 들어, 초등학교에서는 일반적으로 네 가지 유형의 문장제가 제시된다(Riley, Greeno & Heller, 1983). 각 유형에 속하는 많은 문제를 풀고 나면 아동은 그 유형에 대한 스키마를 형성했다고 할 수 있다. 마찬가지로, 고등학교의 물리학과 대수학 수업에서도 학생은 동일한 유형의 문제를 계속 접하게 되고, 이 유형의 문제에 대한 스키마타를 형성하게 될 것이다(Clement, 1982; Mayer, 1982). 식당 스키마가 식당에서 어떻게 해야 하는지를 알 수 있도록 도와주는 것과 마찬가지로 문제 스키마타는 학생이 특정 문제를 풀어야 할 때 어떻게 해야 하는지를 알 수 있도록 도와준다. 그림 2.4에는 동일한 유형의 문제에 속하는 3문제의 예와 이 유형의 문제에 대한 스키마타가 제시되어 있다.

그림 2.4 동일 유형의 문장제의 스키마

문제의 예

1. John은 세 개의 사과를 가지고 있다. Mary가 John에게 두 개 더 주었다. John은 몇 개를 가지고 있는가?

   해결방법: John이 원래 가지고 있는 것과 Mary가 준 것을 더한다.

2. Bill에게는 모자가 두 개 있다. Charley가 모자 세 개를 주었다. Bill은 모두 몇 개를 가지고 있는가?

   해결방법: Bill이 원래 가지고 있는 것과 Charley가 준 것을 더한다.

3. Jessica에게는 세 명의 오빠와 언니가 있다. 엄마가 아기를 낳았다. 이제 Jessica에게는 모두 몇 명의 형제자매가 있는가?

   해결방법: 두 양을 모두 더한다.

이 유형의 문제의 스키마

사람 1이 어떤 대상을 얼마 정도 가지고 있다. 사람 2가 사람 1에게 얼마만큼의 양을 주었다. 사람 1은 현재 얼마나 가지고 있나?

해결방법: 두 양을 모두 더한다.

학습과 지식 성장

학생은 지식을 어떻게 획득하고 획득된 지식은 어떻게 변화되는가? 스키마 이론가는 세 가지 방식으로 이 질문에 대답한다. 첫째 방식은 스키마타가 처음에 어떻게 형성되는지 설명하는 것이다. 둘째 방식은 기존의 스키마타가 새로 투입되는 자극의 저장에 어떻게 영향을 주는지 설명하는 것이다. 셋째 방식은 세 유형의 스키마타 변화를 기술하는 것이다.

스키마타는 **추상화** 과정을 통해 형성된다(Adams, 1990; Hintzman, 1986). 앞에서 시사했듯이, 아동은 동일한 대상이 관련되어 있는 다양한 상황에서 자신을 발견한다. 예를 들어, 한 아동이 진공청소기를 처음 본 것은 엄마가 거실을 청소할 때이고, 그 다음에는 아빠가 침실을 청소할 때이다. 또 다음에는 할머니가 할머니 집을 청소할 때이다. 시간이 지나서, 아동의 진공청소기 스키마에 들어 있는 것은 진공청소기와 관련된 모든 상황에서 경험한 공통적인 측면일 것이다. 이 아동은 누가 사용하는지, 어느 방을 청소하는지, 어떤 색상인지 혹은 어떤 모양인지는 중요하지 않다는 것을 깨닫게 될 것이다. 모든 상황에서 볼 수 있는 공통적인 것은 융단을 깨끗하게 하는 데 사용되고, 특이한 소리를 낸다는 사실이다. 이런 정보가 대상(즉, 진공청소기)에 대한 아동의 스키마를 구성할 것이다.

추상화에 대한 강조는 스키마 이론이 Piaget 이론과 유사하지만, Thorndike 이론과는 다르다는 것을 보여주고 있다. 특히, Thorndike는 특정 상황에 대한 특정 기억의 흔적을 아주 강조하는 반면, Piaget와 스키마 이론가는 스키마타와 개념이 형성되면 구체적인 세부사항은 망각된다고 주장한다. 또한 스키마 이론과 Piaget 이론은 개념 간의 의미 있는 관계(노드-연결 구조에서의 관계)와 구성주의를 강조한다는 점에서도 유사하다(Paris, 1978).

스키마타는 일단 형성되고 나면 세 과정, 즉 선택, 요점추출, 해석의 과정을 통해 경험에 대한 기억에 영향을 미친다(Alba & Hasher, 1982). 앞에서 언급했듯이, 스키마 이론의 중요한 주장 하나는 마음이 경험의 모든 측면을 부호화하고 저장하지 않는다는 것이다. 오히려, 마음은 관련된 측면을 **선택**하기 위해 스키마타를 사용한다. 예를 들어, 야구경기에서 경험의 모든 측면(즉, 운동장에서 펼쳐지는 모든 광경과 소리)이 기억되지 않고 '야구경기 스크립트'와 일치되는 경험(예컨대, 승자, 중요한 경기 등)의 어떤 측면만 기억될 것이다. 이와 마찬가지로, 학생도 수업의 모든 측면(예컨대, 국사시간에 선생님이 맨 넥타이)을 기억하지 않을 것이다. 학생은 자신의 전형적인 수업 스크립트에 일치하는 측면(국사시간에 이루어지는 일반적인 일련의 사상)만 기억할 것이다.

스키마 이론에 따르면, 선택적으로 부호화되어 저장된 경험의 어떤 측면은 처음에는 구체적이고 정확하며, 말 그대로 경험의 해당 측면의 흔적이다. 예를 들어, Nelson 선생의 수업을 듣는 학생은 수업 스크립트에 따라 선생님의 목요일 수업도 평상시에 하던 대로 내일(금요일) 퀴즈시험을 보겠다고 하면서 끝날 것으로 기대할 것이다. 이러한 기대는 학생으로 하여금 Nelson 선생의 퀴즈 설명에는 선택적으로 주의를 기울이고, 그 전에 있었던 전형적이지 않은 어떤 것(예컨대, 시청한 TV쇼에 관한 설명)에는 주의를 기울이지 않도록 한다. Nelson 선생이 퀴즈에 대해 알려주고 나면, 그의 말은 학생에게 축어 형식(verbatim form)으로 저장된다.

곧이어 두 번째 과정인 **요점추출**(gist-extraction) 과정이 시작된다. 요점추출이 이루어지는 동안, Nelson 선생이 했던 말(즉, 축어적인 흔적)은 "요점"으로 대체된다. 예를 들어, Nelson 선생이 실제로 "Louis 14세와 Louis 15세의 업적을 설명한 부분에서 퀴즈 문제를 낼 것이다."라고 말했다면, 학생은 요점추출 과정을 통해 "두 왕에 대해 설명한 부분을 읽어야 한다."는 내용으로 기억하게 된다.

선택과정과 요점추출 과정은 경험이 정확하고 상세하게 진술되기 어렵다는 것을 시사한다. 단지 일어난 일에 대해 간단하게 설명될 수 있을 뿐이다. 만일 이것이 사실이라면, 이러한 기억의 한계는 증언이 신뢰롭지 못할 수도 있다는 것을 시사한다. 범죄를 목격한 직후에 면담하지 않는 경우에는 목격자가 범인이 어떤 옷을 입고 있었고, 어떤 차를 운전했으며, 무슨 말을 했는지 등과 같은 세부적인 사항을 정확하게 진술하는 것은 불가능할 것이다.

기억이 가진 이런 문제점은 경험에서 얻은 것에 영향을 미치는 세 번째 과정인 **해석**으로 인하여 더욱 복잡해진다. 앞에서 밝힌 바와 같이, 스키마타는 듣거나 보지 않은 것을 채워 넣음으로써 이해를 돕는다. 예를 들어, 앞에 제시된 개구리 관련 글에서는 Mary가 개구리를 잡았다(집어 올렸다)는 말을 직접 하지 않았음에도 불구하고, Mary가 개구리를 잡았다고 추론할 것이다. 마찬가지로, "그녀가 관리인에게 고깃값에 대해서 말했다."라는 글을 읽으면, 그 여자가 고기 값이 너무 비싸다고 불평한다고 추론할 수도 있다. 추론이 이해과정에서 중요하긴 하지만, 추론은 개연성이 있다는 것에 불과하며 옳지 않을 수도 있다. 다시 법정에서의 증언 문제로 돌아가서 주차된 차 앞에서 남녀가 상호작용하는 광경을 보았다고 가정하자. 어떤 행동이 이들이 서로 알고 있는 사이라고 추론하도록 하는가? 무엇이 이들은 서로 모르는 사이이고, 남자가 여자를 괴롭히고 있을지도 모른다고 추론하도록 하는가? 여자가 공격받았고, 후에 경찰관이 무엇을 보았냐고 물으면 "두 사람은 서로 아는 사이인 것 같았다."라고 말할지도 모른다. 이러한 진술은 경찰관이 여자(희생자)가 알고 있는 사람에 한정하여 용의자를 찾게 할 수도 있을 것이다. 그러나 이 추론이 맞지 않을 수도 있다는 점에 유의해야 한다.

왜곡되고 진실성이 없는 기억에 대한 강조로 1980년대에는 많은 심리학자가 스키마 이론에 대한 관심을 잃었다. 근래에 들어, 주의를 기울이면 정확하게 그대로 회상될 수 있다는 것이 밝혀지고 있다(Alba & Hasher, 1982). 더 나아가서, 사람들은 극단적으로 분명한 추론을 하지 않는 경우도 있다는 것이 밝혀졌다(Schacter, 1989). 이런 점에서, 스키마 이론은 기억, 범주화, 이해의 몇몇 측면은 설명할 수 있지만, 학습의 모든 측면을 설명할 수는 없다.

지금까지 스키마타가 어떻게 형성되는지, 그리고 경험을 기억하는 데 영향을 주는 세 가지 과정(즉, 선택, 요점추출, 해석)을 살펴봄으로써 학습과 지식성장에 관한 질문에 답해왔다. 지금부터는 스키마타의 변화에 대해 살펴본다. Rumelhart(1984)는 스키마타가 세 과정, 즉 증대(accretion), 조율(tuning) 혹은 재구조화(restructuring) 과정 중 한 과정에 의해 수정되는 것으로 가정하였다. **증대**와 **조율**은 모두 기존 스키마타를 보다 융통성 있도록 수정하는 것과 관련 있다. 조율은 증대보다 더 큰 구조적 변화와 관련 있다. 증대의 예로 집 스키마(그림 2.2 참조)의 재료 홈에 흙벽돌이라는 속성값을 첨가시키는 것을 들 수 있다. 단순히 속성값만 첨가하는 경우에 스키마의 기본구조는 변하지 않는다.

조율의 예로는 기존 스키마에 새로운 홈을 첨가시키는 것을 들 수 있다. 예를 들어, 아주 어린 아동의 집 스키마에는 크기 홈이 들어있지 않다. 그러나 나이가 들면서 집 이외에 다른 유형의 건물이 있다는 사실과 건물의 크기는 건물의 종류를 결정하는 데 도움을 주는 단서가 된다는 사실을 깨닫게 된다. 이러한 환경의 피드백에 따라, 아동은 집 스키마에 크기 홈을 첨가한다.

기본적으로, 기존 구조의 일부를 수정하는 증대나 조율과는 대조적으로 **재구조화**에는 더 많은 변화가 포함된다. 이러한 변화의 하나는 스키마를 구성하는 기본 관계를 전반적으로 수정하는 것이다. 다른 하나는 기존 스키마를 통해 유추하는 방식으로 완전히 새로운 스키마를 생성해 내는 과정이다. 전자, 즉 기본 관계를 전반적으로 수정하는 재구조화의 예로는 (지각적 유사성에 기초하는) 전조작적 범주화에서 (보다 추상적인 특징을 활용하는) 구체적 조작적 범주화로 이행하는 것을 들 수 있다. 이 경우에 전조작적 스키마를 구성하는 모든 홈은 전혀 다른 홈으로 완전히 대치된다. 후자, 즉 완전히 새로운 스키마를 생성하는 재구조화의 예로는 대학생이 다른 대학으로 편입하는 경우를 들 수 있다. 이 학생은 (유추를 통하여) 편입한 대학교에서 수강 등록 스크립트를 형성하기 위해 이전의 대학에서 형성한 수강 등록 스크립트를 이용할 수 있을 것이다. 증대, 조율 및 재조직화에 대한 Rumelhart의 설명은 발달기제에 대한 설명이 아니라는 점에 주목할 필요가 있다. 발달기제는 지식을 이전 상태에서 다음 상태로 변환시키는 요인이나 가정을 구체화하는 것이다. 지식은 다양한 방식으로 변화될 수 있다는 것을 아는 것은 흥미롭지만, 왜 이런 방식으로 변화되는지를 아는 것이 더 유용할 것이다. 예를 들어, 왜 조율이 일어나지 않고 재구조화가 일어나는가? 이런 점에서 스키마 이론은 발달기제에 대하여 분명하게 설명하지 못하고 있다.

자기조절

학생은 어떻게 스스로 학습궤도를 유지하고 수업의 요구에 적응하는가? 스키마 이론가는 성공적인 문제 해결자는 정확하고 융통성 있는 스키마를 보다 많이 가지고 있다는 것 이외에는 자기규제에 대해 언급하지 않았다. 스키마 이론가는 적응을 잘 하는(즉, 성공적인) 학생이 그렇지 않은 학생보다 피드백에 부응하는 스키마타를 발달시킬 가능성이 높을 수 있다고 주장할 것이다.

교육에의 적용

스키마 이론이 교육실제에 주는 시사점은 크게 3가지로 요약될 수 있다.

1. 스키마 이론 주장자는 학습을 단편적인 사실의 기계적 습득이라기보다는 스키마타의 획득과 수정으로 보아야 한다고 주장할 것이다. 아동이 스키마타를 형성할 수 있도록 하기 위해 교사는 가르치려는 내용의 다양한 예(예컨대, 문장제의 특별한 종류)를 제시해야 한다. 그리고 교사는 학생이 그러한 예에서 공통적인 특징을 파악할 수 있도록 해야 한다. 아동이 스크립트를 형성할 수 있도록 하기 위해, 교사는 아동이 동일한 유형의 다양한 사상을 경험하고 이로부터 공통적인 것들을 추출할 수 있도록 해야 한다.
2. 교사는 다양한 학습 보조물(예컨대, 노트 등)이 없으면 학습경험이나 내용 중에 극히 일부분만 선택적으로 기억될 것이라는 사실을 명심해야 한다. 또한, 학생은 추론을 통하여 학습한 것을 정교화하거나 왜곡할 수도 있다.
3. 유의미 학습은 새로운 정보를 기존 스키마타에 통합할 수 있을 때 혹은 기존 스키마타에 대한 비유를 통하여 새로운 스키마타를 생성했을 때 일어난다. 교사는 이러한 과정을 촉진하기 위하여 학생에게 학습할 내용을 제시하거나 읽기를 시키기 전에 관련 스키마타를 환기시켜 주어야 한다. 만일 주제가 새로운 것이고 아동이 관련 스키마를 가지고 있지 않다면, 유추적 사고를 조장하기 위한 **선행 조직자**(advance organizers)를 활용할 수 있다(Mayer, 1979). 선행 조직자란 새로운 주제와 학생이 이미 알고 있는 주제 사이의 유사성을 구체적으로 열거한 소개문이다. 예를 들어, 과학교사는 전기가 전선을 통하

여 어떻게 전달되는지를 설명하기 위해 도미노 게임을 활용할 수 있다. 마찬가지로, 사회과 교사는 학생에게 영국 의회를 이해시키기 위해 미국 국회를 예로 사용할 수 있다.

신경과학과의 관계

1970년대에는 신경과학 연구가 여전히 유아기에 머물러 있었기 때문에, 초기의 스키마 이론가들은 스키마타의 신경과학적 기초에 대해서는 거의 언급하지 않았다. 그러나 근래에 특정 도구(예컨대, Lewis, Phinney, Brefczynski-Lewis, & DeToe, 2006)나 특정 종류의 사건(Wood, Tieney, Bidwell, & Grafman, 2005)에 대한 스키마가 사용될 때 활성화되는 뇌 부위를 밝히려는 연구가 수행되어 왔다. 전자(즉, 도구 사용을 위해 스키마를 사용하는 것)는 우세 손(primary hand)과 반대쪽의 운동피질 부위(예컨대, 오른 손잡이의 경우에는 좌반구)를 활성화시키는 반면에 후자(특정 종류의 사건을 위해 스키마를 사용하는 것)는 우뇌피질(right orbitofrontal cortex)을 활성화시킨다.

고차적 사고

앞에서 밝힌 바와 같이, Piaget의 이론과 스키마 이론은 많은 공통점을 가지고 있다. 이 두 이론 간의 중요한 차이는 스키마 이론이 단계나 이해 수준 또는 추상화 수준의 존재를 강조하지 않는다는 것이다. 또한 스키마 이론에는 특정 주제를 이해하는 능력의 연령별 차이를 설명할 수 있는 구인이 없다. 스키마 이론에 따르면, 교사가 어떤 것의 다양한 예(예컨대, 전 세계의 민주정부의 세 가지 예)를 제시하면 모든 연령의 아동이 공통성을 추상화하고 범주(예컨대, 민주주의)의 본질을 이해할 수 있어야 한다.

정보처리 이론

정보처리 이론은 스키마 이론과 거의 같은 시기(즉, 1970년대 중반)에 교육연구가들에게 영향을 미치기 시작했고, 지금까지 그 영향은 계속되고 있다. 여기에서는 앞에서 제시된 여섯 가지 질문에 정보처리 이론가들이 어떻게 대답하고 있는지 살펴보자.

지식의 본질

지식은 어떤 형태로 학생의 정신에 존재하는가? 정보처리 이론은 인공지능(AI:

Artifical Intelligence) 연구에 그 뿌리를 두고 있다. 인공지능 연구가들은 지난 40여 년에 거쳐 인간의 인지기능(예컨대, 정신적 계산, 언어이해, 체스놀이 등)을 모사하기 위한 컴퓨터 시스템을 개발하기 위해 노력해 왔다. 그리고 이 컴퓨터 시스템에 중요한 두 가지 유형의 지식구조를 장착하였는데, 하나는 인간의 **선언지식**을 모형화한 것이고(예, Collins & Loftus, 1975; Newell & Simon, 1972) 다른 하나는 인간의 **절차지식**을 모형화한 것이다(Newell & Simon, 1972). 선언지식 혹은 "무엇을 아는 것"은 "새는 날 수 있다.", "삼각형은 세 개의 변을 가지고 있다.", "Harisburg는 Pennsylvania의 주도이다."와 같은 사실의 집합체이다. 절차지식 혹은 "방법을 아는 것"은 목표를 달성하기 위해 수행하는 일련(연속되는)의 행동 집합체이다. 예를 들어, 신발 끈을 묶는 방법, 알파벳 쓰는 방법, 수 세는 방법, 운전 방법 등을 아는 것은 절차지식에 해당된다. 이렇게 사실과 행위를 구분한 것은 Piaget가 개념과 스키마를 구분한 것 그리고 스키마 이론에서 대상 스키마타와 사건 스키마타를 구분한 것과 유사하다.

컴퓨터에서는 **의미망**(semantic nets)을 활용하여 선언지식을 모형화한다. 사실이 "새는 깃털이 있다."와 같은 명제 형태로 진술되는 경우가 많기 때문에 의미망을 **명제 네트워크**(propositional networks)라고도 한다. 의미망이란 그림 2.3에 제시되어 있는 것과 유사한 노드-연결(node-link) 구조로, 사실 간의 관계를 구체화한다. 대부분의 모형에서, 개념 간의 관계는 본질적으로 연합적이다. "새는 깃털이 있다."와 같은 사실을 자주 접할수록 새와 깃털 사이의 연합은 더욱 강력해진다. 단어(예컨대, 새)는 종종 사실과 연합되고, 이러한 사실은 단어에 의미를 부여하기 때문에 의미(semantic)라는 말이 사용된다.

절차지식은 주로 **산출**(productions)을 활용하여 모형화된다. 원래의 형식(예, Newell & Simon, 1972)에서 산출은 행위가 특정 선행조건과 연결되는 "~이면, ~이다(if-then)" 형식의 진술문이었다. 일반적으로 선행조건은 두 가지 사항, 즉 환경에 대한 진술과 개인의 목표를 구체화한다. 몇 가지 산출의 예를 들면 다음과 같다.

조건: 만일(IF) (분수이고) 그리고(AND) (목표가 더하기라면), 그러면(THEN)
행위: [가장 작은 공통분모를 구하라]
조건: 만일(IF) (신발이 있고) 그리고(AND) (목표가 신발 끈을 묶는 것이라면), 그러면(THEN)
행위: [고리를 만들어라. 그리고 ……]

가정(IF) 부분에 기술된 조건이 충족되면(예컨대, "$\frac{1}{2}+\frac{1}{4}$"을 지각하고, 이 두 분수의 더하기를 목표로 결정하면) 산출이 "활성화" 된다. 산출이 활성화되는 속도와 규칙성은 조건과 행동 사이의 연합강도에 달려있다.

작동기억 성분(working memory component)과 결합된 일단의 산출을 **산출체제**(production system)라 한다(Munakata, 2006). 작동기억 성분이란 현재 상황을 표상하는 체제의 능력이다. 체제는 작동기억의 요소와 기억에 저장된 산출을 배합하기 위해 설계된다. 하나 이상의 산출이 현재 상황과 배합되기 때문에, 모형 제작자는 어떤 성분을 활성화시킬 것인지를 결정하기 위하여 갈등해소 과정을 만들어야 한다.

산출과 상황-반응 짝에 대한 Thorndike의 설명도 이와 매우 유사하다. 상황-반응 짝과 산출 간의 차이는 후자, 즉 산출에 목표는 물론 보다 일반적인 개념(예컨대, 분수와 같은 개념)이 포함되어 있다는 것이다(Sinyly & Anderson, 1989).

학습과 지식성장에 대해 논의하기 전에, 정보처리 이론과 같은 입장에 있다고 생각하는 연구자 모두가 의미망과 산출체제가 지식을 설명해 주는 훌륭한 모형이라고 생각하는 것은 아니라는 사실을 명심해야 한다. 일부 연구자는 모든 지식이 절차지식이므로 선언지식을 따로 구분할 필요가 없다고 주장한다(Winograd, 1975). 또 어떤 연구자는 산출이 아니라 수행을 기술하기 위해 흐름도와 규칙을 활용하는 것을 선호한다(Siegler, 1998). 또 다른 연구자는 중요한 기능과 과정(예컨대, 지능, 유추적 사고)을 설명하기 위해 많이 노력하고, 결과적으로 지식의 본질에는 크게 관심을 두지 않는다(예컨대, Sternberg, 1985). 이에 따라, (a) 지식의 유형이 하나인가 아니면 둘인가 그리고 (b) 지식을 모형화하는 최선의 방법은 무엇인가에 관한 논쟁은 여전히 진행되고 있다.

학습과 지식 성장

학생은 지식을 어떻게 습득하는가? 정보처리 이론의 핵심은 환경으로부터 얻어진 정보가 기억에 저장되는 방식에 대한 설명이다. 정보의 저장과정에 관한 가장 영향력 있는 모형은 1968년 Atkinson과 Shiffrin에 의해 처음으로 제안되었다. 이 모형에서 인간의 기억은 세 개의 **저장고**로 구성되어 있는 것으로 간주된다. 정보(즉, 환경으로부터 온 자극)는 먼저 *감각 저장고*(sensory store)를, 이어서 *단기 저장고*(short-term store)를, 마지막으로 *장기 저장고*(long-term store)를 거친다. 이 저장고들은 저장할 수 있는 정보의 양(저장용량)과 저장 가능한 시간과 같은 구조적 특징에 의해 구분된다(Siegler, 1991).

자극이 감각 수용기(sensory receptors)에 의해 감지되면, 그 자극은 **영상** 형태로 감각 저장고로 들어간다. 시각적 영상이 무엇인지를 이해하려면, 주변에 있는 한 물체를 잠깐 동안 응시하고 나서 눈을 감아 보라. 그러면 그 물체의 이미지(영상)가

보일 것이다. 그러나 이 이미지는 아주 빨리 소멸된다. 감각 저장고의 용량은 그렇게 크지는 않다는 연구결과가 있다. 예를 들어, 12개 항목의 행렬표를 보여 주었을 때, 피험자는 항목의 40% 정도밖에 기억하지 못한다. 자극이 1/20초 정도만 제시되어도 영상이 형성된다는 것이 밝혀졌다(Siegler, 1991).

그러나 계속 주의를 기울이지 않으면 영상은 1초 정도밖에 저장되지 않는다(Atkinson & Shiffrin, 1968). **주의**를 기울이면 감각 저장고에 있던 정보가 단기 기억고로 들어간다. 초기에는 단기 기억고의 용량이 고정되어 있으며, 보통 사람은 동시에 7개 정도(7±2 정도)의 정보 덩어리(chunks of informations)를 저장할 수 있는 것으로 알려져 왔다. 따라서 7개나 혹은 그 보다 적은 양의 정보(예컨대, 7개의 쇼핑 목록, 지역번호 없는 전화번호 등)가 제시되었을 때는 이를 모두 기억할 수 있다. 7개 이상의 목록이 제시되었을 때는 일부가 단기 기억고로 들어가지 못하고 망각된다. 근래에 단기 기억고의 저장용량이 7개의 정보로 제한되어 있다는 주장이 도전받고 있다(3장 참조).

초기의 모형에서, 정보 덩어리란 말은 하나의 정보만을 말하는 것이 아니었다. 오히려, 유의미한 항목의 집합(meaningful grouping of items)을 말하는 것이었다. 따라서 17942865와 같은 여덟 개의 숫자 목록은 8개의 정보이다. 반면에, NINETEEN이라는 8개의 문자는 하나의 의미 있는 집합을 구성하고 있기 때문에 하나의 정보가 된다. 항목이 아무리 많아도 그것을 유의미한 덩어리로 묶음으로써 저장에 필요한 단기기억 용량을 줄일 수가 있다. 스키마 이론과 마찬가지로, 정보처리 이론에서도 단기적인 묶음 표상 형성 과정, 즉 **부호화**는 선택적인 것으로 간주된다(Siegler, 1998). 선택적 부호화는 단기기억 용량이 한정적이라는 점에서 적응적인 것으로 볼 수 있다.

만일 15초 내지 30초 안에 특별한 노력을 기울이지 않으면 단기 기억고에 들어 있는 정보는 망각된다(Siegler, 1991). 예를 들어, 전화번호를 들었을 때 기억하기 위해 노력하지 않으면 15초 안에 망각될 것이다. 말할 필요도 없이, 전화번호나 학교에서 제시되는 대부분의 정보는 15초 이상 기억해야 하는 중요한 것이다. 이상적으로는, 정보를 장기 기억고에 저장하려 할 것이다. 왜냐하면, 장기기억은 영구적이기 때문이다. 단기 기억고의 정보를 장기 기억고로 보내기 위해서는 **기억전략**(memory strategy)을 사용할 필요가 있다. 전화번호를 기억할 때 어떻게 하는가? 아마도 전화번호를 몇 번이고 암송(rehearsal)할 것이다. 암송과 같은 전략을 사용하는 것은 개인용 컴퓨터에서 저장 버튼을 누르는 것과 같은 것이다. 단기기억은 작업을 하는 동안 텍스트 정보를 일시적으로 가지고 있으면서 그것을 화면에 나타내는 컴퓨터의 "버퍼(buffer)" 또는 RAM과 같은 것이다. 장기기억은 플로피 디스켓이나 하드디스크와 같다. 정보가 저장기능에 의해 일단 저장되면, 그 정보는 영구히 저장된다. 정보처리 이론가에 따르면, 망각은 정보의 **재생**(retrieval)(즉, 장기기억에서 정보를 꺼내는 것)에 문제가 있음을 의미하는 것이지 정보가 없어졌거나 완전히 소멸되었다는 것을 의미하는 것은 아니다.

정보처리 이론가들은 이와 같은 장기기억의 영구성에 대한 가정 이외에 두 가지 사항을 더 가정하고 있다. 첫째, 장기기억에 저장할 수 있는 정보의 양은 단기기억과는 달리 무한한 것으로 가정된다. 즉, 인간의 장기기억 공간은 결코 채워지지 않을 것이다. 둘째, 대상에 관한 정보는 조각조각으로 나뉘어 저장되는 것으로 가정된다. 예를 들어, 대상의 명칭(발음, 철자), 모양, 종류 등과 같은 정보는 모두 서로 다른 장기기억에 저장된다. 이 두 번째 가정은 말이 혀끝에서 빙빙 도는 설단현상(tip-of-the-tongue phenomenon)—즉 어떤 정보의 일부만 회상되는 현상—을 설명해준다(Siegler, 1998).

정보처리 이론에서 "학습"은 정보에 주의를 기울이고, 전략을 활용하여 그 정보를 단기기억에서 장기기억으로 전환시키는 것이다. 정보처리 이론에서 주의집중과 전략 활용이라는 두 과정은 중요한 발달기제이다. 다음 장에서 알게 되겠지만, 아동은 성장하면서 주의집중 능력과 전략 활용 능력이 더욱 능숙해진다. 즉, 연령이 높아지면서 아동은 더욱 효과적이고 효율적인 정보 처리자가 된다. 이러한 기능의 증대는 감각기억과 단기기억에 의한 정보처리 능력의 한계를 극복하여 어린 아동보다 더 신속하고 더 효율적으로 지식을 습득할 수 있도록 도와준다.

일부 정보처리 이론 모형에는 다른 학습기제가 포함된다. 예를 들어, 산출체제를 이용하여 사고를 모형화하는 연구자는 경험에 기초하여 산출체제를 수정하는 기제를 포함시킨다. 산출의 여분은 제거될 것이고 산출은 조합될 수 있다(Munakata, 2006).

지금까지 "지식의 본질"과 "학습과 지식성장"에 관한 질문에 대한 정보처리 이론가의 대답을 살펴보았다. 이제, 이 두 문제에 대한 대답이 어떻게 서로 연관되는지 살펴보자. 선언지식과 절차지식이 있다는 진술은 실제로 장기기억에 사실적 지식과 절차지식이 저장되어 있다는 것을 의미한다. 이런 지식은 모두 암송과 같은 기억전략을 통해 장기기억에 저장된다. 정보가 여러 번 암송되면 될수록 지식의 개개 부분들 사이의 결합은 더욱더 강력해진다.

자기조절

학생은 어떻게 스스로 학습궤도를 유지하고 수업의 요구에 적응할 수 있을까? 정보처리 이론가는 수행의 두 측면, 즉 **전략**과 **인지적 점검**을 활용하여 이 질문에 대답한다(Borwn, Ferrara, Bransford, & Campione, 1983; Flavell, et at., 1993; Pressley, Borkowski & Schneider, 1987). 전략이란 목표를 획득하기 위해 수행되는 행위이다. 전략의 예로 (a) 일단의 단어를 학습하기 위해 암송을 활용하는 것 그리고 (b) 요점파악을 확인하기 위하여 요약하는 것을 들 수 있다. 인지적 점검에는 목표 달성을 위해 활용할 전략(암송 또는 다른 전략)을 결정하고, 목표 달성을 위한 수행이 제대로 되고 있는지 점검하고(이 내용을 학습하고 있나?, 이해하고 있나?), 목표 달성 후 활용된 방법에 대해 평가하는(이를 더 좋은 방법으로 학습할 수 있었을까?) 과정이 포함된다. 전략과 인지적 점검의 차이를 이해하기 위해, 다음의 예를 살펴보자. 전략은 무엇을 만들어 내려는 노동자와 같다. 그리고 인지적 점검은 특정 작업을 맡을 노동자를 선정하고, 노동자에게 만들어낼 것을 말해주고, 노동자가 어떻게 일하고 있는지 알기 위해 돌아다니고, 노동자가 만들어낸 생산물을 면밀히 살피는 감독자와 같다.

세상은 기억이 다룰 수 있는 것보다 더 많은 정보가 있기 때문에 전략이 필요하다. 즉, 종종 정보가 우리를 압도하는 경우가 있다. 전략은 이를 활용하지 않을 때보다 훨씬 많은 정보를 보유할 수 있도록 도와준다. 그러나 수행을 계획하고 점검하고 평가할 수 있는 능력이 없으면, 전략을 획득하거나 활용하거나 변경할 수 없다. 진정으로 세상에 적응하기 위해서 전략과 인지적 점검이 필요한 이유가 바로 이 때문이다.

교육에의 적용

정보처리 이론은 교육실제에 두 가지의 중요한 시사점을 제공한다.

1. 교사는 학생이 처리하고 기억할 수 있는 정보의 양에 한계가 있다는 것을 인식할 필요가 있다. 정보처리 용량의 한계를 극복하는 한 가지 방법은 정보를 보다 작은 단위로 나누고, 학생에게 학습할 수 있는 충분한 시간을 제공하는 것이다. 두 번째 방법은 효과적인 정보처리를 위한 전략을 직접 가르치는 것이다(3장 참고). 세 번째 방법은 정보묶음(chunks)이 형성될 수 있도록 개개의 정보를 조직화하는 것이다.
2. 쉽게 접근될 수 있는 선언지식과 절차지식의 목록을 형성하기 위해서는 많은 경험과 연습이 필요하다. 교사는 학생에게 이런 기회를 제공해야 한다.

신경과학과의 관계

정보처리 이론의 기본 전제는 인간의 마음과 컴퓨터는 모두 상징 처리자라는 점에서 서로 유사하다는 것이다. 이 생각은 인간의 뇌는 컴퓨터에 비유될 수 있다는 주장을 가능하게 했다. 이와는 대조적으로, Neisser(1967)의 다음과 같은 말에서 볼 수 있듯이, 정신은 컴퓨터의 소프트웨어에 비유된다.

> 인간의 인지를 이해하려는 심리학자의 과제는 컴퓨터가 어떻게 프로그램화될 수 있는지를 찾으려는 사람의 과제와 유사하다. 특히, 프로그램이 정보를 저장하여 다시 사용하는 것으로 간주된다면, 컴퓨터 프로그래머는 이 일이 이루어지는 "루틴(routines)" 또는 절차를 알려고 할 것이다. 이러한 목적을 고려할 때, 그는 컴퓨터가 정보를 하드 디스크에 저장하는지 아니면 플로피 디스크에 저장하는지는 크게 신경을 쓰지 않을 것이다; 그는 "하드웨어"가 아니라 프로그램을 이해하려 한다. …… 그는 인간의 모습이 아니라 그의 유용성을 이해하려 한다(p. 6).

Marr(1982)도 이론가에 의해 특징지어질 수 있는 심리적 과정은 세 수준, 즉 전산수준(computational level), 알고리즘 수준(algorithmic level) 그리고 실행수준(implementation level)이 있다고 주장하였다. **전산수준**에서는 어떤 체제나 개인에 의해 수행될 과제(예를 들어, 원의 면적 구하기)가 기술된다. **알고리즘 수준**에서는 특정 개인이 과제를 수행할 때 택할 수단(예컨대, 계산기를 사용하는 것 대 자를 사용하여 면적 구하기)이 기술된다. **수행수준**에서는 어떤 물리적 체제(뇌나 컴퓨터)에서 알고리즘이 수행될 기제가 기술된다. Marr는 연구자가 인지과정을 위한 컴퓨터 시뮬레이션을 만들어 나가고 있다면, 전산수준과 알고리즘 수준의 문제를 연구할 때는 일시적으로 수행의 문제를 무시할 수 있다고 주장하였다. 즉, 연구자는 과제가 무엇이 될 것이고 그 과제를 성취하기 위해 어떤 알고리즘을 사용할 것인지에 대하여 생각할 때는 프로그램이 Mac 컴퓨터에서 운영될지 아니면 IBM 컴퓨터에서 운영될 것인지는 생각할 필요가 없다. 정보처리이론가는 Marr의 주장에 근거하여 심리학자가 정신적 사상에 대한 이론을 구성할 때 일반적으로 전산수준과 알고리즘 수준에서 조작한다고 주장해 왔다. 이들도 역시 수행문제(즉, 인지과정을 수행하기 위해 뇌가 어떻게 작용하는지)에는 관심을 두지 않았다.

컴퓨터 유추는 *마음의 컴퓨터 이론*(computational theory of mind)(Block, 1990; Pylyshyn, 1989)이라는 보다 광범위하고 영향력이 있는 패러다임의 한 부분이다. 컴퓨터 이론의 기본 주장은 "마음은 뇌의 프로그램이고, 마음의 기제에는 컴퓨터에서 이루어지는 표상에 대한 전산과 동일한 것이 포함된다."(Block, 1990, p. 247)는 것이다. 이 책의 목적에 비추어 볼 때, 이 주장의 세세한 내용보다는 다음과 같은 내용을 궁극적으로 이해하는 것이 중요하다.

> 마음에 대한 컴퓨터 모형은 생물학적 모형이 아니다. 인간은 생물학적 수준에서 기술하는 것이 유용하기도 하고 흥미롭기도 한 존재지만, 컴퓨터 모형은 인지구조의 생물학적 현실에서 벗어나 추상화하는 마음에 대한 묘사가 목적이다. 물론, 이 말이 컴퓨터 모형이 생물학적 접근과 결코 양립될 수 없다고 하는 것은 아니다. 생물학적 접근과 컴퓨터 접근은 뇌의 프로그램을 찾는 데 있어서 매우 중요하다. …… 그럼에도 불구하고, 마음에 대한 컴퓨터 모형은 다음과 같은 점에서 뿌리 깊은 반생물학적 경향을 지니고 있다. 컴퓨터 모형이 옳다면, 우리의 이미지에서 지적 체제를 만들어 낼 수 있어야 한다. …… 컴퓨터 모형이 마음인가 아닌가 하는 개방된 경험적 질문은 옳다. 만일 이것이 옳지 않을 때만 마음의 과학인 심리학은 생물 과학이라 할 수 있을 것이다(Block, 1990, p. 261).

따라서 정보처리 이론은 그의 뿌리 깊은 반생물학적 경향 때문에 이 책에서 소개된 다른 이론과는 많이 다르다. 그러나 정보처리 전통 안에도 반생물학적 입장에 강하게 반대하는 연구자들이 있다. 예를 들어, Atkinson과 Shiffrin(1968)은 단기기억과 장기기억 간의 핵심적인 차이는 장기기억에 저장되는 항목은 뇌 구조의 영구적인 생리적 변화에 영향을 미친다고 주장했다. 이와는 대조적으로, 단기기억은 뇌의 특정 부위의 일시적 활성화에 영향을 미친다고 주장했다. 어쨌든, 정보처리 패러다임의 이론, 모형 및 시뮬레이션은 컴퓨터에서 수행되고 인간의 마음은 말 그대로 컴퓨터가 아니기 때문에, 이런 이론이나 모형 또는 시뮬레이션이 흥미롭기는 하지만 적합하지 않다는 비판으로부터 정보처리 패러다임을 방어하기 위한 한 방법으로 마음에 대한 컴퓨터 이론이 개발되었다는 것은 사실일 것이다. 마음과 컴퓨터가 근본적으로 다르다면, 무엇 때문에 모형화하는가?

Munakata(2006)는 마음에 대한 컴퓨터 모형은 날씨에 대한 컴퓨터 모형이 유용한 것과 같은 점에서 유용하다고 주장한다. 기상학자는 날씨에 대한 컴퓨터 모형이 “실재”는 아님에도 불구하고, 비가 내릴 가능성이나 태풍의 경로를 효과적으로 예측하기 위해 사용된다는 것을 인정한다. 모형은 날씨에 영향을 미치는 중요한 요인과 요인 간의 상호관계를 나타내기 때문에 기능을 발휘한다. 마음에 대한 모형도 많은 변인과 변인 간의 상호관계에 초점을 맞춤으로써 유용할 수 있다. 더 나아가, 과학자는 모형을 만들 때, 모든 변인을 확인하고 가정을 명료화해야 한다는 압박을 받는다. 정보처리 이론가는 Piaget가 원래 했던 애매한 기술을 활용하여 동화와 조절에 대한 모형을 만들 수 있을 것이라 주장한다. 이들은 Piaget가 자신의 구인을 컴퓨터에 모형화하려 했다면 그의 설명은 더 정밀했을 것이라고 주장한다. 모형화의 세 번째 이점은 과학자가 체제의 모든 변인에 대한 통제력을 더 많이 발휘할 수 있도록 한다는 것이다.

고차적 사고

정보처리 이론가는 Piaget와는 달리 아이디어의 수준 또는 추상화 수준을 구분하지 않는다. 정보처리 이론가는 고차적 사고를 개념적 이해에 포함시키는 대신에 **메타인지** 구성요인에 포함시킨다(Sternberg, 1985). 메타인지란 (a) 특정 환경에 적용 가능한 전략에 대한 명시적 지식, (b) 학습자로서의 자신의 강점과 약점에 대한 지식, (c) 실수로부터의 학습 그리고 (d) 앞에서 논의되었던 인지적 점검의 구성과 같은 마음의 반성적 측면이다. 성공을 위해 메타인지가 특히 요구되는 과제에는 고차적 사고가 포함된다고 한다. 메타인지 없이 수행될 수 있는 과제는 저차원 과제이다.

Vygotsky 이론

Vygotsky는 1920년과 1930년대에 가장 중요한 연구를 수행했던 러시아 심리학자이다. 1950년대 후반까지는 행동주의가 미국 심리학의 지배이론이었기 때문에, 1962년경까지는 Vygotsky의 이론이 미국에 거의 알려지지 않았었다. 처음에는 Piaget 이론에 가려져서, 다음에는 정보처리 이론에 가려져서 빛을 보지 못하다가, 이 두 이론에 대한 관심이 쇠퇴하기 시작하면서(즉, 1970년대 후반), 많은 심리학자와 교육연구자가 Vygotsky의 이론에 기초하여 학습을 연구해 왔다. Vygotsky는 여섯 가지 질문에 어떻게 답하고 있는지 보자.

지식의 본질

지식은 어떤 형태로 학생의 정신에 존재하는가? Vygotsky는 그의 저술(1962, 1978)에서 **개념**과 **기능**이라는 두 가지 유형의 인지적 실체(cognitive entities)를 언급했다. 다양한 유형의 개념(예컨대, 시간개념, 공간개념, 인과개념 등)이 있다는 것은 Piaget의 연구를 통해 알려졌지만, Vygotsky의 연구는 주로 범주로 알려진 유형의 개념에 초점을 맞추었다. Vygotsky에 따르면, 개념은 명칭(예컨대, "정사각형")이 있고, 일단의 준거(예컨대, 정사각형은 네 변을 가지고 있고 변의 길이가 같다 등)에 의해 정의될 수 있는 하나의 부류이다. 그의 관점에서 보면, 아동이 (a) 개념의 정의 준거(예컨대, 정사각형은 네 변을 가지고 있고 변의 길이가 같다 등)를 모두 알고 있는 것으로 보이고, (b) 개념의 명칭(예컨대, 정사각형)이 임의적이고 관습적인 것이란 것을 이해했을 때 개념을 완전히 이해하고 있다는 것을 보이는 것이다(Vygotsky 1962). 많은 범주에 대한 완전한 이해를 보여주는 아동은 Vygotsky가 **과학적 개념**(scientific concept)이라고도 했던 "참" 개념을 이해하고 있다고 할 수 있다.

Vygotsky는 학생이 청소년 전기 이전에는 참 개념을 이해하는 것 같지 않다는 것을 밝혔다. 이 시기 이전의 아동은 낮은 수준의 "의사개념(pseudoconcepts)"과 소위 말하는 **자발적 개념**(spontaneous concept)만 이해하는 것 같다. 의사개념은 아동이 개념의 명칭은 정확하게 사용할 수 있지만(예컨대, 정사각형을 나타내기 위해 정사각형이란 말을 활용하는 것), 정의의 준거는 인식하지 못하는 것처럼 보이는 경우에 분명히 볼 수 있다. 자발적 개념은 아동이 주로 자신의 경험에 기초하여 형성하는 개념이다. 그러므로 개에 대한 정의에는 하얀 점무늬에 "갈색 털을 가진"과 같은 기준이 포함될 수 있고, 할머니에 대한 정의에는 "부드러운 무릎을 가진"과 같은 기준이 포함될 수 있다(Vygotsky, 1978).

자발적 개념이 독특하고 개인적이라는 특성과는 대조적으로 참 개념 또는 과학적 개념은 일반성으로 특징지어진다. 일반성은 참 개념이 추상적이고 상황 독립적인 방식으로 정의된다는 사실로부터 나온다. 예를 들어, '그것' 또는 '그이'의 의미가 맥락에 따라 달라지는 것(예컨대, '그이'의 의미는 어떤 맥락에서는 Bill이 되고, 다른 맥락에서는 Fred가 될 수 있다)과는 달리, 원자, 민주주의, 분수 등과 같은 개념은 탈맥락적(상황에 얽매이지 않는) 방식으로 정의된다. 예를 들어, *민주주의*에 대한 정의는 특정 상황에서 이야기되는 것이 아니라 모든 민주주의에 적용되는 것을 의미하는 것이다. Vygotsky가 참 개념의 추상성을 강조했다는 점에서는 Piaget나 스키마 이론가와 유사하다. Vygotsky가 Piaget의 초기 연구에 기초하여 자발적 개념과 과학적 개념을 구분했다는 점에서 이 둘을 연결시키는 것은 우연이 아니다. 더욱이, Vygotsky는 지식이 비추상적인 상황-반응 짝으로 구성된다는 Thorndike의 견해를 최초로 비판한 사람 중 하나다.

Vygotsky는 개념발달 이외에도 다섯 가지의 주요 인지기능, 즉 언어, 사고, 지각, 주의집중, 기억의 발달에 관심을 가졌다. 그러나 그는 이들에 대하여 상세하게 설명하지는 않았다. 대신에, 그는 예를 통하여 이들을 간단하게 설명했고, 문제 해결과 기억과제의 해결은 하나 또는 그 이상의 인지기능의 **통합**에 달려있다는 것을 보여주려고 하였다. 예를 들어, Vygotsky는 손이 닿지 않는 곳에 있는 캐비닛에서 물건을 꺼내는 과제를 해결한 아동은 전략을 계획하고 해결에 이르기까지 자신에게 말하기 위해 언어를 활용한다는 것을 발견하였다. Vygotsky에 따르면, 이 아동은 언어, 지각, 주의집중을 모두 결합시킨 것이다.

Vygotsky(1978)는 언어를 수반하는 통합은 하등동물과 인간을 구분해 준다는 점에서 특히 중요하다고 생각했다. 동물은 문제를 해결하고자 할 때, 유전적으로 결정된 반응이나 환경에 의해 강화되어 온 반응에 의존한다. 하등동물의 의사결정은 유전적 경향 혹은 환경적 자극에 의해 통제된다. 이와 대조적으로, 인간은 문제를 해결할 때, 새로운 전략을 개발하거나 다른 사람의 아이디어를 얻기 위해 언어기능을 사용할 수 있다. 이때, 언어기능은 인간이 "자극-반응"의 고리를 탈피하고 환경을 통제할 수 있도록 도와준다. Vygotsky에 따르면, 언어에 들어있는 상징은 자극과 반응을 "매개"한다.

또 Vygotsky는 인류 역사의 각 수준에서 일어나는 "결정적 전환점(critical turning point)" 개념을 믿었다(Cole, 2006). 종족 발생 수준의 결정적 전환점은 영장류가 목표를 성취하기 위하여 처음으로 도구를 사용하기 시작했을 때이다. 인류 역사 수준의 결정적 전환점은 인간이 최초로 노동을 하고(즉, 환경을 지배하고 자원을 분배하기 위해 도구를 사용하고) 위에서 설명된 상징적 매개 능력이 나타났을 때이다. 개인의 개체 발생 수준의 결정적 전환점은 문화역사가 언어 형식으로 종족 발생과 융합되었을 때이다. 개인은 이러한 전환점에서 크게 변화된다.

학습과 지식 성장

학생은 지식과 기능을 어떻게 습득하는가? Vygotsky와 동료들은 이 질문에 대해 세 가지 방식으로 대답해 왔다. 첫째, 이들은 문제를 해결하는 동안 상징(예, 말)을 사용하려는 경향성은 아동이 사회적 상호작용을 통해 습득하는 것으로 가정했다. Vygotsky(1978)는 "아동의 문화적 발달에서 모든 기능은 두 번 나타난다: 처음에는 사회적 수준에서, 그 다음에는 개인적 수준에서 나타난다. 즉 처음에는 *개인 간에서(심리 간)*; 다음에는 *아동 내부에서(심리 내)* 나타난다." (p. 57)고 주장했다. 예를 들어, 아동이 어휘학습을 위해 스스로 언어적 암송을 활용하기에 앞서 아동과 교사나 부모 사이에 언어적 암송과 유사한 무언가(예컨대, 교사가 정보를 암송하도록 학생을 도와주는 것)가 아동과 교사나 학부모 사이에 일어났음이 틀림없다. Vygotsky에 따르면, 내면화는 발달기제의 한 종류이다.

그러나 아동이 문제 해결 행동에서 단순히 교사의 행동을 모방하거나 바로 상징과 신호를 사용하지는 않는다. Vygotsky(1978)는 "*아동의 신호사용 활동(sign-using activity)은 단순히 고안되는 것도 아니고 어른에 의해 건네받는 것도 아니다.* 오히려, 신호사용 활동은 원래는 아니었지만 일련의 질적 변환 이후에만 신호조작이 되는 무엇인가로부터 생긴다." (p. 46)고 주장했다.

두 번째 대답은 개념발달과 관계가 있다. Vygotsky 이론가들에 따르면, 수업의 일차적 목표 하나는 아동의 자발적 개념을 과학적 개념으로 변화시키는 것이다. 그러나 Vygotsky는 아동이 자발적 개념을 쉽게 포기하지 않기 때문에 그런 변화에는 많은 시간이 걸린다고 지적했다. Vygotsky는 동화와 조절에 대한 Piaget의 설명을 활용하여, 수업 후에 자발적 개념은 "성장하고" 과학적 개념은 "축소된다"고 주장했다. 즉, 자발적 개념은 아동이 과학적 정의를 부분적으로 동화시킬 수 있는 지적 발판을 제공한다. 자발적 개념은 시간이 지나면서 과학적 개념과의 각축을 통하여 더욱 정확하고, 일반적이고 추상적으로 변화된다.

학습과 지식 성장에 관한 이 두 대답은 아동의 사고에서 성인의 개입이 필요하다는 것을 보여주고 있다. Vygotsky는 성인이 문제 해결을 상징적으로 매개하는 모델이 되지 않거나 과학적 개념에 대한 수업을 제공하지 않는다면, 아동의 사고는 계속 낮은 수준에 머물 것이라고 주장한다. 이 점에서 Vygotsky의 입장과 Piaget의 입장은 다르다. Piaget는 아동이 스스로 많은 개념을 형성한다고 시사했기 때문이다.

사회적 상호작용을 포함하고 있는 세 번째 대답은 **근접발달 영역**(zone of proximal development; ZDP)이라는 개념에 따르는 것이다. Vygotsky에 따르면, 아동은 점진적으로 지적기능을 숙달한다. 아동이 기능(예컨대, 읽기)을 처음으로 학습할 때는 많이 실수하고 교사에게 많이 의존한다. 그러나 많은 연습과 교사의 피드백을 통해 아동은 궁극적으로 스스로 수행할 수 있는 수준에 도달하게 된다. 완전 초보자 수준과 완벽한 숙달자 수준 사이에는 아동이 누군가의 도움을 조금만 받으면(예컨대, 힌트) 잘 수행할 수 있는 지점이 있다. Vygotsky(1978)에 따르면, 근접발달 영역이란 "독자적 문제 해결에 의해 결정되는 실제 발달 수준과 성인이나 보다 유능한 동년배와의 협동을 통한 문제 해결에 의해 결정되는 잠재적 발달 수준 간의 거리이다." (p. 86).

교사와 동년배는 아동의 근접발달 영역 내에서 수업을 제공함으로써 지적 성장을 촉진시킨다. Vygotsky의 동료 중에는 교사와 보다 유능한 동년배가 아동이 다음 수행 수준으로 나아갈 수 있도록 도와주기 위한 조력을 설명하기 위해 **발판 제공하기**(scaffolding)라는 개념을 사용한 연구자(예컨대, Wood, Bruner & Ross, 1976)들이 있다. 발판이란 벽돌공이 벽돌을 높이 쌓기 위해 발을 올려놓는 기구를 말한다. Piaget 이론을 설명할 때, 아동을 벽돌공에 비유한 바 있다. Piaget는 교사가 아동에게 벽돌을 주면 된다고 주장한 반면에, Vygotsky는 교사와 동년배가 발판이 되어주지 않으면 올라가서 보다 높은 수준의 지식을 쌓을 수 없다는 것을 시사하였다.

자기조절

학생은 어떻게 스스로 학습궤도를 계속 유지하고 수업의 요구에 적응하는가? Vygotsky는 언어 기능의 세 가지 측면, 즉 의사소통 언어(communicative speech),

자기중심적 언어(egocentric speech), 내적 언어(inner speech)를 설명함으로써 이 질문에 대답하였다. **의사소통 언어**와 **자기중심적 언어**는 모두 아동이 사용하는 것이 귀로 들리는 외적 언어이다. 그 명칭이 암시하는 바와 같이, 의사소통 언어는 아동이 다른 사람과 의사소통하기 위해 사용하는 언어이다. 이와 반대로, 자기중심적 언어는 자기 자신에게 하는 언어이다. **내적 언어**는 자기중심적 언어가 내면화된 것이다.

Vygotsky는 자기중심적이고 내적인 언어가 주의를 집중시켜 행동을 이끄는 기능을 한다고 주장했다. 상점에 가면서 친구에게 필요한 것이 없는지 물어볼 때와 같은 상황에서 자기중심적인 언어를 사용할 수 있을 것이다. 상점에 가서, "자, 그 친구가 무엇을 사오라고 했지?" 하고 중얼거리는 것이 자기중심적 언어를 활용하는 것이다. 혹은, 무언가(예, 자동차 기아 변속하기)를 처음으로 배울 때, "좋아, 후진할 때는 이렇게 손잡이를 누르고 뒤로 밀어야지"라는 자기중심적 언어를 사용할 수도 있다. Vygotsky는 아동이 성인의 도움이 없는 상황에서 어려운 과제를 해결할 때, 자기중심적 언어를 가장 많이 사용한다는 것을 밝혔다.

교육에의 적용

Vygotsky 이론은 4개의 주요한 교육에 대한 시사점을 제공하고 있다.

1. 교사는 아동이 스스로 발전할 수 있을 정도의 안내만을 제공하는 발판으로서 행동해야 한다. 예를 들어, 교사는 아동에게 문제 해결 방법을 하나하나 말해주지 말고 첫 단계만 말해주고 아동 스스로 끝내도록 요구하거나 스스로 해결방법을 찾아내는 데 도움이 되는 단서만 제공해야 한다.
2. 수업은 항상 아동의 현재 숙달수준보다 앞서야 한다. 즉, 교사는 아동의 근접발달 영역 내에서 가르쳐야 한다. 아동의 숙달수준보다 높거나 낮은 제재가 제시된다면 어떤 발전도 없을 것이다. 만일 근접발달 영역을 벗어난 제재가 제시되면, 아동은 당황하고 실망하게 될 것이다.
3. 아동이 기능을 내면화하기 위해서, 수업은 세 단계로 진행되어야 한다. 첫 단계에서는 교사가 시범을 보이고, 무엇을 왜 배우는지에 대하여 설명한다. 두 번째 단계에서는 아동이 교사의 (언어적 설명을 포함해서) 시범을 모방하기 위해 노력해야 한다. 초기에는 아동의 수행이 서툴 것이므로 교사는 언어적 피드백을 제공하고 오류를 수정해 줄 필요가 있다. 세 번째 단계에서는 아동이 기능을 점점 숙달함에 따라 교사는 점진적으로 도움을 줄여 나가야 한다. Palincsar와 Brown(1984)은 아동에게 네 가지 독서전략을 가르치기 위해 이

러한 방법을 사용했는데 아주 성공적이었다. 이들은 이러한 교수법을 **상호 교수법**(reciprocal teaching)이라 하였다. 이들은 표준적인 Vygotsky식 접근법에다 교사와 아동이 반복적으로 역할을 바꾸는 것을 덧붙였다. 모든 아동은 숙달될 때까지 교사의 역할을 맡을 수 있다. 이 방법을 통하여 아동은 기능을 내면화할 수 있을 정도로 충분한 연습기회를 가지게 되고, 교사의 노련한 행동을 많이 볼 수 있는 기회도 갖는다.

4. 아동은 자발적 개념을 정교화하고 일반화시키기 위해 과학적 개념을 반복해서 접해야 한다. Vygotsky에 따르면, 모든 영역(즉, 수학, 과학, 사회, 예술 등)은 과학적 개념을 가지고 있으므로, 이를 모든 교과 영역에 적용할 수 있다.

신경과학과의 관계

Vygotsky는 신경과학과 관련된 내용은 거의 언급하지 않았다. Vygotsky가 발달과 학습의 차이를 설명하는 과정에서 성숙요인에 대하여 논의하기는 했지만(Vygotsky, 1978), 이 논의에서 성숙을 어떻게 해석했는지는 분명하지 않다. 특히, 그의 저술에서는 Vygotsky가 자신의 생각을 전개하는 것으로 생각했는지 아니면 Piaget의 상호작용 관점에 대해 설명하려고 했는지가 분명하게 나타나지 않는다. 그렇지만 그는 인간의 인지가 하등동물의 인지와는 근본적으로 다르다고 주장했다는 점에서 극단적 "종족주의자(species chauvinist)"였다. 진화에 대한 그의 관점은 그가 인간의 (전두엽에 있는) 확장된 신피질이 동물에게는 없는 능력(즉, 언어, 계획하기 등)을 생기게 했다는 주장에 동의하고 있다는 것을 시사한다.

고차적 사고

Vygotsky는 Piaget와 마찬가지로 발달과 더불어 사고가 하등사고에서 고차적 사고로 나아간다고 생각했다. 그러나 Vygotsky는 고차적 사고를 Piaget와는 다르게 정의하였다. Vygotsky에 따르면, (a) 그에 대한 통제가 환경에서 개인으로(타인규제에서 자기조절로) 옮겨가고, (b) 한 개인이 의식적으로 이러한 인지활동에 접근하고(즉, 개인이 자신이 수행하고 있는 것을 인식하고 정교화할 수 있으며), (c) 그 인지활동이 사회적 기원을 가지고 있고, (d) 개인이 인지활동을 중재하기 위하여 상징이나 신호를 사용하는 인지활동에는 고차적 사고가 반영되어 있는 것이다(Wertsch, 1985). 이제 고차적 사고의 이러한 측면을 하나씩 살펴보자.

앞에서 말한 바와 같이, 자기조절은 학생이 학습하거나 환경에 적응하기 위하여 이 과정을 의도적으로 사용하고 있다는 것을 의미한다. 본질적으로, 아동은 어떤 목적(예컨대, 시험에서 A를 받는 것)을 위하여 자신의 기억 기능을 통제하거나 주의를 집중한다. 타인규제는 다른 누군가(예컨대, 부모)가 아동을 위해 기억하고 있거나, 무엇인가(예컨대, TV)가 아동의 주의를 통제하는 것을 의미한다. 3장에서 논의될 바와 같이, 아동이 스스로 자료를 기억하기 위해 기억전략을 의도적으로 사용하는 정도에는 발달차가 있다. 이러한 전략활용 발달차는 아동의 학습과 기억에 영향을 미친다. Vygotsky는 나이 많은 아동은 보다 자기조절적이고, 나이 어린 아동은 보다 타인규제적이란 말로 발달차를 정의할 것이다.

고차적 사고의 두 번째 특징, 즉 의식적인 접근은 통제와 관련된 앞의 측면의 논리적 선결요건이다. 어떤 과정(예컨대, 기억전략)을 돕는 활동을 의식적으로 생각할 수 없으면, 그 과정을 통제하는 것은 불가능할 것이다. 연구자들은 아동이 언어, 기억 혹은 주의집중과 같은 인지활동을 숙달할 때, 그 활동을 잘 수행하기는 하지만 수행하고 있는 것을 의식적으로 반추할 수는 없는 시기가 있다는 것을 밝혔다(Karmiloff-Smith, 1984; Piaget, 1976). 그러나 아동이 활동을 성공적으로 수행하는 시기가 지나면 결국 자신이 하고 있는 것을 의식적으로 반추할 수 있게 된다. Vygotsky에 따르면, 활동은 그것이 의식될 때만 고차적 사고인 것이다.

기능이 사회적 기원을 가져야 한다는 세 번째 조건은 Vygotsky 관점의 두드러진 특징이다. Vygotsky는 최상의 인간 사고는 보다 유능한 개인(예컨대, 부모와 교사)과 덜 유능한 개인(예컨대, 아동) 간의 상호작용을 통하여 세대에서 세대로 이어지는 것으로 보았다. 보다 구체적으로 말하면, (예를 들어, 암송 전략을 사용하여) 아동에게 내면화된 기능은 사회의 보다 유능한 구성원과 덜 유능한 구성원 간의 사회적 상호작용(예컨대, 엄마가 자녀와 암송을 하는 것)의 한 형태로 시작된다.

인지활동이 어떻게 사회적 기원을 가지고 있는지를 잘 보여주는 한 가지 예는 위에서 설명된 상호 교수이다(Palinscar & Brown, 1984). 집단 구성원이 교사의 역할을 담당함으로써 이들은 가르치려는 기능(예컨대, 요약과 같은 읽기전략)을 시범 보이고 무엇을 왜 하는지를 설명한다. 처음에는 이들이 전략을 신속하게 선정하는 것 같이 보이는 교사나 다른 아동을 모방할 것이다. 또한, 전략은 쉽게 학습될 수 없기 때문에, 교사가 처음에 언어적 피드백과 교정을 많이 제공할 필요가 있다. 다른 사람을 위한 기능 시범 과정은 모든 구성원이 숙달할 때까지 계속된다.

상호 교수는 하나의 기능이 어떻게 사회적 기원을 갖고 있는지를 보여주는 것 이외에도, 고차적 사고의 네 번째 측면, 즉 기능은 상징과 신호에 의해 중재된다는 것도 보여주고 있다. 수행하고 있는 바를 말함으로써 행위는 사용되는 가장 일반적인 형식의 상징, 즉 언어에 의해 조절된다. 즉, "자신에게 말하기"는 주의를 집중하고 목표에 부합하는 행동을 계획할 수 있도록 도와준다. 더 나아가, 이 과정 초기에서 교사의 언어적 피드백은 아동의 기능학습에서 중요한 역할을 할 수 있다. 그렇지만 아동이 기능을 통제할 수 있기 위해서는 교사가 아동이 기능을 숙달해가는 것을 보면서 간섭을 점차적으로 줄여나가는 것[교육계에서는 일반적으로 도움 줄이기(fading)로 알려진 과정]이 필요하다.

요약

Vygotsky는 지식을 개념과 기능의 측면에서 설명하였다. 지식 습득은 교사, 부모 그리고 보다 유능한 동년배의 말과 행위를 내면화하는 과정으로 설명된다. 자기조절적인 학생은 학습궤도를 유지해 나가는 데 도움을 받기 위해 자기중심적인 내적 언어를 활용한다. 인지과정은 자기조절적이고, 사회적 기원을 가지며, 의식적으로 접근하고, 상징적으로 매개될 때 고차적 사고를 반영한다.

연결주의 이론

연결주의 패러다임은 1980년 중반에 널리 알려졌다. 연결주의 이론은 컴퓨터 과학에 기반을 두고 있다는 점에서 정보처리 이론과 유사하나, 중요한 여러 가지 점에서 정보처리 이론과는 다르다.

지식의 본질

연결주의 이론가는 특정 영역에서 인간의 지식에 대한 컴퓨터 모형을 만들려 한다(Klahr & MacWhinney, 1998). 컴퓨터 모형은 기본적 얼개에서 의도적으로 "뇌 스타일(brain-style)"로 설계되었기 때문에(Rumelhart, 1989), 연결주의 이론가는 종종 이러한 모형을 **인공신경 연결망**(ANNs; artificial neural networks)이라고도 한다. 하나의 ANN의 얼개는 다음과 같은 특징을 가지고 있다. 첫째, 표상된 아이디어나 과정의 각 부분에 상응하는 **단위**가 있다. 그림 2.5에서 단위는 원으로 묘사되어 있다. 단위는 뉴런이 활성화되는 방식과 유사한 방식으로 점화되거나 활성화된다. 단위는 투입되는 활성화 수준이 일정 정도를 넘어야 작동된다. 더 나아가, 대부분의 ANN에는 세 유형의 단위, 즉 (a) 환경 자극이나 앞의 단위체제의 산출에 의해 직접적으로 자극되는 *투입 단위*(input units), (b) 네트워크에 의한 선택이나 결정을 표현하는 *산출 단위*(output units)(예컨대, 문자 B는 지각되나 E는 지각되지 않는다.), (c) 복잡한 전산에 필요하기 때문에 프로그래머가 투입과 산출 사이에 삽입한 *잠재 단위*(hidden units)가 포함되어 있다.

ANN의 두 번째 특징은 **연결**(connections)이다. 연결은 단위군 간의 가설적 연결부(그림 2.5에서 선으로 표시)이다. 연결은 자극연결일 수도 있고 억제연결일 수도 있다. 자극연결(화살표로 표시)은 활성화 수준이 한 단위에서 다른 단위로 확산되도록 하는 것이다. 실제로, 자극연결을 따라 활성화가 확산되면서 각 단위가 연속적으로 작동되기 시작한다. 그 반대는 억제연결(끝에 원 안에 있는 선으로 표시)이 이루어진다. 여기에서 한 단위에서 이루어진 활성화는 연결된 다음 단위의 활성화 수준을 낮추거나 멈추게 한다. 눈여겨볼 만한 단위의 두 번째 측면은 여러 이전 연결의 활성화가 한 단위로 수렴되는 경우도 종종 있다는 것이다(예컨대, 그림 2.5에서 하단의 수평선 단위와 수직선 단위는 상단의 E 단위로 수렴되어 있다). 이렇게 될 경우에 선행 단위의 활성화는 부가적인 것으로 가정된다. 한 단위에서 다음 단위로 확산될 수 있는 정도를 나타내는 한 가지 방법은 각 연결에 가중치를 부여하는 것이다(예컨대, 그림 2.5의 0.45와 0.25; 다른 가중치는 이 둘을 강조하기 위해 표시되지 않았다). 단위 활성화의 식역도 수치로 표시된다(예컨대, E 단위의 식역은 0.65이다). 여러 이전 단위의 가중치 합이 특정 단위의 식역치를 초과하면(예컨대, 0.45+0.25>0.65), 이전 단위들은 집단적으로 후속 단위를 활성화시킬 수 있다. 그러나 이전 단위의 각각은 (예를 들어, 0.45는 0.65보다 작기 때문에) 혼자서 후속 단위를 활성화시킬 수 없을 것이다. 그림 2.5에 제시된 ANN은 E가 투입일 때, 체제는 E 단위를 활성화시키고 다른 문자들의 단위는 활성화되지 않도록 한다. 따라서 산출은 E가 될 것이다.

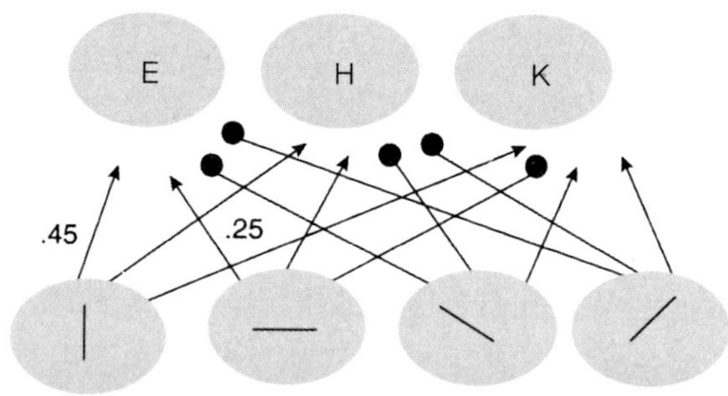

그림 2.5 연결주의의 문자 인식 모형(p.44)

연결주의의 ANN이 앞에서 기술된 노드-연결 구조와 유사해 보일지 모르지만, 중요한 차이점이 있다. 스키마 이론이나 정보처리 이론에서는 노드가 완전한 상징적 개념(예컨대, 동물)을 말하는 것인 반면에 연결주의 모형에서는 노드가 이러한 개념을 구성하는 요소(예컨대, 문자의 일부분 또는 한 개념을 구성하는 원시적 의미 요소)를 말하는 것이다. 더 나아가, ANN은 노드 혹은 하나의 연결에서의 개념적 관계를 나타내는 것이 아니다. 지식은 단위군 간의 *연결 형태*에 들어 있다(Klahr & MacWhinney, 1998; Rumelhart, 1989). 예를 들어, 아동이 문자 E에 대한 지식을 가졌다고 하는 것은 그 아동이 E를 인지하도록 하는 단위망과 단위 간의 연결을 가지고 있다고 하는 것이다.

학습과 지식 성장

ANN은 문자 재인이나 추론과 같은 특정 과제를 수행하기 위해 설계되었다. ANN은 이러한 과제가 투입(예컨대, 일련의 문자)을 받아들이고 적절한 산출(예컨대, 문자열이 모자라는 단어라는 것을 결정하기)을 제공하는 것으로 수행한다. 연결주의 이론가는 매우 성공적인 ANN 모형을 만드는 것을 목표로 삼는다. 이 말은 전형적으로 산출이 투입과 일치하는 것(예컨대, H A T가 투입되면 ANN은 hat이라고 말한다)을 의미한다. 매우 성공적인 ANN을 만들기 위해서는 서로 연결되고 적절한 가중치를 가진 자극연결과 억제연결이 이루어진 단위들이 바르게 조합되어야 한다. 연결주의 이론가는 완벽한 모형을 구성하기 위하여 시뮬레이션 초기에 모든 가중치를 고정시키고 난 후 ANN이 시간의 경과에 따라 더 잘 추정할 수 있도록 훈련시킨다. 이 경우에 훈련시킨다는 것은 일부 또는 모든 연결의 가중치를 변경하는 것(예를 들어, 가중치 0.5, 0.5, 0.5를 0.45, 0.35, 0.20으로 변경하는 것)을 의미한다. ANN은 그 안에 구축되어 있는 학습규칙을 활용하여 스스로 가중치를 변화시킨다. 예를 들어, 한 가지 학습규칙은 "산출이 옳지 않으면, 모든 가중치를 .05씩 낮추어라." 일 수 있다. 따라서 연결주의 체제에서 발달기제는 피드백과 학습규칙의 조합이다. 한 체제의 모든 가중치가 전형적으로 한 번에 조금씩 변화하고 모든 단위가 서로 강하게 엮여 있는 체제에서 여러 다른 단위와 연결되어 있다는 것을 고려하면, ANN이 거의 실수를 하지 않을 때까지 훈련시키기 위해서는 많은 시간과 학습 시행이 필요하다. 그러므로 연결주의 체제에서 변화는 매우 신중한 경향이 있다.

자기조절

연결주의 관점이 매우 행동주의적이고 연합주의적 경향이 있기는 해도 변화가 매우 점진적일 것으로 기대된다는 점에서 Piaget의 관점과 유사하다. 이러한 유사성은 일부 연구자로 하여금 평형화에 대한 Piaget의 생각이 ANN에서 모형화될 수 있다는 것을 가정하도록 하였다. 연결 형태가 보다 나은 방향으로 변화될(즉, 실수가 더 적어질) 때, 이러한 변화를 조절과 자동 조절의 한 형태라 할 수 있을 것이다. 그렇지만 정보처리 이론가와 Vygotsky 주의자들이 시사했던 것과 같은 스스로를 조절하는 의식적 작인은 없다는 점에 주목해야 한다.

교육에의 적용

연결주의자는 자신의 접근이 다양한 영역의 모든 문제에 적용될 수 있을 것으로 생각했지만, 이 접근을 학교 학습 연구에 사용한 교육 연구자는 극소수이다(Bereiter, 1985). 그러나 근래에 이러한 상황은 읽기 연구 분야에서 변화되기 시작하였다(예컨대, Adams, 1990; McClelland & Rumelhart, 1981; Metsala, Stanovich, & Brown, 1998; Powell, Plaut, & Funnell, 2006; Zevin & Seidenberg, 2006). 체제가 특정 방식으로 구성되고 아동의 문해 환경과 유사한 환경과 함께 제시되는 경우에 시뮬레이션을 통하여 ANN의 문자 재인 능력 증가 곡선은 읽기 초보자의 능력 증가 곡선과 유사할 수 있다는 것이 밝혀졌다. 이와 더불어, 시뮬레이션을 통하여 체제가 아동이 범하는 것과 같은 실수뿐만 아니라 아동은 범하지 않는 실수를 범한다는 것도 밝혀졌다. 이러한 차이를 이해함으로써 체제는 가지고 있지 않지만 아동은 가지고 있는 것이 무엇인지를 밝혔다. 마지막으로, 일부 연구자는 연결주의 모형을 읽기 부진 연구에 적용해 왔다. 연구자들은 연결주의 체제를 읽기 이외의 다른 분야로 확장하지는 않았지만, 근래에 들어 수학적 사실의 학습과 회상 영역에 적용한 연구들(예컨대, Stoianov, Zorgi, & Umiltà, 2004; Verguts & Fias, 2005)이 있었다.

연결주의 관점을 가진 교사는 반복과 피드백을 강조한다는 점에서 Thorndike 이론을 따르는 교사와 유사한 점이 매우 많다.

신경과학과의 관계

ANN이 "뇌-스타일"의 전산을 수행하기 위해 의도적으로 설계되었다는 사실을 고려할 때, 연결주의 모형은 분명히 학습과 인지에 대한 신경과학적 접근과 모순되지 않는다. 이 장에서 설명된 이론 중에서 연결주의가 가장 밀접한 관계를 지니고 있다(Byrnes & Fox, 1998).

고차적 사고

인지적 점검, 추상적 개념, 자기조절 및 전략과 같은 구인에 대한 논의가 없다는 사실은 연결주의에서는 고차적 사고에 대해 거의 논의되지 않고 있다는 것을 암시하고 있다. 실제로 마음에 대한 종합적 모형에는 가장 낮은 수준의 사고 그리고 보다 높은 수준의 인지 형태를 설명하기 위한 다른 종류의 표상과 과정을 다루는 연결주의 체제가 포함되어야 할 것이라고 주장하는 연구자들이 있다(Pinker, 1997). 예를 들어, 읽기에는 단어 재인 같은 비교적 낮은 수준의 기능이 포함되어 있지만 동시에 추론 과정, 추론하기 및 메타인지도 포함된다.

요약

연결주의자는 인지를 모형화하기 위해 뇌 스타일 체제를 만들었다. 이 체제는 다양한 연결강도(또는 가중치)로 서로 연결되는 단위로 구성된다. 연결주의자에 따르면, 지식의 변화는 체제의 산출의 정확성에 관한 피드백에 기초하여 단위 간의 가중치를 변경시키는 것이 포함된다. 연결주의자는 아직까지 고차적 사고에 대한 통찰은 거의 제공하고 있지 않다.

결론

이 장에서 설명된 여섯 가지 이론은 반복학습, 유의미 학습, 자기조절, 신경과학 그리고 고차적 사고에 대한 입장이 확연히 다르다. 더 나아가, 이들은 아동을 가르치는 최선의 방법에 대한 내용도 서로 다른 것 같다. 그럼에도 불구하고 일부 이론이나 모든 이론이 공유하는 주제가 추출될 수 있다. 첫째, 이들은 모두 연습과 반복의 역할을 강조한다. Thorndike, 정보처리 이론가, 연결주의자는 연습이 결합강도를 증가시키거나 수정시키는 것으로 보았다. 그러나 Piaget, 스키마 이론가와 Vygotsky는 연습이 학생으로 하여금 기능을 내면화하고 추상개념을 형성할 수 있도록 도와주는 것으로 보았다. 그러므로 연습이 유의미 학습을 방해할 수 있다는 주장은 근거가 없다. 둘째, Piaget 이론, 스키마 이론, Vygotsky 이론은 지식의 구성적 성격을 강조한다. 즉, 아동은 실재와 수업을 해석한다. 이들은 정보를 있는 그대로 내면화하지 않는다. 셋째, Piaget 이론과 정보처리 이론은 목표 지향 학습의 중요성을 강조하는 반면에 Piaget 이론과 연결주의 이론은 지식 변화의 보존성과 점진성을 강조한다. 인지발달을 완벽하게 설명할 수 있는 하나의 종합적 모형을 만들려고 하는 연구자는 이러한 공통점을 통합하는 것으로부터 연구를 시작할 수 있을 것이다. 다음 단계는 이론들이 서로 대립되는 측면(예컨대, 지식이 정의되고 표상되는 방식)을 해소하는 방법을 찾아내는 것이다. 이렇게 하지 못한다면, 종합적인 설명은 논리적 일관성을 잃게 될 것이다.

3

기억

요약

1. 인간 기억체제의 구성요소는 감각 등록기, 암송체제, 기록기, 단서, 작동기억, 장기기억이다.
2. 장기기억이나 기록을 생성하는 과정을 부호화라 한다. 부호화에는 단순한 반복이나 정교화 과정이 포함될 수 있다. 경험이 정교화되면 보다 심층적으로 처리된다.
3. 두뇌 연구에서는 일반적으로 (a) 작동기억과 장기기억의 구분, (b) 선언기억, 절차기억, 개념기억과 삽화기억의 구분, (c) 암묵기억과 명시기억의 구분이 지지받고 있다. 또 뇌 연구는 기억에 대한 정서와 스트레스의 영향도 설명할 수 있을 것이다.
4. 기억은 쉽게 재생될 수도 있고(즉, 기억강도가 높거나), 재생이 어려울 수도 있다(기억강도가 약함). 기억의 강도나 재생에 영향을 미치는 중요한 요인의 하나는 연습이다.
5. 기억을 재생하는 주요 방법으로는 회상, 재생 및 추론적 재구조화의 세 방법이 있다.
6. 망각이론으로는 쇠퇴이론, 간섭이론, 재생단서 상실이론이 있다. 쇠퇴이론은 기억 실패의 원인으로서 시간경과와 연습부족을 크게 강조한다. 다른 두 가지 이론은 단서와 저장된 내용 간의 연합강도를 더 강조한다.
7. 다양한 기억전략은 연습, 유의미한 관계구성 및 시각적 심상화가 포함되어 있기 때문에 효과가 있다. 아동은 전략의 필요성과 가치를 인식할 수 있을 때만 전략

을 활용한다.

8. 어린 아동은 성인이나 나이 많은 아동보다 훨씬 덜 기억한다. 이것은 어린 아동이 성인이나 나이 많은 아동보다 (a) 전략을 덜 사용하고, (b) 전략의 필요성을 인식할 가능성이 낮으며, (c) 지식을 덜 가지고 있고, (d) 정보처리 속도가 느리기 때문이다.

2장에서 학습(즉, 정보를 어떻게 획득하는가?)에 대해 중점적으로 논의되긴 했지만, 기억(즉, 학습한 것이 어떻게 기억되는가?)에 대해서도 종종 언급되었었다. 이 장에서는 학습에 대해서도 언급은 되겠지만, 기억이 중점적으로 논의될 것이다. 어떤 정보의 기억은 무엇보다도 그 정보를 학습한 방법에 달린 경우가 많기 때문에, 학습과 기억은 서로 복잡하게 얽혀있다(Brown et al., 1983).

이 장은 다섯 절로 구성된다. 첫째 절에서는 인간 기억체제 구성요소가 설명될 것이다. 이 절의 목적은 정보가 기억체제에 어떻게 보유될 수 있는지를 이해하는 것이다. 둘째 절에서는 파지의 반대현상, 즉 망각이 설명될 것이다. 셋째 절에서는 기억 가능성을 높이는 요인(즉, 기억전략의 활용)이 설명될 것이다. 넷째 절에서는 유아기에서 성인기까지의 기억발달이 논의될 것이다. 마지막 절인 다섯째 절에서는 기억에 대한 연구가 교육에 주는 시사점이 도출될 것이다.

인간 기억의 본질

인간의 기억체제는 두 단계로 설명된다. 먼저 기억체제의 구성요소를 살펴보고, 이어서 이 구성요소 내에서 일어나는 주요 과정을 살필 것이다.

기억체제 구성요소

"기억이 어떻게 작동되는가?"라는 물음은 "자동차의 엔진이 어떻게 작동되는가?"라는 질문과 유사하다. 이 두 질문에 대한 대답에 가장 큰 도움을 주는 것은 각 체계를 구성하는 부품(예컨대, 자동차의 엔진, 배터리, 기화기 등)을 기술하는 것이다. 기억체제의 핵심요소는 감각 등록기, 암송체제, 기록, 단서, 작동기억, 장기기억이다. 이들을 하나씩 알아보자.

감각 등록기. 우리가 무엇을 경험할 때(예컨대, 파티에 갈 때, 강의를 들을 때, 책을 읽을 때 등), (눈, 코, 혀, 피부에 있는) 감각 탐지기와 이들 탐지기와 연결된 (뇌에 있는) 지각체제가 자극을 등록하고 해석하여 잠시 동안 저장한다. 예를 들어, 시각체제는 약 1초 정도 시각적 형태를 보유하고, 청각체제는 약 2초에서 3초 정도 유사발음 형태(speechlike patterns)를 보유한다(Anderson, 1990, 1995). 이러한 현상을 이해하기 위해서, 아래에 제시된 수 행렬을 바라보고 나서 눈을 감고 가능한 한 많이 기억해 보라.

2	9	3	7
5	1	6	4
8	2	5	3

만일 당신이 대부분의 사람들과 같다면, 수 행렬에 있는 모든 수를 감각 등록기에 등록했을 것이다. 그러나 수 행렬의 영상은 1초 정도가 지나면서 서서히 사라질 것이기 때문에 이 모두를 기억하지는 못했을 것이다.

감각 등록기는 해석(예컨대, 나는 고양이를 보고 있다; 나는 아는 노래를 듣고 있다 등과 같이)이 가능할 정도로 자극을 보유한다는 점에서는 유용하지만, 1초 동안만 경험을 보유할 수 있다는 점에서는 별로 좋은 것이 못 된다. 감각 등록기에만 의존한다면, 학생은 강의 내용을 전혀 기억할 수 없을 것이고 시험을 치를 때마다 실패할 것이다. 다행스럽게도, 기억체제에는 감각 등록기 이외의 다른 구성요소들이 있어 정보를 처리한다.

암송체제. 누군가 전화번호를 불러주었는데 받아 적을 수 없을 때, 어떻게 할 것인가? 대부분의 사람은 그 숫자를 반복하여 되뇔 것이다. 이렇게 되뇌는 것은 특별한 감각체제를 암송체제로 활용하고 있는 것이다(Anderson, 1995). 한때 Alan Baddeley(예컨대, Baddeley, 1990)의 연구에 기초하여, 두 가지의 암송 체제, 즉, **음성학적 고리**(phonological loop)라는 언어정보 암송을 위한 체제와 **시공간 스케치 패드**(visuospatial pad)라는 시각정보나 공간정보의 암송을 위한 체제가 있는 것으로 간주되기도 하였다. 과학자들은 여전히 음성학적 고리와 시공간 스케치 패드를 구분하고 있지만, 한 연구(Washburn & Astur, 1998)에서는 사람들이 음성학적 고리에서만 정보를 적극적으로 암송하거나 유지한다는 것이 시사되었다. 인간은 (붉은 털 원숭이도) 적극적으로 암송하지 않고도 시공간 스케치 패드에 정보를 보유할 수 있는 것으로 간주되고 있다.

음성학적 고리는 한 번에 5~9개의 정보(예컨대 "매직넘버 7"; Miller, 1956)를 수용할 수 있는 것으로 간주되어 왔다. 따라서 7개의 정보를 수용할 수 있는 사람이 누군가가 불러주는 6개의 문자를 (한 번에 하나씩) 듣는 경우에 6개의 정보를 모두 재생할 것이다. 그렇지만, 이 사람이 누군가가 불러주는 12개의 문자를 들었을 경우에는 아마도 12개 중에서 5개 정도의 정보는 기억하지 못할 것이다. 오늘날에는 기억에 영향을 미치는 것은 항목 수 그 자체가 아니라 각 항목에 대한 감각흔적이 사라지기 전에 얼마나 **암송**할 수 있는가 하는 것이 문제인 것으로 보고 있다. 예를 들어, wit, sum, harm, bag, top의 5개 단어는 2초 안에 모두 암송할 수 있으므로 이 단어들은 모두 기억될 수 있을 것이다. 하지만 university, opportunity, expository, participation, auditorium의 5개 단어는 2초 안에 암송할 수 없기 때문에 이 중 2~3개 정도만을 회상할 수 있을 것이다(Baddley, 1990). 흥미로운 것은 이러한 단어길이 효과는 수화(sign language)를 사용하는 청각 장애자에 대한 연구에서도 나타났다는 것이다. 어떤 수화는 다른 것보다 시간이 더 많이 걸린다. 피험자들은 간단한 수화가 포함된 목록에 있는 항목을 시간이 많이 걸리는 복잡한 수화가 포함된 목록에 있는 항목보다 더 많이 회상하였다(Wilson & Emmorey, 1998).

Baddeley는 암송과정을 서커스에서 공연되는 접시 돌리기 과정에 비유하였다. 암송하는 것은 기억할 정보의 항목이 계속 남아있도록 "접시를 돌리는 것"과 같은 것이다. 항목이 많거나(예컨대, 12개의 항목) 돌리는 데 시간이 많이 걸리는 경우에는(예컨대, 5음절 이상의 단어), 접시가 계속 돌지 못하고 멈추게 될 것이다. 접시가 멈추는 것은 감각흔적이 점차 사라지는 것에 비유된다.

기록. 유명한 인지 심리학자인 John Anderson은 기억에 영구히 저장된 정보 항목에 대한 정신적 표상을 의미하는 말로 기록이란 용어를 사용한다(Anderson, 1995). Anderson에 따르면, 많이 알고 있다는 것은 기억고에 많은 기록을 가지고 있다는 것을 의미한다. 기억고에는 이름, 출생지, 2+2의 답 등과 같은 기록이 들어 있다.

지난 수년 동안에 연구자들은 기록에 관한 세 가지 중요한 점을 밝혀왔다. 첫째, 1장과 2장에서 밝혔듯이, 네 가지 유형의 지식, 즉 선언지식, 절차지식, 개념지식 및 삽화지식에 상응하는 기록이 있다(Anderson, 1983, 1995; Squire, 1987). **선언지식** 또는 무엇을 아는 것은 알고 있는 사실 모두를 모아놓은 것이다. 선언지식은 종종 **명제** 형식으로 진술된다. 일부 연구자는 선언지식에 상응하는 기록이 본질적으로 명제적이라고 주장한다(Kintsch, 1974). 명제는 참일 수도 있고 거짓일 수도 있다(예컨대, Harribug은 Pensylvania의 수도이다[참]; 1쿼터들이 병에 3개의 컵이 있다[거짓]). 많은 행동주의 연구에서 선언지식이 연결망 형태로 존재한다는 것이 시사되어 왔다. 이 연결망에는 중심 개념(예컨대, 새)이 있고, 중심 개념은 사실(예컨대, 난다, 알을 낳는다 등)과 연합적으로 연결되어 있다.

절차지식 또는 방법에 관한 지식은 알고 있는 기능과 형성된 습관을 모두 모아

놓은 것이다. 신발 끈 묶기, 수학 문제 풀기, 자전거 타기, 문서 작성하기를 위한 기록 등이 여기에 속한다. 아이디어가 연결망 형식으로 상호 연결된 선언지식과는 달리 절차지식은 연결망을 형성하고 있는 것 같지 않다(Anderson, 1993). 그러나 절차지식은 환경에 있는 단서와 연결되어 있는 것 같다(예컨대, 분수를 보면 분수의 덧셈 절차가 회상된다).

개념지식 또는 이유에 관한 지식은 선언지식과 절차지식에 대한 이해가 반영된 표상형식이다(Byrnes, 1999). 어떤 명제적 사실이 참인 이유나 특정 절차가 효과적인 이유에 대해 정확하게 대답(이해)할 수 있다면, 개념지식을 가지고 있는 것이다. 사실(예컨대, 다이아몬드는 강하다)을 아는 것과 사실이 참인 이유(다이아몬드가 강한 이유)를 아는 것은 별개이다. 이와 마찬가지로, 특정 상황에서 사용할 절차(예컨대, 분수의 덧셈에서는 공통분모 산출 방법)를 아는 것과 이 절차를 사용해야 하는 이유를 아는 것은 전혀 다르다. 간단히 말하면, 개념지식은 어떤 일이 일어나는지를 이해할 수 있도록 도와준다. 여기에서, 개념지식이 독특한 종류의 기록으로 저장되는지 또는 기록 간의 관계 형태로 저장되는지는 분명치 않다.

삽화지식은 (a) 어떤 일이 일어났을 때(예컨대 첫 키스 때), 어디에 있었는지 그리고 (b) 언제(예컨대, 1990년 여름) 그 일이 일어났는지를 표상하므로 때와 장소에 관한 지식이라 할 수 있을 것이다. 삽화지식의 이러한 개인적이고 역사적인 성질 때문에 삽화지식을 *자전적 기억*(biographical memory)이라 하기도 한다(Shimamura, 1995). 삽화기억의 한 가지 중요한 특징은 기억에서 *정보의 출처*를 기억하도록 하는 능력이다. 어떤 사실(예컨대, Clinton 대통령의 미들 네임은 Jefferson이다)을 아는 것과 어떻게 그 사실을 알게 되었는지(예컨대, 신문에서 읽어서, TV에서 들어서, 친구가 말해줘서 등)를 아는 것은 다르다.

기록 유형에 대한 이상과 같은 분석은 심리학자인 Edel Tulving이 1980년 초에 제안했던 삼분법, 의미기억 대 절차기억 대 삽화기억(Tulving, 1983)을 정교화하여 표현한 것이다. 초기의 설명에서 의미기억은 언어기능(예컨대, 읽기, 쓰기 및 독해)과 관련된 선언지식과 개념지식을 일컬었다. 절차기억과 삽화기억은 위에서 설명된 사항들을 일컬었다. 2장에서 말한 바와 같이, 지식을 네 종류로 구분한 것은 두 종류의 스키마, 즉 대상(예컨대, 동물, 가구, 운송수단 등) 스키마와 사건(예컨대, 생일잔치하기, 식당 가기) 스키마가 있다는 스키마 이론가의 주장과 유사하다.

기억에는 네가지 유형의 지식(선언지식, 절차지식, 개념지식 및 삽화지식)이 있다는 가정과 더불어 기록은 두 유형의 코드 또는 형식, 즉 시각적 형식이나 언어적 형식으로 저장된다는 것도 제안되었다(Anderson, 1995; Paivio, 1971). 예를 들어, 셰퍼드의 귀는 뾰족하다는 선언지식은 이 개의 모양에 대한 심상으로 저장되거나

"셰퍼드의 귀는 뾰족하다."는 사실적 명제로 저장될 수 있을 것이다. 마찬가지로, 구두끈 매는 방법에 관한 절차지식은 비언어적인 일련의 심상화된 행위로 저장될 수도 있고 일단의 언어화된 지시(예컨대, 먼저, 버너에 불을 붙인다 둘째, 팬에 버터를 바른다 등)로 저장될 수도 있다. 언어를 해석하거나 상황이나 일련의 관계에 관한 이미지가 구성될 때, 언어적으로 코드화된 메시지가 시각적으로 코드화된 표상으로 쉽게 변경될 수 있다. 후자를 **상황모형**(situation models)(Zwaan & Radvansky, 1998) 또는 **정신모형**(mental models)(예컨대, Johnson-Laird, Savary, & Bucciarelli, 2000)이라 한다.

셋째, 어떤 것이 다른 것보다 더 쉽게 기억되는 이유를 설명하기 위해 두 가지 구인, 즉 기록강도와 기록 활성화 수준이 제안되었다(Anderson, 1990; 1995). 기록강도란 기억에서 재생되어 의식화될 수 있는 정도이다. 기록강도가 높다는 것은 사실이나 절차(예컨대, 이름이나 구두 끈 매는 방법 등)를 기억하려고 할 때 쉽게 떠오르는 것을 말한다. 기록강도가 낮다는 것은 사실이나 절차(예컨대, 특정 대통령이나 시대 기억하기; 항등식 해결 방법 기억하기 등)가 제대로 학습되지 않아 재생이 어려운 것을 말한다. 연습량이 기록강도에 영향을 미친다. 일반적으로, 정규적으로 연습된 기능이나 사실은 그렇지 않은 기능이나 사실보다 기록강도가 높다.

기록 *활성화 수준*은 활용 가능성의 정도를 말한다. 그에 대해 생각할 수 있을 정도로 기록을 충분히 활성화시키는 것은 눈으로 볼 수 있을 정도로 수면 가까이 떠 있는 물고기를 들어올리기 위해 낚싯대를 사용하는 것과 유사하다. 이 말은 기록에 들어 있는 정보를 기억해내기 위해서는 일정한 정도의 활성화 역치(threshold value of activity)가 필요하다는 것을 시사한다.

활성화 수준이 높은 기록은 의식이 가능하고 활용 가능성이 높다. 활성화 수준이 낮은 기록은 의식 가능성이나 활용 가능성이 거의 없다(Anderson, 1990; 1995). 문서 작성기 사용 경험이 있는 독자는 플로피 디스켓이나 하드 드라이브에서 문서를 불러오는 과정을 알고 있을 것이다. 대부분의 프로그램에서 특정 문서를 불러오려면 그 문서의 제목에 커서를 맞추고 마우스를 누르면 된다. 문서가 화면상에 나타나면 원고를 검토하고 수정한다. 이렇게 문서를 화면상에 나타나게 하는 것은 활성화 수준을 높게 한 것이다. 문서가 단지 디스켓에 저장된 상태로 있는 것은 활성화 수준이 낮은 것이다. 인간의 마음은 기억을 재생하기 위해(예컨대, *세일즈맨의 죽음*의 작자는 누구인가?) 특정 표상에 커서를 대고 마우스를 눌렀을 때, 정신적 화면에 나타나는 경우도 있고 그렇지 않은 경우도 있는 것과 같다고 할 수 있다. 강도가 높은 항목은 곧바로 나타나나 강도가 낮은 항목은 그렇지 못한다.

기록강도와 활성화를 종합하여 설명하면, 활성화 수준은 기록의 현 상태와 관련이 있는 반면, 강도는 활성화될 잠재력과 관련이 있다고 할 수 있다. 강도가 낮은 기록보다 강도가 높은 기록이 활성화되기 쉽다(즉, 활용 가능성이 높다). 의식적으로 활용할 수 있고 언어적으로 기술될 수 있는 지식을 *명시적 지식*(explicit knowledge)이라 한다. 명시적 지식은 의식적인 활용이 가능하기 때문에, 이 지식에서 일어나는 변화는 모두 인식된다. 분명하게 표현될 수 없는 무의식적 지식은 *묵시적 지식*(implicit knowledge)이라 한다. 묵시적 지식의 예로는 언어를 처리하고 생산하기 위해 사용되는 문법규칙을 들 수 있다. 묵시적 지식은 의식적으로 활용할 수 없기 때문에, 이 지식에서 일어나는 변화는 인식되지 않는다.

그러나 다양한 기법을 사용하여 묵시적 지식의 변화가 검증될 수 있다. 한 가지 일반적인 접근은 **점화하기**(priming)를 사용하는 것이다. 점화하기란 자극 제시의 결과로 그 자극을 확인하거나 탐지하는 능력이 증가되는 것을 말한다(Squier & Knwolton, 1995). 기록이 활성화되면, 이와 관련 있거나 지식망 안에서 연결된 다른 기록으로 파급된다는 것이 시사되고 있다. 예를 들어, "*Lincoln*"에 관한 기록이 "대통령", "남북전쟁" 그리고 "고가의 대형 승용차"에 관한 기록과 연합된 경우를 생각해 보자. 이 경우에 Lincoln이라는 단어를 들으면 두 가지 일이 일어난다. 첫째, Lincoln에 대한 기록의 활성화 수준이 증가한다. 둘째, Lincoln에 대한 기록의 활성화는 다른 세 가지 기록, 즉, 대통령, 남북전쟁 및 고가의 대형 승용차 기록으로 확산된다. 많은 행동주의적 연구를 통하여 활성화가 기록의 연합망을 통하여 확산되고, 이 망에 따라 이동하는 거리가 멀어질수록 활성화 수준이 약화된다는 것이 시사되고 있다.

자극에 대한 사전 노출(예컨대, Lincoln이란 단어를 보는 것)은 그 자극에 대한 기록을 점화한다(즉, 활성화 수준을 끌어 올린다). 이렇게 함으로써 기록은 다음에 더 쉽게 활성화된다. 이러한 현상은 두 단계 완성형 과제에서 분명하게 볼 수 있다. 이 과제에서는 먼저 첫 단계에서 단어의 목록(예컨대, Lincoln, banana, moose 등)이 제시된다. 둘째 단계에서는 단어의 어간(예컨대, L I __ __ __ __ __)이 제시되고, 피험자로 하여금 단어를 완성하도록 한다. 첫 단계에서 먼저 다른 단어와 같이 단어의 어간을 본(예컨대, L I __ __ __ __ __을 채우시오) 피험자가 단어를 보지 못한 피험자보다 단어를 완성할 가능성이 훨씬 높다. 흥미로운 것은 첫 단계에서 단어를 본 피험자가 그 단어를 보았다는 것을 기억하지 못한다는 것이다. 따라서 점화하기에는 묵시적(무의식적) 지식 변화의 한 형태가 반영되어 있는 것이다(Squire & Knowlton, 1995).

지금까지 설명된 지식의 유형에 대한 구분은 뜨거운 논쟁을 불러일으켜 왔다. 예를 들어, 일부 심리학자와 컴퓨터 과학자는 절차 중심 컴퓨터 체제를 이용하여 기능이 모사될 수 있다는 사실에 기초하여 선언지식과 절차지식의 구분에 반대해 왔다(Winograd, 1975 참조). 또 다른 연구자는 묵시적 지식 대 명시적 지식의 구분(Schacter, 1989), 의미지식-절차지식-삽화지식 삼분법(Tulving, 1984), 그리고 시각코드 대 언어코드의 구분(Phylyshyn, 1981)에 대해 문제를 제기했다. 근래에 심리학자들은 이러한 논쟁점을 해결하기 위하여 신경과학에 관심을 가져 왔다. 특히, 뇌손상 환자에게서 나타나는 소위 **이중 정신분열증**에 대한 연구 방법이 연구책략으로 많이 사용되어 왔다. 이중 정신분열증은 특정 뇌 부위의 손상이 한 종류의 문제행동(예컨대, 특정 절차를 회상하지 못하는 것)을 불러 오고, 다른 부위의 손상으로 다른 문제행동(예컨대, 특정 사실을 회상하지 못하는 것)을 일으킬 때 나타난다. Squire와 Knowlton(1995)은 뇌 손상 환자에 대한 사례연구를 검토하고 나서, 그림 3.1에 제시된 바와 같은 분류표를 만들었다. 그림에서 보는 바와 같이, 이들은 대뇌피질 중앙 측두엽의 구조(즉, 해마상 융기, 엔트로히날 피질, 피라힘포캄팔 피질, 페리히르날 피질)과 다른 피질하 구조(예컨대, 시상)가 선언(명시)기억에 중요한 것 같다고 주장한다. 이중 정신분열증에 대한 연구는 비선언(묵시)기억 경우, 선조체가 감각운동 기능과 습관의 획득에 특히 중요한 구조라는 것을 시사하고 있다. 선조체는 *기저핵*(시상 및 편도체가 있는 피질 하부에 위치함)을 구성하고 있는 여러 피질하 구조의 하나이다. 또 다른 형식의 비선언지식인 점화하기는 피질에 들어있는 신경계 사이에서 일어난다고 한다. 고전적으로 조건화된 정서반응은 편도체(측두엽 내부의 아래쪽에 위치함)에 의해 매개되는 것으로 알려져 있다. 마지막으로, 비선언기억인 비연합학습(nonassociative learning)은 주로 척수에 있는 반사경로와 연결되어 있다고 한다. 이러한 신경과학 연구결과와 심리실험들을 종합하면, 지금까지 논의된 기억에 대한 구분은 근거가 있다.

단서. 단서는 환경이나 기록과 연결된 암송체제의 항목에 들어있는 것을 말한다. 구체적으로 말하면, 단서는 기록을 낮은 활성화 상태에서 높은 활성화 상태로 변화시킬 수 있다. 활성화 수준이 충분히 높으면, 기록을 활용할 수 있게 된다. 예를 들어, "누가 *세일즈맨의 죽음*을 썼나?"라는 질문이 있을 때, 이 질문에 들어있는 단어(예컨대, 죽음, 세일즈맨)가 저자에 대한 기록과 연결되어 있다면, 이들은 단서가 될 수 있을 것이다. 또는 "Arthur _______가 *세일즈맨의 죽음*을 썼다."는 부가적 단서는 프롬프트가 될 수 있을 것이다.

(a) 질문을 읽거나, (b) 그 질문을 내적 표상으로 재부호화하거나, (c) 질문을 계속 생각하면, 단서는 더 이상 환경에 속하는 것이 아니라 암송체제의 항목이 된다. 낚시에 비유하면, 단서는 낚싯대, 릴, 미끼와 같은 것이다. 단서를 던지면 기록을 끌

그림 3.1 기억의 종류에 따른 뇌 부위의 분류

어울려 고도로 활성화되도록 도와준다. 문서 작성기에 비유하면, 단서를 지각하는 것은 문서를 불러내기 위해 파일 이름이나 아이콘을 누르는 것과 같은 것이다.

작동기억과 영구기억. **작동기억**은 인지과제를 수행하는 동안에 정보를 저장하는 동시에 조작하는 일을 담당하는 체제로 용량이 제한되어 있다(Bayliss, Jarrold, Gunn, & Baddeley, 2003, p. 71). 따라서 감각 등록기나 암송체제에 있는 항목은 작동기억에 있는 것이고, 마찬가지로 활성화 상태에 있는 영구기록도 작동기억에 있는 것이다. 작동기억은 오늘날의 인지심리학에서 사용되는 단기기억이란 개념을 대신하는 개념이다. 단기기억은 저장기능을 강조하지만 작동기억의 처리 기능을 강조하지는 않는다. Baddeley와 Logie(1999)는 작동기억이 환경을 이해하고 정신적으로 표상하는 것, 직전의 경험에 관한 정보를 유지하는 것, 새로운 지식의 획득을 지원하는 것, 문제를 해결하는 것 그리고 현재의 목표를 설정하여 관련시키고 수행하는 것과 같은 과제에 관여한다고 하였다.

앞에서, 감각 등록기에 있는 정보가 수초 내에 서서히 사라진다고 하였다. 또 암송체제에 있는 정보가 장기기록으로 바뀐다는 보장이 없다는 것도 설명된 바 있다(다음 절의 기억체제의 주요 과정에 대한 설명 참조). 이와 더불어, 고도로 활성화된 기록이라도 주의를 집중하지 않거나 생각하지 않으면 쉽게 활성화 수준이 낮아질 수 있다. 작동기억을 **이행기억**(transient memory)의 한 형태로 보는 것(Anderson, 1995)은 바로 이 때문이다.

이와는 대조적으로 **영구기억**은 기록창고와 관계 있다. 단기기억의 개념도 포함된 고전 모형(예컨대, Atkinson & Shiffrin, 1968)에서는 영구기억을 "장기기억"이라 부르기도 했다. 고전 모형은 다소 부정확하고 오해의 소지를 안고 있기 때문에 많은 인지심리학자는 "일시적인 저장만이 요구되는 과제"와 "저장하여 정보를 처리하고 주의를 돌리는 것을 요구하는 과제"를 구분하려고 할 때를 제외하고는 장기

기억 또는 단기기억이라는 용어를 더 이상 사용하지 않고 있다. 영구기억에 있는 기록은 신경체 형식이나 신경들이 안정되게 서로 연결된 형태로 뇌에 들어있는 것으로 간주되고 있다(Squire, 1987).

앞에서, 영구기억이 다양한 표상으로 구분될 수 있다는 것이 언급된 바 있다. 여기에서는 작동기억의 하위영역을 살펴볼 필요가 있다. 첫 번째 하위영역은 "암송체제"(즉, 음성학적 고리와 시공간 스케치 패드)에서 이미 논의되었다. 작동기억의 두 요소, 즉 음성학적 고리와 시공간 스케치 패드는 원래 심리실험에서 나온 결과를 설명하기 위해 제안되었다. 근래에 신경조직 영상화 기법을 활용한 연구를 통하여 그 존재가 확인되었다. 공간 작동기억이 요구되는 과제는 우반구를 활성화시키는 반면에 언어적 작동기억이 요구되는 과제는 좌반구를 활성화시킨다(Smith, Jonides, & Koeppe, 1996). 작동기억의 두 번째 하위영역은 정보를 일시적으로 잡아두는 단기 "버퍼"와 작동기억에 있는 정보가 작용할 때 활용되는 "처리공간"을 구별하는 것과 관계있다(Halford, Mayberry, O' Hare, & Grant, 1994). 이러한 구분을 이해하기 위해서는 다음의 비유를 생각하는 것이 유용할 것이다. 집을 수리하려면 작업할 공간(예컨대, 지하실의 구석이나 차고 또는 공구보관용 선반)이 필요하다. 재료는 작업을 시작하려고 할 때나 작업을 하는 동안에는 옮길 수 없기 때문에 집안의 작업 공간에 보관할 수가 없다. 따라서 재료를 사용할 때까지 임시로 보관할 공간도 필요하다. 이 공간이 "버퍼"와 같은 것이다.

작동기억의 시공간적 요소와 언어적 요소를 **중앙 실행 체제**의 "종속체제"라 한다. 중앙 실행 체제는 (a) 선택적 주의집중을 통하여 두 종속체제의 안과 밖에 있는 정보의 흐름을 관리하고 (b) 특정 과제에서 사용될 구체적인 조작에 관한 정보를 계획, 점검, 재생하는 역할을 담당하는 것으로 알려져 있다. 더 나아가, 복잡한 과제를 수행하기 위한 용량을 남겨두기 위하여 단기기억 기능의 일부가 종속체제로 보내지는 것으로 알려져 있다(Baddeley & Logie, 1999). 일시적인 저장과 선택적 정보처리가 요구되는 인지과제에 적용되는 작동기억의 영역－일반적 측면－이 있는 반면에 특정 코드(예컨대, 언어)에만 적용되는 영역－한정적 측면－도 있다(Alloway, Gathercole, & Pickering, 2006; Barrett, Tugade, & Engle, 2004).

Barrett 등(2004)은 작동기억 용량의 개인차가 독해, 수학문제 해결, 학습, 인지적 억제, 주의산만에 대한 저항과 같은 다양한 인지적 기능의 성공적 수행과 관련이 있기 때문에 매우 중요하다고 주장한다. 이들은 작동기억 용량의 핵심 요소는 지식표상을 활성화하거나, 유지하거나, 억제하기 위해 주의를 통제하는 능력이라고 하였다. 작동기억 용량을 측정하기 위해 일반적으로 사용되는 방법은 일련의 문장을 읽게 하고 나서 각 문장의 마지막 단어를 회상하도록 하는 것이다. 단어를 많이 회상하면 할수록 작동기억 용량은 더 큰 것이다. 작동기억 용량이 큰 학생이 작은 학생보다 학업 성취도가 높다. 일부 학자는 작동기억과 지능은 동일한 것이라고 주장하고 있지만, 근래에 이루어진 메타분석(Ackerman, Beier, & Boyle, 2005)을 통하여 이 두 변인 간의 상관계수는 $r=1.0$보다 훨씬 낮은 0.48 정도인 것으로 밝혀졌다. 따라서 작동기억과 지능은 서로 관계는 있지만 별개의 변인이다.

요약. 인간 기억체제의 주요 구성요소는 감각 등록기, 암송체제, 기록, 단서, 작동기억, 영구기억이다. 이들은 자동차의 기화기, 배터리 등과 같은 엔진 부품에 비유된다. 지금까지 기억 엔진의 주요 부품을 설명하였으므로, 이제 이 안에서 일어나는 중요한 과정을 살펴보자.

기억체제의 주요 과정

기억과정은 두 유형, 영구기억의 형성에 관여하는 유형과 영구기억의 상기에 관여하는 유형으로 조직될 수 있다. 이 두 유형을 차례로 살펴보자.

영구기록의 형성. 그동안 정보를 영구기억으로 보내는 것과 관련된 세 가지의 주요 과정, 즉 부호화, 암송 및 정교화에 대한 연구가 이루어져 왔다. **부호화**란 감각 정보를 받아들여 영구기록으로 전환하는 과정을 나타내는 일반적인 용어이다. 다시 말해서, 부호화는 경험한 것에 대한 정신적 표상을 형성하는 과정이다(Anderson, 1995; Newell & Simon 1972; Siegler 1991). 부호화는 사진과 같거나 완전한 것이기보다는 오히려 **선택적**이고 **해석적**인 것으로 간주되고 있다. 선택적이라는 것은 경험의 특정 측면만이 기록에 포함된다는 의미이다. 해석적이라는 것은 자극에 대한 오리엔테이션이 어떻게 부호화할지를 결정한다는 의미이다. 대통령 후보자 토론을 본 시청자가 사실과는 상관없이 자신이 지지하는 후보가 토론에서 이겼다고 주장하는 경우가 좋은 예일 것이다. 여기에서, 후보자가 반론을 잘한 때는 부호화되지만 실수한 때는 부호화되지 않는 경향이 있다. 사실상 보고 싶은 것만 본 것이다.

암송이란 앞에서 암송체제를 살펴볼 때 설명되었던 과정이다. 암송은 자극을 계속 반복하거나 "재경험하는" 과정이다. 전화번호를 계속 반복하는 것이 암송의 한 예이다. 반복과 연습이 기록강도를 결정한다는 사실을 지지하는 연구는 대단히 많다. 실제로, 최근에 다음과 같은 일반적 공식으로 표현되는 **학습강도 법칙**(power law of learning)이 밝혀졌다(Anderson, 1995; Newell & Rosenbloom, 1981).

$$\text{학습강도} = \text{연습}^{b}$$

한 연구(Anderson, 1995)에서는 답(T)을 회상하는 데 필요한 시간의 양으로 강도를 지수화할 때, 실제 방정식은 $T=1.40P^{-.24}$라는 것이 밝혀졌다. (지수가 음수인) 이 지수 방정식은 학습자가 처음 몇 번을 실행하는 동안에 재생은 크게 증진된다는 것을 의미한다. 이후에도 기록강도가 계속 증가되기는 하지만, 증가 정도는 그렇게 크지 않을 것이다. 예를 들어, 10일 동안 계속 시험공부를 하는 경우에, 공부 시작 하루 후에 시험을 보면 40% 정도 재생된다. 그러나 이틀 후에 시험을 보는 경우에는 80~90% 정도가 재생된다. 사흘에서 열흘 사이에 시험을 보는 경우에는 90~95%가 재생될 것이다. 여기에서 공부 시작 이틀 후부터 열흘 사이의 8일 동안 재생률이 5% 증가된 것은 하루 후와 이틀 후 사이에 40~50% 정도가 증가한 것과 비교하면 증가 정도가 훨씬 낮다는 것을 알 수 있다.

학습강도 법칙 공식은 교사가 연습을 통하여 영구기록의 강도를 증가시키기 위해 모든 노력을 해야 한다는 것을 강력하게 시사하고 있다. 강도를 증가시킴으로써 기록에 대한 접근 가능성을 높일 수 있다.

기록 형성과 관련된 세 번째 과정인 **정교화**는 "주어진 정보를 넘어서" 원경험(raw experience)에 세부사항을 첨가하는 과정과 관계 있다. 예를 들어, "소년이 울고 있다."는 문장을 읽었을 때, 이 문장을 단순화하거나 다소의 세부적인 사항을 덧붙여 부호화할 수 있을 것이다. 단순화된 부호화는 다음과 같은 그래프로 나타낼 수 있다.

혹은 "이 소년은 누구지?", "왜 울지?"와 같은 질문을 할 수도 있을 것이다. 일반적으로 유능한 독자는 글을 읽어 나가는 동안에 이런 질문을 자동적으로 제기한다. 이럴 때, 유능한 독자는 "이 소년이 넘어진 꼬마 아이이다."와 같은 추론을 한다. 이러한 추론을 통하여 단순화된 부호화는 다음과 같이 수정될 것이다.

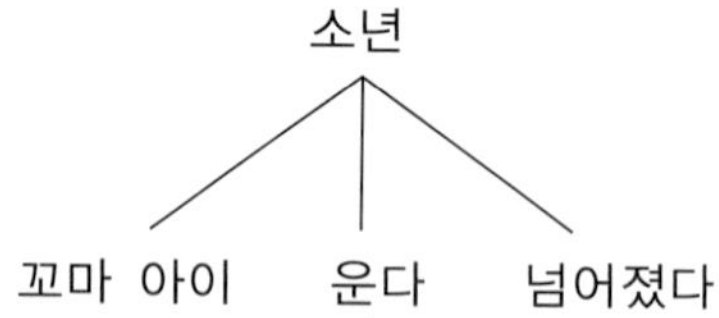

2장의 스키마 이론에서 보았듯이, 이렇게 첨가하는 것은 실제로 본 것과 추론한 것을 구분하여 기억하는 것을 어렵게 할 수도 있다. 따라서 원래 읽은 문장이 "꼬마 아이가 넘어져서 운다."였다고 잘못 재인될 수도 있다.

일부 연구자는 부호화 개념과 정교화 개념을 종합하여 **정보처리 심도**(depth of processing)라는 구인을 제안하였다(Anderson, 1995; Craik & Lockhart; 1972). 이 관점에 따르면, 모든 경험은 "표층적으로" 부호화될 수도 있고 "심층적으로" 부호화될 수도 있다. 이를 이해하기 위해, 수업 중에 매우 특이한 억양으로 말하는 것을 듣는 경우를 생각해 보자. 이 때 "Einstein은 난독증이었을지 모르겠다."라는 말을 들었을 때, 문장의 의미에는 거의 주의를 기울지지 않고 이상한 억양의 발음에 주의를 집중할 수도 있을 것이다. 이렇게 하는 것은 문장을 표층적으로 처리한 것이다. 한편, 문장의 의미를 이해하고 추론하며 이미 알고 있던 정보와 연결시키려 노력했다면, 그 문장을 보다 심층적으로 처리한 것이다. 정보가 심층적으로 처리될 때 파지가 높다(예컨대, Benton, Glover, Monkowski, & Shaughnessy, 1983; McDaniel, Einsten, Dunay, & Cobb, 1986).

학생이 정보를 심층적으로 처리하도록 하기 위하여, 교사는 보다 깊이 생각하도록 자극하는 질문을 할 수 있다. 예를 들어, 미국 헌법 제2조("잘 통제된 군대, 자유국가 수호의 필요성, 무기를 소지할 수 있는 권리는 침해받지 않는다.")를 읽고 나서, 교사는 정보를 표층적으로 처리하게 하는 질문(예컨대, 총기 소지 권리를 규정한 헌법 조항은 몇 조인가?)을 할 수도 있고 심층적으로 처리하도록 하는 질문(예컨대, 헌법 제정자들은 왜 무기 소지 권리가 필요하다고 생각했을까?)을 할 수도 있다.

영구기억에서 기록을 회상하기. 부호화, 암송 또는 정교화 방법으로 영구기록을 생성한다고 해서 정보의 기억과 관련된 모든 일이 끝난 것은 아니다. 정보를 기억한 후에도 정보를 인출해야 하는 과제가 여전히 남아 있다. 중요한 문서를 책상 서랍에 넣는 것은 나중에 그 문서를 찾기 위해 해야 할 일 중의 하나에 지나지 않는다는 것을 생각해 보면, 이 말의 의미가 이해될 것이다. 서류를 책상에 넣어 두는 것은 (a) 문서가 어디에 있는지를 기억할 수 있는 경우(예컨대, 문서를 항상 그 자리에 두기 때문에)와 (b) 서랍에서 문서를 찾기 시작했을 때 쉽게 찾을 수 있는 경우에만 도움이 된다. 그 문서가 정리되지 않은 다른 문서와 뒤죽박죽 섞여 있다면, 찾는 데 상당한 시간이 걸릴 것이다. 인간의 마음을 책상 서랍과 유사한 것으로 보면, 경험을 저장하는 데 신중을 기하지 않는 경우에 회상에 어려움이 있을 것이다.

영구기억으로부터 정보를 회상하는 주요 방법에는 재생, 재인, 추론적 재구조화가 있다. **재생**이란 단서가 제시되고 그 단서와 관련된 정보를 회상하려 할 때 수반되는 과정이다(Flavell, Miller & Miller, 1993). 예를 들어, 시험에 "미국 3대 대통령은 누구인가?"라는 문제가 나왔다면, '3대' 와 '대통령' 이라는 단서가 영구기억으로부터 Tomas Jefferson이라는 이름을 회상하도록 할 수 있다. 마찬가지로, 얼굴이 이름을 위한 단서가 될 수 있을 것이다. 이 상황에서 원하는 정보(예컨대, *Thomas Jefferson*이라는 말)는 제시되지 않는다는 점에 주목해야 한다.

재인은 무언가를 보거나, 듣거나, 냄새 맡거나, 만지거나, 맛을 보고, 이전에 그 광경, 소리, 냄새, 느낌 또는 맛을 경험했다는 생각이 들 때 수반되는 과정이다. 이 경우, 저장된 표상이 실제의 대상과 연결된다(Flavell et al., 1993). 예를 들어, 어떤 학생이 'Thomas Jefferson은 미국의 3대 대통령이다' 라는 사실을 영구기록으로 가지고 있고, "Jefferson은 미국의 3대 대통령이다."라는 진위형 문항이 제시되었다면, 이 학생은 이를 진으로 재인한다. 마찬가지로, 아는 사람을 만나면, 저장된 표상과 얼굴을 연결시켜 그 사람을 재인한다. 단서가 단순히 그와 관련된 어떤 것을 활성화시키기만 하는 재생과는 달리, 재인에서는 단서가 직접 기록과 연결된다. 그러나 대부분의 현대 모형은 재생되거나 재인될 가능성은 단서와 기록 간의 연결강도에 의해 결정되는 것으로 가정하고 있다(Raaijmakers & Shiffrin, 1992).

세 번째 회상과정인 **추론적 재구조화**는 단서가 전체 정보 중에서 일부만 회상할 수 있도록 했을 때 활용된다. 추론적 재구조화에서는 회상된 일부 정보를 중심으로 원래의 기록에 근접한 것으로 생각되는 그럴듯한 이야기가 구성된다(Anderson, 1995). 몇 년 동안 보지 않았던 TV쇼(예컨대, *Frosty the Snowman*)의 줄거리를 재생하려는 경우를 생각해 보면 이 말이 이해될 것이다. 그 쇼를 보지 않은 친구에게 그 내용을 어떻게 말하겠는가? 이번에는 지난주에 보았던 TV쇼의 줄거리를 재생해 보자. 그리고 이 두 경우의 다른 점을 생각해 보라. 아마 후자의 경우가 전자의 경우보다 더 완벽하고 실제 내용에 가까울 것이다.

망각

시간의 흐름에 따라 기억에서는 어떤 일이 일어나는가? 어떤 것이 다른 것보다 잘 기억되는 이유는 무엇인가? 이 질문에 대한 대답은 망각이라는 개념을 중심으로 이루어진다. 그 동안 망각에 대한 세 가지 견해, 즉 쇠퇴이론, 간섭이론, 회상단서 상실이론이 제안되어 왔다. 그러면 이 세 이론을 살펴보자.

쇠퇴이론

쇠퇴이론(decay theory)은 가장 오래된 망각이론이면서 대부분의 보통 사람이 가진 생각과 많이 일치하는 관점이다(Anderson, 1995). 이 관점의 주된 전제는 연습을 하지 않거나 얼마동안 활성화되지 않으면 기록강도가 시간이 지남에 따라 약화된다는 것이다. '기록강도란 기록이 재생될 가능성이다.' 라는 정의가 이 전제를 이해하는 데 도움이 될 것이다. 예를 들어, "256의 제곱근은 얼마인가?" 라는 질문에 정답할 가능성이 40%라면, "16" 이란 답의 강도는 0.40이라 할 수 있다고 하자. 쇠퇴이론에 따르면, 강도가 1.0에서부터 시작하여 시간이 지나면서 0.80으로, 다음엔 0.60으로, 또 0.40 등으로 점차 쇠퇴한다.

만일 컴퓨터가 이와 유사한 쇠퇴법칙을 따른다면, 문서를 작성하여 저장했다가 다시 불러오기를 하려고 할 때, 화면에 나타날 가능성은 날이 가면 갈수록 낮아질 것이다. 그러나 플로피 디스크에 저장된 문서는 (디스크가 손상되지 않았다고 가정할 때) 아무리 오래 되어도 즉시 불러올 수 있다. 따라서 컴퓨터는 쇠퇴법칙을 따르지 않는다.

시간 경과는 놀라울 정도로 규칙적으로 기록의 회상 가능성에 영향을 미치는 것 같다. 다양한 유형의 기억(예컨대, 무의미 철자, TV쇼, 사실에 대한 진술문 등)에 관한 연구를 통하여, 망각되는 것의 대부분은 매우 일찍 손실된다는 것이 밝혀졌다. 이 시점 이후에도 정보의 망각은 계속되지만 손실의 속도는 완만하다. 이와 같은 일반적 경향은 **망각강도 법칙**(power law of forgetting)이라고 불린다(Anderson, 1995). 예를 들어, 한 연구에서는 종영된 후 1년이 지난 TV쇼의 80%가 기억된다는 사실이 밝혀졌다. 종영 후 1년에서 8년 사이에 파지는 80%에서 58% 정도로 다소 빨리 떨어진다(22% 정도가 손실됨). 그러나 8년에서 15년 사이에는 파지가 3%(58%에서 55%로) 정도만 떨어졌다(Squire, 1989). 따라서 시간 경과는 회상 가능성에서 중요한 요인이다. 그렇지만 연습량도 역시 망각에 영향을 미친다는 사실이 밝혀졌다. 주지하다시피, 연습이 기록의 초기 강도에 영향을 준다. 어느 시점에서건 연습을 많이 한 사람이 하지 않은 사람보다 기억을 회상할 가능성이 높다는 것이 밝혀졌다. 그럼에도 불구하고, 많이 연습한 사람이나 덜 연습한 사람의 망각속도는 동일하다는 것도 밝혀졌다(Anderson, 1995). 그러므로 예컨대 A라는 사람이 50번 연습했다면, 즉시 80% 정확도가 50%로 떨어지고(30% 떨어짐), 이후 시간이 지나면서 45%로 떨어질(5% 떨어짐) 것이다. 만약 B라는 사람이 100번 연습했다면 정확도는 100%에서 70%로 떨어질 것이고(30% 떨어짐), 이후 65% 정도로 떨어질 것이다(5% 떨어짐). 그러므로 손실속도는 동일하지만, 각 시점에서 B는 A보다 더 많이 회상할 것이다. Schooler와 Anderson(1997)은 시간요인과 연습요인을 하나의 도식함수로 통합하였다.

$$\text{잠재지수} = A + B \times T^{d}$$

여기에서 잠재지수(latency)는 강도(the index of strength)로 답에 걸리는 시간을 말한다. A는 상수이다. B는 연습에 의해 감소될 수 있는 잠재성의 정도이다. T는 제시하고 나서 검사할 때까지 걸린 시간이며, 지수 d는 쇠퇴율이다. 잠재성을 정확하게 예측하기 위해서는 한 항목의 기억흔적 강도가 그 항목이 다시 제시될 때마다 쇠퇴하기 시작하는 것으로 가정해야 한다. 또 새로운 항목에 대하여 그 자체의 궤적을 가진 새로운 쇠퇴 함수가 생성된다. 특정 시기의 기억강도를 알기 위해서는 이 쇠퇴 방정식의 모수를 합산해야 한다(Anderson, Fincham, & Douglas, 1999).

Rubin, Hinton, Wenzel(1999)은 Anderson 등과는 다소 다르게 가정하여 100개 이상의 함수를 기억에 대한 다양한 실험에서 수집된 자료에 적용시키려 하였다. 이들은 재생과 재인 모두에 가장 적합한 방정식은 다음 식이라는 것을 발견하였다.

$$y=a_1e^{-t/T1}+a_2e^{-t/T2}+a_3$$

이 식에서 y는 강도(예컨대, 재생 가능성), a는 (각각이 0.92, 0.32, 0.10과 같은 값을 가진) 승 상수이고, 소문자 t는 자극제시 후의 시간 측정치이며, 대문자 T는 시행과 관련된 고정 값(학습과 검사 중간에 이루어진 시행 횟수)이다. Rubin과 동료들은 식의 첫 항(즉, $a_1e^{-t/T1}$)은 작동기억을 기술한 것이고 나머지 두 항은 장기기억을 기술한 것이라 주장한다.

이 생각을 교실 상황에 적용하면, 아동이 학년 초에 학습한 내용 중에서 많은 부분이 시간이 가면서 강도가 계속 약해진다는 것을 알 수 있다. 강도의 약화를 최소화하기 위해서는 초기의 내용을 많이 연습하도록 하는 것이 중요할 것이다. 이는 아동이 해가 가면서 강도가 약해지는 것을 피하기 위하여 여름방학 동안에 학습한 내용을 다시 공부할 필요가 있다는 것을 시사하고 있다. 중산층 아동이 시내 중심가의 하류층 아동보다 학습한 내용을 덜 상실한다는 연구결과(Entwisle & Alexander, 1992)는 중산층 아동이 실제로 여름방학에 복습을 한다는 사실을 보여주는 것 같다.

망각강도 법칙에서 흥미로운 것은 인간의 마음이 규칙적으로 되풀이되는 사건만을 보유하도록 만들어진 것 같다는 것이다. 즉, 우리의 마음은 "이 일은 계속해서 일어나는군. 그래서 난 이것을 기억하는 것이 좋겠어. 저 일은 오랫동안 일어나지 않았고 처음에 일어날 때도 자주 반복되지 않았었어. 잊어버리는 게 좋겠어." 하는 것 같다. 사건이 일어나는 빈도(예컨대, 동일한 이름이 매일 신문에 언급되는 횟수)와 이 정보가 회상될 가능성 간에는 높은 상관관계가 있다(Anderson & Schooler, 1991). 예를 들어, 1997년부터 2007년까지 유엔 사무총장을 지낸 사람의 이름을 아는가?(힌트: 그 사람의 성은 Kofi이다). 정기적으로 뉴스를 시청하거나 신문을 읽은 사람은 반복정도 때문에 그 답을 알 것이다.

간섭이론

시간과 연습이 망각 정도에 영향을 미치는 것 같기는 하지만, 전부는 아니다. 방금 전에 학습한 정보와 이미 기억에 있는 정보 사이에는 **간섭** 관계가 생길 수 있다. 새로 학습된 정보가 이전 정보의 기억을 어렵게 할 때, 이를 **역행간섭**(retroactive interference)이라 한다. 예를 들어, 1, 2학년 학생은 3+4=7이라는 사실을 학습하는 데 많은 시간을 보낸다. 이들이 3학년이 되어 3×4=12라는 것과 같은 곱셈을 새로 학습할 때, 3, 4, 12 사이의 새로운 연합관계는 3, 4, 7 사이의 기존 연합관계에 간섭할 수 있다. 따라서 "3+4는 얼마인가?"라는 질문에 "12"라고 대답할 수가 있다. 이 경우, 3과 4는 7이라는 기록 대신에 12라는 기록을 활성화시키는 회상단서로 작용하고 있는 것이다. 학생이 이런 문제를 극복하기 위해서는 3, 4 +, 7 사이뿐 아니라 3, 4 ×, 12 사이의 네 가지 연합을 형성할 필요가 있다.

기존 정보가 새로운 정보의 파지를 방해할 때, 이를 **순행간섭**(proactive interference)이라 한다. 순행간섭의 예로는 3학년 학생이 "3×4는 얼마인가?"라는 질문에 7이라고 대답하는 경우를 들 수 있다. 또 다른 예로는 새 전화번호를 물었는데 옛 전화번호를 알려주는 경우를 들 수 있다. 이 경우에 '전화번호'라는 말은 두 전화번호 모두와 연합된 회상단서이나, 새 전화번호보다 옛 전화번호와 더 강력하게 연합된 것이다.

여기에서, 쇠퇴이론과 간섭이론은 모두 망각을 정보가 기억에서 증발해 버리는 것으로 보지 않는다는 점에 주목해야 한다. 두 이론은 모두 망각을 여전히 있는 정보를 끌어내는 데(기록을 충분히 활성화시키는 데) 문제가 있는 것으로 본다. 이 두 이론은 기록이 활성화되지 않는 이유를 설명하는 방식이 다르다.

쇠퇴이론을 이해하기 위해, 회상단서가 재생 가능성을 증가시킨다고 가정해 보자. 예를 들어, Truman이라는 기록의 강도가 0.50이라면, "Roosevelt 다음 대통령은 누구인가?"라는 질문에 들어 있는 단어가 일시적으로 Truman이라는 기록의 강도를 0.30에서 0.80로 증가시킨다고 가정하자. 만일 기억 식역이 0.70이라면, 이 질문이 답을 쉽게 불러낼 것이다. 그러나 Truman이라는 기록의 강도가 0.20으로 약화된다면, 질문에 있는 단서는 강도를 0.30에서 0.50으로 증가시킬 것이다. 이 수치는 기억 식역인 0.70에 미치지 못하기 때문에 답을 불러내지 못할 것이다.

이번에는 Roosevelt라는 단서가 Taft라는 기록과 Truman이라는 기록 모두와 연결되어 있다고 가정하자. 주어진 자극이 기록에 보낼 수 있는 활성화 정도는 고정되어 있다는 것이 시사되고 있다(Anderson, 1995). 만일 0.30의 강도 증가를 Truman과 Taft에 (각각 0.15씩) 나누어주고 Truman이라는 기록의 강도가 0.50이라고 가정하면, Truman이라는 기록의 강도는 질문에 의해 일시적으로 0.65로 높아진다. 하지만, 주목할 점은 기억 식역이 0.70이라면 여전히 질문에 대한 정답을 불러내지 못한다는 것이다. 그러므로 단서가 다른 기록과 많이 연결되어 있다면, 기록강도가 높아도 여전히 활성화시키는 데 어려움이 있을 수 있다.

회상단서 상실 이론

망각에 대한 세 번째 설명에는 단서와 기록 간의 연합 약화가 포함되어 있다(Anderson, 1995; Tulving & Psotka, 1971). 탈맥락적 상황에서 얼굴을 보고 그 사람을 아는 것 같은 이상한 생각이 들 때가 있다. 예를 들어, 선생님이 식료품 가게에서 한 학생을 보았다고 하자. 이 학생이 현재 강의를 듣고 있다면, 학생의 얼굴은 학급 맥락과 학생의 이름과 같은 다른 것들과 강력하게 연결되어 있을 것이다. 그래서 선생님은 "이 학생이 내 강의를 수강하는 학생이지?" 자문하고 수업을 떠올려 보고 나서 수업을 듣고 있는 학생의 모습을 떠올린다. 이러한 단서는 선생님이 학생의 이름을 재생할 수 있도록 돕는다. 그러나 그 학생을 오래전에 가르쳤다면, 얼굴, 교실, 이름과 기타의 것들 사이의 연결은 선생님이 이 낯익은 얼굴이 가르쳤던 학생인지를 확신조차 할 수 없을 정도로 약화된다.

독자 역시 시험 도중에 무엇인가를 기억해 내려고 애썼던 경험이 있을 것이다. 이때 노트에 어떤 것을 필기했던 자리 같은 맥락단서(contextual cues)가 기억을 돕는 회상단서의 역할을 하는 경우가 가끔 있다. 이러한 맥락단서가 공부한 후 즉시 도움을 줄 수 있다 하더라도, 시간이 지남에 따라 정보와의 연결이 상실될 것이다. 동일한 시험을 수개월 후에 치른다면, 그 정보가 재생되지 못할 수도 있다.

쇠퇴이론이나 간섭이론과 마찬가지로 회상단서 상실 이론도 망각을 기억 내에 있는 기록을 활성화하는 문제로 가정한다. 그렇지만 회상문제를 설명하는 방식은 앞의 두 이론과 다르다. 회상단서 상실 이론을 이해하기 위해 Truman의 예를 다시 생각해 보자. 앞의 예에서 *대통령*과 *Roosevelt*라는 단어가 기록강도를 일시적으로 0.30 증가시킨다고 하였는데, 이 단서는 시간의 경과에 따라 활성화 잠재력(activating potency)을 상실한다고 가정하자. 이 경우, 오래된 단서는 강도를 0.30만큼 증가시키지 못하고 0.10만 증가시킬 것이다. 강도가 0.50인 기록은 단지 0.60으로 증가될 것이다. 이 수치는 앞에서 가정했던 기억 식역 0.70에 미치지 못한다. 아마 독자는 회상자극 상실 이론이 (기록의 강도 분산에 초점을 맞춘 관점이라기보다는) 단서와 기록 간 연결의 분산에 초점을 맞춘 쇠퇴이론에 지나지 않는다는 것을 알았을 것이다.

기억증진과 관련된 요인

지금까지 파지와 망각의 본질을 살펴보았다. 여기에서는 기억증진과 관련된 몇 가지 요인을 살펴볼 것이다. 학생이 다양한 기억전략을 사용하기는 하지만, 연구자들은 주로 다섯 가지 기억전략, 즉 암송, 조직화, 정교화, 소재화 방법 및 핵심어 방법에 관심을 가지고 연구해 왔다. 기억전략을 설명한 후에, 이러한 전략의 활용에서 중요한 역할을 하는 기억체제의 성분인 메타기억을 살펴볼 것이다. 그리고 기억에 대한 스트레스와 정서의 영향을 살펴볼 것이다.

기억전략

암송. 앞에서 말한 것처럼, 암송이란 정보를 계속 반복하여 되뇌는 전략이다. 장기파지를 위해서는 암송이 반드시 필요한 것으로 생각하던 때도 있었다. 즉, 반복은 당연히 기록강도를 증가시키고, 반복하지 않고는 기록강도를 높일 수 없다고 생각하였다(Anderson, 1995; Atkinson & Shiffrin, 1968). 그러나 반복이 항상 기록강도를 증가시키는 것은 아니며, 정보를 한 번만 접하고도 학습하는 경우가 있다는 것이 밝혀졌다. 따라서 파지를 위해 반복과 연습이 중요하기는 하지만, 유일한 방법은 아니라고 하는 것이 맞을 것이다.

왜 반복이 효과 있을까? 앞에서 언급한 바와 같이, 마음은 본질적으로 환경의 통계학적 속성에 민감한 것 같다. 자주 접하는 것은 기억되나 자주 접하지 않는 것은 잊혀지도록 되어 있다. 이 주장은 **사이두기 효과**(spacing effects)를 검증한 연구결과(Anderson, 1995)와 일치한다. 교재를 공부하는 한 가지 방법은 여러 부분으로 나누어(예를 들어, 3일 동안 하루에 1/3씩) 공부하는 **분산연습**(distributed practice)을 하는 방법이다. 두 번째 방법은 "벼락치기"(즉, 시험 바로 전에 한 번에 모두 공부하는 것)를 하는 것이다. 이와 관련된 연구에서는 분산연습이 벼락공부보다 장기파지에 효과적이라는 것이 밝혀졌다(Cepeda, Pashler, Vul, Wixted, & Rohrer, 2006). 가장 이상적인 것은 학습회기 간의 간격을 최소한 하루, 아마도 일주일 정도 두어야 한다. 그렇지만 공부방법의 상대적 효과는 공부를 마친 시점과 수험시점 간의 기간에 따라 달라진다. 4주 동안 일주일에 한 번씩 공부하고, 공부를 마친 날(예, 10월 1일)과 수험일(예, 10월 8일) 사이에 일주일의 공백이 있는 경우가 첫 주에 벼락치기를 하고 더 하지 않은 경우보다 더 많이 기억될 것이다. 그러나 10월 8일에 시험을 보는데 10월 1일까지 분산연습을 하고, 이후 1주일 동안 공부를 하지 않은 경우와 10월 7일에 벼락치기를 하는 경우에는 전자보다 후자가 더 효과적일 것이다. 그러므로 시험을 잘 보는 것뿐 아니라 시험 후에도 오랫동안 기억하고자 한다면 분산연습을 하고 또 시험 전날에 벼락치기도 하는 것이 가장 바람직하다.

공부 방법과 관련하여 **초두효과**(primacy effects) 및 **근접효과**(recency effects)에 관한 연구결과도 살펴볼 필요가 있을 것이다. 학생들은 일반적으로 노트에 필기된 순서에 따라 공부해 나간다(즉, 학생들은 첫 시간의 필기내용을 먼저 하고, 둘째 시간의 내용을 다음에 하는 식으로 공부해 나간다). 이런 식으로 공부하는 경우에 첫 부분과 마지막 부분은 잘 기억되나 중간 부분은 망각되는 경향이 있다는 것이 밝혀졌다(Greene, 1986). 이러한 연구결과는 초두효과와 근접효과를 보기 위해서는 다양한 순서로 공부해야 한다는 것을 분명하게 시사하고 있다.

조직화. 조직화란 기억할 내용을 작은 단위로 분류하고, 위계적으로 배열하는 전략이다. 다음 목록을 공부하는 방법을 생각해 보자.

> 당근, 트럭, 케이크, 브로콜리, 자전거, 버스, 아이스크림, 완두콩
> 기차, 감자, 사탕, 푸딩, 비행기, 호박, 소다수

효과적인 학습자는 이들을 하나의 집합으로 하여 암송하지 않고, 다섯 항목씩 묶은 세 범주(예컨대, 채소류, 운송수단, 과자류)로 조직하여 범주별로 암송할 것이다. 이렇게 하면, 각 범주의 명칭이 기억단서(예컨대, "그래, 채소에는 다섯 가지가 있었지……")로 활용될 수 있다.

학습 자료가 잘 정리되어 있지 않은 경우에 학생 자신이 자료를 조직화하는 것이 매우 중요하다. 조직화 전략은 두 가지 장점이 있다. 첫째, 조직화 전략을 활용하면 단순히 암송하는 경우보다 정교한 방법으로 학습 자료가 부호화된다. 위에 제시한 항목을 노드-연결 스키마(node-link schema)로 부호화한 예가 그림 3.2에 제시되어 있다. 이 그림에서 모든 아이디어가 서로 어떻게 연결되어야 하는지 그리고 이렇게 묶는 데 유목에 대한 기존 지식이 어떻게 활용되는지에 유의해야 한다. 둘째, 학생은 조직화를 통하여 부가적인 회상단서(즉, 유목의 명칭)를 스스로 구성할 수 있다(Anderson, 1990; 1995).

교사가 학습 내용을 조직화하여 학생에게 제시하는 경우에도 학생은 학습 내용을 정교화하여 부호화하는 데 이용하고, 명칭과 묶음을 회상자극으로 활용할 수 있으므로 조직화 전략은 효과적이다. 예를 들어, 생물교사가 신체의 모든 내분비선을 한 번에 설명하기 위하여 이들을 묶어 "내분비선"이란 명칭을 사용한다면, 학생은 시험을 치를 때 이 명칭을 회상단서로 사용할 수 있을 것이다.

흥미로운 사실 하나는 나이 많은 학생은 조직화된 자료가 제시된 경우보다 스스로 조직화하도록 할 때 더 잘 회상한다는 사실이다. 이러한 결과를 **생성효과**(McDaniel,

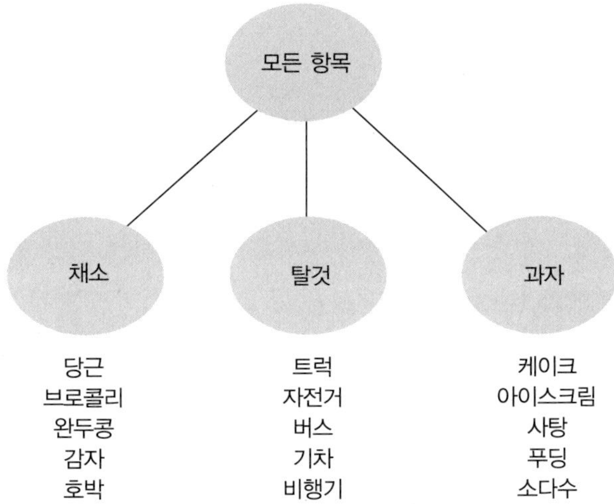

그림 3.2 15개 항목을 조직화하는 방법

Waddell, & Einstein, 1988)라 한다. 생성효과는 곧바로 나타날 수도 있지만, 대부분은 나중에 나타난다. 전체적으로 볼 때, 생성효과는 기억흔적에 대한 계속적인 강화의 결과라는 것이 시사되고 있다(Smith & Healy, 1998). 교사는 학생에게 스스로 조직화하도록 하기 전에 자료를 제대로 조직화할 능력이 있는지 판단해야 한다. 만일 학생이 조직화에 필요한 배경지식이 부족하거나 오개념을 가지고 있다면, 자료를 잘못 조직화할 가능성이 높다. 이 경우, 학생은 많은 것을 기억할지 모르지만, 기억된 내용은 잘못된 것일 수 있다.

생성효과에 대한 논의는 학습의향(intention to learn)에 대한 논쟁(즉, 학습하려는 의도의 유무가 학습에 미치는 영향에 대한 논쟁)에 시사점을 제공한다. 학생이 정교한 방법으로 교재 내용을 부호화하면, 특별히 애쓰지 않아도 잘 기억한다(Anderson, 1995). 다시 말해, (a) 기억 실험의 피험자라는 말을 듣고 교재 내용을 정교하게 부호화하는 학생과 (b) 피험자란 것을 모르고도 교재 내용을 심층적으로 처리를 한 학생을 비교해 보면, 학습의향은 전혀 논란거리가 되지 않는다. 생성효과는 새로운 정보를 기억하려는 노력 때문이 아니라, 이미 알고 있는 지식과 성공적으로 연결시키기 때문에 나타나는 것이다.

정교화 방법. 정교화란 자료에 의미를 부여하는 활동을 의미하는 일반적인 용어이다. 앞에서 조직화가 정교화의 한 형식이라고 했지만, 정교화의 전형적인 예는 쌍연합학습(paired-associates learning)에 관한 실험에서 볼 수 있다. 다음의 단어 쌍 목록이 제시되고 이를 학습하는 경우에 어떻게 할 것인가?

고양이 – 리본
코끼리 – 핀
기린 – 가위
원숭이 – 재봉틀

대부분의 사람은 단어를 서로 연결시킨 심상을 형성하려는 경향이 있다. 예를 들어, 사람들은 리본을 매고 있는 고양이나 핀을 꼽고 있는 코끼리를 상상할 것이다. 이러한 상호작용 심상(interactive imagery)은 단어 쌍 학습에 매우 효과적이라는 것이 밝혀졌다(Weinstein & Mayer, 1986). 언뜻 생각하면, 쌍 연합 학습을 하는 경우는 전혀 없을 것으로 생각하기 쉬우나, 국가와 수도를 서로 짝짓는 것이 쌍 연합 학습의 좋은 예이다. 얼굴과 이름을 짝짓는 것 등도 그 예이다. 정교화는 없던 유의미한 관계를 만들어내기 때문에 유용하다.

정교화가 효과적인 것은 세 가지 이유 때문이다. 첫째, 정교화에는 자료를 정교하게 부호화하는 활동이 들어 있다. 둘째, 학생이 스스로 자유롭게 심상을 만들어냄으로써 생성효과가 생긴다(더 나아가, 심상은 부가적인 회상단서의 기능도 한다). 셋째, 인간은 선천적으로 언어정보보다 시각정보를 더 잘 기억한다(이중 부호화 이론 참조). 즉, 정교화는 언어적 투입을 영상과 연결시킴으로써 인간의 선천적 강점을 활용할 수 있도록 한다.

소재화법. **소재화법**(method of loci)은 학습할 일련의 항목을 익숙한 장소에 연결시키는 것이다. 이 방법을 사용하는 교사는 학생에게 일단의 사실을 제시하고, 각각의 사실을 아주 익숙한 장소에 있는 대상과 정신적으로 연결시키도록 한다. 예를 들어, 4년 동안 매일 같은 길을 다니는 학생은 그 길에 있는 대상을 심상화할 수 있을 것이다. 시험을 위해 20개의 사실을 학습해야 하는 경우에, 학생은 학교 가는 길에 있는 20개 대상(예컨대, 이웃집, 코너에 있는 식료품 가게, 다음 코너에 있는 교회 등)을 선정한다. 다음으로 선정된 대상 각각에 학습할 20개의 사실을 연결시킨 심상을 구성한다. 시험 시간에 학생은 학교 가는 길을 따라 20개의 대상을 생각하면 형성된 심상을 통하여 학습한 것을 "떠올릴" 수 있게 된다.

소재화법이 효과적인 이유는 많다. 첫째, 학생은 정교화 방법과 마찬가지로 자료를 정교하게 부호화한다. 둘째, 학생은 언어자료보다 시각자료를 더 잘 기억하는 인간의 선천적인 능력을 효과적으로 활용할 수 있다. 셋째, 장소를 생각하고 대상을 선정하는 과정에서 생성효과를 얻을 수 있다. 넷째, 고정된 일련의 사상은 조직화되지 않았던 내용을 조직화하도록 해 준다. 다섯째, 각각의 장소나 명칭은 부가적인 회상단서로 작용한다.

핵심어법. **핵심어법**(key word method)은 단어 같은 언어 자료를 학습할 때 특히 유용하다. 이 방법을 활용하는 학생은 먼저 학습할 단어와 발음이 유사하고 심상을 만들기 용이한 용어를 찾아낸다. 예를 들어, 학생이 새로운 단어를 보고 그 단어 안에서 쉽게 떠오르는 용어, 즉 비슷하게 발음되는 부분을 찾아낸다. 예를 들어, caterwaul이란 단어를 읽은 학생은 이 단어에 cat(고양이)과 wall(벽)이라는 두 발음이 들어있다는 것을 인식할 것이다(주의할 점은 동음이의어가 사용될 수 있다는 것이다). caterwaul의 의미가 "시끄러운 싸움"이라는 것을 학습했을 때, 학생은 두 마리의 고양이(cat)가 벽(wall)을 할퀴면서 싸우는 장면을 상상할 수 있다. 스페인 단어인 carta["letter(편지)"]의 경우에, 학생은 이 단어의 발음에 cart(손수레)라는 발음이 들어있다는 것을 인식하고 손수레(cart)에 실어 옮기는 편지(letter)를 심상화할 수 있을 것이다. 핵심어법은 어휘학습이나 기타 유사한 과제를 학습하는 데 매우 효과적이다(Pressley, Levin & Delaney, 1982).

핵심어법이 효과적인 이유는 무엇인가? 지금까지 살펴본 기억방법에 대한 설명을 참고로 독자 스스로 이 질문에 대답해 보자.

메타기억

지금까지 논의된 5가지 기억전략 중에서 어느 것이 가장 효과적인가? 이 중에서 어떤 것을 사용하겠는가? 선다형(multiple choice) 시험보다 논술형 시험을 위해 특정 전략(예, 조직화)을 더 사용하겠는가? 이 질문에 대한 답은 **메타기억**(metamemory)으로부터 나온다. 메타기억이란 용어는 기억이 어떻게 작용하는가에 대한 지식이나 신념을 일컫는 말이다(Flavell, Miller & Miller, 1993). 아마, 메타기억의 가장 중요한 두 측면은 (a) 기억은 한계가 있다는 인식과 (b) 특정 상황에서 사용할 전략에 대한 지식일 것이다.

전략은 중요한 것을 망각하지 않기 위해 수행되는 것이다. 그러나 전략을 사용하기 위해서는 전략을 사용하지 않으면 망각할 가능성이 있다는 것을 먼저 알아야 한다. 기억전략을 사용하는 사람은 자신이 망각할 때가 있다는 것을 인식하는 사람이다. 잊어버릴 수도 있다는 것을 알고 있으면서 기억을 잘하는 사람(예컨대, 이들은 "적어두는 편이 좋겠어."라고 말한다.)과는 대조적으로 잘 잊어버리는 사람은 결코 잊어버리지 않는다고 믿는다. 따라서 이들은 결코 전략을 사용하지 않으며, (인식하진 못하지만) 아주 많은 것을 망각한다.

기억을 잘하는 사람은 망각할 수 있다는 것은 물론, 더 나아가 어떤 전략이 효과적인지도 안다. 예를 들어, 우등생은 자신에게는 소재화법보다는 핵심어법이 효과적이라는 것을 알 것이다. 따라서 이 학생은 소재화법은 가급적 활용하지 않을 것이다. 또 이 학생은 사실의 학습에는 암송이 효과적이지만 교과서 내용의 기억을 위해서는 다양한 심상화 방법이 효과적이라는 것도 알 것이다. 따라서 이 학생은 학습과제가 목록 학습에서 교과서 읽기로 바뀌면 기억방법도 암송에서 심상화 방법으로 변경시킬 것이다.

메타기억의 세 번째 중요한 측면은 노트 정리와 관계있다. 대부분의 학생은 교사가 말하는 것을 모두 필기하지 않고, 시험 때 망각할 것으로 생각하는 것을 필기한다. 우등생은 노트를 효과적인 학습 보조물로 활용할 수 있도록 필기한다. 이와는 대조적으로, 성적이 낮은 학생은 자신의 기억력을 오판한다. 그 결과, 이들은 지나치게 많이 필기하거나 또는 지나치게 적게 필기한다. 그러나 메타기억의 정확성과 수행 간에 완벽한 상관이 있는 것은 아니라는 것을 알아야 한다. 우등생 중에도 가끔 자신이 시험 볼 내용을 얼마나 기억하고 있는지를 알려고 하지 않는 학생이 있다. 평균적으로 말하면, 우등생의 경우에는 알고 있다고 생각하는 것과 알고 있는 것 간의 차이가 크지 않다고 하는 것이 맞을 것이다(Cull & Zechmeister, 1994).

스트레스와 정서가 기억에 미치는 영향

기억전략을 사용하지 않거나 기억의 필요성에 대한 메타인지적 통찰이 없이도 기억하는 때가 많다. 예를 들어, 독자는 기억에 영구히 기록된 것처럼 보이는 개인적 경험을 찾을 수 있을 것이다. 예를 들어, 대부분의 사람은 우주 왕복선 *Challenger* 호의 폭발, 9 · 11참사나 (베이비붐 세대의 경우에는) Kennedy 대통령 암살 같은 불행한 일을 언제 어디에서 들었는지 기억한다. 이런 경험은 너무 생생하여 마음에서 지워지지 않는다. 왜 이런 경험이 그렇게 또렷하게 기억되는가?

한 가지 가능한 설명은 인간이 정서가 수반되는 상황에는 전적으로 몰입하는 경향이 있다는 것이다. 다시 말해서, 인간은 거의 모든 주의력을 사건을 부호화하는 데 쓴다. 또 다른 설명은 인간이 사건을 마음속으로 떠올리고, 또 친구와 상세하게 이야기하는(그래서 암송기제를 활용하는) 경향이 있다는 것이다. 세 번째 설명은 이러한 상황이 사람으로 하여금 많은 생각을 하도록 하기 때문에 매우 정교하게 부호화된다는 것이다.

이외에 소위 **섬광전구현상**(flashbulb phenomena)이라고도 하는 신경과학적 설명도 있다. 특히, 신경과학자들(Cahill & McGaugh, 1998; Robbins & Everitt, 1995)은 기억에 대한 스트레스의 효과의 해부학적 기초에 관심을 가져왔다. Yerkes와 Dodson(1908) 이래로 동물은 각성수준이 높거나 낮을 때보다 적당할 때 학습을 더 잘 한다(역U자형 학습곡선)는 것이 밝혀져 왔다. 이런 현상의 신경과학적 기초와 관련된 많은 주장이 있다. 근래에는 말초신경에서 분비되는 호르몬의 역할이 강조되고 있으며, 이와 더불어 뇌에 있는 신경다발의 역할이 강조되고 있다.

호르몬 분비의 역할을 강조하는 주장에 따르면, 스트레스 상황에서는 부신(신장의 상층부에 위치)에서 에피네프린과 노르에피네프린이 분비된다. 에피네프린은 다른 일도 하지만 동공을 팽창시키고, 심장박동을 증가시키며, 혈관을 수축시킨다. 그러나 호르몬은 혈액 역류 방지판을 넘어갈 수 없기 때문에, 일반적으로 에피네프린과 노르에피네프린은 스트레스에 따른 기억의 변화에서 중요한 역할을 할 수 없을 것으로 가정되고 있다. 그런데 이 두 부신 호르몬의 활동을 막는 약물을 처치함으로써 스트레스가 기억에 대한 영향을 감소시킬 수 있다는 것이 밝혀졌다(Cahill & McGaugh, 1998). 따라서 에피네프린과 노르에피네프린이 모종의 역할을 하는 것은 분명하다. 근래에 경험적으로 지지되고 있는 하나의 제안은 에피네프린이 혈당량 조절을 통하여 기억에 영향을 미친다는 것이다. 혈당량은 학습과도 역U자형 곡선 모양으로 관련되어 있으며(즉, 혈당량이 높거나 낮을 때보다 적절할 때 학습이 촉진된다), 혈중 에피네프린 수준은 혈당량에 영향을 미친다(Cahill & McGaugh, 1998). 또 하나의 제안은 에피네프린과 노르에피네프린 이외에도 스트레스가 기억에 미치는 영향과 관계가 있는 부신 호르몬(예컨대, 코티솔)이 있다는 것이다. 해마상 융기에는 코티솔 수용체가 있으며, 이 물질이 과도하게 처치되었을 때는 기억에 문제를 일으키는 것으로 알려져 왔다(Sapolsky, 1999; Schmidt, Fox, Goldberg, Smith & Schulkin, 1999).

호르몬에 기초한 설명 이외에 뇌의 신경다발에 기초한 설명이 있다. 예를 들어, 스트레스 상황에서는 편도와 전두엽을 연결시키는 도파민 전달 신경이 활성화된다(Cahill & McGaugh, 1998). 편도는 공포와 분노 같은 부정적 정서와 관련된 중요한 기관으로 알려져 있고, 전두엽은 작동기억과 관련된 중요한 기관으로 알려져 있다(Smith et al., 1996). 따라서 도파민 전달 신경이 기억과 관련 있을 것이라는 주장은 설득력이 있다. 비행기가 세계무역센터에 충돌했다는 소식을 들은 장소와 시간을 기억하는 능력을 설명하는 확실한 이론을 찾기 위해서는 더 많은 연구가 필요하다.

기억발달

나이 많은 아동과 청소년 그리고 성인이 어린 아동보다 더 잘 기억한다는 주장을 반박할 사람은 거의 없을 것이다. 그렇지만, 연령과 더불어 기억이 발달하는 이유에 대한 의문은 여전히 남는다. 여기에서는 연령에 따른 기억수행의 발달경향을 살펴보고, 이어서 이러한 발달경향에 대한 설명을 고찰할 것이다. 또 기억에 대한 스트레스의 영향에 대한 발달연구도 간략히 살펴볼 것이다.

기억수행의 발달경향

인간기억의 어떤 측면이 연령에 따라 변화되는가? 여기에서는 이 질문에 대한 대답을 인간 기억체제에 대한 설명의 순서에 따라 살펴볼 것이다.

기억체제 구성요소의 발달. 연령에 따른 기억수행의 변화를 알아보는 첫 번째 방식은 기억체제 구성요소(예컨대, 감각저장소나 작동기억)가 어떻게 변화되는지를 살펴보는 것이다. 어린 영아(예컨대, 생후 4개월 영아)도 **습관화** 현상을 보인다는 사실(Bjorklund, 2004)은 이들도 감각흔적을 암송체제에 저장하는 능력이 있다는 것을 시사한다. 영아의 습관화에 대한 실험에서, 영아는 스크린에 반복적으로 제시되는 자극(예컨대, 엄마 사진)을 관찰한다. 영아가 자극에 주목하는지를 알아보기 위해 어떤 시점에 이르면 다른 자극이 제시된다. 이 절차는 신기한 것과 환경의 변화에 주목하려는 영아의 선천적 경향성을 활용하기 위한 것이다. 첫 시행에서는 아무것도 없는 빈 화면을 사진이 있는 화면으로 바꾼다. 영아는 눈을 이 새로운 자극으로 이동시키고 얼마 동안 주시한다. 이를 **정향반응**(orienting response)이라 한다. 그러나 이 자극을 계속 반복하여 보여주면 영아는 그것을 이전에 보았다는 것을 알고 있는 것처럼 점점 덜 바라본다. 이러한 반응감소를 습관화라 한다. 다시 새로운 사진이 제시되면, 영아는 (새 사진이 이전 것과 다른 것임을 알고 있다는 것을 나타내는) 새로운 정향반응을 하거나 (차이를 알아차리지 못했다는 것을 나타내는) 습관화 반응을 한다. 이런 방법 및 기타 방법으로 수행된 실험결과는 영아가 정보를 감각기억에 잠시 동안 담아둘 수 있다는 것을 시사하고 있다. 그러나 (a) 영아의 감각기억 용량의 크기와 (b) 저장시간에 대해서는 거의 알려져 있지 않다.

언어적 암송체제와 작동기억의 두 요소(즉, 음성학적 고리와 시공간 스케치 패드)와 관련된 연구에서는 언어발달이 이루어진 이후에야(1세에서 5세 사이) 음성학적 요소가 출현된다는 것이 밝혀졌다. 물론, 언어적 요소를 암송체제로 사용할 가능성이 있다는 것과 실제로 사용하는 것은 별개의 문제이다(이에 대해서는 기억전략에 관한 논의에서 자세하게 살펴볼 것이다). 시공간 스케치 패드의 활용과 관련하여, 4세 아동을 대상으로 표준과제를 사용한 연구(예컨대, Luciana & Nelson, 1998)와 Piaget의 A-not-B과제를 변형시킨 과제를 이용한 영아 대상의 연구(Schwartz & Reznick, 1999; Smith, Thelen, Titzer, & McLin, 1999)가 있긴 하지만, 대부분의 연구는 6세 이상의 아동을 대상으로 이루어져 왔다. (원래는 대상영속성을 측정하기 위하여 고안된) 영아 대상의 연구에서는 물건을 한 장소에 숨겼다가 다시 다음 장소로 옮겨 숨긴다. 특정 조건 아래서는 9개월 된 영아도 이 과제를 성공적으로 수행한다. 따라서 작동기억의 공간요소는 언어요소보다 이른 시기에 발달된다고 할 수 있을 것이다. 영아의 작동기억에 관한 연구결과는 장기기억에 관한 연구에서 밝혀진 결과와도 유사하다. 한 연구에서는 5개월 된 영아와 7개월 된 영아의 25% 정도는 장기기억에 3개에서 4개의 항목을 저장할 수 있을 것이라는 것이 시사되었다. 이 정도의 항목을 저장할 수 있는 9개월 된 영아의 비율은 약 50% 정도이다(Rose, Feldman, & Jankowski, 2001). 영아의 기억에 대한 검사는 네 개의 사진을 연속하여 보여주고, 이후의 시행에서 몇 개를 알아보는지를 관찰하는 방법으로 실시된다.

영아기 이후의 발달에 관한 종단연구(예컨대, Luciana, Conklin, Hooper & Yarger, 2005; Luna, Garver, Urban, Lazar, & Sweeney, 2004; Swanson, 1999)를 통하여, 언어적 작동기억 과제와 공간적 작동기억 과제의 수행은 연령에 따라 직선적으로 발달한다는 것이 밝혀져 왔다. 예를 들어, Swanson(1999)은 10세 아동의 작동기억 용량이 6세 아동의 작동기억 용량보다 크고(효과크기 또는 $d=.37$; 효과크기에 대한 설명은 12장 참조), 24세 성인의 용량은 10세 아동의 용량보다 크다($d=.63$)는 것을 밝혔다. 45세 이후에는 작동기억 용량이 감소되기 시작한다. Riggs, McTaggart, Simpson과 Freeman(2006)은 시각적 작동기억 용량은 5세와 10세 사이에 두 배가 되는 것 같다고 하였다. 이 같은 증가는 (a) 정보를 신속하게 처리하고, (b) 정보를 보다 크게 묶어 일시적으로 저장하며, (c) 주의를 집중하는 능력의 증가에 따른 것이다(Cowan, Bugent, Elliott, Ponomarev, & Saults, 1999; Kail, 1991). Gathercole, Pickering, Ambridge와 Wearing(2004)은 6세 아동을 대상으로 수행한 연구에서, 구조방정식 모형을 이용하여 작동기억 세 요소(음성학적 고리, 시공간 스케치 패드 그리고 중앙 실행) 모형을 지지하는 증거를 발견하였다. 이들은 또 세 요소 각각이 연령에 따라 증가한다는 사실도 밝혔다.

단서와 영구기억에 대한 연구에서도 표상을 수주 또는 수개월 이상 유지할 수 있도록 때때로 상기시키는 것이 필요하기는 하지만, 영아도 특정 자극(예컨대, 구유 위에 있는 이동 전화기의 모양, 엄마의 얼굴 등)을 장기표상과 연결시킬 수 있는 것 같다(Bjorklund; Rovee-Collier, Hartshorn, & DiRubbo, 1999)는 것이 밝혀졌다. 따라서 영아는 장기기억이 발달되어 있다고 할 수 있다. 그러나 영아가 선언지식이나 개념지식 또는 삽화지식에 상응하는 기록을 가지고 있을 것으로 볼 이유는 거의 없다. 또한 영아의 언어발달 상태는 이들이 표상을 언어코드로 저장하지 않는다는 것을 시사하고 있다. 전체적으로, 대부분 연구는 영아의 장기기억이 묵시적 절차지식(예컨대, 조건화된 반응과 감각운동 스키마)에 한정되어 있다는 것을 시사하고 있다. 영아가 묵시적 절차지식을 가지고 있다는 것을 어떻게 알 수 있는가? 이는 세 종류의 연구결과에 의해 지지되고 있다. 첫째, 영아의 감각운동 수행이 시간에 따라 증가된다. 둘째, 이러한 절차지식이 촉진될 수 있다는 증거가 있다(Hildreth &

Rovee-Collier, 1999). 셋째, 영아는 성인의 행위를 회상할 수 있다(Bahrick, Gogate, & Ruiz, 1999). 영아기 이후에 절차지식과 나머지 종류의 지식이 괄목할 정도로 성장한다(2, 6, 9, 10장; Nelson, 1986 참조).

마지막으로, 지금까지 논의된 내용 대부분은 연구대상이 자신이 사건을 경험했다는 것을 인식하고(기억하고 있다면), 이 경험을 보고할 수 있는 명시적 기억에 관한 것이다. 위에서 논의한 바와 같이, 의식 밖에 있으며 발화법(priming methodologies)을 통해서만 나타나는 묵시적 기억도 있다. 근래의 많은 연구(예컨대, Murphy, McKone, & Slee, 2003)를 통하여, 명시적 기억과 묵시적 기억은 모두 유아기에서 성인기까지 연령에 따라 증가한다는 것이 시사되고 있다. 그렇지만 연령차의 크기는 영역과 그에 대한 아동의 친숙 정도에 따라 다르다.

기억과정의 발달. 재인과 재생의 발달에 관한 연구의 주된 관심은 (a) 이들이 처음으로 나타나는 시기와 (b) 이러한 기억과정의 변화이다. 첫째 질문과 관련된 연구에서는 영아도 재인능력과 재생능력이 있다는 것이 밝혀졌다. 연구자들은 습관화 기법을 활용하여 이를 검증하여 왔다. 동일한 자극을 쳐다보는 시간이 줄어드는 것은 영아가 그 자극을 재인한다는 것을 보여주는 것이다. 영아기 이후의 인지기능의 연령차는 아주 미미하다(Kail, 1990).

재생기억은 재인기억과 달리 1세까지는 출현하지 않는 것 같다. 또 정보를 재생하는 능력은 연령에 따라 크게 변화된다(Bjorklund, 2004). 앞에서 밝힌 바와 같이, 재생은 이전에 본 적이 있으나 더 이상 제시되지 않는 것을 떠올리는 능력이다. 이런 점에서, 대상 영속성 과제가 실제로는 재생과제라 할 수 있다. 대상 영속성 과제에서는 매력적인 대상을 영아에게 제시하고, 이어서 그것을 담요 밑으로 숨기는 것을 보여준다. 자극이 시야에서 사라져도 여전히 존재한다는 것을 알고 자극을 회상하기 위하여 담요를 옮기는 아동은 대상 영속성 개념을 가지고 있는 것이다(Piaget, 1952). 그러나 이렇게 하는 것은 이 책에 들어있는 6개 장의 내용을 모두 기억하는 것이나 20개의 그림을 재생하는 것과 전혀 다르다. 이런 상황에서는 10세 이상의 아동이 어린 아동보다 훨씬 많은 정보를 재생한다. 예를 들어, 한 연구(Ghetti, Qin, & Goodman, 2002)에서 의미적으로 관련된 25개의 단어 목록에서 정확하게 재생된 단어의 비율이 5세 아동의 경우는 40% 정도, 7세 아동의 경우는 60% 정도이고 12세 학생의 경우는 90% 정도라는 것이 밝혀졌다. 어린 아동은 재생할 때 잘못된 기억을 보이고 목록에 없던 단어를 재생한 경우도 많았다.

물론, 어린 아동이 정보의 일부만 재생하는 경향이 있다는 사실은 나머지를 망각한다는 것을 의미한다. (단일 실험 사태에서 수행된) 단기 실험에서 (a) 쇠퇴가 일어날 것으로 기대되는 시행 사이의 시간 간격이 충분하지 않고 (b) 시간의 경과에 따라 강도가 약해지는 높은 강도의 표상을 만들 수 있을 정도의 연습이 충분히 이루어지지 않기 때문에, 간섭이론이 쇠퇴이론이나 자극단서 상실 이론과 같은 망각이론보다는 아동의 망각 경향을 더 잘 설명할 수 있다. 이 주장은 순행간섭 정도가 4세에서 13세 사이에 감소된다는 것을 밝힌 25개의 단기연구 결과를 메타분석한 연구(Kail, 2002)에서도 지지되고 있다. 그러나 아동이 준거수준에 도달할 때까지 학습하고 나서 수일 또는 수주 후에 다시 검사를 받는 장기실험에서는 쇠퇴이론이 망각을 더 잘 설명하는 것 같다. 4세 아동과 7세 아동을 대상으로 이루어진 한 연구(Lee & Bussy, 2001)에서 여러 주에 걸쳐 일어난 망각은 역행간섭 때문으로 볼 수 없다는 것이 밝혀졌다.

연령에 따른 기억의 발달경향과 기타 경향을 설명하기 위해서는 그 동안 제안된 기억발달기제(developmental mechanism of memory)에 대한 논의가 필요하다. 그러면 이러한 발달기제들을 살펴보자.

기억발달의 원인

기억발달이 이상과 같은 경향을 보이는 이유를 근접원인(즉, 기억발달을 가져오는 아동의 특성)과 원격원인(즉, 근접원인을 촉진하는 보다 넓은 문화의 맥락)으로 구분하는 것이 유용할 것이다.

근접원인. 위에서 밝힌 바와 같이, 나이 많은 아동이나 성인이 어린 아동보다 작동기억 과제와 재생과제를 잘 수행한다. 왜 그런가? 이에 대한 설명은 세 가지로 요약된다. 첫 번째 설명은 **전략사용**과 관계있다. 전략이 기록강도를 높이거나(예컨대, 암송), 자극을 보다 정교하게 부호화하도록 하거나(예컨대, 조직화, 정교화), 언어자료를 심상과 연결시키는(예컨대, 소재화법, 핵심어법) 기능을 하여 기억을 증진시킨다. 기억을 연구하는 발달연구가들은 "아동이 암송, 조직화 또는 정교화와 같은 전략을 처음으로 사용하는 시기는 언제인가?"라는 질문을 해 왔다.

많은 연구(Flavell et al., 1993; Kail, 1991; Ornstein & Naus, 1985; Schneider, Kron, Hunnerkopf, & Krajewski, 2004)에서, 이런 전략은 초등학교 1학년에서 고등학생 사이에 점진적으로 획득된다는 사실이 밝혀졌다. 전략은 대략 다음과 같은 네 단계에 따라 획득된다.

1. *전략 활용 불가능 단계*(중재결함; mediation deficiency): 전략을 자발적으로 사용하지 않고, 가르칠 수도 없다.
2. *산출결함 단계*(production deficiency): 여전히 전략을 자발적으로 사용하지

않으나, 가르칠 수는 있으며; 전략을 사용하면 기억이 증진된다. 그렇지만, 전략을 가르친 후에 그것을 사용하도록 자극하여야 한다.

3. *활용결함 단계*(utilization deficiency): 자발적으로 전략을 활용하지만, 그 효과를 거의 혹은 전혀 보지 못한다. 전략을 활용하는 데 너무 많은 주의를 기울이기 때문에 내용에 집중할 여력이 거의 없다.
4. *성숙된 전략 활용 단계*(mature strategy use): 전략을 자발적으로 아주 잘 활용한다. 전략을 활용하도록 조장할 필요가 전혀 없으며, 이 단계 아동의 재생 비율은 이전 단계, 즉 전략 활용 불가능 단계, 산출결함 단계, 또는 활용결함 단계 아동의 비율보다 상당히 높다.

이러한 설명은 주로 횡단접근에 기초하고 있다. 미시발생적 접근(microgenetic approach)이나 종단접근에 의한 연구(예컨대, Schlagmuller & Schneider, 2002; Schneider et al., 2004)는 다양한 방식으로 발달경향을 규명하였다. 첫째, 아동의 전략 사용 단계는 비교적 안정적이기는 하지만(예컨대, 6개월 간격으로 실시된 두 번의 연속적 검사에서 아동은 산출결함 단계에 있다는 것을 보여주었다), 다소 변화하기도 한다(예컨대, 한 검사에서는 성숙한 전략 활용을 보이지만 다른 검사에서는 산출결함을 보인다). 둘째, 횡단연구의 결과에서 시사된 바와는 달리, 활용결함 현상은 일반적 현상이 아닐 수도 있다. 예를 들어, Schneider 등(2004)은 초등학교 1학년과 2학년 대상의 종단연구에서 7%의 아동만이 활용결함 단계에 해당되었다고 보고하였다. 활용결함 단계에 있는 아동의 비율이 이렇게 낮은 것은 연구자들이 활용결함을 선행연구에서 보다 더 엄격하게 정의했기 때문일 수도 있다. 셋째, 특정 전략의 획득은 급작스럽게 또는 점진적으로 일어날 수 있는 것 같다.

전략획득에 대한 이상의 설명과 더불어 전략발달을 설명하는 또 하나의 방법은 나이 많은 "성숙된 전략 사용자"가 나이 어린 "성숙된 전략 사용자"보다 전략을 효과적으로 수행한다고 하는 것이다. 구체적으로 암송의 경우를 생각해 보자. 실험자가 하나하나 읽어주는 10개 항목(예컨대, "고양이 …… 나무 …… 트럭 …… 담" 등등)을 들을 때, 8세 아동의 대부분은 가장 나중에 들은 항목(실험자가 바로 전에 읽은 항목)만 암송할 것이다. 이와는 대조적으로, 13세 아동은 앞에서 읽은 모든 항목을 하나의 묶음으로 암송하는 보다 효과적인 누가암송(cumulative rehearsal)을 할 것이다. **누가암송**과 그렇지 않은 암송의 차이는 다음과 같이 나타낼 수 있을 것이다.

실험자: "고양이 …… 나무 …… 트럭 …… 등등"
8세 아동: "고양이, 고양이, 고양이 …… 나무, 나무, 나무 …… 트럭, 트럭, 트럭 ……"

13세 아동: "고양이, 고양이, 고양이 …… 고양이-나무, 고양이-나무, 고양이-나무 …… 고양이-나무-트럭, 고양이-나무-트럭, 고양이-나무-트럭 …… "

마지막으로, 특정 전략이 다른 전략보다 먼저 획득된다는 것이 시사되고 있다. 특히, 암송전략은 6세에서 8세 사이에, 조직화 전략은 8세에서 10세 사이 그리고 정교화 전략은 10세에서 13세 사이에 획득되는 것 같다. 아동이 활용할 수 있는 전략을 많이 획득하면, 이들은 동일한 정보를 공부하는 데 다양한 전략을 사용할 수 있다. 예를 들어, 아동은 20개의 그림을 기억하기 위해 먼저 이들을 다섯 범주로 유목화할 것이다(즉, 조직화 전략의 활용). 이어서, 이 아동은 유목별로 암송할 것이다. 마지막으로, 각 유목에 있는 4개 항목을 연결시킨 심상을 형성(즉, 정교화 전략의 활용)할 것이다.

그러므로 (a) 전략 활용 경향, (b) 효과적 전략 수행도, (c) 복합적으로 활용되는 전략의 수도 발달한다. 궁극적으로, 연령이 높은 아동이 낮은 아동보다 훨씬 많은 정보를 재생하는 경향이 있다. 그러나 이런 경향은 "아동이 스스로 정보를 내면화하라는 요구를 받았을 때" 로 한정된다. 아동은 출생에서 5세 사이에 많은 것을 학습한다. 예를 들어, 이들은 장기기억에 수천 개의 새로운 단어들을 저장한다. 이들이 전략을 사용하지 않고 있고, 기억 능력이 이렇게 형편없는데 어떻게 그럴 수 있는가? 이렇게 명백한 모순을 이해하는 데 필요한 열쇠는 이미 했던 전략에 대한 논의에 들어 있다. 반복적으로 암송하고 정교화하는 한 누가 그렇게 하는가 하는 것은 문제가 되지 않는다. 유아기 동안에 부모나 교사는 아동을 위하여 반복적이면서 유의미한 환경을 조성한다. 예를 들어, 한 연구(Hunttenlocher, Levine, & Vevea, 1999)에서, 부모로부터 투입되는 언어량이 어휘의 성장을 예언한다는 것이 밝혀졌다. 그러나 아동은 초등학교에 입학하면서 새로운 자료를 학습하는 환경을 스스로 구조화해야 한다. 이때가 바로 학습전략의 활용이 가장 유용하고 또 요구되는 시기이다.

두 번째로 제안된 기억발달의 근접원인은 **지식**이다. 앞에서 추론을 통하여 문장(예컨대, "Fred가 Bill을 쏘았다.")을 정교화하면(예컨대, "Bill은 Fred의 아내와 불륜에 빠졌을 것이다.") 기억할 가능성이 높아진다고 말한 바 있다. 잠깐만 생각해보아도, 어느 정도의 지식이 없으면 부호화할 때 이렇게 정교화될 수 없을 것이라는 것을 알 것이다. 예를 들어, Bill과 Fred의 경우와 같이, 추론을 하려면 살인을 저지르게 만드는 것에 관한 지식을 가지고 있어야 한다. 더 나아가, 지식은 각각의 정보 조각을 하나의 단위로 묶거나(chunking) 유의미하게 범주화할 수 있도록 도와준다. 이를 통하여 짧은 시간에 보다 적은 수의 항목에 주의가 집중된다(Chi, Glaser, &

Farr, 1988). 이 청킹현상(chunking phenomenon)은 6장에서 전문가 이론이 설명될 때, 자세하게 논의될 것이다.

또, 다른 장에서도 아동의 연령에 따른 다양한 지식획득 방식이 소개된다. 이러한 경향을 고려할 때, 나이 많은 아동은 어린 아동보다 많은 지식을 가지고 있기 때문에 정교하고 청킹화된 부호화를 할 가능성이 높을 것으로 가정할 수 있다. 이 가정은 많은 연구에서 지지되어 왔다(Flavell et al., 1993).

예를 들어, 고전적인 한 연구(Paris, 1975)에서 아동은 다음 글을 읽었다.

> Linda는 빨간색 큰 집 앞에서 새로 산 인형을 가지고 놀고 있다. 그녀는 갑자기 현관 아래에서 이상한 소리를 들었다. 그것은 날개 치는 소리였다. Linda는 도와주고 싶은 마음이 굴뚝 같았지만 어찌할 바를 몰랐다. 그녀는 집안으로 뛰어 들어가 벽장에 있는 상자를 찾아냈다. 그리고 Linda는 책상 서랍을 뒤져 노란 종이 8장을 찾았다. 그녀는 종이를 작은 조각으로 잘라서 상자 바닥에 깔았다. Linda는 조심스럽게 힘이 빠진 그 동물을 잡아서 가져왔다. 선생님은 Linda가 어떻게 했는지 알았다.

"Linda는 개구리를 찾았나요?" 라고 물었을 때, 나이 많은 아동은 어린 아동보다 그 동물이 새라는 것을 추론할 가능성이 높기 때문에 "아니오" 라고 대답할 가능성이 높다. 위 글에는 새라는 단어가 없다는 것에 주목하라. Paris(1975)와 많은 연구자들은 이와 같이 추론하는 것은 아동이 정보를 보다 정교하게 부호화할 수 있도록 하기 때문에 기억을 도와준다는 것을 밝혔다.

세 번째로 주장되는 기억발달의 근접원인은 **처리속도**이다. 처리속도의 중요성을 이해하기 위해서 작동기억을 접시 돌리기에 비유했던 것을 상기하자. 각각의 접시를 돌리는 데 많은 시간이 필요한 사람이 동시에 돌릴 수 있는 접시는 세 개밖에 안 될 것이다. 그 사람에게 접시를 몇 개 더 돌리게 한다면, 이 사람이 새 접시를 받기 전에 돌던 접시들이 멈춰 버릴 것이다. 이와는 대조적으로, 접시를 빨리 돌리고 또 빨리 달릴 수 있는 사람은 한꺼번에 더 많은 접시를 돌릴 수 있을 것이다.

앞에서 지적한 바와 같이, 작동기억에 있는 정보가 사라지기 전에 신속하게 조작을 수행하는 것이 중요하다. 이를 이해하기 위해, 다음 문제를 풀어보자.

> 아래에 제시된 7개의 숫자를 보고 나서, 먼 산을 바라본 후에 암산으로 이들의 합을 구하여라.
>
> 7　　2　　5　　6　　1　　4　　7

최대 7개의 숫자를 정상적으로 암송할 수 있는 사람이 이 7개의 숫자의 합을 구하라는 요구까지 받으면, 이 숫자들이 사라지기 전에 몇 개에는 주의를 기울이지 못할 것이다. 덧셈을 아주 빠르게 할 수 있는 사람이라면, 이 과제를 더 잘 수행할 수 있을 것이다.

나이 많은 아동이 어린 아동보다 다양한 과제와 정신적 조작을 더 잘 수행할 수 있다(Kail, 1991; 1996). 따라서 나이 많은 아동과 어린 아동이 동일한 기능을 요구하는 동일한 상황에 처해 있을 때, 전자가 후자보다 더 많은 것에 동시에 주의를 기울일 수 있으므로 전자가 더 잘 기억할 것이다.

원격원인. 앞에서, 나이 많은 아동이 어린 아동보다 (a) 전략을 사용할 가능성이 높고, (b) 더 많은 지식을 가지고 있으며, (c) 더 신속하게 정보를 처리할 수 있기 때문에 전자가 후자보다 더 많은 것을 재생한다는 것이 시사되었다. 원격원인은 "왜 나이 많은 아동이 어린 아동보다 전략을 사용할 가능성이 높고, 더 많은 지식을 가지며, 더 신속하게 정보를 처리하는가?" 라는 질문이 제기될 때 분명하게 드러난다.

전략사용에 관한 설명에는 메타기억의 요소에 기초한 설명과 문화적 영향에 기초한 설명이 있다. (a) 때때로 망각한다는 사실을 인식하고 (b) 전략에 대해 많이 알고 있으면, 즉 어떤 전략을 어떤 맥락에서 사용할지를 알고 있으면, 전략을 사용할 가능성이 높다. 그렇다면, 전략사용의 연령차는 메타기억의 연령차를 반영할 것으로 가정할 수 있다. 이 가정이 일반적으로 지지되어 왔다. 특히, 나이 어린 아동은 종종 실제보다 더 잘 기억할 수 있는 것으로 생각한다(Kreuzer, Leonard & Flavell, 1975 ; Schneider, 1985). 학령 전 아동도 원시전략의 상대적 효과성에 대해 알고, 공부에 대한 기본적인 아이디어(예컨대, 열 항목을 공부하는 것이 다섯 항목을 공부하는 것보다 어렵다는 것)를 이해하기는 하지만, 나이 많은 아동이 암송, 조직화 또는 정교화와 같은 전략의 본질과 효과를 더 분명하게 이해한다(Flavell et al., 1993). 그러나 앞에서 지적한 바와 같이, 메타기억의 발달이 전부가 아니기 때문에 메타기억과 전략사용을 연결시키는 것만으로 전략사용의 발달이 완벽하게 설명될 수는 없다(Bjorklund, 2004).

전략사용의 발달을 설명하는 두 번째 방법은 문화적 요구와 맥락적 요구의 변화를 살펴보는 것이다. 대부분의 학교에서는 학년이 올라가면서 숙제가 많아지고 과제도 어려워진다. 저학년에서는 부모나 교사가 중요한 사항을 기억했다가 알려주는 반면에 고학년 학생은 스스로 기억해야 한다. 더욱이, 고학년 학생이 필요한 것을 망각하면 좋지 않은 결과가 뒤따른다. 이런 상황에서 지적인 행동은 전략을 사용하는 것이다. 이 점에서, 전략사용과 지능 간에 상관이 있다(Byrnes, 1995)는 연구결과는 흥미롭다.

문화도 자전기억(autobiographical memory)과 관련되어 있다. 과거경험에 대한 논의가 강조되는 문화의 아동은 그에 대한 논의가 강조되지 않는 문화의 아동보다 정교한 사건 표상과 구체적이고 상세한 삽화기억을 많이 가지는 경향이 있다(Bjorklund, 2004; Wang, 2006). 예를 들어, 한 연구(Wang, 2006)에서 미국의 유럽계 엄마가 중국계 엄마보다 3세 자녀와 공유한 경험에 대하여 더 평가적이고 정교하게 다시 이야기하는 것으로 나타났다. 또 중국 아동이 미국 아동보다 경험을 덜 재생했다. 같은 문화 안에서도 경험에 대한 아동의 기억은 어머니와의 대화여부에 따라 크게 달라진다(Haden, Ornstein, Eckerman & Didow, 2001). 예를 들어, 아이와 엄마가 동물원에서 10가지의 동물(예컨대, 사자, 호랑이, 코끼리 등)을 보았다고 하자. 엄마가 나중에 한 동물(예컨대, 사자)에 대해서만 이야기한다면, 아이는 몇 주가 지난 후에 동물원에 갔던 경험에 대해서 이야기하라고 하면 엄마와 이야기를 나누었던 동물만 기억할 것이다.

지금까지 문화적 요구와 메타기억의 변화가 전략사용을 초래하고, 전략사용은 재생을 증진시킨다고 가정하였다. 다음으로, 제안되었던 근접 원인, 즉 지식변화의 두 번째 원격원인을 살펴보아야 한다. 여기에서도 아동이 반복적이고 유의미한 환경에 접하는 것이 중요하다. 이런 경험은 전략이 사용되지 않을 때도 지식을 확장시킨다. 학교에서 전략이 사용될 때 지식은 급속한 속도로 성장한다.

세 번째의 근접원인(즉, 처리속도)과 관련해서는 두 가지의 원격원인이 제안될 수 있다. 전문성의 중요한 특징 하나는 영역 관련 조작을 신속하게 수행하는 능력이다(6장 참조). 전문가는 부단히 연습해 왔고 광범위한 지식을 가지고 있기 때문에 신속하게 일을 처리한다. 연령에 따라 아동의 다양한 형태의 전문성(예컨대, 읽기 기능, 운동기능 등)이 증가한다는 것이 가정된다면, 아동의 정보처리 속도도 나이와 더불어 빨라질 것이다. 그러나 처리속도의 영역 간 상관관계에 대한 연구들은 순수한 영역-한정적 전문성(domain-specific expertise)에 대한 설명과는 반대의 결론을 내리고 있다(Kail, 1996). 처리속도의 발달에 대한 또 하나의 설명은 출생에서부터 청소년기까지 뇌에서 일어나는 신경세포의 수초화(neuronal myelination)를 살펴보는 것이다(Byrnes, 2001; Kail, 1996). 신경세포가 축색돌기를 따라 수초화되면 100배 빠르게 점화된다.

요약하면, 지금까지의 연구는 전체적으로 문화적 영향, 메타기억 및 뇌 성숙과 같은 기억증진의 원격원인이 전략사용, 작동기억 용량 및 처리속도의 증가를 설명해 준다는 것을 시사하고 있다. 그러나 이 모형이 지금까지의 연구결과를 설명해 주는지를 밝히기 위해 이들을 모두 검토한 연구는 극소수에 불과하다. 이러한 요소 중에 세 요소를 검토한 한 연구(DeMarie & Ferron, 2003)에서, 나이 많은 아동(4학년)

의 경우에 작동기억 용량, 처리속도, 전략사용 및 메타기억을 포함한 모형이 연구결과들을 잘 설명한다(설명변량=72%)는 것이 밝혀졌다. 이 모형은 2학년 아동의 기억 수행을 설명해 주기는 하지만, 2학년 아동에서는 메타기억 요인에 대한 자료가 없기 때문에 아주 잘 설명하지는 못한다. 연령에 따른 아동의 기억발달을 완벽하게 설명하기 위해서는 더 많은 연구가 필요하다.

기억에서 스트레스의 역할에 관한 발달연구

지난 10여 년 동안, 아동의 기억에서의 스트레스의 역할에 관한 연구결과가 축적되어 왔다. 이 가운데 일부는 범죄와 관련된 아동 증언의 신뢰성에 대한 고찰로부터 나온 반면에, 다른 일부는 입원치료와 같은 스트레스 상황에서 자연스럽게 발생하는 상황에서 연구되었다. 전자, 즉 증언에 관한 연구는 (실험실 모의상황에서) 어린 아동의 증언이 나이 많은 아동의 증언보다 덜 신뢰롭다는 것을 시사하고 있는 반면에, 후자와 관련된 연구에서는 취학 전 아동도 놀라울 정도로 정확하고 상세하게 기억할 수 있다는 것이 밝혀졌다(Bjorklund, 1999). 앞에서 밝힌 바와 같이, 스트레스 상황에서의 기억증진이 주의집중 과정에 기인하는지, 정서적 과정에 기인하는지 또는 생리적 과정에 기인하는지는 분명치 않다. 하여간, 어느 정도의 스트레스는 기억을 증진시키지만, 너무 많은 스트레스와 불안은 학습을 방해한다.

수업에 주는 시사점

기억에 대한 연구가 수업에 주는 시사점은 다음과 같다.

1. *수업에서 제시되는 정보에 대한 영구기록이 형성될 수 있도록 도와주어야 한다.* 이러한 목표를 달성하기 위하여, 교사는 일차적으로 (강도의 증진을 위해) 새로 학습된 내용을 연습할 수 있는 기회를 최대한 제공하고, ("왜"라는 질문, 심상화 및 기타 기법을 통하여) 자료를 정교하게 부호화하도록 조장해야 한다. 스트레스에 의한 기억증진에 관한 연구는 정서적 반응을 적절하게 불러일으키는 환경을 구성함으로써 기억을 증진시킬 수 있다는 것을 시사하고 있다(5장 참조).
2. *시험문제를 출제할 때, 학생이 정보를 회상할 수 있는 기회를 극대화할 수 있도록 충분한 단서를 제공해야 한다.* 이를 위한 한 가지 방법은 문제를 수업에서 제시된 순서로 배열하는 것이다. 이를 통하여 아동은 재생에 도움이 되는

다양한 삽화단서(episodic cues)(예컨대, 내용이 필기되어 있는 위치, 수업 중에 일어났던 사건 등)를 활용할 수 있다. 또 다른 방법은 수업에서 제시되었던 것과 매우 유사한 예를 사용하는 것이다.

3. *자료를 심층적으로 처리하도록 조장하는 다양한 방법을 사용해야 한다.* "왜"라고 질문하는 방법과 더불어 정보를 활용하여 문제를 해결하도록 하거나 다른 방식으로 실생활에 적용하도록 하는 방법(예컨대, 공화국을 정의하고 나서, 도서관에서 공화국의 예를 찾도록 하는 방법) 등이 있다. 또한, 교사는 (학생의 메타기억을 변화시키기 위해) 기억의 성질을 명확하게 가르치고 장기파지를 촉진하는 암송, 조직화, 정교화 및 기타 전략도 가르쳐야 한다. 그러나 (이보다 낮은 단계의 아동은 전략을 학습할 수 없고 이보다 높은 단계의 아동은 이미 전략을 활용하기 때문에) 아동이 산출결함 단계에 있을 때 전략수업의 효과가 가장 클 것이라는 것이 시사되고 있다. 물론, 성숙된 전략사용 단계에 있는 어린 아동에게는 전략을 보다 효과적으로 사용하는 방법(예컨대, 누가암송 방법)을 가르칠 수 있을 것이다.
4. 모든 정보는 망각의 강도 법칙, 사이두기 효과, 간섭 효과 등에 민감하여 손상될 수 있으므로, *분산연습을 증가시키고 때때로 상기시켜 망각의 효과를 완화해야 한다.* 많이 반복하면 할수록 덜 망각한다. 기억된 사실이 일정한 간격으로 떨어져 있으면 있을수록 서로를 간섭하는 일은 줄어든다. 또한, 연습시간을 늘이는 것과 정보를 영상과 연결시키도록 도와주는 정교화 전략을 통해서도 간섭을 최소화시킬 수 있다.

사례

Pennsylvania, Media에 있는 St. Mary Magdalen School에 근무하는 Eileen MacDonald 선생님은 8학년(중학교 2학년) 수학과 과학을 가르친다. MacDonald 선생님도 다른 교사와 마찬가지로, 가르칠 내용의 기초가 되는 것으로 이전에(7학년 때) 배웠을 것으로 생각되는 내용을 상기시키려 할 때 자주 놀라곤 한다. 예를 들어, MacDonald 선생님은 "자, 7학년 때 배웠던 음수를 생각해 봐."라고 말하면 학생들은 "배우지 않았어요."라고 대답하는 식이다. 이런 경우에 교사는 수업을 계속 진행하기보다는 시간을 내어 다시 가르쳐야 할 것이다. 교사들은 일반적으로 학생의 망각이 이전 학년에서 가르친 방법(예컨대, 자료가 제대로 제시되지 않았거나 학생이 충분히 연습하지 않는 등) 때문이라고 생각한다.

MacDonald 선생님은 이러한 상황을 바꾸고 8학년에 가르칠 내용을 확실하게 가르치기 위하여, 7학년과 8학년 모두에게 수학을 가르치기로 마음먹었다. 그러나 8학년 학생들이 7학년 때 배운 내용, 심지어는 1주일에 한 번씩 가르쳤던 내용 중에도 기억하지 못하는 것이 있다는 사실에 매우 놀랐다(실제로 MacDonald 선생님은 잘 가르쳤다—선생님은 수업 능력이 뛰어났다). 선생님은 문제를 해결해야 했다. 선생님은 수업이 문제가 아니라면, 학생들이 망각하는 것이 문제라고 생각했다. 선생님은 어떻게 망각을 줄일 수 있을까? MacDonad 선생님은 학생들이 배운 것을 충분히 복습하지 않는 것이 문제라고 생각했다. 그리고 해결책은 지금 수업에서 가르칠 내용은 물론이고 몇 주 전이나 몇 달 전의 내용도 포함시킨 쪽지시험(유지시험)을 매주 보는 것이었다. 학생들이 고등학교 입학시험을 잘 볼 수 있도록 도와주기 위해서 쪽지시험은 짧은 시간에 완성할 수 있는 것이라야 한다. 학생들이 이전에 배운 내용 중에 어떤 것이 쪽지시험에 나올지 모르기 때문에 미리 공부를 할 수가 없을 것이란 점에 주목하라. 문제는 단서를 제공할 뿐이다. MacDonald 선생님은 쪽지시험이 망각을 괄목할 정도로 막았지만, 이렇게 상기시킴에도 불구하고 학생들은 여전히 망각했다.

이 장과 관련된 다른 장(예컨대, 인지발달 이론, 동기 등)에서 제공된 정보를 활용하여 MacDonald 선생님의 수업전략을 평가하시오

4

문제 해결과 전이

요약

1. 문제는 특정 상황에서 성취하려는 목표가 있고, 이를 성취하는 방법이 결정되어야 할 때 나타난다. 문제는 내용, 친숙도 및 정의된 정도에서 차이가 있다.
2. 문제 해결의 주요 요소에는 문제가 존재한다는 것을 인식하는 것, 문제를 정의하고 정신적 표상을 형성하는 것, 가능한 문제 해결 전략을 탐색하는 것, 가능성이 가장 높은 전략을 수행하는 것, 해결목표로의 진행을 점검하는 것, 해결의 정확성을 평가하는 것 그리고 경험으로부터 학습하는 것이 포함된다. 이 과정은 문제에 대한 광범위한 내용지식과 적절한 작동기억이 있을 때 효과적으로 수행된다.
3. 학생은 나이 들면서 문제의 존재를 인식하고, 정확하게 정의하며, 관련 측면을 정신적 표상으로 부호화하고, 보다 정교한 문제 해결 절차를 사용하며, 문제유형에 맞는 스키마를 구성하고, 보다 계획적이고, 하위목표로 세분할 수 있기 때문에, 문제를 성공적으로 해결할 가능성이 높다.
4. 고차적 사고와 전이에 관한 논의는 일반적으로 연관되어 있다. 학생이 학교에서 배운 것을 실생활에 전이시키는 경우가 드물다. 학생이 (a) 기능을 부분적으로 탈맥락화시키고 적용에 대한 조건지식을 발달시키며, (b) 자신의 지식을 원리의 형식으로 만들고, (c) 절차에 대한 개념적 이해를 발달시키며, (d) 유의미하게 학습할 때 전이가 일어날 가능성이 높다.

학생은 다양한 학업문제는 물론 학업 이외의 문제도 해결해야 한다. 문제는 특정 상황에서 성취하려는 목표가 있고, 이 목표를 성취하는 방법이 결정되어야 할 때 존재한다(Lovett, 2002; Pretz, Naples, & Sternberg, 2003). 예를 들어, 학생이 (1) 시험에서 좋은 성적을 받으려 하고 이를 위한 공부 방법을 찾을 때, (2) 학습지의 수학문제를 풀려 하고 해결할 방법을 생각할 때, (3) 질 높은 과제를 작성하려 하고 보고서 작성방법에 대하여 생각할 때, (4) 과학경진대회에서 우승하기를 원하고 주제와 우승할 방법을 찾을 때 그리고 (5) 친구와 관계를 개선하려 하고 그 방법을 생각할 때 문제 해결에 관여하는 것이다. 이러한 예에서 보듯이, 목표를 성취하는 것은 단순하거나 용이하지 않다. 문제 해결이 용이하다면, 모든 학생이 A를 받을 것이고, 학업 이외의 목표도 대부분 성취할 것이다. 하여간, 어떤 학생은 다른 학생보다 문제를 더 잘 해결한다는 것은 주지의 사실이다. 정의상, 문제를 보다 잘 해결하는 사람은 보다 성공적인 삶을 산다.

문제 해결이 일상생활에서 널리 활용된다는 점과 그 중요성을 고려할 때, 문제 해결 기능의 촉진을 교육목표로 삼는 것은 놀랄 일이 아니다. 문제 해결을 촉진하는 두 번째 이유는 문제 해결이 고차적 사고 및 유의미 학습과 같은 것으로 간주되는 경우가 많기 때문이다(Mayer & Wittrock, 2006). 문제를 해결하기 위해서는 인지적 그리고 메타인지적 노력이 상당히 요구된다는 점을 고려할 때, 이 둘을 연결시키는 것은 타당하다(고차적 사고에 대한 설명은 2장 참조). 더 나아가, 학습이 유의미할 때 학생들은 학습한 것을 새로운 문제 해결에 적용할 수 있게 된다.

여기에는 교과에서의 문제 해결과 관련된 몇 가지 일반적인 쟁점을 살펴볼 것이다(쓰기, 수학, 과학, 사회과에서, 특정 교과 영역에 한정되는 문제의 측면이 논의될 것이다). 이 장은 4개 절로 구성되어 있다. 1절에서는 문제 해결 기능의 수준에 영향을 미치는 요인을 살펴봄으로써 문제 해결에 대한 정의를 확장시킬 것이다. 2절에서는 문제 해결의 발달이 탐색될 것이다. 3절에서는 문제 해결 기능의 다양한 상황과 영역으로의 전이 문제가 논의될 것이다. 마지막 4절에서는 문제 해결 분야의 연구와 이론이 수업에 주는 시사점이 도출될 것이다.

문제 해결의 본질

문제 해결의 본질을 이해하기 위해서는 문제 해결 수행에 영향을 미치는 변인과 문제 해결에 포함된 주요과정을 살펴보는 것이 유용하다. 수행에 영향을 미치는 변인의 일부는 당면한 문제의 유형과 관계있다.

문제의 유형

문제는 세 가지 점, 즉 내용(또는 영역), 친숙성 및 정의의 명료성에서 서로 차이 있다. 앞에 제시된 다섯 가지 문제 예는 문제에 따라 내용(즉, 목표와 교과)이 다르다는 것을 보여주고 있다. 인지능력과 전문성의 영역-한정성(6장 참조)을 고려할 때, 한 영역(예컨대, 수학)에서 문제를 매우 효율적으로 해결하는 사람이 반드시 다른 영역(예컨대, 쓰기나 사회적 기능)의 문제도 효율적으로 해결하지는 못할 것으로 가정하는 것이 타당할 것이다. 다양한 영역의 문제를 성공적으로 해결하는 사람은 예외적이다. 그러나 경험 많은 문제 해결자는 그렇지 않은 사람보다 문제를 좀 더 성공적으로 해결할 수 있도록 하는 일반적 발견법(heuristics)을 발달시킬 가능성은 있다. 이러한 발견법의 예로는 "의문이 있을 때는 전문가에게 물어보라" 또는 "일반적으로, 문제에 들어있는 정보를 그래프 형식으로 나타내는 것이 유용하다."와 같은 경험칙(rules of thumb)일 것이다. 그렇다고 해도, 이러한 일반적인 전략은 종종 내용의 강력한 효과에는 비교가 되지 않는다.

문제 해결 수행에 영향을 미치는 두 번째 변인은 문제가 친숙한 또는 생소한 정도이다. 학생이 상당한 지식을 가지고 있는 영역에서도 부딪친 적이 없는 생소한 문제를 만드는 것이 가능하다. 인지이론가들은 문제의 정의를 목표는 있으나 진행방법이 알려져 있지 않은 문제로 한정하는 경향이 있다. 그러나 생소한 문제도 연습이나 반복적인 노출을 통하여 친숙해질 수 있다(Lovett, 2002). 더 나아가, 생소한 문제에 포함된 동일한 과정도 친숙한 문제에 직면했을 때 활용될 수 있다. 따라서 이 책에서 문제 해결은 친숙한 문제와 생소한 문제 모두와 관계있다. 친숙성의 의의는 친숙한 문제에서 친숙하지 않거나 생소한 문제로 변경되면, 거의 항상 수행이 낮아진다는 것이다. 이런 현상은 생소한 방식으로 내용이 제시되고, 창의적이고 통찰적인 추론이 필요한 SAT 추론검사에서보다 교육과정 내용과 밀접하게 연결되어 있는 표준화 검사에서 학생들이 더 잘 수행한다는 사실에서도 볼 수 있다.

문제 해결 수행에 영향을 미치는 세 번째 요인은 문제가 잘 정의된 또는 잘 정의되지 않은 정도와 관계있다. 문제가 잘 정의되면, 문제 해결자는 "알려진" 것과 해결책을 구성하는 것을 분명하게 이해한다(Lovett, 2002). 예를 들어, "Mary는 세 개의 사과를 가지고 있다. John이 Mary에게 몇 개의 사과를 더 주었다. Mary가 이제 다섯 개의 사과를 가지고 있다."와 같이 잘 정의된 문제에서 알려진 것은 Mary가 처음에 가지고 있던 사과 개수와 마지막에 가지고 있는 사과 개수이다. 모르는 것은 그녀가 받은 사과 개수이다. 문제 해결자가 뺄셈을 통하여 궁극적으로 "두 개의 사과"라는 답을 했을 때, 이 풀이는 정확하고 분명하다. 이와는 대조적으로, 잘 정의되지 않은 문제에서는 문제 해결자가 알려진 것과 적절한 해결책을 찾았는지를 파악하기 위해 많이 노력해야 한다. 예를 들어, 의학자가 질병치료 방법을 개발하려고 할 때, 일상적으로 잘 정의되어 있지 않은 문제에 부딪친다. 질환의 상세한 사항 중 많은 것은 원인불명이고, 이로 인해 전략이나 해결책이 언제 효과가 있는지 그리고 언제 의도하지 않은 합병증을 일으킬 수 있는지를 알기가 어렵다. 또 잘 정의되지 않은 문제에서는 성공 정도를 수량화하기 어려울 수도 있다. 예를 들어, 심장병 치료를 위한 새로운 약이 아주 고가이고 합병증을 일으키는 데 혈관 손상을 10% 정도 감소시킬 수 있다면, 심장질환을 치료하는 적절한 방법을 찾았다고 할 수 있는가?

일반적으로 (a) 문제의 영역에 대한 지식이 매우 풍부하고, (b) 문제가 이전에 부딪쳤던 것과 같은 유형이고 친숙하며, (c) 문제가 잘 정의되었을 때 보다 성공적으로 문제가 해결되는 경향이 있다.

문제 해결의 주요 과정

지난 100여 년에 걸쳐 다양한 문제 해결 모형이 제안되어 왔지만, 일반적으로 문제해결이 (1) 문제가 있다는 것을 인식하기, (2) 문제를 정의하고 정신적으로 표상하기, (3) 가능한 해결전략의 범위를 탐색하기, (4) 가능성이 가장 높은 전략을 수행하기, (5) 해결목표를 향한 진전을 점검하기, (6) 해결의 정확성 평가하기 그리고 (7) 경험으로부터 학습하기로 구성되는 것으로 가정되어 왔다(Bransford & Stein, 1984; Pretz et al., 2003). 문제를 성공적으로 해결하기 위해서는 이들 조작 각각이 효과적으로 수행되어야 한다.

예를 들어, 대학생활을 그럭저럭 하는 1학년 학생은 처음에는 자신의 학습방법이 비효과적이라는 것을 인식하지 못한다(단계 1). 그는 수업에 잘 들어가지 않고, 노트필기를 효과적으로 하지 못하며, 비효과적인 방식으로 공부한다. 이들이 학기말이 되어 문제가 있다는 것을 안 때는 대부분의 강좌에서 낮은 학점을 받아서 학사경고를 받은 때이다. 이와 유사하게, 일부 부부는 결혼생활에 문제가 있으므로 너무 늦기 전에 관계를 회복하기 위해 노력해야 한다는 것을 거의 인식하지 못한다. 다행스럽게도, 초등학생의 경우에 교사들은 과제나 시험을 비교적 분명하게 제시함으로써 문제인식에서 나타나는 장애물을 감소시킨다. 고학년 학생에게 주어지는 시험문제와 과제는 항상 이렇게 분명하지는 않다.

문제가 있다는 것이 분명해지면, 매우 중요한 다음 단계는 문제를 적절하게 정의하는 것이다(단계 2). 문제정의는 의학에서 진단과정에 비유된다. 의사는 환자의 문제가 무엇인지(예컨대, 세균감염) 알게 되면, 일반적으로 그 환자를 치료할 방법(예컨대, 항생제 투여)을 파악할 수 있다. 반대로, 다른 병으로 진단되거나 오진되면 잘못된 처방이 내려질 수 있다. 마찬가지로, 학교 관련 문제가 부적절하게 정의되면, 잘못된 조치가 취해질 것이다. 문제정의에서 부딪치는 어려움은 문제 해결자가 "하도록 허용된 것"에 대하여 생각할 때 일어난다. 이러한 예를 이해하기 위해 그림 4.1과 그림 4.2에 있는 고전적인 "9개 점 문제"를 살펴보자. 그림 4.1에 있는 문제를 풀어보기 전에는 그림 4.2의 해답을 보지 말자. 이제 문제를 풀어보자.

해답을 찾거나 잠깐 시도한 후에, 답을 알게 된 대부분의 사람은 점으로 구성된 사각형의 바깥까지 선을 확장시킬 수도 있다는 것을 몰랐다고 한다. 왜냐하면, 이들은 문제를 그렇게 정의했기 때문이다. 문제정의에 의해 나타나는 장애물의 또 다른 예를 들어보자. 필자가 수업시간에 유인물을 만들어서 34명의 학생에게 나누어 줄 복사물을 만들기 위해 학과 사무실에 갔다. 학과 사무실에 갔을 때 복사기가 고장이 나서 수리 중이었다. 조교가 맡겨 놓고 가면 복사기를 고치고 나서 복사해 주겠다고 하였다. 2시간이 지난 후에도 복사기를 고치지 못하였고, 조교는 문제를 틀리게 정의하였다는 것을 갑자기 깨달았다. 그는 수업 시간 전에 복사를 마치기 위해 복사기를 어떻게 고칠 것인가를 문제로 설정하지 말고 수업 시간 전에 복사를 끝마치는 것으로 정의했어야 했을 것이다. 그가 문제를 수업 시간 이전에 복사를 끝내는 것으로

그림 4.1 9개 점 문제: 연필을 한 번도 떼지 말고 9개 점 모두를 한 번씩 지나가는 4개의 직선을 그리시오.

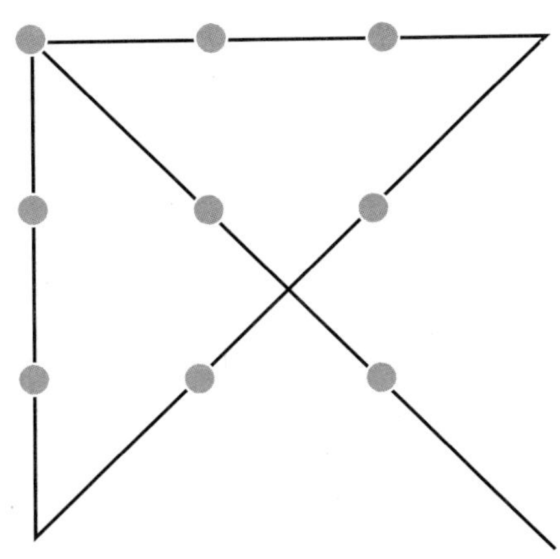

그림 4.2 9개 점 문제의 해답

정의했다면, 필자로부터 복사요청을 받았을 때 곧바로 학생회관에 있는 복사실로 가서 복사했을 것이다. 이와 유사하게, 학생은 수업과 시험에서 문제에 직면했을 때, 문제를 너무 협소하게 정의하거나 문제의 목표를 이해하지 못하여 실수를 하는 경우가 있다.

그러나 문제 해결자가 문제가 있다는 것을 인식하고 적절하게 정의한 경우에도 어려움은 여전할 수 있다. 가능한 해답 또는 방안을 찾아야 한다(단계 3). 예를 들어, 어느 정도의 통찰이 필요한 생소한 문제에서는 가능한 해결 방안이 특히 분명하지 않을 수 있다. 그림 4.3에 제시된 하노이 탑 문제를 보자. 이 문제를 처음 본 대부분의 사람은 일반적으로 그림에 열거된 목표와 규칙을 모두 이해한다. 따라서 이 문제는 잘 정의된 문제이다. 이 문제를 해결하지 못한 사람의 문제는 취해야 할 단계를 파악하지 못한 데 있다. 하노이 탑 문제를 어떻게 해결할 것인지 잠시 생각해 보자. 첫 번째 고리를 어디로 옮기겠는가? 두 번째와 세 번째 이동은 어떻게 하겠는가? 아래 그림에 제시된 최선의 해결방법을 읽기 전에, 해결방법을 계속 생각해 보라. 성공비결은 하위목표를 설정하는 것이다. 최선의 해결방법은 7번 옮기는 것이다.

생소한 문제를 해결하기 위해서는 추론하거나 문제에서 주어진 것을 보다 유용하게 만들기 위해 문제에서 주어진 것(the givens in problem)에 계산을 적용하는 것이 필요할 것이다. 그림 4.4에 제시된 SAT 형식의 문제를 보자. 그림에서 x의 각도를 구하기 위해서는 삼각형의 다른 두 내각의 각도를 파악하는 것이 필요하다. 이 두 내각의 값이 주어지진 않았지만 180도에서 문제에 주어진 외각의 값을 빼면 나

목표: 세 개의 고리를 세 번째 막대로 옮겨라. 고리의 순서는 제시된 것과 같아야 한다(가장 큰 고리가 맨 아래에, 중간 고리는 중간에, 그리고 가장 작은 고리는 맨 위에 있어야 한다).

규칙: 한 번에 하나씩만 옮긴다; 큰 고리를 작은 고리 위에 둘 수 없다.

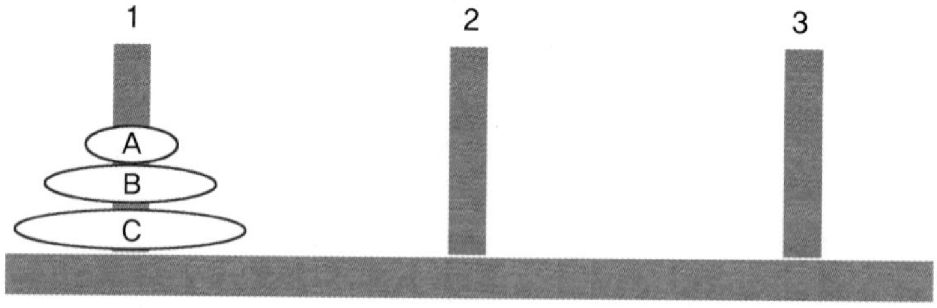

그림 4.3 하노이 탑 문제

정답: 고리 A를 세 번째 막대로 옮긴다; 고리 B를 두 번째 막대로 옮긴다; 고리 A를 두 번째 막대의 고리 B 위로 옮긴다; 고리 C를 세 번째 막대로 옮긴다; 고리 A를 첫 번째 막대로 옮긴다; 고리 B를 고리 C 위로 옮긴다; 고리 A를 두 고리 위로 옮긴다.

목표: 각 x의 값 찾기

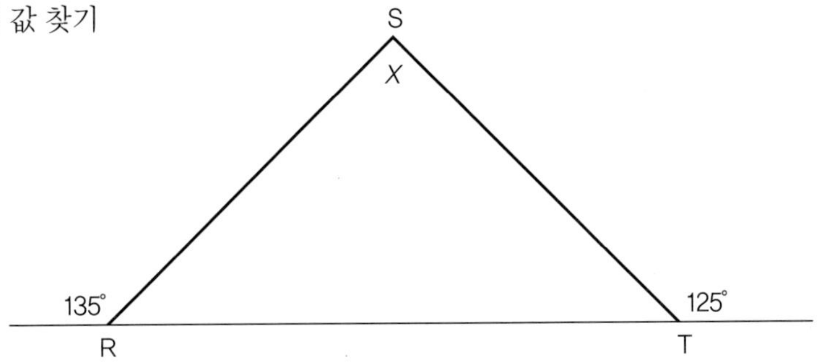

(a) 95° (b) 80° (c) 75° (d) 82°

그림 4.4 SAT 형식의 문제

온다(왜냐하면 두 보각의 합은 180도이기 때문이다). 따라서 180−135는 삼각형 하단 왼쪽의 내각 값은 45도라는 답이 산출된다. 이와 마찬가지로, 180−125는 삼각형 하단 오른쪽의 내각 값은 55도라는 답이 산출된다. 이 두 내각의 합은 100도이다. 이제 이 정보가 결정되었으므로, 삼각형의 내각의 합은 180도이기 때문에, 180도에서 100도를 빼면 x의 값이 나올 수 있다. 답인 x각의 값은 180−100 또는 80도이다.

문제 해결자가 문제를 인식하고, 적절하게 정의하고, 가능한 해결전략을 선택한 경우에도 여전히 성공적인 해결을 방해하는 장애물이 있을 수 있다. 첫 번째 장애물은 채택된 전략이 수행되면서 예상치 못한 결함이 나타날 수도 있다는 것이다(단계 4, 5, 6). 예를 들어, 문제 해결자가 (a) 전략이 예상과 달리 알려지지 않은 것을 모두 알려진 것으로 바꾸지 못할 수도 있다는 것을 알게 되거나, (b) 전략이 생각만큼 효과적이거나 효율적이지 못하다는 것을 인식하거나, (c) 전략이 정확하게 수행되지 못하여 실수를 할 수 있을 것이다. 이러한 이유로, 유능한 문제 해결자는 항상 해결 과정 전체가 어떻게 진행되는지를 점검한다(단계 5). 한 예로, 문제 해결자가 그림 4.4의 삼각형에서 x각이 90도로 보이고 선분 RS와 선분 ST의 길이가 같게 보여서 이 삼각형은 이등변 삼각형이라는 (틀린) 해결전략을 생각해 냈다고 상상해 보자. 그런데 문제 해결자가 답지들을 보았는데 90도라는 답지는 없다는 것을 알았을 때, 실수했다는 것을 알게 될 것이다. 문제 해결자는 해결전략을 점검하고 그 전략이 기대한 방향으로 이끌지 않았다는 것을 앎으로써 이제 문제 해결 과정의 3단계로 돌아가서 다른 해결전략을 찾을 것이다.

유능한 문제 해결의 마지막은 경험으로부터 학습하는 능력이다(단계 7). 6장에서 논의되겠지만, 성공적인 문제 해결자가 되기 위한 열쇠는 한 영역에서 전문성을 발달시키는 것이다. 전문가는 마음대로 활용할 수 있는 방대한 양의 선언지식, 개념지식 및 절차지식을 가지고 있을 뿐 아니라 다양한 문제 유형에 대한 풍부한 스키마와 다양한 상황패턴을 가지고 있다. 유능한 문제 해결자는 문제를 성공적으로 해결했던 경험을 기억에 저장하는 것과 더불어 문제를 해결하지 못했던 경험도 기억하고 있다. 그 결과, 이들은 같은 실수를 반복하지 않는다. 주로 동기 때문이긴 하지만, 한 영역에서 높은 전문성을 획득한 학생은 실제로 성공하려 노력하고, 비효율성과 실패를 특히 싫어한다. 이들은 특정 유형의 문제를 해결하는 연습을 많이 하고, 더 많은 문제를 해결하려 할 것이다.

문제 해결 기능의 발달

위에서 밝힌 바와 같이, 문제 해결은 개인이 목표를 가지고 있고, 이를 성취하기 위한 방법을 찾으려 할 때는 언제든 이루어진다. 문제 해결을 이렇게 포괄적으로 정의하면, 어린 영아도 목표가 있기 때문에 문제 해결 능력이 있다고 할 수 있다. 그러나 성숙 정도를 고려하면, 영아는 원하는 것을 얻기 위하여 아주 원시적이거나 애초 정해진 해결전략(예컨대, 울기)에 의존할 것이다. 이러한 분석은 문제 해결 기능의 발달에서 동일한 목표를 달성하기 위해 나이 많은 아동이 어린 아동보다 더 정교한 전략에 의존하는 경향이 있다는 것을 시사하고 있다(Halford & Andrew, 2006; Pressley & Hilden, 2006).

두 번째 일반적인 경향은 문제의 존재를 인식할 가능성이 어린 아동보다 나이 많은 아동이 높다는 것이다(예컨대, Brown, Bransford, & Ferrara, & Campione, 1983; Markman, 1979). 예를 들어, 독해에서의 인지적 점검에 관한 연구에서, 나이 어린 아동은 자신이 읽고 있는 글을 이해하지 못하고 있다는 것을 깨닫지 못하는 것 같았고, 따라서 이해 실패에 대처하기 위한 전략을 수행하지 않았다. 하여간, 모든 학생이 문제의 존재를 인식하는 데 어려움이 있다는 점에 유의해야 한다. 일부 연구는 인식 실패가 연령보다 능력 및 전문성과 관련이 깊다는 것을 시사하고 있다. 예를 들어, 한 연구에서 대학생에게 정보의 핵심 사항이 빠진 대수문제를 풀도록 했다. 수학 실력이 뛰어난 학생만이 그 문제는 해결되지 않는다는 것을 자발적으로 인식했다. 평균적인 능력의 학생은 힌트를 주었을 때 그 문제를 풀 수 없다는 것을 깨달았지만, 능력이 아주 낮은 학생에게는 힌트도 소용이 없었다. 그러나 어린 아동이 나이 많은 아동보다 "전반적인 초보자"인 경향이 있고 한 영역에서 능력이 낮을 가능성이 있다는 점을 고려할 때, 어린 아동은 나이 든 아동보다 잘못 이해하는 것을 인식하지 못하는 경우가 많을 것이다.

세 번째 일반적인 경향은 연령차가 문제정의 방식에 영향을 미친다는 것이다

(예컨대, Berg, Strough, Calderone, Sansone, & Weir, 1998). 또 이러한 문제정의 방식의 차이로 인해, 나이 든 아동은 어린 아동과는 다른 해결전략을 사용한다. Berg 등(1998)은 청소년기 이전의 학생, 대학생, 중년기 성인과 노년기 성인들에게 근래에 부딪친 문제, 그 문제를 해결하기 위한 전략, 그 전략을 통하여 성취하기 바라는 목표를 기술하도록 하였다. 먼저, 참가자들에게 어떤 문제이든 언급하라고 하였고, 이어서 가족, 친구, 건강, 학교, 직장이나 여가와 관련된 문제를 언급하도록 하였다. 문제를 특정 영역에 한정시키지 않았을 때, 청소년기 이전 학생은 유능성 영역의 목표(예컨대, 더 잘하는 것, 체중을 줄이는 것, 시험공부 하는 것 등)를 언급한 반면에, 대학생과 중년기 성인은 대인관계 영역의 목표(예컨대, 누군가와 더 잘 지내는 것)를 언급했다. 그러나 문제의 영역을 한정시켰을 때는 청소년기 이전의 학생은 대인관계 문제를 언급한 반면에 대학생은 유능성 문제를 언급하였다. 이러한 문제에 대처하기 위한 전략으로 청소년기 이전의 학생들은 문제에 대한 자신의 생각을 바꾸는 것이 포함된 전략보다는 자기 자신의 어떤 측면을 변화시키기 위한 조치가 포함된 전략을 언급했다. 대학생과 중년기 성인의 경우에는 반대되는 패턴이 나타났는데, 아마도 이들은 경험을 통하여 자신의 조치를 통하여 상황을 바꿀 수 없는 경우를 보아왔기 때문인 것 같다. 이 경우에는 문제에 대한 생각을 변화시켜야 한다.

(세 번째 경향과 관련이 있는) 네 번째 일반적인 경향은 문제를 정신적으로 표상하는 방법에 연령차가 있다는 것이다. 문제를 성공적으로 해결하기 위해서는 문제해결자가 상황의 관련 측면을 모두 부호화하고 통합해야 한다. 모든 관련 측면을 통합하는 것이 중요하다는 것을 구체적으로 이해하기 위해, Piaget의 평형저울 과제를 이용한 연구를 살펴보자. 이 과제에서는 학생에게 받침점의 양쪽에 다른 모양의 분동이 있는 평형저울을 보여준다. 학생이 왼쪽으로 내려갈지, 오른쪽으로 내려갈지, 아니면 균형을 유지할지를 예측한 후에 빼낼 작은 막대가 있는 곳에 저울이 놓여 있다. 저울 모양의 예가 그림 4.5에 있다. 정답은 양 날개에 있는 분동의 수에 받침점으로부터 떨어진 거리를 곱하는 것이다. 그림에 있는 예에서, 왼쪽에는 받침점으로부터 세 단위가 떨어진 거리에 1온즈 무게의 분동 두 개(2온즈)(즉, 2×3)가 있고 오른쪽에는 두 단위 떨어진 거리에 세 개의 분동(즉, 3×2)이 있다. 따라서 정확한 예측은 2×3=3×2이기 때문에 저울이 평형을 유지할 것이라는 것이다.

Robert Siegler와 동료들은 부호화되는 저울의 측면이 연령에 따라 다르다는 것을 밝혔다(Siegler & Alibali, 2004). Siegler는 아동의 부호화와 예측을 네 형식의 규칙으로 특징지었다. 규칙 I 을 따르는 것으로 보이는 아동은 양 날개의 분동 수만 부호화한다. 이들은 양 날개의 분동 수가 같으면 저울이 균형을 유지할 것이라고 예측

질문: 저울의 모양을 보았을 때 왼쪽으로 내려갈 것인가, 오른쪽으로 내려갈 것인가 아니면 평형을 유지할 것인가?

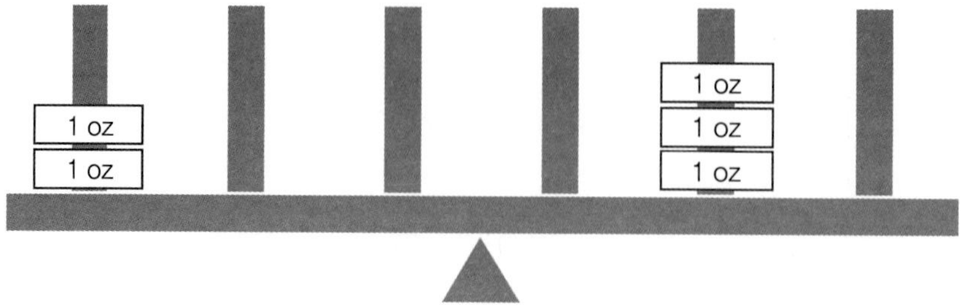

그림 4.5 평형저울 과제

하고, 양 날개의 분동 수가 다르면 많은 쪽으로 내려갈 것으로 예측한다. 이 규칙에 따르면, 두 경우, 즉 양 날개의 분동 수가 같고 거리도 같을 때와 한 쪽이 분동 수도 많고 거리도 멀리 떨어져 있을 때만 옳게 예측할 수 있다. 또 이 규칙에 따르면, 왼쪽 날개에는 첫 가로대에 4개의 분동이 있고(4×1=4) 오른쪽 날개에는 세 번째 가로대에 3개의 분동이 있는(3×3=9) 평형저울이 어느 쪽으로 기울 것인지는 정확하게 예측하지 못한다. 이러한 첫 규칙을 적용하는 아동은 왼쪽 날개에 있는 분동이 많기 때문에 저울은 왼쪽으로 기울 것이라고 예측하지만, 실제로는 (9가 4보다 크기 때문에) 오른쪽으로 기울어진다. 규칙II를 따르는 것으로 보이는 아동은 거리를 통합시키지만 완벽하진 않다. 이들은 한쪽 날개의 분동 수가 많으면, 저울이 분동이 많은 쪽으로 기울 것이라고 예측한다. 또 이들은 양쪽 날개의 분동 수가 같으면, 분동이 받침점에서 더 멀리 떨어진 가로대에 있는 쪽으로 기울 것이라고 예측한다. 이런 아동은 분동 수가 같을 때는 옳게 예측한다. 그렇지만 규칙 I 에 따를 때는 옳게 예측하지 못하는 형식의 과제(예컨대, 4×1 대 3×3)에서는 옳게 예측하지 못한다. 규칙III 사용자라 할 수 있는 아동은 양 날개의 분동 수와 받침점에서 떨어진 거리가 모두 같으면 저울은 균형을 유지할 것이라고 예측한다. 한쪽 날개에 분동이 많거나 더 먼 거리에 분동이 있고 다른 차원이 동일한 경우에는, 동일하지 않은 차원의 값이 큰 쪽으로 기울 것으로 예측한다. 예를 들어, 이들은 왼쪽 날개에는 세 번째 가로대에 5개의 분동이 있고 오른쪽 날개에는 두 번째 가로대에 3개의 분동이 있으면, 저울은 왼쪽으로 기울 것으로 예측한다. 그러나 한쪽은 분동이 많고 다른 한쪽은 거리가 더 멀면, 이들은 혼란스러워하고 추측에 의존한다. 마지막으로, 규칙IV에 따라 조작하는 아동은 각 날개의 분동 수와 거리를 곱한다. 어떤 형식의 과제가 주어져도 이들의 예측은 정확하다.

평형저울 과제 이외의 문제에 대한 아동의 정신적 표상에서도 이와 유사한 경향이 있다는 것이 밝혀졌다(Siegler & Alibali, 2004). 이러한 연구결과는 세 가지로 설명될 수 있다. 첫 번째 설명은 아동이 이렇게(예컨대, 규칙 I 에서 규칙IV으로) 발달하도록 해주는 개념적 이해를 근본적으로 변화시키는 무엇인가가 있다는 것이다. Piaget 학파의 연구자들은 분명히 이 설명을 선호할 것이다(2장 Piaget 이론 참조). 두 번째 설명은 연령에 따라 작동기억 용량이 증가한다는 것이다. 아동은 작동기억 용량이 성장함에 따라 상황의 더 많은 측면을 부호화할 수 있다. 정보처리이론에서 아이디어를 얻는 연구자들은 이 주장에 동의할 것이다. 세 번째 설명은 연구결과가 (앞에서 밝힌 것처럼) 연령과 특별한 관계가 있기보다는 경험 및 능력과 관련이 있다는 것이다. 전문가-초보자 연구에서, 전문가는 초보자와는 다른 방식으로 부호화한다는 것이 밝혀졌다. 전문가는 상황의 다양한 측면에 주의를 기울일 뿐만 아니라 별개의 요소들을 하나의 전체로 묶는 경향이 있다(6장 참조). 예를 들어, 전문 체스 경기자는 읽기가 능숙한 학생이 일단의 각 철자들을 하나의 단어로 묶는 것과 매우 유사하게 체스 판의 모든 장기들을 하나의 형태로 부호화한다. 또한 전문가는 보다 심층적이고 추상적인 수준에서 문제를 처리한다. 전문성이 연령에 따라 증가하기는 하지만 나이 어린 아동이 어떤 영역의 전문성이 높은 경우(예컨대, 어린 아동은 전문 체스 경기자이고 나이 많은 학생은 초보자인 경우)에는 나이 많은 학생보다 높은 수준에서 문제를 해결할 때도 있다는 것이 밝혀졌다. 문제에 대한 아동의 정신적 표상에 대한 이상의 설명은 각각 장점이 있으며, 아마 이들을 통합할 때 정확한 설명은 가능할 것이다.

네 번째 일반적인 경향은 연령 및 경험의 증가와 더불어 특정 유형의 문제에 대한 스키마가 구성될 가능성이 높아진다는 것이다. 2장에서 밝힌 바와 같이, 스키마는 한 범주에 속하는 모든 대상이 공통적으로 가진 것에 대한 정신적 표상이다. 문제에 대한 표상은 개개의 문제를 추상화하고 공통형식이나 구조를 구성하는 것과 동시에 내용의 차이를 하나의 변인으로 취급함으로써 형성된다. 예를 들어, "Mary는 사과 세 개를 가지고 있다; John이 사과 두 개를 주었다; Mary는 사과를 몇 개 가지고 있는가?" 또는 "Susan은 장난감 네 개를 가지고 있다; Bill이 그녀에게 세 개를 더 주었다; 이제 Susan은 몇 개의 장난감을 가지고 있는가?"와 같은 수학 문장제가 주어졌을 때, 학생은 "(원래 가지고 있던 개수)+(받은 개수)=(지금 가지고 있는 개수)"와 같은 스키마를 구성할 것이다. 내용은 다르지만 유형은 동일한 문제의 예를 많이 풀어봄으로써, 학생은 그 유형의 문제에 대한 스키마를 형성할 수 있다(Chen & Mo, 2004). 문제 유형에 대한 스키마 형성의 이점은 문제를 어떻게 해결할 것인지에 대해 생각하는 대신에 정확한 해결전략을 신속하게 회상하고 적용할 수 있도록 한다는 것이다.

연령에 따른 일반적 발달경향은 하노이 탑 문제 같은 과제에 직면했을 때, 보다 계획적으로 수행되고 효율적인 해결전략이 구성되는 경향이 있다는 것이다. 예를 들어, Bishop, Aamodt-Leeper, Cresell, McGurk와 Skuse(2001)는 한 연구에서 (7세에서 10세까지의) 아동, (11세에서 15세까지의) 청소년과 성인에게 하노이 탑 과제를 변형시켜 제시했다. 이 과제는 (고리의 수에 따라 다른) 최소 이동 횟수(그림 4.3에서 고리가 3개인 경우에 7회였다)에서 차이가 있다. 연구결과, 7세에서 8세의 아동은 평균 5.9회를 이동시키면 해결할 수 있는 문제에서만 성공한 반면에 성인은 평균 9회를 이동시키면 해결할 수 있는 문제에서도 성공하였다. 9세 이상의 아동과 청소년의 수행은 7세 이하의 아동의 수행과 성인의 수행 사이에 있었다. 이와 더불어, 가장 어린 아동의 수행은 Fireman, Kose 및 Solomon(2003)의 연구결과와 일치하였다. 이 연구에서는 대부분의 1학년과 2학년이 첫 시도에서는 세 고리의 하노이 탑 문제에 대한 최적의 답을 찾을 수 없었다. 실제로, 아동의 이동의 약 20%만이 (정답에 가까운 횟수로 이동시켰다는 의미에서) 최적이었다. 그러나 훈련 이후 여러 주가 지난 뒤 이루어진 세 번째 시도에 이르러서는 많은 아동이 결국 성공하였고, 이동의 60~80%가 최적이었다.

요약하면, 연령의 증가에 따라 (a) 문제의 존재를 인식하고, (b) 문제를 정확하게 정의하며, (c) 문제의 관련 측면 모두를 정신적 표상에 부호화하고, (d) 보다 정교한 문제 해결 절차를 사용하며, (e) 문제유형에 대한 스키마를 구성하고, (f) 보다 계획적이고 하위목표를 설정할 가능성이 높기 때문에 문제가 더 성공적으로 해결된다. 모든 교과 영역에서 나타나는 이러한 일반적인 경향과 더불어 특정 교과영역의 문제 해결에서 이루어지는 이외의 발달 때문에 수행도 증진된다.

기능의 전이

지금까지 교사와 학교체제가 문제 해결 기능을 증진시키는 방법에 대한 의사결정을 내리는 데 필요한 정보를 제공하기 위하여, 문제 해결의 본질과 발달에 대하여 길게 논의하였지만, 이것만으로는 충분치 않다. 전이 문제가 논의에서 빠져있다. *전이*(transfer)란 어떤 맥락(예컨대, 교실)에서 습득된 지식을 다른 맥락(예컨대, 직장)으로 확장시키는 과정을 일컫기 위해 사용되는 말이다. 이상적으로, 학생이 학교에서 배운 기능을 졸업한 후에 집이나 일터 또는 시장과 같은 실제 상황에 전이시키길 바란다. 불행하게도, 학생들은 해결전략을 한 상황에서 다른 상황으로 전이시킬 때도 있지만, 발판 제공하기나 힌트가 많이 제공되지 않으면 전이시키지 못하는 경우가 많다(Barnett & Ceci, 2002; Brown, Collins, & Duguid, 1989; Detterman, 1993; Salomon & Perkins, 1989; Singly & Anderson, 1989).

학생이 학교에서 배운 것을 실생활에 전이시키지 못한다면, 이는 불행하게도 학교 교육이 잘못되고 있다는 것을 의미한다. 그러므로 전이가 일어나거나 일어나지 않는 이유를 이해하는 것이 절실히 필요하다. 여기에서는 몇 가지 이유를 살펴 볼 것이다.

기능 고착

기능이 전이되지 않는 이유 하나는 학생이 학습한 맥락에만 국한시키는 경우가 많기 때문이다. 예를 들어, 수업에서 수학 문제 해결 방법을 학습한 아동은 오직 수업 시간에만 연산 기능을 활용하는 것 같다. 이들이 다른 맥락(예: 사탕 가게)에 직면했을 때는 이 새로운 맥락의 문제(예컨대, 사탕을 사기 위해 필요한 금액을 계산하기)를 해결하기 위해 학습한 수학 지식을 활용하는 방법을 모른다. 많은 연구자(Singly & Anderson, 1989; Piaget & Inhelder, 1969; Vygotsky, 1962; Brown, Bransford, Campione & Ferrara, 1983)가 기능의 전이를 위해서는 먼저 학습한 맥락에 고착되지 않아야 한다고 주장한다. *탈맥락화*(decontextualization)란 목표와 기능 간의 관련성만 남아 있을 때까지 서로 무관한 측면 간의 관계를 점진적으로 단절시켜 가는 것을 말한다(Singly & Anderson, 1989). 예를 들어, 학생이 학기 중 과제를 작성하기 위하여 사용할 수 있는 문서작성 프로그램은 다양하다는 것을 인식했다면, 문서작성 기능은 탈맥락화된 것이다.

조건지식 결여

기능을 탈맥락화하는 것이 전이 가능성을 높이긴 하지만, 이것만으로는 충분치 않다. 탈맥락화된 기능이 언제, 어디에서 유용한지도 알아야 한다(Brown et al., 1983; Gagne, Yekovich & Yecovich, 1993; Garner, 1987). 이런 **조건지식**을 습득하는 최선의 방법 하나는 기능을 목표와 연결시키는 것이다(Brown, 1989; Singly & Anderson, 1989). 예를 들어, 문서작성 프로그램에서 "지우기" 기능이 목표인 글자 지우기와 연결되면, 다른 컴퓨터를 사용하는 경우에도 "이 글자를 지워야겠는데 이 컴퓨터에서는 어떻게 하면 되지?"라고 생각해 보면 그 답을 쉽게 찾을 수 있다. 따라서 다른 컴퓨터를 사용한다고 해도 문제가 되지 않을 것이다.

어떤 기능에 대한 조건지식이 결여되어 있다면, 그 이유는 목표와 관련이 있을 것이다. 예를 들어, 원래의 학습 맥락에서 기능과 목표가 전혀 연결되지 않는다면, 기능을 다른 맥락으로 전이시키는 데 필요한 기초가 형성되지 않을 것이다. 본질적으로, 두 맥락, 즉 원래의 학습 맥락과 전이가 필요한 맥락의 목표 구조는 양립되지 않을 것이다. 예컨대, 학습 맥락에서 기능을 사용하는 목표는 "학습지를 끝내는 것"

이었고 전이 맥락에서 그 기능을 사용하는 목표는 "사탕 4개를 사기 위해 지불해야 하는 금액을 아는 것"인 상황을 생각해 보라. 이 두 목표는 완전히 다르며, 이러한 차이는 전이를 방해한다.

원리학습 결여

일단의 사실을 가르치는 방법은 두 가지가 있다. 한 방법은 각각의 사실을 기계적으로 학습해야 하는 분리된 아이디어로 제시하는 것이다. 다른 한 방법은 각각의 사실을 묶어서 동일한 원리의 예로 제시하는 것이다. 예를 들어, 학생에게 "6 다음의 수는 7이다.", "2013 다음의 수는 2014이다."와 같이 개개의 사실을 가르치지 않고, "어떤 수 다음의 수를 구하려면 1을 더하면 된다."는 일반 원리를 가르칠 수 있다(Brophy, 1990; Gage & Berliner, 1991). 이와 유사한 예로 *cat, mat, hat*의 발음을 하나하나 가르치는 대신에 "-at"로 끝나는 여러 단어의 원리를 가르치는 것을 들 수 있다. 학생의 지식이 기계적으로 학습된 개별적 사실로 구성되어 있을 때는 거의 전이되지 않으나, 새로운 맥락에 적용하는 원리를 알고 있을 때는 전이가 잘 일어난다(Singly & Anderson, 1989).

개념지식 결여

기능이 개념적으로 깊이 이해되었을 때 그렇지 못한 때보다 전이가 잘 된다(Mayer, 1989; Resnick, 1980). 기계적인 학습과 전이에 대한 Thorndike의 견해가 잘못되었다는 것을 밝히기 위한 형태주의 심리학자들의 노력을 통하여 이 현상이 구체적으로 밝혀졌다. Wertheimer(1945)는 한 연구에서 아동에게 평행사변형을 "잘라내어 직사각형으로 만든 후" 면적을 구하는 방법(즉, 그림 4.6에서 선분 h에 따라 잘라내어 그 선의 길이와 밑변의 길이를 곱하여 면적을 구하는 방법)을 두 가지 방법으로 가르쳤다. 한 집단의 아동에게는 단순히 잘라서 직사각형 만드는 기법을 수행하는 방법만 제공되었다(이 아동들은 기계적으로 학습하였다). 다른 집단의 아동에게는 잘라내어 직사각형 만들기를 수행하는 방법과 더불어 이 방법이 좋은 이유도 설명되었다. 여기에는 (그림 4.6에 제시된 것과 같이) 평행사변형의 한쪽 끝에서 삼각형을 잘라내는 방법과 평행사변형을 직사각형으로 만들기 위해 삼각형을 반대쪽 끝에 붙이는 방법에 대한 설명이 들어있다. 이어서, 잘라서 직사각형 만들기 방법은 이미 알고 있는 직사각형의 면적 구하기 공식인 "가로×세로"를 확장시킨 것에 불과하다는 것이 분명하게 설명되었다. 이런 설명을 듣지 못한 아동은 평행사변형을 일반적으로 제시되는 방향과 다른 방향으로 제시하면(예컨대, 90도를 회전시켜 제시하면), 잘라서 직사각형 만들기 방법을 적절히 수행하지 못했다. 이와는 대조적

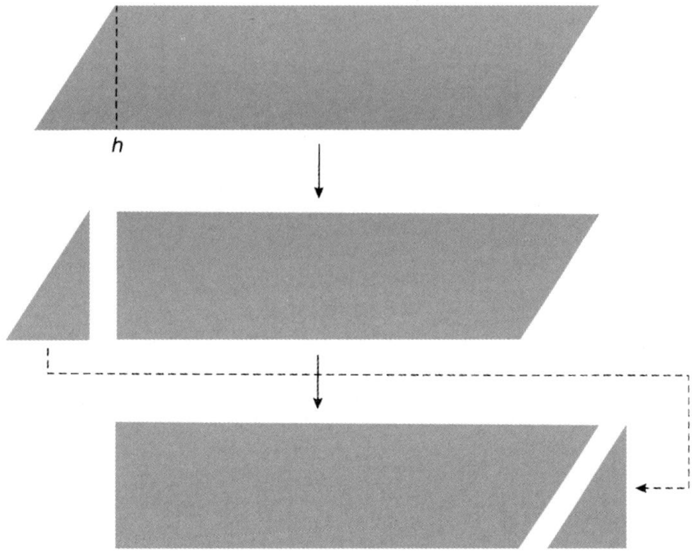

그림 4.6 잘라내어 직사각형으로 만든 후 평행사변형의 면적 구하기를 설명하기

으로, 설명을 들은 아동은 새로운 상황에서도 그 방법을 적절히 조정하고 정답을 이끌어 냈다.

이쯤에서, 이 장에서 논의된 내용을 서로 연결시킬 수 있을 것이다. 아마 독자는 학습 원리에 대한 설명과 개념적 이해에 대한 설명에 유사한 점이 있다는 것을 알아차렸을 것이다. 개념을 이해한다는 것은 종종 원리와 그 의미에 관한 지식을 가지고 있다는 것이다. 더 나아가, 전문가는 초보자보다 문제를 더 깊게, 원리적으로 이해한다(6장 참조). 이러한 지식의 차이를 고려할 때, 전문가가 초보자보다 전이시킬 가능성이 더 높을 것으로 기대된다. 이 가정은 여러 연구에서 지지되고 있다.

마음에 대한 잘못된 생각

이 절의 서두에서 밝힌 바와 같이, 일부 연구에서는 전이가 나타났으나 다른 연구에서는 그렇지 않았다. 무엇이 이러한 차이를 설명하는가? 한 가지 중요한 차이는 마음을 어떻게 보느냐에 있는 것 같다. 마음의 작용에 대한 정확한 생각을 가진 연구자는 전이를 성공적으로 촉진시킨다. 마음의 작용에 대해 잘못된 개념을 가지고 있는 사람은 전이를 성공적으로 증진시키지 못한다.

예컨대, E. L. Thorndike의 초기 전이연구(Thorndike & Woothworth, 1901)를 살펴보자. Thorndike는 소위 "형식도야방법(formal discipline method)"을 부정하기 위해 연구를 수행하였다. (오늘날에도 여전히 존재하고 있는) 형식도야이론 옹호자들은 마음이 주의력, 추론능력 등과 같은 일단의 "능력(faculties)"으로 구성되어 있으며, 이 능력은 근육을 다지는 것과 같은 방법으로 훈련될 수 있다고 주장한다(Singly & Anderson, 1989). 이런 능력은 지식을 통제하며 어떤 상황에도 적용될 수 있다. Thorndike 이전 시대에는 추론능력 등과 같은 능력은 라틴어나 논리학 같은 교과를 통해 훈련될 수 있을 것으로 가정되었다. 따라서 이런 교과를 이수함으로써 일반적으로 사고를 더 잘 하는 방법을 학습할 것으로 가정되었다. 또한, 무의미한 정보라 하더라도 긴 목록을 외우는 연습을 하면 상황에 관계없이 기억 기능이 강화되고 더 잘 기억할 것으로 가정되었다(Barnett & Cecci, 2002). 오늘날에도 컴퓨터 프로그래밍이나 체스를 공부하면 마음이 예리해지고 보다 우수한 학생이 된다는 주장을 볼 수 있다.

Thorndike는 일반적 능력이 있다는 견해에 강하게 반대하였다. 그는 마음이 다양한 자극-반응의 연합으로 구성되어 있다고 주장하였다. 예를 들어, 수학 지식의 하나는 "3×3=?"라는 자극과 "9"라는 대답 사이의 연합인 것이다. 다른 수학 지식도 다수의 다른 연합인 것이다. Thorndike는 학습 맥락과 전이 맥락 간에 상당한 유사성이 있을 때 전이가 일어난다고 주장했다. 이러한 동일 요소 이론(identity of elements view)에서, 유사성은 그 상황(예컨대, 동일 인물이나 대상의 출현)이나 행동(예컨대, 동일 반응이 수행됨)의 실질적으로 동일한 측면으로 구성되어 있다. 그는 (형식도야이론에 맞서) 자신의 이론을 증명하기 위해 상황과 반응에 상당한 유사성이 있을 때만 전이가 이루어진다는 것을 보여 주었다. 더 나아가, 그(와 이후의 많은 연구자)는 라틴어, 기하학 그리고 논리학을 이수한 학생이 이런 교과를 이수하지 않은 학생보다 다른 교과 영역에서 더 우수하지 않다는 것도 보여주었다. 게다가, 이 학생들이 다른 학생보다 사고를 잘한다는 증거도 없었다.

따라서 Thorndike의 연구는 일반 능력이라는 개념은 마음에 대한 바른 견해가 아니라는 것을 보여 주었다. 그러나 많은 연구자는 Thorndike의 견해도 옳지 않다는 것을 밝혔다(2장 참조). 앞에서 설명했듯이, 전이는 원리를 알거나 무엇을 하고 있는지를 이해할 때 일어날 수 있다. Thorndike의 이론은 원리, 개념지식, 절차지식, 스키마나 전문성과 같은 개념을 전혀 고려하지 않았다. 따라서 Thorndike가 자신의 연구에서 전이를 고려하지 않았다는 것이 이제 설득력을 얻고 있다.

메타인지 결여

전이에 대한 논의와 관련이 있는 메타인지란 말에는 두 가지 의미가 있다. 첫 번째 개념은 **주의성**(mindfulness)(Salomon & Perkins, 1989)과 관련이 있다. 전이는 상황을 사려 깊고, 반성적이며, 분석적으로 처리하려고 할 때 일어날 가능성이 높다. 주의를 기울이는 한 방법은 "이전에 이러한 문제를 해결하려고 한 적이 있었나?"와 같은 자문을 해 보는 것이다.

두 번째로 관련된 메타인지의 의미는 **학습방법**의 학습과 관련이 있다. 유능한 학습자는 다른 학습자보다 학습의 성질을 더 잘 이해한다. 즉, 유능한 학습자는 보다 정확한 "마음에 대한 이론"을 가지고 있다(Wellman, 1990 참조). 예를 들어, 이들은 (a) 가끔 혼동하는 것이 정상이며, (b) 특정 상황에서는 특정 전략이 다른 전략보다 효과적이고, (c) 전문가의 도움을 구하는 것은 매우 효과적일 수 있으며, (d) 기억이 정확하지 않을 수 있다는 것을 인정한다. 따라서 연구자와 교사가 마음에 대해 바른 견해를 가지는 것이 중요하듯이, 학생도 자신의 마음에 대해 바른 견해를 갖는 것이 중요하다.

전이의 분류

Susan Barnett과 Cecci(2002)는 전이에 관한 많은 문헌을 검토하고 나서, 일부 연구자는 전이 현상을 밝혔으나 다른 연구자는 밝히지 못한 이유를 찾고자 하였다. 이들은 어떤 연구에서 관찰된 전이 정도를 이해하기 위해서는 두 차원, 즉 과제의 내용(즉, 전이된 것) 차원과 맥락(즉, 전이가 일어나는 시기와 상황) 차원이 고려되어야 한다고 주장한다. 이 두 차원은 **근 전이**(near transfer)와 **원 전이**(far transfer)의 차이를 정의하는 데 도움 된다. 근 전이는 두 과제 간에 공통점이 많을 때(예컨대, 두 과제가 모두 같은 자리에서 학습지를 완성하는 수학 지필문제일 때) 일어난다. 원 전이는 과제 간(예컨대, 학습지인 수학 지필문제를 해결하기 위해 전략을 사용하는 것 대 그 전략을 과학 내용과 관련된 실생활 사태에서 사용하는 것)에 공통점이 많지 않아 보일 때도 일어난다.

과제의 내용 차원은 학습된 기능(즉, 구체적인 절차 대 표상 대 일반적 원리 또는 독자적 발견법), 기대되는 수행변화의 종류(보다 신속하게 기능 수행하기 대 보다 정확하게 수행하기 대 다른 방식으로 수행하기) 그리고 필요한 기억용량(즉, 전이 과제를 상황에 적용되는 것으로 인식하거나, 이전 과제에서 수행했던 것을 재생하거나, 힌트와 기타 조처들을 활용함으로써 모든 기억 요구량이 제거되었기 때문에 바로 기능을 수행하는 정도)으로 구분될 수 있다. 전이될 수 있는 절차의 예로는 분수의 덧셈을 위한 공통분모 구하기 방법을 들 수 있을 것이다. 전이될 수 있는 표상의 예로는 정보를 조직화하기 위해 나무 도표를 사용하는 것을 들 수 있을 것이다. 전이되는 일반 원리나 독자적 발견법으로는 실험에서 사용되는 변인통제전략을 들 수 있다(10장 참조). 기억 요구량이 최소화되고 일반 전략이 요구될 때 전이가 잘 일어나다.

맥락 차원은 지식영역(수학 대 역사), 물리적 맥락(교실 대 집), 시기 맥락(같은 기간에 완성되는 과제 대 2주 후에 완성되는 과제), 기능적 맥락(실제 학교 시험 대

놀이 상황의 시험), 사회적 맥락(혼자 대 다른 참여자와 같이) 그리고 양상(작성 대 구술)으로 구분될 수 있다. 근 전이는 두 과제가 이러한 맥락과 관련하여 매우 유사할 때 일어난다. 예를 들어, 두 수학시험을 같은 양식으로 같은 학기에 같은 장소에서 치를 수 있을 것이다. 이와는 대조적으로, 원 전이는 두 과제가 이 여섯 가지 맥락에서 동일하지 않을 때 일어난다. 예를 들어, 첫 학기에는 교실 사태에서 수학과제를 해결하려 시도하지만, 2주 후에 다른 장소에서 역사문제 해결을 시도할 수 있을 것이다.

이러한 전이에 대한 분류가 가지고 있는 일차적인 장점은 과제를 내용과 맥락에 따라 다양하게 구성하는 체계적인 방법을 제공할 수 있다는 것이다. 또 내용과 과제를 어떤 방식으로 조합하였을 때 전이가 최대로 일어나는지 또는 최소로 일어나는지를 파악할 수 있도록 개개의 연구결과를 하나의 행렬표에 담을 수 있다는 장점도 있다. Barnett과 Cecci(2002)는 전이에 대한 분류가 새로운 연구를 수행하고, 궁극적으로는 교육의 이상이 되어야 하는 원 전이를 촉진하는 조건을 밝히는 데 사용되길 바라고 있다.

요약

학생이 기능을 부분적으로 탈맥락화하고 적용을 위한 조건지식을 발달시킬 수 있을 때 전이가 일어날 가능성이 높다. 목표가 탈맥락화와 조건지식에 대한 논의에서 중심적인 역할을 한다. 전이는 학습자가 자신의 지식을 원리의 형태로 정리할 때 그리고 절차와 전략에 대한 개념적 이해를 발달시킬 때 잘 일어날 것이다. 마지막으로, 학생이 (a) 학습과정을 정확하게 이해하고 (b) 유의미하게 학습할 때 전이는 증진된다.

수업에 주는 시사점

문제 해결과 전이에 대한 연구가 수업에 주는 시사점을 두 부분으로 나누어 살펴볼 것이다. 먼저, 문제 해결 수행과 전이를 증진시키기 위한 다양한 수업방법을 살펴볼 것이다. 이어서, 지금까지 살펴본 연구에서 도출된 교훈을 살펴볼 것이다.

문제 해결을 촉진하기 위한 수업방법

Mayer와 Wittrock(2006)은 (1) 상황에서 적절한 정보를 선택하여 작동기억에 저장하고, (2) 선택된 정보를 작동기억에서 조직화하며, (3) 조직된 정보를 장기기억의 기존 정보와 통합하는 인지과정이 육성되면, 학습한 것을 새로운 문제에 적용하는 능력이 증진될 가능성이 높다고 주장하였다. 예를 들어, 그림 4.6의 평행사변형의 한 부분을 잘라내어 직사각형을 만든 후 면적 구하는 방법을 가르치는 유의미한 수업은 평행사변형의 적절한 측면(즉, 양쪽 끝의 삼각형)에 주목하고, 평행사변형 안에 숨어있는 삼각형을 드러내는 정보를 조직하며, 이 정보를 직사각형의 면적을 구하는 방법에 대한 기존 지식과 통합했기 때문에 학습을 촉진한다. Mayer와 Wittrock은 이 마음의 선택-조직-통합 모형(select-organize-integrate model; SOI model)을 이용하여 유의미 학습을 위한 수업전략을 평가하였다. 여기에서는 이들 중 몇 가지를 범주별로 살펴볼 것이다.

부담감소 전략. 첫 범주에는 작동기억의 한계로 인해 문제 해결이 방해받는 경우에 대처하는 접근이 포함되어 있다. 앞에서, 문제 해결은 일단의 요소(즉, 문제의 존재 인식, 문제정의 등)로 구성된다는 것을 밝힌 바 있다. 그런데 작동기억의 주의력 자원을 이들 요소 각각에 분배해야 하는 경우에 문제 해결자가 이들을 모두 수행하는 것이 불가능할 수 있다. 이런 문제는 나이 어린 아동의 경우에 특히 극심하다. 작동기억 용량의 한계로 이 중 한두 요소만 수행된다면, 복잡한 문제는 해결되지 않을 것이다. 예를 들어, 문제 해결자가 주의력 대부분을 수 계산이나 단어 발음하기와 같은 낮은 수준의 조작에 할당한다면, 계획하기나 점검하기 같은 보다 높은 수준의 정보처리를 할 수 없을 것이다. 마찬가지로, 작동기억에 부하가 높을 때도 정보가 효과적으로 선택되거나 조직되거나 통합되지 못한다.

작동기억 용량의 한계를 극복하는 방법은 두 가지, 즉 (a) 주의력 자원이 요구되는 정보처리를 주의력 자원이 요구되지 않는 정보처리로 전환시키는 방법(즉, 정보처리를 자동화시키는 방법)과 (b) 모든 요소의 조작을 수행하는 데 필요한 것을 최소화하는 방식으로 과제를 제시하는 방법이 있다. 첫 번째 방법에 따르면, 교사는 학생에게 높은 수준의 문제를 해결하도록 하기 전에 먼저 정보처리 구성요소가 자동화될 때까지 반복 연습하도록 해야 한다. 두 번째 방법에 따르면, 과제의 성공적 수행과는 관련이 없는 불필요한 정보나 단계에 주의를 기울일 필요가 없도록 하는 기법을 사용해야 한다. 이 방법은 높은 수준의 수행이 여분의 작동기억 용량이 아니라 장기기억에 저장된(특히 자동화된 스키마 형태의) 지식으로부터 가동된다는 가정에 기초하고 있다(Sweller, van Merrienboer, & Paas, 1998).

John Sweller와 동료들은 문제의 인지부하(cognitive load)를 감소시킴으로써 문제 해결 수행을 증진시키는 방법을 연구해 왔다(Sweller et al., 1998). 인지부하를 감소시키는 한 가지 방법은 문제에서 명시적인 해결목표를 제거하는 것이다. 예를 들어, 명시적 해결목표가 포함된 물리 문제는 "출발 후 1분 동안 일정한 속도로 가속되는 자동차가 있다. 이 자동차의 최종 속도는 2km/분이었다. 이 차가 달린 거리는 얼마인가?"라는 식으로 진술된다. 이 문제를 풀기 위해서는 목표(자동차가 달린 거리), 주어진 것(즉, 일정한 가속, 달린 시간, 최종 속도), 그리고 목표와 주어진 것 간의 차이를 파악하기 위한 수단-목표 분석을 수행하고, 이어서 문제-해결 조작을 사용하여 목표와 주어진 것 간의 거리를 줄이는 방법에 대해 생각해야 할 것이다. 정답을 이끌어 내기 위해서는 하위목표가 설정되어야 한다. 수단-목표 접근에 따라 하위목표를 구상하고, 문제에 대해 생각하는 것은 작동기억에 적지 않은 부담을 준다. 이와는 대조적으로, 이 문제는 최종 해결목표를 포함시키지 않고 "출발 후 1분 동안 일정한 속도로 가속되는 자동차가 있다. 이 자동차의 최종 속도는 2km/분이었다. 가능한 많은 변인의 값을 계산하시오."로 진술될 수 있다. 이렇게 진술되면, 하위목표를 구상하고 주어진 것과 해결 간의 거리를 생각할 필요가 없기 때문에 작동기억의 부하가 훨씬 감소된다. 이에 따라 학생은 고차적으로 사고하고 스키마를 이끌어 내는 데 더 많은 시간을 할애할 수 있다.

명시적 해결목표가 들어있는 문제를 연습한 학생이 탈목표 문제(free-goals problems)를 연습한 학생보다 전통적 물리문제 및 수학문제 해결 검사에서 성적이 낮다는 것을 보고한 연구들이 있다. Sweller와 동료들은 (혼자서 동일한 문제를 해결하는 것과 대비되는) 다양화된 예를 공부하는 것과 같은 부하-감소 전략(load-reduction strategies)도 성취도와 문제유형에 대한 스키마 유발에 효과적이라는 연구결과를 보고하였다(Sweller et al., 1998).

체험학습. 정보처리가들(예컨대, Newell & Simon, 1972)은 외적인 기억 보조물이 제시되면, 과제의 인지부하가 감소된다고 주장해 왔다. 예를 들어, 교사는 교탁에 학생의 이름을 붙여 놓는 방법을 통하여 학생 이름 기억 문제를 해결할 수 있다. 마찬가지로, 체스 경기자는 체스 판 위의 말을 한눈에 볼 수 있기 때문에 바로 이전에 말이 어떻게 움직였는지를 기억해야 할 필요가 없다. 원칙적으로, 포커 칩이나 산가지(base-10 blocks) 같은 것이 외적 보조물로 사용될 수 있으며, 따라서 수학 문제의 인지부하를 줄일 수 있다. 과학 시간의 실험 활동이나 역사 시간의 역할 놀이 등도 마찬가지로 활용될 수 있다. 그러나 학생이 이러한 활동을 많이 연습했을 때만 인지부하가 감소된다. 학생이 체험활동에 익숙하지 않을 때는 인지부하가 실제로 증가될 수도 있다(Mayer & Wittrock, 2006).

스키마 활성화법. 위에서 말한 바와 같이, 학생이 문제 내용에 관한 스키마를 활성화시킬 때, 문제 해결이 크게 증진될 수 있다. 인지부하 이론가들은 스키마가 자동적으로 활성화될 때 요구되는 정보처리양이 감소되므로 스키마 활성화가 효과적이라고 주장한다(Sweller et. al., 1998). 선택-조직-통합 모형 이론가들은 스키마 활성화법이 효과적인 이유는 선택-조직화-통합 체계의 요소를 통합할 수 있기 때문이라고 주장한다(Mayer & Wittrock, 2006). 문제 해결을 시작하기 바로 전에 스키마를 활성화시키는 방법이 많이 있다. 한 가지 방법은 다룰 내용에 대한 개요나 다룰 내용과 이미 알고 있는 내용 간의 유사성을 소개하는 짧은 글과 같은 **선행 조직자**를 사용하는 것이다. 예를 들어, 영국의 의회 제도를 공부할 때, 영국 의회 제도의 주요 특징을 강조하고 미국의 의회 제도와 관련시킨 짧은 글도 함께 제시한다. 스키마를 활성화시키는 또 다른 방법은 제동장치 작동체계에 관한 글을 읽기 전에 제동장치 조정모형을 작동해 보는 것과 같이 다양한 형식의 사전훈련을 활용하는 것이다(Mayer & Wittrock, 2006).

생성법. 생성법(generative methods)은 새 문제와 이미 알고 있는 문제의 관련성을 알도록 도와주기 위해 설계되었다. 예를 들어, 정교화 방법에서는 학생에게 새 문제가 친숙한 문제와 유사한 점을 설명하도록 한다. 이와 관련된 방식인 자기 설명 방법은 학생에게 글을 읽고, 읽은 내용이 의미를 자신에게 설명하도록 한다. 노트 필기도 올바른 방식으로 이루어진다면 문제 해결을 증진하는 생성법의 기능을 한다(Mayer & Wittrock, 2006).

사고기능 교수. 학생의 문제 해결과 비판적 사고기능을 촉진하기 위한 프로그램들이 개발되어 왔다. 이러한 프로그램의 하나가 Vanderbilt 대학교 연구진이 개발한 *Jasper Woodbury의 모험*이라는 프로그램이다. 이 프로그램에서는 극복해야 하는 일련의 난제에 직면하는 가상 인물의 모험이 제시된다. 학생은 이야기가 전개되면서 제시되는 관련 자료를 찾아내고 수학지식을 적용하여 각각의 이야기 속에 숨어 있는 미스터리를 해결한다. 이 프로그램의 목표는 문제 해결 요소를 조작하여 문제를 찾아내고 해결하는 능력을 증진하는 것이다. 이 프로그램은 문제 해결 기능과 수학 성취도 향상에 매우 효과적이었다.

또 다른 예로는 Sternberg와 동료들(2003)이 "성공지능(successful intelligence)"을 증진하기 위하여 개발한 수업 프로그램이 있다(6장 참조). 이 프로그램의 목표는 분석지능(analytical intelligence), 실천지능(practical intelligence) 및 창의지능(creative intelligence)을 육성하고 통합함으로써 학생이 문제 해결 방법을 학습할 수 있도록 돕는 것이다. 이 프로그램은 문제의 존재를 인식하고, 문제의 본질을 정의하며, 가능한 문제 해결 방법을 구성하거나 회상하고, 대안적인 방법들을 평가하여 최선의 방법을 수행하며, 원하는 효과가 있었는지를 파악하기 위해 점검하는 능력을 포함하고 있는 지능의 *메타성분*(metacomponents of intelligence)을 증진시키기 위해 설계된 연습문제로 구성되어 있다. 즉, 지능의 메타성분이 문제 해결을 위한 핵심조작의 초석이다. 지능의 세 측면(분석, 실천 및 창의)을 조장하는 수업이 전통적 방식의 수업이나 지능의 한 측면만을 조장하는 수업보다 학업 성취도 향상에 효과적이라는 것이 밝혀지고 있다(Sternberg, 2003).

문제 해결 이론과 연구가 수업에 주는 시사점

부담감소 방법 같은 특정 수업전략의 잠재적 장점을 살펴보는 것과 더불어, 문제 해결에 관한 이론과 연구의 시사점을 살펴보는 것도 유용할 것이다.

이 장에서 보고된 이론과 연구의 주요 교훈은 학교 과제와 실생활 과제가 직접적으로 연결되어야 한다는 것이다. 학습의 개념과 전이의 개념은 서로 밀접하게 관련되어 있다(Baron et al., 1998; Brown et al., 1983; Brown et al., 1989; Singly & Anderson, 1989). 학생이 지식을 전이할 것인가는 기능을 어떻게 학습하는가의 문제이다. 학생이 학습한 기능을 실생활 맥락에서 사용할 수 있기를 원한다면, 수업에서 이 실생활 맥락이 모사되어야 한다. 따라서 실생활 문제를 개발하고, 학생으로 하여금 해결방법을 개발하도록 해야 한다. 더 나아가, 수업에서 다루는 문제의 목표가 실생활에서 부딪치는 문제의 목표와 유사하도록 하는 것도 중요하다. 예를 들어, Maryland 주의 한 도시의 암 발병률이 미국에서 가장 높다. Maryland 주의 교사는 학생에게 동떨어진 내용을 가르치기보다는 이 예를 활용하여 과학적 방법을 가르치는 것(예컨대, 학생에게 이렇게 암 발병률이 높은 이유를 생각하고 가능한 이유를 밝히기 위한 연구방법을 설계하도록 하는 것)이 훨씬 유용할 것이다.

교사는 탈맥락화와 전이를 촉진하기 위하여 학생에게 표면적으로는 다른 것 같지만 전략과 목표의 관점에서 보면 동일한 실생활 문제들을 많이 해결하도록 해야 한다. 더 나아가, 교사는 목표가 기능을 (예컨대, 플래시 카드의 단어들을 해독하거나 고차적 사고나 의사결정 또는 공부 기능을 위한 별도의 수업을 하는 것과 같이) 완전히 탈맥락화된 형식으로 제시하는 것이 아니란 점을 명심해야 한다. 오히려, 탈맥락화의 목표는 (a) 기능과 맥락의 무관한 측면 간의 연결을 끊고, (b) 기능과 그 기능이 적용될 수 있는 다양한 맥락을 연결시키는 것이다. 따라서 모든 기능은 어느 정도 탈맥락화되어야 한다. 탈맥락화 접근은 언젠가 저절로 이루어지는 것과는 전혀 다른 접근이다. 탈맥락화 접근은 적절한 수업의 계열이 구체적 상황에서 일반적 구조로 진행되어야 한다는 것을 시사하는 반면에 고차적 사고와 문제 해결의 조장을 위한 전통적 수업은 일반적 구조(예컨대, 문제 해결의 5단계)가 위에서 아래로의 방식으로 구체적 상황에서 작용할 것으로 가정한다.

고차적 사고의 한 형식이 문제 해결이긴 하지만, 다른 종류의 고차적 사고도 있다. 다른 종류의 고차적 사고를 조장하기 위해서는 모든 수업(예컨대, 수학, 과학 등)에서 학생에게 분류하고, 차원에 따라 배열하며, 가설을 세우고, 추론하며, 분석하도록 한다. 이러한 인지과정들은 모든 교과에 적용될 수 있지만, 학생이 먼저 기본적인 정보를 알고 이해해야 한다는 점이 중요하다.

교사는 유의미성과 반성적 사고를 격려하고, 학습과정에 대한 이해를 조장하는 데 있어 지극히 중요한 역할을 한다. 답을 생각할 시간을 충분히 주고, 유의미성을 보상하는 것과 같은 활동은 수업에서 반성적 사고를 증진하는 데 효과적이다. 교사는 학습과정에 대한 이해를 조장하기 위하여, 학습전략 학습의 모델을 위한 소리 내어 생각하기(think-aloud) 접근을 활용할 수 있으며, 단순히 문제 해결을 자조하기 위해 할 수 있는 것을 지적해 줄 수도 있다.

사례

Richard Mayer, Roxanna Moreno, Michelle Boire와 Shannon Vagge는 1999년에 University of California, Santa Babara 대학에서 문제 해결에 대한 연구를 수행하였다(Mayer, Moreno, Boire & Vagge, 1999). 이들은 자료에 대한 언어적 표상과 시각적 표상을 형성하는 동시에 작동기억에 저장하는 것을 도와주는 방식으로 문제가 제시되었을 때, 문제에 대한 정신적 모형이 더 잘 형성될 수 있을 것으로 가정하였다. 이들은 이 가정을 검증하기 위하여 애니메이션과 내레이션이 동시에 또는 연속적으로 제시되는 다매체 내용 제시방법을 만들었다. 이들은 학생들이 연속 제시 조건보다 동시 제시 조건에서 수행이 높을 것으로 가정하였다. 또 이들은 정보를 큰 덩어리로 나누어 제시하기 대 작은 덩어리로 나누어 제시하기를 통하여 제시방법의 기억 부하도 다양화하였다.

한 영상은 번개의 발생을 설명하는 내용이었고 다른 하나는 제동장치의 작용을 설명하는 것이었다. 학생의 기억을 측정하기 위한 파지검사(예컨대, 번개의 발생과정에 대해 아는 것을 모두 쓰시오)와 학생이 분명하게 제시되지 않았던 질문과 문제에 대해 추론할 수 있는지를 알아보기 위한 전이검사도 실시되었다. 예를 들어, 번개발생 과정에 대한 전이검사의 문제는 (1) "번개 폭풍의 강도를 높이기 위해 무엇을 할 수 있는가?", (2) "하늘에 구름이 있는데 번개가 치지 않는 이유는 무엇인가?", (3) "공기의 온도와 번개 간에는 어떤 관계가 있는가?" 그리고 (4) "전기부하와 번개 간에는 어떤 관계가 있는가?"의 네 문제이다. 제동장치의 전이검사 문제는 (1) "제동장치를 더 믿을 수 있게 만들기 위해서, 즉 제동장치가 확실하게 작동하도록 하기 위해 무엇을 할 수 있는가?", (2) "제동장치를 보다 효과적으로, 즉 제동거리를 줄이기 위해 무엇을 할 수 있는가?", (3) "브레이크 페달을 밟았는데 작동하지 않았다. 무엇이 잘못되었는가?" 그리고 (4) "브레이크 페달을 밟고 떼기를 반복하면 어떤 일이 일어나는가?" 의 네 문제였다.

연구결과, 애니메이션과 내레이션이 동시에 제시되었을 때나 작은 덩어리의 정보가 내레이션에 이어 애니메이션이 제시되는 연속적 방법으로 제시되었을 때 성취도가 높았다. 큰 덩어리의 정보를 내레이션에 이은 애니메이션 순서로 제시하였을 때, 성취도가 유의하게 낮았다. 이런 결과는 파지검사와 전이검사에서도 같았다. 동시 제시 조건의 학생은 전이검사에서 만점의 69%에서 75%(즉, 8점 만점의 5.5점에서 6점)의 점수를 받은 반면에 큰 덩어리 정보의 연속 제시 조건의 학생은 31%에서 54%(8점 만점의 2.5점에서 4.3점)의 점수를 받았다.

이 장 및 다른 장에서 논의된 정보(예컨대, 이론, 기억, 동기 등)를 활용하여 문제 해결 및 전이를 촉진하기 위하여 이런 종류의 다매체 내용 제시를 활용한 수업을 평가하시오.

5

동기

요약

1. 동기란 행동의 개시, 방향 및 강도를 설명하기 위하여 사용되는 구인이다. 동기는 학생의 수업 참여 여부와 밀접하게 관련되어 있다.
2. 특정 상황에서의 동기를 완벽하게 설명하려면 (a) 목표, (b) 목표달성 방법에 관한 지식, (c) 목표달성 기준, (d) 능력에 대한 신념과 가능한 정서 상태, (e) 흥미 그리고 (f) 가치를 알아볼 필요가 있다.
3. 내적으로 동기화된 사람은 과제 그 자체를 목표로 삼아 수행하는 반면 외적으로 동기화된 사람은 목표달성을 위한 수단으로 삼아 수행한다.
4. 서로 관련된 다양한 요인 때문에, 나이 많은 아동은 어린 아동보다 학교관련 과제에 대한 성취동기가 낮은 경향이 있다.
5. 동기에는 개인차가 있다. 학생은 목표, 지식, 점검 경향, 기준, 능력에 대한 신념, 흥미 및 가치의 측면에서 서로 다르다. 이러한 차이는 노력 정도, 지속 정도 및 과제에 직면했을 때의 정서에 큰 영향을 미친다.
6. 교사와 학급환경은 학생의 동기에 큰 영향을 미칠 수 있다. 수업이 유의미하고 도전적이며 선택권이 주어졌을 때, 학생이 수업에 적극적으로 참여할 가능성이 높다.

아동은 적절한 수준의 지식과 동기를 모두 가지고 있을 때만 학교에서 성공할 것이다. 예를 들어, 잘 할 수 있는 능력은 있지만 의지가 없는 아동이 많이 있다(Paris, Byrnes, & Paris, 2001). 이런 아동을 종종 학습부진아라 한다. 또 특별한 재능은 없지만 열심히 노력했기 때문에 성취수준이 높은 아동도 많이 있다. 이런 아동을 종종 과성취아라 한다. 이렇게 다양한 능력-의지의 조합 때문에 수업에서 중요하지만 대처하기가 까다로운 개인차가 생기는 것이다. 아동이 교과에서 성취도가 낮을 때(예컨대 남자 아동의 읽기 성취도가 낮을 때), 이는 능력이 부족하기 때문인가 아니면 동기가 낮기 때문인가? 교과영역에서의 연령에 따른 발달경향을 설명하기 전에 먼저 동기에 대한 이론과 연구를 살펴보아야 한다.

동기의 중요성을 이해하기 위하여 다음 질문에 답해 보라.

1. 재미가 없고 따분하게 생각하는 강좌에서 좋은 성적을 받은 적이 있는가?
2. 왜 특정 강좌를 선택했는가?
3. 왜 지금 다른 것을 하지 않고 이 책을 읽고 있는가?
4. 재미있다고 생각하는 강좌에서 더 좋은 성적을 받았고 출석도 잘하였다는 것을 아는가?

이런 질문이 동기에 대한 논의의 핵심을 암시하고 있다. 이 장을 읽고 나면 이유를 알게 될 것이다.

이 장도 4개 절로 구성된다. 1절에서는 동기가 정의될 것이다. 구체적으로 말하면, 동기의 구성요인이 논의될 것이다. 2절에서는 연령에 따른 동기 구성요인의 발달을 살펴볼 것이다. 3절에서는 동기의 개인차를 살펴볼 것이다. 마지막 4절에서는 동기에 관한 연구가 수업에 주는 시사점이 도출될 것이다.

동기의 본질

일반적으로, 동기는 특정 상황에서 행동의 개시, 방향 및 강도를 설명하기 위해 사용되는 구인으로 정의된다(Eccles, Wiglield & Schiefele, 1998; Stipek, 1993; Wigfield & Eccles, 1992). 따라서 동기란 개념은 왜 그녀가 그렇게 하기 시작했는가?(개시), 그는 왜 다르게 하지 않고 그렇게 했는가?(방향), 그녀는 왜 그렇게 열심히 하는가?(강도) 그리고 왜 그는 그렇게 쉽게 포기하는가?(지속)와 같은 질문에 대답하는 데 유용하다.

근래에, **참여**(engagement)라는 구인도 포함시켜 동기에 대한 일반적 정의가 확장되고 있다(Eccles et al., 1998; Wigfield & Eccles, 2000). 참여적 아동은 능동적이고 집중하며 호기심을 보이고 자발적으로 수업활동에 참여한다. 그 반대는 방관하고 주의를 기울이지 않고 심지어는 저항까지 하는 학생일 것이다. 말할 필요도 없이, 대부분의 교사는 참여적 학생으로 가득 찬 교실을 희망할 것이다. 이러한 꿈을 현실로 만들기 위해 어떻게 해야 하는가?

동기와 관련된 주제를 조망하는 다른 방법은 연구자들이 전형적으로 제기해 온 일곱 가지 질문, 즉 (1) 학생이 원하는 것은 무엇인가?, (2) 수업에서 학생을 동기화시키는 것은 무엇인가?, (3) 학생은 원하는 것을 어떻게 얻는가?, (4) 학생은 원하는 것이나 동기화시키는 것을 알고 있는가?, (5) 동기와 인지는 어떤 관계인가?, (6) 동기는 어떻게 발달하는가?, 그리고 (7) 동기에서 맥락과 문화는 어떤 역할을 하는가?를 살펴보는 것이다(Pintrich, 2003).

동기 이론가들은 이 질문에 대답하기 위하여 수많은 구인을 제안해 왔다. 여기에서는 이들을 하나하나 살피는 대신에 세 부류, 즉 목표관련 구인(goal-related constructs), 지식관련 구인(knowledge-related constructs) 그리고 메타인지적 구인(metacognitive constructs)으로 나누어 살펴볼 것이다. 이어서, 동기에서의 사회적 관계의 중요성을 살피고, 내재적 동기(intrinsic motivation)와 외재적 동기(extrinsic motivation)를 구분하는 것으로 동기에 대한 논의를 마칠 것이다.

동기의 모든 부분이 서로 어떻게 관련되었는지를 이해하는 데는 그림 5.1이 유용할 것이다. 이 그림에는 먼저 무엇을 할 것인지를 생각하는 시점에서부터 선택된 행위의 결과를 경험하는 시점까지의 시간의 흐름이 제시되어 있다. 동기의 요소(예컨대, 욕구, 목표, 능력에 대한 믿음 등)는 그 역할이 나타나는 지점에 제시되어 있다.

기본 욕구

한때는 욕구가 동기이론에서 중심 구인이었다. 오늘날의 동기이론에서 욕구는 목표, 흥미 및 자기 효능감과 같은 다른 구인에 의해 가려지거나 대치되고 있다

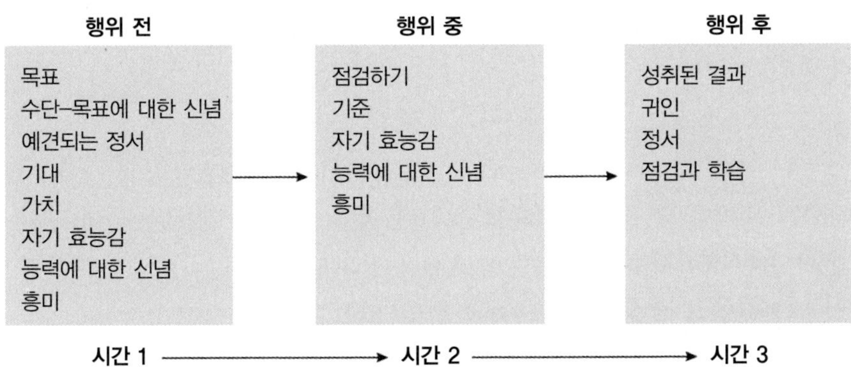

그림 5.1 시간적 조망에 따른 동기 구성요소

(Pintrich, 2003). 이렇게 강조점이 달라진 한 가지 이유는 연구자들이 욕구라는 구인은 순환적이며, 유의미한 설명변인이 아니라는 것을 깨달았기 때문이다. 욕구라는 구인이 순환적일 가능성이 있다는 것을 예를 들어 설명하기 위하여, 한 이론가가 "왜 그는 45세에 결국 결혼했는가?"라는 질문에 "사람은 모두 연고감을 가지려는 기본적 욕구가 있다."라고 대답하는 경우를 생각해 보자. 그 이론가가 "그가 연고감을 가지려는 기본적 욕구가 있다는 것을 어떻게 아는가?"라는 이어지는 질문에 "그는 결혼했다."라고 대답하기 전까지는 이 대답은 그럴듯한 답이다. 심리학자들은 기본적 경향성으로 간주되어야 하는 구인보다는 사람에게 주입되거나 수정될 수 있는 구인을 가정하는 것을 더 편하게 생각하는 것 같다.

욕구라는 구인이 문제가 있을 가능성에도 불구하고, 많은 연구자는 인간이 세 가지 기본욕구, 즉 유능욕구(the need for competence), 자율욕구(the need for autonomy) 및 관계욕구(the need for relatedness)를 가지고 있다는 주장에 동의하고 있다(Pintrich, 2003; Ryan & Deci, 2000). **유능욕구**는 환경에 정통하고 성공적으로 상호작용하려는 욕구이다. **자율욕구**는 스스로 성취하고, 결정하며, 선택할 자유를 가지려는 욕구와 관계있다. **관계욕구**는 다른 사람과 관계를 맺거나 소속감을 가지려는 욕망과 관계있다. 이 가정에 따르면, 이런 욕구는 이미 학생이나 자녀 안에 존재하고 있으므로, 즉 이 욕구는 학생이나 자녀가 인간이라는 것을 보여주는 것들이기 때문에, 교사나 부모는 이를 학생이나 자녀에게 심어주려고 노력할 필요가 없다. 대신에, 교사나 부모는 환경을 구조화하여 학생이 이런 욕구를 충족하도록 도와줄 수 있다. 예를 들어, 자율욕구를 지원하기 위하여, 특정 활동을 하도록 하기보다는 일단의 활동 중에서 스스로 선택하도록 허용할 수 있을 것이다. 마찬가지로, 학생이 성공을 정기적으로 경험하고 유능감에 대한 욕구를 충족할 수 있도록 이미 알고 있거나 다소 어려운 과제를 수행하도록 할 수 있을 것이다. 교실을 이렇게 바꾸면 학생의 동기와 성취도가 높아질 것이다. Guthrie 등(2004)은 학생에게 선택 기회를 주는 읽기 프로그램이 학생의 동기와 성취를 증진시킨다는 것을 밝혀 이 주장을 지지하고 있다.

목표

여기에서는 목표의 세 요소를 살펴볼 것이다. 먼저, 목표의 본질과 동기 간의 관련성이 논의된다. 이어서 다양한 목표의 유형을 살펴볼 것이다. 마지막으로 목표가 동기와 학습에 어떻게 영향을 미치는지 살펴볼 것이다.

목표의 본질. 목표는 사람이 어떤 일을 하는 이유와 관련이 있다. 구체적으로 말하면, 목표는 어떤 사람이 특정 행동을 수행하여 성취하려고 하는 것을 구체화한다(Stipek, 1993; Wentzel, 1991). 일이 어떻게 되어야 하는지를 구체화하는 데 있어서(예컨대, "이 강좌에서 A학점을 받고 싶다."), 목표는 행동의 방향을 정하거나 지침을 제공하는 경향이 있다(예컨대, 목표를 설정한 사람은 공부를 열심히 하는 것과 같이 A학점을 받을 가능성을 최대화하는 일을 한다).

많은 상황에서 "왜 수업에 들어가니?" 혹은 "왜 이 강좌를 수강하니?"와 같은 질문을 하기 전까지는 목표가 분명하지 않은 경우가 종종 있다. 이런 질문에 대한 대답은 일반적으로 "나는 ~해야 한다." 혹은 "나는 ~을 원한다."와 같은 말로 시작된다. 무엇을 해야 하건 또는 무엇을 원하건 간에 모든 목표는 개인의 욕구와 관계있다(Searle, 1983). 규칙을 지키지 않으면 원치 않는 결과(예컨대, 곤란에 빠지는 것)가 일어난다는 것을 보아 왔기 때문에, 지시에 따를 때도 있다. 또 어떤 때는 원하는 것을 추구하는 것같이, 문제를 회피하려고 하지 않는 경우도 있다(예컨대, 배가 고플 때 저녁을 준비하는 것을 목표로 설정하는 것).

목표는 미래의 상태에 대한 정신적 표상이라는 점에서 본질적으로 *인지적*이다(Bandura, 1986). 따라서 목표를 강조하는 동기 이론가는 행동주의를 전적으로 따르지는 않는다. 왜냐하면, 이들은 사람이 바라는 결과에 대하여 생각하고, 바라는 결과를 가져오기 위해 행동을 수행함으로써, *자신의* 행동을 통제한다고 주장하기 때문이다. 그렇지만 목표는 일반적으로 긍정적으로나 부정적으로 영향을 미칠 가능성이 있는 결과를 나타내는 것이기 때문에 순전히 인지적이진 않다. 결과의 유의성(the valence of outcomes)을 결정하는 요인은 결과가 일으킬 정서 상태이다(Frijda, 1994). 따라서 목표지향행동(the goal-directed behavior)에는 인지적 성분과 *정의적* 성분이 모두 들어있다. 그림 5.1에서 목표가 최초의 출발점에 제시된 것은 목표의 우선성이 반영된 것이다.

목표가 일이 어떻게 될지를 구체화하기는 하지만, 행동은 다소 애매한 상태로 시작된다. 예를 들어, 사람들은 직업목표를 설정할 때, "돈을 많이 벌고 싶다." 혹은 "다른 사람과 같이 일하고 싶다."는 식으로 말하는 경향이 있다. 봉급을 많이 받는 방법은 다양하고 다른 사람과 상호작용하는 직업도 많기 때문에, 이러한 목표는 큰 도움이 되거나 구체적인 방향을 제시하지 못한다. 목표는 보다 구체화될 때 의미 있는 방식으로 사람에게 방향을 제시하기 시작한다.

목표의 유형. 동기에 대한 연구를 살펴보면, 목표의 유형을 이분법으로 개념화한 제안과 삼분법으로 개념화한 제안이 있다(Dweck & Leggett, 1988; Stipek, 1993; Wentzel & Wigfield, 1998). **학습목표**(learning goals)[*숙달목표*(mastery goals) 또는

과제목표(task goals)라고도 한다]를 가진 사람은 이해하거나 기능을 숙달하거나 자신이 즐기거나 유능감을 갖기 위해 행동한다. 이와는 대조적으로, **수행목표**(performance goals)[*자아목표*(ego goals)라고도 한다]를 가진 사람은 인정받거나, 잘 보이거나, 보상받거나 비판을 면하기 위해 행동한다(Pintrich, 2003).

근래에 일부 연구자는 학습목표와 수행목표로 이분하는 것만으로 복잡한 학생의 목표지향을 충분히 파악할 수 있는지에 의문을 제기해 왔다. 이들은 어떤 결과에 접근하려는 목표와 다른 결과를 회피하는 목표 간의 근본적인 갈등을 고려해야 하는 것도 중요하다고 주장한다(Pintrich, 2003). 접근-회피 차원과 학습-수행 차원을 동시에 고려하면, 학생이 능력이 있다는 것을 보여주는 데 초점을 맞추는 **수행-접근 목표**(performance-approach goals)는 물론 능력이 없다는 것을 보여주거나 무능하거나 우둔한 것으로 보이는 상황을 회피하는 데 초점을 맞추는 **수행-회피 목표**(performance-avoid goals)도 있을 수 있다는 것을 알 수 있다. 많은 연구를 통하여 수행-접근 정향과 수행-회피 정향 간의 구분이 지지되어 왔다(Harackiewicz, Barron, Pintrich, Elliott, & Thrash, 2002).

목표 유형에 대한 세 번째 제안은 목표를 근접목표(proximal goals)와 원격목표(distal goals)로 분류하는 것이다(Bandura & Schunk, 1981; Schunk, 1991). **근접목표**는 "다음 주 시험에서 A를 받고 싶다."와 같은 단기목표이다. 원격목표는 "내년에는 4.0을 받고 싶다."와 같은 장기목표이다. 정보처리이론 용어(예컨대, Siegler, 1983)로 하면, 근접목표는 전반적 상위목표의 하위목표라 할 수 있다. 실제로, 이 목표는 보다 먼 길로 나아가는 발걸음인 것 같다. 이와는 대조적으로, 원격목표는 보다 높은 수준의 목표가 되는 경향이 있다.

네 번째의 분류는 **학업목표**(academic goals)와 **사회목표**(social goals)로 구분하는 것이다(Wentzel, 1991; Wentzel & Wigfield, 1998). 학생들은 성공적인 학생이 되는 것, 새로운 것을 학습하는 것, 이해하는 것, 최선을 다하는 것 그리고 시간에 맞춰 일을 끝내는 것과 같은 학업목표를 세우는 것과 더불어 인정받는 것, 재미있게 지내는 것, 친구 사귀는 것, 다른 사람을 돕는 것, 의존하는 것 그리고 책임지는 것과 같은 사회목표도 가지고 있다. 사회목표 개념은 동기에 대한 동년배 집단의 영향력을 연구하는 것이 유용하다는 것도 시사하고 있다(예컨대, Ryan, 2001). 동년배는 동기에 부정적인 영향을 미칠 수도 있다.

다섯 번째의 분류는 **과정목표**(process goals)와 **산출목표**(product goals)를 구분하는 것이다(Schunk & Ertmer, 1999). 과정목표를 택하는 학생은 목표를 달성하기 위하여 사용할 수 있는 기법이나 전략에 초점을 맞춘다. 이와는 대조적으로, 산출목표를 택하는 학생은 노력의 산물(예컨대, 완벽한 숙제)에 초점을 맞춘다.

지금까지 살펴본 목표의 분류 이외에 협동학습 접근에 관한 연구(Johnson & Johnson, 1987; Slavin, 1990)에서 나온 목표의 삼분법도 있다. 이 접근에서는 개별적 목표구조, 경쟁적 목표구조 그리고 협동적 목표구조의 세 **목표구조** 중에 하나를 가질 수 있다는 것을 시사하고 있다. 수업에서 누구든지 보상(예컨대, 좋은 성적)받을 기회를 갖도록 하면, 학생은 자신이 할 수 있는 것은 물론 하고 있는 일의 목표를 설정하는 경향이 있다(개별적 목표구조). 이런 학생은 다른 학생이 얼마나 잘하는지에는 관심이 없다(예컨대, "내가 A를 받을 수 있다면, 알게 뭐야."). 그렇지만 일정한 수의 학생(예컨대, 상위 10명)만 최고 성적을 받을 수 있는 경우에 학생은 (모든 학생이 잘하는 것이 아니라) 다른 학생보다 더 잘 하겠다는 생각을 갖기 시작한다. 더 나아가, 이들은 다른 학생이 잘 못하길 바랄 수도 있다. 이러한 욕구에는 모두 경쟁적 목표구조가 반영되어 있다. 수업에서 소집단이 전체로 얼마나 잘 수행했느냐에 기초하여 보상이 제공되면, 학생은 자신이 잘 하길 바랄 뿐 아니라 소속된 소집단의 다른 학생도 잘 하길 바란다(협동적 목표구조).

동기 및 학습에 대한 목표의 효과. 연구자들은 목표가 학생의 행동에 영향을 미치는 다섯 가지의 중요한 방식을 밝혀왔다. 첫째, 학습목표를 가진 학생은 자신의 능력을 개발하는 데 도움 되는 도전적인 과제를 추구하는 반면에 수행목표를 가진 학생은 다른 사람에게 유능하게 보일 수 있는 과제를 택한다(Dweck, 1986; Nicholls, 1983; Wentzel & Wigfield, 1998). 수행목표를 가진 학생은 유능하게 보이기 위하여 잘 할 수 있는 과제를 다시 학습할 수도 있다. 이런 학생은 스스로 자신에게 도전하지 않으며 학습목표를 가진 학생보다 느린 속도로 전문성을 발달시키는 경향이 있다.

둘째, 학습목표를 가진 학생은 교사를 자원 혹은 조언자로 보는 반면에 수행목표를 가진 학생은 자신의 행동을 보상하거나 벌을 주는 평가자로 본다(Stipek, 1993). 따라서 학습목표를 가진 학생이 수행목표를 가진 학생보다 교사의 도움을 바랄 가능성이 높다. 교사가 정보와 전략을 위한 가치 있는 자원이 될 수 있는 한 적절하게 도움을 청하는 학생이 그렇지 않은 학생보다 성취도가 높을 것이다(Wentzel, 1991).

셋째, 목표는 학생이 무엇에 주의를 기울일 것인지에 영향을 미친다. 자신이 학습하는 것보다 어떻게 보이는가에 더 관심을 갖는 학생은 숙달 지향적인 학생보다 덜 학습하는 경향이 있다. 이러한 주장은 학생이 평가결과나 잘못 보이지 않을까에 지나치게 관심을 가질 때 깊은 수준의 정보처리를 하지 않는다는 연구결과에 의해서 지지되고 있다(Graham & Golan, 1991; Nicholls, 1983; Stipek, 1993; Wentzel & Wigfield, 1998).

지금까지의 설명에 따르면, 학습목표를 가지는 것이 수행목표를 가지는 것 보다 거의 항상 학업성취가 높을 것으로 보일 것이다. 그러나 근래의 연구를 통하여 수행-접근 목표를 갖는 것이 높은 성취와 상관이 있다는 점에서, 수행목표가 바람직할 수도 있다는 것이 시사되고 있다(Harackiewicz et al., 2002). 그렇지만 모든 동기 연구자들이 이 결론을 인정하고 있지는 않다(예컨대, Midgley, Kaplan, & Middleton, 2001).

넷째, (a) 보다 빈번하게 그리고 계속적으로 피드백을 제공하고, (b) 도달되었을 때 제공되는 피드백은 학생에게 계속적으로 발전감과 숙달감을 제공하며(Schunk, 1991), (c) 학생이 계속 의식하고 있을 가능성이 높다(즉, 원격목표가 망각될 가능성이 높다)는 세 가지 점에서 근접목표가 원격목표보다 학생에게 도움을 주는 것으로 밝혀졌다.

다섯째, 도움을 주는 것, 책임지는 것 그리고 양보하는 것과 같은 사회목표는 학업성취와 크게 관계있는 것으로 밝혀졌다(Wentzel, 1989; 1991). 왜 그런가? 다른 사람과 잘 지내는 방법을 알고, 도움을 주고, 책임을 지며, 양보하는 학생은 보다 빈번하게 교사 및 급우와 긍정적인 상호작용하기 때문인 것 같다. 즉, 교사 및 능력 있는 급우와 많이 상호작용하면 할수록 성취 가능성도 높아진다(Vygotsky, 1962; Wentzel, 1991). 물론, 모든 사회목표가 학교에서의 성공과 관련 있는 것은 아니다. 예를 들어, 학교에서 재미있게 지내는 것을 목표로 하는 학생은 GPA점수가 낮은 것으로 밝혀졌다(Wentzel, 1989).

마지막으로, 개별학급 안에서 조장되는 목표구조의 유형에 따라 학습과 성취가 달라진다. 협동학습 프로그램이 협동요소와 경쟁요소를 모두 가지고 있을 때 학생의 성취도가 높은(Slavin, 1990) 반면에, 경쟁적 목표구조는 학생들이 서로 돕는 것을 저해하고, 학급에서 서열이 이루어지도록 하며 성취도가 낮은 학생이 성공할 가능성이 거의 없는 상황을 만든다(Ames, 1986; Johnson & Johnson, 1987). 학급의 목표유형을 설계할 때, 교사는 경쟁에 의해 조장되는 높은 성취가 그에 따른 부정적인 결과보다 바람직한지를 능가하는지 고려해야 한다.

지식

목표가 과제를 시작하는 데 있어서 매우 중요하다 해도, 여러 다른 요인이 학생으로 하여금 목표를 달성할 수 있도록 도와준다. 예를 들어, 원하는 것(예컨대, 부자가 되는 것)을 아는 것 이외에 원하는 것을 얻는 방법(예컨대, 부자가 되는 법)도 알 필요가 있다. 이 점에서 동기의 두 번째 핵심요소인 지식이 중요하다.

동기에 대한 여러 설명에서, 방법에 관한 지식과 관련된 신념은 *수단-목표 신념*

(means-end-beliefs)으로 명명되어 왔다(예컨대, Skinner, Chapman & Baltes, 1988). 수단-목표 신념은 목표에 도달하기 위한 방법을 아는 것과 관련이 있기 때문에, 수단-목표 신념과 절차지식(절차지식에 대한 논의는 3장과 9장 참조)은 거의 같은 것으로 볼 수 있다. 이와 관련하여, 수단-목표 신념은 다양한 전략에 대한 신념과 상응한다. 그러므로 분수의 덧셈방법에 관한 신념, 실험수행 방법에 대한 신념이나 단어를 해독하는 방법에 대한 신념은 모두 수단-목표 신념(그리고 절차지식)의 예이다. 사회성 영역의 예로는 친구 사귀는 방법이나 상대를 설득하는 방법을 아는 것을 들 수 있다.

Elliot, McGregor와 Gable(1999)은 대학생이 숙달목표를 가졌는지, 수행목표를 가졌는지 아니면 학습-회피 목표를 가졌는지에 따라 사용하는 학습전략이 다르다는 것을 밝혀, 목표와 전략 그리고 결과 간의 이러한 가설적 관련성을 지지하였다. 학습-회피 목표는 실패에 대한 두려움 및 부정적인 결과의 가능성과 관계가 있다. 숙달목표를 가진 학생은 오랫동안 지속하고 더 많이 노력하며, 그 결과로 더 좋은 성적을 받는다. 이와는 대조적으로, 수행-회피 목표를 가진 학생은 (예컨대, "나는 공부시간을 효과적으로 조직하는 것이 어렵다"와 같은 문항에 전적으로 동의하는 것과 같이) 전략적 조직화에 어려움이 있다. 이와 유사하게, Schunk와 Ertmer (1999) 그리고 Zimmerman과 Kitsantas(1999)는 컴퓨터 강좌와 쓰기 단원에서 각각 과정-산출 목표, 자기조절 전략 및 수행 간에 상관이 있음을 밝혔다.

지금까지, 행동에 대한 설명은 두 가지가 있을 수 있다는 것을 살펴보았다. 특히, "왜 그녀는 학교를 졸업하려 하는가?"와 같은 동기관련 질문에 "그녀는 봉급을 많이 받기를 원한다."(목표에 대한 언급) 혹은 "그녀는 MBA를 받는 것이 봉급을 많이 받는 데 도움이 될 것으로 생각한다."(수단-목표 신념/절차지식에 대한 언급)라고 대답할 수가 있다. 마찬가지로, 동기의 결여(예컨대, 고등학교를 마치지 않는 것)는 목표가 없거나 적절한 절차지식이 없다는 것으로 설명될 수 있다.

메타인지 과정

사람은 다양한 점검활동과 평가활동을 한다는 것이 동기에 관한 연구에서 밝혀지고 있다. 점검과 평가의 자기 반성적 성격을 고려할 때(Bandura, 1986), 이런 활동은 "메타인지 과정"이라는 하나의 주제로 묶일 수 있을 것이다. 여기에서는 동기와 관련된 메타인지의 세 측면, 즉, (a) 진척에 대한 점검, (b) 행위에 대한 사정 그리고 (c) 결과에 대한 평가에 대해 논의할 것이다.

진척상황 점검. 어떤 목표(예컨대, 가려운 것을 막기 위해 머리를 긁는 것)는 한 번의 행동을 통하여 즉각 성취할 수 있지만, 대부분의 목표에는 일련의 활동이 수반되고, 성취에 어느 정도의 시간이 걸린다. 따라서 목표를 향하여 어느 정도 진척되었는지를 검토하는 것이 필요하다(Bandura, 1986; 1997). 진척 상황에 대한 주기적 평가의 유용성을 알기 위해, (2개월 후에 있을) 10년 만의 홈커밍데이에 갈 때까지 몸무게를 5파운드 줄인다는 목표를 세운 사람의 경우를 생각해 보자. 이 사람은 유명인이 보장하는 다이어트 방법들을 살펴보고 나서 인기를 끌고 있는 저탄수화물 다이어트 방법을 쓰기로 했다(수단-목표 신념). 이 사람은 2개월 이내에 5파운드를 줄인다는 목표를 극대화하기 위하여 분명히 정기적으로 몸무게를 재어 이 방법의 효과를 점검할 것이다. 점검을 통하여 저탄수화물 다이어트가 효과가 없다는 것을 알게 되면, 그는 몸무게를 줄이기에 충분한 기간 안에 방법을 바꿀 수 있을 것이다(즉, 그는 다른 방법으로 바꿀 수 있다).

인간은 현 상태에서(예컨대, 5파운드 정도가 무거운 것) 궁극적인 목표 상태(5파운드를 줄이는 것)로 나아가는 경로를 미리 상상할 수 있을 것이다. 이 경로는 최초 상태와 목표 상태를 연결시키는 일련의 중간상태이다(Newell & Simon, 1972). 이 경로는 분명히 목표를 설정하고, 목표달성을 위한 특정 전략을 결정하는 데 따른 당연한 결과이다. 이렇게 정신적으로 경로를 구축하는 능력이 없다면, 진척정도를 알 방법이 없을 것이다.

점검능력은 성공과 관련이 있기 때문에, 다양한 영역(예컨대, 지능, 문제 해결, 독해, 자기조절 등)의 연구자들이 이를 강조해 왔다. 점검하고 전략을 수정하는 학생이 그렇게 하지 않는 학생보다 더 성공하는 경향이 있다(Pintrich, 2003; 2, 4, 6, 7장 참조).

행위에 대한 사정. 사정(appraisal)이란 용어에는 평가나 추정과 같은 개념이 포함된다. 행위에 대한 사정이라고 할 때는 (a) 이미 수행된 행위를 평가하고(예컨대, 이들은 잘 수행되었다, 내가 하고 있는 것이 제대로 되고 있다, 나 스스로 즐기고 있다 등), (b) 행위가 미래에 특정 방식으로 수행될 가능성을 추정하는(예컨대, 잘 수행될 것 같다, 이러이러한 전략이 효과가 있을 것 같다, 혼자 즐길 것이라는 것 등) 과정에 대해 언급하고 있는 것이다.

과거 및 미래의 행위에 대한 사정은 진척 상황을 점검하는 가운데 일어난다. 진척상황을 되돌아보기 위해 잠시 멈출 때는 무엇을 해왔고 그 행위의 과정을 계속하는 것이 좋은지 생각한다. 그러므로 사정은 진척상황을 점검할 때 이루어진다. 그러면 사정과정에서 중요한 역할을 하는 네 가지 유형의 신념, 즉 개인적 기준, 통제신념, 자기 효능감 그리고 유능감을 살펴보자. 이어서 행위를 판단하는 또 다른 차원인 흥미에 대해 알아볼 것이다.

기준. 기준이란 "충분하다"는 것에 대한 신념을 말한다. 진척 정도를 점검할 때 잠시 멈추고 일이 얼마나 잘 되어 가는지에 대해 생각한다. 이런 판단을 위해서는 실제 진척 정도를 어떤 기준과 비교해야 한다(Bandura, 1986). 예를 들어 다이어트 중이고, 지난 3주 동안에 몸무게가 1주일에 1파운드씩 빠지고 있다는 것을 알았다고 하자. 이것으로 충분한가? 너무 빠른 것 아닌가? 너무 느린 것 아닌가? 혹은 어떤 강좌에 어느 정도의 시간과 노력을 들이고 있다고 하자. 중간고사 성적을 받고 나서, 그것에 만족하는지에 대해 생각할 것이다. 다음에는 더 열심히 공부해야 하는가 아니면 다른 것을 해야 하는가? 기준은 질의 문제와 관련 있고, 변화속도나 진척속도에 대한 고찰이 포함된다. 기준은 일련의 행위를 계속할 것인지 아니면 새로운 것으로 바꿀 것인지를 결정하는 과정에서 중요한 역할을 한다.

통제신념. 목표추구와 관련된 한 가지 분명한 측면은 결과를 통제하고 있다는 믿음이다. 예를 들어, 학생이 성적은 전적으로 교사에게 달려있다(그리고 자신의 행위와는 전혀 관계가 없다)고 생각한다면, 그는 좋은 성적을 받기 위한 노력을 하지 않을 것이다. 행위에 대한 통제 가능성에 대한 믿음은 동기수준 및 성취와 관계있다는 것이 밝혀졌다(Eccles et al., 1998; Wentzel & Wigfield, 1998). 작용신념(agency belief)이란 결과에 대한 통제력을 가지고 있다는 믿음을 말한다(Skinner et al., 1988).

자기 효능감. 자기 효능감은 특정 유형의 과제에서 성공할 수 있는지에 대한 개인의 신념과 관계가 있다(Bandura, 1986). 어떤 과제에 대해 자기 효능감을 갖기 위해서는, 먼저 그것을 잘 수행할 수 있는지(수단-목표 신념)를 알아야 하고, 또 얼마나 잘 수행될 필요가 있는지도 알아야 한다. 자기 효능감은 자신이 충분히 성공할 정도로 잘 수행할 수 있는 능력이 있다는 믿음과 관계있다. 예를 들어, 농구 경기에서 승리하기 위해 필요한 2점을 얻으려면 슛을 해야 한다는 것을 알고(목표-수단 신념) 있지만, 압박감 때문에 골인시키는 데 필요한 기능을 가지고 있지 않다고 믿는 경우가 있을 수 있다. 자기 효능감에 대한 Bandura의 생각은 Skinner 등(1988)의 작용신념(즉, 개인적으로 성공을 통제할 수 있다는 신념)에 대한 생각과 매우 유사하다.

자기 효능감이 어떻게 점검/사정과정에 영향을 미치는가? 다이어트와 시험의 예를 다시 생각해 보자. 다이어트를 하는 사람이 몸무게를 줄이기 위해 열심히 노력해서 3주 만에 3파운드가 줄었다는 것을 알았다면, 저탄수화물 다이어트를 계속할 것인지에 대한 결정은 자기 효능감과 기준의 영향을 받을 것이다. 그가 다이어트에 대한 자기 효능감은 높지만(즉, 다이어트에 필요한 자기 통제력과 고통 감내력을 가지고 있다고 생각한다) 감량 정도에 만족하지 못한다면, 더 혹독한 다이어트 방법을 찾을 것이다. 그러나 자기 효능감이 낮다면, 그는 다이어트를 포기할 것이다.

학습에서도 이와 유사한 예측이 가능하다. 학습능력에 대한 자기 효능감이 높은 학생이 중간고사에서 좋은 성적을 받지 못했다면, 그는 다음 시험을 위해 더 효과적인 학습방법을 찾고 더 많이 노력할 것이다. 이와는 대조적으로, 자기 효능감이 낮은 학생은 공부에 대한 흥미를 상실할 가능성이 높다.

여러 실험실 연구에서, 자기 효능감이 노력의 정도, 지속성 및 문제 해결의 질과 관계있다는 사실이 밝혀졌다(Bandura, 1986; Bandura & Wood, 1989). 그림 5.1에서, 자기 효능감이 행위를 수행하기 이전(무엇을 할 것이지 결정할 때)과 행위를 수행하는 동안에 역할을 하는 것으로 제시된 것은 바로 이 때문이다. 또한 아동과 대학생을 대상으로 이루어진 연구에서는 학업 성취도 변량의 14% 정도가 자기 효능감에 의해 설명된다는 것도 밝혀졌다(Berry & West, 1993; Robbins, Lauver, Le, Davis, Langley, & Carlstrom, 2004). 그러나 근래에 이루어진 다수의 연구는 자기 효능감이 높은 것이 항상 좋은 것만은 아니라는 것을 보여주고 있다. 예를 들어, 한 연구에서, 자기 효능감이 높은 학생은 효능감이 다소 낮은 학생만큼 시험에 대비하거나 공부하지 않는다는 것이 밝혀졌다. 그 결과, 자기 효능감이 높은 학생은 시험 성적이 좋지 않았다(Vancouver & Kendall, 2006). 또 다른 연구에서는 이전 성취수준을 통제하였을 때, 자기 효능감이 학업 성취도의 변량을 거의 예측하지 못한다는 것도 밝혀졌다(Lodewyk & Winne, 2005). 자기 효능감 훈련 효과에 대한 연구에서 밝혀진 이와 유사한 연구결과를 통하여, 많은 연구자가 자기 효능감은 성취의 원인이 아니라 결과라고 결론지었다(Heggestad & Kanfer, 2005). 성취에서의 자기 효능감의 엄밀한 성격과 역할을 밝히기 위해서는 후속연구가 필요하다.

유능감. 유능감은 효능감과 다소 구분되기는 하지만, 밀접하게 관련되어 있다. 자기 효능감은 특정 상황에서 특정 과제를 성공적으로 수행할 수 있는 능력에 대한 판단인 반면, 유능감은 한 영역이나 일단의 영역에서의 기능에 대한 일반적인 믿음이다(Berry & West, 1993; Stipek, 1993; Wentzel & Wigfield, 1998). 따라서 "내일 역사시험에서 A를 받을 수 있어."는 자기 효능감의 예로 들 수 있고, 반면에 유능감의 예로는 "나는 사회를 꽤 잘해." 혹은 "난 괜찮은 학생이야."를 들 수 있을 것이다.

대부분의 학생은 교과, 운동, 사회관계 및 용모에 대한 다양한 유능감이 있다. 많은 연구를 통하여, **자기개념**을 구성하는 유능감이 위계적으로 조직되어 있다는 것이 밝혀졌다. 위계의 최상단에는 전반적인 유능성에 대한 믿음(예컨대, "난 괜찮은 놈이야.")인 일반적 자기개념이 위치한다; 이는 일반적 자기 가치감(general sense of self-worth)이다. 일반적 자기개념은 학문적 자기개념과 비학문적 자기개념으로 구분된다(예컨대 "난 학교에서 공부를 잘해." 대 "난 친구를 쉽게 사귀어."). 학문적 자기개념은 특정 교과(예컨대, 수학, 과학 및 국어)에서의 유능감으로 세분되며, 비학문적 자기개념은 사회적, 정서적, 신체적 자기개념으로 세분된다(Harter, 1985; Marsh, 1989). 이러한 자기개념의 위계체계를 지지하는 증거는 자신에 대해 일반적으로 좋게 느끼는 사람도 특정 사항(예컨대, 수학)에서는 그렇게 좋게 느끼지 않을 수 있다는 것을 보여주는 연구에서 볼 수 있다. 이와 유사하게, 언어 자기개념과 수학 자기개념 간의 상관계수가 거의 0에 가깝다는 것도 밝혀졌다(Feather, 1988; Marsh, 1989).

근래의 연구에서는 Marsh를 비롯한 연구자들이 제안했던 원래의 다차원 모형을 더 정교화할 필요가 있다는 것이 시사되고 있다. 예를 들어, Lau, Yeung, Jin과 Low(1999)는 영어 자기개념은 듣기, 말하기, 읽기 및 쓰기에 대한 유능감으로 세분될 수 있다는 것을 밝힌 바 있다. Yeung과 Wong(2004)은 영어, 광동어 및 중국 표준어를 모두 사용하는 사람의 이 세 가지 언어 각각에 대한 자기개념 간에는 상관관계가 없다는 것을 밝혀, 단일 차원(단일요인)의 언어 자기개념이 존재하지 않을 수 있다는 것을 시사하고 있다. 다른 연구에서는 영역을 더 세분화할 필요가 있음이 밝혀졌다. 예를 들어, Marsh, Hey, Roche와 Perry(1997)는 운동선수의 유능감은 운동기능에 대한 믿음, 신체의 산소소비 적합성, 근력 적합성, 정신적 유능성 및 전반적 수행에 대한 자기개념으로 구성되어 있다는 것을 밝혀내었다. Vispoel(1995)도 미술 관련 기능에 관한 연구에서 유능감이 이와 유사하게 다차원적이라는 것을 밝혔다. 따라서 기능에 대한 유능감도 다차원적일 수 있다.

유능감에 대한 대부분의 연구에서는 하나의 기능이 여러 구성요소로 세분되고, 그에 대한 태도가 평가된다. 다른 접근방법에서는 특정 영역 내의 다양한 종류의 동기가 조사된다. 구체적으로 예를 들면, Baker와 Wigfield(1999)는 5학년과 6학년의 읽기 동기의 구조를 검토하였다. 이들은 (a) 자기 효능감(예컨대, 내년에 읽기에서 잘할 것을 알고 있다.), (b) 도전(예컨대, 어렵고 도전적인 책이 더 좋다.), (c) 학습 회피(예컨대, 단어가 너무 어려우면 책을 읽기가 싫다.), (d) 호기심(예컨대, 나는 새로운 내용의 책을 좋아한다.), (e) 참여(예컨대, 나는 미스터리물을 좋아한다.), (f) 중요성(예컨대, 읽기를 잘하는 것이 나에겐 매우 중요하다.), (g) 인정받기(예컨대, 선생님이 잘 읽는다는 말을 해주는 것이 좋다.), (h) 성적(예컨대, 좋은 성적을 받기 위해 책을 읽는다.), (i) 경쟁(예컨대, 읽기에서 최고가 되고 싶다.), (j) 사회성(예컨대, 내 친구와 나는 읽을거리를 서로 바꾸어 본다.) 그리고 (k) 응종(예컨대, 읽어야 하기 때문에 읽는다.)과 같은 종류의 읽기 동기가 있다는 증거를 찾았다. Baker와 Wigfield의 읽기동기검사(Motivation for Reading Questionnaire)가 이 11개의 요인 구조를 가지고 있다고 할 수 있는지를 검증한 후속연구가 연구대상을 달리하여 수행되었다(Watkins & Coffey, 2004). 읽기 동기의 측정을 정교화하고 본질을 밝히기 위한 후속연구가 더 필요하다.

능력에 대한 특수한 믿음과 일반적인 믿음이 있다는 것을 밝혀진 것 이외에도 지능에 대한 두 가지 생각 중에서 한 가지가 발달된다는 사실도 밝혀졌다. 지능에 대한 **실재관**(entity view)을 가진 학생은 (a) 지능은 높아지거나 떨어지지 않는 고정된 능력이고, (b) 영리한 사람은 노력을 하지 않고도 잘 학습할 수 있고 실수도 거의 하지 않는다고 믿는다. 이와는 대조적으로, **증가관**(incremental view)을 가진 학생은 지능이 고정된 능력이 아니라고 믿는다. 실제로, 이들은 새로운 기능을 학습할 때마다 더 영리해진다고 생각한다. 더욱이, 이들은 새로운 기능을 학습할 때 더 많이 노력하고 실수를 하는 것은 당연한 것으로 생각한다(Dweck & Elliot, 1983).

요약하면, 인간은 자신의 전반적 능력과 지능에 대한 보다 일반적인 생각은 물론 특정 영역(예컨대, 수학, 운동, 사회관계)에서의 능력에 대한 매우 구체적인 생각도 가지고 있다. 이러한 유능감이 동기에 어떤 영향을 미치는가? 유능감은 사정과정에서 자기 효능감이 하는 역할과 유사한 역할을 하는 것 같다. 특히, 자신의 능력을 긍정적으로 평가하고, 지능 증가관을 가진 사람은 자신의 기능을 덜 긍정적으로 평가하거나 지능 실재관을 가진 사람보다 실패를 경험한 후에도 더 노력하고 과제를 계속 수행하는 경향이 있다.

유능감과 지능관은 목표 추구과정에서 행동방식에 영향을 미치는 것 이외에 초기목표 설정에도 영향을 미친다. 예를 들어, 어떤 영역(예컨대, 과학)에서 쉬운 과제와 어려운 과제 중 하나를 선택할 수 있을 경우에, 유능감이 높은 사람은 낮은 사람보다 어려운 과제를 선택할 가능성이 높다. 따라서 능력에 대해 긍정적으로 생각하고 지능 증가관을 가진 학생은 학습목표를 가진 학생과 유사하게 능력에 대해 덜 긍정적인 생각을 가진 학생이나 지능 실재관을 가진 학생보다 자신에게 도전할 가능성이 높다(Dweck & Elliot, 1983).

흥미. 행위를 사정하는 과정에서 중요한 역할을 하는 마지막 요인은 흥미이다. 흥미는 노력을 하지 않고도 오랫동안 지속되는 주의집중, 유쾌감과 집중의 형태로 나타날 수 있는 인간-대상 상호작용의 질로 정의된다(Eccles et al., 1998; Renninger, Hidi & Krapp, 1991). 따라서 흥미는 인지과정(즉, 주의집중)과 정서과정(즉, 유쾌감과

환희)이 혼합된 개념이다. 홍미는 사람의 주의를 끄는 대상의 속성(예컨대, 대부분의 사람이 재미있게 보는 소설)은 물론 개인의 (특성과 유사한 성격의) 경향성(예컨대, 과학에 장기적인 홍미를 갖는 것)으로 간주되어 왔다. 좀 더 구체적으로 말하면, 홍미는 영역-일반 홍미, 영역-한정 홍미 및 상황 홍미로 구분된다. *영역-일반 홍미*(general individual interest)가 높은 학생은 사건이나 사물을 파악하려는 경향 혹은 성향을 가지고 있다; 이들은 자연스럽게 다양한 주제에 호기심을 갖는다(Ainley, Hidi, & Berndorff, 2002). *영역-한정 홍미*(individual interest in a topic area)가 높은 학생은 특정 주제(예컨대, 운동이나 음악)에 관심을 갖거나 학습하려는 경향성을 가진 학생이다. 마지막으로, *상황 홍미*(situational interest)는 어떤 상황이 (오랫동안 홍미가 있었는지와는 상관없이) 참여자의 주의를 끄는 현상이다.

홍미도 유능감과 마찬가지로 동기체제의 초기과정과 중기과정 모두에 영향을 미칠 수 있다. 초기과정에서 홍미는 선택과 목표설정에 영향을 미칠 수 있다(Wigfield & Eccles, 1992). 진척 정도를 점검할 때는 홍미가 "일이 어떻게 되어 가는지"를 판단하는 데 영향을 미친다. 특정 활동에서 어떤 학생은 아주 재미있다고 생각하지만, 다른 학생은 지루하게 생각할 수도 있을 것이다. 홍미는 학생이 기능에 대한 높은 자기 효능감과 긍정적인 유능감을 가지고 있는 경우에도 활동을 지속하는 정도에 영향을 미칠 수 있다. 예를 들어, 공학 GPA성적이 4.0이고 긍정적 유능감을 가진 대학생이라도 음악이 공학보다 홍미 있다는 것을 알고 전공을 음악으로 바꿀 수 있다.

홍미는 활동의 선택과 지속정도를 예측하는 것 이외에도 학습 동안의 정보처리 정도 및 전략 사용과도 관계있다(Alexander & Murphy, 1998; Renninger et al., 1991). 그러나 홍미, 전략사용 및 학습 간의 구체적인 관계는 지식의 정도에 따라 달라진다. 홍미의 덕을 가장 많이 볼 가능성이 있는 학생은 (너무 많거나 적지 않은) 중간 정도의 지식을 가지고 있는 학생일 것이다. 홍미가 학습 변량의 10% 정도를 설명하는 경향이 있다는 점을 고려할 때, 홍미는 수행을 예측하는 데 있어 자기 효능감과 거의 마찬가지로 중요하다(Ainley et al., 2002).

근래에, 홍미-학습 간의 역동적 관계는 다음과 같은 방식으로 이루어진다는 것이 제안되었다(Ainley et al., 2002). 장기간에 걸쳐 어떤 주제에 홍미를 가져온 사람은 이에 관한 서적 읽기를 선택한다. 그는 서적을 읽으면서 긍정적인 정서반응을 경험한다. 정서반응은 다시 서적을 끝까지 읽는 데 도움을 준다. 책을 계속 읽은 사람이 가장 많이 학습한다. 그런데 주제에 관심 있는 학생은 그에 대한 지식을 가지고 있다. 그러므로 독해에서의 홍미의 역할에 관한 연구에서 밝혀지는 학습효과는 사전지식 때문일 수도 있다.

결과평가. 인간은 진척상황을 점검하고 행위를 평가하는 것과 더불어, 미래에 일어날 일을 추정하고, 목표달성 후에는 자신의 수행을 평가한다. 다음에 일어날 일에 대하여 생각한다는 아이디어는 지금까지의 논의에서 은연중에 시사되어 왔다. 예를 들어, 진척상황을 점검할 때, 얼마나 잘하고 있는지를 생각할 뿐만 아니라 앞으로 얼마나 잘될 것인지도 생각한다. 더욱이, 과제(예컨대, 수학문제)에 대한 효능감이 높은 사람은 목표달성이 요원하더라도 더 노력하면 달성할 수 있다고 믿는다.

여기에서는 결과가 나오기 전이나 후에 그것을 어떻게 평가하는지에 대하여 논의할 것이다. 특히, "어떤 일이 일어났는가?", "왜 그렇게 되었는가?" 그리고 "그에 대한 내 생각은 어떤가?"와 같은 회고적 질문은 물론 "다음에는 어떤 일이 일어날 것인가?", "왜 그렇게 될 것인가?" 그리고 "그렇게 되면 내 생각은 어떨 것인가?"와 같은 예상 질문을 자문할 때 내리는 판단에 영향을 미치는 요인을 살펴볼 것이다. 이러한 질문은 동기의 네 요소, 즉 기대, 귀인, 가치 및 정서와 관련이 있다.

기대. 기대란 미래에 어떤 것이 일어날 가능성에 대한 믿음이다. 동기 및 의사결정 이론에서, 그동안 많이 검증된 기대는 결과와 관련된 것이다(Atkinson, 1964; Eccles et a., 1998; Nurmi, Aunola, Salmela-Aro, & Lindroos, 2003; Slovic, 1990). 결과에 대한 기대의 예로는 "오늘은 비가 오지 않을 것이다.", "이번 학기의 학점은 4.0이 될 가능성이 꽤 높다.", "나는 이상적인 짝을 만날 것이다." 등을 들 수 있다.

어떤 결과를 얻을 가능성에 대해 판단할 때, 내적 요인과 외적 요인이 모두 고려된다. 내적 요인에는 (a) 결과를 얻기 위해 필요한 기능의 정도와 그 기능을 가지고 있는지의 여부 그리고 (b) 목표달성에 필요한 노력의 정도 및 필요한 정도의 노력을 하는지의 여부 등이 포함된다. 외적 요인은 통제할 수 없는 것(예컨대, 날씨, 교사가 준 A학점의 수 그리고 일반적으로 만나는 매력적인 미혼 성인의 수)이다. 그래서 어떤 학생이 이번 학기에 4.0을 받을 가능성이 20%밖에 안 된다고 생각한다면, 이 생각이 일부는 내적 요인에 대한 지각(예컨대, "A학점을 받기 위해서는 정말 열심히 공부해야 한다.") 때문이고, 나머지는 외적 요인에 대한 지각(예컨대, "다음 학기에는 Jones 교수의 강좌를 들어야 하는데 그는 A학점을 많이 주지 않는다.") 때문일 수 있다.

Nurmi 등(2003)은 대학생 대상의 종단연구에서 성공에 대한 기대가 학업 성취도와 만족감을 예측한다는 것을 밝혔다. 학업 성취도와 만족감은 다시 후속과제에서의 성공을 예견하도록 한다. 이와는 대조적으로, 과제 회피 행동은 낮은 학업 성취도와 불만족을 예견하도록 한다. 낮은 학업 성취도와 불만족은 다시 후속하는 과제를 회피할 가능성을 높인다.

귀인. 미래를 예상하는 기대와는 대조적으로 귀인은 회고적이다. 귀인은 결과가 나온 후에 이루어진다. 누군가 귀인을 할 때, 결과에 책임이 있는 것처럼 보이는 어떤 요인의 탓으로 돌린다(Weiner, 1986). 예를 들어, 두 학생이 같은 시험에서 C를 받았다고 가정해 보자. 한 학생은 이 결과를 비효과적인 공부전략에 귀인시킬 것이고 다른 학생은 교사가 잘못 가르친 탓으로 돌릴 수 있다.

성취와 관련된 결과를 설명하려 할 때, 성공과 실패를 두 가지의 주요 요인 즉, 능력과 노력 중에서 한 요인에 귀인시키는 경향이 있다는 것이 밝혀졌다. 예를 들어, 시험을 잘 보지 못했을 때, 어떤 학생은 "난 수학을 잘 못해"라고 할 수 있고(결과를 능력이 없는 탓으로 귀인시키는 것), 다른 학생은 "이번에 노력하지 않았어."라고 할 수도 있다(결과를 노력하지 않은 탓으로 귀인시키는 것). 학생은 어떤 성적을 받은 이유를 설명할 때 운, 수업방법 및 기타 독특한 요인을 거론한다는 것도 밝혀졌다(Weiner, 1986).

Weiner(1986)는 능력과 노력 같은 원인은 안정성, 통제 가능성 및 소재의 세 차원에 따라 차이 있다고 주장한다. 안정된 원인에는 사람이나 상황의 영속적 측면이 반영되고, 불안정한 차원에는 일시적이거나 변화 가능한 측면이 반영된다. 어떤 사람은 (실재적 지능관을 가지고 있다면) 능력이 안정된 속성인 것으로 생각할 것이고, 노력은 (종종 다양한 방식으로 노력한다면) 불안정한 속성을 가진 것으로 생각할 것이다. 다른 사람은 (증가적 지능관을 가지고 있다면) 능력은 불안정한 속성을 가지고 있는 것으로 생각하고, (자신을 천성적인 게으름뱅이라고 생각한다면) 노력은 안정된 속성을 가지고 있는 것으로 볼 것이다.

지각된 원인의 안정성은 수행기대에서 중요한 역할을 한다. 특히, 자신의 수행을 안정된 요인에 귀인시키면, 성공 후에는 기대가 높아지고, 실패 후에는 기대가 낮아진다(Weiner, 1986). 예를 들어, 시험에서 B를 받을 가능성이 60%라고 생각하는 학생의 경우를 생각해 보자. 그가 (a) 결국 시험에서 C를 받고, (b) 자신의 실패를 능력이 낮기 때문인 것으로 귀인시키고, (c) 능력은 안정된 특성이라고 믿는다면, 아마 다음 시험에서 B를 받을 가능성은 60% 이하라고 생각할 것이다. 그러나 그가 실패를 일시적인 노력의 부족에 귀인시킨다면, 계속하여 다음 시험에서 B를 받을 가능성은 60%라고 생각할 것이다.

학생은 원인을 안정된 것으로 보거나 불안정한 것으로 보는 것과 더불어, 어떤 원인은 통제 가능한 것으로 보고(예컨대, 얼마나 열심히 노력하느냐 하는 것), 다른 원인은 통제 불가능한 것으로 본다(예컨대, 얼마나 영리한가 하는 것). 더욱이, 성공과 실패의 어떤 원인은 내적인 것으로 간주되고(예컨대, 노력과 능력), 다른 것은 외적인 것으로 간주된다(예컨대, 교사의 편견, 운, 시험의 난이도).

가치. 동기 및 의사결정 이론에서 가치는 결과의 바람직한 측면 및 바람직하지 않은 측면과 관계가 있다(Eccles et al., 1998; Feather, 1988; Slovic, 1990; Wigfield & Eccles, 1992). 물론, 어떤 것을 바람직하게 하거나 바람직하지 않게 하는 것은 사람에게 달려있다. 어떤 사람은 부자가 되는 것이 중요하다고 생각하나, 다른 사람은 사랑받는 것을 중요하게 생각할 수 있다.

Wigfield와 Eccles(1992)는 성취행동에 영향을 미치는 네 가지 유형의 가치, 즉 성취가치, 내재적 가치, 유용성 가치 및 비용 가치가 있다고 하였다. *성취가치*(attainment value)는 과제를 잘 수행하는 것을 중요하게 생각하는가의 여부와 관계있다. 어떤 것의 성취가치를 알기 위해서는 스스로 "내가 이것을 얼마나 잘할 수 있는지에 관심이 있는가? 이것을 잘하는 것이 나에게 중요한가?"와 같은 질문을 해보라. 과제의 *내재적 가치*(intrinsic value)는 과제를 수행한다면 느낄 수 있는 기쁨과 관련된다. 내재적 가치를 알기 위해서는 자신에게 "이것이 재미있다는 것을 알게 될 것인가?"와 같은 질문을 해 보라. 흥미는 사람이 행위를 평가할 때와 결과를 평가할 때 영향을 미치는 것 같다는 점에 주목할 필요가 있다. 과제의 *유용성 가치*(utility value)는 과제와 미래의 목표 간의 관계에 관한 것이다. 과제의 유용성 가치를 알아보기 위해서는 스스로 "이것을 하는 것이 목표달성에 도움이 될 것인가?"(예컨대, 이 강좌를 수강하는 것이 원하는 직업을 갖는 데 도움이 될 것인가?)라는 질문을 해보라. 선택 *비용*(costs)은 부정적인 정서(당혹이나 불안)와 필요한 노력의 정도를 포함해서 과제수행의 부정적 측면과 관계있다. 어떤 것의 비용을 알기 위해서는 스스로 "내가 이 과제를 수행하면 어떤 것을 잃게 되는가?"라는 질문을 해 보라.

가치는 사람이 바람직한 결과를 추구하고 바람직하지 않은 결과를 피하는 경향이 있다는 점에서 행동에 영향을 미친다. 중요하거나, 흥미 있거나, 유용하거나, 비용이 적은 것으로 판단되는 결과는 바람직한 것이다(Wigfield & Eccles, 1992). 중요하지 않거나, 재미없거나, 무용하거나, 비용이 많이 드는 결과는 바람직하지 않은 것이다.

가치가 선택의 중요한 이유이긴 하지만, 가치 하나로 성취행동이 결정되지는 않는다. 특히, 사람은 성취할 수 있는 좋은 기회가 있을 때만 바라는 결과를 얻기 위해 노력한다(Solvic, 1990; Wigfield & Eccles, 1992). 예를 들어, 대부분의 학생은 B학점보다 A학점 받기를 바랄 것이나, A를 받는 것이 가능할 것으로 생각하는 학생만 노력할 것이다. 따라서 기대와 가치 모두가 동기에 영향을 미친다.

정서. 기대, 귀인, 가치와 더불어, 정서도 결과에 대한 평가에 영향을 미친다. 어떤 결과의 성취는 성취한 사람에게는 긍정적 정서(예컨대, 환희, 긍지 혹은 자존심)를

일으킬 가능성이 높은 반면에, 다른 결과는 부정적 정서(예컨대, 불안, 죄악감 혹은 수치)를 불러일으킬 가능성이 높다. 대부분의 사람은 부정적 정서보다 긍정적 정서를 경험하길 원하기 때문에, 긍정적 감정을 일으키는 결과를 성취하기 위해 노력하고, 부정적 감정을 일으키는 결과는 피하려 할 것이다(Frijda, 1994).

동기에 영향을 미칠 수 있는 정서 중에서 동기 연구가가 가장 큰 관심을 가진 것은 불안, 수치, 긍지 및 자존심이다. 먼저 두 부정적 정서 즉, 불안과 수치를 살펴보고 이어서 두 긍정적 정서, 즉 긍지와 자존감(자기 존중감)을 살펴본다.

*불안*은 공포 및 걱정과 밀접하게 관련된 복합적인 정서이다. 불안에는 자기평가 요소와 신체적/생리적 요소가 모두 포함되어 있다(Wigfield & Eccles, 1989). 자기평가 요소는 어떤 것을 잘할 수 있다는 것에 대한 부정적 인지(예컨대, "시험을 망칠 것 같아 걱정된다.")와 잠재적 실패에 대한 생각과 관련된 실제적인 정서 및 신체적 반응을 수반하는 신체적 요소로 구성된다. 불안의 자기평가 요소가 신체적 요소보다 학교에서의 수행과 관계가 깊은 것으로 밝혀졌다.

*수치*는 서툰 행동에 책임을 느낄 때 일어나는 정서 반응이다(Weiner, 1986). 학생은 자신의 책임을 능력이 낮은 탓으로 귀인시킬 때 수치를 느낄 가능성이 가장 높다. 학생이 낮은 수행을 노력을 덜한 탓으로 돌릴 때는 당혹감보다는 *죄의식*을 느낄 가능성이 높다.

요약하면, 두 부정적 정서, 즉 불안과 수치는 학생이 미래의 실패 가능성을 생각할 때 혹은 과거에 이루어진 실패를 생각할 때 작용한다. 긍정적 정서는 실패보다는 성공의 결과이다.

학생이 많은 노력이나 능력을 통하여 성공했다고 생각할 때 *긍지*를 느끼게 될 것이다. 그는 "내가 잘 했고 전적으로 나에게 책임이 있다."고 할 것이다. *자존감*은 많은 성공을 통하여 생기는 일반화된 긍지와 유능감이다.

위에서 말한 바와 같이, 정서는 결과의 바람직성에 대한 평가에서 중요한 역할을 한다. 학생들은 행복감이나 긍지를 일으키는 결과는 불안이나 죄의식 혹은 수치심을 일으키는 결과보다 바람직하다고 생각한다. 그러므로 정서는 어떤 결과를 추구할 것인지와 관련된 결정을 내리는 데 중요하다. 더 나아가, 어떤 부정적인 정서는 결과성취를 위해 노력하는 도중에 기운 빠지게 한다. 불안은 부적응 극복 행동(예컨대, 공부 상황 회피, 적절하게 공부하기보다는 실패를 생각하는 것 등)을 조장할 수 있으며, 학습된 무력감은 노력과 인내를 감소시킬 수 있다. 흥미가 어떤 상황에서 획득하는 정보의 양을 증가시킬 수 있는 것과 마찬가지로 불안은 학습량을 감소시킬 수 있다. 불안은 학생으로 하여금 학습해야 할 것보다는 자신의 감정과 부정적인 결과에 초점을 맞추도록 한다.

자기장애와 방어적 비관. 지금까지 논의된 기대, 가치 및 정서는 학생이 실패 가능성을 극복하기 위하여 사용할 전략에 대한 논의를 위한 배경이다. Martin Covington(1997)은 사람들은 자기 가치를 보호하기 위하여 다양한 행동을 한다고 주장했다. 이러한 보호과정을 일으키는 주요 요인 하나는 실패에 대한 두려움과 실패가 능력에 대한 공적 지각과 사적 지각에 주는 영향이다(Martin, Marsh & Debus, 2003). *자기장애*(self-handicapping)에 빠진 학생은 성공에 장애가 되거나 방해가 되는 것으로 보일 수 있는 행동을 한다. 이들은 이렇게 함으로써, 실패를 그 탓으로 돌려 능력 부족에 대한 비난을 줄인다. 이와 대조적으로, *방어적 비관*(defensive pessimism)은 기대나 성공의 기준을 비현실적으로 낮게 설정하는 것이다. 이렇게 낮은 기대와 성공 기준은 "성공"했다는 생각을 갖도록 함으로써 자기가치를 보호한다. 예를 들어, 학생이 "이번 시험에서 C를 받을 거야."라고 했는데 실제로 B를 받은 학생은 A를 받을 것으로 기대했을 때보다 기분이 좋을 것이다. Martin 등(2003)은 대학생 대상의 종단연구에서 자기장애와 방어적 비관은 모두 성취를 부정적으로 예견했지만, 자기장애가 더 두드러졌다는 것을 밝혔다.

사회적 관계의 중요성

앞에서, 아동은 학문적 목표와 더불어 사회적 목표도 가진다고 하였다. 또 이 둘을 잘 조정하는 아동이 어느 하나에만 중점을 두는 아동보다 학교생활을 잘한다는 것도 밝힌 바 있다. 학급에 대한 감정과 교사의 관심을 받고 있다는 감정의 중요성에 대한 논의를 통하여, 이 관점을 정교화할 수 있다(Wentzel & Wigfield, 1998). 근래의 연구에서, 학교에 소속감이 있고 무언가에 참여하고 있다고 느끼는 아동이 학교생활을 잘한다는 것이 밝혀졌다. 다시 말해서, 소속감을 촉진하는 교실의 아동은 참여적 학생이 된다. 교사의 관심을 받고 있다는 믿음과 학교생활 적응 간에는 높은 상관이 있다. 이러한 근래의 연구결과는 앞에서 밝힌 바와 같이 기본적인 연고 욕구가 있다는 것을 지지하고 있다.

내재적 동기 대 외재적 동기

동기의 발달차와 개인차에 대해 논의하기 전에, 지금까지 논의된 내용을 여러 방면에서 포함하고 있는 마지막 이슈, 즉 내재적 동기와 외재적 동기의 차이를 살펴보는 것이 중요하다. 칭찬이나 구체적 보상을 받거나, 벌을 피하기 위해 행동하는 사람은 *외재적*으로 *동기화*되어 있다(예컨대, 상을 받기 위해 과학 과제학습을 수행하는 4학년 학생). 유능감을 느끼거나, 어떤 기능을 숙달하거나, 호기심을 충족시키기 위해 행동하는 사람은 *내재적으로 동기화*되어 있다(예컨대, 과학축제가 끝난 후에 그

것에 더욱 빠져서 과학 과제학습을 하는 4학년 학생). 내재적으로 동기화되면, 스스로 하거나 활동 그 자체를 위하여 활동한다(예컨대, 독서를 위해 독서하는 것). 외재적으로 동기화되면, 다른 사람에 의해 행동방식이 통제된다. 전체적으로, 내재적 동기는 그 자체를 목적으로 과제를 수행하는 것과 관계가 있고; 외재적 동기는 과제를 목표의 수단으로 삼는 것과 관계가 있다(Deci & Ryan, 1985).

앞에서 기본 욕구를 논의할 때 말한 것처럼, 내재적 동기를 검토한 연구자들은 인간이 원래 유능감을 추구하고, 환경을 통제하려 하며, 도전하고 호기심을 충족시키려 한다는 것을 시사하고 있다(Berlyne, 1966; Deci & Ryan, 1985; Stipek, 1993). 즉, 어느 누구도 다른 사람에게 유능감 등을 느끼길 원하게 할 수는 없다. 본성적으로 원하는 것은 바로 당사자이다. 특히, 학생이 자신의 힘에 의해 성공했다고 믿을 때 성공 뒤에는 자연스럽게 유능감을 갖는다. 쉬운 과제, 중간 정도로 어려운 과제, 매우 어려운 과제 중에서 하나를 선택하도록 할 때, 대부분의 사람은 중간 정도의 과제를 선택한다. 마지막으로 신기함, 놀라움 혹은 설명되지 않는 사건의 발생은 주의를 끌고 관심을 지속시키는 것 같다.

내재적으로 동기화되어 있는 사람을 외재적으로 동기화되도록 하는 것은 비교적 쉽다. 이런 변화에서, 핵심적인 요인은 경쟁이나 사회적 비교를 활용하는 것은 물론 외적 보상(예컨대, 상, 개인적인 인정)이나 벌을 자주 사용하는 것이다(Ames, 1986; Deci & Ryan, 1985).

지금까지 논의된 바를 고려하면, 학습목표, 지능 증가관, 자기 효능감, 흥미, 가치는 모두 내재적 동기와 관련 있다. 이와는 대조적으로, 수행목표, 지능 실재관, 강화 및 벌에 대한 행동주의적 관념은 외재적 동기와 관련 있다.

내재적 동기와 외재적 동기의 구분은 물론 이러한 구분을 지지하는 연구결과는 많은 논쟁을 불러일으켜 왔다(Cameron & Pierce, 1994). 행동주의자들은 내재적으로 만족스럽기 때문에 행동을 한다는 생각을 비웃는다. 이들은 더 나아가 외적 보상의 제공이 내재적 동기를 감소시킨다는 연구결과에 대해서도 의문을 제기한다. 상이나 금전과 같은 보상이 시간이 지나면서 행동(예컨대, 읽기)을 감소시킨다면, 정의에 따라 볼 때 이 보상은 강화자가 아니라 벌이다. 내재적 동기와 외재적 동기를 구분할 것을 주장하는 이론가의 문제점은 의도적 보상의 효과는 그 유형에 따라 다양하다는 사실이다. 언어적 칭찬이나 긍정적인 피드백을 받은 사람이 보상받지 못한 사람보다 (마쳐도 된다는 말을 들은 후에도 과제를 수행하는 것에서 볼 수 있듯이) 내재적 동기가 높다. 이와 대조적으로, 구체적 보상(예컨대, 금전)이 제공되는 경우에는 보상이 제공되지 않는 경우보다 내재적 동기가 눈에 띄게 감소된다. 이런 논란에 비추어 볼 때, 내재적 동기를 강조하는 주장은 수정되어야 할지도 모른다.

그러나 이 문제는 여전히 뜨거운 논쟁거리이다(Ryan & Dece, 1996 참조).

요약

동기는 세 가지의 주요 주제, 즉 목표, 지식 및 메타인지 과정으로 묶일 수 있다. 목표는 원하는 것에 대한 미래 지향적 상세화이다. 지식은 절차나 전략을 활용하여 목표를 달성하는 방법을 아는 것과 관계있다. 메타인지 과정에는 (a) 진척상황 점검, (b) 수행되고 있는 행위를 사정하기 위한 신념과 선호 활용, (c) 결과의 가능성과 바람직성에 대한 평가 그리고 (d) 결과가 생긴 이유에 대한 설명이 포함된다. 더 나아가, 사람들은 외재적으로 동기화되거나 내재적으로 동기화된다. 동기의 본질에 대한 이러한 설명을 고려할 때, 동기화된 사람은 덜 동기화된 사람과는 다른 목표와 지식을 가지고 있으며, 메타인지 과정을 다르게 수행할 것으로 기대된다.

동기의 발달

지금까지 동기의 구성요소를 살펴보았다. 이 절에서는 이러한 요소의 시간에 따른 변화를 살펴볼 것이다. 즉, 나이 많은 아동은 어린 아동과 다른 목표를 가지고 있는가?, 나이 많은 학생은 어린 학생과 다른 수단-목표 신념을 가지고 있는가? 그리고 나이 많은 학생은 어린 학생과 다른 동기의 메타인지적 측면을 수행하는가와 같은 질문에 대답할 것이다.

목표

동기와 관련하여, 목표에 관한 발달 비교연구는 많이 수행되지 않았다. 따라서 자연스럽게 표현되는 학습목표, 수행목표, 근접목표, 원격목표, 학업목표 혹은 사회목표의 발달경향에 관해 알려진 바가 거의 없다(Eccles et al., 1998). 그러나 비교적 어린 아동은 과제 그 자체를 위해 과제를 수행(즉, 학습목표를 선택)할 가능성이 높은 반면, 나이 많은 학생은 좋은 성적을 받아야 한다고 믿거나 원하기 때문에 과제를 수행(즉, 수행목표를 선택)할 것으로 보는 것은 일리 있다(Dweck & Elliot, 1988; Nicholls, 1983). 이와 마찬가지로, 사회목표는 연령이 높아짐에 따라 더욱 중요해지는 반면에, 학업목표는 연령이 증가함에 따라 덜 중요해질 것으로 보는 것도 충분히 일리 있다. 많은 연구에서 이러한 기대가 지지된다면, 이는 학생이 나이 들면서 스스로 도전할 가능성이 낮아지거나 좋은 성적을 추구한다는 것을 의미하는 것으로 볼 수 있을 것이다.

목표가 연령에 따라 변화한다는 주장을 지지하는 직접적인 증거가 많지 않지만,

이와 관련된 간접적인 증거가 수집되어 왔다. 예를 들어, 독해에 관한 연구에서 나이 많은 아동과 어린 아동은 독서의 목표가 다르다는 사실이 밝혀졌다(Paris & Byrnes, 1989). 작문연구에서도 이와 유사한 결과가 밝혀졌다(Scardamalia & Bereiter, 1986).

지식

학생이 특정 행동을 수행하는 이유와 관련이 있는 목표성분과는 달리, 지식요소는 학생이 행하는 것과 관련 있다. 앞 절에서 언급된 것처럼, 나이 많은 아동과 어린 아동은 동일한 행동(예컨대, 독서)을 서로 다른 이유(예컨대, 정확한 발음의 학습 대 내용의 학습)로 한다. 나이 많은 학생과 어린 학생이 동일한 목표(예컨대, A학점을 받는 것)를 가지고 있음에도 불구하고, 서로 다른 방식(예컨대, 상이한 공부기법을 활용하는 것)으로 목표를 성취하려 한다는 것도 사실이다.

나이 많은 학생은 어린 학생보다 더 정확하고 광범위한 절차지식을 가질 가능성이 높다. 특히, 나이 많은 학생은 계산절차, 과학문제 해결 기법, 읽기전략과 작문기법을 더 많이 알고 있을 것이다. 3장에서 본 바와 같이, 이들은 효과적인 기억전략과 공부전략도 많이 알고 있을 가능성이 높다.

메타인지 과정

앞에서, "왜 나이가 많은 아동은 X를 하고 어린 아동은 Y를 하는가?"라는 형식의 질문에 대해 가능한 대답은 두 가지가 있다는 것을 알았다. 첫째 가능한 대답은 나이 많은 아동이 어린 아동과는 다른 목표를 가지고 있을 수 있다는 것이다. 둘째 대답은 나이 많은 아동이 어린 아동과는 다른 수단-목표 신념을 가질 수 있다는 것이다. 여기에서는 메타인지 과정의 세 하위요소, 즉 진척상황 점검, 행위 사정 및 결과 평가를 중심으로 그 대답을 살펴본다.

진척상황 점검. 나이 많은 아동이 어린 아동보다 자신의 수행을 점검할 가능성이 높다(예컨대, Baker & Brown, 1984; Markman, 1981). 이러한 발달경향은 어린 아동에게 긍정적인 결과와 부정적인 결과 모두를 가져오는 것으로 밝혀지고 있다. 어린 아동은 자신이 목표를 향하여 어느 정도 나아가고 있는지를 점검하지 않기 때문에, 많이 진척되지 않았다는 것을 알지 못하므로 낙담하지 않는다. 따라서 이들에게는 자신의 기준이나 능력에 대한 생각이 문제 되지 않는다. 아마, 어린 아동은 모두 시작할 때 하던 행동을 계속할 것이다. 그러나 어린 아동이 나이 많은 아동만큼 낙담하지 않음으로써 얻는 것도 있는 반면에 효과가 없는 전략을 수정하지 않는다는 점에서 잃는 것도 많다.

행위사정. 개인적 기준과 자기 효능감에서 개인차 존재 가능성을 검토한 연구는 거의 없다(Eccles, et al., 1998). Bandura(1986)는 아동이 부모, 동년배 및 교사와 상호작용하면서 점차적으로 개인적 기준이 내면화되어 간다는 것을 시사하였다. 직접 수업과 모델링이 내면화 과정에 영향을 미친다. 이런 설명을 통하여, 나이 많은 학생은 어린 아동과는 다른 기준을 가지고 있을 수 있다는 가정이 가능하다. 그러나 나이 많은 아동이 어린 아동보다 높은 기준을 가질 것인지의 여부는 확실치 않다.

자기 효능감과 관련하여, 아동은 자신의 행위로 성공한 경험이 많고 실패 경험이 비교적 적을 때 성공을 통제할 수 있다는 생각을 발달시킨다(Bandura, 1986). 교육과정에 동일한 기능이나 내용이 해마다 반복적으로 제시된다는 점을 고려할 때, 아동에게 같은 유형의 과제에 대한 생각을 묻는 경우에, 나이 많은 아동이 어린 아동보다 높은 자기 효능감을 보고할 것이다(왜냐하면, 나이 많은 아동이 어린 아동보다 더 많은 연습기회를 가졌기 때문이다). Zimmerman과 Martinez-Pons(1990)는 언어와 수학에 대한 자기 효능감의 평균 수준이 5학년에서 11학년까지 크게 증가된다는 것을 밝혀 이를 지지하였다. 그러나 네덜란드, 독일, 스위스, 체코 공화국의 고등학생 대상의 대규모 연구에서는 고등학교에 다니는 동안에 자기 효능감이 변화되지 않는 것으로 나타났다(Peetsma, Hascher, & van der Veen, 2005). 이러한 연구결과의 차이는 세 가지로 설명될 수 있을 것이다. 첫째, 자기 효능감은 초등학교와 고등학교 사이에 증가되나 고등학교에서는 안정적일 수 있다. 둘째, 미국학생과 유럽학생 간에 차이가 있을 수 있다. 셋째, 여러 학년의 학생에서 동일한 과제가 제시되고, 이러한 과제에서 고학년 학생이 잘할 때, 자기 효능감은 변화될 것이다. 고등학교에서는 교육과정의 내용은 학년마다 달라진다(예컨대, 9학년에서는 대수 I 이지만 10학년에서는 기하가 포함된다)는 점을 고려할 때, 학생의 자기 효능감 수준은 변하지 않을 수 있다.

개인적 기준이 시간이 가도 변하지 않고 자신의 성공에 대한 믿음이 강해진다면, 나이 많은 아동이 어린 아동보다 더 동기화될 것이다. 만일 개인적 기준이 시간에 따라 높아진다면, 나이 많은 아동의 동기수준이 훨씬 더 증진될 것이다. 그러나 아동의 자기 효능감이 높아지는 속도와 동일한 속도로 개인적 기준이 낮아진다면, 어린 아동과 나이 많은 아동의 동기수준이 거의 같을 것이다. 목표, 기준 및 자기 효능감 간의 상호작용의 복합성을 고려할 때, 전반적인 동기수준에서 발달경향을 밝히기 위한 발달연구가 더 필요하다.

유능감은 시간의 경과에 따라 세 가지 방식으로 변화된다. 첫째, 아동의 자기개념은 연령에 따라 점진적으로 분화된다. 즉, 학문적 자기개념과 비학문적 자기개념 간의 간극이 더 커져가고, 수학 자기개념과 언어 자기개념 간의 간극도 더 커져간다(Marsh, 1989). 이 말은 어린 아동은 모든 교과영역에 대해 높은 자기개념을 가지고 있으나, 나이 많은 아동은 다른 교과에 비해 특정 교과를 더 잘한다고 생각할 것이라는 의미이다.

자기개념의 분화에서 흥미를 끄는 점은 수학 영역 성취도와 언어 영역 성취도는 모든 연령에서 높은 상관을 보이지만(즉, r=.50~.80), 수학 자기개념과 언어 자기개념 간의 상관은 연령에 따라 점차 낮아진다는 것이다(Marsh & Hau, 2004). Marsh와 동료들은 이 같은 모순을 설명하기 위하여 **내/외 참조체제 모형**[internal/external(I/E) frame of reference model]을 제안하였다. 내/외 참조체제 모형에서는 자기개념이 두 비교과정, 즉 (a) 자신의 수행을 다른 학생의 수행과 비교하는 외적(규준적) 과정과 (b) 한 교과영역(예컨대, 수학)에서의 수행을 다른 교과 영역에서의 자신의 수행과 비교하는 내적 과정과 관련하여 형성되는 것으로 가정된다. 이 두 과정은 학생의 능력에 대해 같은 결론을 내리게도 하고, 서로 다른 결론을 내리게 하기도 한다. 예를 들어, 학생이 수학 시험에서 다른 학생보다 낮은 성적을 받았다면, 수학에 대한 자기개념이 낮아지게 할 수 있을 것이다. 그러나 이 학생이 자신이 평소에 받던 성적보다 높은 성적을 받았다면, 이러한 "평균 이상"의 수행은 수학에 대한 자기개념을 증진시킬 수 있을 것이다. 외적 비교와 내적 비교는 지각을 독특한 방향으로 확산시키며, 종국적으로는 한 영역의 능력에 대한 지각과 다른 영역의 능력에 대한 지각 간의 상관정도가 낮아지도록 한다.

자기개념의 발달에서 나타나는 두 번째 경향과 관련하여, 호주 학생 대상의 대규모 횡단연구가 이루어졌다. 이 연구에서는 다양한 측면의 자기개념(즉, 수학과 관련된 능력에 대한 지각, 언어와 관련된 능력에 대한 지각 등)이 2학년에서 9학년까지는 낮아지다가 고등학교에 입학하여 2학년까지 다시 높아져서 비교적 안정되었다가 대학과 성인 초기에 크게 높아지는 곡선형 발달경향을 보인다는 것이 시사되었다(Marsh, 1989). 그렇지만, 이러한 곡선형 발달경향이 얼마나 일반화될 수 있는지는 분명치 않다. 미국 학생을 대상으로 한 다른 연구에서는 수학 능력과 운동 능력 평정에서 곡선형 발달경향이 나타나지 않았다. 이 연구에서는 1학년에서 12학년까지 능력에 대한 지각이 계속 낮아지는 것으로 나타났다(Fredricks & Eccles, 2002).

두 연구의 결과가 이렇게 다른 것은 미국과 호주 간의 문화차이에 기인하는 것일 수 있다. 호주 학생을 대규모로 표집하여 수행한 Watt(2004)의 연구에서 Fredricks과 Eccles(2002)의 연구와 유사한 결과를 얻었다는 사실에 비추어 볼 때,

이 가정은 지지받지 못할 것 같다. 두 번째는 두 연구에서 서로 다른 검사가 실시되었기 때문일 수 있다. Marsh와 동료들은 자기기술 질문지(Self-Description Questionnaire)를 사용한 반면에 Watt(2004)와 Fredric과 Eccles(2002)는 모두 Eccles 등의 기대가치이론에 근거한 측정도구를 사용하였다. 두 번째의 설명은 Cole 등(2001)이 3학년부터 12학년까지의 학생을 종단적으로 추적한 연구에서 아동용 자기지각 프로파일(SPPC; Self-Perception Profile for Children)과 청소년용 자기지각 프로파일(SPPA; Self-Perception Profile for Adolescents)을 실시하였을 때 완전히 다른 발달경향이 나타났다는 사실에 의해서 지지되고 있다. 이 두 척도는 학문적 자기개념, 행동 자기개념, 사회적 자기개념, 외모 자기개념 및 운동 자기개념을 측정하는 문항으로 구성되어 있다. Cole 등은 자기개념의 하위 측면에 따라 발달경향의 패턴이 다르다는 것을 발견하였다. 예를 들어, 학문적 자기개념의 평균점수는 3학년부터 5학년까지 증가하다가 중학교 시기에 급격하게 떨어지고, 고등학교 시기에 비교적 안정되는 곡선형으로 나타났다. 사회적 자기개념의 발달 곡선은 이와는 대조적으로 (중학교 시기에 뚜렷하게 떨어지지 않고) 3학년에서 12학년까지 계속 높아지는 반면에 행동 자기개념은 3학년부터 8학년까지 계속 떨어지다가 고등학교 시기에 비교적 안정되는 발달 곡선을 보였다. 연구결과 간의 차이에 대한 세 번째 설명은 Marsh(1989)는 횡단연구를 한 반면에 Fredricks과 Eccles(2002), Watt(2004)와 Cole 등(2001)은 모두 수년에 걸쳐 동일한 아동을 추적하여 연구한 종단설계를 사용했기 때문일 수 있다는 것이다. 따라서 자기개념이 여러 측면으로 분화된다는 연구결과는 다양한 다른 연구에서도 밝혀졌지만, 이들이 연령에 따라 높아지는지, 낮아지는지 또는 동일한지는 아직 분명치 않다. 자기개념의 연령별 발달경향을 분명하게 밝히기 위한 연구가 더 필요하다.

유능감 발달의 세 번째 일반적 경향은 나이 많은 학생은 노력과 능력을 분명하게 구분하는 반면에, 어린 아동은 노력과 능력을 같은 것으로 보는 것 같다는 것이다(Nicholls, 1983; Stipek, 1993). 따라서 어린 학생은 "정말로 영리한" 사람은 "정말로 열심히 노력하는" 사람이라 생각하는 경향이 있다. 이와는 대조적으로, 지능 실재관을 갖게 되면 영리한 사람은 열심히 노력하지 않아도 된다(즉, 영리한 사람은 일을 쉽게 한다)는 생각을 하게 된다.

넷째, 흥미는 발달차 변인이기보다는 개인차 변인으로 보는 경우가 많았기 때문에, 연령에 따른 흥미의 발달을 검토한 연구는 매우 드물다. Wigfield 등(1989)은 한 연구에서 1학년, 2학년 및 4학년 학생에게 여러 교과목에 대한 선호를 설문하였다. 이 연구에서 수학과 컴퓨터에 대한 선호에서는 학년 간에 차이가 없었으나, 국어, 음악 및 체육(스포츠)에 대한 선호에서는 학년 간에 차이가 있는 것으로 밝혀졌다.

특히, 1학년과 2학년 학생은 4학년 학생보다 읽기를 좋아했다. 1학년과 4학년에서 읽기를 선호하는 학생의 비율은 15% 정도 떨어지는 것으로 나타났다. 또한, 연령이 높아지면서 음악을 좋아하는 학생의 비율은 9% 정도 감소한 반면에, 스포츠를 좋아하는 학생의 비율은 11%가 증가하였다. 모든 학년에서, 아동들은 컴퓨터를 가장 좋아했고(평균점수=7점 만점에 6.3), 뒤이어 스포츠(평균점수=6.0), 음악(평균점수=5.25), 읽기(평균점수=5.25) 그리고 수학(평균점수=5.0)이었다. 따라서 수학에 대한 선호는 컴퓨터에 대한 선호보다 21% 정도가 낮았다. 1학년에서 12학년까지 학생을 추적한 두 번째 연구에서는 학년이 올라가면서 수학에 대한 흥미는 계속 낮아지지만 운동에 대한 흥미는 고등학교에서 다소 안정되는 것으로 나타났다(Fredricks & Eccles, 2002). 현재로서는 학년이 올라가면서 교과에 대한 흥미가 떨어지는 이유가 분명하지 않다. 한 종단연구에서는 이전의 흥미와 자기개념이 이후의 흥미를 예측하지만 이전의 성취도는 흥미를 예측하지 못한다는 것이 시사되었다(Marsh et al., 2005). 이러한 연구결과는 교과에서의 반복적인 실패경험이 시간의 경과에 따른 흥미 상실을 가져올 것이라는 주장을 지지하지 않고 있다(이와 마찬가지로 반복적인 성공경험이 학생의 흥미를 유지하거나 높일 것이라는 예측도 지지하지 않고 있다).

초등학교에는 선택과목이 없기 때문에 연령에 따른 흥미 감소는 과목 선택 이외의 주의집중, 노력 및 지속 등과 같은 학교에서의 수행의 다른 측면에 영향을 미칠 것이다. 예를 들어, 읽기시간이나 음악시간에 4학년 교사는 1학년 교사보다 학생의 주의집중과 지속성에 문제가 있다는 것을 발견할 가능성이 더 높다. 또한 전반적인 평균점수를 고려하면, 수학의 경우에는 1학년 학생도 주의를 집중하지 않을 수 있다는 것이 시사된다.

나이 많은 학생 대상의 연구에서, Wigfield 등(1991)은 학생들에게 중학교로 진학하기 전과 후에 사회활동, 스포츠, 수학 및 영어에 대한 선호를 평정하도록 하였다. 사회활동 및 영어에 대한 학생의 선호는 중학교 진학 전후에 차이가 없었으나, 스포츠에 대한 흥미에서는 6%가 떨어졌고, 수학에 대한 흥미에서는 10%가 떨어졌다. 이와 더불어, 학생이 흥미 있다고 생각하는 것에서도 큰 차이가 있었다. 학생들은 수학이나 영어보다 사회활동과 스포츠를 훨씬 높게(즉, 25%) 평정하였다.

마지막으로, 취학 전 아동의 자기개념 발달경향을 밝히는 것은 쉬운 일이 아니다. 근래의 연구에서는 유치원 아동을 위한 동기검사가 개발된 경우에도 이들이 문항과 검사형식을 이해하는 데 어려움이 있다는 것이 시사되고 있다(예컨대, Davis-Kean & Sandler, 2001; Fantuzzo, McDermott, Manz, Hampton, & Burdick, 1996; Mantzicopoulos, French, & Maller, 2004). 더욱이, 어린 아동은 반응에 일관성을 보이지도 않는다. 그러나 이러한 결과에는 사용된 검사인 유능성 지각 그림 척도(Pictorial Scale of Perceived Competence)의 특징이 반영되었을 수 있다. Herbert Marsh와 동료들이 유아용 자기기술 질문지를 4세와 5세 아동에게 실시한 결과, 이 질문지가 이들에게 심리 측정 측면에서 적합하다는 것을 보여주는 증거를 발견하였다(Marsh, Ellis, & Craven, 2002). 척도가 어떤 것이든, 어린 아동의 동기를 측정하는 것은 정말로 쉽지 않은 일이다.

결과평가. 어린 아동은 일반적으로 일이 자신에게 유리하게 될 것이라는 데 대해 훨씬 낙관적이라는 것이 밝혀지고 있다(Stipek, 1993). 이들의 낙관론은 부분적으로 자신의 능력을 어떻게 보느냐에 달려있고, 다른 일부는 성공과 실패에 대한 귀인에 그리고 또 다른 일부는 운과 능력을 분별하지 못하는 데 기인한다(Nicholls, 1983). 어린 아동이 지능 증가관을 가지고 있고 노력이 성공의 열쇠라고 생각한다면, 실패를 여러 번 경험한 후에도 낙관적인 경향이 있을 것이다. 특히, 잘하지 못한 후에도 "그래, 좋아, 다음에 더 열심히 노력하면 될 거야."라 할 것이다. 더욱이, 아동이 운과 기능을 확실하게 구분하지 못한다면, 자신이 통제할 수 없는 일(예컨대, 시험에서 할 일)에도 영향을 미칠 수 있다고 생각할 것이다. 연령의 증가, 사회적 비교, 교사의 피드백 및 기타 형식의 경험을 통하여, 아동은 자신이 통제할 수 있는 것과 없는 것은 물론 능력의 본질에 대해서도 알게 된다. 그 결과, 많은 아동이 더 이상 성공을 통제할 수 없다는 것을 알게 되고 처음에 가졌던 낙관론도 상실하게 된다.

앞에서 말한 것처럼, 아동의 가치의 중심요소는 여러 주제에 붙인 중요성이다(Wigfield & Eccles, 1992). Wigfield 등(1989)은 1, 2, 4학년 대상의 연구에서 수학, 읽기, 사회기능 혹은 스포츠 학습의 중요성에 대한 지각에서는 학년차가 없는 반면에, 컴퓨터와 음악 학습에서는 학년차가 나타난다는 것을 밝혔다. 아동은 나이가 들면서, 컴퓨터와 음악 공부를 덜 중요한 것으로 판단하였다.

Eccles 등(1989)은 중학교에 진학하는 학생 대상의 연구에서 6학년과 7학년 사이에 수학, 스포츠 기능 및 사회기능의 지각된 중요성이 3%에서 6%까지 크게 떨어진다는 것을 발견하였다. 영어에 대한 지각된 중요성은 7학년 초에 낮아지나 학년말에 가서는 다시 올라갔다. 이 두 연구결과는 전체적으로 많은 교과의 가치에 대한 학생의 지각이 1학년에서 7학년 사이에 낮아진다는 것을 보여주고 있다.

마지막으로, 동기의 본질에 대한 논의에서 불안, 학습된 무력감, 수치 및 긍지가 동기체제에서 중요한 역할을 하는것은 정서라고 하였다. 여기에서는 이러한 정서의 발달경향이 검토될 것이다.

대부분의 이론가는 학생이 평가 상황에서 반복적으로 실패함에 따라 시험불안을 발달시키는 것으로 가정하고 있다(Stipk, 1993; Wigfield & Eccles, 1992). 시험 성적이 좋지 않은 어린 학생이 바로 불안해지지는 않는다는 것이 밝혀졌다. 초등학교 동안에는 학생에게서 지속적인 불안경향이 나타나지 않는다.

학생의 불안에 대한 이해의 핵심은 학생이 실패를 어떻게 정의하느냐에 달려있다. 대부분의 학생은 D와 F를 실패로 정의한다. 따라서 D를 받은 학생과 F를 받은 학생은 B나 A를 받은 학생보다 시험불안이 높을 것이다. 그러나 특히 불합리하게 높은 기준을 가지고 있는 경우에 능력이 높은 학생도 시험불안을 발달시킨다(Stipek, 1993). 예를 들어, 시험에서 항상 95%의 문제에 정답을 했던 학생이 100% 모두 맞추는 것을 잘한 것으로 생각한다면, 95%를 맞춘 것은 실패로 생각할 수 있다.

개인적 기준은 세 가지의 주요 원천, 즉 (a) 부모의 기대, (b) 교사의 행동과 학급 구조 그리고 (c) 사회적 비교에 의해 발달되는 것 같다(MacIver, 1987; Wigfield & Eccles, 1992). 부모와 교사가 원하는 것이 비교적 "분명"할 때, 이들의 수행기준이 대단히 높을 때 그리고 학생의 수행 간의 비교가 용이하게 학급이 조직되었을 때, 학생들은 반대의 경우보다 불안을 발달시킬 가능성이 높다.

반복적 실패에 대한 반응으로 자주 나타나는 정서 또는 정서와 관련된 상태로는 불안 이외에도 수치와 학습된 무력감이 있다. 성적이 낮은 데 대한 책임을 느끼는 학생은 수치를 느끼기 쉽다(Covington & Omelich, 1981; Weiner, 1986). 수치를 경험한 사람은 수치가 얼마나 불편한지 알고 있다. 학습된 무력감은 학생이 실패를 통제할 수 없고 이와 관련하여 수치를 느낀 후(즉, 학생이 어쩔 수 없을 때)에 생긴다.

긍지는 수치와는 반대되는 정서이다. 긍지는 성공적 수행이 자신 때문이라고 생각할 때 경험된다. 긍지와 수치는 아동이 분명한 자기감을 발달시킨 직후인 취학 전 시기에 출현한다(Stipek, Recchia, & McClintic, 1992). 그러므로 아동은 자신이 성공적일 때 긍지를 느끼는 능력을 가지고 초등학교에 입학한다. 수행에 대한 점검, 능력에 대한 개념 그리고 성공기준 내면화의 연령별 발달경향을 고려할 때, 초등학교 고학년에서 일부 학생만(즉, 시험을 지속적으로 잘 본 학생만) 계속 긍지를 가질 것이다. 이와는 대조적으로, 대부분의 어린 아동은 모든 행동(예컨대, 공손한 것, 열심히 노력하는 것 등)에 긍지를 느낄 것이다.

학생은 성공이나 실패를 경험할 때 느끼는 정서 이외에도 교사가 표현하는 정서에 대해서도 점차적으로 민감해진다. 예를 들어, 5세 정도 아동도 교사의 분노와 학생의 낮은 노력 간의 관계를 인식하는 반면에, 교사의 동정과 낮은 능력 귀인 간의 관계에 대한 이해는 9세가 되어야 발달한다(Grahan, Doubleday, & Guarino, 1984).

내재적 동기와 외재적 동기. 지금까지 내재적 동기의 발달을 살펴본 연구는 그리 많지 않다. 내재적 동기의 발달경향을 검토했던 한 종단연구에서는 연구대상 아동이 9세, 10세, 13세, 16세, 17세가 되었을 때 아동용 내재적 학업동기 검사(Child Academic Intrinsic Motivation Inventory; CAIMI)를 각각 받았다(Gottfried, Fleming, & Gottfried, 2001). 이 검사의 문항은 내재적 동기의 여러 측면, 즉 읽기, 수학, 사회, 과학 및 일반적 학교 관련 영역에서의 학습에 대한 선호, 숙달 지향성, 호기심, 지속성, 과제와 도전적이면서 어려운 생소한 과제의 학습을 측정할 수 있게 구성되었다. 중요한 연구결과는 내재적 동기가 모든 연령에서 비교적 안정적이지만, 특히 청소년기 동안에 안정적이라는 것이다. 또한 대부분의 교과, 특히 수학에서 내재적 동기의 수준이 연령에 따라 낮아진다는 것도 밝혀졌다.

요약

동기의 발달을 논의한 문헌에서 받은 전반적인 인상은 나이 많은 아동이 어린 아동보다 동기가 낮은 이유가 다양하다는 것이다(Eccles et al., 1998). 첫째, 나이 많은 아동은 어린 아동과 다른 목표(예컨대, 사회목표 대 학업목표)를 가지고 있을 가능성이 있다. 둘째, 나이 많은 아동은 어린 아동보다 자신의 수행을 점검하고 기준에 비추어 판단할 가능성이 많다. 셋째, 초등학교 고학년에서 고등학교 저학년까지의 학생은 일부 교과영역에서 전반적으로 초등학교 저학년 학생보다 유능감이 낮은 것은 물론이고 자신의 능력에 대해 분화된 개념을 가지고 있을 가능성이 높다. 넷째, 연령이 높아지면서 실패를 경험할 가능성이 더 높아진다. 자신의 낮은 수행을 낮은 능력에 귀인시키고 실패를 어쩔 수 없는 것으로 생각하는 나이 많은 학생은 불안, 수치 및 학습된 무력감과 같은 부정적인 정서반응은 물론 미래의 성공에 대한 기대도 낮을 가능성이 있다. 이들은 적어도 아주 열심히 노력하지 않을 것이고 다양한 회피행동(예컨대, 무단결석)을 할 것이다. 다섯째, 어떤 교과(예컨대, 수학)는 1학년 아동에게도 크게 흥미를 끌지 못하고, 처음에는 흥미를 끄는 교과(예컨대, 읽기)도 점점 흥미를 끌지 못해가는 것으로 밝혀졌다. 마지막으로, 연령이 증가하면서 학생은 내재적 동기를 잃어가는 것 같다. 물론, 이것이 모든 학생이 연령의 증가에 따라 동기가 낮아진다는 것을 의미하진 않는다. 대부분의 성공적인 학생은 연령에 따라 일반적으로 자신감이 높아질 것이다. 동기의 저하는 아마 성공 경험이 매우 적은 학생에 한정될 것이다.

동기의 개인차

지금까지 동기발달의 일반적 경향을 살펴보았다. 이제부터는 개인차를 살펴보기로 한다. 좀 더 구체적으로 말하면, "왜 어떤 학생은 같은 학년의 다른 학생보다 동기가 높은가?"라는 의문이 생길 수 있다. 앞으로 보게 되겠지만, 대부분의 동기 차원에서 개인차가 나타난다. 이러한 개인차는 성이나 능력수준에 따라 나타나는 경우도 있고 그렇지 않은 경우도 있다. 주목할 것은 동기에서 인종차는 거의 나타나지 않는다(Graham, 1994)는 것이다. 따라서 여기서는 인종차에 대해 논의하지 않을 것이다.

목표

개인차가 나타나는 첫째 측면은 목표이다. 특히, 학습목표를 가진 학생이 있는 반면에 수행목표를 가진 학생도 있다(Dweck & Elliot, 1983; Nicholls, 1983). 더 나아가, 근접목표를 설정하고 학생이 있는 반면에 원격목표를 설정하는 학생 또는 아예 목표가 없는 학생도 있다(Bandura, 1986; Zimmerman & Martinez-Pons, 1990). 마지막으로, 학업목표보다 사회목표를 중시하는 학생이 있는 반면에 사회목표보다 학업목표를 중시하는 학생이 있다(Wentzel, 1989).

성별에 따라서는 목표에 차이가 없는 것 같으나, 성취수준과 목표 간에는 관계가 있다. 특히, 성취수준과 학습목표 간에 정적 상관이 있으며, 성취수준과 근접목표 설정 간에도 정적 상관이 있다. 또한 성취도가 높은 학생은 학업목표와 사회목표를 조화시킨다. 즉, 이들은 정보학습에 관심을 가질 뿐 아니라 교사 및 다른 학생과 협동하는 데도 관심을 갖는다(Wentzel, 1991).

지식

특정 학년의 학생 간에 수단-목표 신념에 차이가 있다. 예를 들어, 기억에 관한 연구에서, 가장 효과적인 기억전략에 대한 생각이 학생마다 다른 경우가 많다는 것이 밝혀졌다(Fabricious & Hagen, 1984). 또한, 학생 간에는 노트정리, 공부 및 도움 청하기 행동의 유용성에 대한 생각에서도 차이가 있다(Newman, 1991; Pintrich & Degroot, 1990). 목표의 경우와 마찬가지로, 수단-목표 신념의 개인차는 성별보다는 능력수준에 의한 것 같다.

지금까지, 교실에서 어떤 학생은 개인과제를 열심히 하는 데 앞이나 뒤에 앉아 있는 학생은 열심히 하지 않는지에 대한 두 가지 가능한 설명을 살펴보았다. 과제를 열심히 하는 학생은 그렇지 않는 학생과는 다른 목표나 수단-목표 신념을 가지고 있거나 이 둘을 모두 가지고 있을 것이다.

메타인지 과정

진척상황 점검. 어떤 학생이 진척상황을 점검할 것인지 그리고 어떤 학생이 점검하지 않을 것인지를 예측할 것으로 기대되는 중요한 요인은 학생의 능력수준이다. 성취도가 높은 나이 많은 학생은 자신의 진척상황을 점검하지만, 성취도가 낮은 학생과 학습부진 학생은 그러지 않는다(Baker & Brown, 1984; Paris & Byrnes, 1989).

행위사정. 개인적 기준과 관련하여, "완벽주의자"와 "만족주의자"가 있다는 것이 밝혀졌다(Siegler, 1988; Simon, 1956). 완벽주의자는 수행기준을 아주 높게 설정하고 실수 없이 거의 완벽하게 수행하였을 때만 만족하는 것 같다. 이와 대조적으로, 만족주의자는 완벽주의자보다 기준을 낮게 설정하고 "충분한"의 수행 원리에 따른다. 물론, 높은 성취자이면서도 만족주의자일 수 있다. 예를 들어, 학생이 A를 받기 위해서 적어도 90% 정답을 해야 하는 상황을 생각해 보자. 완벽주의자는 99%나 100%가 될 때만 행복해할 것이나, 만족주의자는 90%이나 91%로 만족할 것이다. 그러나 이 둘은 모두 A를 받을 것이다.

자기 효능감과 관련하여, 동일한 과제(예컨대, 수학이나 어휘과제)에 직면하였을 때, 일부 학생만이 매우 높은 자기 효능감을 갖는다. 어떤 학생은 높은 자기 효능감을 느끼고 다른 학생은 그렇지 않은 이유가 무엇인가? Bandura(1986)는 자기 효능감 판단 자원이 네 가지라고 주장하였다. 첫째 자원은 해당 과제에서의 성공이나 실패 경험이다. 해당 과제에서 (항상 실패하는 것은 아니지만) 성공경험이 적은 사람보다 많은 사람(즉, 고성취자)이 더 높은 효능감을 느끼는 경향이 있다. 둘째 자원은 다른 사람의 수행을 관찰하는 대리경험이다. 과제를 수행한 경험이 없고 경험하는 사람이 자신과 비슷하게(유사한 능력을 가진 학생) 보일 때, 대리경험이 가장 크게 영향을 미친다. 셋째 자원은 언어적 설득이다. 영향력 있는 사람의 조언은 과제에서 성공을 통제할 수 있다는 생각의 강도에 영향을 미칠 수 있다. 넷째 자원은 생리적 각성이다. 불안과 같은 정서적 반응은 자신감을 상실하게 할 수 있다. Bandura(1986)의 설명에 따르면, 학생의 자기 효능감에서 나타나는 개인차는 이 네 자원으로부터 생길 수 있다.

연구결과가 서로 일치하지 않기 때문에, 현재로서는 자기 효능감에 성차가 있는지의 여부를 말하기는 어렵다(Eccles et al., 1998). 5, 8, 11학년의 영재학생과 일반학생을 대상으로 수행된 연구에서, Zimmerman과 Martinez-Pons(1990)는 언어 자기 효능감(즉, 정확하게 낱말의 뜻을 말할 수 있다는 확신)에서는 남학생이 여학생보다 높았으나, 수학(즉, 수학문제를 정확하게 해결할 수 있다는 것에 대한 확신)에서는 그렇지 않다는 것을 밝힌 바 있다. 공학을 전공하는 대학생 대상의 연구에서,

Hackett 등(1992)은 학교관련 자기 효능감과 직업관련 자기 효능감에서 유의한 성차를 발견하지 못하였다. 이러한 연구결과는 (a) 일상적인 수학문제를 해결하고, (b) 학교에서 수학문제를 해결하며, (c) 수학 강좌에서 잘 할 수 있다는 자기 효능감이 여학생보다 남학생이 높다는 것을 밝힌 Randhawa 등(1992)의 연구결과 및 Betz와 Hackett(1983) 연구결과와는 차이가 있다. 앞의 두 연구의 결과와 뒤의 두 연구의 결과 간의 차이는 Randhawa 등의 연구와 Betz와 Hackett의 연구대상 학생이 Zimmerman과 Martinez-Pons(1990)의 연구대상 학생보다 나이가 많고(즉, 실패, 대리경험 그리고 언어적 설득에 노출된 경우가 많고), Zimmerman과 Martinez-Pons(1990)의 연구나 Hackett 등(1992)의 연구보다 영재학생이 덜 포함되었기 때문인 것 같다. 영재학생은 다른 학생보다 (성에 관계없이) 더 성공적이고 더 높은 자기 효능감을 느낄 가능성이 있다. 연구결과 간의 차이에 대한 이러한 설명은 학업 성취도가 성별보다 9학년 및 11학년의 직업 자기 효능감을 더 강력하게 예측한다는 것을 밝힌 Kelly(1993)에 의해 지지되었다.

유능감 연구에서는 성차가 있다는 것이 밝혀졌다. 특히, 1학년부터 11학년까지의 학생을 대상으로 수행된 연구에서 남학생은 수학과 스포츠 능력에 대해 여학생보다 긍정적인 반면에 여학생은 읽기와 쓰기 기능에 대해 보다 긍정적인 것으로 밝혀졌다(Eccles et al., 1993; Marsh et al., 1984; Marsh, 1989; Wigfield et al., 1991).

얼핏 보면, 유능감에 대한 연구결과와 수학 관련 수행에서 성차가 거의 발견되지 않았다는 자기 효능감에 대한 연구결과는 서로 모순되는 것처럼 보일 것이다. 그러나 자세히 살펴보면, 두 연구결과는 모순되지 않는다는 것을 알 수 있다. 특히, 자기 효능감은 성공할 수 있다는 믿음과만 관련이 있다. 다른 사람보다 능력이 낮다고 믿는 경우에도 (예컨대, 노력을 통하여) 성공할 수 있다는 생각을 할 수 있다. 그러나 학생은 일련의 행동을 계속하는 노력이 가치 없다는 결정을 내릴 수도 있을 것이다.

흥미에 대한 연구를 살펴보기 전에, 능력에 대한 학생의 지각은 실제 수행보다 동기관련 행동에 더 큰 영향을 미친다는 것을 유념할 필요가 있다. 읽기, 쓰기 및 수학에 대해 논의할 때 알게 되겠지만, 모든 과목에서 여학생이 남학생보다 높은 성적을 받는다. 청소년기 동안에는 수학 SAT에서만 차이가 있고, 그 차이는 그리 크지 않다. 반대로, 어휘기능에서 여학생이 높은 것으로 나타나는 성차도 극히 작다. 실제 수행을 고려할 때, 남학생이나 여학생 모두 자신의 능력을 과대평가하거나 과소평가한다고 할 수 있다. 그러나 여학생은 남학생보다 더 "비현실적"인 것 같다. 왜냐하면, 학생이 지각한 유능감과 학생의 능력에 대한 교사의 평가 간의 상관이 여학생의 경우보다 남학생이 높기 때문이다(Eccles et al., 1989; Harter, 1985).

이제 흥미에서의 개인차를 살펴보자. 흥미는 개인차 변인의 패러다임 예라고 할 수 있을 것이다. 거의 모든 사람이 관심 있어 하는 것(예컨대, 고속도로 노견에 있는 부서진 자동차)이나 대부분의 하위집단의 사람(예컨대, 소년)들이 재미있는 것으로 생각하는 것(예컨대, 비디오 게임)이 있긴 하지만, 사람이 자신만의 독특한 취향이나 선호를 가지는 것은 정상이다(Renninger, 1991). 그럼에도 불구하고, 흥미에서의 성차는 학생의 동기에 영향을 미칠 정도로 넓게 분산되었고, 따라서 다소 논의할 필요가 있다. 어린 학생이나 나이 든 학생 모두에게서, 성차의 패턴이 동일하게 나타난다. 즉, 수학에 대한 흥미에서는 성차가 나타나지 않는 반면에, 여학생에 비해 남학생이 스포츠를 더 좋아하고 남학생에 비해 여학생이 읽기나 영어를 더 좋아한다(Wigfield et al., 1989; Wigfield et al., 1991). 또한 나이 많은 여학생이 남학생보다 사회활동을 더 선호한다.

결과평가. 3학년 이하에서는 일반적으로 성공과 실패에 대한 기대에서 남학생과 여학생 간에 큰 차이가 없다(Parsons & Ruble, 1977; Stipek & Hoffman, 1980). 이들은 과제를 시작할 때는 낙관성 수준이 모두 높고, 실패경험에 대해서도 모두가 대수롭지 않게 생각하는 것 같다. 다소 나이 많은 남학생과 여학생도 동일한 수준의 낙관성을 가지고 과제를 시작하지만, 실패는 남학생보다 여학생에게 더 크게 영향을 미치는 것 같다. 특히, 남학생의 경우에는 여러 번 실패한 후에도 낙관성이 조금밖에 떨어지지 않으나 여학생의 경우에는 극적으로 떨어진다. 그래서 9세에서 11세 정도가 되면, 과제를 시작하기 이전에도 성차가 명백히 나타나는데 여학생은 남학생에 비해 성공에 대해 덜 낙관적이다.

성공과 실패에 대한 귀인 성향에서도 개인차가 나타난다. 어떤 학생은 자신의 수행을 능력(혹은 능력부족)에 귀인시키고 어떤 학생은 노력에 귀인시키며, 또 어떤 학생은 시험 곤란도에 귀인시킨다. 그리고 또 다른 학생은 운에 귀인시킨다(Stipek, 1993; Weiner, 1986).

이러한 개인 간의 일반적 차이를 넘어서, 일관된 성차도 밝혀졌다(Eccles et al., 1998). 특히, 여학생은 남학생에 비해 성공을 높은 능력에 귀인시키고 실패를 낮은 능력에 귀인시키는 경향이 있다(Sohn, 1982; Stipek, 1993). 귀인에서의 이러한 차이는 앞 절에서 기술된 기대에서의 성차의 기초가 되는 것으로 주장되어 왔다. 그러나 많은 연구결과가 이러한 연구결과와 일치하지 않는다. 따라서 연구결과는 자기효능감에서 보고된 연구결과와 더 유사하다.

가치와 관련하여, 개인에 따라 중요하게 생각하는 것이 다르다. 예를 들어, 어떤 사람은 야망을 갖는 것이 중요하다고 생각하는 반면, 다른 사람은 정직을 더 중시한다. 마찬가지로, 어떤 사람은 지성과 논리를 중시하는 반면에 다른 사람은 관용과 조력을 중요하게 생각한다(Rokeach, 1973). 수학과 영어 같은 교과의 중요성에 대한 생각도 개인에 따라 다르다(Feather, 1988; Wigfield & Eccles, 1992).

이러한 차이는 선택에 영향을 미치는 것으로 가정되어 왔고, 많은 연구에서 지지되고 있다. 예를 들어, Feather(1988)는 대학생을 대상으로 사랑이나 용서 등에 대한 가치부여는 영어에 대한 가치부여 정도를 예언하며 이는 다시 지원학과를 예측할 수 있다는 것을 밝혔다. 이와 유사하게, 청결, 복종, 공손, 책임 및 자기통제 등에 대한 가치부여는 수학에 대한 가치부여와 관련이 있으며, 이는 다시 수학 관련 분야에 지원할 것을 결정하는 데 영향을 미친다. 그러나 후속 연구에서는 사회 계층, 연령 및 성과 같은 요인이 통제되었을 때는 수학과 영어에 대한 가치부여는 강좌 선택만 예측할 수 있는 것으로 나타났다.

가치부여와 관련된 성차도 나타난다. 예를 들어, Feather(1988)는 남자 대학생은 여자 대학생에 비해 수학에 더 가치를 부여한다는 것을 발견하였다. 영어의 경우에는 반대이다. Betz와 Hackett(1983)는 수학의 유용성에 대해 평정하도록 하였을 때 남자 대학생이 여자 대학생보다 높게 평정한다는 것을 밝혔다. 1학년, 2학년, 4학년을 대상으로 수행된 Eccles 등의 연구(1993)에서는 남학생이 여학생에 비해 스포츠 활동에 가치를 더 부여하는 반면에 여학생은 남학생에 비해 읽기 및 음악에 가치를 더 두었다. 수학에 대한 아동의 가치부여에서는 성차가 발견되지 않았다.

남학생이 여학생에 비해 성공을 능력에 귀인시키는 경향이 강하다는 사실을 고려할 때, 남학생은 여학생에 비해 성공한 후에 더 자긍심을 느낄 가능성이 높을 것이다. 반대로, 여학생은 남학생에 비해 자신의 실패를 낮은 능력에 귀인시키는 경향이 강하기 때문에, 실패 후에는 여학생이 남학생보다 수치심과 당혹감을 경험할 가능성이 더 높다. 그러나 이런 가정을 검증하기 위한 시도는 거의 없었다. 따라서 긍지와 수치의 표현에서의 성차에 관한 확실한 결론을 내리기 위해서는 후속연구가 필요하다.

검사 불안과 학습된 무력감에서는 성차가 발견되었다. 특히, 여학생은 남학생에 비해 검사불안과 수학불안을 발달시킬 가능성이 높을 뿐만 아니라(Betz & Hackett, 1983; Wigfield & Eccles, 1989) 일정기간의 지속적인 실패 다음에는 학습된 무력감 행동을 보일 가능성도 더 높다(Stipek, 1993; Dweck, Nelson, & Enna, 1978; Wigfield & Eccles, 1989).

요약

모든 학급에서, 동기에서의 개인차를 볼 수 있다. 특히, 학생들은 목표, 수단-목표 신념, 점검경향, 기준, 자기 효능감, 유능감, 흥미, 기대 및 가치부여에서 차이를 보인다. 더욱이, 자신의 성공과 실패를 특정한 방식으로 보는 성공적인 사람은 긍정적 정서를 경험하는 경향이 있다. 다른 학생은 부정적 정서를 경험하는 경우가 매우 많다.

학생 간의 이러한 전반적 차이는 학생의 성별에 따라 다른 경향이 있다. 특히, 목표, 수단-목표 신념, 점검 및 기준에서는 (존재할지도 모르나) 성차가 보고되지 않았다. 나머지 7개 구인에서는 성차가 발견되었다. 그렇지만 연구결과가 완전히 일치되는 것은 아니다. 특정 활동의 선택과 지속성 수준의 남녀 간 차이가 생기는 이유에 대한 설명과는 별개로, 이러한 차이는 학교가 여학생보다 남학생에게 긍정적 경험을 더 많이 제공한다는 것을 말해주고 있다.

수업에 주는 시사점

앞에서 했던 것처럼, 여기에서도 먼저 동기에 관한 연구가 시사하는 수업에 대한 일반적인 지침을 논의하고 나서 교실구조가 학생의 동기에 미치는 효과를 검증한 두 가지의 구체적인 사례를 살펴볼 것이다.

일반 지침

일반 지침은 두 가지 방식으로 기술될 것이다. 먼저 학급구조와 동기에 대한 경험을 연결시키려 했던 Ames(1992)의 종합적 제안을 살펴볼 것이다. 이어서 동기에 관한 문헌으로부터 일련의 발견적 지도법 또는 경험칙을 도출할 것이다.

Carol Ames(1992)는 학급구조와 동기 간의 관계에 대한 문헌을 요약하였다. 학급구조는 학생에게 수행을 요구하는 과제, 학생에게 위임하는 권한의 정도, 그리고 평가실제에서 서로 다르다. 이들이 특정 방식으로 구성되면, 학생은 (a) 노력과 학습에 중점을 두고, (b) 내재적 동기가 높아지며, (c) 성공을 노력 및 이에 기반을 둔 전략에 귀인시키고, (d) 효과적인 학습전략과 자기조절 전략을 사용하며, (e) 적극적으로 참여하고, (f) 많은 노력이 필요한 과제에 대해 긍정적인 정서를 가지며, (g) 소속감을 가지고, (h) 적절한 수준에서 실패를 허용할 것이다. 어떤 과제, 권한 및 평가구조에서 이렇게 높은 동기가 형성될 수 있을까? 과제와 관련해서는 활동이 의미 있고, 다양하며, 신기해야 한다. 또한 활동에서 단기적인 자기참조 목표의 설정과 효과적인 학습전략 활용이 요구되어야 한다. 권한의 측면에서는 학생에게 의사결정에 참여하고 (지시를 받거나 한 가지 선택지만 제공받는 것과는 반대로) 선택할 수 있는 기회가 제공되어야 한다. 더 나아가, 학생에게 (잔소리를 하거나 협박하는 것과는 반대로) 책임감과 행동에 대한 자기조절을 발달시킬 수 있는 기회가 제공되어야 한다. 개인적 개선, 진보, 노력 그리고 (정답을 많이 하기 위한 벼락치기와는 반대인) 숙달을 인정하기 위한 수단으로 성적이 부여되어야 한다. 또 성적은 학생과 보호자 그리고 교사만 알고 있어야 한다. 마지막으로, 교사는 학생에게 개선의 기회를 제공해야 하고 실수를 학습의 일부로 생각하도록 격려해야 한다.

지금까지 소개된 연구를 비롯한 많은 연구(예컨대, Pintrich, 2003)에서는 교사가 이러한 노력과 더불어 다음과 같은 점에 주목할 것이 제안되었다.

1. *학생이 바람직한 목표(예컨대, 학습목표, 근접목표, 사회목표 및 학업목표)를 획득하고 통합할 수 있도록 도와준다.* 이는 개인적 책임과 사회적 책임을 격려하는 학급구조와 경영구조, 사회목표와 학업목표를 모두 성취할 수 있는 기회를 제공하는 협동학습, 그리고 학습내용에 대한 숙달과 학습 및 이해에 중점을 두는 수업을 통하여 이루어질 수 있다.
2. (기능을 시연할 뿐 아니라 이들이 효과를 발휘하는 이유를 설명하여) *학생이 적절한 수단-목표 신념을 갖도록 한다.* 이는 학습과정에서 노력, 전략 및 학습에 대한 자기통제의 중요성을 강조하는 피드백을 제공함으로써 가능하다.
3. *진척정도를 점검할 수 있도록 도와주는 방법(예컨대, 차트 및 기타 형식의 피드백)을 제공한다.*
4. *모든 아동이 성공감과 유능감을 느끼며, 도전감도 느낄 수 있는 다양한 경험* (예컨대, 학생 각자의 능력보다 조금 높은 수준의 개별화 수업)*을 제공한다. 더 나아가, 학생에게 자신이 성공여부를 통제할 수 있다는 것을 분명하게 알려준다.* 이러한 경험은 전체적으로 학생이 적절하게 높은 기준, 기대, 자기효능감 및 도움이 되는 인과귀인을 발달시키는 데 도움 될 것이다.
5. *교사 자신이 지능 증가관*(즉, 지능은 고정된 것이 아니라 새로운 기능이 획득되면 증가하고; 실수는 학습의 초기단계에서는 정상적이다 등)*을 가지고 있어야 하고, 이를 학생에게 전달해야 한다.*
6. *확실하고 설득력 있는 논거를 활용하여*(예컨대, 큰 수 나눗셈이나 다른 문화를 학습하는 것이 중요한 이유), *특정 기능 학습의 중요성을 지적해 준다.*
7. (예컨대, 학생 개인에게 유의미한 정보를 사용하고, 가르치는 내용에 대한 흥미를 보여주는 것과 같이) *신기성과 설명이 요구되는 정보를 자주 소개한다.*

사례

위의 시사점과 지금까지 논의된 내용을 활용하여 다음의 두 사례를 평가해 보자.

사례 1

Jacqueline Eccles, Allan Wigfield와 동료들은 초등학교에서 중학교로 진학하면 학생의 동기가 급격하게 떨어지는 이유를 밝히려고 노력해 왔다. 이들은 Michigan주의 12개 학교구 학생을 대상으로 수행한 연구에서 초등학교와 학생의 동기 저하를 더욱 가속화시키는 것으로 보이는 중학교의 차이점 여섯 가지를 밝혔다(Eccles et al., 1993). 첫째, 중학교 교사는 초등학교 교사에 비해 통제와 훈육을 더 강조하고 학생이 선택할 기회를 덜 제공한다. Eccles 등은 학생에게 선택 기회를 제공하는 것은 내재적 동기를 증진시킨다고 하였다. 둘째, 중학교에서는 초등학교에 비해 긍정적 혹은 개인적인 교사-학생 간의 상호작용이 덜 이루어진다. Eccles 등은 교사로부터 지지를 덜 받는다고 지각할 때 학생은 교과에 가치를 덜 부여하고 흥미를 덜 보이는 경향이 있다고 하였다. 셋째, 중학교 교사는 초등학교 교사보다 학급 전체 활동, 능력별 편성 및 공개적인 평가를 자주 활용하는 경향이 있다. 소집단에서 전체 집단으로 옮기는 것은 환경을 덜 개인적으로 만든다. 능력별 집단편성과 공개적인 평가는 평가에 대한 관심을 높이고 경쟁유발 가능성을 높인다. 넷째, 중학교 교사는 초등학교 교사보다 자신의 교수능력(특히, 성취도가 낮은 학생이 더 잘하도록 도와주는 일)에 대한 자기 효능감이 낮다. Eccles 등은 교사의 자기 효능감이 낮으면 학생도 곧바로 자신에 대한 기대를 낮춘다고 하였다. 다섯째, 중학교 교사는 종종 1학년 학생에게 바로 전 해인 초등학교에게 부과되었던 수업과제보다 낮은 수준의 인지기능이 요구되는 과제를 부과한다. 여섯째, 중학교 교사는 성적을 부여할 때 초등학교 교사보다 높은 기준을 활용한다(즉, A를 받기가 더 어렵다). 다섯째 요인과 여섯째 요인은 학생이 도전적인 과제로 지각하지 않는 과제에서 처음으로 B를 받았을 때 좋지 않은 영향을 미칠 수 있다. Eccles 등은 성적이 자기 효능감을 가장 강력하게 예측하는 변인이라고 하였다. 따라서 좋은 성적을 받기가 더 어려우면 자기 효능감이 낮은 학생을 양산하게 될 것이다.

이러한 연구결과는 교실환경이 학생의 동기에서 중요한 역할을 한다는 것을 분명하게 보여주고 있다. Michigan의 중학교로부터 이 문제에 대한 해결방안을 찾아달라는 요청을 받는다면 어떤 제안을 하겠는가?

사례 2

Diana Cordova와 Mark Lepper(1996)는 동기의 세 차원, 즉 맥락화, 개인화 및 선택권을 목표로 하는 컴퓨터 학습을 통하여 연산규칙의 학습을 촉진하려 하였다. 이 프로그램에서 4학년과 5학년 학생이 괄호가 있는 식의 연산 순서와 관련된 규칙(예컨대, 괄호 안의 식을 먼저 계산한다)을 학습하였다. 세 종류의 프로그램이 구성되었다. 한 프로그램에서는 0에서 50까지의 수열과 단순히 "수학게임"(그리고 이와 유사한 무의미한 명칭)을 보여주었다. 50까지 먼저 가는 사람이 이기게 된다. 1과 5 사이에 있는 숫자 세 개가 무선적으로 제시된다. 학생은 괄호와 사칙연산(즉, 덧셈, 뺄셈, 곱셈과 나눗셈)을 사용하여 제시된 숫자 세 개를 조합해야 한다. 연산식의 답이 이동할 수 있는 수 간격이다. 학생은 연산식의 답이 가능한 한 큰 수가 되도록 해야 한다. 또한 10의 배수가 되는 수(예컨대, 20이나 30)에 이르면 자동적으로 10칸을 뛰어넘을 수 있다. 따라서 답이 작은 수가 되도록 하여 10의 배수에 이르도록 하는 것이 좋을 수 있다. 다른 두 프로그램도 이와 유사하지만, 한 프로그램은 게임의 명칭을 "우주탐험"이라 하여 제시하였다. 이 프로그램에서는 수열의 각 지점에 지구, 엑타 행성 등과 같은 이름을 붙였다. 학생에게는 지구가 역사상 최악의 에너지 위기에 직면해 있어서 아주 강력한 에너지원인 티탄을 구하기 위하여 가능한 한 신속하게 3조 마일 떨어진 엑타 행성에 가야하는 임무가 주어졌다고 하였다. 또 다른 프로그램은 학생이 사막에 숨겨져 있는 보물을 찾는 선장의 역할을 하는 보물사냥 게임 형식으로 제공되었다.

이런 방식으로 맥락을 조작하는 것과 더불어 각 프로그램은 개인화 수준(게임의 일반적 정보를 아동에게 제시되는 질문에 대한 대답에 기초한 개인적 정보로 대치하였다)은 물론 제시된 아이콘의 모양과 등장인물의 이름에 대한 선택권의 정도에서 차이가 있도록 하였다. 이 연구에서는 맥락화, 개인화 및 선택권 모두가 (a) (내용의 향유, 방과 후 게임 의향 등에 대한 질문에 대한 대답에 의해 지수화된) 학생의 동기, (b) (사용전략의 복잡성과 선택지와의 상호작용 양식에 의해 지수화된) 학습 참여도, (c) (연산 기능에 대한 사후 지필검사에 의해 지수화된) 학습정도 그리고 (d) (설문에 대한 반응으로 지수화된) 지각된 유능감을 크게 증진시켰다.

6

지능, 적성 그리고 전문성

요약

1. 지능에 대한 정의는 다양하지만, 대부분의 정의에서는 학습능력, 적응능력 및 메타인지가 강조되고 있다.
2. 심리측정접근은 지능을 다양한 유형의 검사에 거쳐서 상관을 보이는 반응 패턴으로 정의한다. 어떤 이론(예컨대, Spearman, Cattell, Carroll)은 모든 검사에서 수행에 영향을 미치는 일반능력을 강조하는 반면에 다른 이론(예컨대, Thurstone)은 보다 구체적인 영역-한정적 능력을 강조한다.
3. Gardner는 다양한 증거에 기초하여 영역-한정적 지능이론을 제안하였다. Piaget는 평형화되고 외부 세계와 일치할 때까지 인지구조를 점진적으로 적응시키는 경향성을 강조하였다. Sternberg는 자신의 약점을 보상하면서 강점을 이용하는 능력과 분석지능, 창의지능 및 실제지능의 조화를 강조하였다.
4. 지능의 중핵과정에는 처리속도, 작동기억, 전략 활용, 메타인지 및 주의통제가 포함된다.
5. 지능은 타당하고 신뢰성 있게 제작된 다양한 검사를 통하여 측정되어 왔다. 그렇지만 검사 각각의 타당성은 논쟁거리가 되어 왔다.
6. 아동은 연령에 따라 보다 지적이 된다. 대부분의 경우에 동년배 집단 내의 상대적 순위는 안정적이지만 지능점수는 크게 변화하는 것으로 밝혀지고 있다.
7. 지능과 학업 성취도 간의 상관계수는 일반적으로 .40~.60의 범위에 있다.
8. 적성은 특정 상황에서의 수행정도를 예언하는 인지요인, 의욕요인 및 정의요인을 말한다. 비공식적으로는 적성이 "사태파악" 능력이다.

9. 적성은 일반적으로 표준화된 성취도 검사나 적성검사로 측정된다.
10. 영역-한정적 적성검사는 영역-일반적 지능검사나 기타 예측치보다 특정 영역에서의 성취도를 잘 예측한다.
11. 전문성은 많은 연습, 초기 적성, 동기 및 효과적인 점검에 대한 접근의 결과인 영역-한정적 요인이다.
12. 전문가는 풍부한 지식, 상황을 지각적 전체로 인지하는 능력, 반성, 메타인지, 문제를 범주화하고 인지하기 위한 원리의 사용, 효과적인 구성 및 속도로 특징지어진다.
13. 전문성은 전문가가 일상적으로 직면하는 실생활 과제를 통해 측정되어야 한다.

동기에서 개인차 개념이 소개되었다. 어떤 학생이 다른 학생보다 학업 성취도가 높은 이유(예컨대, 전자는 후자보다 흥미가 높을 뿐 아니라 자기 효능감도 높기 때문에 더 열심히 공부한다)가 동기로 설명될 수 있다. 이 장에서는 또 다른 개인차의 원천에 대해 논의할 것이다. 동기는 수업에서 무언가를 얻으려는 *자발성*과 관계있다. 반면에 동기 이외의 다른 요인, 즉 지능, 적성, 전문성 같은 요인은 *능력*과 관계있다. 여기에서는 이 세 요인의 본질과 발달 그리고 수업에 주는 시사점을 차례로 살펴볼 것이다.

지능의 본질과 발달

(1) 지능이란 무엇인가, (2) 지능은 어떻게 측정되는가, (3) 지능은 발달하는가, (4) 지능은 학업성취를 예측하는가라는 질문을 하고, 이에 대답하는 것을 통하여 지능에 관한 문헌의 관련 내용을 찾아보는 것이 이해에 도움이 될 것이다.

지능이란 무엇인가?

심리학자와 교육자들은 지난 100여 년 동안 지능을 구성하는 요인에 관심을 가지고 여러 이론 모형을 제안해 왔다(Sternberg, 2004; 2005). 지능의 핵심 요소가 모형에 따라 다르긴(예컨대, 기억 대 언어 유창성) 했지만, Sternberg(2005)는 많은 모형에서 공통적으로 "지능은 경험으로부터 학습하고, 학습을 위하여 메타인지 과정을 활용하는 능력 그리고 다양한 사회적 맥락과 문화적 맥락 안에서 적응이 요구되는 환경에 적응하는 능력"이라는 종합적 정의에 들어있는 세 개의 공통요소가 강조되고 있다(p. 751)고 주장하였다. 즉, 영리한 사람은 자신이 속한 문화에서 중요한 것으로 인정되는 정보와 기능(예컨대, 읽기 기능; 낚시에 의존하는 문화에서의 항해 기능 등)을 습득하는 평균 이상의 능력을 가지고 있다. 또 이런 사람은 자신이 속한 상황에 적합한 접근방법과 전략에 주의를 기울이고 부호화하며 유연하게 수정하는 데 유용한 환경의 측면도 알고 있다. 예를 들어, 이런 사람은 동료에게 쓰는 사회적 협상 전략(예컨대, 위협적인 목소리와 신랄한 비판)과 고용주에게 쓰는 사회적 협상 전략(예컨대, 단호하지만 공손한 논쟁)을 달리할 것이다. 이와는 대조적으로, 지능이 낮은 사람은 문화적으로 적합한 기능을 쉽게 습득하지 못하거나 성공에 도움이 되지 않을 기능을 습득할 것이다. 또 이런 사람은 적합하지 않은 정보에 주의를 기울이고 부호화하거나 적합한 정보를 파악하지 못할 수 있으며, 변화하는 상황에 맞추어 문제 해결 방식을 변경하는 능력도 부족할 것이다. 즉, 이런 사람은 스스로 "이 방법은 효과가 없어. 다른 방식으로 해 보는 것이 좋겠어."와 같은 생각을 할 가능성이 낮다.

실제적 관점에서, Sternberg의 종합적 정의는 지능의 본질에 대한 일반적이고 유용한 정의를 제공하고 있지만, 측정도구의 개발을 도와줄 정도로 구체적이지는 않다. 종합적 정의에 기초한 지능 측정 방법이 개발되지 않았기 때문에, 이러한 종합적 정의는 지능의 발달 경향이나 성취도 예측 정도를 밝히는 데에는 큰 도움이 되지 않는다. 따라서 이러한 일반적 정의가 기초하고 있는 보다 구체적인 접근을 살펴보는 것이 유용할 것이다. 보다 구체적인 접근은 지능을 보다 구체적인 구성성분으로 세분하고, 교사가 문제를 진단하고 수업에 대한 결정을 내리는 데 필요한 "내부 작동" 지식(수업에 관한 의사결정에서의 내부 작동 지식의 중요성에 대한 논의는 1장 참조)을 제공하기 시작했다. 또 이들은 지능에 대한 논의가 가능하도록 해주는 측정방법에 대한 지식도 제공하였다.

여기에서는 그 동안 제안된 보다 구체적인 이론적 접근 모두를 상세하게 설명하지 않고, 오늘날에도 여전히 영향력이 있는 몇 가지 이론만 살펴볼 것이다. 대표적인 이론으로는 Spearman, Thurstone, Cattell, Carroll, Gardner, Piaget 그리고 Sternberg의 이론을 들 수 있다. 이어서 지능의 기저를 이루는 중핵 과정을 논의한 일련의 연구를 살펴볼 것이다.

Spearman의 이론. Charles Spearman(1927)은 지능이 모든 인지검사의 수행에 영향을 미치는 *일반요인*(general-factor; g)과 개개의 능력검사(예컨대, 수학 계산, 철자, 공간능력 등)의 수행에 기초가 되는 *특수요인*(specific-factor; s)으로 구분될 수 있다고 주장했다. 일반요인과 특수요인은 다양한 검사를 실시하여 수집한 자료에 대한 **요인분석**이라는 통계적 기법을 통하여 확인될 수 있다. 두 검사에서 동일한 정신조작이 요구된다면, 이 두 검사는 서로 상관을 보이는 경향이 있다. 그러므로 어떤 사람이 이 두 검사 중 한 검사의 점수가 높으면 다른 한 검사의 점수도 높을 것이다. 요인분석은 이와 같은 관계에 의존하여 서로간에는 높은 상관이 높지만, 다른 검사들과는 상관이 높지 않은 검사군을 분리해 낸다. 예를 들어, 어휘검사, 철자검사 및 독해검사는 하나의 검사군에 속할 것이다. 이 군에 속하는 검사들은 서로가 $r = .65$ 정도의 상관을 보인다. 수 계산검사, 양 비교검사(예컨대, 17은 14보다 큰가?) 및 문장제는 다른 검사군에 속할 것이다. 이들 간에는 $r = .65$ 정도의 상관이 있다. 이와는 대조적으로, 앞의 검사군에 속하는 검사와 뒤의 검사군에 속하는 검사 간의 상관은 $r = .30$ 정도밖에 되지 않는다. 앞의 검사군을 "언어지능"으로, 뒤의 검사군을 "수학지능"이라 부를 수 있을 것이다. 검사군 내에서 그리고 검사군 간에서 이러한 상관 패턴이 나타나면, 요인분석 결과는 모든 검사에 부하되는 일반요인(g), 어휘검사에만 부하되는 어휘기능 특수요인(s_v), 수학검사에만 부하되는 수학기능 특수요인(s_m)으로 나타날 것이다. Spearman은 일반요인에 지능의 정수가 반영되어 있다고 생각했기 때문에 일반요인에 특히 관심을 가졌다(Sternberg, 2005).

Thurstone의 이론. Louis Thurstone(1938)은 일반요인이 예외적 현상이라고 주장했다. 특히, 그는 특수요인에 대한 검사가 충분히 포함되지 않았기 때문에 일반요인은 연구에서만 확인된다고 주장했다. 예를 들어, 동일한 집단에게 언어기능 검사, 수학기능 검사, 공간기능 검사를 각각 한 가지씩 실시한다면, 요인분석에서는 모든 검사에 부하되는 하나의 유일한 요인(일반요인)만 나타날 것이다. 그러나 언어, 수학 및 공간 영역 각각에서 두 가지의 검사를 실시한다면, 하나의 일반요인과 세 개의 특수요인(언어, 수학 및 공간)이 나타날 것이다. Thrustone에 따르면, 각 검사에 보다 특수한 검사를 계속하여 포함시켜 나가고, 새로운 영역(예컨대, 기계 기능)도 더 포함시키면 결국에 가서 일반요인은 사라질 것이다.

Thurstone은 선다형 검사도구를 제작하여 지능은 일반요인이 아닌 7개의 기본능력, 즉 (1) *언어이해*(예컨대, 어휘), (2) *언어 유창성*(예컨대, 철자 k로 시작되는 단어를 빠르게 많이 생각해 내는 것), (3) *귀납적 사고*(예컨대, 수열완성), (4) *공간 시각화*(예컨대, 정신적으로 대상을 회전시키는 것), (5) *수*(예컨대, 계산), (6) *기억*(단어 회상검사) 그리고 (7) *지각속도*(예컨대, 그림에서 작은 차이를 찾는 것)로 구성된다고 주장했다.

Cattell의 이론. Raymond Cattell(1971)은 지능을 일반요인과 특수요인으로 구분하지 않았다. 대신에 그는 일반영역이 두 하위성분, 즉 *유동성 지능*(fluid intelligence)(G_f)와 *결정성 지능*(crystallized intelligence)(G_c)으로 구성되어 있다고 주장했다. 이 제안은 나중에 John Horn(Horn & Noll, 1997)에 의해 정교화되었다. 유동성 지능은 경험에 덜 의존하고, 자극이 비교적 추상적인 경우에도 패턴과 이유를 파악할 수 있는 능력을 포함한다. 결정성 지능은 이와는 대조적으로 교육과 경험에 의존하고, 어휘와 지식에 대한 검사에 의해 측정될 수 있다.

Carroll의 이론. 지금까지 본 바와 같이, 그 동안 다양한 지능이론이 제안되어 왔다. 이렇게 다양한 이론을 이해하는 한 가지 방식은 이들 간의 공통성을 포함시켜 하나의 (Sternberg이 제안했던 정의와 같이) 총체적인 정의를 내리는 것이다. 또 다른 방법은 다양한 요인분석 연구에서 사용된 연구결과를 모으고, 하나의 "큰" 요인을 밝히기 위해 이들을 분석하는 것이다. John Carroll(1993)은 바로 이렇게 했다. 그는 1927년에서 1987년 사이에 수행된 연구의 결과(이 연구에는 130,000명 이상의 사람을 대상으로 실시된 인지검사 결과가 포함되어 있다)를 수집하였다. 분석결과, 세 층으로 구성된 위계구조가 나타났다. 층 I 에는 77개의 특수능력(가끔 하위능력이라 함.)이 포함되었고, 층 II 에는 8개의 보다 넓은 능력(예컨대, 유동성 지능, 결정성 지능, 일반 기억과 학습, 넓은 시 지각 등)이 포함되었다. 이들은 층 I 에 속하는 일단의 구체적 기능의 상위 요인이다. 그리고 층III은 Spearman의 일반요인 개념과 같은 것으로 층 II 의 요인보다 상위에 있는 요인이다.

근래에, 학교 심리학과 교육심리학 분야의 연구자들은 Carroll, Horn 및 Cattell의 연구에는 유사한 점이 많다는 점에 주목하고 있다. 이들은 세 관점을 통합하기 위한 하나의 시도로 소위 인지능력에 대한 Cattell-Horn-Carroll(CHC)의 모형의 예측적 가치를 제안하고 이를 검증하였다(예컨대, Ackerman & Lohman, 2006; Evans, Floyd, McGrew, & Leforgee, 2001; Fiorello & Premerano, 2005). 이 모형은 지능이 Carroll의 제안처럼 세 층으로 구성되어 있으나, 층 II 의 요인을 다소 수정하여 *유동성 추론*(fluid reasoning; G_f), *이해지식*(comprehension knowledge; G_c), *단기기억*(short-term memory; G_{sm}), *시각정보처리*(visual processing; G_v), *청각정보처리*(auditory processing; G_a), *장기회상*(long-term retrieval; G_{lr}), *처리속도*(processing speed; G_s), *읽기 및 쓰기*(reading and writing; G_r), *수량지식*(quantitative knowledge; G_q) 및 *결정/반응시간 또는 속도*(decision/reaction time or speed; G_t)를 구체화하고 있다.

Gardner의 이론. Howard Gardner(1983, 1993)는 지금까지 논의된 이론가들이 채택했던 심리 측정적 접근과는 대조적으로 검사를 실시하고 그 자료에 대해 요인분석을 실시하는 방법을 통하여 이론을 구성하지 않았다. 그의 연구는 그가 (예컨대, CHC 모형에서 가정하는 바와 같이) 하위요인들이 모여 하나의 지능을 구성한다는 관점에 동의하지 않는다는 점에서도 심리측정적 접근과 다르다. Gardner는 오히려 서로가 비교적 독립적인 기능을 수행하는 여덟 가지 지능이 있다고 주장했다. 그는 더 나아가 일반요인이나 중간수준 요인의 존재도 지지하지 않았다.

Gardner의 관점은 다양한 자료에 기초하고 있지만, 특정 능력을 상실한 뇌 손상 환자에 대한 연구의 영향을 받았다. 그는 지능이 다음과 같은 증거가 있는 능력으로 구성된다고 주장했다. (a) 뇌의 특정 영역 손상이 관련 능력을 심각하게 손상시킨다. (b) 특별히 높거나 낮은 수준의 능력을 보이는 예외적인 사람(예컨대, 신동, 석학)이 있다. (c) 지적인 행동의 수행에 핵심이 되는 분명하게 정의되고 승인된 일단의 중핵 조작이 있다. (d) 초보자에서 전문가로 이끄는 능력의 발달사가 분명히 존재한다. (e) 인류 진화사를 보면, 새로운 생활양식이 환경에 순응함에 따라 능력이 점진적으로 표현형 유전자가 된다는 증거가 있다. (f) 심리학자기 수행한 실험연구를 통하여 능력의 본질이 명료화되고 있다. (g) 독특한 능력의 존재가 심리 측정적 연구에 의해 지지되고 있다. (h) 능력이 상징체제로 부호화될 수 있다.

Gardner는 이러한 준거를 활용하여 지능에는 (읽기, 말하기 혹은 쓰기 재능의 기초를 이루는) *언어지능*(linguistic intelligence), (논리적 주장이나 수학적 사고를 할 때 사용되는) *논리-수학적 지능*(logical mathematical intelligence), (우주를 항해하거나 움직이는 밴에 짐을 싣는 데 사용되는) *공간지능*(spatial intelligence), (음악 지각과 연주에 사용되는) *음악지능*(musical intelligence), (무용가와 운동선수가 사용하는) *신체-운동 지능*(bodily-kinesthetic intelligence), (긍정적인 사회적 관계를 형성하고 유지할 때 사용되는) *대인지능*(interpersonal intelligence) 그리고 자신을 이해할 때 사용되는 *개인 내 지능*(intrapersonal intelligence)이 있다고 주장했다. 따라서 (Gardner에 따르면) 학생은 어떤 영역에서 가장 잘 할 수 있는지를 찾고 이 능력을 실현하기 위해 노력해야 한다.

Piaget의 이론. Piaget는 자신의 이론을 지능문제와 관련된 이론이기보다는 지능이론 그 자체로 생각했다(Piaget, 1963; Piaget & Inhelder, 1969). 그는 "지능이란 유기체와 환경 간의 동화적 상호작용과 조절적 상호작용은 물론 감각 운동적 성질과 인지적 성질의 연속적 적응 모두가 지향하는 평형화 상태" (Piaget, 1963, p.11)라고 주장하였다. 2장에서 충분히 설명된 바와 같이, Piaget 이론의 기본 아이디어는 환경이 학습자에게 다양한 대상과 아이디어를 제시하고, 학습자는 이들 대상과 아이디어를 정리하고 이해하는 데 도움을 주는 정신체제를 구성한다는 것이다. 이해되지(또는 동화되지) 않는 새로운 대상이나 아이디어는 모두 정신체제를 불평형 상태로 만드는 "혼란"을 야기한다. 불평형 상태는 다시 골치 아픈 아이디어를 이해할 수 있도록 정신체제를 변화(조절)시킨다. Piaget에 따르면, 청소년기에 도달하게 되는 가장 높은 수준의 사고(즉, 형식적 조작, 2장 참조)는 가장 안정된 평형상태를 만드는 성질을 가지고 있다. 이 시기에 직면되는 새로운 아이디어는 정신체제를 근본적으로 또는 심층적으로 변화시킬 수 있는 혼란을 일으키지 못한다. Piaget에 의하면, 형식적 조작과 과학적 사고는 환경에 대한 고도의 적응이기 때문에, 이 사고는 가장 높은 형식의 지능이다.

지능에 대한 Piaget의 견해는 지능을 문제 해결 상황에서 일어나는 "통찰"로 설명하려 했던 형태심리학의 영향도 받았다. 지능은 (a) 새로운 해결책이 요구되고, (b) 성취하려는 욕구 또는 목표가 있으며, (c) 이 목표에 도달하기 위한 수단을 강구하거나 결합시켜야 하는 상황에서 요구된다. 따라서 담요 밑에 숨겨진 좋아하는 장난감을 본 아기가 그 장난감을 가지고 놀기 위해 들어올리기 감각운동 도식(수단)을 잡기 감각운동 도식(목표)과 결합시킬 때 이 아기는 지능적 행동을 보이는 것이다. 마찬가지로, 청소년이 대학 수학 능력 시험에서 삼각형의 내각 값을 구하기 위해 여러 가지 대수공식을 새로운 방식으로 결합시키는 것도 지능적 행동을 보이는 것이다. 과학적 과정도 이론적으로 흥미롭고 새로운 문제를 제시하고 해결하는 것으로 구성되어 있으므로, 과학자도 일상적으로 지능적 행동을 하는 것이다.

Sternberg의 이론. Robert Sternberg(2003, 2004, 2005)는 1970년 이후로 다양한 지능이론을 제안해 왔다. 그는 심리 측정 이론가, Gardner 및 Piaget가 사용했던 방법과는 다소 다른 방법으로 지능을 이론화하였다. 그는 특히 지능의 본질에 대한 신중한 주장과 논리적 분석을 관련 문헌에 대한 고찰과 결합시켰다. 그는 더 나아가 이전 이론의 여러 문제점을 확인하고, 이러한 단점을 보완하는 특징을 자신의 모형에 포함시켰다. Sternberg가 최근에 제안한 이론은 성공지능 이론(theory of successful intelligence)이다.

Sternberg가 새로운 지능모형을 제안하게 된 일차적인 동기는 전통적인 심리측정 검사에 의해 측정되는 것과 같은 지능(예컨대, 일반요인)은 직업에서의 성공을 그렇게 효과적으로 예측하지 못한다(r=.30)는 사실이 계속 보고되어 왔다는 것이다. Sternberg는 전통적인 지능검사가 무언가를 놓치고 있다고 보았고, 이론적 분석과 자료 수집을 통하여 그것이 무엇인지를 밝히려 하였다.

Sternberg(2003)의 성공지능 이론은 네 가지 주장, 즉 (1) "지능은 사회-문화적 맥락에서 개인적인 기준에 따른 성공을 성취하는 능력으로 정의된다."(p. 141), (2) "성공을 성취하는 능력은 강점을 극대화하고 단점을 바꾸거나 보상할 수 있느냐에 달려있다."(p. 141), (3) "능력의 균형화는 환경에 적응하고, 조형하고, 선택하기 위해 성취된다."(p. 142) 그리고 (4) "성공은 분석능력, 창조능력 및 실제능력의 균형을 통하여 성취된다."(p. 142)로 요약될 수 있다.

첫 번째 주장은 학업성공의 측면에서만 성공을 규정하지 않아야 한다는 것을 의미한다. 전통적인 지능검사는 다른 종류의 성공보다 학업성공을 잘 예측한다. 그러나 Sternberg는 설정한 목표와 이 목표를 성취하는 능력의 관점에서 성공을 정의할 필요가 있다고 주장한다. 어떤 사람은 높은 수준의 교육적 성공의 성취를 원할지 모르지만, 다른 사람은 사업이나 예술 또는 운동에서 성공하길 원할 수도 있다.

두 번째 주장은 앞에서 논의되었던 심리 측정적 이론의 성격, 즉 "만능이론"을 극복하려는 시도이다. 성공한 사람에 대한 연구는 다양한 재능을 활용하여 동일한 목표를 성취하는 방법이 다양하다는 것을 보여주고 있다. 예를 들어, 어떤 사람은 전문 연구지에 경험적 연구결과를 게재하여 인정을 받는 반면에, 어떤 사람은 기존 문헌을 서적의 형식으로 종합하여 인정을 받기도 한다. 이들 중에는 대인관계가 뛰어난 사람이 있고, 떨어지는 사람도 있다. 더 나아가, 어떤 학자는 조직적으로 일을 하는 반면에 어떤 사람은 마감일을 기억하지 못하거나 시간을 제대로 관리하지 못하여 기한 약속을 지키지 못할 수도 있다. 각 개인의 목표는 자신을 위해 바른 균형을 찾아 단점을 교정하거나 보상하는 전략을 활용하는 것이다. 예를 들어, 성공한 연구자와 사업가는 주변에 마감일을 기억하고 시간을 관리할 수 있도록 도와주는 사람(예컨대, 배우자나 조교)을 두고 있다.

세 번째 주장은 개인과 환경 간 적합성의 중요성을 강조하고 있다. 개인과 환경 간의 적합성을 높일 수 있는 방법은 다양하다. 많은 지능이론에서 강조되는 한 가지 방법은 환경의 요구에 맞추어 자신을 변화시키는 것이다. 다시 말해서, 영리한 사람은 특정 사회체제에서 어떻게 행동해야 되는지를 파악한다. Sternberg는 지능의 이런 측면을 **적응**이라 하였다. 예를 들어, (a) 연구비 지원 신청을 장려하고, (b) 연구비를 지원받을 경우에 여러 가지 혜택(예컨대, 수업시수 감면, 연구지원 확대, 충분한 공간과 설비 지원 등)을 주는 대학의 교수는 연구비 지원 신청을 하는 것이 현명할 것이다. 마찬가지로, 비용 청구가 가능한 시간을 많이 축적하는 것이 법무법인에서 협력자를 만드는 필요조건이라면 변호사는 그렇게 하는 것이 현명한 것이다. 이와 같은 적응은 Piaget의 조절이라는 개념과 다르지 않다.

그러나 성공을 위해서는 환경에 맞추어 자신을 변화시키는 것 이상이 요구되는 경우도 종종 있다. 지적인 사람은 환경을 자신에 맞게 변화시키는 방법을 파악하거나(Sternberg의 모형에서는 이를 **조형**이라 한다), 현재의 환경보다 자신의 흥미, 가치 및 재능에 더 잘 맞는 새로운 환경을 찾는다(Sternberg의 모형에서는 이를 **선택**이라 한다). 오전에 보고서를 가장 잘 쓸 수 있다고 생각하는 회사원이 자신의 업무에 대한 보고서를 작성해야 한다면, 회합이나 다른 일을 오후로 미루는 것은 조형의 한 예이다. 선택의 예로는 지적인 사람은 학교나 직장에서 많은 노력을 한 후에도 적응이나 선택을 통하여 최대의 성공을 가져오는 환경이 만들어지지 않았다는 것을 알아차리는 경우도 있을 것이다. 이 경우에 지적인 의사결정은 새로운 환경을 찾는 것이다. 이러한 적응은 대상이 학습될 때 곧바로 정신체제로 들어오지 않고 오히려 동화되었을 때 정신적으로 변형되고 의미를 가진다는 점에서 Piaget의 동화 개념과 유사하다. 조절을 통하여 정신이 환경에 맞게 변화되고, 이와는 대조적으로 동화를 통하여 환경에 있는 대상이 정신에 맞게 변형된다. 그렇지만 Piaget는 Sternberg가 강조하는 환경을 물리적으로 변화시키거나 새로운 환경을 찾는 것에 대해서는 거의 언급하지 않았다.

네 번째 마지막 주장은 지적인 사람이 효과적으로 조정하는 세 능력의 존재를 언급하고 있다. *분석능력*(analytical abilities)은 전통적인 지능검사에 의해 측정되는 기억 기능과 추론 기능 같은 것이다(Sternberg, 2003). 이들은 이전에 직면했었을 가능성이 있는 문제(예컨대, 성취도 검사)가 포함된 상황에서 필요한 능력이다. 이와 대조적으로, *창의능력*(creative abilities)은 새로운 문제에 대한 기존의 해결 방안이 없는 상황에서 요구된다. 여기에서는 새로운 해결 방안을 찾아내야 한다. *실천능력*(practical abilities)은 학교에서 공식적으로 학습되었거나 일터에서 암묵적으로 학습된 기능을 일상생활 상황에 적용해야 할 때(예컨대, 상점에서 계산 기능을 사용하는 것) 요구되는 능력이다. 지적인 사람은 이 세 가지 측면에서 차이가 있다. 예를 들어, 어떤 사람은 다른 사람보다 분석지능이 높을 수 있으나 후자는 전자보다 창의지능과 실천지능이 높을 수 있다. 그렇지만 이 세 가지 지능을 균형 있게 적절히 사용하는 것이 성공의 열쇠이다. 앞에서 언급했던 것으로 다시 돌아가서, 지적인 사람은 자신의 약점을 교정하거나 보완하면서 강점을 효과적으로 활용한다. 그러나 이들도 상황에 맞추어 (분석이나 창의 혹은 실천)지능을 사용한다.

지적인 사람은 특정 상황에서 적합한 능력을 선택하고 실행하기 위하여 **메타성분**(metacomponents)을 사용한다(Sternberg, 2003). 메타성분에는 문제가 있다는 것을 인식하고, 문제의 성격을 정의하며, 문제를 해결할 수 있는 방법을 구성하거나 회상해내고, 이 방안을 평가하며, 가장 가능성이 높은 방안을 실행하고, 내린 결정이 기대했던 효과가 있는지 파악하기 위해 결과를 점검하는 것과 같은 과정이 포함된다. 문제 해결 기능에 대한 이 같은 강조는 지능을 목적달성을 위한 최선의 수단을 찾는 것으로 본 Piaget의 견해와 유사하다. 하여간, 앞의 두 메타성분, 즉 문제인식과 정의가 가장 중요한 성공의 요소이다. 문제가 존재한다는 것을 인식하지 못하면 문제는 해결될 수 없다. 그러나 문제가 인식되어도(예컨대, 교사가 성취검사의 점수가 너무 낮다는 것을 인식하는 것) 문제가 바르게 정의되지 않으면 원하는 결과를 얻을 수 없을 것이다. 예를 들어, 성취도가 너무 낮다는 것을 인식한 교사가 현행 교육과정을 통하여 학생의 성적을 향상시킬 수 있는 방법을 찾을 수도 있을 것이다. 문제를 이렇게 정의하는 것은 해결방안을 현행 교육과정에서만 찾도록 한정시킬 것이다. 이보다는 성취도를 높이기 위해 (교육과정을 포함하여) 학생의 교육경험에서 어떤 면을 변화시켜야 하는가라는 질문이 더 유용할 것이다. 이렇게 질문함으로써 다양한 해결 방안이 도출될 수 있다.

지능의 기타 중핵 요소

지금쯤 독자는 지능에 대한 심리 측정적 접근(예컨대, Spearman, Thurstone, Cattell, Horn 및 Carroll)과 Gardner, Piaget 및 Sternberg의 접근 간에는 범주적 차이가 있다는 것을 알았을 것이다. 이러한 차이는 제안된 지능이론의 명료성과 정교성의 정도 그리고 미리 수집된 자료의 정연성 정도와 관련이 있다. 심리 측정적 접근은 두 측정치 간의 상관관계의 기초가 되는 능력의 본질을 정확하게 확인하지 못했다는 문제점을 가지고 있다(Hunt, 2005). 심리 측정적 접근에서는 상관관계를 설명하는 공통 과정이 있어야 된다고 주장하나, 이 공통 과정이 무엇인지가 전혀 분명치 않다.

이러한 문제점을 해결하기 위하여 능력검사 간의 상관관계를 설명할 수 있는 지능의 기본 과정을 확인하려는 노력이 있어 왔다. 실험과 여러 과제에서의 수행들 간의 비교를 통하여, *정보처리속도, 작동기억,* 그리고 *전략, 메타인지 및 주의통제의 사용*과 같은 기본 과정이 밝혀졌다(Ackerman, 2005; Hambrick, Kane, & Engle, 2005; Hunt, 2005). 이 기본 과정에서 능력이 높은 사람은 유동성 지능 검사와 결정성 지능 검사에 높은 점수를 받는 경향이 있다. 따라서 지능이란 것은 이 기본 과정이 서로 제휴하여 작용하는 연합작용이라 할 수 있을 것이다. 더욱이, 널리 활용되고 있는 모든 지능검사에서는 이러한 능력이 요구된다. 이 능력에 결함이 있으면 결코 지능검사에서 높은 점수를 받을 수 없을 것이다.

요약

지금까지 대표적인 지능이론을 살펴보면서, 독자는 누구나 동의할 수 있는 지능에 대한 관점을 찾기가 어려운 이유를 이해할 수 있었을 것이다. 그럼에도 불구하고, 많은 접근은 재능이 다양하고 중요하다는 것을 강조하고 있다. 모든 인지검사의 수행에 영향을 미치는 일반요인(g-요인)이 있다고 해도, 학생이 학교에서 직면하는 특정 문제에 다소 좁게 적용되는 독특한 영역-한정적 능력이 있다. Piaget마저도 형식적 조작 사고는 모든 영역에 걸쳐 나타나지 않고 전문 영역에서만 나타날 수 있다고 주장했다. 그렇지만 영역-일반적(domain-general) 측면도 역시 있다. 영역-일반적 측면은 영리한 학생은 (a) 정신적 과제를 신속하게 수행하고, (b) 작동기억 용량이 크고, 작동기억에서 효과적으로 정보에 주의를 배분하며, (c) 문제를 효과적으로 해결할 수 있도록 하는 전략을 사용하여, 용량의 한계를 극복하며, (d) 상황의 요구사항을 점검하고 자신의 수행을 이에 맞추며, (e) 과학자가 보여주는 것과 유사한 방식으로 가설-연역적 사고를 수행한다는 것을 시사하고 있다.

지능은 어떻게 측정되는가?

앞에서, 지능은 성취의 개인차(즉, 어떤 학생이 다른 학생보다 학업 성취도가 높은 이유)를 설명하는 데 도움을 줄 수 있기 때문에, 교육자는 지능에 관심을 가져야 한다고 하였다. 그러나 지능과 학업 성취도 간의 관계를 밝히기 위해서는 타당하고 신뢰로운 검사가 활용되어야 한다. 검사가 측정하려는 것을 측정한다면, 그 검사는 타당하다고 할 수 있다(Hartman & George, 1999). 검사의 **타당도**는 (a) 전문가로 하여금 검사를 검토하여 포함된 문항이 지능이론에 부합한지를 판단하도록 하는 방법(안면 타당도), (b) 검사와 학업 성취도와 같이 상관이 있어야 하는 결과 간의 상관을 밝히는 방법(준거 타당도) 그리고 (c) 동일한 구인을 측정하기 위해 설계된 검사 간에는 높은 상관을 보이지만(수렴 타당도), 서로 다른 구인을 측정하기 위해 설계된 검사 간에는 낮은 상관을 보이는(확산 타당도) 방법 등을 통하여 확인될 수 있다. 이와 대조적으로, **신뢰도**는 검사 그 자체 내의 문항 합치도(예컨대, 사람은 검사에서 유사한 문항에 대해 동일하게 반응하는 경향이 있다.)와 검사 간의 합치도(예컨대, 사람은 수주 또는 수개월의 기간을 두고 실시한 두 번의 검사에서 유사한 점수를 받는다)와 관련이 있다.

앞에서 소개된 대부분의 지능이론가는 수용 가능한 타당도와 신뢰도가 있는 것으로 판단되는 특정 검사를 사용한다. 예를 들어, Thurstone은 자신이 가정했던 일곱 개의 기본정신능력 각각을 파악하기 위해 만든 문항이 포함된 *기본정신능력검사*(Thurstone & Thurstone, 1962)를 활용했다. 이 검사는 현재 절판되었다.

이와 대조적으로, Cattell-Horn-Carroll(CHC) 모형 주창자는 *Woodcock-Johnson Psychoeducational Battery* 3차 개정판(또는 WJ III)(Woodcock, McGrew, & Mather, 2001)을 많이 사용한다. 이 검사는 두 개의 하위검사, 즉 앞에서 소개된 층 II의 10개 능력을 측정하기 위한 인지검사와 읽기, 수학, 철자와 같은 교과의 기능을 평가하기 위한 성취검사로 구성되어 있다. Woodcock 등은 이 검사의 타당도와 신뢰도를 지지하는 증거를 제시하고 있다(Cizek, 2004).

Piaget 연구가는 특정 연령에 출현하는 능력에 맞게 조정된 과제를 사용하여 지능을 측정한다. 예를 들어, 영아의 지능에 관심을 가진 연구자는 (예를 들어, 물건을 담요 밑에 숨기고 유아가 그 물건을 찾는지를 보는) 대상 영속성 검사를 사용할 것이다. 초등학생의 지능에 관심을 가진 연구자는 (예컨대, 액체보존 검사와 같은) 보존검사, (예컨대, 가장 긴 막대기부터 가장 짧은 막대기를 순서대로 배열하는) 서열화 검사 또는 (대상을 범주로 분류하는) 범주화 검사를 실시할 것이다. 가장 높은 수준의 지능에 관심을 가진 연구자는 (예컨대, 양팔저울의 균형을 유지하기 위해 분동을 배열하는 것과 같은) 형식적 조작 검사를 사용할 것이다. 일부 연구자는 이러한 과제를 표준화시키기도 하였다. Bayley의 유아용 정신 및 운동발달 척도에는 Piaget가 유아의 지능을 측정하기 위해 사용했던 과제가 많이 포함되어 있다.

Howard Gardner의 이론과 관련하여, 많은 학자들은 (a) Gardner가 신뢰롭고 타당한 검사를 사용하여 일곱 가지 지능의 존재를 확증하는 경험적 증거를 아직 제시하지 못하고 있고 (b) 그의 주장 대부분이 인과관계 오류가 있는(일부는 선별적이라 주장하는) 문헌고찰로부터 도출되었다고 주장해 왔다(Ackerman & Lohman, 2006; Hunt, 2005; Sternberg, 2005). 이와 대조적으로, Sternberg와 동료들은 그들이 강조했던 지능의 측면을 파악할 수 있는 *Sternberg의 삼원능력 검사*(Sternberg Triarchic Abilities Test; STAT)(Sternberg, 1993)를 만들었다. STAT는 분석지능, 창의지능 및 실천지능 각각에 네 개의 하위검사가 포함되어 있어, 전체적으로 12개의 하위검사로 구성되어 있다. 각 유형의 지능에는 언어적 내용, 수량적 내용 및 도형적 내용(즉, 분석적-언어적 내용, 분석적-수량적 내용, 분석적-도형적 내용 등)이 들어있다. 확인적 요인 분석과 기타 분석방법을 통하여, 세 유형의 지능은 서로 구분된다는 것을 지지하나 일반요인은 지지하지 않는 증거가 도출되었다(예컨대, Sternberg, Grigorenko, Ferrari, & Clinkenbeard, 1999). Sterberg과 동료들은 근래의 연구에서 (STAT를 실시하는) 대학 위원회와 함께 검사를 더욱 발전시키고 널리 실시할 수 있도록 도와주기 위한 연구를 수행하고 있다.

마지막으로, 이외에도 지능검사로 널리 활용되는 검사로는 아동용 Wechsler 지능척도(Wechsler Intelligence Scale for Children; WISC), Raven의 행렬검사(Progressive Matrics) 그리고 Kaufman의 아동용 평가척도(Kaufman Assessment Battery for Children; K-ABC)를 들 수 있다. 이들은 지금까지 논의된 지능이론의 관점에 따라 개발된 검사가 아니다. 많은 연구에서 WISC 3차 개정판(WISC III)의 예언 타당도가 조사되어 왔지만, 근래에 개발된 4차 개정판은 지능에 대한 근래의 이론에 맞도록 구성되었다(Thompson, 2004). 3차 개정판은 언어지능과 수행지능의 두 하위검사로 구성되어 있으나, 4차 개정판은 언어이해(VCI), 지각추론(PRI), 작동기억(WMI)과 정보처리 속도(PSI)의 네 개 하위검사로 구성되어 있다. WISC는 초등학생과 중등학생을 위한 검사이고, 취학 전 아동용 검사(Wechsler Preschool and Primary Scale of Intelligence; WPPSI)와 성인용 검사(Wechsler Adult Intelligence Scale; WAIS)도 있다.

Raven의 행렬검사는 표준화된 판과 견본 판이 나와 있다(Raven, 1958). 이 검사에서는 행과 열로 이어지는 특정 패턴에 맞는 그림이 제시된다. 예를 들어, 3×3 그림 배열에서 행의 첫 칸에는 안에 아무것도 없는 그림, 다음 칸에는 안에 점이 있는 그림, 세 번째 칸에는 안에 작은 직사각형이 있는 그림이 제시된다. 열에 따라서는 첫 칸의 정사각형이 두 번째 칸에서는 원으로 바뀌고, 세 번째 칸에서는 직사각형으로 바뀐다. 문제는 패턴을 고려하여 빈칸에 들어갈 그림을 고르는 것이다(예를 들어, 맨 오른쪽 아래 칸에는 안에 작은 삼각형이 들어있는 직사각형 그림이 들어가야 한다). Raven의 검사는 "비언어적인 탈문화" 검사이고, 기존 검사 중에서 일반요인과 유동성 추론을 가장 잘 측정하는 것으로 알려져 있어 널리 사용되고 있다(Carpenter, Just, & Schell, 1990; Mackintosh & Bennet, 2005).

마지막으로 K-ABC 검사는 두 하위검사, 즉 순차적 정보처리 검사와 동시 정보처리 검사로 구성되어 있다(Kaufman & Kaufman, 1983). 순차적 정보처리 검사의 세 과제에서는 순차적 혹은 순서(손 이동, 단어순서, 수 회상)에 따라 문항을 배열하도록 한다. 동시 정보처리 검사의 일곱 개 과제에서는 유추나 공간문제 내의 정보(예컨대, 얼굴 인식, 공간 기억, 행렬 유추)를 통합하도록 한다.

요약하면, 다양한 지능검사가 있다. 검사가 이렇게 다양한 것은 (a) 앞에서 설명된 많은 이론이 중요한 측면에서 서로 다르고 (b) 이론은 측정도구의 성격을 결정하기(즉, 지능에는 X라는 능력이 포함된다고 주장하는 이론은 X라는 능력을 측정하는 검사를 개발한다) 때문이다. 그렇지만 어떤 검사는 다른 검사보다 성취를 더 잘 예측한다. 따라서 어떤 검사를 선택할 것인가가 중요한 문제이다.

측정의 관점에서 중요한 논쟁점 하나는 대부분의 지능검사의 수행에 결코 무시할 수 없는 인종차 또는 민족차가 있다는 사실이다. 이러한 민족차 또는 인종차를 둘러싼 논쟁은 여기에서 논의하지 않고 12장의 인지수행의 인종차에 관한 이론에서 살펴볼 것이다. 여기에서는 많은 사람이 소수집단에 대한 지능검사의 타당성에 의문을 제기하고 있다는 정도의 언급으로 충분할 것이다. 이런 비판을 하는 사람은 소수집단 학생의 검사 점수가 낮은 것이 이들의 지능이 낮다는 것을 의미하진 않는다고 주장한다. 다른 한쪽에서는 Piaget 검사에도 의문을 제기하고, 그의 검사가—한 민족이 아니라 일반적으로—특정 연령집단이 알거나 할 수 있는 것을 과소평가하고 있다고 주장하고 있다(Bjorklund, 2004). Piaget 자신은 개인차(어떤 아동은 다른 아동보다 이른 시기에 형식적 조작기에 도달하는 이유, 어떤 아동은 다른 아동보다 빨리 학습하는 이유)에 특별히 관심을 갖지 않고 연령에 따른 일반적인 발달경향에 더 관심을 가졌다. 이 장의 초점이 개인차라는 것을 고려했을 때, Piaget 이론을 학업성취 문제와 관련시키는 것에 의문을 제기할 사람도 있을 것이다. 이 장의 후반부에서 알겠지만, Piaget 검사가 학업 성취를 예측하는 것으로 밝혀졌다.

지능은 발달되는가?

발달 문헌에서 볼 수 있는 일관된 연구결과의 하나는 지능에 안정적인 개인차가 있다는 것이다(Bjorklund, 2004). 여기에서 "안정적인 개인차"란 동년배 집단에서 학생의 상대적 서열이 거의 변하지 않는다는 것을 의미한다. 이 현상을 이해하기 위해, 3학년 학생을 지능점수가 가장 낮은 학생부터 가장 높은 학생까지 순위를 정하고 5년 후에 다시 이들에게 지능검사를 실시한다고 생각해 보자. 그러면 3학년 때 지능점수가 다섯 번째로 높은 학생은 (5년 후인) 8학년 때도 지능점수가 다섯 번째로 높을 가능성이 있다. 그렇지만 이 말이 시간의 경과에 따라 지능이 높아지지 않는다고 하는 것은 아니다. 지능의 본질에 대한 설명에서 보았듯이, 지능에는 정보처리 속도, 작동기억, 전략, 메타인지 및 주의통제와 같은 요소가 포함되어 있다. 이러한 요소는 연령에 따라 급격하게 증가한다(Brodeur, 2004; Kail & Miller, 2006; Pressley & Hilden, 2006; Swanson, 1999). 따라서 모든 아동은 나이 들면서 더욱 영리해진다. 그렇지만 많은 아동이 연령에 따라 지능이 같이 높아지기 때문에 상대적 서열은 거의 달라지지 않는다. 일부 아동은 평균 이상의 속도로 증가할 수 있을 것이며, 따라서 다른 아동을 앞지를 수도 있을 것이다. 한 종단연구에서 아동의 지능지수가 평균 28점 변화한다는 것이 밝혀졌고(McCall, Applebaum, & Hogarty, 1973) 다른 많은 연구에서도 환경이 지능지수 변산의 50% 정도를 설명하는 것으로 밝혀졌기(Cherny, Fulker, Emde, Plomin, Corley, & Defries, 2001) 때문에, 이런 결과가 전혀 불가능한 것이 아니다. 그렇지만, 다른 연구에서는 대부분 아동의 지능점수는 크게 변하지 않는 것으로 밝혀졌다(Moffitt, Caspi, & Harkness, 1993).

시간이 지나도 개인차가 크게 변하지 않고 발달에 따른 성장곡선이 유사하다는 사실은 특정 상황에서 지능이 표현되는 정도와 촉진적 환경을 통하여 지능이 증진되는 정도를 제한하는 지능의 신경학적 기초가 있을 것으로 가정하도록 하였다(Sternberg, 2005). 지능의 신경학적 기초를 지지하는 증거는 다양한 정보처리 과제(예컨대, 손가락으로 치기, 언어 유창성 등) 간에 상관관계가 아주 높고 정보처리 속도가 연령에 따라 일정하게 증가한다는 것을 밝힌 연구로부터 나왔다(Kail & Miller, 2006). 아동기와 성인기 사이에 뇌의 뉴런을 둘러싸고 있는 수초화 수준이 크게 증가한다는 것은 우연이 아니다. 수초화는 신경전달 속도를 증가시킨다(Byrnes, 2001).

물론, 현 시점에서 지능의 신경학적 기초는 논란의 여지가 있고, 신경세포를 중시하는 정도도 이론에 따라 다르다. 예를 들어, Piaget는 연령에 따른 지능의 변화가 두뇌발달에 어느 정도 기초하고 있다는 점에는 동의하나, 두뇌성숙은 사고변화의 필요조건일 뿐 충분조건은 아니라고 주장했다(Piaget, 1963). 아동이 다양한 대상과 상호작용을 계속하고 부모, 교사 및 또래들과 사회적 상호작용을 할 때만 형식적 조작 수준에 도달하고 과학자와 같은 수준의 정교한 문제 해결 기능을 획득할 수 있을 것이다. 더 나아가, Piaget는 아동이 목표달성을 위하여 감각운동 도식을 의도적으로 조합하는 8개월에서 10개월경에 처음으로 지적 행동이 나타난다고 주장했다. 그렇지만 높은 수준의 지능은 아동이 마음속으로 문제 계열을 그리고 이미 목록에 있는 전략을 활용하기보다는 새로운 수단을 고안하게 되는 수개월 이후에 분명하게 나타난다. 이후 5 내지 6년에 걸쳐 상징적 사고와 개념적 사고가 출현되면 개념지식이 더 효과적인 절차전략을 고안하는 방법을 이해할 수 있도록 도와주기 때문에, 아동은 보다 능숙한 문제 해결자가 된다. 마지막으로, 청소년기에 가설적 사고를 하고 과학자와 수학자의 체계적인 기법을 학습하게 되면, 학생은 가장 높은 수준의 지능을 가지게 된다. 따라서 지능이 유아기에 처음으로 출현하기는 하지만 이후 10여 년에 걸쳐 계속 발달한다.

지능은 학업 성취를 예측하는가?

상식적으로, 학생의 지능이 학업수행을 어느 정도 예측할 것이라는 것이 시사되기는 하지만, 실제 상관 정도는 네 가지 요인의 영향을 받을 것으로 생각된다. 첫째, 지능검사에서 요구되는 정신조작과 성취검사에서 요구되는 정신조작이 같거나 유사하면 둘 간의 상관이 커질 것이다. 예를 들어, 위에서 밝힌 것처럼 많은 지능검사에서는 작동기억, 신속한 응답, 효과적인 전략 사용 및 메타인지가 요구된다. 지능검사와 동일한 네 가지의 인지조작이 요구되는 표준화 성취도 검사로 학업성취를 측정한다면, 지능과 학업 성취도 간의 상관은 높을 것이다(Byrnes, 1995). 그렇지만 (a) 교사가 검사를 제작하고, (b) 검사가 전략활용이나 메타인지가 특별히 요구되지 않은 낮은 수준의 과제로 구성되며, (c) 시험공부할 시간을 충분히 주고, (d) 시험시간을 충분히 준 경우에는 두 점수 간의 상관은 훨씬 낮아질 것이다. 둘째, 지능검사와 성취도 검사에 중복되는 내용이 많으면(예컨대, 두 검사에서 동일한 어휘에 대한 지식이 요구되는 경우), 그렇지 않은 때보다 상관이 높을 가능성이 있다(Naglieri & Bornstein, 2003). 셋째, 지능검사와 성취도 검사 모두에서 아주 다양한 기능이 평가되는 경우는 한정된 기능이 평가되는 경우보다 상관이 높게 나올 가능성이 있다. 따라서 예를 들어, 지능검사는 CHC 모형의 층 II 의 10개요인 모두를 측정하고, 성취도 검사는 다양한 교과(예컨대, 읽기, 수학 등)의 내용이 혼합된 것일 때는 중간 이상의 상관이 나올 가능성이 있다. 이와는 대조적으로, 지능검사에서 하나의 하위검사(예컨대, 작동기억)만 활용되고 한 교과만(예컨대, 읽기만 또는 수학만) 평가된 경우에는 상관이 낮아질 것이다. 마찬가지로, 두 검사의 분산이 비대칭이면 상관은 낮아질 것이다(Ackerman & Loman, 2006). 이런 경우는, 예를 들어, (a) 지능검사가 다양한 기능을 측정하고 점수의 분산이 아주 크고, (b) 성취도 검사는 한 기능을 측정하고 분산이 그리 크지 않을 때 발생한다. 마지막으로, 성취 예측변인이 지능 하나일 때가 다양한 예측변인을 포함시켰을 때보다 지능과 학업성취 간의 상관이 높다(Byrnes, 1995; Byrnes & Miller, 인쇄 중). 예를 들어, 지능 하나만 포함된 경우, 읽기 성취도 검사와의 상관은 r=.45이다. 그러나 음소처리, 작동기억 및 가족의 사회경제적 지위가 포함되면, 두 검사 간의 상관은 r=.15로 떨어진다. 지금까지 이루어진 지능검사와 학업성취 간의 상관에 대한 논의를 염두에 두면서 이제 연구결과를 살펴보자.

지능과 표준화 학업 성취 검사 점수 간의 상관에 관한 연구결과. 취학 전 아동용 Wechsler 검사에 의한 지능과 수학 및 읽기 성취도 간의 상관은 .45 정도로 밝혀졌다(Kaufman, 1973; Pasewark, Scherr, & Sawyer, 1974; White & Jacobs, 1979). Spinath, Spinath, Harlaar과 Plomin(2006)은 WISCIII의 하위검사 점수에 대한 요인분석을 통하여, 산출된 일반요인 지수와 널리 알려져 있지 않은 비언어능력 검사를 만들었다. 이들은 영국의 9세 아동을 대상으로 수행한 연구에서, 일반능력은 과학, 수학 및 영어 성취도와 .44 정도의 상관이 있고, 일반요인이 성취도 변산의 20% 정도를 설명한다는 것을 밝혔다. 많은 연구에서 지능검사와 읽기 검사 간에 이와 비슷한 정도의 상관이 있다는 것이 보고되어 왔다(예컨대, Stanovich, Cunningham, & Feeman, 1984).

이와 대조적으로, 다른 지능검사를 사용한 연구에서는 학업 성취와의 상관이 이보다 다소 높은 것으로 보고되었다. 예를 들어, 표준화 검사에서의 성취에 대한 K-ABC의 예측 값을 조사한 여러 연구에서는 (표집크기에 따라 가중치를 부여한) 상관의 평균이 r=.56으로 보고되었다(Naglieri & Bornstein, 2003). 학업 성취 검사와 K-ABC 간의 상관이 이렇게 높게 나온 이유는 분명치 않으나, K-ABC 검사가 Wechsler 검사에서 측정되지 않는 기능을 측정하고 있으며 이론적 기초도 더 체계적이다.

어떤 경우이든, 지능과 학업 성취도 간의 상관관계는 대개 .40에서 .60 정도로 보고되고 있다(Neisser, et al., 1996). 이는 지능이 성취도 변산의 25% 정도를 설명하는 반면에, 다른 요인이 나머지 75% 정도를 설명한다는 것을 의미한다. 그러나 .40에서 .60 정도의 상관을 보고한 대부분의 연구에서 (전반적인 성취의 경우에) 사전지식이나 (읽기 성취의 경우에) 음소 처리속도 같이 성취의 변산을 더 잘 설명하는 변인이 통제되지 않았다. 이런 요인을 통제한 연구에서는 다른 중요한 요인을 통제한 경우에 지능은 성취도 변산의 10% 정도를 설명하는 것으로 보고되었다(Byrnes, 1995; Stanovich et al., 1984; Sternberg, Grigorenko, & Bundy, 2001).

지능과 비표준화 성취 검사 점수 간의 상관에 관한 연구결과. Raven의 행렬검사를 활용한 연구에서는, 일반적으로 이 검사와 학교 성적 간에서는 .60 정도의 상관이 있는 것으로 밝혀져 왔다(Little, Miyashita, Karawawa, Mashima, Oettingenm Azuma, & Baltes, 2003; Pind, Gunnarsgottir, Johannesson, 2003). 그러나 수단-목표 신념과 자기 관련 통제를 통제하였을 때, 독일과 일본의 학생을 대상으로 수행된 연구에서는 Raven의 검사가 성적의 25~30%를 설명한 것에 비하여, 미국 학생을 대상으로 수행한 연구에서는 성적의 10%만 설명하였다(Little, et al., 2003). 이러한 문화 간 차이의 원인이 무엇인지는 분명하지 않으나, 성적 산출을 위해 사용된 검사에서 높은 수준의 전략적 정보처리가 요구되었고 속도검사의 성격이 강했을 가능성이 있다. 또한 아동의 공부시간이 많지 않았을 가능성도 있다. 다른 종류의 지능검사(예컨대, WISC-R)를 사용한 미국 아동 대상의 연구에서는 .50~.60 정도의 상관이 있는 것으로 밝혀졌다(예컨대, Johnson, McGue, & Iacono, 2006).

지능과 특정 기능 간의 상관에 관한 연구결과. 지능연구 초기에는 지능이 학습능력과 같은 것으로 간주되었다(Ackerman et al., 2005). 1900년대 초 최초의 지능검사가 개발되었을 때, 지능검사 점수가 높은 사람이 특정 기능을 더 빨리 학습하는지를 밝히려는 연구가 많이 이루어졌다. 이 연구에서는 참여자에게 덧셈, 패턴 재생, 철자 바꾸기 등과 같은 문제를 해결하도록 하였다. 연구결과, 기대와는 달리 지능점수와 연습에 의한 이러한 문제 해결 기능의 발달 간에는 상관이 매우 낮았다. 이런 연구결과에 따라 학습능력은 지능이라는 능력과 동일할 수 없다는 결론이 내려졌다(Woodrow, 1946, p. 148). 그러나 Ackerman(1987)은 이런 초기 연구가 여러 가지 방법론적 문제점과 개념적 문제점을 가지고 있다는 것을 확인하였다. 첫 번째 문제점은 학습이 마지막으로 받은 점수에서 처음 받은 점수를 빼는 방식의 점수변화로 정의되었다는 것이다. 통계분석에 사용된 점수변화가 신뢰롭지 않은 것이다. 두 번째 문제점은 첫 시행에서 개인차가 크게 나타났다는 것이다(즉, 어떤 참여자는 다른 참여자보다 훨씬 잘했다). 점수가 가장 높은 사람은 점수가 이미 높기 때문에 크게 변화되지 않았다. 점수변화가 가장 큰 사람은 첫 시행에서 점수가 가장 낮은 사람이었다. 따라서 불합리하게 지능점수가 낮은 사람이 가장 많이 '학습' 한 것으로 나타났다. 마지막 문제점은 사용된 학습과제의 유형에 따라 점수에 차이가 있었다는 것이다. 학습과제가 예측 가능하고 매 시행마다 동일한 방식으로 수행되었을 때는 지능과 수행 간의 상관이 시행의 증가에 따라 낮아졌다(즉, 초기 시행에서 상관이 가장 높았고 최종 시행에서 상관이 가장 낮았다). 그러나 과제가 예측 불가능하고 계속적인 주의집중과 조정이 요구되는 경우에는 상관이 시행에 따라 변화하지 않았다. 어떻든, 이와 같은 방법론적 문제점을 보완한 경우에도 지능지수와 특정 과제의 학습 간의 상관은 일반적으로 표준화 검사와 성적과의 상관만큼 높지 않다.

요약

전체적으로, 지능은 학생이 학교에서의 수행을 예측하는 것처럼 보이나 상관의 정도는 사용된 지능검사와 수행검사에 따라 다른 것 같다. 하여튼, 상관이 가장 높게 나타난 경우에도 지능은 성취 분산의 25% 정도밖에 설명하지 못한다. 다른 요인이 나머지 75%를 설명한다.

적성의 본질과 발달

적성(aptitude)은 지능과 관련이 있긴 하지만, 지능과는 다른 구인이다. 앞 절과 마찬가지로, (1) 적성이란 무엇인가, (2) 적성은 어떻게 측정되는가, (3) 적성은 발달하는가, 그리고 (4) 적성은 학업 성취를 예측하는가의 네 가지 질문에 대한 대답을 통하여 적성을 살펴볼 것이다.

적성이란 무엇인가?

적성은 1800년 말에 심리학 분야가 출현하기 이전부터 관심을 끌었던 오래된 구인이다(Snow, 1992). 적성은 한때 *준비성*(readiness), *적합성*(suitability), *감수성*(susceptibility), *잠재력*(potential), *경향성*(proneness) 등과 같은 용어와 거의 같은 의미로 간주되었다. 또한, 적성은 세 가지의 개인 특질, 즉 인지특질(예컨대, 필수기능, 지능 등), 의욕특질(예컨대, 동기, 의지 등), 그리고 정서특질(예컨대, 기분 및 기질)을 말하는 것으로 가정되어 왔다. 이에 따라, 초기 연구자들은 학생이 특정 상황에서 인지적으로나 정서적으로 수행할 준비가 잘 되어 있는지와 관련된 주제에 관심을 가졌다.

그러나 미국에서 검사의 개발과 활용이 활발했던 1900년대 초에 적성에 대한 연구는 새로운 전기를 맞게 된다(Snow, 1992). 다양한 기관과 회사가 누가 다양한 지위에서 업무를 잘 수행할 것인지를 예측하기 위하여 검사의 활용에 큰 관심을 가졌다. 예컨대, 군대에서는 훌륭한 장교나 조종사가 될 가능성이 있는 지원자를 확인하는 데 도움을 받기 위하여 검사가 활용되었다. 검사 활용으로, 적성에 대한 정의가 협소해지게 되었고, 적성은 지능과 거의 유사한 것으로 간주되게 되었다(Snow, 1992). 이에 따라, 적성은 지능과는 다른 인지측면은 물론 의욕측면과 정서측면과는 관련이 없는 것으로 간주되고 있다. 지능이 높음에도 불구하고 (a) 필수기능이 부족하거나, (즉, "지적"이라는 것이 "모든 교과의 내용을 많이 알고 있다"는 것을 의미하지 않는다.) (b) 동기가 결여되어 있거나 (c) 동료나 고용주와 잘 어울리지 못하는 기질 때문에 특정 상황에서 수행이 낮은 사람이 분명히 있을 수 있다는 것을 생각해 보면, 적성을 이렇게 협의로 정의하는 것이 왜 문제가 되는지 이해될 것이다. 따라서 지능이 학업 성취를 예측한다는 사실은 지능이 분명히 적성이론의 일부라야 하며, 적성의 모든 측면을 포함하지는 않는다는 것을 보여주고 있다. 현대 이론에서는 적성의 인지, 의욕 및 정서 측면을 하나의 통일된 이론으로 재결합시켜야 한다는 압력이 있다(Corno et al., 2002).

이와 동시에, 적성과 상황 간의 중요한 관련성을 강조해야 한다는 압력도 있다. 적성을 가지고 있다는 것은 특정 상황에서 성공할 가능성이 높다는 것이다; 상황 일반적 적성을 가진 사람은 없다(Corno et al., 2002; Snow, 1992). 예를 들어, 어떤 사람이 자습 강좌에는 높은 적성을 가지고 있으나, 대집단 강의 강좌에는 적성이 높지 않을 수 있다. 이 반대도 있을 수 있을 것이다. 마찬가지로, 어떤 사람이 모든 사업에 상당한 적성을 가지고 있다고 할 수는 없으나, 대기업의 중견간부로 일하는 것보다는 자신의 작은 사업체의 운영에 적성이 있다고는 할 수 있을 것이다.

따라서 가장 영향력이 있고 널리 알려진 적성에 대한 설명에서는 적성의 세 측면(즉, 인지, 의욕 및 정서)과 상황과의 내재적 관련성이 강조된다. 물론 널리 인정받고 성취를 예측하는 것으로 알려진 적성에 대한 정의도 있다. 예를 들어, "쉽게 익힌다."는 아이디어와 관련을 맺고 있는 적성에 대한 상식적 정의도 있다. 기능을 숙달하는 데 필요한 시행 횟수에서의 개인차는 교실이나 운동장에서 쉽게 볼 수 있다. 어떤 아동은 몇 번만 연습해도 숙달하는 반면에 다른 아동은 훨씬 많이 연습해야 한다. 심리학자들은 1900년대 초반 이후에 적성에 대한 "학습시간(time to learn; TTL)" 관점의 정의를 연구해 왔다(Berliner, 1990; Gettinger, 1984). 숙달될 때까지 학습할 수 있는 기회가 제공되었을 때, 가장 느린 학습자는 가장 빠른 학습자보다 4 내지 5배의 연습이 필요하다는 것이 밝혀졌다. 또한 학습속도는 과제에 따라 달라진다, 즉 어떤 기능은 다른 기능보다 빠르게 습득된다는 것도 밝혀졌다.

적성은 어떻게 측정되는가?

앞에서 시사된 바와 같이, 적성을 측정하는 방법은 적성이론이나 정의에 따라 달라진다. 적성의 요인을 지능의 요인과 밀접하게 관련시키는 연구자는 주로 지능검사를 활용한다. 일부 연구자는 Raven의 행렬검사가 학교에서의 수행 적성을 평가하는 데 특히 유용한 도구라는 것을 암시한 반면에, 다른 연구자는 유동성 지능과 결정성 지능의 지수를 제공하는 WJIII과 같은 검사를 선호한다(Corno et al., 2002). 이와 대조적으로, 세 측면에서 적성을 정의하는 연구자는 인지, 의욕 및 정서 측면을 밝히는 검사를 활용한다. 이들은 지능을 측정하기 위하여 Raven의 행렬검사 같은 것을 활용하고, 필수지식을 측정하기 위해 표준화 성취도 검사를 활용하며, 흥미와 같은 동기요인과 기질 같은 정서요인을 측정하기 위하여 설문지를 활용할 것이다(Corno et al., 2002).

그러나 적성을 기능의 학습에 필요한 시간이라는 관점에서 보는 학습시간(TTL) 연구자는 다른 접근 방법을 주장하고 있다. 이들은 학생이 완전학습을 성취할 때까지 기능을 수행할 기회를 충분히 제공한다(Gettinger, 1984). 학년말에 어떤 학생의 성취도가 가장 높을 것인지를 예측하기 위해 지능검사 점수를 활용하는 대신에, 교과의 기능을 완전히 학습하는 데 필요한 연습 횟수를 활용한다. IQ가 120인 학생이 학년말 성취도가 IQ가 100인 학생보다 높을 것으로 예측하는 것과 마찬가지로, 학습시간 연구자는 두 번 연습하여 기능을 완전히 숙달하는 학생이 일곱 번 연습해야 하는 학생보다 성취도가 높을 것으로 예측한다.

마지막으로, 특정 이론모형과는 관련 없지만, 학생의 성취를 예측하기 위하여 사용되는 검사도 많이 있다. 이 중에서 가장 널리 알려진 것은 아마 학업적성검사(Scholastic Aptitude Test; SAT)일 것이다. 이 검사는 대학에서 수행을 잘 할 고등학생을 예측하기 위해 개발되었다. 학업적성검사는 지금도 이렇게 활용되고 있지만, 이 검사가 적성(미래의 학습능력)을 측정하는 것인지 아니면 단순히 성취도(즉, 학습한 정도)를 측정하는 것인지에 대한 논쟁이 있다. 학업적성검사의 본질과 활용에 관한 뜨거운 논쟁[예컨대, Slack & Porter(1980)과 Jackson(1980)의 설전으로 (학업적성검사를 실시하는] ETS(Educational Testing Service)와 대학 위원회(College Board)가 여러 해 전에 검사의 명칭을 학업성취도검사(Scholastic Achievement Test)로 바꾸었다. 학업성취도검사는 위험성이 높은 중요한 검사이면서 점수의 성차 및 민족차가 크다(12장 참조)는 점에서, 이런 논쟁은 이해된다. 일부 적성이론가는 학업성취도검사 문항이 고등학교 수업내용에 관한 지식만 아니라 수업내용에 대한 새로운 형식의 추론도 요구하기 때문에, 유동성 지능과 결정성 지능 모두를 측정하는 것으로 보고 있다(Corno et al., 2002). Frey와 Detterman(2004)은 두 연구에서 학업성취도검사 점수와 지능지수 간에 중간정도의 상관(r=.50)에서 높은 정도의 상관(r=.80)이 있다는 것을 발견하였고, 이에 따라 "이 두 연구결과는 학업성취도검사가 주로 일반요인을 측정하고 있다는 것을 보여주고 있다."(p. 373)는 결론을 내렸다.

적성은 발달되는가?

적성에 대한 발달적 접근을 시도한 연구는 거의 없다. 따라서 이 질문에 대답하기 위해서는 추론이 어느 정도 필요하다. 이 질문은 연령 증가에 따라 학습 준비도가 높아질 것으로 생각할 이유가 있는지, 연령 증가에 따라 수업처치에 호의적으로 반응하기가 쉬워지는지, 또는 연령 증가에 따라 학급 환경에 더 잘 적응하는지를 질문하는 것으로 상세화시킬 수 있을 것이다. 이 질문 각각에 예라고 대답하는 것이 합리적인 것 같다. 그러나 필요 이상의 자격을 갖출 정도로 잘 준비되어 있고, 동기화되어 있는데 학습할 내용은 요구수준보다 낮기 때문에, 학습에 큰 도움을 받지 못하는 상황을 쉽게 상상할 수 있을 것이다. 학교는 내용을 학생의 현재 수준보다 바로 위에 있는 수준으로 조정한다(즉, 학생이 모르는 것을 가르치려고 한다)는 사실을 고려할 때, 연령에 따른 적성의 인지, 의욕 및 정서 측면이 증진되거나 변화된다는 것이 학생과 학급환경 간의 "적합도"가 높아진다는 것을 의미하진 않는다. 어쨌든 학생과 학급환경 간에는 비교적 항상적인 적합도가 있을 것이다. 그러나 학교에서 수행을 잘하기 위해서는 학년이 올라감에 따라 보다 높은 지능과 동기가 증진되어야 한다면, 적성도 연령에 따라 높아지는 것은 도움이 될 것이다. 적어도 학교에 계속 적응하기 위해서는 적성이 연령에 따라 증가되어야 한다. 과제를 잘 따라가는 학생이 수행을 잘 할 것이고, 인지적으로 따라가지 못하거나 동기가 부족한 학생은 성공하지 못할 것이다.

이미 밝힌 바와 같이, 적성의 인지측면은 연령에 따라 증가한다. 앞으로 살펴보겠지만, 아동은 나이 들면서 교과에서 더 많은 지식을 획득한다. 따라서 인지 적성의 두 측면, 즉 인지와 지식은 아동이 좀 어려운 과제에서도 성공할 수 있도록 도와줄 가능성이 있다. 그러나 동기에 대한 논의(5장)에서 보았듯이, 대부분의 학생은 1학년에서 10학년 사이에 학년이 올라감에 따라 동기가 저하된다. 따라서 적성의 의욕측면은 나이가 들면서 높은 수준의 성취를 보일 가능성을 낮아지게 한다.

적성에 대한 학습시간의 관점에서 보았을 때, 나이가 들면서 내용 숙달을 위해 필요한 연습 횟수가 줄어드는지를 체계적으로 검토한 연구는 거의 없다. 4학년 때 수학내용을 숙달하는 데, 예컨대, 평균 다섯 번의 연습이 필요한 아동이 6학년 때는 6학년 수준의 새로운 수학내용을 숙달하는 데 네 번의 연습만 필요할지도 모르나,

정말 그런지는 확실치 않다. 다양한 연령에서 (상이한 내용의 학습에서) 느린 학습자와 빠른 학습자 간의 차이를 검토한 연구에서는 유사한 속도 차이가 있는 것으로 밝혀졌다(Gettinger, 1984). 따라서 학습시간의 개인차는 안정적이라 할 수 있다. 예를 들어, 3학년 때 내용숙달에 다섯 번의 연습이 필요한 학생은 6학년 때도 다섯 번의 연습이 필요하다. 3학년 때 세 번의 연습이 필요한 학생은 6학년 때도 세 번의 연습이 필요할 것이다. 이와 관련해서도 정말 그런지를 밝히는 연구가 필요하다.

적성은 학업 성취를 예측하는가?

정의에 따르면, 적성은 학교에서의 성공과 관련이 있다는 점에서 이 질문에 대한 대답은 당연히 예이다. 그렇다면, 문제는 적성이 학업 성취를 예측하는가가 아니라 적성의 어떤 측면이 학업 성취를 예측하는가이다. 지능과 성취 간에는 $r=.50$정도의 상관이 있지만, 이전 학년의 성취가 현재의 학업 성취를 더 잘 예측한다(Corno, 2002)는 것은 잘 알려져 있다. 실제로, 지능과 특정 교과의 성취를 비교한 연구의 80%에서 영역-한정적 이전의 성취가 현재의 성취를 훨씬 잘 예측하는 것으로 밝혀졌다(Byrnes, 1995). 전체적으로, 지능과 이전의 성취가 성취도 변산의 40%에서 50% 정도를 설명한다. 지능과 이전의 성취를 통제하였을 때, 흥미나 자기 효능감 같은 동기요인은 성취도 변산의 10%에서 20% 정도를 설명한다(Berry & West, 1993; Renninger et al., 1991). 그러나 학습시간 모형 이론가들은 (a) 완전 학습하는 데 필요한 연습횟수가 성취와 $r=.70$에서 .80 정도의 상관이 있고 (b) 학습시간과 성취 간의 상관이 지능과 성취 간의 상관보다 높다는 것을 밝혔다(Gettinger, 1984).

학업적성검사(SAT)의 경우에는 어떤가? 학업적성검사 점수와 대학 1학년 성적 간에 $r=.40$ 정도의 상관이 있는 것으로 밝혀졌다(Weitzman, 1982). 이와 대조적으로, 고등학교 성적과 대학 1학년 성적 간의 상관은 평균 $r=.52$였다. 학업적성검사 및 고등학교 성적 전체와 대학 1학년 성적 간의 상관은 $r=.58$이었다. 따라서 고등학교 성적에 학업적성검사를 더했을 때 증가되는 타당도는 $r=.06$밖에 되지 않는다. 그러나 이상과 같은 상관관계는 범위 한정 문제 때문에 실제보다 낮게 나타났을 것이다. 상관관계는 두 변인의 점수범위가 충분히 포함되었을 때 최대화된다. 예를 들면, 고등학교의 성적은 1.0에서 4.0의 범위에 있다. 고등학교 졸업생이 모두 대학에 진학했다면, 이들은 대학에서도 비슷한 성적을 받을 가능성이 높다. 마찬가지로, 이 학교의 (대학에 진학하지 않는 학생을 포함한) 모든 학생의 학업적성검사 점수는 250에서 800범위 안에 있다. 그러나 최상위 점수를 받은 학생들만 대학에 진학하기 때문에, 이들의 고등학교 성적은 3.0에서 4.0범위 안에 그리고 학업적성검사 점수는 500에서 800범위 안에 있을 것이다. 모든 학생이 포함되었을 때보다 대학에 입학한 학생들만 포함되었을 경우에, 학업적성검사와 대학 성적 간의 상관은 낮아진다. 왜냐하면 점수의 범위가 대학의 선발과정에 의해 좁아지기 때문이다. 따라서 학업적성검사는 성공을 예측하고, 적성검사로 간주될 수 있다. 그러나 학업적성검사는 고등학교 성적이나 학습시간 또는 지능에 비해 예측 정도가 낮다.

요약

적성은 지능과 관련 있지만, 지능과는 구별되고, 학생의 특징을 포함하고 있다. 불행하게도, 적성의 인지, 의욕 및 정서측면 모두를 포함시켜 연구된 경우는 거의 없다. 그 결과, 시작되기는 했지만, 아직까지 적성의 개개 요소의 상대적 중요성에 대한 완벽한 그림을 그려내지 못하고 있다. 또한, 지금까지 밝혀진 적성의 측면 이외의 다른 측면을 밝히기 위한 연구도 필요하다. 적성을 완벽하게 이론화하기 위해서는 먼저 이러한 연구결과를 학습시간 연구의 연구결과와 통합할 필요가 있다. 여러 가지 적성검사와 성취도 간의 높은 상관은 이 구인의 중요성과 그 본질과 발달을 밝히기 위한 연구가 더 필요하다는 것을 분명하게 보여주고 있다.

전문성의 본질과 발달

마지막으로 논의될 구인인 전문성(expertise)은 지능 및 적성과 다소 유사하나, 여러 가지 중요한 점에서 구별된다. 전문성의 본질에 대한 논의와 전문성이 지능 및 적성과 어떻게 다른지에 대한 논의는 이 세 구인과 이들 간의 관계를 이해하는 데 도움이 될 것이다. 앞에서와 마찬가지로, 여기에서도 (1) 전문성이란 무엇인가?, (2) 전문성을 어떻게 측정하는가?, (3) 전문성은 발달하는가?, (4) 전문성이 성취를 예측하는가? 하는 네 가지 질문에 대답하는 방식으로 전문성에 대해 살펴볼 것이다.

전문성이란 무엇인가?

모든 전문 분야에는 덜 숙련되고 경험이 비교적 적은 사람(초보자)은 물론 고도로 숙련되고 경험이 많은 사람(전문가)도 있다. 예를 들어, 전문 교사, 전문의, 전문 피아니스트와 전문 체스 선수는 물론 초보 교사, 초보 의사, 초보 피아니스트와 초보 체스 선수도 있다. 1960년대 말과 1970년대 초에 정보처리이론(2장 참조)이 뿌리를 내리기 시작하면서, 연구자들은 이 이론을 적용하여 전문가와 초보자 간의 차이를 설명하려고 하였다. 이 연구의 목표 중 하나는 인간 전문가가 과제(예컨대, 체스 경기)를 수행하는 것과 방식으로 작동하도록 설계된 전문가 체제 컴퓨터 프로그램을 만드는 것이었다. 연구자들은 이 컴퓨터 시뮬레이션에 포함시킬 요소를 찾기 위해,

동일한 상황 또는 문제에 직면했을 때 관찰되는 초보자와 전문가 간의 차이를 밝힐 필요가 있었다.

이 계통의 연구결과(예컨대, Anderson, 1990; Ericsson, 2003; Glaser & Chi, 1988)를 요약한 결과, 일곱 가지의 전문성 주요 차원이 있는 것으로 밝혀졌다.

1. *영역-한정성*: 한때 체스 전문가나 컴퓨터 전문가는 많은 영역에서 매우 숙련되고 지식이 풍부한 것으로 간주되었다. 요컨대, 전문가는 매우 영리한 경향이 있고, 앞에서 본 것처럼, 지능은 영역-일반적(domain-general)(즉, 어떤 한 영역에서 잘하면 모든 영역에 잘할 것)이라 믿었던 것이다. 그러나 한 영역(예컨대, 체스)에서 기능이 뛰어난 사람이 다른 분야(예컨대, 수학)에 그 기능을 전이시킬 수 있다는 증거는 거의 없다는 것이 밝혀졌다. 야구와 농구에서 Michael Jordan의 경우를 생각해 보라. 따라서 진정한 전문성은 한 영역에 한정되는 것 같다. 이러한 영역-한정성으로 전문성과 지능은 서로 구별된다.
2. *풍부한 지식과 경험*: 초보자와 전문가 간의 가장 큰 차이점 하나는 전문가는 초보자보다 상당히 많은 지식과 기능을 습득해 왔다는 것이다. 따라서 한 사람이 어떤 분야에서 가질 수 있는 가능한 아이디어의 목록과 기억 내용을 조사하는 방법이 있다면, 전문가의 기억에 있는 항목이 초보자의 항목보다 많다는 것을 알 수 있을 것이다. 더 나아가, 전문가는 기능을 많이 활용함으로써 마침내 그 기능을 신속하고 자동적으로 수행할 수 있는 수준에 이르게 된다. 그러나 중요한 것은 전문가가 초보자보다 많은 지식과 기능을 가지고 있을 뿐만 아니라 이 정보를 더 복잡하고 정교하게 추상적으로 상호 관련시킨다는 것이다(Chi, Hutchinson, & Robin, 1989). 따라서 전문가는 자신의 영역에 대해 심층적이면서 개념적으로 통찰하고 몇 개의 사실에 대한 피상적인 지식보다 사실에 대한 본질적 지식을 가지고 있다.
3. *의미 있는 지각*: 전문가와 초보자가 동일한 상황을 보았을 때, 전문가는 그 상황을 의미 있는 전체로 보는 경향이 있고 초보자는 별개의 요소들의 집합으로 보는 경향이 있다. 이러한 현상을 보여주는 한 예로, 체스 전문가는 체스판 위의 15개 말의 배열을 하나의 의미 있는 형태로 본다는 사실이 밝혀졌다. 이와 대조적으로, 초보자는 15개 말을 서로 관련이 없는 정보 단위로 보았다. 그 결과, 체스판을 보고 말이 어디에 있었는지를 기억하라고 하였을 때, 전문가가 훨씬 잘 기억하였다. 체스 경기를 수년 동안 반복해서 한다면, 특정 배열이 많이 반복될 것이다. 전문가는 반복되는 형태를 이전에 보았던 것으로 인식한다. 이와 유사하게, 전문 교사는 반복되는 수업 상황을 인식할

것이고, 자동차 수리 전문가는 반복적으로 일어나는 엔진 고장을 인식할 것이다. 주목할 것은 전문가에게 전문 영역에 속하지 않는 형태를 보여주었을 때는 그도 초보자와 같은 반응을 보이고 정보를 단편적으로 처리한다는 것이다. 그 결과, 전문가도 그 상황에 대해 많이 기억하지 못한다.

4. *사려적인 심층적인 문제 분석*: 전문가는 문제를 이해하기 위한 시간을 가진 후에 문제 해결을 시도한다. 이에 비해, 초보자는 문제를 심층적으로 분석하기 위한 시간을 갖지 않는다. 대신에, 초보자는 곧바로 문제 해결을 시도하고 정형화된 반응을 한다. 전문가는 문제 분석 단계에서 문제를 인식하고, 가능한 해결책을 정교화하거나 제한 사항을 부과하며, 문제 해결에 효과가 있는 정신적 표상을 구성하는 데 많은 시간을 할애한다.
5. *원리화된 문제 표상*: 전문가는 문제를 심층적으로 (즉, 원리적으로) 이해하는 반면에 초보자는 문제를 피상적으로 이해하기 때문에, 문제에 대한 전문가의 정신적 표상은 초보자의 것보다 효과적이다. 예를 들어, 초보자는 두 가지 물리학 문제가 있을 때, 두 문제 모두에 경사면을 가진 장치가 들어 있으므로 이 둘을 유사한 문제로 생각할 수 있다. 반면에, 전문가는 한 문제는 뉴턴의 제1법칙과 관련이 있고, 다른 한 문제는 뉴턴의 제3법칙과 관련되기 때문에 두 문제를 유사한 것으로 보지 않는다. 이와 마찬가지로, 초보 교사는 교실에 소동이 일어났을 때, 이전에 소동을 일으켰던 두 학생이 또 관련되어 있으면, 이번도 지난번과 유사한 것으로 생각할 것이다. 그러나 전문 교사는 원인이 서로 다르기 때문에 두 소동을 다르게 볼 것이다.
6. *효과적인 전략 구성*: 몇몇 연구에 따르면, 초보자와 전문가는 문제를 해결할 때 같은 책략(즉, 문제 해결 단계)을 사용하지만, 이 책략을 다르게 배열한다. 따라서 이 점에서도 초보자와 전문가 간에는 양적 차이보다는 질적인 차이가 있다.
7. *사후분석 속도와 정확성*: 전문가는 분석 단계에서 초보자보다 많은 시간을 소비하지만, 문제 해결 전략은 더 빠르게 수행한다. 전문가가 문제 해결 전략을 더 빠르게 수행하는 이유는 많이 연습했기 때문이다(Anderson, 1990; Ericsson, 2003). 더욱이, 반응을 빨리 하려 할 때 실수를 많이 하는 초보자와 달리 전문가는 시간이 짧게 주어지는 경우에도 꽤 정확히 반응하는 것으로 밝혀졌다. 예를 들어, 초보자나 중급자를 상대로 "속기 체스(lightning chess)" 경기를 할 때 전문가에게는 말을 움직일 수 있는 시간을 짧게 주고 초보자에게는 많은 시간을 주는 경우에도 전문가가 이겼다.

이러한 전문성의 특징은 두 측면에서 전문가의 능력을 증진시킨다. 첫째, 전문가는 전문성의 세 측면, 즉 지식, 속도 및 자동화로 인하여 초보자보다 작동기억 용량을 효과적으로 사용할 수 있다(Glaser & Chi, 1988). 3장에서 살펴본 바와 같이, 작동기억의 정보는 2초 이내에 조작되거나 암송되지 않으면 사라진다. 하나 또는 두 개의 정보는 2초 이내에 암송될 수 있지만, 같은 시간에 많은 정보가 암송될 수는 없다. 전문가는 어떤 상황에서 정보들을 하나의 덩어리로 묶음으로써 훨씬 쉽게 암송할 수 있다. 속도에서도 이와 유사한 이점이 있다. 정보를 신속하게 처리하거나 기능을 신속하게 수행하면 할수록 더 많은 정보를 작동기억에 저장할 수 있다. 이와 유사하게, 정보가 자동화되면 주의집중이 요구되지 않는다. 이것이 수동 변속 차량을 오래 운전한 사람이 초보 운전자와는 달리 옆 사람과 대화를 하면서 기어를 변속할 수 있는 이유이다.

둘째, 전문가는 초보자보다 자기점검 능력이 높다. 즉, 전문가는 혼란스럽거나 실수를 했을 때 이를 인식할 가능성이 초보자보다 높다. 이러한 자기점검 능력의 증대는 전문가가 초보자보다 정확하게 문제를 정신적으로 표상한다는 사실에 기인하는 것 같다. 보다 정확한 문제 표상은 전문가의 보다 풍부한 지식과 문제를 질적으로 분석하는 데 보다 많은 시간을 소비하려는 경향성에 기인하는 것이다.

전문성에서 특히 흥미로운 것은 지금까지 언급된 많은 속성(예컨대, 처리속도, 효과적인 전략 사용, 메타인지 능력과 작동기억의 발달 등)은 앞에서 살펴보았던 지적인 사람의 특징과 동일하다는 것이다. 그러므로 전문가가 모든 영역에서 초보자나 지능이 높은 사람보다 지적이지는 않다고 하더라도, 자신의 분야에서 문제에 직면했을 때는 매우 지적으로 행동한다. 전문성은 평균 이하의 지능을 보상한다고 주장하는 학자도 있다(예컨대, Bjorklund, Schneider, & Harnisfeger, 1992). 이러한 지능과 전문성 간의 관계는 Howard Gardner의 영역-한정적 다중 지능과 어느 정도 닮았다.

전문성은 어떻게 측정되는가?

전문성은 경험한 기간 이상의 의미를 가진다. 전문성이란 정예의 수행수준을 획득했다는 것을 의미한다(Ericsson, 1996). 따라서 모든 분야에는 초보자, 전문가 그리고 경험 많은 비전문가가 있다. 전문가와 초보자 간의 차이를 밝히기 위한 연구를 수행할 때, 전문가가 진정한 전문가인지 확인하는 것이 매우 중요하다. 어떤 연구자는 전략적으로 체스(예컨대, 세계 챔피언, 국가 챔피언 등), 가라데(예컨대, 파란 띠, 검은 띠 등), 스포츠(테니스 선수나 골프 선수의 순위 등)와 같이 분명하게 정의된 수행에 기초한 수준이 있는 분야의 전문가에 초점을 맞추어 연구했다. 교육, 의학,

택시 운전과 같은 분야에서는 전문가라 할 수 있는 기준을 세우기가 어렵다. 이런 분야에서 수행된 연구에서는 대부분 상급자나 동료의 지명 또는 교육수준(예컨대, 박사학위 소지 교수는 전문가인 반면 대학생은 초보자)에 따라 대상자가 선정되어 왔다.

연구에서 전문가와 초보자 간에 기대했던 차이가 나타나지 않은 것은 일반적으로 연구자가 확실한 전문가를 적절하게 찾지 못했기 때문이다(Shanteau, Weiss, & Thomas, 2003). 보다 바람직한 접근 방법은 전문가가 자신의 능력을 내보일 수 있도록 하는 일종의 수행검사를 개발하는 것이다. 예를 들어, 체스에 초점을 맞춘 연구라면, 연구대상자는 실제 게임을 하면서 결정을 내려야 한다. 교수에 초점을 맞춘 연구에서는 연구대상자가 실제 수업에서 가르치고 의사결정을 하여야 한다. 이상적으로, 실제 상황은 정보를 신속하게 처리하고, 메타인지를 수행하며, 전략적으로 접근하는 연구대상자에게 유리하도록 구성되어야 한다.

전문성은 발달되는가?

전문성은 적성과 유사하나, 영역-일반적이기보다 영역-한정적이라는 점에서 지능과는 다르다. 전문성 이론가가 지능이론가나 적성이론가와 다른 점은 전문성 이론가는 같은 학년 내의 개인차 관점과는 다른 분명한 발달차 관점을 취한다는 것이다. 특히, 모든 학생은 전문성의 발달 경로의 특정 지점에 위치될 수 있다. 예를 들어, 학생은 특정 영역(예컨대, 기타 연주)에 13세 때는 초보자로 간주될 것이고, 이어서 18세 때는 중간 수준으로 발달하고, 마지막으로 23세 때는 전문가 수준에 도달할 수 있을 것이다. 그러나 개인의 발달 경로를 살펴보면, 어떤 사람은 다른 사람보다 높은 수준의 전문성을 획득하고, 또 빨리 이 경지에 도달한다는 것을 분명히 알 수 있다. 이러한 개인차를 어떻게 설명할 수 있는가?

전문성은 한 분야에서 상당한 지식과 기능을 습득하고 기능이 자동화될 때까지 연습할 시간을 충분히 가진 후에야 출현하는 것 같다. 실제로, 특정 분야에서 "진정한" 전문가가 되기 위해서는 10년 정도가 필요하다는 것이 밝혀지고 있다(Ericsson, 1996; Ericsson & Smith, 1991; Hayes, 1985). 그러나 (a) 매일 3시간 30분 이상을 계획적으로 연습(즉, 주의 집중, 완벽 추구, 높은 수준의 노력, 자기 도전)하고 (b) 연습하는 동안에 전문적인 조언과 체계적인 지도(발판 제공)를 해주는 코치, 부모, 멘토나 교사가 있는 경우에만 10년 안에 전문성을 가질 수 있다(Ericsson, 1996). 따라서 전문성 이론가의 관점에서, 전문성 발달은 계획적인 연습과 숙련된 코치나 멘토로부터의 투입의 조합에 의해 이루어진다.

이러한 설명은 말 그대로 어떤 분야에서든 충분히 계획적으로 연습하고 훌륭한 지도를 받으면, 누구라도 전문가 수준에 도달할 수 있을 것이라는 가능성을 열어 놓고 있다. 실제로, 핵심적인 전문성 연구자 중 일부는 가지고 태어나는 "천부적 재능"이라는 것이 있다는 주장을 반박하려고 노력해 왔다(Ericsson & Charness, 1994). 이와 다른 관점은 특정 영역(예컨대, 피아노, 축구 등)에서 빨리 성장하고 최고 수준에 도달하는 사람은 천부적 적성을 가지고 있다는 견해일 것이다. 이 말은 천부적 적성을 가진 사람은 해당 영역에서 "신속히 익힐"(즉, 학습시간) 뿐만 아니라 아주 유리한 동기 프로파일을 가지고 있다는 것을 의미하는 것이다. 다시 말해서, 이들은 (a) 정예 수준에 도달하려는 열망이 강하고, (b) 이 수준에 도달하기 위해 해야 하는 일에 대해 강한 자기 효능감을 느끼며, (c) 그 영역에 열중하거나 전념할 정도로 강력한 내재적 흥미가 있어야 한다. 적성과 동기가 결여된 사람이 10년 동안 하루에 3시간 30분씩 계획적으로 연습하는 것을 상상하기는 어렵다.

전문성은 성취를 예측하는가?

앞에서, 전문성의 특징은 특정 영역에서 높은 수준의 성공을 이루는 것이라 하였다. 따라서 개념적으로 전문가는 높은 목적을 달성하고 성취한 사람이다. 더욱이, 연구자들은 발달 경로에 따라 전문성 수준을 측정할 때 영역-한정 지식을 파악하고, 신속한 정보와 전략, 작동기억 및 메타인지의 사용을 요구하는 측정도구를 활용할 것이다. 따라서 연구자들은 첫 해에 전문성 정도를 측정하기 위하여 특정 성취도 검사를 활용하고 마지막 해에 성취도를 측정하기 위하여 다른 성취도 검사를 활용할 것이다. 분명히 예측 정도가 높을 것이다. 그러나 이런 식의 연구에서 간과되고 있는 것은 동기 프로파일에 대한 측정이다. 동기가 포함된다면, 예측 수준은 더 높아질 것이다.

결론 및 수업에 주는 시사점

미국을 비롯한 여러 나라에서, 교사는 학생집단을 능력별로 편성하지 않고, 오히려 대단위 이질집단 학생들에게 동일한 정보를 제공하고, 동일한 과제를 부과한다(Lou, Abrami, Spence, & Poulson, 1996). 모든 학생이 이와 같은 획일적 접근에 획일적으로 반응한다면, 학년 말에 모두 동일한 성취 수준에 도달할 것이다(혹은 적어도 동일한 정도의 성장을 보일 것이다). 그러나 학생들은 동일한 성취 수준에 도달하지 못하며, 많은 학생은 서로 다른 정도의 성장을 보이는 것도 잘 알려져 있다. 마찬가지로, 학생들이 모두 수업에 동일하게 반응하지 않는다는 것도 잘 알려져 있다. 5장에서, 학년 말에 성취도가 높은 학생은 성취 수준이 낮은 학생보다 학습에 동기화되어 있지 않을 수 있다는 것을 시사함으로써, 이러한 결과가 설명된 바 있다. 여기서는 학년 말에 보이는 성취의 차이를 높은 성취자는 낮은 성취자보다 지적이거나 적성이 높거나 전문성이 더 있을 것이라는 것을 시사함으로써 설명할 것이다.

지능과 적성이 동기보다 성취의 차이를 더 잘 예측하는 것 같다는 점을 고려할 때, 교과과정이나 수업에 관한 결정을 내리는 데 이 정보를 어떻게 활용할 것인가 하는 것이 문제이다. 여기에서는 네 가지 주제, 즉 능력별 집단편성, 분화수업, 완전학습 및 소위 적성-처치 상호작용에 대해 논의함으로써 가능한 방안과 논쟁점을 살펴볼 것이다.

능력별 집단편성 대 전체집단 수업

능력이나 적성의 개인차에 대처하는 한 방법은 프랑스 정부가 Alfred Binet에게 아동의 능력에 따라 집단을 편성할 때 사용할 수 있는 검사 제작을 요청했던 1900년대 초반까지 거슬러 올라갈 수 있다(Sternberg, 2005). 교사는 아동을 "우둔한", "보통의" 그리고 "영리한"과 같은 범주로 분류한 후, 각 집단에 적합한 정보를 제공하고 과제를 부과할 수 있을 것이다. 예를 들어, 교사는 "우둔한" 집단에게는 단순한 아이디어와 과제를 제공하고, "보통의" 집단에게는 다소 어려운 정보와 과제를 제공하고, "영리한" 집단에게는 가장 어려운 정보와 과제를 제공할 수 있을 것이다. 또 교사는 집단에 따라 학습속도를 다르게 할 수도 있을 것이다(예컨대, 영리한 집단에게는 학습속도를 빨리 한다). 한때는 지능검사가 아동을 이렇게 집단으로 편성하기 위하여 사용된 주요 수단이었다. 그러나 1970년 이래로 보다 일반적인 접근방법으로 표준화 성취도 검사나 교사제작 검사에 기초한 다소 비형식적 평가가 사용되어 왔다.

얼핏 보면, 평가를 활용한 능력별 집단편성과 개별화 수업을 연결시키는 것은 사리에 맞는 것처럼 보이나, 논쟁의 여지가 없지 않다(Oakes, 2005). 몇 가지 잠재적인 문제점을 살펴보자. 첫째, 능력별 편성을 위해 사용하는 측정치가 타당하지 않거나 특정 하위집단에 편향된 것이라면, 아동이 잘못된 능력집단에 배정될 가능성이 있다. 예를 들어, 실제로는 평균적이거나 영리한 학생이 검사상으로는 평균 이하의 학생으로 잘못 나타날 수 있다. 둘째, 아동 능력의 상대적 서열은 비교적 안정적인 반면에, 연령에 따른 지능의 증가속도와 처음 검사에서 점수가 같은 두 아동이 한 학년 동안 획득하는 정보의 양에도 개인차가 있다는 것을 앞에서 밝힌 바 있다. 또 지능의 학년 말 성취 분산의 10%에서 25% 정도만 설명한다는 점도 기억해야 한다. 성취도 검사는 더 많은 변산을 설명하지만, 이러한 검사에서의 성장속도에 차이가 있다. 그러므로 학생이 해마다 불필요하게 같은 능력집단에 배치되지 않도록 하기 위해 계속해서 재평가하는 것이 중요하다. 어떤 아동이 괄목할 만한 성장을 보인다면 상위 집단에 배치되어 도전할 자격이 있다. 그러나 학교현장에서 이러한 재평가가 항상 이루어지지는 않고 있다. 셋째, 집단 간에 정보의 수준이나 학습속도에 차이를 둔다면 능력별 집단편성은 성취 차의 크기를 더욱 확대시킬 위험이 있다. 사실상, 빈익빈 부익부 현상을 초래한다(Stanovich, 1986). 잘못 배치된 아동을 가능한 한 빨리 재배치하는 것이 중요한 이유가 바로 이 때문이다.

모든 논쟁에서 그렇지만, 능력별 집단편성에 대한 찬성도 있다. 이러한 주장의 이유는 실제적인 이유이다. 능력의 차이가 큰 이질적인 학급에서 교사는 "중간 정도의 아동"에 맞추어 가르치거나 대부분의 교실에서 2/3 정도의 학생이 평균적인 학생이기 때문에, 이들이 이해할 수 있는 수준에 맞추어 가르치는 경우가 많다. 그러나 교사가 평균적인 학생이 이해할 수 있는 수준으로 가르칠 때, "하위에 속하는 학생의 능력보다는 높은 수준"에서 가르치는 것이고 또 "상위에 속하는 학생의 능력보다는 낮은 수준"에서 가르치는 것이다. 학생을 능력에 따라 배치함으로써, (위에서 말한 것처럼) 수업을 각각의 하위집단에 맞출 수 있다. 능력별 집단편성에 대한 두 번째 주장은 앞의 이유와 동일한 것이며, 능력이 높은 학생의 부모와 영재교육 주장자가 하는 것이다. 이들은 교사가 중간 정도의 아동을 염두에 두고 가르치면, 가장 능력이 높은 학생에게는 도전적이지 않고 할 수 있는 한 빠른 속도로 학습하지 못한다고 주장한다.

그렇다면 어느 쪽이 옳은가? 관련 연구에 대한 메타분석에 따르면, 능력별로 집단을 편성하는 학교와 그렇지 않은 학교의 성취도를 비교했을 때, 평균적인 효과크기는 d=.17이고 능력별 편성 학교가 높았다(Lou et al., 1996; 효과크기에 대한 설명은 12장 참조). 마찬가지로, 동질집단을 구성하는 학교(동질의 학생으로 집단이 구성되는 학교)와 이질집단을 구성하는 학교(능력이 다른 학생으로 집단이 구성되는 학교) 간의 평균적인 효과크기는 d=.12이고 동질집단이 높았다. 이러한 효과는 상대적으로 크지 않으나, 연구결과는 능력별 집단편성이 다소 바람직하다는 것을 시사하고 있다. 비판자들은 연구결과가 일어날 수 있는 잠재적 불평등을 정당화할 만큼 크지 않다고 주장할 것이다. 결정이 가치의 문제라면, 결정은 학교에 달려있을 것이다.

분화수업

능력별 집단수업과 전체수업 중에 어느 하나로 결정하기보다는 다른 방안들도 있다. 한 가지 방안은 영재교육 분야에서 시작되었으나, 현재는 다양한 학습자로 구성되어 있는 모든 교실에 적용되고 있는 **분화수업**(differentiated instruction)이다(Tomlinson, Kaplan, Purcell, Leppien, Burns, & Strrickland, 2006). 분화수업의 목표는 한 학급 안에서 병렬적 교육과정(parallel curriculum)을 구성하는 것이다. 이 교육과정을 설계할 때는 10단계 과정을 거치는 것이 좋다(Burns, 2006). 처음 세 단계에서 교사는 특정 수업 단원의 내용목표를 확인하고, 범주화하며, 계열화해야 한다. 다시 말해서, 교사는 가르칠 내용(예컨대, 수학 단원에서 곱셈)을 결정하고 나서 가르쳐야 할 가장 중요한 아이디어를 확인하여 완전한 문장으로 진술하고 나서 도입, 전개 및 정리를 가진 "이야기 줄거리"를 구성할 수 있도록 계열화하여야 한다. 또 교사는 도입되는 특정 항목이 사실, 개념, 원리, 기능, 태도 혹은 문제 해결 및 적용 기능과 관련이 있는지 결정해야 한다.

네 번째 단계에서 교사는 분리된 내용을 한 주제로 묶고, 여기에 투입되어야 할 시간을 고려해야 한다. 다섯 번째 단계에서 교사는 정리된 내용의 각 측면의 학습을 촉진할 다양한 활동에 대해 생각하고, 학생에게 필요한 자료(예컨대, 서적, 자료, 인터넷 사이트 등)와 학생이 산출할 여러 가지 결과물(예컨대, 과제물 대 집단 프로젝트)에 대해서도 생각해야 한다. 각각의 활동은 구체적인 분석적 사고 기능(예컨대, 비교하고 대조하기, 유추하기 등), 실행과정(예컨대, 요약하기, 메타인지) 그리고 창의적 사고 기능(예컨대, 유창성, 독창성)과 연결되어야 한다.

여섯 번째 단계에서 교사는 "지적요구 수준에 올리기(ascending levels of intellectual demand; AID)"라는 발견적 문제 해결법을 활용하여, 능력 수준이 다양한 학생들의 요구에 내용과 과제를 맞추는 방법에 대해 생각해야 한다. 이 여섯 번째 단계는 학생의 요구를 분화시키고 그에 부응하는 단계이다. AID는 학습자가 도전할 준비가 되어 감에 따라 도전 수준을 점차적으로 높여가는 접근 방법인데, 여기에서 도전은 전문가와 유사한 지식, 이해, 기능 및 행동에 초점을 맞춘다(Thomlinson, Kaplan, & Hedrick, 2006, p. 86). 교사는 이 수준에서 과제를 구성하기 위하여 수학이나 역사 같은 특정 영역의 전문성의 특성을 확인하고, 초보자에서 수습을 거쳐 실무자로 그리고 마지막으로 전문가 수준으로 나아가는 전문성 발달 경로를 세밀하게 계획해야 한다. 예를 들어, 초보자에게는 구체적 수준에서 개념을 경험하도록 하는 반면에, 수습에게는 각 개념의 구성요소(미세 개념) 간의 관련성을 이해하도록 할 수 있을 것이다. 마찬가지로, 초보자에게는 한 번에 하나의 개념을 학습하도록 하고, 또 직접수업을 통하여 학습하도록 하며 교사와 함께 유도된 연습을 하도록 하는 반면에, 수습에게는 한 번에 여러 개념을 학습하도록 하고 또 이 개념을 동료와 함께 협동학습을 통해 학습하도록 할 수 있을 것이다. 더 발전된 학생에게는 보다 높은 수준의 읽기 자료를 제공하고 비판적 사고를 하도록 할 수 있을 것이다. 학생 개개인에 대한 지도방법을 알기 위해, 교사는 (다른 방법으로 얻은 학생에 대한 지식은 물론) 학생이 이미 알고 있는 것을 파악하기 위하여 사전평가를 해야 한다.

일곱 번째 단계와 여덟 번째 단계에서 교사는 학생의 학습을 평가할 방법(예컨대, 시험 대 소논문)을 생각해야 하고, 교육과정이 첫 번째 단계에서 확인된 내용목표에 맞게 진행되고 있다는 것을 확인하기 위하여 "현실 점검(reality check)"도 해야 한다. 아홉 번째 단계에서 교사는 설계된 다양한 학습활동에 참여하도록 하기 이전에 학생에게 제시할 도입 활동을 개발해야 한다. 도입 활동에는 학생이 단원의 중심이 되는 기준이나 아이디어에 대해 생각할 수 있도록 하기 위한 중점 문제는 물론 자발적 참여를 유도하기 위한 선행 조직자나 동기유발 활동도 포함될 것이다. 또 학생에게 주제와 관련하여 이미 알고 있는 것을 공유하도록 할 수도 있을 것이다. 마지막으로, 열 번째 단계에서 교사는 이상의 아홉 단계에서 계획에 그쳤던 교육과정을 실제로 작성하기 시작한다. 계획의 복잡성을 고려할 때, 분화수업 주장자들이 전문가와 경험이 많은 교사만이 이러한 수업의 효과적 수행에 필요한 기능을 가지고 있을 가능성이 있다고 주장하는 것은 전혀 놀랄 일이 아니다(Tomlinson et al., 2006).

분화수업은 내용목표의 달성을 위해서는 모든 학생 대상의 짧은 강의와 뒤이은 집단 활동이나 개인 활동의 조합이 필요할 것이란 점에서, 전체 수업이나 능력별 수업과 다르다. 더 나아가, 동질집단이냐 혹은 이질집단이냐 하는 것도 구체적인 학습목표에 달려있다. 더 나아가, 집단을 구성할 때 능력은 하나의 고려요인일 뿐이다. 어떤 경우이든, 분화수업 주장자가 능력에 기초하여 집단이 구성되고 학년이 올라가면서도 유지되는 동질집단에서 소집단 수업을 통하여 학습해야 한다고 주장할 가능성은 거의 없다. 학생들은 다양한 형태의 집단을 경험해야 하고, 독특한 집단의 구성원이 될 기회를 가져야 하며, 현재의 성취수준보다 높은 과제에서 도전을 경험해야 한다.

완전학습

지금까지 고려된 방안이 중요한 점에서 차이가 있긴 하지만, 이들은 공통적으로 (a) 대부분의 학생이 다루고 있는 단원의 내용을 완전하게 학습하지 못했을 때도(예컨대, 많은 학생은 내용의 90% 이하를 이해하고 있다는 것을 시사하는 검사 점수를 획득할 것이다), 정해진 시간에 따라 다음 단계로 나아가고 (b) 학기말 평가에서 학생의 성취수준에 개인차가 클 가능성을 가지고 있다. 단원에 배정된 시간이 고정되어 있는 경우에는 모든 학생이 내용을 완전히 학습하는 데 필요한 시간이 주어지지 않기 때문에 필연적으로 성취수준이 차이 날 수밖에 없다(Bloom, 1974). 지식은 누적적이라는 점을 고려할 때, 이는 차이가 "눈덩이처럼 커지게 하고" 학생이 반복적으로 후속 단원 내용의 학습에 대한 준비를 갖추지 못하게 하는 문제가 계속 일어나게 하는 원인이 될 가능성이 있기 때문에 심각한 문제이다. 완전학습(mastery learning) 주장자는 이 문제를 해결하기 위한 좋은 방법은 학생이 필요할 때 언제든지 교사의 도움을 받을 수 있도록 하고 자신의 속도에 따라 개인적으로 학습하는 일련의 수업 모듈을 개발하는 것이라 주장한다. 학생은 90% 이상을 학습했을 때만 다음 모듈로 이동한다. 완전학습 주장자는 학생에게 전형적으로 배정된 일수보다 조금 더 많은 일수를 학습할 수 있도록 한다면, 학기말 평가에서 보이는 성취도 차이가 대부분 없어질 것이라고 주장한다(Bloom, 1974). 완전학습 접근방법을 택하고 있는 학교는 거의 없기 때문에, 이러한 주장이 분명한 결론을 도출할 수 있을 정도의 충분한 연구를 통하여 검증되지는 않았다.

적성-처치 상호작용

지금까지의 논의에서 학생이 요구하는 수업의 종류에는 차이가 있다는 것이 암시되고 있다. 학생과 수업 접근은 지식성장이 최대화되는 방식으로 조정되거나 배합되어야 한다. 통계적 용어로 말하면, 변인(예컨대, 학생의 능력과 수업기법)의 특정 조합이 단독으로 작용하는 각각의 변인의 작용에서 기대되는 것보다 큰 효과를 갖는 현상을 **상호작용 효과**라 한다. 예를 들어, 같은 기간 동안에 능력이 높은 학생은 능력이 낮은 학생보다 더 빠른 성장을 보이는 경향이 있다(예컨대, 능력이 낮은 학생은 평균적으로 10점 정도가 향상되지만 능력이 높은 학생은 20점이 많은 30점이 향상된다)는 것을 알 수 있을 것이다. 마찬가지로, 분화수업을 받은 학생이 전통적인 전체 수업을 받은 학생보다 (예컨대, 20점) 더 향상될 것이라는 것도 짐작될 것이다. 그렇다면, 분화수업을 받은 능력이 높은 학생은 전통적 수업을 받은 능력이 낮은 학생보다 40점 정도가 더 향상(즉, 능력에 의한 20점 향상과 수업에 의한 20점 향상)될 것이다. 이 둘의 조합으로 60점 정도 향상된 것으로 밝혀진다면, 이는 상호작용 효과가 있다는 것을 의미한다.

학생 특성과 수업 접근의 조합을 통하여 지식이 특별히 많이 성장하는지를 밝히기 위한 연구가 많이 수행되어 왔다(Corno et al., 2002; Cronbach & Snow, 1977). 이들을 통하여, 두 가지 결론이 도출될 수 있다. 첫째, 수업변인과 가장 강력한 상호작용 효과를 보이는 학생의 특성은 일반능력이다. 다른 요인(예컨대, 성격 특성, 특수 기능 등)은 모두 훨씬 약한 효과를 보였다. 둘째, "학습자에게 적극적인 지적 과업을 요구했을 때 학습이 일반적인 지적 능력에 의존하는 정도가 더 컸다"(Cronbach

& Snow, 1977, p. 414). 따라서 능력이 낮거나 평균적인 학생은 교사가 체계적으로 구조와 발판을 제공하고, 사실이나 개념 혹은 기능에 대한 직접수업을 했을 때 더 성장한다. 대조적으로, 능력이 높은 학생은 교사가 덜 구조화된 접근을 하고, 학생에게 스스로 전략을 찾아내도록 더 많은 자율을 주었을 때 더 성장한다.

7

독해

요약

1. 독해에는 구조측면과 기능측면이 관여한다. 구조측면에서 보면, 독자가 적절한 작동기억 용량을 가지고 있고, 주제, 해설문 및 설명문에 대한 스키마가 있을 때 독해능력이 증진된다. 기능측면에서 보면, 독자가 읽기의 목표를 세우고, 응집된 표상을 구성하며, 다양한 읽기전략을 활용할 때 독해능력이 증진된다.
2. 연령의 증가와 더불어, 읽고 있는 것을 처리할 수 있도록 도와주는 구조측면과 관련된 능력과 기능측면과 관련된 능력 모두가 발달되는 것 같다. 특히, 나이 많은 아동이 어린 아동보다 (a) 스키마화된 주제관련 지식, (b) 다양한 종류의 텍스트에 대한 스키마 그리고 (c) 추론하기와 역추적하기 같은 읽기전략에 관한 지식을 더 많이 가지고 있을 가능성이 높다.
3. 그러나 아동이 스스로 도식을 발달시키는 데는 상당한 시간이 걸린다. 게다가, 전략활용 능력이 있는 나이 많은 아동도 전략을 사용하지 않을 수 있다. 스키마와 전략에 초점을 맞춘 수업이 읽기속도와 독해능력을 향상시키는 것으로 밝혀졌다.
4. 유능한 독자는 그렇지 못한 독자보다 지식, 스키마, 전략을 더 빨리 습득하는 것 같다. 읽기 능력이 낮은 나이 많은 아동은 어린 아동과 마찬가지로 주제관련 지식, 스키마, 읽기전략을 가지고 있지 않기 때문에 독해에 어려움을 겪는다.

Carver(1973)는 해독을 개별 단어와 문장의 처리로 특징지었다. 여기에서는 독자가 텍스트의 보다 큰 부분, 즉 문단, 장 및 책 전체의 내용을 어떻게 이해하는지 살펴볼 것이다. 그러나 "해독"과 "독해" 간의 구분은 다소 인위적이고, 단지 설명을 위한 것임을 유념해야 한다. 전통적으로, 전자를 "읽기 학습"으로, 후자를 "학습을 위한 읽기"로 특징지어 오긴 했지만(Chall, 1983), 이렇게 함으로써 해독에는 (1) 텍스트로부터의 의미나 정보의 추출이 전혀 포함되어 있지 않고 (2) 단어에 맞는 발음만 포함된다는 잘못된 결론을 내리도록 조장하였다. 이러한 결론을 내린 교사와 출판가는 어린 아동이 읽는 방법을 학습하기 위하여 의미가 있는 텍스트를 읽어서는 안 되는 것으로 생각하는 경우가 있다. 이와 대조적으로, 읽기에 대한 총체적 언어 접근(the whole language approach)의 주요 가정 하나는 모든 형태의 읽기는 유의미할 수 있고, 또 있어야 한다는 것이다. 필자는 이 견해에 동의하지만, 어떤 기능은 하나의 단어나 문장을 읽을 때는 작용하지 않고 완전한 문단이나 이야기를 읽는 맥락에서만 작용한다는 점을 분명히 밝힌다. 이 장의 목적은 이렇게 새롭게 출현하는 기능들을 살펴보고, 대부분의 아동이 유창하게 읽을 수 있게 되는 2, 3학년 이후에 어떤 일이 일어나는지를 고찰하는 것이다.

여기에서는 네 개 절로 나누어 복합문에 대한 이해를 살펴볼 것이다. 1절에서는 독해과정의 구성요소가 설명될 것이다. 2절에서는 이러한 구성요소 획득의 발달경향이 제시된다. 3절에서는 훌륭한 독자와 그렇지 않은 독자가 비교 · 대조될 것이다. 4절에서는 독해에 대한 연구가 수업에 주는 시사점이 도출되고 수업에서 읽기 이론을 수행하는 방법의 여러 예가 제시될 것이다.

독해의 본질

먼저 독해가 의미하는 바를 전체적으로 개괄하고 나서 독해의 구조측면을 설명하고 마지막으로 독해의 기능측면을 설명하는 것이 독해에 대한 이해에 도움 될 것이다.

개관

독해의 의미를 이해하기 위해서는 작가, 문어(written language) 및 독자 간에 존재하는 세 가지 관계를 살펴보는 것이 바람직하다. 먼저, 독자의 마음에 어떤 아이디어를 심어주는 것이 목표인 작가가 있다. 작가는 이를 위하여 스스로 "독자가 이러이러한 생각을 하도록 하기 위해 어떤 단어를 사용할 수 있을까?"와 같은 질문을 한다. 작가는 생각 등을 전달하는 관습적 방식에 대한 신념에 기초하여 특정 단어, 어구 그리고 문장을 선정하고, 독자가 이 관습적 방식을 알고 있을 것으로 가정한다. 그러므로 예측을 진술하기 위한 관습적 방식이 "만일 ~면 ~이다."는 구문이고, 독자가 자신의 예측을 알길 원한다면, 작가는 자신의 예상을 나타내기 위해 "만일~라면 ~이다."는 구문(예컨대, "이라크전이 계속된다면, 다음 대통령은 민주당이 될 것이다")을 사용할 것이다. 작가가 말하고자 하는 내용을 독자가 이해했을 때, 독자는 텍스트를 이해했다고 할 수 있다(Graesser, Millis, & Zwaan, 1997). 독자가 작가를 이해했을 때, "정신적으로 교감"한 것이다. 마찬가지로, 독해에는 텍스트에서 어떤 일이 일어날지를 아는 것도 포함된다.

현대 이론에서는 독자가 텍스트를 다섯 가지 분석수준으로 표상함으로써 이해에 도달하는 것으로 가정된다(Graesser et al., 1997). 첫 수준은 **표면 코드** 수준(the surface code level)이라 한다. 이 수준에서 독자는 텍스트의 일부에 대한 언어적 흔적을 일시적으로 저장한다. 어떻게 아는가? 텍스트의 일부를 읽은 바로 뒤에 검사항목이 제시되는 경우에 독자는 실제로 제시된 텍스트와 부연된 내용 간의 차이를 말할 수 있다는 것이 밝혀졌다. 두 번째 수준은 **텍스트베이스**(textbase) 수준이라 한다. 이 수준에서 독자는 의미는 보존하지만 정확한 단어나 구문은 보존하지 않는, 즉 불필요한 내용을 제거하는 방식으로 텍스트의 내용을 표상한다. 텍스트베이스에는 연속되는 한 쌍의 문장 간의 일관성을 구성하기 위한 추론도 어느 정도 포함되어 있을 것이다. **상황모형**(situation model)이라 하는 세 번째 수준은 "명시적 텍스트와 배경지식 간의 상호작용을 통하여 유추적으로 구성되는" 정신적 미시세계의 "인물, 공간적 배경, 행위 및 사건"을 말한다(Graesser et al., 1997, p. 167). 네 번째 수준은 **의사소통**(communication) 수준이다. 이 수준에서 독자는 작가가 전달하려는 의도를 표상한다. 다섯 번째 마지막 수준은 텍스트를 다양한 유형(예컨대, 기사, 논문, 설명문, 소설 등)으로 범주화하는 것에는 독자의 능력이 반영되기 때문에 **텍스트 장르**(text genre) 수준이라 한다. 텍스트를 높은 수준으로 혹은 "심층적"으로 이해하기 위해서는 이 다섯 수준이 모두 작동되어야 한다.

독해를 일반적 수준에서 기술하는 한 가지 방법은 텍스트에 대한 해석을 텍스트나 서적에 있는 아이디어에 대해 *일관된* 표상을 구성하는 과정으로 보는 것이다(Carpenter, Miyake, & Just, 1995; Graesser et al., 1997). 심리학자들은 두 종류의 **일관성**, 즉 국지적 일관성과 전체적 일관성이 있다고 주장한다. 국지적 일관성이란 인접한 한 쌍의 문장에 들어있는 아이디어를 통합하여 표상하는 것이다. 전체적 일관성이란 이와 대조적으로 텍스트에 널리 분산되어 있는 아이디어(예컨대, 서적의 첫 장과 마지막 장에 있는 아이디어)를 통합하여 표상하는 것이다.

독해의 구조측면

독해의 구조측면은 독자가 가진 정보처리 용량이나 지식과 관련된 정신과 관계있다. 구조측면은 읽기의 기능측면이 작용할 수 있는 범위를 제공한다. 기능측면이란 독자가 글을 읽을 때 수행하는 과정(예컨대, 추론하기, 읽기전략 등)을 말한다. 구조측면은 주로 독자가 알고 있는 것과 관계있는 반면에, 기능측면은 독자가 하는 것과 관련 있다고 할 수 있을 것이다. 구조측면에 한계가 있는(예컨대, 작동기억 용량이나 지식이 부족한) 독자는 읽기전략 수행과 같은 기능적 측면을 수행하는 데 방해를 받을 것이다. 이와 대조적으로, 구조측면이 발달된 학습자는 기능측면을 효과적으로 수행하는 데 필요한 자원을 가지고 있다. 여기서는 두 가지의 중요한 구조측면, 즉 기억-관련 측면과 지식-관련 측면이 차례로 논의될 것이다.

기억-관련 구조측면. 위에서 그리고 3장과 6장에서 밝힌 바와 같이, 작동기억은 읽거나 기타 정신활동을 수행할 때 이루어지는 정보처리를 제한시킨다. 솜씨 있는 장인이 작은 작업장보다는 큰 작업장에서 많은 일을 할 수 있는 것과 마찬가지로, 정신도 작동기억 용량이 작을 때보다 클 때 더 정교한 인지조작을 수행할 수 있다. 작동기억은 읽은 정보들이 통합될 때까지 일시적으로 저장하는 버퍼의 역할을 한다(Cain, Oakhill, & Bryant, 2004). 능숙한 독자는 (a) 텍스트를 전체적으로 이해하는 데 특히 적절한 정보항목을 덧붙이거나 저장하고 (b) 더 이상 관련이 없는 정보를 제거함으로써 작동기억을 계속 경신한다(Carretti, Cornoldi, De Beni, & Romano, 2005). 또 이들은 읽기의 목적에 따라 처리수준도 조정한다(Linderholm & van den Broek, 2002).

지식-관련 구조측면. 2장과 3장에서 스키마라는 인지구조에 대해 살펴보았었다. 스키마는 어떤 유형의 다양한 사례가 공통적으로 가지고 있는 것에 대한 정신적 표상이라 할 수 있다. 예를 들어, 집에 대한 스키마는 대부분의 집이 공통적으로 가지고 있는 것을 구체화하고, 생일 파티에 대한 스키마는 대부분의 생일 파티에서 이루어지는 것을 구체화한다. 능숙한 독자와 작가는 대상과 사건에 관한 스키마 이외에도 특정 유형의 텍스트에 대한 스키마를 가지고 있는 것으로 밝혀졌다. 읽기관련 스키마는 전체적 일관성을 구성하는 능력을 지원하는 것으로 간주되고 있다(Carpenter et al., 1995; Graesser et al., 1997). 에세이와 같은 장르에 관한 스키마도 있긴 하지만, **해설문**에 관한 스키마와 **설명문**에 관한 스키마가 집중적으로 검토되어 왔다. 여기에는, 특정 주제(예컨대, 집), 해설문 및 설명문에 관한 스키마가 읽은 내용에 대한 이해와 기억을 어떻게 도와주는지 알아볼 것이다. 이어서, 능숙한 읽기에서 중요한 다른 여러 가지 종류의 지식을 살펴볼 것이다.

주제 관련 지식. 사람은 텍스트를 읽을 때, 기존지식을 특정 내용과 관련시킨다. 텍스트-처리 연구자는 기존지식을 종종 *사전지식, 배경지식* 또는 *세속지식*이라고도

한다. 이들은 기존지식의 많은 부분이 스키마 형태로 표상된다고 주장한다. 독자가 대상이나 사건에 관한 지식을 스키마화하고 있을 때가 그렇지 않을 때보다 텍스트에 제시된 정보를 더 잘 동화할 수 있다. 특히, 독자가 텍스트를 처리하려고 할 때, 그 안에 들어있는 연속적인 각각의 아이디어를 위한 정신적 "지점"을 찾으려 한다. 예를 들어, "강아지는 가장 일반적인 애완동물의 하나이다."라는 구절을 읽을 때, 은유적으로 표현하면, 정신적으로 "'강아지' 노드는 '~이다' 라는 연결을 통하여 '일반적 애완동물' 노드에 따라 붙기 때문이라는 것을 알았다."라 할 것이다(노드와 연결에 대한 자세한 설명은 2장 참조). 그러나 이어서 "강아지는 고대인에 의해 처음으로 길들여졌다."는 문장을 읽는다면, 속으로 "몰랐네. 이 정보를 '강아지' 에 관한 스키마에 추가해야지"라고 할 것이다.

주제에 관한 스키마는 투입되는 정보를 동화시키는 기초를 제공하는 것 이외에도 독자로 하여금 작가가 명시적으로 진술하지 않은 것을 추론할 수 있도록 도와주기도 한다. 예를 들어, "용의자가 Ralphy에게 밀크본(milkbone)을 주었다."라는 텍스트를 읽었다면, 아마도 Ralphy가 개라는 것을 추론하기 위해 개에 관한 스키마를 이용할 것이다. 마찬가지로, "어느 누구도 Mary의 생일 파티에 오지 않았다."라는 텍스트를 읽었다면, 그 때문에 Mary가 슬펐을 것이라는 추론을 하기 위해 인간에 관한 지식을 사용할 수 있을 것이다.

주제 관련 지식이나 배경지식에 대한 스키마 이론의 설명은 근래에 들어 독해를 증진시킬 수 있는 다양한 형태의 선언지식과 개념지식을 고려함으로써 더욱 확장되어 왔다. 스키마는 개념지식의 중요한 형태(즉, 사물이나 사건의 유형 간의 범주적 관계)지만, 독해에 영향을 미칠 수 있는 어떤 영역의 핵심원리(예컨대, 생물학에서 적응), 인과관계, 시간적 관계, 공간적 관계, 수학적 관계 등과 같은 다른 종류의 개념지식도 있다(Guthrie, Cox, Knowles, Buehl, Mazzoni, & Fasulo, 2000). 인과관계, 설명 및 핵심원리는 지금 우리가 알고 있는 스키마 개념으로는 모형화될 수 없을 것이다. 대신에, 연구자들은 독자의 마음에 있는 초보자 혹은 전문가 이론이나 연결주의 이론의 노드-연결 스키마(2장 참조) 같은 구조를 가정한다.

대부분의 연구자는 사용하는 모형과는 상관없이 사전지식이 텍스트를 읽는 동안에 보다 광범위한 정보처리를 촉진한다고 주장하고 있다(Miller, Stine-Morrow, Kirkorian, & Conroy, 2004). 이러한 주장의 증거로 유식한 독자는 "요약하는(wrap-up)" 동안에 개념적으로 통합하고 전체적으로 추론하는 데 보다 많은 시간을 사용한다는 것을 들 수 있다. 요약이란 절이나 문장 같은 주요 문법 구성요소 범위에서 이루어지는 정보처리를 나타내는 말이다.

해설문에 관한 스키마. 해설문 작가는 사건에 기초한 경험을 독자에게 전달하려 한다. 대부분의 해설에는 (a) 행동의 목표와 동기를 지닌 *인물*, (b) 사건이 일어나는 *시간*과 *장소*, (c) 주요 인물 간의 *갈등*과 이들의 *주요 목표*, (d) 갈등의 *전개*와 *해결*, (e) *정서 패턴*(affect patterns)(즉, 사건에 대한 감정이나 기타 반응), (f) *요점*, *교훈*, *주제* 그리고 (g) *견해*와 *전망*이 포함된다(Graesser, Gplding, & Long, 1991).

독해에 관한 문헌에서 볼 수 있는 한 가지 전통은 해설문의 작가는 해설문 구성요소에 관한 지식을 스키마화하고 있으며, 텍스트를 쓸 때 이 구성요소를 "완성시키기" 위해 이 구조에 의존하는 것으로 가정한다(8장 참조). 더 나아가 작자는 독자도 이런 스키마화된 지식을 가지고 있을 것으로 기대하여 그렇게 한다고 가정한다. 이야기의 각 부분이 전개될 때, 독자는 다음에 무슨 내용이 나올지 예상하기 위해 자신의 해설문 스키마에 의존한다. 노련한 작가는 때때로 독자를 놀라게 하거나 "계속 붙잡아두기" 위해 예상을 뒤엎기도 한다(Cliff-hanger가 그러하듯이). 스키마는 James Joyce의 *Dubliners*에 나오는 인물들에 대한 묘사를 읽고 나서 갖게 되는 감정(즉, 각 단편소설의 끝난 지점에서 끝나지 않았기를 바라는 것)에 영향을 미친다. 더욱이 독자는 이야기의 우수성을 판단하고 읽은 내용에 대한 상황 모형(이에 대한 상세한 논의는 다음에 논의되는 "독해의 기능측면", 8장 참조)을 구성하는 데 해설문 스키마를 활용하는 것 같다.

설명문에 관한 스키마. 해설문의 주요 목적이 독자를 즐겁게 하기 위한 것인 반면에, 설명문의 주요 목적은 독자에게 정보를 제공하여 무언가를 배울 수 있도록 하는 것이다(Weaver & Kintsch, 1991). 그래서 *Snow White*나 *Harry Potter*는 해설문의 예인 반면 이 책과 같은 교재는 설명문의 예이다.

유능한 작가와 독자가 해설문에 관한 스키마를 가지고 있는 것과 마찬가지로 설명문에 관한 스키마도 가지고 있을 것이다. 가장 많이 인용되는 설명문 스키마의 이론적 모형은 Meyer(1985)의 모형과 Kintsch(1982)의 모형이다. Kintsch(1982)의 모형에는 설명문 스키마를 구성하는 세 개의 주요한 관계, 즉 (a) 대상을 확인하거나, 정의하거나, 분류하거나, 예를 드는 것과 관련이 있는 *일반-특수 관계*(예컨대, "스키마는 정신적 표상이다"), (b) 대상들을 비교하거나 대조하는 것과 관련 있는 *대상-대상 관계*(예컨대, "작동기억은 장기기억과 ~ 점에서 다르다"), 그리고 (c) 인과관계, 부분이 합쳐지는 방법, 부분이 개별적으로나 집합적으로 작용하는 방법과 관련이 있는 *대상-부분 관계*(예컨대, "기억에는 단기기억, 작동기억, 장기기억의 세 유형이 있다")가 있다.

Meyer(1985)의 모형에서는 하나의 구절에 있는 아이디어는 서로 특정한 관계를 맺고 있다고 할 수 있다. 일반적인 설명문에 대한 분석을 통하여 작가는 아이디어를 다음과 같은 다섯 가지의 일반적인 관계로 배열한다는 것이 밝혀졌다.

1. *집합:* 대상이 한 집단에 모여 관련되는 방식을 보여주는 관계(예컨대, "오늘날 도로 상에는 일곱 종류의 운송수단이 있다. 첫째, ……)
2. *인과:* 한 사건이 다른 사건의 원인이 되는 방식을 보여주는 관계(예컨대, "그 유조선은 모든 기름을 바다로 흘려보냈다. 그 결과로 바다의 생명체는 ……")
3. *응수:* 한 아이디어는 문제가 되고 다른 아이디어는 그 문제에 대한 해결책이 되는 것을 보여주는 관계(예컨대, "많은 노숙자는 약물남용문제를 안고 있다. 이러한 장애의 치료를 위해 더 많은 예산이 투입되지 않으면 노숙자는 줄지 않을 것이다").
4. *비교:* 대상 간의 유사점과 차이점을 나타내는 관계(예컨대, "Piaget와 Vygotsky는 모두 자기중심적 언어를 강조했다. 그러나 Vygotsky는 ……").
5. *서술:* 속성, 특징, 습관이나 배경과 같이 어떤 대상에 관한 정보가 더 제공되는 관계(예컨대, 새 유조선은 더 안전하다. 새 유조선은 동력조타장치와 이중 선체를 가지고 있다).

이들은 텍스트의 개념이 배열되는 방법과 관련이 있다는 점에서 텍스트의 "**산문구조**(prose structure)"를 구성한다고 할 수 있다. 작가는 독자 마음의 아이디어 배열이 텍스트의 아이디어 배열과 동일한 것이길 바란다.

독해에 대한 스키마-이론 모형에 따르면, 설명문 집필자는 Kintsch(1982)와 Meyer(1985)에 의해 확인된 관계에 관한 지식을 가지고 있으며, 이러한 관계를 전달하는 관습적 방법도 알고 있다. 독자가 관계를 인지하도록 도와주는 가장 일반적인 방법은 문장을 묶어서 가까이 배열하는 것이다. 노련한 독자는 연이어진 문장을 서로 연결시키려 한다(Carpenter et al., 1995; Graesser et al., 1997). 독자가 문장을 연결시키지 못할 것 같은 걱정이 들면, 작가는 연결을 분명하게 해주는 다양한 **신호장치**(signality devices)를 사용할 수 있다. 예를 들어, 작가는 Meyer(1985)의 비교관계를 전달하기 위하여 '대조적으로' 라는 말을 사용할 수 있다. 또 작가는 인과관계를 나타내기 위해 '그 결과로' 라는 말을 사용할 수도 있다. 물론, 독자가 관계를 만들어주는 신호를 항상 필요로 하는 것은 아니다. 다음 두 텍스트를 살펴보자.

1. 심장질환의 주요 원인은 두 가지이다. 지방질 음식은 동맥에 혈석 형성을 촉진한다. 담배는 혈관을 수축시킴으로써 혈석이 형성되도록 한다.

2. 심장질환의 주요 원인은 두 가지이다. 첫째, 지방질 음식은 동맥에 혈석 형성을 촉진한다. 둘째, 담배는 혈관을 수축시킴으로써 혈석이 형성되도록 한다.

대부분의 독자에게는 두 번째 텍스트의 세 문장에 들어있는 아이디어를 Meyer(1985)의 집합관계로 연결하기 위해 '첫째' 라는 말과 '둘째' 라는 말은 불필요할 것이다. 그러나 지식이 많지 않은 독자의 경우에는 이러한 신호 장치가 사용될 때 읽기 속도가 빨라진다(Graesser et al., 1997).

독자는 시간이 지나면서 설명문에서 볼 수 있는 집합, 인과, 반응, 비교 및 서술과 같은 일반적 관계에 관한 지식을 획득하는 것으로 가정된다. 독자는 마음속에서 무의식적으로 "좋아, 이 문장은 방금 읽었던 문장과 어떻게 연결되지? 인과관계인가? 비교인가?" 라는 말을 한다. 바로 인접한 문장에 직접 해당되는 내용이 포함되어 있지 않은 경우에, 독자는 해당 내용이 들어있는 문장이 나올 때까지 계속 읽어나간다.

산문구조에 대한 지식은 독자가 예상할 수 있도록 돕는 것 외에도 읽은 내용을 이해하고 기억할 수 있도록 도와준다(Meyer, 1985; Weaver & Kintsch, 1991). 특히, Meyer의 다섯 가지 관계는 종종 텍스트의 주요점이나 주제 역할을 한다. 주요 개념은 이중 한 관계에 의해 연결되고, 덜 중요한 개념은 전체적인 관계 밑으로 포함된다. 중요한 사항을 먼저 기호화하고 부수적인 개념을 여기에 첨가시키는 독자가 텍스트 속에 담겨있는 아이디어를 더 잘 이해하고 기억하는 것으로 나타났다. 문단을 아이디어의 나열로 취급하는 독자는 내용에 대한 이해와 기억이 떨어지는 것으로 나타났다.

여타의 지식. 독해를 예측하는 것으로 밝혀진 여타의 지식에는 어휘 지식, 수용 가능한 문법 구조에 관한 지식 및 읽기에 대한 메타인지 지식이 있다(Cain, Oakhill, & Bryant, 2004; Proctor, Carlo, August, & Snow, 2005; van Gelderen et al., 2004). 독해와 두 측면의 언어능력(즉, 어휘와 문법 지식) 간의 예측적 관계는 읽기에 대한 소박한 관점(즉, 읽기는 해독 기능과 결합된 듣기이해 기능으로 구성되어 있다는 관점)과 일치한다. 읽기에 대한 메타인지적 지식은 읽기과제에 접근하는 효과적인 방법을 아는 것(예컨대, 잘 모르는 단어의 의미를 파악하기 위해 맥락 활용의 유용성을 인식하는 것)과 관계있다.

독해의 기능측면

독자는 독해능력을 증진시키기 위해, 주제에 관한 구조 지식과 다양한 종류의 텍스트(예컨대, 해설문 대 설명문)에 관한 구조 지식을 갖는 것 이외에도 다양한 온라인

과정을 수행해야 한다(Graesser et al., 1997; Paris, Wasik, & Turner, 1991; Pressley et al. 1994; Pressley & Hilden, 2006). 이 과정은 설명의 편의상 정향과정, 응집성 형성 과정 및 읽기전략의 세 가지 주요 군으로 조직될 수 있다. 이들 각각을 차례로 살펴보자.

정향과정. 읽기 전에 가장 먼저 해야 할 것은 인지과정이 텍스트로 향하도록 하는 것이다. 예를 들어, 주의집중과 흥미 같은 동기 요소(읽기 동기에 대한 자세한 논의는 5장 참조)가 수행되어야 한다. 다음으로, 읽기 *목표*가 설정되어야 한다(Pressley et al., 1994). 읽기는 다양한 이유로 이루어진다는 점에서 *유목적적* 활동이다(Paris et al., 1991). 예를 들어, 세계에서 일어나는 일을 알기 위해서는 일반적으로 신문을 읽는 반면에, 단지 재미나 휴식을 위해서는 스파이 소설을 읽는다. 마찬가지로, 작가가 말하고자 하는 바를 대강만 이해하기를 원하여 주요 사항이 들어있는 쪽만 넘기면서 보는 때도 있다. 또 다른 때는 저자가 말하는 것을 모두 이해하려고 (예컨대, 시험 보기 직전에 교재를 읽을 때와 같이) 한 줄 한 줄 주의 깊게 읽기도 한다. 설정되는 목표는 읽기에서 얻는 것을 증진시키기도 하고 한정시키기도 하기 때문에, 목표 설정은 매우 중요하다. 예를 들어, "모든 단어를 정확히 발음하기"라는 목표는 설정되었지만 "무엇인가 학습하기"가 목표로 설정되지 않았다면, 이 장 후반에 기술될 읽기전략은 수행되지 않을 가능성이 있고, 따라서 읽은 내용이 잘 이해되지도 않을 것이다.

응집성 형성 과정. 읽기의 중심목표는 텍스트에 들어있는 아이디어에 대한 응집된 정신적 표상을 구성하는 것이다. 이러한 과정 중에 **추론하기**가 가장 많이 연구되긴 했지만, 응집된 표상의 구성을 촉진하는 여러 핵심과정이 있다(Graesser et al., 1997; Paris et al., 1991). 독자는 텍스트에 있는 (a) 문장의 의미를 정교화하고 (b) 여러 문장의 의미를 통합하기 위하여 추론한다(Alba & Hasher, 1982). 예를 들어, "한 남자가 커피를 젓고 있다"는 문장을 보았을 때, 대부분의 독자는 그 남자가 티스푼을 사용하였다는 식으로 아이디어를 정교화한다. 또한 "Joe는 하루에 담배 네 갑을 피운다. 그가 죽은 후에, 그의 아내는 Phillip Moris 주식을 팔았다."는 두 문장이 제시되었을 때, 대부분의 독자는 Joe의 사망원인이 흡연일 것으로 추론한다. 따라서 흡연과 사망이라는 두 아이디어는 인과관계에 의해 통합된다. 더 나아가, 추론은 독자가 읽고 있는 텍스트에 대한 상황모형을 구성하는 데 중요한 역할을 한다. 앞에서 언급된 바와 같이, 문장 내 추론과 문장 간 추론의 주요 원천은 "커피"와 "담배" 같은 주제에 관한 지식이다. 두 번째 원천은 텍스트의 구조 및 장르에 대한 지식이다.

독자는 왜 읽는 동안 추론하는가? 독자의 마음은 항상 직면하고 있는 것을 이해하려고 하는 것 같다. 한 가지 이해방법은 정보를 보다 구체적이고 특수하게 제시하는 것이다. 그래서 위의 커피에 관한 문장을 읽을 때, 마음에서 자연스럽게 "사람들이 커피를 저을 때 일반적으로 어떤 물건을 사용하지?"와 같은 질문을 한다. 스푼이 사용될 것이라는 추론은 가능성에 지나지 않는다는 점에 주목하라. 가끔, 바로 옆에 있는 포크 손잡이 같은 것이 사용되기도 한다.

문장 간 추론의 이유를 이해하기 위해서는, 앞에서 논의되었던 마음은 항상 "이 문장은 앞의 문장과 어떻게 연결될까?"라는 질문을 하는 것 같다는 것을 다시 생각해 보아야 할 것이다. 두 사건이 시간적으로 근접하여 동시에 일어날 때, 앞의 사건을 뒷사건의 원인이라 생각하는 것은 자연스러운 것이다(Bullock Gelman, & Baillargeon, 1982; Graesser et al., 1997). 예를 들어, 흡연에 관한 첫 번째 문장 바로 뒤에 죽음에 관한 두 번째 문장을 진술함으로써, 자연스럽게 흡연이 Joe를 죽게 했다고 가정하게 된다. 마찬가지로, "방금 전에 마룻바닥을 청소했다. 내가 미끄러졌다."라는 문장을 읽었다면, 자연스럽게 말한 사람이 마루에 미끄러졌다는 것을 가정하게 된다. 그러나 Joe가 흡연 때문에 죽지 않았을 가능성도 있다. 또한 마루를 청소했기 때문이 아니라, 다른 것 때문에(예컨대, 물통에 발이 걸려서) 넘어졌을 수도 있다. 이러한 점에서, 추론은 필연적 결론이 아니라 가능성 있는 추측에 지나지 않는다.

인과적 연결 이외에도, 지식에 기초하여 다양한 문장 간 연결이 추론될 수 있을 것이다. 이러한 연결에는 (a) 인물의 행동을 유발한 목표나 계획, (b) 인물이나 대상의 특성이나 속성, (c) 인물의 정서, (d) 사건의 원인, (e) 행위의 결과, (f) 공간적 관계, (g) 전반적 주제나 요점 그리고 (h) 작가의 태도에 관한 추론이 포함된다(Graesser et al., 1997). 독자는 이 모든 추론을 하는가? 이 질문에 대한 대답은 누구에게 질문하느냐에 따라 다르다. 일부 "최소주의(minimalist)" 이론가는 인과추론만 일상적으로 이루어진다고 주장한다(예컨대, McKoon & Ratcliff, 1992). "구성주의" 이론가는 독자가 일반적으로 인물의 목표, 특정 사건의 발생 원인, 그리고 국지 수준이나 전체 수준의 응집성을 구축하는 추론을 한다고 주장한다(Graesser et al., 1997).

추론에 기초한 응집 과정의 또 한 예로는 독자가 자연스럽게 두 번째 문장의 대명사와 첫 번째 문장의 이름(예컨대, "Mary는 의사를 보았다. 그녀는 ~")을 연결 짓는 것을 들 수 있다. 이러한 대명사에 대한 *조응추론*(anaphoric inference)도 인과추론과 마찬가지로 개연성이 있을 뿐이다(즉, 의사가 여자일 수 있다). 조응표현은 **참조표현**이라는 축어체(textual entity)의 고전적 유형의 하나이다(Gernsbacher, 1996). 다른 유형으로는 미래 텍스트 요소를 나타내는 *역행대응 표현*(cataphoric expression)과 이 세상의 사물을 나타내는 *대상 지시적 표현*(deitic expressions)이 있다. 작가와 독자는 참조표현이 몇 가지 규칙에 따른다는 것을 인지하고 있다. 예를 들어, 텍스트에 새로운 실체가 도입되면, 일반적으로 참조표현에 부정관사(a나 an), 충분히 구체화된 명사 및 일단의 형용사구나 전치사구(예컨대, 콧수염이 무성한 많은 사람)가 포함된다. 그러나 다음에 이 실체가 다시 나오면, 일반적으로 정관사와 명사(예컨대, the man ……)가 포함된다.

응집성이 형성되고 유지되는 마지막 방법은 현재의 상황모형과 맞지 않는 아이디어를 억누르는 **억제**과정을 사용하도록 하는 것이다(Gernsbacher, 1996). 단어를 연속적으로 읽을 때 각각의 단어의 다양한 의미가 활성화된다. 예를 들어, "여성이 장미 향기를 맡고 있다."는 문장을 읽을 때, 장미(rose)라는 단어를 보면 일시적으로 "부드러운 꽃잎이 있는 가시 많은 꽃"과 "일어섰다(rose)"가 동시에 활성화된다. 그러나 앞의 의미만이 문장의 전체 의미에 합치된다. 독자는 응집성을 성취하기 위하여 적절하지 않은 의미를 억누르거나 비활성화시킬 필요가 있다.

읽기전략. 지금까지, 독자는 읽기 목표를 설정하고 응집된 상황모형을 구성하기 위하여 추론하기나 억제 같은 과정을 수행한다는 것을 살펴보았다. 독자가 이해를 증진시키는 또 하나의 방법은 다양한 **읽기전략**을 적용하는 것이다. 대부분의 이론가는 전략이 문제 해결을 지향하는 신중한 목표지향 조작이라고 주장한다(Bjorklund, 2004). 읽기 경우에, 해결될 "문제"는 텍스트를 심층적으로 그리고 정확하게 이해하는 것이다. 전략이 신중하다는 것은 독자가 전략을 통제한다는 것을 의미한다. 즉, 독자는 전략을 의도적으로 적용하려 하고 언제 어디에 적용할 것인지를 결정한다. 이와 반대는 억제와 같이 자동적으로 그리고 암묵적으로 일어나는 독서과정일 것이다. 지금까지 연구된 읽기전략의 예로는, 독자가 모두 통제하는가에 대해서는 다소 논쟁이 있어 왔지만, 주요 아이디어 확인하기, 요약하기, 예측하기, 점검하기 그리고 되돌아보기를 들 수 있다(Maglliano, Trabasso, & Graesser, 1999; Rosenshine & Meister, 1994). 추론하기도 역시 읽기전략으로 간주되어 왔으며, 부분적으로 독자에 의해 통제된다(Magliano et al., 1999). 추론하기는 응집성 형성에 매우 중요하기 때문에, 앞 절에서 논의된 바 있다. 어떤 과정이 전략적이고 어떤 과정이 전략이 아닌지와 관련된 비생산적인 논쟁을 하기보다는 전략과 과정이 신중성과 명시성이라는 연속선상에 위치되는 것으로 생각하는 것이 가장 좋을 것이다. 즉, 어떤 전략이나 과정은 다른 전략이나 과정보다 더 신중하고 명시적인 것으로 보는 것이 바람직할 것이다. 여기에서는 어떤 전략이나 과정은 다른 과정보다 신중성-명시성의 연속선상에서 상위에 속할 수 있다고 볼 것이다.

독자는 텍스트의 주요 아이디어를 확인하기 위하여, 텍스트에 있는 각 아이디어의 적합성을 평가하고 중심성이나 중요성 측면에서 이들을 순서화할 필요가 있다(van Dyke & Kintsch, 1983). Georgy Lakoff(1987)의 *Women, Fire, and Dangerous*에서 인용한 다음 텍스트를 살펴보자.

> 대부분의 분류는 자동적이고 무의식적으로 이루어진다. 분류된 것이 불확실하거나 미심쩍은 경우에만 분류하고 있다는 것이 인식된다. 우리는 세계 여기저기를 돌아다니면서 자연스럽게 사람, 동물, 물건, 자연물, 인공물을 분류하여 범주화한다. 이 때문에 우리는 대상을 있는 그대로 분류하고 있고, 대상은 당연히 어떤 종류에 속하게 되며, 우리의 마음속에서 이루어지는 분류는 당연히 세상에 있는 그대로의 분류와 일치한다는 생각을 가끔 갖게 된다. 그러나 우리 마음속에 있는 범주 대부분은 있는 그대로의 범주가 아니다. 마음속의 범주는 추상적 실체이다. 우리는 사건, 행동, 정서, 공간적 관계와 사회적 관계를 분류하고, 또 정부, 질병, 전자와 감기와 같은 과학적 이론과 민간이론(folk theory)의 실체와 같은 거대한 범위의 추상적 실체를 분류한다. 인간의 사고를 설명하기 위해서는 반드시 우리가 마음으로 분류한 범주들—구체적 범주와 추상적 범주—모두에 대한 정확한 이론을 제공해야 한다.

이 문단에서 중심 아이디어는 무엇인가? 첫 번째 문장에 있는가? 아니면 마지막 문장에 있는가? 네 번째 문장에 있는가? 그 문장에 있다는 것을 어떻게 아는가? 이 문단이 수학 능력 검사의 언어검사에 있는 것이라면, 이와 관련된 문항 중에 하나는 반드시 중심 아이디어를 찾도록 하는 문항일 것이다. 현실적으로, 주요 표준화 검사에서 중심 아이디어를 찾아내는 능력이 요구된다는 점과는 별개로, 텍스트에 관한 산문구조를 구성하기 위해서도 중심 아이디어 찾기 기능이 필요하다. George Lakoff는 (자신의 마음에서) 이 문단에 들어있는 아이디어를 특별한 방식으로 순서화했으며, 또 독자가 분류에 대한 자신의 중심 아이디어를 파악하기를 원하였다. 이 문단을 이해했다고 하는 것은 George Lakoff와 동일한 방식으로 아이디어를 순서화했다는 것이다.

텍스트의 산문구조를 결정하는 것 외에, 중심 아이디어를 찾는 두 번째 방법은 텍스트에 있는 다양한 신호를 찾는 것이다. 신호는 시각적인 것(예, 이탤릭체로 표시)일 수도 있고, 어구(예컨대, *가장 중요한*과 같은 단어의 사용)일 수도 있으며, 의미론적인 것(예컨대, 주제 문장을 명시)일 수도 있다. 독자는 중심 아이디어가 문단의 첫 부분에 들어있을 것으로 기대하지만 항상 그런 것은 아니다. 실제로, 아동용 교과서 중에서 문단의 앞부분에 중심 아이디어가 제시되어 있는 경우는 25% 정도에 지나지 않는 것으로 밝혀졌다(Garner, 1987). 따라서 텍스트 신호에 의존하는 것보다는 산문구조 관계와 사전지식을 사용하여 중심 아이디어를 찾는 것이 더 효과적일 수 있다.

중심 아이디어 찾기가 중요한 이유는 독해를 위한 중심 전략이라는 것 말고도, 세 번째의 중요한 읽기전략인 *요약하기*를 수행하기 위해 필요한 기술이기 때문이기도 하다. 요약을 위해서는 중요하지 않은 아이디어는 제외시키고 텍스트의 "요점"만 뽑아낼 수 있어야 한다. 요점은 대개 중심 아이디어로 구성된다.

이와 관련하여, Brown과 Day(1983)가 제안한 다섯 가지 요약 잘하기 규칙을 살펴보자. 첫 두 규칙은 사소하거나 적절치 않거나 불필요한 군더더기 정보를 삭제해야 한다는 것이다. 셋째 규칙은 범주의 구성요소를 위한 상위 용어(예, Buick, Dodge, Toyota의 상위 용어인 자동차)를 찾아야 한다는 것이다. 넷째와 다섯째 규칙은 텍스트의 중심 아이디어를 찾아 요약할 때 사용해야 한다는 것이다. 작가가 중심 아이디어를 분명하게 제시하지 않았으면, 독자가 중심 아이디어를 구성해야 한다. 그러므로 중심 아이디어를 찾아낼 수 없으면 요약을 잘 할 수 없다.

텍스트를 읽고 그 내용을 기억하여 요약하라고 하였을 때, 독자는 서로 다른 전략을 사용한다는 것이 시사되었다(Hyona, Lorch, & Kaakinen, 2002). 어떤 독자는 텍스트를 빠르게 훑어보는 반면에, 다른 독자는 보다 천천히 읽거나 부분을 다시 읽는다. 요약을 가장 잘하는 독자는 (a) 작동기억 용량이 크고 (b) 주제문장을 처리하는 데 많은 시간을 소비하는 것으로 밝혀졌다.

세 번째 중요한 읽기전략은 *예측하기*이다. 예측하기는 단순히 해설문에서 앞으로 일어날 일을 기대하거나 설명문의 작가가 다음에 말할 내용을 예상하는 것이다. 훌륭한 작가는 독자가 예상할 수 있도록 능숙하게 도와주고, 또한 즐거움을 주기 위해 기대를 노련하게 뒤엎기도 한다. 칼럼니스트인 Dave Barry(1989)가 쓴 *Dave Barry Slept Here*라는 책에서 인용한 텍스트를 보자.

> 미국이 대공황에서 벗어나기 위해 노력하는 동안 유럽 국가들은 제1차 세계 대전의 죽음과 참상, 공포를 극복하기 위해 노력하고 있었다. 이를 극복할 수 있었던 그들은 제2차 세계 대전을 일으켰다. 1930년대에 모든 사람은 그럭저럭 준비가 되어 있었고, 여러 해에 걸쳐 너무도 대중화된 "할 수 있다" 정신을 가진 독일은 주변 국가를 침략하기 시작했다. 다행히, 이들은 대부분 작은 나라들이었지만, 그럼에도 불구하고 독일의 행위는 영국과 프랑스의 경각심을 불러일으켰는데, 이 나라는 Adolf Hitler와 조약을 맺는 대담하면서도 재치 있는 전략을 통하여 되받아치기로 하였다(p. 117).

Dave Barry는 독자가 기대하는 것과는 다른 이야기를 자주 하고 있다는 점에서 그의 풍자는 효력을 발휘하고 있다.

네 번째 읽기전략은 *이해 점검하기*이다. 이해 점검하기란 간단히 말하면 '모를 때를 아는' 능력이다; 즉, 이해 실패를 탐지하는 능력이다(Markman, 1981). 읽기는 단순히 단어를 발음하는 방법을 아는 것이 아니다. 읽기는 오히려 텍스트에서 의미를 뽑아내는 활동이다. 독자는 텍스트의 특정 부분이 이해되지 않은 경우에, 읽기의 주목적(즉, 의미의 추출)이 성취되지 않았다는 것을 깨달아야 한다.

독자가 방금 읽은 것이 이해되지 않는다는 것을 깨달았을 때 (a) "그래, 계속 읽어보자."라거나 (b) 이해 실패에 대한 어떤 조치를 취하기로 결정할 수도 있다. 후자를 선택한 경우에는 다섯 번째와 일곱 번째 전략인 *역추적하기*(backtracking)가 이루어진다. 역추적하기에는 이해에 실패했을 때, 텍스트의 일부분을 다시 읽는 것이 포함된다. Garner(1987)는 네 가지의 판단과 믿음에 따라 역추적한다고 주장한다.

1. 독자는 방금 읽은 것을 이해하거나 기억하지 않는다.
2. 독자는 텍스트의 어려운 점을 극복하는 데 필요한 정보를 찾을 수 있다고 믿는다.
3. 유용한 정보를 찾기 위해서는 이전의 내용을 세밀히 살펴야 한다.
4. 이해하는 데 부딪친 문제를 해결하기 위해서는, 이전에 읽은 몇 개의 문장에 있는 정보를 조합하고 조작할 필요가 있는 것이다.

요약

오늘날의 읽기연구에서는 독자가 (a) 이해의 목표를 설정하고, (b) 주제와 관련된 선언지식과 개념지식을 가지고 있으며, (c) 적합한 구조적 능력과 다양한 유형의 텍스트에 관한 지식을 가지고 있고, (d) 언어지식과 읽기에 관한 메타인지 지식을 가지고 있으며, (e) 추론하기, 억제, 중심 아이디어 찾기, 요약하기, 예측하기, 점검하기, 역추적하기와 같은 다양한 온라인 과정을 사용할 때 독해에 큰 도움이 된다고 가정한다. 다음 두 절에서는 나이 많은 독자와 어린 독자 그리고 숙련된 독자와 미숙한 독자의 구조적 능력과 기능적 능력의 범위를 검토할 것이다.

독해기능 발달경향

독해기능의 발달을 요약하기 위하여, 우선 스키마의 도식 발달적 차이에 관한 연구를 살펴볼 것이다. 이어서 읽기전략과 관련된 발달 연구를 살펴볼 것이다.

독해의 구조측면의 발달

독해의 구조측면 발달에 관해 논의할 때, "어린 아동의 스키마는 나이 든 아동의 스키마와 어떻게 다른가 그리고 나이 든 아동은 어린 아동보다 개념지식을 더 가지고 있는가?" 와 같은 질문을 할 수 있다. 여기에서는, 먼저 작동기억 용량의 발달에 관한 연구에 초점을 맞춤으로써 이 질문에 대답할 것이고, 이어서 특정 주제에 대한 스키마, 이야기에 대한 스키마 그리고 설명문에 대한 스키마의 발달에 관한 연구를 살펴볼 것이다.

작동기억 용량. 3장에서 밝힌 바와 같이, 5세에서 12세 사이에 작동기억 용량이 직선적으로 증가한다(Swanson, 1999). 이와 더불어, 작동기억을 갱신하고 부적절한 정보의 활성화를 억제하는 능력도 증가된다. 이와 같은 기억능력의 증가는 독해능력의 향상과 관련되는 것으로 밝혀졌다(Cain, Oakhill, & Bryant, 2004; Carretti et al., 2005).

주제에 관한 지식. 2장에서 다양한 주제(동물, 분수, 야구 등)에 관한 아동의 지식의 많은 부분은 스키마로 정리된다는 것을 살펴보았다. 그러므로 새에 관한 아동의 지식은 "~이다"라는 연결에 의해 "카나리아" 노드에 연결된 "새" 노드로 표상될 수 있을 것이다. 나이, 경험 및 교육 정도가 증가하면서, 다양한 주제에 관한 아동의 스키마도 더욱 정교해진다. 마찬가지로, 다른 형식의 개념지식과 선언지식도 연령과 더불어 증가된다(Case, 1998). 지식의 증가는 아동의 이해를 크게 촉진한다.

이야기 스키마. 그 동안 이야기 도식에 관한 이론 모형이 많이 제안되어 오긴 했지만(Graesser et al., 1991), 발달 연구를 자극한 가장 대표적인 모형은 Mandler와 Johnson(1977) 그리고 Stein과 Glenn(1979)이 제안한 **이야기 문법**(story grammar)에 기초한 모형이다. Stein과 Glenn(1979)의 고전적 설명에 따르면, 이야기 문법이란 대부분의 이야기가 공통적으로 가지고 있는 것을 이론적으로 기술한 것이다. 이야기 문법에서는 어린 독자가 실제로 가지고 있는 지식 구조를 반영하려고 하지 않는다. 오히려, 이야기 문법은 모든 이야기가 공통적으로 가지고 있는 것에 대한 *전문가*의 지식을 나타내는 것이다(Stein, 1982). 이야기 문법의 형식성과 추상성을 이해하기 위하여, 다음의 예를 보자: 성인이 아동용 책을 저술하는 방법을 배우기 위해 작문 워크숍에 참여했다면, 아마도 그 워크숍 강사에게서 특정 형식의 이야기 문법을 제공받을 것이다. 워크숍 강사는 "모든 이야기는 일곱 개의 구성요소를 가지고 있습니다. 첫 번째는 ……"라고 할 것이다.

아동은 형식적이고 명시적인 이야기 문법을 가지고 시작하지는 않지만, 많은 이야기를 듣고, 읽으면서 **이야기 스키마**를 발달시키는 것으로 알려져 있다. 이야기 스키마에는 대부분의 이야기가 공통적으로 지닌 것에 관한 개인화된 암묵적 지식이 포함된다(Stein, 1982). 이야기 스키마의 개별성을 고려할 때, 두 아동이 살면서 서로 다른 형태의 이야기를 들었다면, 이들은 서로 다른 이야기 스키마를 발달시킬 것이다. 그렇지만, 아동이 더 많은 이야기를 읽고 사람에 관한 지식이 많아지면서, 이들의 이야기 스키마는 형식적 이야기 문법과 더욱 유사해질 것이다.

Stein과 Glenn(1979)이 제안한 원래의 이야기 문법에서는 이야기에는 일곱 개의 구성요소, 즉 (1) 인물의 소개가 포함된 *주요 배경*(예컨대, "옛날에 신데렐라라는 아름다운 어린 소녀가 있었습니다."), (2) 이야기 맥락에 대한 설명이 포함된 *주변 사태*(예컨대, "그녀는 새어머니와 성에서 살았습니다."), (3) 주요인물에게 일어나는 환경이나 사태의 변화가 포함된 *사건의 발생*(예컨대, "어느 날, 왕자님이 모든 사람을 무도회에 초대했습니다."), (4) 사건의 발생에 따른 인물의 목적, 계획, 생각을 포함된 *내적 반응*(예컨대, "신데렐라도 무도회에 가고 싶었습니다."), (5) 목적 달성을 위한 인물의 행위가 포함된 *시도*(예컨대, "그래서 그녀는 낡은 드레스를 수선하기 시작했습니다."), (6) 목표의 성취 여부를 구체화하는 *직접적 결과*(예컨대, "그러나 새어머니는 옷을 고치는 대신에 성을 청소하도록 했습니다.") 그리고 (7) 직접적인 결과에 대한 인물의 느낌이나 생각이 포함된 *반응*(예컨대, "무도회에 갈 시간이 되었을 때, 신데렐라는 갈 수 없었기 때문에 슬펐습니다.")이 포함되는 것으로 본다. 앞의 두 요소는 일반적으로 이야기의 "배경"을 구성하기 위해 하나로 묶이고, 나머지 다섯 요소는 이야기의 "에피소드"를 구성하기 위해 하나로 묶인다. 따라서 전형적인 이야기에는 적어도 하나의 에피소드와 배경이 포함되어 있다.

이야기가 위에 제시된 표준 구조에 맞을 때(즉, 일곱 개의 구성요소가 모두 제시된 순서로 배열되었을 때)는 발달차는 거의 나타나지 않는 것으로 밝혀졌다. 특히, 이야기에 Stein과 Glenn의 이야기 문법에 제시된 요소가 모두 포함되었을 때는 4~5세 아동도 포함된 사건을 잘 기억할 수 있는 것으로 나타났다. 그러나 나이 든 아동이 어린 아동보다 이야기에 있는 정보를 더 많이 기억하고 더 많이 추론한다. 이런 추론은 대부분 실제 텍스트에서 빠진 정보를 채워 넣기 위한 시도인 것 같다(Stein, 1982). 예를 들어, 이야기에서 내적 반응 요소가 빠져있다면, 나이 든 아동은 추론을 통해 이를 채워 넣는 경향이 있다.

표준 구조에 따르지 않는 이야기가 사용된 경우에는 발달차가 보다 분명하게 나타난다. 예를 들어, 이야기가 인위적으로 혼란스럽게 구성되었을 때(예컨대, 직접적 결과가 제시된 후에 사건이 발생된 경우), 어린 아동보다 나이 든 아동이 표준 구조를 회복시켜 다시 이야기하는 것을 더 잘 할 수 있다(Stein, 1982). 마찬가지로, 아동에게 초반 부분을 제시하고 이야기를 완성시키도록 하였을 때, 이야기에서 빠진 구성요소를 첨가시킬 가능성이 어린 아동보다 나이 든 아동이 더 높다(Eckler & Weininger, 1989). 마지막으로, 이야기 문법의 구성요소 일부(예컨대, "직접적 결과")가 들어있지 않은 이야기가 제시되었을 때, 그 이야기가 잘 조직되어 있지 않다고 할 가능성이 (보다 발달된 이야기 스키마를 가진) 나이 든 독자가 어린 독자보다 높다(Stein & Policastro, 1984).

따라서 아동에게 이야기 문법의 규칙을 따르지 않는 이야기에 대한 이해를 요구하였을 때, 발달차가 가장 분명하게 나타난다. 표준 구조에 따르는 이야기는 이해에 요구되는 정보처리를 최소화하는 것 같다. 이 말은 아동이 이야기 스키마 같은 것을 가지고 있을 때만 최소의 정보처리가 이루어진다는 것이다. 나이 든 독자는 어린 아동보다 정보처리 용량이 큰 경향이 있기 때문에, 나이 든 아동이 표준 구조에 따르지 않은 이야기를 보고 정신적으로 구성요소를 채우거나 보다 표준적인 이야기로 재정리할 수 있다.

요컨대, 이야기 스키마는 두 가지 중요한 역할을 하는 것으로 간주되어 왔다. 첫째, 이야기 스키마는 이야기를 읽을 때 이루어져야 하는 정보처리를 최소화한다. 독자는 표준 구조를 가진 이야기가 제시되었을 때는 정신적 자원을 사실의 이해에 모두 사용할 필요가 없다. 대신에, 독자는 남은 정보처리 자원을 추론하기(Stein, 1982)와 은유의 이해(Waggoner, Meece, & Palermo, 1985) 같은 다른 정신적 과업을 수행하는 데 활용할 수가 있다. 둘째, 이야기 스키마는 다음에 일어날 것을 예상할 수 있도록 한다. 예를 들어, 독자가 사건 발생 요소를 보았다면, 곧이어 내적 반응 요소가 제시될 것으로 예상하는 경향이 있다. 비록 나이 든 학생은 어린 학생보다 스키마가 가진 이러한 역할을 더 잘 이용할 수 있긴 하지만, 취학 전 아동도 초보적인 이야기 스키마를 가지고 있는 것 같다. 그렇지만 대부분의 경우에, 6세 이하 아동의 이야기 스키마를 밝히기 위해서는 보조용 그림과 확인을 위한 질문을 활용해야 한다(Shapiro & Hudson, 1991).

많은 학교에서는 교육과정에 이야기 문법 모형을 포함시켜 왔다. 실제로, 교사는 학생에게 방금 읽은 부분을 확인하도록 한다(예컨대, "배경이 무엇인지 얘기할 사람? 발생한 사건은 무엇이지?" 등). 따라서 학생은 부분을 학습하고 나서, 실제 이야기에서 부분을 찾는 연습을 많이 한다. 공통요소가 자연스럽게 정신적으로 추상화된다는 스키마이론이 옳다면, 이 같은 명시적 수업은 필요 없을지 모른다. 어쨌든, 스스로 습득하도록 하는 것보다는 명시적으로 가르치는 것이 이야기 스키마를 더 빨리 습득할 수 있도록 도와줄 것이다. 이러한 기대는, 특히 어린 학생이나 학습부진 학생의 경우, 연구를 통하여 지지되고 있다(Dimino, Taylor, & Gersten, 1995;

Lauren & Allen, 1999; Pressley, Johnson, Symons, McGoldrick, & Kurita, 1987).

설명문에 관한 스키마. 가장 순수한 형태에서의 산문구조에 관한 발달 연구는 두 연령집단에서 아동을 표집하여 각각의 집단에 잘 조직된 설명문과 불완전하게 조직된 설명문을 제시하고 기억하도록 하였다(예, Danner, 1976). 이러한 연구를 통하여 (a) 나이 든 아동이 어린 아동보다 기억을 도와주는 작가의 산문구조를 더 잘 사용하는지(즉, 작가의 주요 논지를 찾아내고 하위 아이디어의 기억을 조직하기 위해 사용하는지), (b) 산문구조를 이끌어내기 위한 분명한 텍스트 신호가 나이 든 아동보다 어린 아동에게 더 필요한지 그리고 (c) 나이 든 아동이 어린 아동보다 불완전하게 조직된 텍스트에서 산문 구조를 더 잘 추출하는지를 살펴볼 수 있을 것이다. 이에 대한 연구결과는 모두 연령 및 읽기 기회의 증가에 따라 아동이 설명문에 관한 스키마를 획득해 간다는 주장을 지지할 것이다.

불행하게도, 이러한 순수한 발달적 연구는 찾아보기 힘들다. 많은 연구자는 다양한 연령집단이 아니라 한 연령집단만을 연구대상으로 삼았다. 게다가, 이들은 두 연령집단의 아동을 비교할 때, 대개 읽기 능력을 변인으로 첨가시키기 때문에(예컨대, 이들은 5학년 독해 부진아와 3학년 독해 우수아를 비교하였다), 연령보다는 읽기 능력에 더 많은 관심을 갖는 것 같다. 더 나아가, 이들은 아동의 독해 능력이 증진되는지를 밝히기 위하여 산문구조 추출방법에 관한 수업을 하였다. 이러한 연구 경향 때문에 아동이 설명문을 많이 읽는 것만으로 스키마를 "자연스럽게" 습득하는지를 밝히기 위해 활용될 기존의 연구는 거의 없다(이는 이야기 스키마의 경우에도 마찬가지이다).

그럼에도 불구하고, 연령과는 관계없이 아동에게는 산문구조의 추출이 쉬운 과제가 아니라는 것이 시사되고 있다. 예를 들어, Meyer, Brandt, Bluth(1980)는 잘 구조화된 네 개의 텍스트를 제시하여 기억하라고 했을 때, 9학년 학생의 22%만이 기억을 조직하기 위해 작가의 주요 주제를 사용하는 전략을 일관되게 이용했다는 것을 밝혔다. 50% 이상의 학생이 단 한 번도 전략을 사용하지 못하였다. 결과적으로, 독해가 아주 뛰어난 학생조차 텍스트에 들어있는 아이디어의 70% 이하를 기억하는 데 그쳤다. 이와 유사하게, Zinar(1990)도 5학년 학생이 짧은 산문 텍스트의 내용을 단지 약 20~25% 정도 기억한다는 것을 밝혔고, 이들도 역시 기억을 안내하는 산문구조를 사용하는 데 실패했다고 주장했다.

그러나 이것이 아동의 수행이 항상 불완전하다고 말하는 것은 아니다. 예를 들어, Garner, Alexander, Slater, Hare, Smith와 Reis(1986)는 7학년 학생 중에 산문구조에 대한 지식이 탁월한 학생이 있다는 것을 밝혔다. 특히, 75%의 학생은 문단을 의미 있게 서술할 수 있었고, 98%의 학생은 문단에서 주제와 관계없는 문장을 배제시킬 수 있었으며, 87%의 학생은 주제 문장이 문단의 어디에 있는지를 알았고, 또 87%의 학생은 문장을 응집된 전체로 정리할 수 있었다. 이와 유사하게, Spires, Gallini와 Riggsbee(1992)도 통제집단의 4학년 학생이 문제 해결 또는 비교/대조의 형식으로 배열된 설명문 내용의 60% 이상을 기억했다는 것을 밝혔다.

아동이 극단적으로 잘 수행할 수 있다는 연구결과와 극단적으로 수행을 못한다는 연구결과는 설명문에 관한 스키마 이외에 다른 어떤 것이 독해에 작용했을 수도 있음을 시사한다. 이런 연구결과의 차이에 대한 가능한 설명 하나는 텍스트의 주제에 관한 지식이다(Roller, 1990). 매우 친숙한 텍스트의 경우에는 문제/해결 혹은 비교/대조 같은 일반적 형식을 인식하는데 주제에 관한 지식에 덧붙일 것이 거의 없을 것이다. 즉, 독자는 일반적 형식에 관한 지식이 없을 때도(즉, 설명문에 관한 스키마가 없을 때도) 친숙한 텍스트는 아주 잘 이해할 수 있을 것이다. 예를 들어, 공룡에 매혹된 어린 아동은 아이디어가 배열된 형식(예컨대, 인과관계)에 관한 지식이 부족하더라도 공룡의 멸종에 관한 텍스트를 잘 이해할 수도 있다. 반대로, 일반적 형식에 관한 지식을 가진 독자도 친숙하지 않은 텍스트는 전혀 이해하지 못할 수 있다. 예를 들어, 컴퓨터에는 익숙하지 않지만, 비교/대조 형식에는 친숙한 성인은 두 종류의 컴퓨터 간의 유사성과 차이점에 관한 텍스트를 잘 이해하지 못할 수도 있다.

사전지식과 설명문에 관한 스키마 모두가 이해에 영향을 미친다면, 독자가 주제와 중간 정도로 친숙할 때 설명문에 관한 스키마의 효과가 가장 뚜렷하게 나타날 것이다. Roller(1990)는 산문구조에 관한 문헌고찰을 통하여, 이 생각을 뒷받침하는 두 가지 사실, 즉 (a) 독자가 중간 정도로 주제에 익숙한 경우에 비조직적으로 제시된 문단의 효과가 가장 크다는 것과 (b) 독자가 중간 정도로 주제에 익숙한 경우에 다른 유형의 산문구조(예컨대, 문제 해결 등)에 관한 수업은 다양한 유형의 산문구조에 대한 효과가 가장 크다는 것을 밝혀냈다. 독자가 주제에 전혀 익숙하지 않거나 매우 익숙한 경우에는 이러한 효과가 현저하게 약화된다.

요컨대, 고학년 학생은 적어도 다양한 산문구조에 관한 암묵적 지식을 가지고 있다는 증거가 있다. 이들이 이해와 기억을 위해 이 구조를 사용할 것인지의 여부는 주제에 대한 친숙성 정도에 달려있다. 이 분야의 연구 대부분은 친숙성을 통제하지 않았거나 순수한 발달 설계도 하지 않았기 때문에, 설명문에 관한 자연적 발달 과정에 대하여 언급하기는 어렵다. 그럼에도 불구하고, 많은 연구는 아동에게 산문형식의 텍스트에 있는 다양한 유형의 관계에 대해 말해주고 이 관계를 확인해 보라고 요구했을 때(예컨대, "이 단락을 보자. 집합적 관계는 어디에 있지? 원인-결과 관계는 어디에 있니?" 등), 이해가 향상된다는 것을 보여주고 있다. 따라서 이야기 문법의 요소를 가르치는 것이 이야기에 대한 아동의 이해를 도울 수 있듯이, 설명문의 일반적 요소를 가르치는 것은 설명문을 더 잘 이해할 수 있도록 도울 수 있다. 그러나 친숙성의 작용을 고려하면, 학생에게 중간 정도로 익숙한 내용이 텍스트에 포함되어 있을 때만 설명문의 관계를 가르쳐야 할 것이다. 아주 익숙하거나 또는 아주 생소한 내용인 경우에 이들을 가르치는 것은 시간 낭비일 수 있을 것이다. 교사가 주제에 대한 친밀성을 확인할 수 있는 한 가지 방법은 읽기에 앞서 학생에게 개념도(conceptual map)나 "개념 웹(conceptual web)"을 작성하도록 하는 것이다. 이러한 일을 할 때 학생은 주제와 관련해 알고 있는 것을 모두 말할 것이고, 교사는 노드-연결 스키마를 사용하여 이러한 지식을 칠판에 제시할 것이다.

독해의 기능측면의 발달

여기에서는 정향과정, 응집성 형성 과정 및 읽기전략의 발달에 관한 연구가 차례로 설명될 것이다.

정향과정. 어린 아동은 스스로 최적의 읽기 목적을 설정하지 않는 것으로 밝혀지고 있다. 예를 들어, 한 어린 독자는 읽기의 목적이 주제에 관한 지식을 증가시키거나 재미가 아니라 "모든 단어를 적절하게 발음하는 것"이라 하였고, 다른 학생은 목적이 단순히 과제를 해결하는 것인 것처럼 행동하였다(Paris et al., 1991; Paris et al., 2001). 이러한 목적을 가지고 모든 단어를 적절하게 읽고 부여된 텍스트 읽기를 끝낸 학생은 이해하지 못해도 고민하지는 않을 것이다. 아동은 시간이 지나면서 이러한 차원의 목표를 의미와 관련된 보다 적절한 목표로 대치한다. 그러나 이러한 변화가 완벽하게 이루어지는 데는 매우 오랜 시간이 걸린다. 교사는 학생이 초등학교 저학년에서 보다 적절한 목표를 스스로 설정할 수 있도록 도와주어야만 한다.

응집성 형성 과정. (a) 선언지식과 개념지식이 추론의 기초가 되고 (b) 이들이 연령에 따라 증가된다는 사실을 고려할 때, 많은 연구에서 초등학교 고학년(즉, 4, 5, 6학년) 아동이 저학년 아동보다 추론할 가능성이 높은 것으로 밝혀진 것은 그리 놀랄 일이 아니다(Paris et al., 1991; van den Broek, 1989). 예를 들어, "군인은 그의 커피를 휘저었다"라는 문장을 읽을 때, 나이 든 학생은 어린 학생보다 그 군인이 스푼을 사용했을 것이라고 추론할 가능성이 높다(Paris, 1978). 작동기억과 같은 다른 요인이 통제된 후에도 추론하기는 이해 정도를 예측한다(Cain et al., 2004).

그러나 추론하기의 발달차에 관한 일반적인 연구결과가 어린 아동은 추론 능력이 없다는 것을 의미하는 것은 아니다. 최근 연구에서는 아주 익숙한 주제에 관한 이야기가 제시되거나 추론 방법에 관한 수업을 받았을 때는 어린 아동도 매우 훌륭한 추론능력을 보인다는 것을 밝히고 있다(Dewitz, Carr, & Patberg, 1987; Paris et al., 1991; Wasik, 1986). 따라서 추론하기의 자연 발생적 발달 과정은 아주 익숙한 내용의 활용이나 수업을 통해 변경될 수 있다.

추론을 이끌어내는 한 가지 좋은 방법은 추론이 요구될 때는 언제든지 이야기 중간에 멈추어서 질문하는 것이다. 예를 들어, (Nelson 선생님에 관한 이야기인) Nelson 이야기를 읽을 때 학생은 이야기에서 Viola Swamp라는 이름의 심술궂은 대체교사가 사실은 변장한 Nelson이라는 것을 추론할 필요가 있다. 독자가 이러한 관계를 파악할 수 있도록 도와주기 위해 포착하기 힘든 단서가 책 여기저기에 들어 있다. 어린 독자는 대개 이러한 단서를 놓치기 쉽기 때문에 "Nelson 선생님의 옷장에서 Swamp의 옷은 무엇을 하고 있니?"와 같은 질문을 던져주면 도움이 된다. 독해 과정에서 설명이 중요하다는 점을 고려할 때 왜라는 질문도 매우 유용할 것이다(Magliano et al., 1999). 추론을 요구하는 질문을 반복해서 하는 것은 궁극적으로 아동이 스스로 추론하도록 하는 데 도움이 될 것이다. 그러나 나이 든 학생은 많이 자극하지 않아도 추론하는 것 같으므로 추론하기에 중점을 둔 수업은 유치원에서부터 4학년까지의 학생에게 가장 크게 도움이 될 것이다. 작동기억 용량의 증가, 지식의 성장, 교사의 지도 및 읽기 목적 변경하기가 결합되면 자연스럽게 추론하려는 경향이 발달될 것이다.

추론하기 이외에 또 다른 유형의 응집성 형성 과정(예컨대, 대명사와 억제)은 발달 연구자의 관심을 거의 끌지 못했다. 예를 들어, 현재까지 이와 관련된 연구는 3학년에서 직접 수업을 통하여 대명사에 대한 이해를 증진시킬 수 있다는 것을 밝힌 한 연구가 유일하다(Baumann, 1986). 마찬가지로, 읽기에서의 억제의 역할에 관한 발달 연구도 몇 편에 지나지 않는다. 한 연구에서 (a) 7학년 학생은 5학년 학생보다 주의집중을 방해하는 정보를 억제하는 능력이 높고 (b) 적절하지 않은 정보를 억제하는 능력은 독해점수와 높은 상관이 있다는 것이 밝혀졌다(Kipp, Popp, & Digby, 1998). 6세에서 11세까지의 학생을 대상으로 수행된 다른 연구에서는 억제 기능은 연령, 지능, 문제에 대한 주의집중 정도가 통제된 후에도 독해수행을 예측한다는 것이 밝혀졌다(Savage, Cornish, Manley, & Hollis, 2006). 억제 능력이 연령에 따라 변화되는 이유는 아직도 불가사의하다. 일부 연구자는 억제 능력의 변화가 전두엽의 발달과 관계있을 것으로 가정하고 있으나(Dempster, 1992), 연결주의 모형에 따른 연구에서는 읽기체제와 연관된 신경망의 정교화와 관련이 있을 것이라는 것이 시사되고 있다(억제적 연결에 대한 추가적 설명은 2장 참조).

읽기전략. 초등학교 아동은 텍스트의 주요 아이디어를 재인하고, 재생하고, 구성하는 것을 힘들어한다(Baumann, 1981; Johnson & Afflerbach, 1985; Paris et al., 1991). 더 나아가, 이러한 기술은 청소년과 성인 초기에 향상된다는 증거도 있다. 그러나 내용이 친숙한 것일 때(Sternberg, 1985) 그리고 주요 아이디어 확인 전략을 수행하는 방법을 학생들에게 직접 가르칠 때(예컨대, Baumann, 1981)는 주요 아이디어를 확인할 가능성이 높아진다.

주요 개념 확인에 관한 연구결과에서 볼 수 있듯이, 요약 능력에서도 분명한 발달 경향이 나타난다. 어린 학생(예컨대, 5학년 학생)은 단순히 진술을 삭제하고 작가의 말로 요약하는 경향이 있는 반면에 나이 든 학생(예컨대, 고등학생)은 자신의 말로 아이디어를 결합하고 재조직하는 경향이 있다(Brown & Day, 1983; Paris et al., 1991; Taylor, 1986).

그러나 추론하기와 주요 아이디어 확인하기와 마찬가지로 초기 청소년기 학생도 요약하기 방법을 학습할 수 있다(Brown, Day, & Jones, 1983; Palinscar & Brown, 1984; Rinehart, Stahl, & Erickson, 1986). 예를 들어, Rinehart 등(1986)의 연구에서, 1회기가 한 시간인 5회기 과정으로 네 가지 요약규칙, 즉 주요 정보 확인하기, 사소한 정보 삭제하기, 군더더기 정보 삭제하기 및 주요 정보와 지지정보 연결하기를 학생에게 가르쳤다. 교사가 각 전략에 대한 시범을 보이고 나서, 학생에게 연습하도록 하였다. 학생은 먼저 문단을 중심으로 연습하고, 그 다음에는 단락에서 요약한 내용을 전체 텍스트에 관한 하나의 요약으로 통합하는 것을 중심으로 연습했다. 연습이 끝난 후, 훈련을 받은 실험집단의 학생이 훈련받지 않은 통제집단의 학생보다 읽은 내용을 더 잘 기억한다는 사실이 밝혀졌다.

예상하기와 관련하여, 많은 학생이 읽을 때 자발적으로 예상하지는 않지만 학습할 수 있다는 사실이 여러 연구에서 밝혀졌다. 유능한 독자는 읽을 때 자발적으로 예상한다는 주장을 지지하는 이런 연구에서는 예상하는 방법을 듣고 나서 학생의 독해 능력이 향상된다는 사실도 밝혀졌다(Fielding, Anderson, & Pearson, 1990; Hansen & Pearson, 1983; Palinsear & Brown, 1984; Pearson & Fielding, 1991).

학생의 예상 능력을 향상시키는 한 가지 방법은 먼저 아동에게 책표지를 보도록 하고 제목과 삽화를 살펴보도록 한 후에 어떤 책인지 예상하도록 하는 것이다(Pressley et al., 1994). 아동에게 읽어가는 도중에 읽기를 멈추고 읽은 내용에 비추어 예상한 것을 덧붙일 수 있도록 할 수 있다. 마지막으로, 읽기를 마치면 예상이 맞았는지를 알아볼 수 있도록 처음에 예상했던 것을 검토하도록 할 수 있다. Pressley와 동료들은 이러한 예상을 하기 위해 1학년 학생은 많은 도움이 필요하지만 이러한 방법으로 수업을 3년간 받은 후의 학생은 예상하는 데 있어 도움을 덜 필요로 한다는 사실을 발견했다.

앞에서 기술했듯이, 독해의 핵심은 의미 추출이다. 즉, 사람은 이야기 혹은 어떤 주제에 대한 이해를 위해 읽는다. 학생이 이야기나 정보를 제공하는 텍스트를 읽고 그것을 이해하지 못했다는 것은 읽기의 주요 목적을 성취하지 못했다는 것을 의미한다(Baker & Brown, 1984; Paris et al., 1991). 학생이 이해에 실패했다는 것을 간파하지 못하거나 이해에 실패했을 때 이해하려고 노력하지 않는 것은 읽기 수업에 심각한 결함이 있다는 것을 의미한다. 유추를 통해 이에 대해 알아보자. 제 기능을 하지 못하는 자동차의 문제점을 탐지하거나 수리하지 못하는 정비공을 계속 양성하는 직업학교에 대해 어떻게 생각하는가? 자동차 수리의 핵심에는 제 기능을 발휘하는 자동차와 제 기능을 발휘하지 못하는 자동차의 차이점을 아는 것(그리고 제 기능을 발휘하지 못하는 자동차를 수리하는 것)이 포함되는 것과 마찬가지로 읽기의 핵심에는 충분한 이해와 충분치 않은 이해의 차이를 아는 것(그리고 충분치 않은 이해를 수정하는 방법을 아는 것)이 포함된다.

불행하게도, 많은 연구에서 초등학교 학생과 중학교 학생은 이해 실패를 간파하는 데 어려움이 있다는 것이 밝혀지고 있다(Baker & Brown, 1984; Garner, 1987; Paris et al., 1991). 예를 들어, 고전적 연구에서 Markman(1979)은 6학년 학생조차도 설명문에서 논리적 불일치를 탐지하는 데 실패할 수 있다는 것을 보여주었다. 한 텍스트의 여러 문장에 바다의 밑바닥에는 빛이 없고 색깔을 알아보기 위해서는 빛이 필요하다는 것이 진술되었다. 바로 뒤이은 문장에 바다 밑에 사는 물고기가 먹이를 고르기 위해 색깔을 사용한다고 진술되었다. 텍스트에서 이러한 논리적 불일치를 찾는 방법에 대한 수업을 받은 많은 6학년 학생도 텍스트의 문제점을 발견하지 못하였다. 유사한 제재를 사용하여 다른 학년의 학생을 대상으로 수행된 연구에서도 유사한 결과가 나왔다(예컨대, Baker, 1984). 예를 들어, 대학생도 읽은 텍스트를 완전히 이해하지 못했다는 것을 정확하게 인식하지 못했다(Thiede, Anderson, & Therriault, 2003). 이해에 대한 자기평가 능력을 증진시키는 한 방법은 학생에게 평가하도록 하는 것을 몇 분 동안 지연시키는 것이다. 바로 평가하도록 하는 경우에는 텍스트의 정보와 이 정보에 의해 생긴 아이디어가 작동기억에 남아 있을 것이다. 상당한 정보가 작동기억에 남아 있음으로 해서 독자가 무엇인가를 학습했다는 잘못된 결론을 내리도록 할 것이다.

점검하기에 관한 발달 연구에서는 전반적으로 (a) 초등학생과 이보다 다소 높은 연령의 학생은 종종 텍스트를 읽고 이해하기가 어려울 것 같을 때는 "자동 지침(automatic pilot)"을 작동시키고(Duffy & Roehler, 1987) (b) 어린 독자는 자신이 읽은 것의 의미를 판단하는 데 하나의 기준만을 사용(예, 하나의 단어를 가진 문제)하는 반면에 나이 든 독자는 의미와 일관성을 판단하는 데 다양한 기준을 사용하는 경향이 있으며(Baker, 1984; Garner, 1981), (c) 나이 든 학생은 텍스트에 대한 응집된 표상을 구성하고 이러한 표상의 형성을 도와주는 수업의 효과를 볼 가능성이 높다(Paris et al., 1991)는 발달 경향이 밝혀지고 있다.

관련 문헌을 검토한 Garner(1987)는 역추적하기가 6학년에서 10학년 사이에 크게 발달한다고 주장했다. 어린 독자가 텍스트의 일부를 다시 읽으려 하지 않는 데에는 적어도 세 가지 이유가 있다. 아동은 (1) 다시 읽는 것을 불법으로 생각하는 경우가 있고, (2) 이해에 문제가 있음을 깨닫지 못하는 수도 있으며(앞에서 논의한 점검하기 참조), (3) 텍스트 구조에 익숙하지 않고, 이로 인해 정보 명료화의 탐색을 유도하는 데 도움을 받기 위해 텍스트 구조를 사용할 수 없는 경우가 종종 있다. 게다가, 많은 어린 독자는 읽기의 목적이 의미를 구성하는 것이 아니라 "단어를 적절하게 소리 내는 것"으로 생각하기 때문에, 이해하지 못하는 것을 걱정하지 않는다(Paris et al., 1991). 따라서 텍스트의 무의미한 부분도 적절하게 소리 내어 읽었다면, 그것을 다시 읽을 필요는 없는 것이다.

전체적으로 볼 때, 아동이 읽기의 구조측면과 기능측면에서 보이는 약점은 적절한 상황모형을 구성하지 못하는 경우가 많다는 것을 시사한다. 즉, 텍스트에서 이루어지는 것에 대한 아동의 정신적 표상이 텍스트의 저자가 아동의 마음에 형성되기를 희망하는 것과 맞지 않는 것이다. Glenberg, Gutierrez, Levin, Japuntich, Kaschak(2004)는 어린 독자가 보다 완전하고 정확한 상황모형을 구성할 수 있도록 도와주기 위해 이야기에 있는 항목(예컨대, 장난감 창고와 애완용 가축)에 상응하는 구체적인 소품을 사용하는 중재 프로그램을 개발하였다. 아동이 단순히 텍스트를 다시 읽는 조건과 비교했을 때, 소품을 조작하거나 소품을 조작하는 것을 상상한 1, 2학년 학생의 이해 능력이 크게 증가하였다.

다독의 역할

읽기를 자주 하는 학생이 그렇지 않은 학생보다 읽기 성취도가 높다는 것이 일관되게 보고되고 있다(예컨대, Cipielewski & Stanovich, 1992; Greany, 1980; Greany & Hegarty, 1987; Nell, 1988; Walberg & Tsai, 1984). 이러한 연구결과는 어떻게 해석되어야 하는가? 한 가지 접근은 상관계수를 수용하고 읽기 빈도와 읽기 성취도 간의 인과관계를 가정하여 검사 점수를 올리는 좋은 방법이 자주 읽도록 하는 것이라고 추론하는 것이다. 그러나 다른 접근은 이로부터 수업에 주는 시사점을 도출하기 전에 증거를 보다 비판적으로 검토하는 것일 것이다. 여기에서는 후자의 입장에서 논의할 것이다.

읽기 빈도와 읽기 발달 간의 관계를 비판적으로 평가하는 첫 번째 방법은 상관계수를 어느 정도 신뢰할 수 있는가라는 질문을 하는 것이다. 상관의 신뢰성을 평가하는 좋은 방법은 상관관계가 진정한 것인지를 알아보는 것이다. 읽기 빈도와 읽기 점수 상승 간의 상관이 읽기 빈도와 높은 검사 점수 모두와 관련되는 경향이 있는 다른 변인 때문이 아닌가? 한 가지 분명한 다른 변인은 읽기 능력일 것이다(Cipielewski & Stanovich, 1992). 동기 이론가는 사람이 자기 효능감이 높은 활동을 수행할 가능성이 높다는 것을 인정하고 있다(5장 참조). 동기 이론가는 더 나아가 재능이 있는 사람이 재능이 낮은 동료보다 자기 효능감이 높다는 것도 보여주고 있다. 그러므로 읽기 빈도와 읽기 성취도 간의 상관은 진짜가 아닐 수 있다.

앞에서 밝힌 바와 같이, 연구자들은 관여되었을 가능성이 있는 다른 변인의 효과를 수학적으로 제거했을 때도 상관계수가 변하지 않는지를 확인하는 방법으로 상관의 진정성을 결정한다. 여러 연구에서 읽기 빈도와 읽기 성취도 간의 상관은 읽기 능력과 다른 가능한 요인(예컨대, 사회 경제적 지위)의 효과를 제거하면 다소 낮아지지만 0으로 낮아지진 않는다는 것이 밝혀졌다(Anderson, Wilson, & Fielding, 1988; Cipielewski & Stanovich, 1992; Heyns, 1978; Taylor, Frye, & Maruyama, 1990; Walberg & Tsai, 1984). 따라서 읽기 빈도와 읽기 점수 간의 상관은 진정성이 있는 것으로 보인다.

그러나 통계치만으로는 수학적 관계의 의미나 인과관계의 방향이 결정될 수 없다. 두 요인 간의 가정된 관계를 더욱더 지지하는 관련 이론이 있어야 한다. 빈번한 읽기는 읽기 기능의 발달을 촉진할 것이라는 가정은 이론적 근거가 있는 것으로 밝혀지고 있다. 그러나 빈번한 읽기와 읽기 기능 발달 간의 관계는 겉으로 보는 것보다 복잡하다.

오늘날의 인지이론은 어떤 활동을 보다 능숙하게 하는 최선의 방법은 정기적으로 그리고 광범위하게 연습하는 것이라는 것을 시사하고 있다(Anderson, 1995; Ericsson & Smith, 1991). 실제로, 일부 연구에서는 테니스, 피아노 또는 체스 같은 분야에서 최고의 전문성에 도달하기 위해서는 적어도 하루에 4시간 정도의 연습이 필요하다는 것이 밝혀졌다(6장의 전문성 이론 참조). 그러나 소위 학습의 효험법칙(power law of learning)에 관한 연구에서는 연습이 기능 획득의 초기에 특히 중요하다는 것이 시사되고 있다(3장 참조). 특정 시점 이후에는 연습의 효과가 감소한다. 예를 들어, 9월에는 발음에서 실수하는 비율이 30%였지만 학교에서 9개월 동안 정기적으로 읽기 수업을 받은 후에는 실수 비율이 15%인(실수 비율이 50% 감소함) 1학년 학생의 경우를 생각해 보자. 그러나 2년을 연습한 2학년과 3학년 동안에는 실수 비율이 15%에서 각각 10%와 8%로 줄었다. 이는 실수 비율이 각각 33%와 20% 감소했다는 것을 보여주고 있다. 따라서 효과감소 개념은 연습량의 증가가 읽기 학습의 초기 단계에 있는 학생(예컨대, 1학년에서 2학년 학생)에게 가장 효과가 크고 후기 단계에 있는 학생(예컨대, 9학년에서 12학년 학생)에게는 효과가 가장 작다는 것을 시사하고 있다. 그렇다면, 모든 학생을 대상으로 읽기 시간을 늘리는 획일적인 정책(예컨대, 모든 학생에게 하루에 15분 동안 읽기를 하도록 하는 정책)은 나이 든 학생보다는 어린 학생에게 더 효과가 있을 것이다.

효과감소 개념은 읽기 빈도와 검사 점수 간의 상관이 고학년(예컨대, 5학년이나 6학년) 학생보다 저학년(2학년과 3학년) 학생에서 더 높을 것이라는 것도 시사하고 있다. 읽기 빈도의 역할을 조사한 대부분의 연구가 (아마 많은 어린 아동은 아직 유창하지 않고 혼자 읽지 못하기 때문이겠지만) 5학년 이상의 학생을 대상으로 했다는 점도 주목할 필요가 있다. 그러나 연습이 과정의 초기에 가장 큰 효과가 있다면, 5학년 학생 대상의 연구에서 얻은 상관관계는 이보다 낮은 학년의 학생에서의 읽기 빈도의 잠재적 가치를 과소평가하고 있을 수 있다.

또 하나의 이론적 관점은 소위 말하는 Matthew 효과와 관련이 있다(Stanovich, 1986). 문장을 이해하기 위해서는 문장의 모든 단어를 처리하고 작동기억에 저장하는 능력이 필요하다는 것이 밝혀졌다(Just & Carpenter, 1987). 문장의 단어 각각에 시선을 고정시켰을 때, 이전에 본 모든 단어가 작동기억에 남아서 유지되어야 한다. 정보가 사라지기 시작하기 전에(2초 정도) 이해를 저해하는 장애에 직면하면 이해과정은 일반적으로 멈칫거린다(Baddeley, 1990). 이런 장애물 하나는 낯선 단어의 출현이다. 아주 익숙한 단어는 1/4초나 그 이하의 시간 안에 처리되지만 낯선 단어는 처리하는 데 훨씬 많은 시간이 걸릴 수 있다. 모든 단어를 처리하는 데 2초밖에 걸리지 않는다는 것을 가정하면 낯선 단어는 분명히 문제가 된다. 그러나 다양한 유형의 텍스트를 정기적으로 많이 읽는 사람은 (낯선 얼굴이 반복적인 만남을 통하여 신속하게 재인되는 것과 같이) 자주 나오는 낯선 단어를 익숙한 단어로 변환시키는 경향이 있다. 시간이 지나면서 골치 아픈 단어도 이내 다른 단어와 거의 마찬가지로 신속하게 처리되고 더 이상 이해에 방해가 되지 않는다(Perfetti, 1985). 이 설명이 가지고 있는 한 가지 중요한 단서는 텍스트에서 새로운 단어를 획득하기 위해 맥락 단서를 활용하는 능력은 아동에 따라 차이가 있다는 것이다. 작동기억 용량이 큰 아동은 작동기억 용량이 작은 아동보다 맥락으로부터 새로운 의미를 쉽게 습득한다(Cain, Oakhill, & Lemmon, 2004). 따라서 다독은 작동기억 용량이 작은 아동보다 작동기억 용량이 큰 아동의 정보처리 속도를 더 증가시킬 가능성이 있다.

정보처리 속도 증가가 가져오는 중요한 결과의 하나는 독자가 읽고 있는 텍스트에 포함되어 있는 지식에 더 잘 접근한다는 것이다. 더 많은 지식의 획득은 다시 이해과정을 더욱 증진시키는 새로운 추론을 할 수 있도록 도와준다(Pearson &

Fielding, 1991). 광범위한 읽기의 또 다른 이점으로는 (a) 새로운 어휘의 획득과 일반적으로 대화에서는 습득되지 않는 문법 구성의 획득(Stanovich & Cunningham, 1992)과 (b) 해독과정에서 사용될 수 있는 음소 인식(Stanovich, 1986)이 있다.

따라서 정기적인 읽기는 읽기 속도, 어휘, 지식 및 음운 인식을 증가시키는 잠재력을 지니고 있다. 이런 변화는 다시 읽기를 더 잘할 수 있도록 한다. 사실, 독서 기능은 시간이 지나면서 눈덩이처럼 발달하는 경향이 있다. 이러한 분석은 두 학생이 1학년 때 거의 동일한 장소에서 읽기를 시작했는데 이 중에 한 학생만 다독을 했다면, 그 학생이 다른 학생보다 읽기 기능을 더 빨리 발달시킬 것이다. 더욱이, 시간에 따른 읽기 점수의 변화를 그래프로 그려본다면 시간이 지나면서 두 학생의 학습곡선 간의 차이는 더 커진다는 것을 알 수 있을 것이다. Stanovich(1986)은 이러한 현상을 부가 부를 낳는다고 한 새로운 증거의 저자(즉, Matthew)의 표현을 빌려 Matthew 효과라 하였다.

그러나 아동이 똑같은(도전감이 없는) 텍스트를 그대로 반복하여 읽을 때는 Matthew 효과가 나타날 것으로 기대할 수 없다는 점에 주목할 필요가 있다. 마찬가지로, 아동이 매번 새로운 책을 읽지만 이전에 읽은 책과 동일한 단어와 아이디어가 많이 들어 있는 책을 선정한다면 독서 기능은 거의 발달하지 않을 것이다. 따라서 하루에 얼마 동안 책을 읽느냐고 질문한 연구에서보다는 작년에 몇 권의 책을 읽었느냐고 질문한 연구에서 독서정도와 성취도 간에 더 높은 상관이 나타날 것이다. Matthew 효과는 이외에도 읽기 빈도와 읽기 성취도 간의 인과적 관계는 일방적이기보다는 상호 호혜적인 것(즉, 다독은 성취도를 높이고, 성취도 향상은 다시 다독을 조장하는)으로 보는 것이 맞을 것이다. 그러나 일반적으로는 다독이 성취 수준을 향상시킨다는 가정이 이론적으로 강력하게 지지되는 것 같다.

지금까지 다독과 읽기 성취도 간의 상관이 진정한 것일 수 있으며 이론적으로 의미가 있다는 것을 살펴보았다. 그러나 전형적인 상관 정도와 관련된 논쟁이 남아 있다. 다독이 읽기 성적과 진정으로 관련되어 있지만 관계가 상대적으로 약하다면 교사가 묵독에 많은 수업시간을 할애해야 (또는 읽기를 숙제로 많이 내야) 하는 이유는 무엇인가? 이에 관심을 가진 연구자들은 다양한 방식으로 상관정도라는 관점에서 접근해 왔다. 한 가지 접근방식은 $r=0$에서 $r=.30$까지를 "낮은", .30에서 .80까지를 "중간 정도의" 그리고 .80 이상을 "높은" 상관이라 하는 것이다(Cohen, 1992). 낮은 상관보다 중간 정도나 높은 상관에 더 비중을 둔다.

다독과 읽기 성적 간의 상관은 일반적으로 $r=.10$에서 $r=.40$ 정도로 밝혀지고 있다(예컨대, Anderson et al., 1988; Cipielewski & Stanovich, 1992; Greany, 1980; Heyns, 1978; Taylor et al., 1990; Walberg & Tsai, 1984). 위에 언급한 명명 접근에

따르면, 이 정도는 낮은 상관에 속하는 것으로 간주될 것이고, 아마 수업에 대한 의사결정에서 크게 고려되지 않을 것이다.

그러나 근래에 개입 프로그램의 실제적 가치를 고찰할 때는 이러한 전통적인 명명 접근이 특별히 도움이 되지 않는다는 주장이 있다. 이보다 바람직한 접근은 상관을 이분법적 효과크기 표시법으로 변환하는 것이다(Rosenthal, 1994). 이러한 변환에 대한 상세한 논의보다는 소위 낮은 상관(예컨대, 독서 빈도에 관한 연구에서 보고되는 상관 정도)이라는 최저선이 중요한 실제적 시사점을 제공한다는 점을 밝히는 것이 더 중요할 것이다. 예를 들어, 읽기 빈도와 읽기 성적 간의 상관이 $r=.24$라고 가정해 보자. .24의 상관계수를 이분법적 효과크기 표시에 따라 표현하면, 읽기 능력을 향상시키기 위해 설계된 프로그램을 통하여 38% 학생의 읽기 능력은 향상되지 않으나 62% 학생의 능력은 향상될 가능성이 있다는 것을 시사한다. 이러한 성공률의 차이는 500명의 학생 중에서 310명의 학생의 읽기 기능이 향상될 것이라는 의미를 가진다. 이러한 분석은 읽기 시간을 늘리는 것이 노력할 만한 가치가 있을 정도로 괄목할 만한 효과가 있을 것임을 시사하고 있다.

그렇지만 신중한 실천가들은 여전히 연구에 따라 상관계수가 크게 차이 나는 이유가 무엇인지 궁금해할 것이다. 보고된 상관계수 중에서 어느 것이 사실에 가장 가까운가? 이렇게 차이가 나는 이유 하나는 이미 밝혀졌다. 일부 연구자는 읽기 능력과 사회 경제적 지위와 같은 중요한 변인의 효과를 제거한 반면에 다른 연구자는 그렇지 않았다. 다른 변인의 효과를 고려하여 수정하지 않은 경우에는 상관계수가 $r=.40$에 근접하지만, 교정하면 $r=.10$에서 .25 정도로 낮아진다.

상관 정도가 차이 나는 또 하나의 원인은 각 연구에서 측정된 읽기 빈도의 정밀성과 정확성이다. "지난 달에 책을 얼마나 읽었습니까?" 또는 "책을 얼마나 자주 읽습니까?"라는 질문을 받는다면 한 달간 독서일지를 기록한 것보다 정확하지 않게 대답할 것이다. 부정확하게 측정하는 경우에는 정확하게 측정하는 경우보다 상관이 낮게 나온다. 따라서 질문지법을 사용한 연구보다 일지 작성법을 사용한 연구에서 상관이 높게 나올 것이다. 이러한 기대는 연구를 통하여 확인되었다. 일지 작성법을 사용한 연구에서는 교정하지 않은 상관계수가 .30에서 .40 정도로 보고되는(예컨대, Anderson et al., 1988; Greany, 1980; Taylor et al., 1990) 반면에 질문지법을 사용한 연구에서는 상관이 훨씬 낮게 보고되었다(예컨대, Walberg & Tsai, 1984).

일지 작성법에도 문제가 없는 것은 아니다. 많은 노력이 필요하다는 사실을 차치하고라도 사회적 바람직성의 문제가 있다. 사람(특히, 아동)은 연구자에게 좋은 인상을 주기 위해 실제 독서한 것보다 더 많이 했다고 보고하는 경향이 있다. 또한 일지 작성법으로 현재의 독서습관을 밝혀낼 수는 있지만 현재의 독서 능력에 기여한 이전의 독서습관을 평가하지는 못한다. 더 나아가, 일지 작성법을 사용한 대부분의 연구는 1일 독서 시간의 평균을 산출하는 방식으로 이루어졌다. 앞에서 밝힌 바와 같이, 독서에 소비한 시간은 독서한 책의 유형이나 다양성보다 중요하지 않을 것이다. Keith Stanovich와 동료들은 이러한 문제점을 해결하기 위하여 출판물 노출(print exposure)이라는 변인을 조사하는 기법을 제안했다(예컨대, Cipielewski & Stanovich, 1992; Stanovich & Cunningham, 1992). 이 기법에서는 저자(예컨대, Stephen King), 서명(예컨대, *The Grapes of Wrath*)과 잡지(예컨대, *Cosmopolitan*)가 제시되고 이들을 알고 있는지를 말하도록 한다. 실제 이름의 목록에는 장식용 이름(예컨대, 교육심리학 저널의 자문 위원 이름)을 섞어 놓았다. 이런 측정방법은 읽기의 정도와 다양성을 모두 밝힐 수 있을 것이다. 즉, 독서를 전혀 하지 않은 사람이나 세 저자의 책만 읽은 사람은 광범위하게 읽은 사람보다 아는 이름이 적을 것이다. 더 나아가 사회적인 바람직성을 고려하여 응답한 사람은 보다 많은 이름을 안다고 할 것이나 이 경우에는 장식용 이름도 안다고 할 것이다. 연구자는 장식용 이름 선택 정도를 고려하여 점수를 교정함으로써 보다 정확한 실상을 파악할 수 있을 것이다.

출판물 노출과 읽기 기능 간의 상관도 진정성이 없을 수 있다(예컨대, 영리한 사람은 더 많은 책을 읽을 수 있고, 저자의 이름을 더 많이 알 수 있다)는 것을 인식한 Stanovich와 동료들은 각각의 연구에서 신중하게 (지능검사를 활용한) 일반지능과 (다양한 독해검사와 해독과 같은 특정 읽기 기능 검사를 활용한) 적성을 통제하였다. 일련의 연구를 통하여 출판물 노출은 (a) 대학생의 철자지식, (b) 아동의 음운 부호화, 철자, 어휘, 언어 유창성 및 일반지식, (c) 대학생의 어휘, 독해, 역사 및 문학 지식, 철자 능력 및 언어 유창성; (d) 아동의 독해 및 읽기 속도 그리고 (e) 대학생 및 성인의 문화 지식에 대한 설명력이 높다는 것이 밝혀졌다(예컨대, Stanovich & Cunningham, 1992; Stanovich, West, & Harrison, 1995). 평균적으로 교정된 상관이 $r=.28$ 정도에 군집되었다는 것은 독서 정도와 다양성이 독서 기능 및 지식의 성장과 관계있다는 것을 시사하고 있다. 더 나아가 이러한 연구는 보다 정확한 측정기법이 두 요인 간 관계의 정도를 높이고 보다 정확한 지표를 산출할 수 있는 방법을 보여주고 있다.

독서 정도와 관련된 문제점을 해결하는 마지막 한 가지 방법은 매일 일정한 정도로 독서량을 증가시킬 때 나올 수 있는 결과를 살펴보는 것이다. 상관 연구의 한 가지 흥미로운 특징은 한 요인이 일정하게 증가할 때 다른 요인이 얼마나 증가하는지를 확인할 수 있다는 것이다. 읽기의 경우에 많은 연구자가 독서량이 증가할 때 읽기 검사 점수가 어느 정도 증가하는지를 밝히려고 하였다. 예를 들어, 책 읽기 시간이 1단위 증가할 때 표준화 검사로 측정된 독해 점수가 4.9% 증가한다는 것이 밝혀졌다(Anderson et al., 1988). 이 연구에서 책 읽기 시간이 중간 정도(즉 1일 5분 정도)인 아동이 독해 점수를 4.9% 증가시키기 위해서는 하루에 9분을 더 (즉, 하루에 14분) 읽어야 한다. 이 연구결과의 흥미 있는 또 다른 측면은 책 읽기 시간의 증가는 효과를 감소시킨다는 것이다. 예를 들어, 책을 읽지 않다가 하루에 6분을 읽는 아동의 경우는 독해가 40%에서 60%로 증가한다. 이와는 대조적으로 읽기 시간을 하루 6분에서 6분을 증가시켜 하루 12분을 읽은 아동의 경우에는 60%에서 64%로 증가하였다.

요약

지금까지 독해의 발달경향과 발달기제를 살펴보았다. 발달경향과 관련하여, 아동은 연령에 따라 읽고 있는 것을 처리하도록 도와주는 구조적 능력과 기능적 능력을 발달시키는 것 같다. 특히, 나이 많은 아동은 어린 아동보다 (a) 작동기억 용량이 크고, (b) 주제에 관한 선언지식과 개념지식이 광범위하며, (c) 다양한 종류의 텍스트(예컨대, 이야기 텍스트와 설명문)에 대한 구조적 지식을 가지고 있고, (d) 추론하기, 억제, 이해 검점하기와 같이 독해를 증진하는 기능적 과정을 수행하며, (e) 보다 많은 연습기회를 갖는다는 것이 밝혀졌다.

이러한 연령에 따른 발달경향을 설명할 수 있는 발달기제와 관련하여, 스키마와 전략에 관한 연구로부터 세 가지의 결론을 도출할 수 있다. 첫째, 아동이 스스로 스키마와 전략을 발달시키는 데 많은 시간이 걸린다. 명시적인 수업을 받지 못한 경우에는 (읽기를 5년 이상 학습한) 중학생과 고등학생 중에도 이해를 위해 스키마와 전략을 활용하지 못하는 학생이 많이 있다. 둘째, 특정 유형의 수업은 아동이 스키마와 전략을 발달시키는 데 걸리는 시간을 크게 감소시킨다. 특히, 수업에 관한 많은 연구를 통하여 스키마나 전략에 관한 명시적 수업은 초등학생의 이해를 향상시킬 수 있다는 것이 밝혀졌다. 셋째, 주제에 관한 아동의 사전지식이 이해 증진을 위해 스키마나 전략을 사용하는 정도에 영향을 줄 수 있다. 주제에 대한 익숙성은 산문구조에 대한 지식의 부족을 보상할 수 있으며 전략을 사용할 가능성도 높일 수 있다. 실제로, 읽기 능력이 부족한 성인에 관한 최근의 몇몇 연구는 어떤 주제(예컨대, 야구)에 관해서는 아는 것이 아주 많은 사람은 그 주제에 관한 텍스트를 훌륭하게 이해할 수 있음을 보여주고 있다(Recht & Leslie, 1988; Walker, 1987).

독해의 개인차

독해의 개인차를 조사한 연구자들은 다음과 같은 질문, 즉 (a) 왜 어떤 아동은 같은 학년의 다른 아동보다 표준화된 이해 평가에서 높은 점수를 받는가와 (b) 같은 학년의 독해력이 높은 학생과 낮은 학생은 작동기억, 이야기 스키마와 설명문 스키마 및 읽기전략에 차이가 있는가라는 질문에 대답하려고 노력해왔다. 이 절의 목적은 이 질문에 대답하는 것이다.

이 장의 앞부분에 제시된 이론이 옳다면(즉, 성인 독자는 주제 및 다양한 유형의 텍스트에 관한 스키마는 물론 읽기전략을 가지고 있다면), 이해력이 낮은 사람은 높은 사람보다 (a) 작동기억 용량이 작을 것이고, (b) 이야기와 산문구조에 관한 지식이 적을 것이며, (c) 읽기전략이 부족하거나 덜 사용할 가능성이 있을 것으로 가정할 수 있을 것이다.

이 가정은 대체로 지지되고 있다. 예를 들어, 이야기 스키마와 관련하여, Montague, Maddux와 Dereshiwksy(1990)는 이야기를 상기하라고 했을 때 3개 학년에서 선정된 성취도가 평균적인 학생이 동일 학년의 학습부진 학생보다 전체적인 아이디어와 인물의 내적 반응을 더 많이 기억한다는 사실을 발견했다. 설명문과 관련하여, Meyer 등(1980), Taylor(1980) 그리고 McGee(1982)는 이해력이 높은 사람은 낮은 사람보다 더 많은 아이디어를 회상할 뿐만 아니라 상위 수준의 아이디어로 기억을 조직화할 가능성이 높다는 것을 밝혔다. 마지막으로, 이해력이 낮은 사람은 높은 사람보다 읽기전략에 대한 지식이 적고 이를 사용할 가능성도 낮다는 것을 보여주는 연구가 많이 있다(Paris et al., 1991).

이해력이 낮은 사람은 구조적 지식과 전략에 관한 지식이 부족하다는 주장은 수업에 관한 여러 연구를 통하여 지지되고 있다. 이야기 텍스트의 경우에, Dimino, Gersten, Carnine와 Blake(1990)는 이해력이 낮은 9학년 학생에게 이야기의 구성요소를 찾는 방법을 가르쳐서 이해 수준을 향상시킬 수 있다는 것을 밝혔다. Gurney, Gersten, Dimino와 Carnine(1990)도 고등학교에서 학습부진 학생을 대상으로 수행한 연구에서 이와 유사한 결과를 밝혔다. 설명문의 경우에, 이해력이 낮은 학생에게 (a) 추론하기(Hansen & Pearson, 1983), (b) 주요 개념 확인하기(Schunk & Rice, 1989), (c) 요약하기(Palincsar & Brown, 1984), (d) 예상하기(Fielding et al., 1990), (e) 모니터링하기(Miller, Giovenco, & Rentiers, 1987) 그리고 (f) 역추적하기(Garner et al., 1987)를 성공적으로 가르칠 수 있다는 것이 밝혀지고 있다. 특히 효과가 강력한 전략 교수법으로는 2장에서 설명된 바 있는 상호교수법이 있다(Rosenshine & Meister, 1994).

교육적 시사점을 살펴보기 전에, 이해력이 높은 학습자와 낮은 학습자는 스키마와 전략에서 차이가 있지만, 이러한 차이를 독해 문제의 주요 원인으로서가 아니라 해독 문제의 결과로 생각하는 것이 바람직하다는 것을 유념해야 한다. 초등학교 수준에서 유능한 독자와 그렇지 못한 독자를 구분하는 주요 변인은 (a) 낱말을 자동적으로 인지하고, (b) 단어를 빠르게 인지하며, (c) 도식적인 표현과 음소론적 표현을 상호 연결시키는 능력이다(Stanovich, 1986). 유능한 독자는 3학년 말쯤에 이런 능력을 숙달하는 반면에 무능한 독자는 그렇지 않다. 결과적으로, 유능한 독자에게 보다 긴 텍스트를 읽을 수 있는 기회가 더 많이 주어지고, 이들만이 더 높은 수준의 스키마와 전략을 습득하는 데 필요한 경험을 하게 된다. 따라서 여기에서도 Matthew 효과, 즉 부익부 빈익빈 현상이 생긴다.

수업에 주는 시사점

독해에 관한 이론과 연구를 실제에 적용하는 방법을 알 수 있도록 도와주는 구성주의 방법은 매우 기술적이고 구체적인 절차를 제공하기보다는 다소 일반적이지만 지나치게 추상적이지는 않은 지침을 제공하는 것이다(Pressley et al., 1994). 경험이 없는 이에게는 연구에 기초한 수업의 예를 보여주는 것이 보다 바람직할 것이다. 따라서 여기에는 먼저 일반적인 지침을 검토하고, 이어서 독해이론이 교실에서 수행될 수 있는 방법의 사례를 살필 것이다.

일반 지침

앞에서, 연령에 따른 독해 발달의 일반적 경향이 설명되었다. 또한 수업이 강력한 발달기제로 작용할 수 있을 것이라는 것도 밝힌 바 있다. 여기에서는 효과적인 독해 수업의 특징이 설명된다. Pearson과 Fielding(1991)은 읽기 수업에 관한 연구를 검토하고 나서 효과적인 수업의 특징을 다음과 같이 요약하였다.

1. 학생이 이야기 구조와 설명문 구조를 기억하고, 확인하고, 구성할 수 있도록 도와주었을 때 읽기 능력이 향상된다. 성공적인 교사는 학생이 아이디어 사이의 공통적 관계를 확인할 수 있도록 도와주기 위해 다양한 방법을 사용해 왔다. 이런 방법에는 질문하기, 시범 보이기, 웹 만들기 등이 있다.
2. 학생들의 배경지식과 읽고 있는 내용 사이의 관련성을 이끌어 낼 때 학생의 이해는 향상된다. 이는 (a) 읽기 전에 적절한 지식을 환기시키기, (b) 학생들에게 읽는 동안 설명하고, 추론하고, 혹은 예상하도록 요구하기, (c) 읽기 후

에 추론적인 질문하기 등을 통해 이루어진다.

3. 스키마와 전략을 습득하고 사용할 때 중요한 측면은 이해를 점검하는 능력이다. 이야기나 설명문의 일반적 구조를 탐지하는 유일한 방법은 (이해에는 작가가 의도한 관계를 "아는 것"이 포함되기 때문에) 텍스트의 구조를 정확하게 이해하는 것이다. 더욱이, 자신의 이해에 문제가 있다는 것을 아는 사람만이 이 문제를 극복하기 위한 전략을 사용하고 발달시킨다. 학생이 더욱 적극적이고, 분별력이 있으며, 의식적인 이해자가 될 수 있도록 가르칠 수 있다는 것을 보여주는 연구가 많이 있다.
4. 학생에게 중요한 정보와 덜 중요한 정보를 구별하는 방법을 가르칠 수 있으며, 간결하게 요약하는 방법도 가르칠 수 있다. 이러한 기능을 습득한 학생의 이해는 크게 향상된다.
5. 성공적인 연구가 다양한 방법을 사용하고, 다양한 구조적 기능에 초점을 맞추어 오기는 했다 해도 이들은 모두 학생으로 하여금 아이디어를 한 가지 혹은 다른 형식으로 변형시킬 수 있도록 도와준다는 공통점을 가지고 있다. Pearson과 Fielding(1991)은 이러한 변형과정을 통하여 작가의 아이디어가 독자의 아이디어로 변환되기 때문에 아이디어가 더 잘 기억될 수 있다는 것을 시사하였다.
6. 마지막으로, 많은 성공적인 수업연구에서 새로운 경향이 나타났다. 학생이 읽기 기능을 혼자서 사용할 수 있도록 하기 위해 교사는 (a) 기능을 시범하고, 수행의 "인지적 비결"을 공유하고(즉, 무엇을 해야 하는지, 왜 해야 하는지, 언제 사용해야 하는지를 말해주고) (b) 학생이 혼자서 그것을 수행할 수 있을 때까지 점차적으로 도움을 줄여 나가는 두 과정을 수행한다.

사례

사례 1: SAIL 프로젝트

Maryland의 Montgomery County의 SAIL(Students Achieving Independent Learning) 프로그램은 읽기 이론과 연구가 효과적인 방법으로 수업실제에 적용될 수 있다는 것을 구체적으로 보여주고 있다. SAIL의 목적은 아동이 규칙적으로 적절하게 읽기전략을 이용할 수 있도록 하는 것이다. 1학년부터 시작되는 이 프로그램에서, 학생은 소리 내어 생각하기, 읽기 목표 설정하기, 예상하기, 시각화하기, 읽고 있는 내용과 알고 있는 것을 연결하기, 읽은 내용을 요약하기 방법을 학습한다. 이 프로그램은 다양한 수입 수준과 다양한 인종의 아동을 대상으로 실시되었다.

대부분의 수업은 읽기 소집단을 중심으로 이루어졌다. 저학년에서는 읽기전략의 명칭이 적힌 카드를 아동 앞에 늘어놓는다. 교사가 카드 하나를 뽑아서 그 카드에 있는 전략을 시범으로 보이고, 소리 내어 생각하기 절차를 활용하여 실행하고 있는 것을 설명한다. 예를 들어, 알고 있는 것과 읽고 있는 것을 관련시키기 위해, 읽고 있는 이야기에서 Georgetown이라는 단어가 나오면 교사는 "이 이야기는 아마도 Washington D.C.에 살고 있는 사람의 이야기일 거야"라고 말한다. 교사는 자기가 알고 있는 것과 연결시킬 수 있는 단어가 나올 때마다 이러한 과정을 계속하게 된다. 초보자를 가르칠 때, 교사는 아동이 적절한 전략을 사용할 수 있도록 유도하기 위해 발판 제공하기 방법(2장 Vygotsky 이론 참조)을 많이 활용한다. 고학년 학생 대상의 수업에서는 학생이 이미 지난 3년 동안 SAIL 프로그램을 통하여 전략을 내면화했을 것이므로 카드를 사용할 필요가 없고 프롬프트의 사용도 줄여야 한다.

사례 2: 개념 지향 읽기 수업

개념 지향 읽기 수업(Concept-Oriented Reading Instruction; CORI) 체제에는 (1) 관찰하고 개별화하기(예컨대, 학생이 새 둥지를 찾고 소집단으로 더 관찰하거나 읽어서 탐구하고 싶은 문제에 관해 브레인스토밍하기), (2) 탐색하고 회상하기(예컨대, 아동에게 원하는 답을 찾는 방법을 가르치기), (3) 이해하고 회상된 자료를 통합하기(예컨대, 요약하기와 같은 읽기전략과 다시 읽기와 같은 수정 전략을 가르치고 시범 보이기) 그리고 (4) 다른 사람에게 전달하기(예컨대, 보고서나 학급문고 등을 만들기)의 네 단계로 구성된다(Guthrie, 1996). 이 네 단계는 한 학년 동안 계속 반복된다. 중심 아이디어는 모든 교과 영역을 서로 연결시키고 중핵적인 원리(예컨대, 과학의 경우에 적응)에 초점을 맞추는 것이다. 전체적으로, 다섯 가지의 동기유발 방법이 여섯 가지의 독해를 위한 인지전략과 조합된다(Guthrie et al., 2004). 개념 지향 읽기 수업을 받은 학생은 독해, 독서 동기 및 읽기전략의 활용에서 전통적인 읽기 수업을 받은 학생이나 읽기전략만을 강조한 수업을 받은 학생에 비해 성취 수준이 높았다.

8

글쓰기

요약

1. 작가는 글을 쓸 때 네 종류의 지식, 즉 주제에 관한 지식, 청중에 관한 지식, 장르에 관한 지식 그리고 언어에 관한 지식에 의존한다. 이와 더불어, 작가는 글쓰기의 목표를 설정하고 글을 쓰거나 교정할 때 비판적 읽기와 글 산출 능력에 의존한다.
2. 글쓰기 기능과 뇌의 특정 영역 간의 관계를 밝히려는 연구가 수행되어 왔다.
3. 취학 전 아동의 문자에 대한 이해는 3단계를 거치면서 발달한다.
4. 발달 연구에 따르면, 연령이 높아지면서 주제, 청중, 장르 및 언어에 대한 지식이 증가된다. 그러나 중요한 변화는 이런 지식의 획득보다는 이에 대해 의식적으로 생각하고 다루는 능력에서 일어나는 것 같다.
5. 발달 연구를 통하여 어린 아동보다는 나이 많은 아동이 글쓰기 목표를 설정할 가능성이 높다는 것이 밝혀졌다. 이렇게 목표에 초점을 둠으로써, 나이 많은 아동은 (a) 목표와 일치하는 글을 쓰고 (b) 목표 달성에 실패했을 때 글을 고치게 된다.
6. 일반적으로 유능한 작가는 유능한 독자이다. 또한 글을 잘 쓰는 작가는 서투른 작가보다 언어 정보를 잘 처리하고, 어휘가 풍부하며, 작동기억 용량이 크고, 문장 구성에 대한 레퍼토리도 풍부하다. 마지막으로, 유능한 작가는 서투른 작가보다 글쓰기 계획을 세우고 교정할 가능성이 높다.
7. 여학생이 남학생보다 글을 더 잘 쓰고, 상투적인 표현도 적게 쓰는 경향이 있다. 또 여학생은 남학생보다 교정을 많이 하고 글의 최소요건을 충족시킬 가능성이

높다.

8. 코카서스계 학생이 아프리카계나 히스패닉계 학생보다 쓰기 검사에서 높은 성취를 보이는 경향이 있다.

최근에 어떤 강좌에서 A학점을 받을 정도로 잘했다고 생각했는데, B를 받았다고 가정해보자. 당신은 담당교수가 좋아하지 않기 때문에 B를 받았다고 생각한다. 당신은 학과장에게 학점에 대해 이의를 제기한다. 학과장은 학점을 정정하려면 절차에 따라 학점을 정정해야 하는 이유와 A를 받아야만 하는 이유를 담은 글을 제출하라고 한다. 학점을 A로 정정할 것인지는 해당 위원회에서 결정될 것이고, 위원들이 당신이 작성한 글을 읽을 것이며, 강좌 담당교수도 그 내용에 근거하여 답변할 것이다.

에세이를 어떻게 쓰겠는가? 무엇부터 쓰겠는가? 끝맺음을 어떻게 하겠는가? 이제 실제로 에세이를 작성해 보라. 이 에세이는 위원을 설득할 수 있어야 한다.

작성했는가? 그런데 다른 교수가 학과장이 되어서 전 학과장과는 달리 당신이 작성한 글을 강의담당 교수에게 보여주지 않을 것이고 해당 위원회도 학생으로만 구성될 것이라고 한다. 이제 원래 썼던 글을 그대로 제출하겠는가 아니면 수정하여 제출하겠는가? 원래 글과 수정한 글의 목적은 같은가? (즉, 첫째 줄은 무엇이라고 했는가? 둘째 줄은? 등등)

이 사례는 글쓰기에 수반되는 주요 과정을 구체적으로 생각하는 데 도움 된다. 글쓰기의 구성 요소를 기술할 때, 이 사례가 다시 언급될 것이다. 따라서 글을 쓰면서 어떤 생각이 들었는지 반추해보는 것이 도움 될 것이다.

2002년과 그 이전의 쓰기 평가에서, 4학년의 28%, 8학년의 31% 그리고 12학년의 24%만이 숙달 수준이나 그 이상의 수준을 성취했다는 점을 고려할 때(Troia, 2006), 글쓰기의 본질과 발달에 대한 이해의 필요성은 그 어느 때보다도 절박하다. 대학에 진학하기 전에 필요한 글쓰기 기능을 습득한 학생이 왜 이렇게 적은가?

여기에서는 글쓰기에 관한 연구를 4개 절로 나누어 살펴볼 것이다. 첫째 절에서는 작가가 어떤 지식을 가지고 있으며, 글을 쓸 때 어떤 과정을 밟는지에 대해 알아볼 것이다. 둘째 절에서는 글쓰기 지식과 기능의 발달경향을 살펴볼 것이다. 셋째 절에서는 글쓰기 능력의 개인차에 대해 논의할 것이다. 마지막 절에서는 글쓰기에 대한 연구의 수업에 대한 시사점을 살펴볼 것이다.

글쓰기의 본질

이 절의 목적은 글쓰기에는 어떤 과정이 수반되는가 하는 질문에 대한 비교적 완벽한 대답을 찾는 것이다. 이 질문에 대답하는 최선의 방법은 영향력이 있는 글쓰기 모형(예컨대, Hayes, 1996; Hayes & Flower, 1986; Scardamalia & Bereiter, 1986)을 살펴보고 주요 요소를 추출하는 것이다. 전반적인 수준에서, 이 모형에서는 쓰기 과정에 영향을 미치는 두 변인, 즉 글쓰기 환경의 특징과 관련된 변인과 작가의 특성과 관련된 변인이 있다는 것이 시사되고 있다(Hayes, 1996). 여기에서는 이 두 변인을 차례로 살펴볼 것이다. 이어서 글쓰기와 관련된 신경학적 측면을 살펴볼 것이다.

글쓰기 환경의 특징

글쓰기는 특정 맥락이나 상황에서 이루어진다. 예를 들어, 어떤 사람은 Vermont의 한적한 오두막에서 컴퓨터로 글을 쓰는 반면에 다른 사람은 학생이 가득 한 교실 한 가운데서 연필과 종이를 이용하여 글을 쓴다. 마찬가지로, 어떤 사람은 일반 대중을 위해 글을 쓰는 반면에 다른 사람은 오직 한 사람(예컨대, 교사, 친구 또는 펜팔 친구)만을 위해 글을 쓴다. 맥락에 따라 독자, 매체(컴퓨터 대 종이) 그리고 그 맥락에 있는 사람도 달라진다. 이러한 맥락의 변화는 글쓰기 과정에 영향을 미칠 것이다(Hayes, 1996).

예를 들어, 글쓰기 매체가 종이에서 컴퓨터로 바뀌는 것과 관련하여, 32편의 연구에 대한 메타분석에서 문서작성 프로그램이 모든 작가(특히, 글쓰기에 약한 작가)가 높은 수준의 작품을 쓸 수 있게 도와준다는 것이 밝혀졌다(Bangert-Down, 1993). 또 다른 중요한 맥락 변화에는 이미 완성된 글과 조력자 활용 가능성이 포함된다. 다섯 문장의 한 문단에 마지막 문장을 작성하는 과제는 빈 종이에 첫 문장을 쓰는 과제와는 분명히 다를 것이다. 더 나아가 작가는 글의 다음 부분을 준비하기 위하여 이미 쓴 부분을 계속하여 다시 읽는다(Graham, 2006; Hayes, 1996). 이 경우에 시작 부분이 달라지면 이후의 부분도 달라진다. 협력자가 있는 것도 글쓰기 과정을 크게 변화시킨다. 예를 들어, 아동은 교사와 협력하느냐 혹은 동년배와 협력하느냐에 따라 아주 다르게 글을 쓰고(Daiute, 2002), 동년배는 수정과정에서 유용한 자원이 될 수 있다(Atwell, 1987; Graham, 2006).

작가의 특성

심리학에서는 일반적으로 정신체의 변화에 기초하여 행동 변화를 설명한다. 예를 들어, 어떤 사람이 행동 X를 하다가(예컨대, 매우 열심히 공부하다가) 행동 Y를 하면(예컨대, 전혀 공부를 하지 않으면), 이를 설명하기 위하여 심리학자는 일반적으로 개념, 가치, 신념과 같은 정신체의 변화(그는 이제 더 이상 공부하는 것이 유용하다는 것을 믿지 않는다)를 언급한다. 이와 유사하게, 심리학자는 행동의 차이(예컨대, 한 사람은 열심히 공부하고 다른 사람은 전혀 공부하지 않는 것)도 정신체에 기초하여 설명하는 경우가 많다. 심리학자는 글쓰기 과정의 산물의 차이(예컨대, 잘 쓴 에세이 대 그렇지 않은 에세이)를 설명하기 위하여 (1) 동기요인, (2) 작동기억의 지식 유형, (3) 글쓰기 한정적 인지과정 그리고 (4) 작동기억의 구성요소를 언급한다.

글쓰기의 동기 측면. 사람은 특별한 목적으로 글을 쓴다. 어떤 사람은 즐기기 위해, 또 어떤 사람은 교사나 고용주가 요구했기 때문에 글을 쓴다. 하고 싶어서 했건 해야 하기 때문에 했건 간에, 글쓰기가 **목표 지향적**이라는 것은 분명하다(Hayes, 1996). 이러한 사실은 목적에 따라 글이 달라질 수 있다는 것을 시사하고 있다. "학습에 관한 근래의 연구를 요약하는 것"을 목표로 할 때와 "근래의 학습이론을 비판적으로 평가하는 것"을 목표로 할 때, 글의 내용은 달라진다.

어쨌든, 교육의 목적 하나는 평소에 읽기와 쓰기 같은 문해 활동을 하는 학생을 키우는 것이다(Anderson, Wilson & Fielding, 1988). 따라서 학생이 평소에 스스로 글쓰기를 하도록 하는 요인을 밝히는 것이 관심을 끌어 왔다(Hayes, 1988). 글을 많이 쓰는 대부분의 사람은 글쓰는 과정 그 자체가 즐겁기 때문에 가능한 한 자주 글을 쓴다. 학생에게 과제를 주고 글을 쓰도록 하는 것은 비교적 쉬운 일이나 스스로 글을 쓰도록 하는 일(또는 평소에 글을 쓰는 직업을 선택하도록 하는 일)은 결코 쉽지 않다. 스스로 글을 쓰거나 글 쓰는 직업을 선택하기 위해서는 글쓰기 과정과 자신이 작가가 되는 것에 대해 긍정적인 태도를 가지고 있어야 한다. 더 나아가, 글쓰기가 비용에 비해 수익이 많다는 것을 믿어야 한다. 과제로 글을 쓰는 경향성은 특정 목표와 관련이 있는 반면에 빈번하게 글을 쓰는 경향성은 쓰기 성향이라 할 수 있을 것이다(Hayes, 1996). 그렇지만 성공한 작가에게도 글쓰기는 결코 쉽지 않은 일이다(Graham, 2006). 글쓰기에 대한 흥미와 과제의 주제가 글쓰기에 도움을 주고 글의 질을 예측한다는 것도 밝혀지긴 했지만(Hidi & Boscolo, 2006) 글쓰기가 어렵다는 것은 자기 효능감 및 가치 같은 동기 특성도 매우 중요하다는 것을 시사하고 있다(Grahan, 2006; Hidi & Boscolo, 2006). 다시 말해서, 성공하기 위해서는 목표를 성취하는 데 필요한 기능과 끈기를 가지고 있다는 믿음이 있어야 한다.

장기기억의 지식구조. 물론, 글쓰기 동기가 높다고 해서 좋은 글이 나오는 것은 아니다. 글을 잘 쓰기 위해서는 동기 이외에도 글쓰기에 대한 지식과 기능을 가지고 있어야 한다. 글쓰기 연구자들은 성공한 작가의 장기기억에는 다섯 가지 유형의 지식, 즉 과제 스키마에 관한 지식, 주제에 관한 지식, 독자에 관한 지식, 장르에 관한 지식 그리고 언어에 관한 지식이 있다고 주장하고 있다(Glover, Ronning, & Bruning, 1990; Graham, 2006; Hayes, 1996; Scardamalia & Bereiter, 1986). 현대 이론에서는 이러한 유형의 지식에서 어떤 하나가 달라지면(예컨대, 주제에 관한 지식이 있는 경우와 없는 경우) 글의 질(잘된 에세이와 질이 떨어지는 에세이)이 달라질 수 있다는 것이 시사되고 있다.

과제 스키마는 쓰기 과제에 대한 정신적 표상이다. 과제 스키마는 과거에 성공적이었던 전략(예컨대, 먼저 지시 사항을 명료화하기, 적어도 3주 이전에 쓰기 시작하기, 익숙한 주제에 초점 맞추기 등)은 물론 마감일과 글의 길이에 관련된 전반적인 매개변수이다. 3장에서 밝혔듯이, 스키마는 과제를 효율적으로 수행하는 데 도움을 준다. 스키마가 없는 경우에는 특정 과제가 주어질 때마다 수단이나 방법을 다시 찾아야 한다.

주제에 관한 지식과 관련하여, 주제에 대해서 잘 모를 때보다 많이 알고 있을 때 글쓰기가 훨씬 쉽다. 숙련된 작가의 경우에도 마찬가지이다. 지식은 아이디어를 효과적으로 생성하고 조직하는 데 도움 된다. 작문의 본질에 관한 에세이를 쓰라는 과제가 있다고 가정해보자. (그 동안 글쓰기에 관한 문헌을 별로 읽지 않았다면) 이 절을 읽은 후에 글쓰는 것이 이전보다 훨씬 쉬울 것이다. 다른 예를 하나 더 들면, 자신을 위해서가 아니라 친구를 위해서 불공정한 학점에 대한 에세이를 쓰고 있다고 상상해 보자. 그 친구와 함께 그 수업을 받지 않았고 또 그 친구가 당한 일을 겪지 않았다면, 당신 자신이 불공정한 학점을 받았을 때보다 글을 쓰기가 훨씬 어려울 것이다. 우수한 작가는 주제에 관한 지식의 중요성을 이해한다. 따라서 이들은 익숙하지 않은 주제의 글을 쓸 때는 시작하기 전에 많이 탐색한다. 예를 들어, James Michener는 한 권의 책을 저술하기 위하여 3년 정도 연구했다.

주제에 관한 지식은 훌륭한 글을 쓰기 위한 필요조건이긴 하지만 충분조건은 아니다. 작가는 성공적인 글을 쓰기 위해 "독자의 마음 안으로 들어가는" 능력도 있어야 한다. 다시 말해서, 작가는 독자가 무엇을 알고 있는가, 무엇을 원하는가, 글에 어떻게 반응할 것인가와 같은 질문에 대답할 수 있어야 한다. 극단적으로 말하면, 독자가 아는 것과 믿는 것을 이해하지 못하는 작가는 독자로부터 원하지 않던 반응을 얻을 수도 있다. 예를 들어, 서투른 글은 독자를 (a) (수준이 너무 높으면) 혼란스럽게, (b) (수준이 너무 낮으면) 과소평가하거나 지루하게 그리고 (c) (저자의 주장이 독자의 신념에 반하면) 화나게 만들 수 있다. 대부분의 경우에 독자는 새로운 것을 배우고 싶어하거나 읽은 내용과 연결시키고 싶어한다. 독자는 자료가 너무 익숙하거나 너무 낯설어도 아무것도 배우지 못하며, 자신의 견해에 도전하는 사람이 지지하는 신념을 받아들이지 않을 수 있다. 더 나아가, 독자가 문장과 문단을 하나의 응집된 전체로 연결시키지 못하면 글에서 얻는 것이 거의 없을 것이다. 작가가 자기중심적으로 자신이 아는 것을 독자도 알 것으로 가정하면 글에 요구되는 추론을 지지하는 단서를 충분히 제공하지 않을 것이다. 따라서 훌륭한 작가가 되기 위한 열쇠는 *독자를 아는 것*이다. 독자와 관련된 과제 환경의 요소(앞에 제시된 예 참조)는 누가 독자인지와 관련이 있다는 점을 유념해야 한다. 여기에서 문제는 독자에 대한 작가의 지식이다.

다음 질문을 생각해 보자. 논설, 교과서, 소설 그리고 시를 써달라는 청탁을 받았다면, 이들 각각의 장르에서 어떻게 써야 하는가? 장르는 저마다 독특한 구조를 가지고 있다. 예를 들어, 소설은 배경, 인물, 결말과 같은 구성 요소를 포함하고 있는 이야기 구조를 가지고 있다. 특정 장르에 아이디어를 조직하는 기준이 있고, 독자는 글을 읽을 때 이 기준에 맞는 형식을 기대한다는 사실을 고려할 때, 작가는 독자가 읽고 있는 것을 좋아하고 이해할 수 있는 기회를 최대화하기 위해 이 기준을 지킬 필요가 있다. 물론, 작가가 글의 유형에 관한 스키마를 사용할 때, 장르의 기준에 맞는 글을 쓰기가 쉬울 것이다.

마지막으로, 주제, 독자 및 장르에 대한 지식을 가지는 것도 중요하지만, 글을 잘 쓰기 위해 반드시 필요한 요소는 독자의 모국어에 대한 지식이다. 작가는 의도한 의미를 전달하기 위해 특정 문법 구조에서 단어가 배열되는 방식을 알아야 한다. 즉, 작가는 (a) 풍부한 어휘, (b) 문법규칙에 관한 지식 그리고 (c) *화용론*(예컨대, 존대말 사용법 등)에 대한 지식을 가지고 있어야 한다.

*언어에 대한 지식*의 중요성을 이해하기 위해, 다음 예를 보자. 인지이론에 관한 서적을 편집 출판하려는 프랑스의 심리학자가 미국의 Piaget 이론 전문가에게 이론을 소개하는 부분을 집필해 달라고 부탁했다. 미국 전문가는 이 책의 독자가 영어를 못하는 프랑스 대학생이라는 말을 들었다. 이 미국 전문가가 Piaget의 이론을 많이 알고(즉, 주제에 관한 지식이 가지고 있고), 이전에 이에 관한 글을 여러번 쓴 적이 있으며(즉, 과제 스키마를 가지고 있으며), 프랑스 대학생의 사고방식을 알고 있고(즉, 독자에 대한 지식을 가지고 있고), 설명글에 대한 스키마를 가지고(즉, 장르에 관한 지식을 가지고) 있다 해도, 프랑스어가 유창하지 않으면 훌륭한 글을 쓸 수 없을 것이다.

글쓰기와 관련된 인지과정. Hayes(1996)는 자신과 Flower(1980)의 모형을 수정하면서 작가가 지식과 동기를 행동으로 옮기는 데 도움을 주는 세 가지 중요한 인지과정, 즉 글 해석(text interpretation), 반추(reflection) 그리고 글 생산(text production)이 있다고 하였다. **글 해석**이란 작가가 언어적 투입과 영상적 투입에 대한 정신적 표상을 구성하기 위하여 사용하는 일단의 과정이다. 이 과정에는 읽기, 듣기 및 영상 탐색이 포함된다. **반추**란 하나의 내적 표상을 다른 표상으로 변환시키는 일단의 과정이다. 이 과정의 예로는 문제 해결, 의사결정 및 추론을 들 수 있다. 이 세 과정은 1980년의 원래 모형에 있는 계획하기 요소를 대체한 것이다. **글 생산**이란 작가가 내적 표장을 문자, 언어 및 영상적 산출로 해석할 때 사용되는 일단의 과정을 말한다.

이 모형에서는 읽기 능력을 효과적 쓰기의 핵심으로 보고 있다. 그러나 Hayes(1996)는 이해를 위한 읽기와 평가를 위한 읽기를 구분하였다. 7장에서 밝힌 바와 같이, 독자가 이해를 위한 읽기를 할 때는 단어 해독하기, 문법 지식 적용하기, 의미론적 및 도식화된 지식 적용하기, 예증과 작가의 의도에 대해 추론하기 및 요점 구성하기와 같은 과정을 수행한다. 이러한 과정의 산물은 글의 의미에 대한 표상이다. 그러나 평가를 위한 읽기에서 독자는 자신이나 다른 누군가가 작성한 원고의 문제점을 찾기 위해 읽는다. 예를 들어, 독자는 단순히 단어를 해독하는 것이 아니라 철자의 오류를 찾으면서 읽는다. 마찬가지로, 독자는 단순히 "누가 누구에게 무엇을 했는지"에 대한 정신적 표상을 형성하기 위해 문법 지식을 적용하지 않고, 문법적 오류를 찾는다. 의미론적 지식, 추론하기, 스키마 및 독자에 대한 고려 같은 요소는 작가가 부당한 추론, 도식적 위배, 모순과 적절치 않은 논조나 복잡성을 찾는 데 도움을 준다.

따라서 작가는 글을 수정하기 위하여 (a) 작성된 글을 비판적으로 읽고, (b) 문제를 해결하고 의사 결정을 하며(즉, 문제를 확인하고 이를 해결할 대안을 생각하며), (c) 글을 생산(이상의 의도를 수정 글로 해석)하는 과정을 수행해야 한다. 이 세 과정은 작가가 수정에 관한 과제 스키마를 가지고 있을 때 가장 잘 통합된다. 이 스키마에는 일반적 유형의 문제점, 문제 찾기 전략(예컨대, 어느 정도 시간이 지난 후 교정을 하기) 등이 포함된다. 이와 더불어, 글쓰기의 세 가지 중핵과정은 작동기억의 용량과 장기기억의 지식을 필요로 한다.

이상과 같은 전반적인 체계에 기초하여 경험 많은 작가와 경험이 적은 작가의 차이를 설명할 수 있을 것이다. 예를 들어, 한 연구에서 대학 신입생은 문장 수준이나 그 이하 수준에서 글을 수정(예컨대, 철자 교정이나 한 단어 대치)하려는 경향이 있다는 것이 밝혀졌다. 이와는 대조적으로, 경험이 많은 작가는 국지적 문제와 전반적 문제 모두에 초점을 맞추어 교정하는 경향이 있었다(Hayes, Flower, Schriver, Stratman, & Carey, 1987). 이러한 차이는 왜 생기는가? 한 가지 이유는 글의 문제점을 찾아내는 능력 또는 성향의 차이 때문일 것이다. 우수한 작가는 그렇지 못한 작가보다 우수한 독자일 수 있을 것이다. 또 하나의 이유는 작동기억의 차이에 있을 것이다. 세 번째 이유는 경험이 적은 독자가 수정 스키마가 없기 때문일 것이다. 네 번째 이유는 글의 문제점을 해결할 방법에 대한 지식이 없기(예컨대, 글에 일관성이 없다는 것은 알겠는데 어떻게 수정해야 할지 모르겠다) 때문일 것이다. 다섯 째 이유는 산출 수준의 차이 때문일 것이다. 비판적으로 읽고 문제를 찾아내는 능력에서는 우수한 작가와 그렇지 않은 작가 사이에 차이가 없을 것이나 계획을 효과적인 글로 번역하는 능력에서 차이가 있을 것이다. 예를 들어, 우수한 작가는 그렇지 않은 작가보다 53%가 긴 문단을 구성하는 것으로 밝혀졌다(Hayes, 1996).

따라서 Hayes의 모형은 우수한 작가와 그렇지 못한 작가 간에 있을 수 있는 여러 가지 차이점을 밝히는 데 유용하다. 이러한 차이 중에서 어떤 차이가 특히 중요한가? Hayes(1996)는 작가가 초교의 문제점을 찾아내는 데 도움을 준다는 점에서 읽기 기능이 중요하다고 하였다. 예를 들어, 읽기 기능은 작가가 집필을 위해 연구할 때 주제에 적절한 지식을 얻을 수 있도록 도와준다. 게다가 독자는 종종 (작가의 성격 특성과 정치적 성향 등을 포함하는) 작가에 대한 표상을 형성한다. 이러한 표상은 전체적으로 작가가 우수하지 못한 독자나 작가와는 다른 방식으로 글을 쓰고 수정하는 데 도움을 준다.

작동기억의 요소. Kellogg(1996)는 Hayes(1996)의 모형과 유사하지만 작동기억의 중요성을 크게 강조한 모형을 제안하였다. Kellogg의 모형에서 글 생산 과정은 세 개의 하위요소, 즉 형성, 실행, 점검으로 구성된다. **형성단계**에서 작가는 말하려고 하는 것을 계획하고, 글의 특정 부분을 쓰는 의도로 번역한다. **실행단계**에서 의도가 수행되는 데 필요한 운동 및 관련 반응이 작용한다. 오랫동안 필기를 했거나 타이핑을 했던 사람에게는 이 과정이 비교적 단순하다. 그러나 초보자나 부진아의 경우에는 수행에 많은 노력이 필요하기 때문에 마음에 떠오르는 아이디어를 종이로 옮기는 데 방해가 될 수도 있다. 다시 말해서, 적기나 타이핑이 느린 사람은 형성단계 동안에 떠오른 아이디어를 망각할 수도 있다. **점검단계** 동안에 작가는 생산된 글을 읽고 편집한다. 작동기억은 이 과정에도 영향을 미칠 수 있다. Kellogg는 이런 점에서 작동기억의 핵심적인 측면은 두 종속체제(즉, 음운 고리와 시공간 스케치 판)가 과부화되었을 때 자원을 배분하는 역할을 하는(3장 참조) 중앙 실행이라 하였다.

글쓰기의 신경과학적 기초

쓰기과정에 대한 논의를 마무리하기 위해서는 이 분야의 뇌 연구의 시사점을 살피는 것이 유용하다. 지난 100여 년에 거쳐, 임상의들은 뇌 손상 성인의 글쓰기 결함이라는 흥미로운 현상을 관찰해 왔다. 다양한 사례에 대한 분석을 통하여, 필기가 많은 요소의 작용으로 구성되는 복잡한 인지적이면서 운동적 과정이라는 것이 시사되고 있다(Rapcsak, 1997). 예를 들어, 한 단어를 쓰려면 먼저 기억에서 문자 형태에 대한 추상적 표상을 상기한다. 다음으로 이 정보는 단어를 특정 방식으로 쓰는 데 필요한 운동을 수행하려는 운동반응 프로그램에 제공된다. 성공을 위해서는 케이스(소문자 대 대문자), 자체(인쇄체 대 흘림체) 그리고 크기(즉, 모두 비슷한 크기) 및 자간 여백(너무 떨어지거나 위에 겹쳐도 안 된다)이 모두 맞아야 한다. (왼쪽 귀의 바로 뒤쪽 위에 위치한) 좌측 두정-후두영역의 손상은 추상적인 문자 형태의 회상에 문제를 일으킨다는 것이 밝혀졌다. 두정 영역의 완전한 손상과 전두엽의 운동 센터의 손상은 운동 산출 기능에 문제를 유발한다. 운동의 문제는 파킨슨병(기저핵)과 소뇌의 질병에 의한 피질하구조의 손상에 의해서도 생길 수 있다. 물론, 운동 체제와 단어 지식 체제는 앞에서 기술된 (목표, 지식 등을 포함하는) 보다 넓은 글쓰기 체제의 일부이다. 따라서 글쓰기에는 능숙한 수행을 산출하기 위해 서로 협력하여 작용하는 다양한 뇌 부위가 관여한다. 이 체제의 복잡성을 고려할 때, "글쓰기를 숙달하는 데 오랜 시간이 걸린다는 것과 뇌 손상에 의한 혼란에 매우 민감한 허약한 기능이라는 것" (Papcsak, 1997, p. 166)은 전혀 놀랄 일이 아닐 것이다.

글쓰기 기능의 발달

글쓰기 기능의 발달에 관한 연구는 다음과 같이 조직되었다. 첫째, 취학 전 시기 동안의 초기 쓰기 출현을 살펴볼 것이다. 이어서, Hayes와 Flower(1980)의 원래 모형을 지침으로 발달연구를 살펴볼 것이다. 논의의 편의를 위하여, 이 연구는 (a) 쓰기에 필요한 지식이나 (b) 쓰기과정을 살펴보는지 여부에 따라 분류될 것이다.

쓰기 기능의 초기 발달

유치원이나 1학년에서 형식적인 글쓰기 수업을 받기 이전에도 글쓰기 과정에 대한 생각이 발달된다는 것이 밝혀지고 있다(Brennenman, Massey, Machado, & Gelman, 1996; Gombert & Fayol, 1992; Share & Levin, 1999). 연구자들은 취학 전 아동이 알고 있는 것을 평가하기 위하여 단어를 써주고 받아쓰도록 한다. 또 그림을 제시하고 해당하는 단어를 쓰도록 하기도 한다. 글쓰기 기능은 3세에서 5세 사이에 일련의 단계를 거쳐 점진적으로 발달된다. 예를 들어, 아동의 쓰기는 난서(scribbles)로부터 시작되지만, 이어서 꼬불꼬불한 선 그리기와 유사 문자(pseudoletters) 순서로 발달된다.

Gombert와 Fayol(1992)은 여러 나라에서 수행된 관련 연구를 검토한 후, 아동의 쓰기 시도가 세 단계를 거쳐 발달된다고 주장했다. 1단계(3세경)에서 아동은 난서와 꼬불꼬불한 선과 같이 형태가 없는 그림을 그린다. 이런 표시는 일반적으로 일방향성과 같은 쓰기의 원리에 따르고, 일직선형, 짧은 수직 흔적 및 분리된 단위와 같이 성숙된 모양을 띠기도 한다. 주목할 것은 이 시기에도 아동이 그리기와 쓰기를 혼동하지 않는다는 것이다.

2단계 동안(3세에서 4세 사이)에 아동의 글쓰기는 연이은 원이나 유사문자로 구성된다. 이 단계의 독특한 특징은 분리된 단위가 매우 분명하게 나타난다는 것이다. 그러나 이 단위는 구술에 대응하기 위해 사용된다. 예를 들어, 이 시기의 아동은 큰 대상(예컨대, 코끼리)을 나타내는 단어를 작은 대상(예컨대, 쥐)을 나타내는 단어보다 길게 쓰는 경향이 있다. 이와 관련하여, 이들은 동일한 색상을 대상(예컨대, 사과는 빨간색으로 그리고 레몬은 노란색)으로 활용하여 쓴다. 그러나 이 단계가 끝날 때쯤 아동은 순서 열을 음운 정보에 연결시키기(예컨대, 다음절 단어를 길게 표시하기) 시작한다.

3단계 동안(4세에서 5세)에 아동은 아는 실제 문자를 포함하는 쓰기 실례를 보여주기 시작한다. 대부분의 경우에 이 문자들은 아동 자신의 성에 들어있는 것이지만 서서히 새로운 문자도 포함된다. 이전 단계에서와는 달리 아동은 더 이상 의미적 방식이나 음운적 방식으로 단어의 길이를 구술에 맞추려 하지 않는다. 이러한 배합하기가 사라지는 것은 아동이 낯선 문자 쓰기 과제에 상당한 주의를 기울이고 있다는 것을 보여주는 것이다(Gombert & Fayol, 1992). 계속적인 연습과 더불어 배합하기가 다시 나타나지만 음운 특징과 관련해서만 나타난다. 예를 들어, 아동은 "kindergarten"을 KGN으로 쓸 것이다. 그렇지만 흥미롭게도 나이 많은 아동 중에서 많은 아동은 특정 단어를 어떻게 쓰는지 모른다고 하면서 참여를 거부하기 시작한다. 이상과 같은 설명은 취학 전 아동의 그림과 문자는 연령이 증가하면서 점진적으로 분화된다(즉, 문자는 더욱더 문자처럼 보이고 그림은 더욱더 그림처럼 보인다)는 것을 밝힌 Levin과 Bus(2003)의 연구결과와 일치한다.

이후에 아동은 바로 유치원에 입학하고 쓰기 수업을 받는다. 1학년 이후에 많은 아동은 철자와 철자 쓰기 수업도 받는다. 물론 우수한 쓰기에는 철자 쓰기 이상이 들어있다. 앞에서 밝힌 것처럼, 작가는 목표를 설정하고, 스키마에 의존하며, 이야기, 정보 글 및 주장 에세이 등의 초고를 수정하는 등의 일을 한다. 다음 절에서는 초·중학교 시기의 글쓰기 능력의 발달을 살펴볼 것이다.

글쓰기 능력의 발달 I: 쓰기 구조측면의 발달

7장에서 논의된 독해의 구조측면과 기능측면의 구분에 맞추어 쓰기의 구조측면과 기능측면의 발달을 살펴보는 것이 좋을 것이다. 구조측면은 작동기억 용량 및 지식 자원의 발달과 관련이 있다. 기능측면은 쓰기 과정의 변화와 관련 있다.

이미 작동기억 용량은 초기 아동기에서부터 초기 성인기까지 직선적으로 증가한다는 것을 밝힌 바 있다(Swanson, 1999). 작동기억 용량의 증가는 계획하기와 비판적 읽기 같은 노력이 필요한 과제를 처리할 수 있는 공간을 제공한다(McCutchen, 2006). 또한 유창한 글 생성은 작가가 작동기억의 한계를 극복할 수 있도록 도와준다. 지식관련 구조측면에서와 마찬가지로 아동은 연령 증가와 더불어 보다 효과적인 작가가 되어간다는 것이 밝혀졌다(예컨대, Applebee, Langer, Mullis, & Jenkins, 1990; Greenwald, Persky, Campbell, & Mazzeo, 1999; Scardamalia & Bereiter, 1986). 나이 많은 학생이 글을 잘 쓰는 이유는 어린 학생보다 쓰기에 필요한 지식을 많이 가지고 있기 때문이다. 이미 아는 바와 같이, 작가는 주제, 장르, 독자, 언어 등에 대한 지식을 가지고 있을 수 있다. 이러한 지식에서 연령차가 있는지를 알아보자.

주제에 관한 지식. 특정 주제에 관한 보고서를 써 달라고 요청을 받았을 때, 어린 아동은 나이 많은 아동이나 성인에 비해 아이디어를 적게 생성하는 경향이 있다(Scadamalia & Bereiter, 1986). 아이디어 양의 연령차는, 부분적으로, 어린 아동이 나이 많은 아동이나 성인보다 주제에 대한 지식이 적기 때문이다. 어떤 주제의 "전문가"라는 학생 집단에서도 연령차가 나타나는 경우도 있다. 예를 들어, McCutchen(1986)은 작문에 대한 지식의 효과에 관한 연구에서 고지식(high knowledge)집단에서도 8학년 학생이 4~6학년 학생보다 관련 지식을 더 많이 가지고 있다는 것을 밝혔다. 일반적으로 특정 주제가 주어졌을 때 나이 많은 아동이 어린 아동보다 많이 알고 있을 것으로 가정할 수 있다. 따라서 나이 많은 아동이 개발 가능한 아이디어 자원을 많이 가지고 있을 것이다.

그러나 여러 연구에서 아동은 알고 있는 것만큼 아이디어를 생성하지 못한다는 것도 밝혀졌다. 특히, 많은 아이디어를 생각하도록 암시하는 것만으로도 아동은 말할 거리를 더 많이 생각해낸다(Graham & Harris, 1996; Scardemalia, Bereiter, & Goelman, 1982). 아동이 자신의 능력보다 아이디어를 잘 떠올리지 못하는 이유는 무엇인가? 그 첫 번째 이유는 어린 학생은 아이디어를 떠올리기 위해 다소 무선적인 **연합적 사고**(associative thinking)를 하는 반면에 나이 많은 학생은 **발견적 탐색**(heuristic search)을 하기 때문인 것 같다(Scadamalia & Bereiter, 1986).

연합적 사고와 발견적 탐색의 차이는 다음 비유를 통하여 이해될 것이다. 지식이 정신적 "문서 보관함" 형태로 저장되어 있고, 개개의 지식(예컨대, 개가 짖는다는 사실)은 문서 보관함의 칸(folder)이라고 생각해 보자. 다음으로 두 가지 아이디어가 강력하게 연결되어 있다면, 아이디어가 있는 칸도 아주 강한 줄로 이어져 있을 것이라고 가정하자. 하나의 아이디어(즉, 칸 1)를 끄집어내면 다른 아이디어(즉, 칸 2)도 따라 나온다. 약하게 연결된 아이디어는 약한 끈으로 이어져 있다. 연합적 기억 탐색의 경우에는 주제에 관련된 주요 칸으로 가서 그것을 끌어낸다. 이 때 주요 칸과 강한 끈으로 연결된 칸도 하나씩 하나씩 끌려 나오는데 연결된 칸이 더 이상 없거나 약한 끈이 끊어질 때까지(이후의 칸은 그대로 남아 있게 된다) 계속된다. 예를 들어, 아동이 공룡에 관한 설명 글을 쓰라는 요구를 받았다면, 공룡이란 말은 아동이 아는 공룡을 좋아하는 사람(예컨대, 형이나 동생)이나 원시인과 연결될 것이다.

이와는 대조적으로, 발견적 탐색에서는 먼저 정보의 범주를 떠올리고 나서 특정 범주와 관련된 모든 아이디어가 들어있는 칸 전체를 끌어내기 위해 문서함으로 간다. 예를 들어, 미국의 교육 실태에 관한 에세이를 쓰고 있고 주장하려는 바를 생각해 내려고 한다면, 교육체제의 문제점에 관한 칸을 한 곳으로 모아 놓을 수 있다. 그렇지 않으면 아이디어가 특정 방식으로 표시되었다고 생각하고 특정 칸을 찾을 때 이 표시를 이용할 수도 있을 것이다. 발견적 탐색에서는 특정 칸을 찾을 때 표시를 이용한다. 따라서 발견적 기억 탐색은 무선적으로 이루어지거나 완전히 연합적으로 이루어지는 것도 아니다. 오히려 논리적으로 그리고 목표 지향적으로 이루어지는 것이다. 물론 발견적 탐색은 연합적 사고에 의해 보완될 수 있으며, 연합은 더 많은 내용을 생각해 낼 수 있도록 도와준다(Scadamalia & Bereiter, 1986).

어린 학생이 실제 능력보다 아이디어를 생성하는 능력이 낮은 두 번째 이유는 이들이 지식 위계에서 최상위 수준에 있는 아이디어만 기억해 내는 경향이 있기 때문이다(McCutchen & Perfetti, 1982; Scadamalia & Bereiter, 1986). 예를 들어, 어린 학생은 동물에 대한 글을 쓸 때 곧바로 최상위 노드인 "동물"과 연결된 아이디어를 생성하고 하위 수준의 아이디어(예컨대, 개나 고양이 같은 다양한 유형의 동물과 연결된 정보)는 떠올리지 못한다. 암시(예컨대, "개나 고양이 같은 동물에 대해 말해 줄 수 있니?" 등의 질문을 하는 것)를 하면, 아동은 하위 수준으로 내려가서 보다 구체적인 정보를 생각해 낼 수 있는 것 같다.

장르에 관한 지식. 7장에서 아동은 다독을 통하여 다양한 유형의 장르(예, 소설과 설명문)에 관한 스키마를 습득하는 것 같다고 하였다. 시간이 지나면서 아동이 이런 스키마를 습득한다면 특정 장르의 글을 써달라는 요청을 받았을 때 나이 많은 아동이 어린 아동보다 해당 장르의 표준 구조에 맞게 글을 쓸 가능성이 높을 것이다.

그러나 이야기 글 쓰기에 관한 연구에 따르면, 우수한 이야기 글을 알아볼 수 있는 것과 이런 글을 쓸 수 있는 것 사이에는 발달적 격차가 있다는 것이 시사되고 있다. 특히, 5세와 6세 아동도 이야기 글의 전통적 구조에 대해 상당한 지식을 가지고 있는 것처럼 보이지만(Stein, 1982) 나이 많은 학생(예컨대, 4, 5, 8학년)도 여기에 맞춰 글쓰는 것을 어려워하는 경우가 가끔 있다. 예를 들어, 1990년 NAEP에서 4학년 학생의 65%가 이야기 글의 기본 사항에 대해 이해는 하고 있지만, 배경과 하나 이상의 에피소드가 포함되어 있는 제대로 된 이야기 글을 쓸 수 있는 학생은 15% 정도에 지나지 않는 것으로 밝혀졌다(Applebee et al., 1990). 1998년에 17,000명의 학생을 대상으로 이루어진 평가에서도 유사한 결과가 나타났다(Greenwald et al., 1999). 여기에서는 38%의 학생만이 이야기 단서에 충분히 반응할 수 있었다. 학생들은 이야기 단서에서 분명하지만 구체적인 사항이 거의 없는, 즉 이야기가 제대로 전개되지 않은 이야기를 만들었다. 20%의 학생만이 "우수" 또는 "탁월"로 평가받을 정도로 잘 전개되고 상세하며 응집성 있는 이야기 글을 썼다. 그러나 이 평가에서 학생에게 25분 안에 이야기를 구성하도록 했다는 점에 주목할 필요가 있다.

이야기를 구성하고 수정할 수 있는 시간이 충분히 제공된 Freeman(1987)의 연구에서는 이야기를 "형식"에 맞게 구성하는 정도가 5학년과 12학년 사이에 발달한다는 것이 밝혀졌다. 5학년과 8학년의 경우에는 배경 정보와 하나 이상의 완벽한 에피소드가 포함된 진정한 개인적 경험에 대한 이야기를 쓴 학생은 각각 34%와 45%밖에 되지 않았다. 그러나 이야기를 창작하라고 한 경우에는 그 비율이 각각 55%와 70%로 높아졌다. 마지막으로, Langer(1986)는 구조와 관련해서는 8세 아동과 14세 청소년이 쓴 이야기 글에 거의 차이가 없는 반면, 14세 청소년이 쓴 글이 8세 아동이 쓴 글보다 정교하다는 것을 발견하였다. NAEP 연구와 Freeman의 연구 및 Langer를 비교해 보면, 연령차의 크기는 쓰기 과제의 성질에 따라 클 수도 있고 작을 수도 있다는 것을 알 수 있다. 그러나 최선의 상황에서도 이야기 이해를 위해 스키마를 사용하는 것과 이야기 글을 쓰기 위해 스키마를 사용하는 것 간에는 3년에서 4년 정도의 차이가 있는 것 같다. 아동이 장르에 대한 지식을 스스로 분명하게 통제하는 것이 필요하다는 주장은 교사가 발판을 제공할 때 글의 질이 향상된다는 연구결과(Donovan & Smolkin, 2006)에 의해서도 지지되고 있다.

아동이 설명문보다 이야기 글을 더 잘 이해하는 것 같다는 것을 보여주는 연구결과(7장 참조)에 비추어 볼 때, 설명글 쓰기에서는 발달차가 더 클 것으로 가정할 수 있을 것이다. 설명글 쓰기의 수행이 상대적으로 낮을 것이라는 가정은 여러 연구에 의해 지지되고 있다. 예를 들어, Langer(1986)는 8세 아동과 14세 청소년 간의 차이가 이야기 글쓰기보다 설명글 쓰기에서 더 크다는 것을 발견했다. 그러나 두 집단 모두에서, 설명문 쓰기 과제의 수행은 일반적으로 높지 않았다. 이와 유사하게, 핵심요소(예컨대, 주제 문장과 신호)를 포함한 문단을 완성하도록 요구하는 고도로 구조화된 과제를 학생에게 제시한 Englert, Stewart와 Hiebert의 연구(1988)에서 일관된 세부사항(각각 40% 대 37%)과 중심 생각(35% 대 35%)의 생성에서는 6학년 학생이 3학년 학생의 수행보다 유의미하게 높았지만, 과제의 수행은 두 학년 모두가 낮다는 것이 밝혀져다.

설명문 쓰기에 대한 1990년 NAEP 결과를 요약하면서, Applebee와 동료들(1990)은 다음과 같이 보고했다.

> 11학년 학생의 약 $\frac{2}{3}$가 개인적 경험을 소재로 글을 쓰고 입사 지원서를 작성할 수 있었으나, 주어진 정보를 바탕으로 신문기사를 작성할 수 있는 학생은 절반이 조금 넘는 정도밖에 되지 않았다. ……4학년과 8학년 학생의 경우에 제시된 정보가 단순하고 분명할수록 성공적으로 요약하고 설명하는 학생이 많았다. 보다 복잡한 자료에서는 대부분의 학생이 가지고 있지 않은 보다 복잡한 쓰기 전략이 요구되었다(p. 25).

1998년 평가 결과도 유사했다(Greenwald et al., 1999). (예컨대, TV쇼 디자인하기)에서 "잘함" 등급의 학생은 38%였다. 이들은 분명하고 순서적이지만 전개가 거의 없는 방식으로 정보를 전달하는 단순한 문장을 사용하였다. "우수함" 또는 "탁월함" 등급을 받은 학생은 11%에 불과하였다.

모든 학년에서 학생이 간단한 진술 형식으로(즉, 어떤 정보를 정리하고 요약하기) 설명글을 쓸 때 가장 잘한다는 연구결과가 있다. 학생들은 단순히 정보를 보고하기보다는 분석을 요구하는 비교-대조 형식과 같은 글을 쓰는 것을 훨씬 어려워한다(Applebee et al., 1990; Englert et al., 1988). 더 나아가, 이들의 글은 조직, 전개, 변조 및 문법적 복잡성과 관련한 작업이 요구된다(Greenwald et al., 1999).

대부분의 발달연구자가 이야기 글과 설명글을 중점적으로 연구해 왔지만, 일부 연구자는 논설글 쓰기 능력의 발달에도 관심을 가져왔다. 논설글 쓰기는 특정 관점이 바람직하다는 것을 설득하는 것이 목표이다(Applebee et al., 1990; Greenwald et al., 1999). A를 받을 자격이 있다는 글을 쓰는 것은 논설글을 쓰는 것이다. 연구자들은 논설글의 질을 평가할 때, 글에 주장점, 자료, 근거, 반대 의견의 인정 반박 등과 같은 구조화된 주장의 핵심요소가 있는지를 본다(예컨대, Knudson, 1992;

McCann, 1989). 글쓰기 능력의 발달에 관한 대부분의 연구에서는 아동이 연령의 증가와 더불어 논설글을 더 잘 쓰게 된다는 것이 밝혀졌다.

예를 들어, McCann(1989)은 6학년, 9학년 및 12학년 학생에게 논설글을 쓰도록 한 결과, 9학년과 12학년 학생의 글이 6학년 학생의 글보다 전반적으로 질이 높았을 뿐만 아니라 주장과 근거를 훨씬 많이 제시하였다는 것을 발견하였다. 그러나 주장을 지지하기 위한 자료의 사용에서는 학년 간 차이가 유의하지 않았다. 이와 유사한 연구에서 Knudson(1992)는 4학년과 6학년 학생은 10학년과 12학년 학생보다 주장, 자료, 근거를 현저히 적게 사용했다는 것을 발견했다. 이 두 연구는 아동이 나이 들면서 글에 바람직한 논쟁의 요소를 많이 포함시키는 경향이 있다는 것을 보여주었다.

그러나 이같은 요소의 활용 빈도 증가가 나이 많은 학생이 항상 논설글을 잘 쓴다는 뜻은 아니다. 특히, 1990년 NAEP의 쓰기 평가에서는 4학년, 8학년 및 11학년 학생의 20% 정도만이 "적합한" 수준 또는 그 이상으로 판단되는 논설글을 쓴 것으로 나타났다(Applebee et al., 1990). 1998년 평가에서는 ("우수함" 또는 "탁월함"으로 평가된) 학생의 비율은 12%(4학년), 14%(8학년) 그리고 22%(12학년)였다. 그렇지만 이 결과가 논설글 쓰기 능력이 거의 발달하지 않았다는 것을 의미하진 않는다. 평가자들은 8학년과 12학년에게는 가장 높은 두 수준의 문제를 배당하기 위해 보다 엄격한 기준을 활용하고 다른 학년과는 다른 글쓰기 프롬프트를 제공하였다. 그러나 전반적으로 대부분의 아동은 논설글 쓰기에서 기본적인 수준의 숙달도를 보였다.

요약하면, 고등학교 수준에서도 대부분의 학생은 이야기 글, 설명글, 논설글 쓰기를 어려워한다. 발달이 이루어지면서, 일반적으로 특정 장르의 핵심 요소를 더 많이 사용하고, 응집력이 높아지며, 구체적인 사항을 더 많이 포함시킨다. 이야기 글의 경우에, 나이 많은 학생은 어린 학생보다 이야기에 배경과 주요 에피소드를 모두 포함시킬 가능성이 높다. 설명글의 경우에는, 나이 많은 학생이 어린 학생보다 상위 구조(예컨대, 주요 아이디어와 이를 지지하는 세부사항)를 사용할 가능성이 높다. 논설글의 경우에, 나이 많은 학생이 어린 학생보다 주장, 자료, 및 근거를 사용할 가능성이 높다. 초등학교 학생도 글을 쓸 때 구성을 사용하지만 나이가 많은 학생이 더 많은 구성을 사용하고, 광범위하게 그것을 정교화하는 경향이 있다. 이와 더불어, 대학생의 논설글의 질은 반박과 재반박을 포함시키는 목표가 제공되었을 때 크게 향상될 수 있다(Nussbaum & Kardash, 2005).

독자에 관한 지식. 글 쓰는 것과 대화하는 것의 주요한 차이는 대화를 할 때에는 말을 건넬 사람이 실제로 있다는 것이다. 이 사람은 얼굴에 표정을 지으면서 진술한 것에 반응하고 또 대화가 계속되도록 돕는다. 그러나 글을 쓸 때는 이런 역할을 하는 사람이 없다. 그러므로 글을 쓸 때는 가상의 독자를 만들어 내고 어떻게 반응할 것이라는 가설을 세워야 한다. 더 나아가, 말하려는 바를 다른 누군가가 이해하는 데 어려움이 있는지를 알아보기 위해, 쓴 것을 객관적으로 바라보는 능력도 필요하다. 따라서 대화할 때보다 글을 쓸 때가 인지적 부담이 더 크다. 그렇다면, 어린 아동은 나이 많은 아동보다 상상의 독자를 만들어 내고 글을 쓰는 데 어려움이 많기 때문에 전자가 후자보다 유능한 작가가 되지 못할 것이다(Bereiter & Scadamalia, 1982; Knudson, 1992).

독자가 글쓰기에 미치는 영향에 대한 아동 지식의 발달차를 조사한 연구에서 Langer(1986)는 8세 아동과 14세 아동 모두 독자가 달라지면 원고를 수정해야 한다는 것을 알고 있다는 것을 발견했다. 그러나 어린 아동은 독자가 달라진다는 것은 명확성 및 분량과 관련된 요구사항이 달라지는 것을 의미한다고 말한 반면 나이 많은 아동은 언어 및 형식과 관련하여 변화가 반영되어야 할 것이라고 주장한다. 독자에 대한 지식의 연령별 차이를 분명히 밝히기 위해서는 더 많은 연구가 필요하다.

언어지식. Perfetti와 McCutchen(1987)은 글쓰기 능력을 "의사소통 의도에 기여하는 언어의 문법 장치에 대한 생산적 통제"(p. 130)라고 정의하였다. 이 정의는 작가가 가지고 있는 언어에 대한 지식의 역할을 잘 표현하고 있다. 작가가 자신의 언어에 대한 생산적 통제력을 발휘하고, 전달하고자 하는 바를 정확하게 전달하기 위해서는 뛰어난 어휘 능력과 구문구사 능력이 필요하다. 나이 많은 학생이 어린 학생보다 어휘력이 풍부하고 구문구사 능력이 높다는 증거가 있는가?

5장에서 밝힌 것처럼, 학생의 어휘는 매년 약 3000개씩 증가된다(Adams, 1990). 따라서 나이 많은 아동만이 선택 과정을 수행하는 데 필요한 정도의 어휘를 가지고 있을 가능성이 높기 때문에 "딱 맞는 단어 선택하기"라는 개념은 어린 아동보다 나이 많은 아동에게 더 잘 적용된다.

구문의 경우에, Loban(1976)과 Hunt(1970)는 학령기 동안에 문장 구성력(syntactic maturity)이 발달한다는 것을 발견하였다. "문장 구성력 발달"이란 나이 많은 아동이 어린 아동보다 분리되어 있는 절들을 보다 복잡한 하나의 문장으로 구성할 가능성이 높다는 것을 의미한다. 예를 들어, 나이 많은 학생은 1번과 같이 세 개의 문장으로 표현하는 대신에 2번처럼 한 문장으로 표현할 가능성이 높다.

1. 필라델피아에는 훌륭한 야구팀이 있다. 필라델피아에는 뛰어난 축구팀이 있다. 필라델피아에는 훌륭한 농구팀이 없다.

2. 필라델피아에는 훌륭한 야구팀과 축구팀은 있지만 훌륭한 농구팀은 없다.

9세 아동도 이 중에서 2번이 더 좋다는 것을 알고 있는 것 같다. 그러나 이들은 같은 종류의 내용이 제공되었을 때도 2번과 같은 식으로 문장을 구성하지 못하였다 (Scadamalia & Bereiter, 1986). 다른 연구에서는 고등학교 학생도 이전의 쓰기 과제에서 범한 문법적 오류를 일부러 똑같이 따라 할 수는 없다는 것이 밝혀졌다. 문법 복잡성(grammatical complexity), 문법 변이(grammatical variability) 및 단어 선택이 포함된 평정척 형식의 글쓰기에 대한 1998년의 NAEP에서 12학년 학생의 27%만이 상위 2수준에 속하는 점수를 받았다(Greenwald et al., 1999). 이런 연구결과에 비추어 볼 때, 학령기 동안의 문장 구성력은 *복잡한 문법 구조를 원활하고 의식적으로 통제하는 능력을 점진적으로 획득해 가는* 것 같다.

연령과 더불어 발달하는 것으로 생각되는 언어지식의 마지막 측면은 응집장치를 사용하는 능력이다. 응집장치란 (a) 앞 문장에서 이름이 거론된 사람을 다시 언급하기 위해 다음 문장에서 대명사를 사용하는 것이나 (b) 여러 개의 계속되는 문장에서 동일하거나 관련된 단어를 사용하는 것을 의미한다. 아래의 3번은 이 두 가지 장치를 보여주는 예이다.

3. Mary는 인기 있는 소녀로 알려졌다. *인기 있기* 때문에 **그녀**는 반장으로 뽑혔다.

다양한 연구에서 나이가 많은 아동이 어린 아동보다 응집장치를 잘 사용하는 것으로 나타났다. 예를 들어, McCutchen(1986)은 주제에 관한 지식이 통계적으로 통제되었을 때도 어린 학생(즉, 4학년)과 나이 많은 학생(즉, 6학년과 8학년) 사이에 응집장치 사용에 차이가 있다는 것을 발견했다.

요약하면, 나이 많은 아동이 어린 아동보다 주제, 장르, 독자 및 언어에 관한 지식이 많다. 이러한 지식의 획득에서보다는 이들을 의식적으로 성찰하고 조작하는 아동의 능력에서 주요 발달이 이루어지는 것 같다(Perfetti & McCutchen, 1987; Scardamalia & Bereiter, 1986). 독자에 대한 지식을 제외하고, 아동은 글쓰기에서 내보이는 것보다 많이 알고 있다는 것이 밝혀지고 있다. 특히, 아동은 알고 있는 것보다 산출하는 내용이 적으며, 특정 유형(예컨대, 이야기 글)의 글을 쓸 수 있게 되는 것보다 훨씬 이른 시기에 그런 유형의 글을 이해하며, 스스로 문장구조에 맞는 문장을 쓸 수 있게 되기 이전에 문장구조를 만들거나 인지할 수 있다.

기능측면(글쓰기 처리과정)의 발달

글쓰기의 구조측면(즉, 작동기억과 지식)의 발달은 글쓰기의 기능측면을 효과적으로 수행되는 데 도움이 되는 자원을 제공한다. Hayes와 Flower의 1980년 모형에 따르면, 작가는 계획, 번역, 교정의 세 가지 주요 과정을 거친다. 발달 연구자들은 "나이 많은 아동은 어린 아동보다 이 과정을 수행할 가능성이 높은가?", "그렇다면 나이 많은 아동은 어린 아동보다 이런 과정을 효과적으로 수행하는가?" 하는 문제에 관심을 가져왔다. 여기에서는 이런 질문에 대한 답을 알아보기 위해, 발달적 접근의 연구를 살펴볼 것이다. 사회적 관계, 동기 및 읽기 기능과 같은 것이 강조된 Hayes (1996)의 수정 모형은 발달 연구자의 관심을 끌지 못하고 있다는 점에 주목할 필요가 있다.

계획. 글쓰기에 대한 대부분의 발달 연구에 의하면, 아동은 명시적으로 글쓰기 계획을 세운다는 증거는 거의 보이지 않는다(Scadamalia & Bereiter, 1986). 나이 어린 아동도 때에 따라서는 궁극적으로 쓰려고 하는 것을 부분적 또는 완전한 문장 형태로 "연습"할 수도 있으나, 이것은 계획 그 자체라기보다는 최종적인 문장의 초안일 가능성이 높다.

아동은 목표를 설정하고 이에 맞춰 쓰는 대신에 지식 나열하기(knowledge telling)라는 것을 하고 있을 가능성이 높다(Scadamalia & Bereiter, 1986). 지식 나열하기를 하는 작가는 주제와 관련하여 알고 있는 모든 것을 생각이 떠오르는 대로 써 내려간다. 지식 나열하기 방식으로 쓰는 사람은 알고 있는 것을 모두 썼다고 생각하면 글쓰기를 끝낸다.

아동은 목표나 계획에 따라 글을 쓰지 않기 때문에 발견적 탐색(heuristic search) 방법보다는 연합적 사고 방법으로 아이디어를 생성하는 경향이 있고, 아이디어를 조직화하지 않는 경우가 많다. 결과적으로 이들의 이야기 글, 에세이 그리고 논설글은 개념적 응집성(conceptual coherence)을 보이는 경우가 매우 드물고 수사적 응집성(rhetorical coherence)만 보인다.

번역. 앞 절에서 작문지식의 발달에 대해 논의하면서, 어린 아동은 나이 많은 아동보다 어휘의 양, 구문 구조 및 응집장치의 목록, 유창성 그리고 언어 형태에 대한 의식적 통제 정도가 적거나 낮다는 것을 밝힌 바 있다. 이 때문에 어린 아동은 개인적 의미를 해석 가능한 글로 정확하게 번역하는 데 한계가 있다. 즉, 이들은 "독자 중심(reader-based)"이 아니라 "작가 중심(writer-based)"으로 글을 쓰는 경향이 있다(Perfetti & McCutchen, 1987). 작가 중심의 글은 "작가를 위한 의미—독자를 위해 표현하지 않은 의미—의 내용이 담긴 작가의 독특한 표현으로 가득한 글이다

(Perfetti & McCutchen, 1987, p. 126). 이와는 대조적으로, 독자 중심의 글에서는 아이디어가 분명하게 표현되고, 애매모호한 표현이 거의 없으며, 문장 간의 응집성도높다. 실제로, 의미가 아주 구체적으로 진술되었을 때, 글의 특정 부분을 읽는 독자는 그 내용을 작가와 동일하게 해석한다.

연령에 따른 어휘와 구문 능력의 증가가 독자 중심으로 글을 쓰는 데 직접적으로 기여한다는 것을 밝힌 연구는 거의 없지만, 많은 연구에서 나이 많은 아동이 어린 아동보다 문장 간 응집장치를 다양하게 사용할 가능성이 높다는 것이 밝혀졌다. 더 나아가, 응집된 글을 쓰는 경향성은 3학년에서 성인기 사이에 연령의 증가와 더불어 직선적으로 증가하는 것 같다(Gartner et al., 1986; McCutchen, 1986; Wright & Rosenberg, 1993). 이러한 결과는 1998년 NAEP에 보고된 연령별 발달경향에서도 볼 수 있다.

교정. 교정 능력의 발달에 관한 연구에서는 다음 네 가지 주요 결과가 밝혀졌다. 첫째, 아동, 청소년, 미숙한 대학생은 거의 교정을 하지 않는다(Fitzerald, 1987; Graham, 2006; Scadamalia & Bereiter, 1986). 둘째, 학생이 교정을 하는 경우에, 교정된 사항의 거의 대부분은 개념적이거나 조직적인 것보다는 표면적인 것이다. 즉, 학생은 목표, 계획, 전체적으로 의도한 의미와 같은 보다 심층적인 것보다는 특정 단어, 철자나 문법 등에 초점을 맞추는 경향이 있다(Fitzerald, 1987; Graham, 2006; Scadamalia & Bereiter, 1986). 셋째, 아동이 교정을 하지 않는 경향을 보이는 주된 이유는 무엇보다도 이들이 특히 자신의 글에서 문제점을 찾아내는 것이 어렵기 때문이다(Bartlett, 1982; McCutchen, 2006). 아동은 문제점을 지적받으면 적절하게 수정할 수 있다(예컨대, Beal, 1990). 그렇지만 일부 연구에서는 교정한 글의 질이 항상 좋아지는 것은 아니라는 것이 밝혀졌다(Scadamalia & Bereiter, 1986). 넷째, 아동이 내용과 질에 관련된 여러 문제를 동시에 처리할 정도의 작동기억 용량을 가지고 있지 않은 것이 또 하나의 제약요인일 수 있다. 성인이 발판 제공하기 방법을 사용하여 교정하도록 유도하면 글의 질이 향상된다(Scadamaila & Bereiter, 1986).

요약

아동은 연령이 증가하면서 작동기억 용량이 증가하고 쓰기 지식이 많아질 뿐만 아니라, 글쓰기 과정을 효과적으로 수행한다. 물론, 이러한 글쓰기의 구조측면과 기능측면은 읽기기능의 발달에서도 중요하며 상호작용 역할을 한다. 예를 들어, 아동의 언어 지식이 증가하면서 번역 과정도 효과적으로 수행된다. 마찬가지로, 독자에 대해 많이 이해할 수 있게 되면서 글에서 애매한 부분을 능숙하게 찾아내어 교정할 수 있게 된다. 그러므로 글쓰기 능력의 발달을 지식과 과정이 별개로 습득되는 것이 아니라 이 두 성분이 융합되어 습득되는 것으로 보아야 한다.

Berninger, Mizokawa, Bragg(1991)에 따르면, 글쓰기 지식과 과정을 융합하는 속도는 세 가지 제약요인의 영향을 받는다. 첫째, 신속하고 자동적인 철자 산출과 손의 움직임에 영향을 끼침으로써 어린 아동의 쓰기에 영향을 미치는 신경 발달적 제약요인이 있다. 이 낮은 수준의 제약요인은 중요한 번역 과정(즉, 생각을 원고로 변형시키는 것)이 아니라 소위 복사 과정(즉, 기호들을 써 내려가기)이라는 과정을 제약하는 것으로 간주된다. 복사 과정이 숙달되어 자동화된 후에는 단어, 문장 및 도식에 대한 언어적 제약요인이 영향을 미친다. 마지막으로, 복사 과정과 번역 과정이 충분히 숙달되고 나면 계획하기와 교정하기에 대한 인지적 제약요인이 영향을 미치게 될 것이다. 그러므로 신경 발달적 제약요인은 어린 아동의 쓰기에 크게 영향을 미치는 반면 많은 아동은 언어적 제약요인과 인지적 제약요인의 영향을 크게 받는다.

글쓰기의 핵심 과정과 지식은 연령의 증가에 따라 발달한다는 것은 밝혀졌으나 이러한 변화를 일으키는 발달기제에 대해서는 많이 알려져 있지 않다. 글쓰기 능력의 발달에 영향을 미치는 요인으로는 (a) 작동기억 용량의 증가, (b) 쓰기 빈도 및 연습, (c) 광범위한 읽기 경험 그리고 (d) 수업기법 등을 들 수 있다. 특히, 연습은 쓰기 기능이 유창해지고 자동화되도록 할 가능성이 높다. 아동이 목표와 의미에 주의를 기울일 수 있을 정도로 작동기억 용량이 여유 있다면 쓰기가 좋아질 가능성이 높다. 광범위한 읽기 경험은 아동이 새로운 어휘, 스타일, 장르 및 구문 구조를 경험하게 할 것이기 때문에 글쓰기 발달에 도움 될 가능성이 높다(Stanovich, West, & Harrison, 1995). 그렇지만 이런 지식을 확실하게 습득하기 위해서는 문예비평 활동을 해야 한다. 수업기법과 관련하여, 여기에서는 역사적으로 교사는 아동에게 쓰기 과제를 많이 요구하지 않아 왔다는 점을 지적할 수 있을 것이다. 더욱이, 아동은 쓴 글에 대한 피드백을 거의 받지 못하고 수정요구를 받는 경우도 매우 드물다. 발달기제로서의 수업기법에 대한 상세한 논의는 마지막 절에서 이루어질 것이다.

글쓰기 능력의 개인차

지금까지 글쓰기 능력에서 어린 학생과 나이 많은 학생 간에 어떤 차이가 있는지를 살펴보았다. 이제 "같은 연령의 학생은 서로 어떻게 다른가?"라는 질문에 대해 논의할 것이다. 이 질문에 대한 답을 제공한 연구는 두 부류, 즉 숙련된 작가와 비숙련 작가를 비교한 연구 그리고 성차와 인종차를 밝힌 연구로 나눌 수 있다.

숙련된 작가와 비숙련 작가의 비교

같은 나이의 숙련 작가와 비숙련 작가를 비교한 연구의 주요 결과는 다음 같다.

1. 숙련된 작가와 비숙련 작가는 평점, 성취도 검사 점수 및 단기기억 용량에서는 차이가 없으나, 전자가 후자보다 언어적 정보를 잘 다룬다(Benton, Glover, Monkowski, & Shaughnessy, 1984). 특히, 대학생 대상의 한 연구에서 글쓰기 능력이 우수한 학생이 부족한 학생보다 (a) 문자열을 알파벳 순서로 재정리하는 과제, (b) 단어를 뜻이 통하는 문장으로 재정리하는 과제 또는 (c) 문장을 뜻이 통하도록 문단으로 재정리하는 과제를 빠르고 정확하게 수행하는 것으로 나타났다. 인지심리학자와 교육심리학자는 이런 능력을 언어적 정보를 위한 작동기억 용량의 크기를 나타내는 지수로 보고 있다(Kellogg, 1996; McCutchen, Covill, Hoyne, & Mildes, 1994; Ransdell & Levy, 1996).
2. 초등학교 시기에는 필기 기능이 유창성과 전반적인 글의 질 모두에 크게 영향을 미친다(Graham, Berninger, Abbott, Abbott, & Ghitaker, 1997; Greenwald et al., 1999). 필기 잘하는 학생은 잘 못하는 학생보다 빠르게 쓸 수 있다.
3. 숙련된 작가는 비숙련 작가보다 읽기도 잘하는 경향이 있다(Abbott & Berninger, 1993; Englert et al., 1988; Hayes, 1986; Langer, 1986; Perfetti & McCutchen, 1987). 특히, 학생의 독해 점수와 작문 점수 간에는 높은 상관이 있다는 것이 밝혀지고 있다. 더욱이, 글을 이해하려 할 때 장르의 구조적 지식을 활용하는 학생은 글을 쓸 때도 장르 지식을 이용한다(Scardamalia & Bereiter, 1986; Wright & Rosenberg, 1986). 물론 독해와 작문이 같은 것은 아니지만, 동일한 주요 지식 구조에 의존하고 있는 것 같다(Perfetti & McCutchen, 1987). 그러나 여기에서도 이해를 위한 읽기와 평가를 위한 읽기는 다르다. 글을 잘 쓰는 사람은 그렇지 못한 사람보다 이 둘을 잘한다(Graham, 2006; McCutchen, 2006).
4. 나이 많은 작가가 어린 작가보다 장기기억에서 정보를 회상하기 위해 발견적 검색(즉, 목표 지향적 검색)을 사용할 가능성이 높은 것과 마찬가지로, 같은 연령에서는 숙련된 작가가 비숙련 작가에 비해서 발견적 검색을 사용할 가능성이 높다(Scadamalia & Bereiter, 1986). 숙련된 작가는 특정 주제에 대한 지식도 없고 장기기억에서 정보를 회상할 수 없는 경우에는 필요한 것을 찾기 위해 관련문헌을 살펴보는 발견적 검색도 활용할 것이다(Glover, Ronning, & Burning, 1990). 그렇지만 이를 구체적으로 검증한 연구는 거의 없다. 마지

막으로, 전문 작가는 일반적으로 화제, 주제 및 제약 사항을 설정함으로써 과제로 주어진 글을 정교화하는 반면에 초보 작가는 글을 쓰는 것 그 자체에만 매달린다(Scadamalia & Bereiter, 1986).

5. 언어 능력에서는 숙련된 작가와 비숙련 작가 간에 크게 세 가지 점에서 차이가 난다: (a) 숙련된 작가는 필기, 철자, 구두법 및 문법이 거의 자동화되어 있으나 비숙련 작가는 이러한 과정에 다소 의식적으로 공을 들여야 한다; (b) 숙련된 작가는 비숙련 작가보다 문장 구조와 문법 구조 목록을 많이 가지고 있다; (c) 우수한 작가는 그렇지 않은 작가보다 구문이 많이 포함된 문장을 많이 사용한다(Greenwald et al., 1999; Hayer, 1996; Norris & Burning, 1988; Perfetti & McCutchen, 1987; Scadamalia & Bereiter, 1986).
6. 숙련된 작가는 글을 쓰기 전에 목표를 설정하고 아이디어를 조직화하는 데 많은 시간을 할애하는 반면에 초보 작가는 목표를 설정하고 글쓰기 계획을 세우지 않는 것 같다. 그 결과, 초보 작가는 곧바로 글쓰기를 시작하며 이들의 글은 정교하게 조직화되어 있지 않다는 것을 알 수 있다(Graham, 2006; Scadamalia & Bereiter, 1986). 숙련된 작가는 글을 쓰는 과정에서 목표와 계획이 어떻게 바뀌었는지에 대해 언급할 가능성도 높다.
7. 전문 작가는 초보자보다 명시적인 목표와 하위 목표를 설정할 가능성이 높기 때문에 글을 교정할 가능성이 높다. 왜 그런가? 글의 일부가 목표에 부합하지 않는다는 것을 알았을 때 심층적 수정이 이루어진다(Scadamalia & Bereiter, 1986). 예를 들어, 친구에게 불쾌하다는 말을 하기는 하지만 정중하게 말하는 것을 목표로 글을 쓰고 있었다면, 초교를 보고 "아, 이건 좋지 않아. 친구가 이 글을 보고 상처받을지도 몰라"라고 할 수 있을 것이다. 이와는 대조적으로, 목적 없이 글을 쓰는 경우에는 글과 비교할 준거가 없고, 따라서 글을 수정할 필요성도 느끼지 않는다. 우수한 작가는 주제에 관한 지식이 많고(McCutchen, Francis, & Kerr, 1997), 수정에 대한 실행 통제 수준도 높으며(Graham, 1997), 독자에 대한 민감성도 높기(Graham, 1997) 때문에 수정을 잘한다.

   더 나아가, 훌륭한 작가는 글을 쓰는 과정에서 목표와 계획을 변경시키는 경우가 많기 때문에 쓴 부분을 다시 읽고 새로운 목표와 계획에 맞지 않는 부분을 전반적으로 수정하거나 삭제하는 경향이 있다. 반면에 초보자는 글을 쓰는 도중에는 목표를 바꾸지 않는 경향이 있기 때문에 이와 같은 전반적인 수정은 하지 않을 것이다.
8. 마지막으로, 지금까지 제시된 개인차는 우수한 작가와 그렇지 않은 작가 간

의 *메타인지*의 차이와 관련 있다. 아마, 비숙련 작가가 글을 쓸 때 목적이 없거나 장르나 언어에 대한 지식이 없다고 말하는 것은 옳지 않을 것이다. 그보다는 숙련된 작가는 목적과 지식을 의식적으로 글에 반영하여 다룰 수 있는 반면에 비숙련 작가는 목적이나 지식에 의식적으로 접근을 하지 못한다고 하는 것이 더 옳을 것이다(Scadamalia & Bereiter, 1986).

지금까지 논의된 숙련된 작가와 비숙련 작가 간의 차이는 학습부진 학생의 경우에 더욱 분명하게 드러난다. 학습부진 학생은 다른 학생보다 (a) 계획하고, (b) 적절한 내용을 산출하고, (c) 수정하고, (d) 내용을 글로 번역하고, (e) 자신의 글의 부족한 점을 인지할 가능성이 낮다(Troia, 2006). 학습부진 학생이 글을 쓸 때 직면하는 심각한 어려움은 반복적인 실패 경험과 결합되어 불가피하게 심각한 동기상의 문제도 야기한다는 것이다. 특히, 불행한 것은 전국적인 설문조사에서 상당히 많은 일반학급의 교사(42%)가 자신의 수업을 학습부진 학생의 요구에 맞추지 못하고 있다고 보고된 결과이다(Graham, Harris, Fink-Chorzempa, & MacArthur, 2003).

성차와 인종차

성차와 인종차에 관한 문헌은 숙련된 작가와 비숙련 작가 간의 차이에 관한 문헌보다 많지 않은 편이다. 그럼에도 불구하고, 학생의 성과 인종에 따른 글쓰기 능력의 차이에 관한 연구결과를 살펴보는 것은 유용할 것이다.

성차. 그 동안 이루어진 성차에 관한 연구에서는 남학생과 여학생 간에 (1) 언어 유창성, (2) 표준어법에 대한 적합성, (3) 전반적인 글의 질, (4) 교정 경향, (5) 특성 묘사, (6) 주제의 여섯 가지 면에서 차이가 있다는 것이 밝혀졌다. 특히, Berninger와 Fuller(1992)는 언어 유창성(즉, 어떤 것의 예를 가능한 많이 열거하는 속도), 철자 유창성(즉, 알파벳을 순서에 따라 쓰는 속도) 그리고 작문 유창성(즉, 이야기 글과 설명글을 쓰는 속도)에서 초등학교 저학년 남학생과 여학생 간의 차이를 조사하였다. 이 조사에서 남학생은 언어 유창성 점수(효과크기=.21; 효과크기에 대한 설명은 12장 참조)가 높은 반면에 여학생은 철자 유창성 점수(효과크기=−.36)와 작문 유창성 점수(효과크기=−.34~−.83)가 높은 것으로 나타났다. 더 나아가, 작문 유창성 점수분포에서 하위 5%에 속하는 28명의 학생 중에 23명(82%)이 남학생이었다.

Price와 Graves(1980)도 구어량과 문어량에서 이와 유사한 성별 분포를 얻었다. 특히, 남학생은 구어 단어에서 여학생보다 많은 어휘를 구사한 반면에, 남학생이 쓰기와 말하기에서 이중부정, 동사활용 그리고 대명사 및 명사의 격변화와 관련하여 실수할 가능성이 여학생보다 두 배 높았다. Price와 Graves는 이러한 오류를 "표준 어법 일탈(deviations from standard usage)"이라 하였다.

양보다는 질이 중요하기 때문에, 글쓰기의 남녀 간 차이를 Berninger와 Fuller(1992) 그리고 Price와 Graves(1980)의 조사에서 밝혀진 양적 차이에 한정시킨다면, 성차에 관심을 가질 이유가 없을 것이다. 1990년에 실시된 NAEP의 글쓰기 평가에서 질에서도 성차가 있다는 것이 밝혀졌다. 특히, 4학년, 8학년, 11학년 각각에서 전반적으로 여학생이 남학생에 비해 높은 점수를 받았다(Applebee et al., 1990). 1998년의 NAEP에서도 결과가 매우 유사하였다. 4학년, 8학년 및 12학년의 평균점수가 각각 142(남학생)와 158(여학생), 140(남학생)과 160(여학생) 그리고 140(남학생)과 159(여학생)였다(Greenwald et al., 1998). 즉, 각 학년에서 여학생의 점수가 11% 높았으나, 12학년에서의 효과크기는 $d = -.22$(여학생이 높음)로 크지는 않았으나 주목할 만한 차이였다. 그러나 글 쓰는 시간이 제한되어 있었다는 점과 각 학년의 남학생과 여학생의 평균점수가 중간정도에 분포되어 있다는 점에 주목해야 한다. 따라서 글쓰기의 질에서 나타나는 성차에 유창성의 차이가 반영되었을 수도 있다. 시간 제한을 두지 않았을 때, 성차가 여전히 나타나는지 아니면 없어지는지를 밝히기 위한 연구가 필요하다.

교정 경향성의 성차에 관한 몇몇의 연구는 여학생이 남학생보다 광범위하게 수정하는 경향이 있다는 것을 보여주고 있다(Fitzgerald, 1987). 그렇지만 이 연구에서는 교정을 통하여 글이 실제로 좋아졌는지를 밝히지 않았기 때문에 이 차이를 질적인 것으로 특징지을지 아니면 양적인 것으로 특징지을지는 분명치 않다.

글쓰기의 성차는 네 측면에서 밝혀졌지만, 대학생과 전문 작가의 글쓰기에서는 이러한 결과가 보고되지 않았다. 대신에 소위 양식 및 "단어 선택의 차이"가 밝혀졌다. 예를 들어, 몇몇 연구자는 여성 작가가 남성 작가보다 주장의 강도를 완화하는 수식어(예컨대, "일종의"), 애매한 표현(예컨대, "~일 것이다.") 및 공손한 표현을 많이 사용한다고 주장하였다(예컨대, Lakoff, 1973). 또 일부 연구자는 세계관 때문에 남자와 여자가 특정 장르를 얼마나 잘 쓰는가에 있어서 성차가 나타난다고 주장했다(예컨대, Flynn, 1988). 특히, 여성의 인식론은 연관성과 대인관계를 강조하는 것으로 알려져 있다(Gilligan, 1982). 이 때문에 여성은 논쟁글보다는 해설글을 잘 쓴다. 이와는 대조적으로, 남성은 객관적으로 나타난 범주와 경쟁의 관점에서 세계를 본다. 이 때문에 남성은 주장글을 잘 쓴다.

Rubin과 Greene(1992)는 단어 선택과 능력에 대한 세계관의 영향을 밝히기 위해 대학생에게 해설글과 주장글을 쓰게 했다. 이들은 학생의 글에 특정 스타일과 세계관을 나타내는 17개 범주의 용어와 구조가 존재하는지 검토되었다. 연구결과, 여

성적 스타일과 남성적 스타일이 있다는 주장과는 달리 남성과 여성 간에 다른 점보다는 유사점이 훨씬 많은 것으로 나타났다. 특히, 17개 언어 범주 중에서 다섯 범주에서만(즉, 29%) 성차가 유의한 것으로 밝혀졌다.

요약하면, 아동의 성차에 관한 연구에서는 여학생이 (1) 남학생보다 쓰기에서 유창한 경향이 있고, (2) 남학생보다 표준 어법에서 벗어나는 일이 드물며, (3) 남학생보다 작문의 최소 요구조건을 충족시킬 가능성이 높고, (4) 남학생보다 글을 광범위하게 수정하는 경향을 보이며, (5) 여학생과 남학생은 서로 다른 동기 특성을 발달시키고, (6) 남학생과 여학생은 글쓰는 주제에 차이가 있다는 여섯 가지 경향이 밝혀졌다. 성인의 경우에는 글쓰기에서 이러한 양적 · 질적 차이가 있다는 증거가 거의 없다. 그 대신에 남성과 여성의 문체가 다르다는 견해가 널리 퍼져있는 것 같다. 그렇지만 경험적 검증에서는 이런 차이가 존재한다는 증거가 나타나지 않았다 (Rubin & Greene, 1992).

인종차. 글쓰기 수행을 인종으로 나누어 조사한 연구는 거의 없기 때문에 글쓰기 능력의 인종차 정도와 관련하여 논의할 내용은 많지 않다. 그러나 읽기에 대한 1990년과 1998년의 NAEP(Applebee et al., 1990; Greenwald et al., 1998)는 예외이다. 그림 9.1에서 보듯이, 1990년 NAEP에서 4학년, 8학년, 11학년 각각에서 백인계 학생의 점수가 히스패닉계나 아프리카계 학생의 점수보다 유의하게 높았다. 1998년 NAEP에서는 각 학년에서 기본수준 이상의 수행을 보인 학생의 비율은 백인계가 84~90%, 아프리카계가 64~72% 그리고 히스패닉계가 65~72%였다. 이 조사결과에서 안타까운 점은 이런 차이가 존재하는 이유와 시간이 지나면서 그 차이가 없어지는 이유가 분명치 않다는 것이다. 단순히 백인계 학생이 소수민족 학생보다 더 유창한가(즉, 백인 학생이 짧은 시간에 더 많은 글을 쓸 수 있는가)? 백인계 학생이 더 계획적이고, 주제, 장르 및 언어에 대한 지식이 많은가? 차이의 원인이 무엇인지를 밝히지 못하면 효과적인 개입 프로그램을 구안할 수 없기 때문에 글쓰기 수행의 인종차의 이유를 밝히는 것이 반드시 필요하다. 다양한 교과에서의 인종차는 12장에서 설명될 것이다.

수업에 주는 시사점

글쓰기를 가르치는 방법에 관한 논의에는 세 접근이 있다. 첫 번째 접근은 연구를 통하여 밝혀진 결함을 제거할 수업방법을 찾는 것이다. 이러한 부류의 제안은 아직까지 충분히 검증되지 않았기 때문에 현재의 수업 실제를 어떻게 변화시켜야 할지에 대한 시사점을 제공하는 것 정도로 보아야 할 것이다. 두 번째 접근은 특정 글쓰기 수업방법을 다른 수업방법과 비교한 연구결과를 요약하는 방법이다. 특정 접근이 다른 방법보다 효과적인 이유를 설명하기 위해 아동이 가진 결함에 대한 연구결과가 활용될 수 있을 것이다. 세 번째 접근은 연구를 통하여 도출된 일반적 원리를 제시하여 글쓰기를 효과적으로 가르치는 방법에 대한 통찰을 제공하는 것이다. 여기에서는 이들 각각에 기초한 연구가 차례로 소개될 것이다. 이들의 시사점을 검토한 후에 글쓰기 수업에 대한 세 가지의 사례가 현대의 글쓰기, 학습 및 동기이론과 얼마나 일치하는지를 알아보기 위해 사례를 살펴보는 것으로 이 장을 마감할 것이다.

결함 중심 접근의 시사점

앞에서 저학년 학생과 미숙련 학생은 글쓰기에서 가장 중요한 문제점으로 보이는 결함, 즉 (a) 특정 장르의 구조에 대한 명시적 지식이 부족하고, (b) 지식의 회상에 비효과적인 전략은 물론 주제에 관한 부적절한 지식을 가지고 있으며, (c) 어휘가 풍부하지 않고 문법적 구조와 장치에 대한 인식도 결여되어 있고, (d) 목표를 설정하거나 계획을 세우지 못하며, (e) 표면적 수준의 교정에 그치는 결함을 가지고 있다고 한 바 있다.

학생이 이런 결함을 가지고 있다는 것을 고려하면, (a) 특정 장르의 주요 요소(예컨대, 이야기 글의 구성요소 일곱 가지), (b) 친숙한 주제에 대한 글쓰기와 발견적 검색절차를 활용하여 필요한 지식에 접근하는 방법, (c) 어휘, 문법 구조 및 응집장치, (d) 목표를 세우고 이 목표에 맞게 쓰는 방법 그리고 (e) 교정하는 방법을 가르침으로써 학생의 글쓰기 능력이 향상시킬 수 있을 것이다. 이러한 수업의 효과를 검증한 연구가 있는가?

특정 장르의 구성요소에 대한 수업이 글쓰기의 질을 향상시킬 수 있다는 것이 보고되고 있다. 예를 들어, Taylor와 Beach(1984)는 위계적 요약하기 절차에 대한 수업과 연습이 7학년 학생의 설명글 쓰기에 효과가 있다는 것을 보고하였다. 이와 마찬가지로, Gambrell과 Chasen(1991)을 비롯한 많은 연구자도 이야기 글의 구조에 대한 명시적 수업이 초·중등학교의 학습부진아나 학습장애아의 해설글 쓰기의 수행에 긍정적인 영향을 미쳤다는 것을 밝혔다(Dimino, Taylor, & Gersten, 1995). 물론, 이 연구에서 사용된 직접수업 방식에 대한 대안적 접근으로 Vygotsky 이론에 근거한 발판 제공하기 방법이 많이 활용된다(Donovan & Smolkin, 2006).

내용 생성의 경우에, (a) 학생이 스스로 표현하기를 강력하게 원하는 주제에 대해 쓰도록 하는 방법(Graves, 1975; Hidi & Boscolo, 2006), (b) 토론과 같은 사전활동을 하도록 하는 방법(Boiarsky, 1982), (c) 주제를 제시한 후 사용할 단어를 나열하도록 하는 방법(Bereiter & Scardamalia, 1982), (d) 글쓰기 기교에 주의를 기울이기보다는 구술하도록 하는 방법(Graham, 2006; Scardamalia et al., 1982) 그리고 (e) "더 말할 것이 있니?" 와 같은 말로 계속하도록 고무하는 방법(Graham & Harris, 1996; Scardamalia & Bereiter, 1986) 등과 같은 다양한 수업방법이 성공적이었다는 것이 밝혀지고 있다. 그러나 이런 방법은 아이디어를 많이 떠올리도록 하는 데 그칠 수 있다는 점에 주목하는 것이 중요하다. 이런 방법에서는 학생이 자기 주도적인 발견적 검색자가 되도록 가르치지 않는다.

학생에게 언어 기능을 가르친 경우에, 어휘 수업이나 응집장치에 대한 수업이 글의 질을 어느 정도 높이는지를 보여주는 연구는 찾기가 힘들다. 그러나 "문장결합하기" 같은 구문론 중심의 수업이 학생에게 도움이 되는 정도를 밝힌 연구는 있다(Hillocks, 1989). 이 기법에서는 단문을 제시하고 하나 이상의 복문으로 결합시키도록 한다.

학생에게 목표를 설정하도록 설계된 수업의 경우에는 두 접근, 즉 (1) 글의 마지막 부분에 반드시 들어 있어야 하는 문장을 쓰는 "마무리 문장 쓰기" 과제와 (2) 목표를 분명하게 설정할 수 있도록 교사가 도와주는 "협의하기" (Scardamalia & Bereiter, 1986)가 효과 있는 것으로 밝혀졌다. 그러나 이 두 접근 중 어느 것도 학생 스스로 목표를 설정하도록 하지 않았다는 점에 주목하는 것이 중요하다.

마지막으로, 교정하기에 대한 수업의 경우에는 교정의 "실행통제" 측면을 제거함으로써 수정된 글의 질이 크게 좋아질 수 있다는 것을 보여주는 연구가 있다. 특히, 아동이 자신의 방법에 따를 때보다 (예컨대, 쓰기를 잠시 멈추기, 평가하기, 진단하기, 책략 선택하기, 책략 수행하기와 같은) 정해진 교정단계에 따를 때 효과적으로 글을 수정한다(Graham, 1997, 2006; McCutchen, 2006; Scardamalia & Bereiter, 1986). 아마, 충분한 연습을 통하여 학생은 교사의 발판 제공하기 기법의 도움을 받지 않고도 수행할 수 있을 정도로 이 절차를 내면화할 수 있을 것이다.

요약하면, 학생의 글쓰기에서의 결함을 교정하기 위한 방법 대부분은 적어도 부분적으로 성공을 거두었다. 그러나 이와 관련된 확고한 결론을 내리기 위해서는 먼저 많은 연구가 수행되어야 한다. 이상적으로는 (a) 이 중에서 어느 것이 가장 효과적인지, (b) 특정 방법을 다른 방법보다 먼저 가르쳐야 하는지(예컨대, 가장 먼저 목표설정하기를 가르치고, 두 번째로 수정하기를 가르치고, 세 번째로 …… 등)에 대해 아는 것이 유용할 것이다.

수업방법 간의 비교

앞 절에 설명된 중재 프로그램은 글쓰기에서의 특정 결함을 교정하기 위해 설계된 것이다. 대부분의 경우는 수업방법을 서로 비교하는 것보다는 한 학생집단의 쓰기 능력 향상에 강조점이 있었다. 여기에서는 특정 접근방법을 일반적인 수업방법과 비교한 연구결과를 소개할 것이다.

가장 효과적 접근방법을 알아보기 전에, 일반적인 수업방법이 어떤지를 살펴보는 것이 유용할 것이다. 거의 모든 연구에서, 학생이 글쓰기에 투자하는 시간이 거의 없는 것으로 보고되고 있다(Scardamalia & Bereiter, 1986). 일부 교사는 글쓰기 능력 향상을 위해서는 반복 연습이 최선의 방법이라 믿는 것(Langer, 1986)을 고려할 때, 이 연구결과는 놀라운 것이 아닐 수 없다. 또 놀라운 것은 연습이 중요하다고 생각하는 바로 그 교사가 충분한 연습기회를 제공하지 않는다는 연구결과이다. 앞에서 밝힌 바와 같이, 학생이 글쓰기 연습을 하지 않는다면, 이들의 능력의 두 측면, 즉 (1) 초 · 중급 수준의 기능(모사하기와 번역하기)의 자동화 (2) 특정 장르에 대한 도식의 습득에 불필요하게 많은 시간이 걸릴 것이다. 더욱이, 학생은 써야 할 것을 분명하게 전달받지 못하고, 스스로 목표를 설정할 수 있는 과제도 받지 못한다. 더 나아가, 학생이 (받는다면) 교사로부터 받는 대부분의 조언은 문법이나 철자 같은 낮은 수준의 기능에 관한 것이다(Applebee et al., 1990; Scardamalia & Bereiter, 1986). 요컨대, 학생이 쓰기 지식과 기능 획득을 촉진하는 수업을 받지 못하는 점을 고려하면, 학생이 글을 잘 쓰지 못하는 것은 당연하다.

Hillock(1989)은 일반적 수업방법을 다른 방법과 비교한 연구결과를 요약한 재음미 연구에서 가장 효과적인 접근은 “예시 글 보기”(평균 효과크기 또는 d=.22), “문장 결합하기”(d=.35), “다른 글 평가하기”(d=.36) 그리고 “탐구하기”(d=.57) 수업방법이라는 것을 밝혔다. 예시 글 보기 접근법은 좋은 글의 예를 학생에게 제시하고 모범적인 글의 구성 요소나 특징을 확인하도록 도와주는 활동으로 구성된다. 이 접근방법은 쓰기 과정보다는 산물을 더 강조하고 있다. 예시 글 보기 접근에 대한 연구결과를 한정시키는 한 가지 흥미로운 뉘앙스는 도움 되는 예시 글의 종류가 학생에 따라 다르다는 것이다. 예를 들어, 주장글을 잘 쓰지 못하는 학생은 질 낮은 예시글을 가지고 수업했을 때 더 잘하는 것 같았으나, 주장글을 잘 쓰는 학생은 질 높은 예시 글을 가지고 수업했을 때 더 잘하였다(Braaksma, Rijlaarsdam, & van den Bergh, 2002).

문장 결합하기 접근법은 둘 이상의 문장을 하나나 그 이상의 복합문장으로 결합시키는 방법을 가르치는 것이다. 문장 결합하기 접근은 (학생에게 복합문장이 옳은지에 대한 피드백이 제공되긴 하지만) 예시 글 보기 접근과는 달리 산출보다는 글쓰기 과정을 강조한다. 평가하기 접근은 학생에게 글을 제시하고, 평가 항목을 활용하여 글의 질을 평가하는 방법을 가르치고, 기준 이하의 글을 수정하도록 하는 것으로 구성되어 있다. 수정과 평가를 강조하는 점이 예시 글 보기 접근과는 다르다.

일반적 수업방법과 비교했을 때 효과크기가 가장 큰 사실에서 보듯이, 탐구하기 접근은 지금까지 논의된 다른 어떤 방법보다도 효과적인 것 같다. 탐구하기 접근은 학생에게 구조화된 자료를 제시하고 쓰기에 활용하도록 한다. 자료에 대한 반응은 단순히 보고하고 기술하기에서부터 일반화하기와 가설 설정하기에 이르기까지 다양할 수 있다. 자료의 활용은 학생이 계획하고, 생각을 조직화하고, 내용을 떠올릴 때 생기는 문제를 극복할 수 있게 할 것이다.

전체적으로, 효과 비교 연구결과는 (a) 계획, 번역, 교정 같은 글쓰기 과정을 크게 강조하고, (b) 좋은 글에 대한 통찰을 얻을 수 있도록 좋은 글과 좋지 않은 글을 모두 예시로 활용하며, (c) 교사보다 학생이 지적인 과업을 많이 수행할 때 수업이 가장 효과적이라는 것을 시사하고 있다. Hillocks(1989)는 문법 수업만 하거나 과도하게 강조하는 접근은 실제로 일반적 수업보다도 좋지 않은 글을 더 많이 쓰게 한다(효과크기=−.30)고 보고하였다.

일반 원리

뛰어난 글쓰기 연구자인 Steve Graham은 수업에 관한 연구에서 세 가지 원리를 추출하였다.

원리 I : 글쓰기 전략, 기능과 지식을 직접 가르쳐라. 아동에게 계획하기와 수정하기 방법을 가르친 연구에 대한 메타분석에서 효과크기의 평균이 1.15인 것으로 나타났다(Graham, 2006). 다시 말해서, 쓰기 수업을 받은 실험집단의 점수가 통제집단의 점수보다 평균적으로 1표준편차 높았다.

원리 II: 학생의 성공과 학습을 최대화할 수 있는 글쓰기 환경을 구조화하라. 교사는 학생이 원리 I 을 통하여 직접 학습할 글쓰기 기능을 효과적으로 연습할 수 있도록 충분한 시간과 자료를 제공하고 개별적으로 지원해야 한다(Graham, 2006). 앞에서 말한 바 있는 전통적 수업에서는 이러한 지원이 제공되지 않는다. 이와는 대조적으로, 뒤에 소개될 Nancie Atwell의 과정적 접근과 방법을 활용한 수업에서는 조장적 쓰기 환경이 제공될 것이다.

원리 III: 학생 간 상호작용을 통하여 글쓰기 능력의 발달을 촉진하라. 아동이 의도한 것과 실제로 쓴 글 간의 차이를 찾아내기 위해서는 상당한 연습이 필요하다

(Graham, 2006; McCutchen, 2006). 이와 관련하여, 다른 사람에게 자신의 글을 읽게 하는 방법을 통하여 독자에 관한 지식이 크게 증진될 수 있다. 교사가 학생의 글에 반응해줄 수 있고, 또 하기도 하지만 교사 한 사람이 지도하는 학생 수가 많기 때문에 필요한 만큼 충분히 피드백을 제공하기는 매우 어렵다. 협동학습 방법을 통하여 다른 학생을 효과적으로 활용하도록 하는 것이 이 문제를 해결하는 데 도움이 될 수 있다. 그렇지만 나이 어린 아동이나 글쓰기 기능이 발달되지 않은 아동은 상대적으로 정교하지 않거나 심지어는 잘못된 충고를 할 가능성도 있다는 것을 유의해야 한다. 교사는 능력 범위 안에서 충고를 할 수 있도록 하기 위해 아동 가까이에 있어야 한다. 동료학생은 쓰기의 명료성에 대한 피드백을 제공할 수 있다(학생이 이야기를 이해했니? 이해되었니?).

사례

마지막으로, 이 장과 학습, 기억, 동기, 지능 및 독해에 대해 논의한 장에 제공된 정보를 이용하여 다음 수업전략을 평가해 보자.

사례 1: 자기조절 전략의 발달 모형

글쓰기에 관한 이론과 연구를 수업실제로 번역하는 방법의 좋은 예로 Steve Graham과 Karen Harris의 자기조절 전략 발달 모형(Self-Regulated Strategy Development model)을 들 수 있다. 이 모형에서 교사는 다음 여섯 단계에 따라 글쓰기를 지도한다.

단계 1: 배경지식 발달시키기. 교사가 특정 장르의 구성요소(예컨대, 이야기 글의 장면과 에피소드)와 우수한 글의 준거를 알려주기 위한 미니 학습 과제를 제공한다. 학생은 글의 구성요소를 확인하기 위해 다양한 장르의 예시 글을 분석한다.

단계 2: 학습과제 도입하기. 교사가 전체 학생에게 특정 장르의 글을 쓰는 전략을 공부할 것이라고 말해주는 것부터 시작한다. 교사는 학생에게 그 장르에 대해 알고 있는 것을 말하게 하고, 학습 목표와 글쓰기 전략의 학습이 글쓰기에 어떻게 도움이 되는지에 대해서도 이야기한다. 이에 덧붙여, 전략의 목적과 이점은 물론 언제, 어디에 적용되는지도 말해준다. 마지막으로, 교사는 학생들이 협동학습을 하게 될 것이고 전략을 숙달하기 위해 열심히 노력해야 한다는 것을 강조한다.

단계 3: 전략 시범 보이기. 교사가 학생에게 특정 장르의 글을 쓰는 데 필요한 전략의 단계와 이야기 글의 구성요소에 대한 질문을 기억하는 방법(기억술)을 제공한다. 예를 들어, 이야기 글쓰기 전략은 (1) 나누고 싶은 이야기를 생각하라, (2) 마음을 비워라, (3) "이야기 구성요소 상기자(story part reminder)"를 적어라, (4) 각 구성요소에 대한 아이디어를 노트를 적어라 그리고 (5) 이야기를 쓰라는 다섯 단계로 구성된다. 이야기 구성요소 상기자란 하나의 기억술로 "W-W-W, What = 2, How = 2"로 표현된다. 여기에서 W-W-W는 각각 "누가(Who)", "언제(When)", "어디서(Where)"로 시작되는 세 질문이고, "무엇=2(what=2)"은 "무엇(What)"에 관한 두 질문이며, "어떻게=2(how=2)"는 "어떻게(How)"에 관한 두 질문이다. 즉, 이야기 구성요소 상기자는 다음 질문을 기억하는 데 사용되는 기억술이다.

주요 인물은 누구인가? 이외에 누가 등장하는가?
이야기는 언제 일어났는가?
어디에서 일어났는가?
주요 인물은 무엇을 원하는가? 다른 등장인물은 무엇을 하고 싶어하는가?
등장인물이 원하는 것을 하고자 할 때 어떤 일이 일어나는가?
이야기는 어떻게 끝나는가?
주요 인물과 다른 등장인물은 어떻게 느끼는가?

교사는 전략을 제시한 후에 학생과 전략의 절차들에 대해 논의하고, 특정 절차(예컨대, 마음을 비워라)를 실행하는 방법에 분명하게 설명한다.

교사는 전략을 시범 보일 때, 이야기 구성요소에 관한 계획을 위한 전략 사용 방법을 "소리 내어 사고하기(think aloud)" 방법을 활용하여 시범한다. 교사는 계획에 따라 문제를 정의하고("여기에서 하려는 것이 무엇이지?"), 계획하고("먼저 장면을 생각하고 전개해야 해."), 자기평가를 하며, 자기강화를 하고, 장애를 극복하는 데("그래, 꽤 잘한 거야!") 도움이 되는 자기지시 방법을 활용한다. 여기에서, 학생은 자기지시의 중요성에 대해 서로 이야기하고 자기 자신에게 말할 내용을 메모한다. 소리 내어 생각하기 절차를 통하여 학생은 교사가 글을 쓰면서 계획이나 구성요소를 자주 수정한다는 것을 알게 된다.

단계 4: 전략과 기억술 기억하기. 학생이 원하는 방법(즉, 혼자 또는 짝과 같이)으로 전략과 기억술을 연습한다.

단계 5: 협력을 통한 연습하기. 학생이 전략을 사용하려 할 때, 발판 제공하기 방식이긴 하지만 크게 드러나지 않는 방식으로 학생을 개별적으로 지도한다(예컨대, "어떻게 되어가니? 무엇이 문제인 것 같니? 인물이 다른 목표를 달성하려고 하는 것은 ……"). 학생이 학습하는 과정에서, 교사는 목표설정, 자기점검, 그리고 자기강화 절차를 활용하여 학생을 격려한다.

단계 6: 독자적으로 수행하기. 여기에서는 전략을 새로운 이야기에 적용하도록 학생을 독려한다. 그러나 이 단계에서는 학생이 거의 혼자서 전략을 사용한다. 글쓰기 전략의 단계를 완전히 외우지 못한 학생은 기억하지 못하는 단계를 필기해 놓고 사용할 수도 있을 것이다.

사례 2: 과정 접근

1980년 이후 미국의 많은 학교는 Nancie Atwell(1987)의 과정 접근을 글쓰기 수업에 적용해 왔다. 이 접근에서 교사는 (a) 학생에게 글쓰기 시간을 충분히 제공하고(예컨대, 1주일에 적어도 세 시간); (b) 글쓰기를 지원하는 풍부한 학습자료(예컨대, 컴퓨터, 종이, 연필, 참고서적 등)를 제공하며; (c) 학생이 독자적으로 쓰고, 수정하고, 자료를 참고하고, 교사와 동료로부터 글에 대한 피드백을 받을 수 있도록 교실을 조직화하고; (d) 비지시적인 질문과 학생의 다양한 초고에 대해 진정하고 예측가능하며 부드러운 분위기로 피드백을 제공해야 한다. Altwell은 교사가 이런 일을 잘 수행하면, 학생은 자신의 글에 일차적인 책임을 질 것이며 평소에도 글쓰기를 많이 할 것으로 가정하였다. 또 학생은 교실(Altwell은 "작가의 집필실"이라 하였다.)을 (미술가가 자신의 요구와 화풍에 적합하게 화실이 정리되었을 때 느끼는 것과 아주 유사하게) 자신의 공간으로 생각할 것이다.

다양한 요구에 부응하는 수업에는 세 가지 구성요소가 있다. 첫째, 이전 수업시간에 제기되었던 문제에 대한 미니 학습이 있다. 예를 들어, 많은 학생이 주어와 동사나 구두법을 일치시키는 것을 어려워한다면, 이 문제에 초점을 맞추어 미니 학습을 한다. 또 전시하기와 말하기의 차이 또는 수정하기와 복제하기의 차이에 초점을 맞춘 미니 학습도 있을 수 있다. 초기에는 워크숍을 효과적으로 하는 방법(예컨대, 어디에 자료가 있는지, 읽을 초고 복사본을 얻는 방법 등)에 초점을 맞추어 미니 학습을 할 수도 있다. 초기에 이루어질 수 있는 또 하나의 중요한 미니 학습은 교사가 주제 생성 과정을 시범으로 보여주고 학생에게도 주제를 찾도록 하는 것이다. 그렇지만 미니 학습에서 강조할 것은 글쓰기에서 학생이 어려워하는 문제는 교사와 전문 작가에게도 어려운 문제라는 것이다. 이 때, 전문 작가가 글을 쓰는 과정에서 부딪치는 문제에 대해 자기보고한 결과를 정리한 보고서가 크게 도움이 될 것이다.

두 번째 구성요소인 작가 워크숍은 글쓰기 수업의 핵심으로, 일반적으로 글쓰기에 배정된 시간의 $\frac{2}{3}$가 여기에 투입된다. (미니 학습을 포함하여) 다른 구성요소는 모두 작가 워크숍 활동을 지원하기 위한 것이다. 이 요소의 주된 특징은 작가가 "자진하여 툭 터놓고 이야기한다"는 사실이다(Altwell, 1987, p.83). 학생은 워크숍에 여섯 가지 규칙, 즉 (1) 교정 부분을 (변경된 사항에 대한 점검이 가능하도록 하기 위해) 지우지 않고 해당 부분에 선으로 연결하여 표시하며, (2) (잘라 붙이기와 컴퓨터 작업을 쉽게 할 수 있도록) 한 면만 사용하고, (3) 초고와 메모는 모두 모아두며, (4) 이들 모두에 (초고#1, 초고#2, 메모 등의 방식으로) 라벨을 붙이고 날짜를 기록하고, (5) 자신의 글에 대해 교사나 동료와 논의할 때는 부드러운 어조로 말하며, (6) 정말 열심히 해야 한다는 규칙을 지켜야 한다. 워크숍이 시작되면, 교사는 이 규칙을 학생에게 설명하고 나서, 빈 자리로 가서 앉아 글을 쓰기 시작한다. 이러한 교사의 행동은 수업이 시작되었고 학생도 따라 하라는 것을 보여주는 것이다. 학생은 새 글을 쓰기 시작하거나 이전에 완성하지 못한 글을 쓰기 시작한다. 교사는 10여 분 동안 글을 쓰고 나서, 교실을 돌아다니며 학생 한명 한명을 지도한다. 이 때, 교사는 중요한 두 가지 질문, 즉 "네 작품에 대해 말해 주겠니?" 하는 질문과 "왜 그렇게 진행되고 있니?" 하는 질문을 한다.

"공유하기"라는 세 번째 구성요소는 "수업 끝나기 7분 전에서 10분 전 쯤부터 이루어진다. 자신이 쓴 글에 대해 서로 이야기하기 위해 교사와 학생이 모두 교실 바닥에 둘러앉는다. 학생은 새로 쓴 글을 발표하기도 하고, 효과적인 글쓰기 기법을 서로 공유하기도 하며, 교사가 다른 학생에게 문제 해결 방법에 대해 물어 볼 수도 있을 것이다.

사례 3

Wisconsin-Madison 대학의 세 연구자(Karla Johnstone, Hollis Ashbaugh와 Terry Warfield)는 2002년에 발간된 한 연구에서 전문가 이론에 기초한 글쓰기 수업 프로그램을 개발하였다(Johnstone, Ashbaugh & Warfield, 2002)(6장 참조). 미국의 많은 대학은 학생이 글쓰기 기능을 연마할 수 있는 기회를 많이 제공하는 것을 목표로 하고 있지만, 이 목표를 성공적으로 실현한 정도에는 차이가 있다. Winsconsin 대학의 중재 프로그램의 기본 아이디어는 (a) 학생에게 쓰기 연습 기회를 많이 제공하고 (b) 전공영역(예컨대, 경영학)과 관련된 주제의 글을 쓰도록 하는 것이다. 예를 들어, 한 프로그램에서는 경영학과 학생에게 4학기에 거쳐서 8편의 글을 쓰는 과제가 부과되었다. 학생은 한 편의 글을 완성한 후에 담당교수로부터 상세한 피드백을 받았다. 한 집단의 학생에게는 전공과 관련된 주제(경영과 관련된 주제)에 대해 글을 쓰도록 하였고 다른 집단의 학생에게는 다른 분야의 주제에 대해 쓰도록 하였다. 연구결과는 연습시간의 증가와 전공 관련 주제의 활용이 글쓰기 능력을 크게 향상시킨다는 것을 보여주었다.

9

수학과 학습

요약

1. 현대 수학교육은 수학 지식과 기능을 획득하는 것뿐만 아니라 수학자처럼 사고할 수 있도록 하는 것이 중요한 목표이다.
2. 영아는 집합의 크기(set size) 및 덧셈 · 뺄셈과 같은 간단한 계산을 놀라울 정도로 이해하고 있는 것 같다.
3. 많은 유아는 4세가 되면 유창하게 셀 수 있고, 크기가 작은 집합의 일정한 기수값도 이해하는 것 같다.
4. 초등학교 1학년에서 5학년 사이에 탈맥락화된 덧 · 뺄셈 문제 해결에 필요한 다양한 전략이 습득된다. 이와 더불어, 문장제 해결을 위한 스키마도 점차적으로 획득된다.
5. 중학생은 유리수 및 정수와 관련된 개념문제와 절차문제 해결을 어려워한다.
6. 고등학교 학생은 변수와 함수 같은 대수와 관련된 내용을 어려워한다. 또한 이들은 (a) 공식이 포함되는 계산과 (b) 대수 문장제의 해결도 어려워한다.
7. 수학 학습에 성차 및 인종차가 있다는 것이 밝혀졌다.
8. 수학 학습 부진 아동은 다른 아동보다 (a) 설익은 전략을 사용하고, (b) 전략을 느리게 수행하고, (c) 계산 과정에서 실수도 많이 한다. 또한, 이들은 사실의 회상에도 문제가 있다. 이 문제는 훈련을 통해서도 해소되지 않는다.

800달러를 가지고 거실 바닥을 새로 깔려 한다. 거실 모양은 그림 9.1과 같다. 먼저 생각해야 할 것은 재료비이다. 재료상에서 (a) 거실 바닥 재료 한 판의 크기

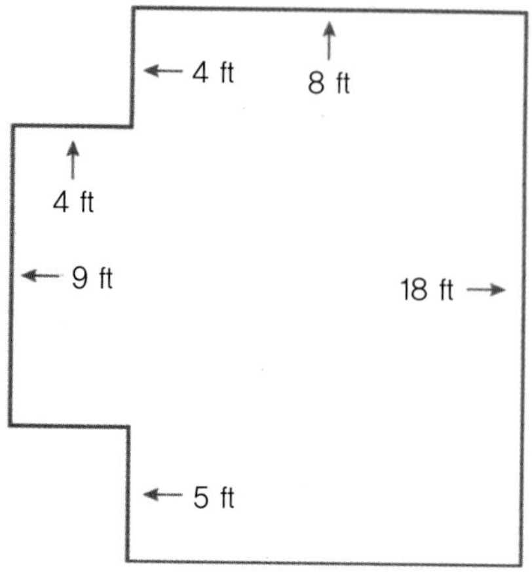

그림 9.1 거실 바닥 수리하기 예의 거실 모양

는 가로와 세로가 각각 2피트와 3인치이고, (b) 가격은 3달러 46센트이며, (c) 40장이 들어있는 상자 단위로 판매되고, (d) 뜯지 않은 상자는 (환불을 받을 수는 없고) 상품권으로 바꿀 수 있다. 800달러로 거실 바닥을 새로 깔 수 있는가?

계산도 해 보지 않고 800달러어치의 재료를 구입하여 공사를 시작하는 것은 현명하지 못한 일이다. 돈이 부족하면 거실 바닥을 반 정도밖에 깔 수 없을지 모르고, 재료를 너무 많이 구입하면 뜯지 않은 상자가 그대로 남거나 상품권으로 교환해야 할 것이다.

학생이 학교를 졸업하고 성인이 되면, 종종 이와 유사한 문제에 부딪치게 될 것이다. 이들은 수입과 지출 간의 균형을 맞추어야 하고, 주택 자금을 얼마나 상환할 수 있는지도 계산해야 한다. 교사가 수학 능력을 충분히 길러주지 못하면, 학생은 현대사회의 요구에 적응하기가 무척 어려울 것이다. 수학교육의 일차적 목적이 "수학을 아는" 데서 문제를 효과적으로 해결하기 위하여 수학 지식을 활용하는 것으로 변화된 것은(Carpenter & Lehrer, 1999; National Council of Teachers of Mathematics, 1989) 바로 이 때문이다.

이 장에서는 주요 수학 기능의 본질과 발달을 살필 것이다. 1절에서는 수학 지식의 본질을 이해하게 될 것이다. 2절에서는 영아기에서 성인기까지의 수학 지식의 발달이 추적될 것이다. 3절에서는 수학 능력의 개인차를 알아볼 것이다. 마지막 4절에서는 수학적 사고에 대한 연구가 수업에 주는 시사점을 탐색할 것이다.

수학 지식과 기능의 본질

학년 말 평가에 여러 가지 문제가 있기 하지만, 이를 통하여 명백히 드러나는 것은 많은 학생이 수학 지식을 충분히 획득하지 못하고 고등학교를 졸업한다는 사실이다. 이 문제에 직면하고 있는 학교 당국자와 대학의 연구자들은 종종 "무엇이 잘못되고 있는가?" 라고 자문하곤 한다. 대부분의 경우, 이 질문에 대해 대답하려는 노력은 결국 다른 두 질문, 즉 "고등학교를 졸업할 때, 학생은 수학에서 무엇을 알아야 하고, 할 수 있어야 하는가?" 와 "이들에게 이 지식을 습득하게 하는 최선의 방법은 무엇인가?" 에 대한 대답의 필요성을 강조하는 것으로 이어진다.

근래에, 이에 대한 논의의 결과로 학생은 고등학교를 졸업할 때까지 여기에서 논의할 네 특성을 가지고 있어야 한다는 것이 시사되고 있다.

첫째, 학생은 수학을 다양한 실생활 및 이론적 맥락에서 문제를 해결하는 데 도움을 줄 수 있는 유의미한 목표 지향적 활동으로 생각해야 한다. 이 생각은 수학을 서로 관련이 없는 사실과 기계적으로 학습하는 계산 절차의 목록에 지나지 않는다는 생각과 극명하게 대비된다(Romberg & Kaput, 1999).

둘째, 학생은 광범위한 문제를 해결하는 데 필요한 지식을 습득해야 한다. 수학에 대해 올바른 생각을 갖는 것과 이에 부합하는 행동을 하는 것은 분명히 다르다. 학생이 현대 사회에서 온전하게 살아가기 위해서 아주 많은 양의 수학 지식이 필요하다. 근래의 연구에서는 세 유형의 지식, 즉 선언지식, 절차지식 및 개념지식이 특히 중요하다는 것이 시사되고 있다(Byrnes, 1999; Canobi, 2004; Canobi, Reeve, & Pattison, 2003; English & Halfore, 1995).

3장에서 보았듯이, 선언지식이란 어떤 분야의 사실에 관한 지식이다. 수학분야의 *선언지식*은 수학적 사실에 관한 지식을 말한다(Anderson, 1999). 이러한 사실은 다양한 계산문제에 대답할 수 있게 한다(예컨대, 3×3은 9라는 것을 아는 것이나 625의 제곱근은 25라는 것을 아는 것). 수학에 상당한 재능이 있는 사람은 일반적으로 쉽게 상기할 수 있는 수학적 사실을 많이 알고 있다(즉, 기억에서 수학적 사실을 회상하는 데 시간이 많이 걸리지 않는다). 그러나 근래에 들어, 상당히 많은 수학 지식을 가지고도 여전히 교실이나 실생활에서 문제를 해결하는 능력은 부족할 수 있기 때문에 이 측면은 (특히, 수학교육계에서) 덜 중시되고 있다. 사실상, 선언지식은 수학 재능의 필요조건이긴 하지만 충분조건은 아닌 것으로 간주되고 있다(Byrnes, 1992b).

*절차*란 어떤 목표를 성취하기 위해 수행되는 일단의 조작이나 행위이다(Anderson, 1993). 따라서 수학의 *절차지식*을 가진 사람은 일련의 행위, 조작이나 단계를 활용하여 목적을 성취하는 방법을 안다. 방법을 아는 예로는 (a) 대상의 수를 헤아리는 것, (b) 전체 정수, 분수 또는 대수 기호를 더하고, 빼고, 곱하고, 나누는 것, (c) 다각형의 면적을 구하는 것, (d) 기하학의 정리를 증명하는 것, (e) 상관계

수가 유의한지를 결정하기 위해 통계를 활용하는 것 등을 들 수 있다. 정확한 답을 얻기 위해서는 필요한 단계가 반드시 특정 방식으로 수행되어야 한다(예컨대, 소수의 덧셈 문제를 지필로 풀 때는 소수점을 맞추는 것)는 점에서 어떤 형식의 절차에는 통사규칙(syntax)이 있다(Hiebert & LeFevre, 1987).

심리학자와 교육학자는 더 나아가 절차는 다양한 수준의 추상적 형태로 마음 안에 존재하는 것으로 가정하고 있다. 예를 들어, 가장 낮은 수준의 추상은 특정 행위나 알고리즘(예컨대, 라면 삶기에 수반되거나 두 분수의 덧셈을 하는 데 수반되는 행위)이다. 이런 행위는 한정된 범위의 대상과 상황에만 적용된다는 점에서 한정적이다. 예를 들어, 사람들은 물이 끓기 전에 라면봉지를 뜯지 않거나 통분하여 두 분수의 합을 구할 것이다.

좀 더 높은 수준의 추상은 *전략*과 *경험칙*이다. 전략은 (a) 문제에 접근할 방법을 개략적으로 기술하고 (b) 전체 목표의 명세(예컨대, 각 X의 값을 찾는 것)와 전체 목표의 달성을 위해 성취되어야 하는 하위목표(예컨대, 먼저 ~을 찾아야 하고, 이어서 ~을 해야 하지)가 포함된 계획이다. 각 단계는 종종 *책략(tactics)*으로 불리기도 한다. 전략은 각 하위목표를 달성하기 위한 특정 방법이 계획되기 이전에도 형성될 수 있기 때문에 행위-한정적 절차(action-specific procedures)보다 추상적이다. 더 나아가, 동일한 일반 전략이 다양한 상황에 적용될 수 있다. 전략과 같은 유형의 의사-일반적 절차지식(quasi-general procedural knowledge)은 경험칙(예컨대, "의심되면 선생님께 여쭤보라" 또는 문제에 기술된 관계를 도표로 그려보는 것이 도움이 된다)이라 한다.

지금까지 훌륭한 문제 해결자가 되기 위해서는 풍부한 선언지식과 절차지식을 가져야 한다는 것이 시사되었다. 다시 말하지만, 그렇다고 장기기억에 사실, 절차, 전략 및 경험칙이 저장되어 있는 것만으로는 충분치 않다. 수학 유능성에는 적시에 정확한 사실, 절차 및 전략을 회상하는 능력이 포함된다. 세 번째의 지식인 *개념지식*은 이와 같이 맥락에 민감한 활용을 지원하는 것과 관련이 있다(Hecht, Close, & Santisi, 2003).

3장에서 밝혔듯이, 학생이 (a) 수학적 사실과 절차의 의미를 이해하려고 노력하면서, (b) 수학 기호(예컨대 $\frac{1}{2}$)를 지시 대상과 연결시키는 것을 학습하고 수학의 범주를 구성할 때 (c) 수학적 대상에 대한 서수적 표현과 기수적 표현을 구성하면서 수학의 개념지식을 발달시킬 것이다(Byrnes, 1992b; Case & Okamoto, 1996). 어떤 사실을 아는 것과 그 사실이 참인 이유를 아는 것은 분명히 다르다. 마찬가지로, 절차를 실행하는 방법을 아는 것과 특정 상황에서 그렇게 해야 하는 이유(그리고 특정 방식으로 수행되어야 하는 이유)를 아는 것도 다르다. 개념지식을 가진 사람은 수학적 사실과 절차의 의미와 적절한 활용을 이해한다. 더 나아가, 이들은 다양한 수학 기호를 적절한 방식으로(문자를 해독할 수 있는 사람이 단어와 지시 대상을 연결시키는 것과 동일한 방식으로) 지시 대상과 연결시킨다. 이를 위해서는 수학적 범주와 정의(예컨대, *홀수, 정수, 유리수* 등)의 구성이 요구된다. 수학에서 특히 중요한 유형의 범주 표상은 스키마이다.

2장에서 보았듯이, 스키마란 어떤 것(예컨대, 덧셈이 요구되는 문장제)의 모든 사례가 공통적으로 가지고 있는 것에 대한 추상적 표상이다. 스키마는 특히 유사하거나 동일한 해결방법이 요구될 때, 동일한 유형의 문제나 상황에 반복적으로 부딪치면서 형성된다(Mayer, 1982). 문제가 특정 유형에 해당되는 것으로 인지될 때는 해결방법이 고안되는 것이 아니라 즉시 회상될 수 있다.

마지막 종류의 개념지식은 수량에 대한 서수적 표상과 기수적 표상에 대한 직선적 연결의 표상이다. **서수적 표상**(cardinal representations)은 일단의 대상의 양이나 정도(예컨대, 특정 상황에 있는 대상의 수)를 기술한다. 학생이 여러 수량에 대한 서수적 표상을 양적 크기의 순서로 배열할 수 있을 때 그 학생은 수에 대한 **기수적 표상**(ordinal representations)도 가지고 있다 할 수 있다. 정수를 크기에 따라 정신적으로 배열하는 것이 그 예가 될 것이다. 연구자들은 서수지식과 기수지식을 평가하기 위하여 두 묶음의 대상을 제시하고 대상이 많은 묶음을 말하도록 하거나 양의 크기에 따라 배열하도록 한다. 수에 대한 융합된 서수-기수 표상이 새로운 절차나 문제 해결 기능의 획득에 특히 중요하다는 것이 여러 연구에서 밝혀졌다(Byrnes & Wasik, 1991; Case & Okamoto, 1996; Dehaene, Bossini, & Giraux, 1993; Hecht et al., 2003).

따라서 개념지식에는 정신적 표상을 외부 세계의 대상에 연결시키는 것(mapping)(즉, *외연적 관계*)은 물론 마음 안에 있는 여러 표상을 연결시키는 것(즉, *내연적 관계*)도 포함된다. 관계 표상은 전체적으로 수학적 사실과 절차의 이해에 도움을 준다(Carpenter & Leher, 1999; Piaget, 1965). 이해한다는 것은 아동이 어떤 절차가 가질 효과는 물론 개념에 대한 큰 그림을 진정으로 이해한다는 것을 말한다. 예를 들어, 수학을 이해한 학생은 $3 \times 4 = 12$에서 3을 4로 바꾸었을 때 일어날 일과 이것이 $3 + 4 = 7$에서 3을 4로 대치했을 때 일어날 일이 어떻게 다른지를 인식할 것이다(Markovits & Sowder, 1994). 그러므로 이 아동은 수학수업에서 진행되는 상황을 본질적으로 파악한다.

수학적 범주의 구성은 절차를 부적절하게 적용하는 것을 피할 수 있도록 도와준다. 예를 들어, 분수에 대한 개념지식을 가진 아동은 두 범주의 분수와 전체 수를 정신적으로 다르게 표상하기 때문에 분수의 덧셈에서 두 분수의 분모와 분자를 그냥 더하지 않을 것이다(Byrnes, 1992b; Byrnes & Wasik, 1991; Hecht et al., 2003). 이 범주 각각은 다시 그 자체의 절차군(set of procedures)과 연결된다. 이와 관련하여, 수학적 상징(예컨대 36에서 3은 30을 나타낸다는 것)을 이해하고 수는 10진 단위로 분해할 수 있다는 사실(예컨대, 36=30+6)을 이해하는 아동은 덧셈이나 뺄셈을 할 때 절차상의 실수를 할 가능성이 낮다(Carpenter, Franke, Jacobs, Fennema, & Empson, 1997).

개념지식은 이외에도 다섯 가지 장점, 즉 (1) 절차학습 능력을 촉진하고, (2) 절차를 기억하는 능력을 증진하며, (3) 높은 수준의 내적 동기를 촉진하고, (4) 친숙하지 않거나 판에 박히지 않은 문제를 해결하는 능력을 지원하며, (5) 스스로 절차를 고안하거나 재구성하는 능력의 기초가 된다는 장점을 가지고 있다(Byrnes, 1992b; Carpenter et al., 1999; Carpenter et al., 1997; Guthred et al., 2000; Rittle-Johnson & Alibali, 1999). 교사가 1년 동안에 광범위한 개념적 관계를 피상적으로 가르치지 않고 몇 개의 "큰 아이디어"에 중점을 두고 가르칠 때, 개념지식은 절차의 고안이나 재구성 능력의 발달을 더욱 촉진한다(Carpenter & Lehrer, 1999).

셋째, 학생들은 문제 해결에 보다 효과적으로 그리고 보다 유연하게 접근하는 능력을 보여야 한다. 앞에서, 절차지식에는 특정한 목표지향 행동, 수-한정적 알고리즘(number-specific algorithms), 일반화된 전략과 경험칙이 있다고 하였다. 이러한 지식 목록을 가진 사람은 다양한 문제를 해결할 수 있긴 하겠지만, 학교와 일상생활에서 최대의 성공을 위해서는 다른 두 종류의 절차지식, 즉 **추정 기술**(estimate skill)과 **도표 만들기**(즉, 모형화하기) **기술**(graphing skill)도 있어야 한다(Siegler & Booth, 2004; Lehrer & Schauble, 2005). 가끔, 문제에서 대략적인 해결 방안이 요구되는 경우가 있다. 예를 들어, 고용주는 작업이 끝나는 정확한 날짜가 아니라 끝낼 가능성이 있는 달이나 시기만을 알려 할 수도 있을 것이다. 주택 소유자는 대환을 하면 할부금이 얼마쯤 줄어드는지 혹은 시장 갈 때 얼마쯤 가지고 가야 할지 정도만 알고 싶어할 수도 있을 것이다. 이런 경우에, 유능한 사람은 유용하지만 대략적인 해결방안을 세우는 데 수학적 사실, 절차, 개념 및 전략을 활용하는 방법을 알아야 한다. 예를 들어, 25×25=? 문제에 대한 대략적인 답을 알고 싶어하는 초등학교 3학년 학생의 경우를 생각해 보자. 이 학생은 20×20=400이라는 것과 30×30=900이라는 것을 이미 알고 있을 것이다. 이 학생은 이 두 사실과 정수에 대한 기수적 표상(즉, 25는 20과 30의 중간이다)으로부터 25×25는 400과 900 사이의 어딘가에 있을 것이고 (다시 중간지점을 결정하기 위해 기수적 표상이나 신속한 계산을 이용하여) 중간지점인 650에 근접할 것임을 추론할 것이다. NAEP나 SAT 같은 중요한 검사에서는 60초 안에 풀어야 하는 문제가 대부분이기 때문에 높은 점수를 받기 위해

서는 추정 기술을 사용해야 한다. 대략적인 답은 몇 초 안에 산출될 수 있고 가능한 답과 비교될 수 있는 반면에 완전한 답을 계산하는 데는 배정된 시간인 60초 이상이 걸리는 경우가 많다. 추정 기술은 처음에 나온 답이 정답일 가능성이 어느 정도인지를 판단하는 데도 도움이 된다. 하여튼, 수학의 선언지식, 절차지식 및 개념지식이 풍부하지 않으면 능숙하게 추정할 수 없을 것임은 아주 분명하다. 그러나 이러한 지식을 가지고 있지만, 추정 능력이 없거나 필요한 상황에서도 추정하려 하지 않으려는 학생도 있다.

수학자들은 종종 도표화하기 기술을 이 세상의 패턴과 기능적 관계를 확인하는 데 사용할 수 있는 학문이라고 한다(Lehrer & Schauble, 2005). 자료 점수가 연속으로 또는 하나씩 제시되었을 때는 양상을 전반적으로 이해하기 어려운 경우가 많다. 예를 들어, 어떤 지역의 주택 가격을 대충 파악하려고 할 때, 그 지역에서 근래에 매매된 집의 가격을 매매된 순서에 따라 하나씩 적어 놓은 조직화되지 않은 목록을 볼 수도 있을 것이나, 이렇게 하는 것은 크게 도움이 되지 않을 것이다. 대부분의 주택 가격이 하락한 지역을 파악하는 보다 효과적인 접근방법은 (하단에 올림차순으로 배열된 가격을 이용하여) 정리된 막대그래프나 꺾은 선 그래프를 작성하는 것일 것이다. 이러한 막대그래프는 주택의 가격이 떨어진 지역이 어디인지를 바로 보여준다. 이와 유사하게, 패턴을 파악하기 위하여 다양한 현상(예컨대, 식물의 성장 속도)을 함수로 표현할 수도 있을 것이다(Kaput, 1999). 그래프, 차트 및 수학 등식은 자료에 있는 패턴에 대한 개념적 이해를 발달시키는 데 유용하다. 이러한 보조물은 패턴을 파악하기 위하여 수행되어야 하는 정보처리의 양을 감소시켜 추론과 문제해결을 크게 촉진하기도 한다(Bruner, 1966; Carpenter & Lehrer, 1999; Lehrer & Schauble, 2005). 높은 수준의 수학 능력이 있는 사람은 가능한 해결방안에 대한 통찰을 얻기 위하여 전략적으로 도표를 활용한다. 더 나아가, 이들은 이와같은 모형을 만들기 위하여 자신이 가진 풍부한 지식을 활용한다.

넷째, 학생은 적합한 수학 행동과 신념을 보여야 한다. 지금까지 수학을 통해 문제를 해결하는 데 필요한 지식과 기능에 대해서만 논의했다. 이상적으로는 학생이 자신의 목적을 위해 모든 상황을 "수학화"하는 능력과 경향을 보이길 바랄 것이다. 학생이 수학 이용자가 되기 위해서는 수학 그리고 자신의 수학분야 문제 해결 능력에 호감을 가져야 한다(Romberg & Kaput, 1999). 더욱이, 고도의 공학 사회에서 많은 사람이 높은 수준의 수학적 유능성이 요구되는 직업을 선택할 수 있도록 하기 위해서는 수학에 대한 긍정적인 태도가 필요하다.

유능성의 작동기억 측면

마지막으로, 높은 성취와 깊은 관련이 있지만 수업환경을 통해 육성되지도 않고 수학교육 분야의 지도자들이 지금까지 살펴보았던 네 가지의 특성을 강조하는 것만큼 강조하지도 않는 또 하나의 측면, 즉 작동기억 용량이 있다(Barrouillet & Lepine, 2005; Hecht et al., 2003; Lee, Ng, Ng, & Lim, 2004; Passolunghi & Siegel, 2004; Rasumussen & Bisanz, 2005; Swanson & Beebe-Frankenberger, 2004). 이 책(특히, 3장과 6장)에서 여러 번 밝힌 바와 같이, 작동기억은 정보를 일시적으로 담아두는 버퍼나 저장 공간(이러한 버퍼를 단기기억이라 한다) 이상의 것이다. 작동기억에는 주의의 배분과 다른 정보처리 과정 수행 동안의 정보 유지가 포함된다. 작동기억 과제 수행 점수가 높은 학생은 계산 능력, 문제 해결 능력 및 대수 능력도 높다는 것이 밝혀졌다.

수학 능력의 발달

앞에서는 이상적인 학생 또는 교육자가 원하는 것에 논의의 초점이 있었다(즉, 모든 학생이 기술된 바와 같은 네 가지 특징을 가지고 있다면 얼마나 환상적이겠는가!). 이 절에서는 이러한 이상이 실제 아동에게서 실현되는 정도에 대해 생각해 볼 것이다. 보다 구체적으로 말하면, 영아기에서 성인기에 이르기까지의 네 시기, 즉 (1) 영아기와 취학 전기, (2) 초등학교 시기, (3) 중학교 시기 그리고 (4) 고등학교 시기의 수학 능력의 발달 모습을 그려볼 것이다. 이를 통하여 아동이 특히 어려워하는 구체적인 주제는 물론 숙달되는 기능이 시기에 따라 다르다는 알 수 있을 것이다.

영아기 및 취학 전 시기

영아기. 왜 영아나 유아의 수학적 사고를 연구하는가? 어떻게 아동은 학교에서 배우기 전에도 수학적 아이디어를 형성할 수 있는가? 연구자들이 매우 어린 아동의 수학적 아이디어를 연구하는 주된 이유는 "수"에 대한 개념이 본성 대 양육에 대한 고전적인 논쟁에서 중요한 자리를 차지하고 있기 때문이다. 본성론 입장의 철학자와 심리학자는 영아가 수, 공간 및 인과적 사고 능력을 가지고 태어난다고 주장하였다(2장 참조). 영아는 출생에서부터 자신의 경험을 조직하고 이해하기 위해 이러한 개념을 활용하는 것으로 주장되어 왔다. 본성론자는 영아가 수 개념을 가지고 있다는 것을 보여줄 수 있다면, 이는 경험론이나 구성론과 같이 본성론을 부정하는 주장을 반박하는 아주 강력한 증거가 될 수 있다고 믿고 있다.

영아기에 수 개념이 출현하는지를 검증하기 위해서는 다양한 자료가 있어야 한다. 6개월 영아는 말을 못하는 것은 물론이고 능숙하게 지적하지도 못한다. 이러한 어려움을 극복하기 위하여 세 가지 방법이 주로 활용되어 왔다. 습관화라고 하는 첫 번째 방법에서는 동일한 그림이 화면에 반복해서 나타났다가 사라지는 것을 영아에게 보여준다. 같은 그림이 반복적으로 나타났다 사라지면, 영아는 그것을 점점 덜 보게 된다(즉, 영아는 그에 습관화된다). 사실, 영아는 "이것은 전에 보았어요. 싫증나요"라고 말하고 있는 것이다. 그러나 화면에 새로운 그림이 보이면 영아는 그 그림을 오랫동안 바라본다. 이는 영아가 이전 그림과 새 그림 간의 차이를 알고 있다는 것을 보여주는 것이다. 예를 들어, 첫 화면에서는 두 개의 점을 보여주고 둘째 화면에서는 세 개의 점을 보여준다고 하자. 첫 화면을 15회 보여주고 16번째에 두 번째 화면을 보여주었을 때, 영아가 16번째 화면을 더 오랫동안 바라보는 것은 2와 3의 차이를 알고 있다는 것을 보여주는 것이고 잠깐 보는 것은 이들의 차이를 알지 못하고 있다는 것을 보여주는 것이다. 연구자들은 6개월된 영아도 습관화된 후 집합크기가 바뀌면 더 오래 본다는 것을 발견하였다(Starkey & Cooper, 1980). 그러나 집합의 크기가 3 이상일 때는 이러한 연구결과는 나타나지 않았다(Strauss & Curtis, 1981). 방법론의 변화로 크기가 2인 집합과 3인 집합 간의 차이를 영아가 인지한다는 주장에 의문이 제기되었다. 연구자들은 세 개의 점을 보여줄 때보다 두 개의 점을 보여줄 때가 공간을 덜 차지한다(실제로는 구획성의 길이가 짧음)는 점에 주목하였다(Mix, Huttenlocher, & Levine, 2002). 화소의 관점에서 생각해 보자. 두 개의 점에서 세 개의 점으로 변화하면 흰색 화소와 검은색 화소의 비율이 달라진다. 그러나 점의 수가 변하는 경우에도 윤곽선의 길이(또는 검은색 화소의 비율)는 변화하지 않는 화면을 만드는 것이 가능하다. 예를 들어, 아래 그림에서 점이 두 개에서 세 개로 바뀌어도 검은색 화소의 전체적인 양(또는 각 상자 안의 검은색 점이 차지하는 면적)은 그대로 유지된다.

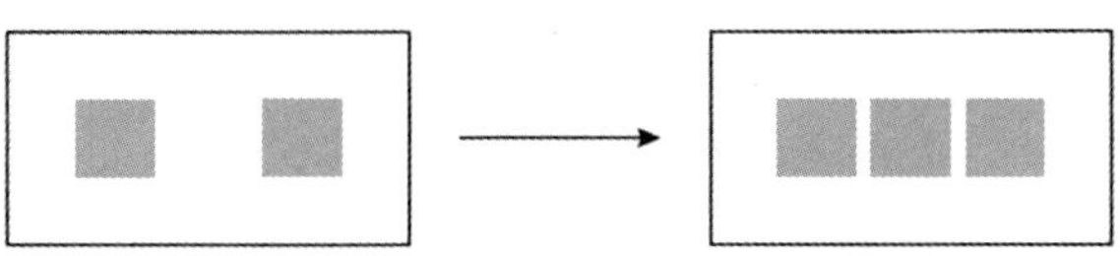

이외에도 점의 수는 그대로 두고 윤곽선 길이(또는 검은색 화소의 비율)를 변화시키는 것도 가능하다. 영아가 수를 진정으로 이해하고 있다면, (그림에서처럼) 수는 달라지지만 검은색의 전체적인 양은 그대로 일 때는 탈습관화(dishabituate)를 보여주고, 수는 그대로지만 검은색의 전체적인 양이 달라질 때는 여전히 습관화를 보여주어야 한다. 연구결과, 반대의 양상이 나타나는 것으로 밝혀졌으며, 이는 영아

가 수를 진정으로 이해하지 못한다는 것을 시사하고 있다(Mix et al., 2002).

이러한 습관화 연구결과가 의미하는 바는 무엇인가? 두 가지의 해석이 제안되어 왔다. 첫 번째 해석은 눈으로 감지하는 능력은 매우 이른 시기에 출현하며 생래적인 것 같다는 것이다. 한눈에 감지하기는 헤아리지 않고 제시된 대상의 수를 신속하게 결정하는 지각 기반 능력(perception-based ability)이다. 대부분의 사람은 대상의 수가 네 개 이하이면 곧바로 몇 개가 있는지 "볼" 수 있다. 그러나 대상이 네 개 이상이면, 대부분의 사람은 헤아려 보아야 그 개수를 알 수 있다. 습관화 연구결과에 대한 두 번째 해석은 이러한 연구결과가 필연적으로 영아가 한눈에 알아보는 능력을 가지고 있다는 것을 보여주는 것은 아니라는 것이다. 이보다는 영아가 두 그림 간(예컨대, 윤곽선의 길이)에 차이가 있다는 것을 알고 있음을 보여줄 뿐이다. 영아가 대상의 수가 다르다는 것을 명확하게 알고 있는 것으로 해석할 수 없다.

Wyne(1992)는 두 번째 기법(*놀람기법*이라 할 수 있다)을 활용하여 5개월 된 영아가 작은 수의 덧셈과 뺄셈을 할 수 있다는 것을 보여주려 하였다. 이 방법은 네 단계로 진행된다. 첫 단계에서 영아 앞에 있는 작은 무대에 물건(예컨대, 장난감 곰)을 놓는다. 두 번째 단계에서 막을 내려서 장난감 곰을 가린다. 세 번째 단계에서 영아에게 두 번째의 장난감 곰을 잡은 손이 막 뒤로 사라졌다가 다시 빈 손으로 나타나는 것을 보여준다. 영아는 두 번째 곰이 막 뒤에 있는 첫 번째 곰 다음에 있다는 것을 추리할 필요가 있다. 네 번째 단계에서 가능한 일과 불가능한 일 중에 어느 한 가지가 일어난다. 가능한 일에서는 막이 걷히면서 두 개의 곰 인형이 나타난다. 불가능한 일에서는 막이 걷히면서 한 개의 곰 인형만 나타난다(왜냐하면, 다른 하나는 영아가 알지 못하게 치워버렸기 때문이다). 연구결과에서 영아가 가능한 일이 일어난 경우보다 불가능한 일이 일어난 놀라운 경우에 더 오래 응시하는 것으로 나타났으며, 이는 영아가 정신적으로 덧셈을 한다는 것을 시사하고 있다.

그러나 연구자들은 습관화 연구의 타당성에 의문을 제기했던 것과 마찬가지로 놀람기법의 타당성과 반복연구 가능성(replicability)에도 문제를 제기하고 있다(Clearfield & Westfahl, 2006; Wakeley, Rivera, & Langer, 2000). 예를 들어, Wakeley 등(2000)은 실험자가 영아를 관찰하고 새로운 시행을 보여줄 때를 결정하는 대신에 덧셈과 뺄셈이 이루어지는 시기를 컴퓨터로 통제하는 방법을 통하여 실험자의 편견 요인을 제거하려 하였다. 이들의 연구결과는 Wyne(1992)의 연구결과와 달랐다. Clearfield와 Westfahl(2006)은 원래의 연구방법(즉, Wyne의 연구방법)은 연습시행으로 영아가 가능한 사건에 익숙해질 수도 있다는 점에 주목하였다. 불가능한 사건은 새로운 것일 뿐만 아니라 덜 친숙한 것이며 영아는 일반적으로 신기하거나 친숙하지 않은 사건에 반응한다. Clearfield와 Westfahl이 친숙성을 통제한 결과, 영아가 가능한 사건과 불가능한 사건에 다르게 반응하지 않는 것으로 나타났다. 따라서 영아의 수량화 능력은 여전히 의문이다.

세 번째 연구방법은 *시각적 기대*(visual expectation) 절차를 포함하고 있다. 이 연구방법에서 영아는 스크린의 왼쪽 끝에서 순서적으로 두 번 내지 세 번 번쩍거리는 그림을 본다. 이어서 그 그림이 오른쪽 끝에서 번쩍거린다. 시행이 반복되면서 영아는 눈으로 그 패턴을 따라가기 시작한다. 그림이 두 번 번쩍거릴 때까지 영아가 스크린의 왼쪽 끝을 응시하고, 그 이후 오른쪽에 나타날 그림을 보기 위해 눈을 움직이면, 이는 영아가 오른쪽을 보기 전에 왼쪽에서 그림이 번쩍 거리는 것을 헤아리고 있다는 것을 암시하는 것이다. Canfield와 Smith(1993)는 5개월 된 영아가 눈을 움직이기 전에 세 번의 번쩍거림까지 헤아릴 수 있다고 해석될 수 있는 방식으로 눈을 움직인다는 것을 밝혔다.

이상의 연구결과는 무엇을 의미하는가? 여기에서도 두 가지의 해석이 가능하다. 첫 번째 해석은 본성론자의 주장이 옳다는 것이다. 즉, 영아는 수학적 개념(예컨대, 집합의 크기)과 절차(예컨대, 더하기)를 가지고 태어나는 것처럼 보인다는 것이다. 두 번째 해석은 영아는 높은 수준의 수학적 아이디어를 진정으로 이해하지 못한다는 것이다. 오히려, 영아는 환경의 패턴에 민감한 뇌 구조를 가지고 있다는 점에서 다른 동물과 유사하다. 실험용 생쥐도 콩이 떨어지기 전에 막대를 15번 눌러야 한다는 것 즉, 15회 주기의 고정비율강화를 학습한다(Schwartz, 1976). 원시 뇌와 덜 원시적인 뇌는 음식과 같은 사물을 신호로 알려주는 환경패턴(예컨대, 왼쪽-왼쪽-오른쪽)을 기록할 수 있다. 영아는 환경의 변화를 간파할 수 있지만 수 그 자체에 민감할 필요는 없다. 5세 정도의 아동은 환경의 수 패턴을 추상화하고, 의식적으로 반추하고, 상징적으로 조작할 수 있다는 것이 쥐와 다른 점이다(Geary, 1995). 쥐는 상징이 아닌 신경계에 기초한 탐지 능력만 있다.

취학 전 시기. 취학 전 시기 아동이 알고 있는 것을 밝히려는 대부분의 연구는 (1) 수 보존과 (2) 수세기의 두 기능 중 하나에 관심을 가져왔다. 여기에서는 이 두 기능과 관련된 연구를 차례로 살펴볼 것이다.

*보존*은 Piaget 이론의 핵심적인 아이디어이다. 보존이란 관련 대상이 어떤 방식으로 변환되어도 그 양이 변하지 않는다는 것을 이해하는 것으로 정의될 수 있다. 수 보존의 경우에, Piaget는 대상을 재배열하여도 그 개수는 달라지지 않는다는 것을 아동이 이해하는 시기를 밝히는 데 관심이 있었다. Piaget는 아동이 수 개념을 진정으로 이해하기 위해서는 구체적인 공간적 배열에 얽매이지 않고 수를 추상화하거나 탈맥락화할 필요가 있다고 주장하였다. 그는 연구를 통하여 수 보존은 세 단계

를 거쳐 진행된다는 것을 밝혔다. 첫 단계에서, 아동은 두 대상군이 유사하게 배열되었을 때 이 두 군의 수가 같다고 한다. 이 단계에서 아동은 자신의 주장을 증명하기 위해 수를 헤아리지 않는다. 둘째 단계의 아동은 대상군이 재배열될 때마다 수세기를 해야 한다. 셋째 단계의 아동은 (a) 대상을 재배열하여도 그 수는 변하지 않는다는 것과 (b) 재배열하여도 다시 헤아릴 필요가 없다는 것을 곧바로 깨닫는다. Piaget는 셋째 단계의 아동만이 수에 대한 "논리적" 개념을 가지고 있으며 진정으로 기수를 이해하고 있다고 하였다.

대부분의 아동은 5세나 6세경에 셋째 단계에 들어선다는 Piaget의 연구결과는 다른 연구(Brainerd, 1978; Fuson, 1988)를 통해서도 검증되었지만, 지금은 대부분의 연구자가 취학 전 아동이 보존과 기수를 이해하지 못한다는 주장에 의문을 제기하고 있다. Piaget의 연구에 대한 가장 일반적인 비판은 연구에 사용된 과제가 3, 4세 아동의 능력을 과소평가한다는 것이다. 이 주장을 검증하기 위하여 연구자들은 초기 수 능력, 즉 수세기에 대한 평가를 보다 정확하게 할 수 있는 과제에 관심을 가졌다.

수세기에는 목표 달성을 위하여 수행되어야 하는 일련의 행위가 포함된다는 점에서 수세기는 일종의 절차지식이다. 수세기의 목표는 일단의 대상에 대한 기수 값을 결정하는 것이다. 수세기는 본질적으로 "몇 개지?"라는 질문에 적절하게 대답하는 것이다. 수세기가 절차지식이긴 하지만, 아동은 개념지식을 풍부화하거나 학습하기 위하여 활용할 수 있다. 예를 들어, 7은 8보다 작다는 것을 이해하는 능력은 개념지식의 한 형태이다. 그러나 이렇게 판단하기 위하여 아동은 먼저 수를 세어야 한다. 마찬가지로, 수세기는 궁극적으로 아동이 일단의 대상에 대한 기수 값은 (a) 대상의 공간적 배열이 달라져도 그 값은 변하지 않는다는 것(Piaget, 1965)과 (b) 사람은 오른쪽에서 왼쪽으로 세어가기보다는 왼쪽에서 오른쪽으로 세어간다는 것(Briars & Siegler, 1984)을 이해할 수 있도록 도와준다.

영아의 수 지식에 대한 연구와 마찬가지로 취학 전 아동의 수세기에 대한 지식에 대한 연구결과도 분명하지 않다. 2세 아동에게 열까지 세도록 하였는데 세었다면, 그 아동은 열 개의 대상이 어느 정도인지 알고 있다고 할 수 있는가? 그 아동이 "패티케이크 놀이"를 배운 것과 같은 방식으로 암기에 의해 수세기 행동패턴을 배우지 않았다는 것을 어떻게 알 수 있는가? 그러므로 정답을 한 아동도 수세기 방법을 진정으로 알지 못하거나 수를 진정으로 이해하지 못할 수도 있을 것이다. 연구자들은 아동이 아는 것을 잘못 표상하는 것을 피하기 위하여 아동의 수세기 지식을 보다 확실하게 측정하는 방법을 찾으려 노력하고 있다. 이러한 연구의 핵심적인 질문은 "수세기를 하기 위해서는 무엇을 알아야 하는가?" 그리고 "기수 값을 이해하는 시기는 언제인가?" 이다.

Gelman과 Gallist(1978)는 다섯 가지의 수세기 원리를 만들어서 이러한 질문에 답하려고 하였다. **일대일 대응 원리**(the one-one principle)에는 각 대상에는 하나가 배당되고 오직 하나의 숫자만 배당된다는 지식이 반영된다. **안정적 서열 원리**(the stable order principle)에는 숫자는 항상 동일한 순서로 배당되어야 한다(예를 들어, 하나가 맨 처음에, 둘이 두 번째에 등등)는 것을 아는 것이 포함된다. 아동이 배당된 마지막 숫자가 대상의 개수라는 것을 아는 것처럼 보이면, 그는 기수원리를 알고 있다고 할 수 있다. **순서 무관 원리**(the order irrelevance principle)에는 대상을 헤아리는 순서는 관련이 없다는 것을 아는 것이 포함된다. 아동이 이상의 네 가지 원리가 모든 대상군에 적용될 수 있다는 것을 인지하면 추상화 원리(the abstract principle)를 이해한다고 할 수 있다.

아동이 이상의 원리를 알고 있는지를 판단할 때는 관대한 기준이나 엄격한 기준이 모두 사용될 수 있다. 아동 앞에 네 개의 바둑알을 일렬로 늘어놓고 몇 개인지를 물어보는 경우를 생각해 보자. 아동은 "하나, 셋, 넷, 아홉-아홉 개에요!" 라고 대답한다. 다시 세어보도록 하여도 아동은 똑같이 대답한다. 관대한 기준에 따르면, 이 아동은 (a) 각각의 바둑알에 하나의 숫자만 배당하였고, (b) 항상 동일한 순서로 네 단어를 암송하였으며, (c) 몇 개가 있는지를 말하기 위해 마지막 수를 활용하였기 때문에, 일대일 대응 원리, 안정적 서열 원리 그리고 기수 원리를 아는 것으로 인정된다. 그러나 엄격한 기준을 적용하면, 아동이 대상의 개수를 정확하게 결정하기 위하여 원리를 정확하게 활용하지 않았기 때문에 아는 것으로 인정되지 않을 것이다. 물론 "아동은 언제 다섯 가지의 원리를 모두 아는가?" 라는 질문에 대한 대답은 관대한 기준을 사용하는가 아니면 엄격한 기준을 사용하는가에 따라 달라질 것이다. 그렇지만 이에 대한 대답은 한 집합에 속한 대상의 개수에도 달려있다. 관대한 기준을 세우고 대상의 수를 세 개 이하로 한정하면 3세 아동의 일부와 대부분의 4~5세 아동도 원리를 알고 있는 것으로 인정되었으나, 엄격한 기준을 사용하고 대상의 수도 늘리면 4세와 5세 아동만 원리를 알고 있는 것으로 인정되었다.

Gelman과 Gallistel의 선구적 연구는 Piaget가 간과했던 수세기 기능에 관심을 가졌고 5세 이하 아동의 기수 지식을 밝혔다는 의의를 지니고 있다. 그 이후, 연구자들은 다양한 방법으로 이를 검증하려 하였다. 예를 들어, 일부 연구자는 아동에게 직접 수세기를 하도록 하기보다는 인형의 수세기의 정확성에 대해 논평하도록 하였다. 즉, 인형은 원리에 따라 수를 셀 수도 있고 거스를 수도 있다. 다른 연구자는 아동에게 일정 수의 대상을 달라고 하였다(예컨대, "곰 인형 다섯 개를 주렴"). 이들 연구에서는 전체적으로 (a) 수세기와 기수 값에 대한 아동의 이해가 3세와 4세 사이에 크게 좋아진다는 것과 (b) 4세에서 5세 사이의 아동은 가끔 불완전하기는 하지만, 상당한 높은 수세기 능력을 보인다는 것이 밝혀졌다(Briars & Siegler, 1984; Gelman & Meck, 1983; Ginsburg & Russell, 1981; Wynn, 1990). 분석 단위의 변화(예컨대, 개별 항목의 수를 헤아리는 대신에 장난감 동물 가족의 수를 세도록 하는 것)와 순서에 따라 배열을 연결시키도록 하는 것(예컨대, 연속적으로 들리는 경고음 세 번을 세 점이 있는 그림과 연결시키는 것)에 따라 과제 곤란도가 높아질 수 있다. 3세나 4세 아동은 가장 쉬운 조건에서는 어느 정도의 능력을 보였으나, 보다 어려운 과제에서는 5세가 되어야 오차범위 이상의 수행능력을 보였다(Mix, 1999; Sophian & Kailihiwa, 1998).

지금까지는 아동에게 대상의 수를 세도록 한 연구만 검토하였다. 다른 연구자들은 아동에게 헤아릴 대상을 주지 않고 할 수 있을 때까지 헤아리도록 하였다. 이 연구들은 2세 아동도 셋까지 정확하게 셀 수 있다는 것을 밝혔다. 3.5세에서 4세의 아동은 일반적으로 실수하지 않고 13까지 셀 수 있다. 5.5세에서 6세의 아동은 일반적으로 실수하지 않고 51까지 헤아릴 수 있다(Fuson & Hall, 1983). 유치원 아동은 십 이상의 십 단위의 수를 하나에서 아홉까지의 패턴(예컨대, 31, 32, ……, 39 식으로)으로 헤아릴 수 있지만 십의 자리의 순서를 잘못 세는 경우가 종종 있다. 이러한 연령에 따른 발달경향은 모든 사회 경제적 계층에서 매우 유사하게 나타나나 사회 경제적 지위가 낮은 유치원 아동의 30% 정도는 열까지 헤아리지 못한다는 보고도 있다.

취학 전 시기에 나타나는 여타의 능력. 취학 전 시기의 수학 능력 발달에 관한 문헌을 검토한 Mix, Huttenlocher과 Levine(2002)는 3세 이전의 유아도 개수가 많지 않은(즉, 셋 이하) 대상을 구별하고, 대상이 많지 않은 수의 덧셈, 뺄셈(예컨대, 한 개의 인형에 다른 인형을 더하여 두 개로 만드는 것)을 할 수 있으며, 동일한 배열의 두 대상이 같다는 것을 인지할 수 있다고 주장하였다. 그러나 앞에서 아동의 능력에 대한 연구결과에 대해 반박할 때 밝힌 바와 같이, 이러한 연구결과가 "영아기에 수 표상 능력과 사고 능력이 반드시 나타난다는 주장을 지지하는 것은 아니다" (p. 39). 오히려, 아동은 정답을 도출하기 위하여 수 기능이 아닌 다른 기능을 사용하는 것처럼 보인다. 그러나 30개월 정도의 아동은 동일한 대상군(예컨대, 바둑알 묶음 두 개)이 같다는 것을 인지하고 두 묶음 간의 동일한 기수적 관계를 전이시키는(예컨대, 두 묶음 중에서 작은 것을 선택하는) 수학적 능력을 보인다. 이들이 36개월이 되면 실제 사물에 대한 간단한 계산(작은 수의 더하기와 빼기)을 할 수 있고 동일하지는 않지만 유사한 묶음(예컨대, 종이에 그려진 세 개의 검정색 원과 세 개의 검정색

바둑돌)이 같다는 것을 인지할 수 있다. 42개월 된 아동은 유사하지 않은 대상 묶음이 등가라는 것을 인지할 수 있고, 46개월이 되면 소리로 제시된 자극이 같다는 것을 인지한다. 54개월과 60개월에는 종류가 각각 다른 대상의 묶음(예컨대, 서로 다른 동물 세 마리와 서로 다른 자동차 세 대)이 같은 수라는 것을 인지하고 둘 이상의 묶음을 크기에 따라 배열할 수 있다(예컨대, 한 개 묶음은 두 개 묶음보다 작고, 두 개 묶음은 세 개 묶음보다 작다는 것은 인지한다). 따라서 수에 대한 표상은 출생에서 60개월 사이에 보다 정확해지고 추상화되어 간다. 더 나아가, "정신적 수 선(mental number-line)"을 내면화함으로써 서수성에 대한 통찰도 증가된다. 아동은 문제에 제시된 정보에 대한 *정신적 모형*을 구성하는 능력을 가지고 있는 것 같다(Mix et al., 2002; Bisanz, Sherman & Ho, 2004).

Jeffrey Bisanz와 동료들은 일련의 연구를 통하여 **역환원리**(the principle of inversion)에 대한 취학 전 아동의 이해를 조사하였다(Bisanz et al., 2004). 역환원리는 a+b−b는 a와 같아야 한다는 것을 인지하는 것과 관련이 있다. 이 원리에 대한 취학 전 아동의 이해를 검증하기 위해 연구자는 아동에게 a 대상(예컨대, 정육면체 5개)을 일렬로 배열하고 나서 한쪽 끝에 b 대상(예컨대, 정육면체 3개)을 더하고 난 다음에 반대쪽 끝에서 같은 수의 대상을 치우는 것을 보여준다. 이를 다소 변화시켜 (아동이 대상을 헤아리지 못하도록) 중간에 있는 대상의 대부분을 천으로 가리고 양쪽 끝만 보여준다. 연구결과, 4세 아동 대부분이 역환과제를 잘 수행하였고 보다 일반적인 덧셈이나 뺄셈 과제보다 이 과제를 잘 해결한다는 것이 밝혀졌다. 흥미롭게도 수세기 능력은 역환과제의 성공과는 관계가 없었다.

요약. 영아와 취학 전 아동에 대한 이상의 연구결과에 비추어 보면, 대부분의 경우에 3세 아동을 대상으로 단순하지만 발달에 적합한 수학수업을 시작할 수 있을 것이다. 수세기 능력이 없는 경우에, 3세 아동에게는 숫자를 활용하여 네 개 이하의 대상군에 명칭을 붙이도록 할 수 있을 것이다. 마찬가지로, 이 아동에게 한 군의 대상과 다른 한 군의 대상을 일대일로 대응시키는(예컨대, 4개의 인형을 위하여 식탁에 네 개의 접시를 배치하도록 하는) 과제를 제공할 수도 있을 것이다. 학습이 진행되어 감에 따라, 정수에 대한 초기 능력의 발달을 촉진하기 위하여 (예컨대, 수세기를 통하여 인형이 네 개 있는데 접시가 다섯 개 있으면, 접시 하나가 남는 이유를 알도록 하기 위해 수세기를 사용하여), 부 대응과 수세기를 활용할 수 있을 것이다.

이 장의 앞부분에서 소개되었던 수학 유능성에 대한 설명으로 다시 돌아가면, 영아와 취학 전 아동은 여전히 지금까지 언급된 네 가지 특성을 모두 가진 이상적인 학생과는 거리가 멀다. 이들이 수세기에 관한 절차지식은 물론이고 정수의 개념(예컨대, 작은 수의 기수 및 서수 관계)을 충분히 이해하는 것 같긴 하지만, 다른 종류의 선언지식, 절차지식 또는 개념지식을 가지고 있다는 증거는 거의 보여주지 않는다. 필요한 내용을 접할 기회의 결여, 미성숙한 표상 능력과 기억 능력을 고려할 때 당연하다(2장과 3장 참조).

초등학교 시기

3세와 4세 사이에 그리고 이어서 4세와 5세 사이에 수 기능이 변화하는 이유를 설명할 수 있는 취학 전 아동의 가정 생활에 대해서는 명백하게 밝혀진 것이 없다는 사실을 고려할 때, 취학 전 시기 동안의 수학 능력의 발달경향은 다소 불가사의하다. 그러나 초등학교 시기 이후부터는 지식의 발달계열이 정해진 교육과정에 따르기 때문에 크게 놀랍거나 불가사의하지 않다. 즉, 아동은 학교에서 제공되는 순서와 같은 순서로 수 기능을 숙달한다. 그러나 아동 모두가 모든 기능을 똑같이 숙달하지는 않는다.

초등학교에서 아동은 정수의 덧셈, 뺄셈, 곱셈과 나눗셈의 학습을 요구받고, 또 이를 분수에 적용하는 것도 학습한다. 여기에서는 연구자들이 가장 큰 관심을 가져왔던 계산과제, 즉 (a) 탈맥락 계산과제와 (b) 문장제에 대한 연구를 살펴보는 일부터 시작할 것이다. 선행연구는 1989년과 1998년에 전국수학교사협의회(National Council of Teachers of Mathematics; NCTM)가 제안한 개혁안에 따르지 않는 전통적인 방법에 의해 학습한 학생에 초점을 맞추었다. 전통적 수업에 따른 발달경향을 설명한 후에 NCTM의 기준을 반영한 수업을 수년 동안 받은 학생에 대한 연구결과를 살펴볼 것이다.

탈맥락화된 계산문제. NCTM의 기준이 반영하지 않은 전통적 교실에서는 일반적으로 덧셈 수업은 수의 합이 10보다 작은 한 자릿수 문제에서부터 시작된다. 최근까지도, 1학년 아동은 3+7=?과 같은 탈맥락화된 계산 "문장" 형식으로 이러한 문제를 학습했다. 이러한 문제가 "낮은 수준" 또는 "쉬운" 것처럼 보일지 모르나 1학년 아동에게는 꽤 어렵다. 왜 그런가? 첫째 이유는 1학년 아동이 이 문장에서 활용된 상징적 기호에 익숙하지 않은 경우가 종종 있기 때문이다(Resnick, 1987). 즉, 아동이 문제를 풀기 위해서는 3, + 등등에 의미를 부여해야 한다. 이 일이 얼마나 어려운지를 알기 위하여 "X#\\Y#−1=?"를 계산한다고 해 보자. 답이 무엇인가? "이 기호들이 뭘 의미하는지 모르겠어."라고 혼잣말을 했다면, 당신은 덧셈 문제를 처음 보는 유치원 아동이나 1학년 아동과 같은 처지이다.

두 번째 이유는 교사가 아동에게 이런 형식의 문장을 해독해 주고 난 후에도, 아동은 정답에 도달하는 방법을 모른다는 것이다. 아동으로 하여금 문제를 풀도록 하기 위해 교사는 일반적으로 **모두세기**(count-all) 전략－첫 번째 나와 있는 숫자가 가리키는 대상의 수를 헤아리고(예컨대, 손가락 세 개를 펼쳐라.), 다음에는 두 번째 나와 있는 숫자가 가리키는 대상의 수를 헤아린(예컨대, 손가락 네 개를 펼쳐라.) 다음에, 손가락을 모두(예컨대, 7개의 손가락을) 헤아린다－을 명시적으로 가르친다. 아동이 초등학교에 입학하기 전에 수세기를 학습해야 한다는 점에 주목해야 한다. 당연히, 취학 전 시기에 획득되는 수세기 기능은 1학년에서 3학년까지의 수학 능력을 가장 잘 예측하는 변인의 하나이다(Aunola, Leskinen, Lerkkanen, & Nurmi, 2004). 대부분의 수업에서 아동은 몇 주 동안 이 같은 덧셈문제 해결 방법을 학습하고 나서, 동일한 조작이 암묵적으로 들어 있는 문장제(예컨대, *철수는 세 개의 사과를 가지고 있다. 아버지가 그에게 사과 네 개를 더 주었다. 철수는 모두 몇 개를 가지고 있는가?*)를 배우기 시작한다.

연령에 따른 탈맥락적 계산문제 해결 능력 발달경향을 기술하기 전에, 대부분의 수학 교육자는 탈맥락적 계산문제를 먼저 가르치고 문장제를 다음에 가르치는 것이 최선의 방법은 아니라고 주장하고 있다(Carpenter et al., 1999)는 점에 주목할 필요가 있다. 그 이유는 무엇인가? 첫째 이유는 수세기와 덧셈은 모두 절차지식이므로 아동이 실생활 문제를 해결하는 데 도움을 받을 수 있도록 제시되어야 한다는 것이다. 아동에게 단순히 교사를 따라 하도록 하면(먼저 이것을 하고 다음에 이것을 해라.), 이러한 조작의 목표 지향적 속성, 즉 문제 해결적 속성은 상실된다. 두 번째 이유는 상징에 대한 유의미한 참조체제(3은 세 대상을 나타낸다는 것)가 구축되기도 전에 아동으로 하여금 상징양식을 학습하도록 한다는 것이다. 즉, 아동은 개념지식을 충분히 획득하기도 전에 절차지식을 학습해야 하는 것이다(Hiebert, 1987; Resnick, 1987). NCTM은 이러한 문제점을 해결하기 위하여 전형적인 수업의 계열을 바꿀 것을 권고하고 있다. 즉, 간단한 구술식 문장제에 대한 수업부터 시작할 것을 권하고 있다. 상징에 대한 개념적 참조체제를 구축하기 위하여 아동에게 포커 칩이나 블록과 같은 조작물이 제공되어야 한다. 아동이 문장제를 많이 연습한 후에 교사는 점진적으로 형식적 상징양식을 도입해야 한다.

수업의 순서를 이렇게 바꾸어 가르치는 것은 비교적 근래의 경향이기 때문에, 아동의 한 자릿수 덧셈과 뺄셈을 검토한 대부분의 연구결과는 전통적 방식으로 탈맥락적 문제를 가르치는 수업에서 나온 것이다. 전통적 접근방법을 따르는 교사의 일차적 목적은 아동이 수세기에 의존하여 대답하다가 직접 회상하여 답하도록 하는 것이다. 그 이유를 알기 위해, 모두세기 전략이 얼마나 보잘것없고 비효율적인지를 생각해 보자. 수가 커지면 답을 구하는 데 많은 시간이 필요할 것이고, 아동은 손가락과 발가락을 모두 사용해도 답을 구하지 못할 것이다. 학생이 직접회상 방식을 사용하도록 하기 위하여 대부분의 교사는 반복 방식을 활용한다. 예를 들어, 1학년에서 교사는 상당한 시간을 1에서 9까지의 수를 짝지은 경우의 합을 연습하도록 한다. 교사는 2학년에서도 이러한 방법을 계속 사용하지만, 연습량을 점차 줄여간다.

아동의 덧셈전략을 연구한 연구자들은 두 가지 질문, 즉 (1) 아동은 한 자릿수 덧셈문제를 해결을 위하여 어떤 전략을 사용하는가와 (2) 특정 연령의 아동은 특정 전략을 사용하는가의 두 질문에 주로 관심을 가져왔다. 앞의 질문과 관련해서는 아동이 활용하는 해결전략을 확인하는 것이 쉽지 않았다. 왜 그런가? 무엇보다도 단순한 관찰의 결과가 종종 애매하다. 예컨대, 5학년 아동에게 "3+4=?"라는 문제를 내었다고 생각해 보자. 그 아동은 잠시 조용히 있다가 "7"이라고 대답할 것이다. 그 아동이 확실히 수세기를 하지 않고 직접회상 방식을 사용했다고 확신할 수 있는가? 아동은 자신이 하고 있는 일에 의식적으로 접근하지 못하거나 한 일을 잘못 보고하는 경우가 종종 있기 때문에(Karmiloff-Smith, 1984; Siegler & Jenkins, 1989), 단지 아동에게 무엇을 하였는지 물어서는 이 질문에 쉽게 대답할 수가 없다. 연구자들은 관찰, 면접 그리고 반응시간 실험 등과 같은 다양한 접근방법을 통하여 아동이 수행한 것을 알아내려 하였다(Bisanz et al., 2004; Fuson, 1988; Resnick, 1983). 이와 같이 다양한 접근방법을 통하여, 아동은 다음과 같은 전략을 활용한다는 것이 밝혀졌다.

1. *모두세기 전략:* 손가락이나 기타 물건을 이용하여 처음 나오는 가수를 세고 나서 뒤에 있는 가수를 센 다음에 두 수의 합을 센다(예를 들어, 3+7의 답을 구하기 위해 아동은 "1, 2, 3 …… 1, 2, 3, 4 …… 1, 2, 3, 4, 5, 6, 7"이라 한다.).
2. *처음부터 세기 전략:* 먼저 앞의 가수를 세고 나서 뒤의 가수에 나타내는 수를 더한다(예를 들어, "3 …… 4, 5, 6, 7").
3. *뒤에 있는 가수부터 세기 전략:* 뒤에 있는 가수를 먼저 세고 앞에 있는 가수가 나타내는 수를 더한다(예를 들어, "4 …… 5, 6, 7").
4. *큰 수부터 세기 전략("최소법"):* 두 가수 중에서 큰 수부터 시작하여 더한다(예컨대, 4 …… 5, 6, 7).
5. *사실에서 도출하기 전략:* 답을 구하기 위해 알고 있는 사실을 활용한다(예컨대, "3+3=6이고 4는 3보다 하나 크므로 3+4=7이다").
6. *직접회상 전략:* 기억에서 답을 직접 회상한다.

이와 같은 전략을 자세히 검토해 보면, 첫 번째 전략으로부터 여섯 번째 전략으로 갈수록 점점 더 효율적이며 사전지식에 의존한다는 것을 알 수 있다. 또한 학교에서는 모두세기 전략과 직접회상 전략만 가르친다는 사실도 특기할 만하다. 따라서 나머지 전략은 아동이 스스로 고안하는 것 같다(Resnick, 1987).

연구자들이 제기한 두 번째 질문은 특정 덧셈전략의 사용에 발달경향이 나타나느냐는 것이다. 앞에서 말한 전통적 수업의 순서를 고려할 때, 대부분의 1학년 아동은 모두세기 전략을 활용할 것이고 대부분의 5학년 아동은 직접회상 전략을 사용할 것이다. 더 나아가, 두 번째 전략에서부터 다섯 번째 전략까지는 각각 2학년, 3학년, 5학년 아동이 활용할 것이다. 이러한 가정을 검증하기 위하여 두 가지 접근방법이 사용되었다. *시간 측정법*(chronometric approach)이라는 첫 번째 방법에서는 컴퓨터를 이용하여 덧셈문장을 제시하고 아동에게 가능한 한 빨리 대답하도록 한다. 아동이 활용하는 전략을 알기 위해 반응시간을 이용하는 것이 이상하게 보일지 모르지만, 시간 측정법은 아동이 자신이 행한 것을 말하는 것과 실제로 행한 것 간의 차이를 해결하는 한 가지 방법이다. 또한 위에 제시된 여섯 가지의 전략은 수행시간에 따라 서열화될 수 있다.

초기의 시간측정 연구를 통하여, 1학년 아동은 주로 모두세기 전략을 활용하고 5학년 아동은 대개 "최소화" 전략(큰 수부터 세기전략)과 직접회상 전략을 활용한다는 것이 시사되었다(Ashcraft, 1982; Groen & Parkman, 1972; Siegler & Jenkins, 1989). 그러나 시간 측정법은 아동의 수행을 완벽하게 설명하지 못하기 때문에, 이러한 연구결과에 의문이 제기되었다. 더 나아가, 이 접근에서는 아동이 문제 해결에 걸린 시간의 평균과 문제당 걸린 시간의 평균이 사용되었기 때문에 (1) 같은 학년의 아동이 서로 다른 전략을 사용할 수도 있다는 사실과 (2) 아동 개개인도 경우에 따라 다른 전략을 사용할 수 있다는 사실을 파악하기가 어렵다(Siegler & Jenkins, 1989).

미시발생법(microgenetic approach)이라는 두 번째 접근은 시간 측정법의 문제점을 극복하기 위해 설계되었다(Siegler & Jenkins, 1989). 미시발생법에서는 아동이 전략을 스스로 찾아낼 때까지 개개의 아동을 수주 동안 면접하고 관찰한다. 예를 들어, 모두세기 전략을 학습한 아동이 스스로 처음부터 세기 전략을 고안할 때까지 추적한다. Siegler 등은 대부분의 아동이 한 가지 전략만 사용하는 것이 아니라 여러 가지 전략을 사용한다는 것을 밝혔다. 또한, 1학년 아동이 소위 "묶기"에 대한 직접회상법(예를 들어, 1+1, 2+2, 3+3 등등)을 사용한다는 것도 "밝혀졌다". 따라서 시간 측정법을 통하여 "한 아동이 하나의 전략"을 활용하는 것으로 보았던 것은 잘못된 것으로 나타났다. 아동이 하나의 전략 중에서 한 전략을 사용하는 것으로 보는

것이 옳을 것이다. 아동이 이렇게 전략을 사용한다는 주장은 새로운 개혁적 수업을 받은 아동의 경우에도 적용된다(Fuson et al., 1997).

아동은 사용할 전략을 어떻게 결정하는가? 한 가지 제안은 먼저 회상하여 떠오르는 답을 본다는 것이다(Bisanz et al., 2004). 그 다음에 아동은 떠오른 답이 충족해야 하는 확신준거(confidence criterion)를 설정한다. 예를 들어, 1학년 아동이 3+4=?과 같은 문제를 보고 6이라는 수가 생각나면, 6이 정답이라는 확신이 어느 정도인지 알기 위해 스스로 점검한다. 이 아동은 6이 정답이라는 확신이 서지 않으면 회상하기와 같은 전략에 의존한다. 여러 가지 답에 대한 확신 정도는 연습과 반복의 결과로 간주되고 있다. 문제와 이에 대한 답이 동시에 일어나는 빈도가 높으면 높을수록 확신감은 높아진다. 이 주장은 회상에 의존하는 정도가 문제에 따라 다르다는 사실을 설명하는 데 활용되어 왔다. 회상에 의존하는 빈도가 높은 문제는 그렇지 않은 문제보다 교과서나 교사가 제시한 문제 또는 숙제로 많이 제시되는 것 같다.

한 자릿수 덧셈에 대한 연구가 상당히 수행되었던 것과는 대조적으로 "24+17=?"과 같은 두 자릿수 덧셈의 학습에 관한 연구는 거의 이루어지지 않았다. 근래의 한 연구에서는 1학년 아동도 가수를 조작물과 관련시키는 방법을 충분히 학습하면 받아 올림이 있는 두 자릿수 덧셈 문제를 해결할 수 있다는 것이 밝혀졌다(Fuson & Briars, 1990). 아동은 10진 블록(10-base block)을 사용하여 한 수의 일의 자리의 수(예를 들어, 24에서 4)를 1의 자리라 불리는 작은 사각형 벽돌에 연결시키고, 십의 자리의 수(예컨대, 24에서 2)를 10의 자리라 불리는 긴 사각형 블록과 관련시키는 것을 학습하였다. 작은 블록(1의 수) 10개의 크기는 큰 블록(10의 수) 한 개의 크기와 같다. Fuson과 Briars의 연구결과는 1학년 아동이 자릿수의 개념을 다룰 수 있다고 생각하는 사람이 거의 없다는 것을 고려할 때 다소 놀라운 결과이다. 전통적 수업을 받은 학생 중에는 2학년이나 3학년 또는 4학년이 되어도 자릿수를 제대로 이해하지 못하는 학생이 많다.

한 자릿수 뺄셈에 관한 연구에서도 한 자릿수 덧셈에 관한 연구결과와 유사한 결과가 밝혀졌다. 뺄셈 수업은 1학년 말경에 시작되는 경우가 많고, 손가락이나 조작물을 사용한 "들어내기" 방법이 활용되어 왔다. 뺄셈에 대한 시간 측정법 연구와 면접에 의한 연구에서는 아동이 뺄셈을 위하여 적어도 세 가지의 정신적 수세기 절차를 사용하는 것처럼 보인다는 사실이 밝혀졌다(Resnick, 1983). *줄여가기 모형*(decrementing model)에서는 아동이 큰 수(피감수)에서 출발하여 작은 수(감수)가 지시하는 만큼 하나씩 줄여 나간다. 예를 들어, 문제가 "7−3"이면 아동은 손가락 7개를 펼치고는 "6−5−4 …… 4"라고 한다. 이 같은 줄여가기 방법은 교사가 아동에게 보여주는 것과 일치한다. *늘여가기 모형*(incremention model)에서는 아동이 감수(예컨대, 3)부터 시작하여 피감수(예컨대, 7)에 이를 때까지 세어나간다. 예를 들어, 손가락 3개를 펼치고 원래 펼친 3개에 손가락 4개를 하나씩 펼쳐가면서 "4−5−6−7 …… 4"라고 한다. *선택모형*(choice model)의 경우에는 아동이 줄여가기 모형과 늘여가기 모형 중에서 적은 단계를 거쳐 답을 할 수 있는 방법을 결정한다.

반응 시간법을 활용한 연구는 대부분의 초등학교 아동이 선택모형을 활용하지만, 2학년 중에서도 많은 아동이 줄여가기 모형을 활용하는 것 같다는 것을 시사하였다. 그러나 미세발생법을 활용한 Siegler(1989)는 모든 연령의 아동이 뺄셈문제를 풀 때 다양한 전략을 활용한다는 것을 발견하였다.

고학년에서는 아동이 두 자릿수 그리고 세 자릿수 뺄셈문제를 배워 나가며 새로운 많은 어려움에 직면한다. 여러 가지 예를 살펴보자.

(a) $\begin{array}{r} 28 \\ -17 \\ \hline \end{array}$　　　(b) $\begin{array}{r} 24 \\ -17 \\ \hline \end{array}$

아동이 다루어야 하는 첫 번째 문제는 이 문제가 수직 "모양"이라는 것이다. 받아 내림을 해야 하는 문제(위의 예에서 (b))를 풀라는 요구를 받으면 아동은 또 난관에 봉착한다. 오른쪽 수 10을 더하기 위해(예를 들어, 4를 14로 만들기 위해) 왼쪽 수(24에서 2)에 빗선을 표시하는 일반적 알고리즘은 일반적으로 아동에게는 의미가 없을 뿐 아니라 신비하게 보이기까지 한다. 그 결과, 아동은 이 알고리즘을 수행하면서 절차상의 오류를 많이 범한다.

Brown과 Burton(1978)은 아동이 받아 내림이 있는 뺄셈문제를 풀 때 범하는 오류의 유형을 분석하였다. 이들은 오류의 주요 원천이 일반적 뺄셈 알고리즘의 핵심 단계를 건너뛰는 성향이라는 것을 밝혀냈다. 예를 들어, "205−26"과 같은 문제를 받으면 아동은 205에서 0에 빗선을 긋고 5를 15로 만들고, 0을 9로 바꾸어야 할 것이다. 그러나 아동은 2를 1로 바꾸는 것을 잊어버리곤 한다. 그래서 이들은 피감수나 감수보다 큰 수인 279라고 대답한다. Brown과 Burton은 이러한 실수가 컴퓨터 프로그램에서 필요한 어떤 한 단계를 건너뛰는 것과 동일하기 때문에 "버그(bugs)"라 하였다. 그림 9.2에는 일반적 뺄셈 버그의 예가 제시되어 있다.

받아 내림이 있는 뺄셈에서 버그가 많이 생기는 이유는 무엇인가? 많은 전문가는 그 이유는 일반적인 "빗선 긋기" 알고리즘이 무의미한 계산방식으로 제시되기 때문인 것으로 생각한다(Carpenter et al., 1997; Resnick, 1987). 그 결과, 수에 빗선으로 표시하고 1씩 줄일 때 자신이 무엇을 하고 있는지 이해하는 아동이 거의 없게 된다. 뺄셈 알고리즘을 유의미하게 제시하는 방법은 피감수와 감수를 그 구성요소로 전개해 놓는 것이다. 205−26을 다시 살펴보자. 205는 200+5로 그리고 26은

그림 9.2 일반적인 뺄셈 버그의 유형

1. 0에서 빌려 오기
0에서 빌려 와야 하는 문제(예를 들어 205－26)에서, 아동은 0 위에 9를 쓰지만 계속하여 0의 왼쪽에 있는 수에서 빌려 오지 않는다(예컨대, 답을 279라 함).

2. 큰 수에서 작은 수로
같은 칸에 큰 수 위에 작은 수가 있는 문제(217－98)에서, 아동은 빌려 오기를 하지 않고 큰 수에서 작은 수를 뺀다(예컨대, 답을 281이라 함).

3. DIFF / 0－N＝N
같은 칸의 위의 수가 0이면, 아동은 빌려 와서 빼지 않고 아래의 수를 쓴다(예컨대, 306－13＝313).

출처: Brown and Burton(1978).

20＋6으로 다시 쓸 수 있다. 자릿수를 맞추어 수들을 세로로 배열해 보면, 아동은 5에서 6을 뺄 수 없으므로 200을 190＋10으로 다시 묶어야 한다는 것을 쉽게 알 수 있다. 이러한 방식으로 10과 5는 15로 합쳐질 수 있다. 아동이 이런 전개 방식에 친숙해지면 2에서 1을 빌려오기 위해 0을 넘어간 이유를 이해하기 시작한다. 아동은 10진 단위 블록이나 다른 조작물(예컨대, 산가지)을 이용하여 문제를 모형화할 수도 있을 것이다.

빗선 긋기 알고리즘에서 간과되고 있는 것과 전개 방법에서 분명히 알 수 있는 것은 자릿수에 대한 유의미한 표상이다. 빗선 긋기 알고리즘은 205에서 2는 200이 아니라 하나의 2를 나타내고 있다는 것을 암시한다. 여기에서 아동이 자리 값과 같은 개념을 충분히 이해하기 이전에 계산 알고리즘으로 지나치게 빨리 들어가는 것이 위험하다는 것도 알 수 있다. 근래의 한 연구에서 중학교 1학년 학생에게 여러 자릿수 뺄셈 문제에 있는 피감수와 감수를 정신적으로 전개하도록 가르쳤다. 이 기법은 계산문제 수행 속도와 효율성을 증가시키고 "수 감각"도 증진시켰다(Markovits & Sowder, 1994).

덧셈과 뺄셈 기능에만 초점을 두어 사칙연산 기능의 발달을 조사한 연구는 방대한 반면에, 곱셈과 나눗셈의 수행도 검토한 연구는 얼마 되지 않는다. 곱셈의 경우에는 다음과 같은 발달경향이 관찰되었다(Baroody, 1999; De Brauwer, Verguts, & Fias, 2006; Mabbott & Bisanz, 2003; Steel & Funnell, 2001). 첫째, 아동은 직접회상 방법, 회상에 더하기 방법(예컨대, 7×6을 풀기 위해 6×6＝36을 회상하고 6을 더하여 42로 답하기), 연속세기 방법(예컨대, 6×11을 풀기 위해 11, 22, 33, 44, 55, 그리고 66으로 답하기), 반복 더하기 방법(예컨대, 3×4를 풀기 위해 3+3+3+3=12로 답하기), 특별한 기법(9×9단 외우기, 합친 답의 9가 되도록 하기) 등 다양한 방법을 사용하는 것으로 밝혀졌다. 둘째, 직접회상 방법의 사용이 연령에 따라 증가하지만 사용 수준은 교육과정과 문화에 따라 달랐다. 예를 들어, 전통적 교육과정에 따라 학습하는 미국 학생에 대한 연구에서는 12세 학생의 90% 이상이 직접회상 방법을 사용했으나, 무의미 학습을 강조하지 않은 발견식 교육과정에 따라 학습하는 영국 학생에 대한 조사에서는 12세 학생의 20% 정도만 직접회상 방법을 사용하는 것으로 나타났다. 셋째, 전략 활용은 해결 시간(직접회상이 가장 빨랐고, 이어서 도출된 사실 활용하기가 빨랐으며 연속세기 방법이 늦었다), 오답률(회상하기가 도출된 사실 활용하기나 연속세기 방법보다 오답이 적었다), 피승수(즉, 큰 피승수의 경우에는 직접회상 방법이 많지 않았으나, 작은 피승수, 3×3과 같은 동일수의 곱셈 및 5의 배수의 곱셈에서는 이 방법이 아주 많았다.), 비언어 지능 및 작동기억 용량과 상관이 있다. 넷째, 곱셈에 대한 아동의 절차지식이 개념지식보다 많았다. 아동의 개념지식은 빈약하거나 결여되어 있다.

나눗셈과 관련하여 성인을 대상으로 수행된 연구가 몇 편 있긴 하지만, 놀랍게도 아동을 대상으로 수행된 연구는 거의 없다. 4학년에서 7학년 학생 대상의 한 연구(Robinson, Arbuthnott, Rose, McCarron, Globa, & Phonexay, 2006)에서 아동은 피제수가 큰 문제 나눗셈(예컨대, 72÷9)보다는 작은 나눗셈(예컨대, 6÷2) 문제를 보다 신속하고 정확하게 해결한 것으로 밝혀졌다. 또한 4학년 아동은 더하기 전략(즉, 피제수에 도달할 때까지 제수를 더해가는 방식)에 크게 의존하는 반면에 5학년, 6학년, 7학년 학생은 주로 곱하기 전략(즉, '72÷9=?'를 '9×?=72'로 고쳐 계산하는 방법)을 활용하는 것으로 밝혀졌다. 회상하기 방법이 연령에 따라 점점 더 많이 사용되고, 고학년의 경우에는 주된 전략이 되는 곱셈과는 달리 나눗셈에서는 회상하기 방법의 사용이 연령에 따라 증가되지 않았고 7학년의 경우에도 주된 전략으로 사용되지 않았다.

문장제. 그림 9.3에 제시된 바와 같은 문장제 문제에 직면하면, 전통적 방법으로 학습하는 1학년과 2학년 학생 대부분은 어려워한다(Carpenter, 1987). 전통적 방식으로 가르치는 수학교사도 처음에는 아동이 문장제를 어려워하는 것을 보고 당황한다. 왜냐하면, 문장제와 그림 9.3에 제시된 것과 같은 문제 및 "3+5=?"와 같은 탈맥락적 문제 사이에는 큰 차이가 없는 것처럼 보이기 때문이다. 아동이 문장제를 어려워하게 만드는 것은 무엇인가? 대부분의 이론가는 문제 해결을 위하여 수행해야 하는 일단의 인지적 조작을 제안함으로써 이 질문에 대답하려고 하였다. 문장제 해결의 오류는 아동이 이러한 조작 중에 하나나 둘을 수행하지 못하기 때문인 것으로

그림 9.3 문장제 문제의 세 가지 주요 의미구조

1. *변화*

철수는 알사탕 세 개를 가지고 있다. 아버지가 다섯 개를 더 주었다. 철수는 모두 몇 개를 가지고 있는가?

철수는 몇 개의 알사탕을 가지고 있다. 아버지가 다섯 개를 더 주어서 여덟 개가 되었다. 철수는 처음에 몇 개를 가지고 있었는가?

정답아동비율 : 1학년(39~88%)[a]
5학년(67~100%)

2. *조합*

철수는 알사탕 세 개를 가지고 있다. 아버지는 다섯 개의 알사탕을 가지고 있다. 철수가 가진 알사탕과 아버지가 가진 알사탕은 모두 몇 개인가?

철수는 알사탕 세 개를 가지고 있다. 아버지도 알사탕을 가지고 있다. 둘이 가진 알사탕을 합치면 8개이다. 아버지가 가지고 있는 알사탕은 몇 개인가?

정답아동비율 : 1학년(39~88%)
5학년(72~94%)

3. *비교*

철수는 알사탕 세 개를 가지고 있다. 아버지는 알사탕 다섯 개를 가지고 있다. 아버지는 철수보다 몇 개를 더 가지고 있는가?

철수는 알사탕 세 개를 가지고 있다. 아버지는 철수보다 두 개를 더 가지고 있다. 아버지는 몇 개를 가지고 있는가?

정답아동비율 : 1학년(6~81%)
5학년(60~86%)

[a] 성공 아동의 비율은 Riley 등(1983)과 Morales 등(1985)에서 인용. 성공비율은 구하는 수의 위치와 문장진술 방식에 따라 차이가 있다.

설명된다. 여기에서는 문장제 해결에 필요한 몇 가지 중요한 조작을 살펴본다.

아동이 문장제를 해결하기 위해 먼저 수행해야 할 일의 하나는 정확한 *상황모형*을 구성하는 것이다(Dintsch & Greeno, 1985). 7장과 8장에서 밝혔듯이, 상황모형이란 글에 기술된 일의 상태를 정신적으로 표상하는 것이다. 그림 9.3에 제시된 것과 같은 문장제의 경우, 각각의 등장인물이 가진 대상의 수와 문제가 진행되면서 각 등장인물이 가진 대상의 수에 일어난 일에 대한 표상이 상황모형이다. 상황모형에 문제의 기본적인 *의미구조*가 정확하게 반영되어 있다면, 그 상황모형은 정확한 것이다(Carpenter & Moser, 1982; Riley et al., 1983). 의미구조란 문제에 집합의 증가, 감소 혹은 비교가 포함되었는지를 말해준다(가장 일반적인 세 가지 유형의 예는 그림 9.3 참조). 문장제에 대한 정확한 상황모형을 구성하는 능력이 방해를 받으면, 아

동은 문제를 해결할 수 없게 될 것이다.

상황모형의 구성을 방해하는 한 요인은 문제에 있는 미지수의 위치이다. 예를 들어, **변화문제**(그림 9.3 참조)에서, 미지수를 첫 문장에 둘 수도 있고(예컨대, 철수는 알사탕을 □개 가지고 있다.), *변화부분*에 둘 수도 있으며(예컨대, 철수는 알사탕 세 개를 가지고 있다. 아버지가 철수에게 몇 개를 더 주었다.) 또는 결과부분에 둘 수도 있다(예컨대, 모두 몇 개를 가지고 있는가?). 아동은 미지수가 *결과부분*에 있을 때보다 첫 부분이나 변화부분에 있을 때 상황모형 구성을 더 어려워한다 (Morales, Shute & Pellegrino, 1985; Riley et al., 1983).

어린 아동이 미지수가 출발부분이나 변화부분에 있을 때 어려워하는 것은 **부분-부분-전체 스키마**(part-part-whole schema)가 제대로 형성되어 있지 않기 때문이다 (Resnick, 1983; Riley et al., 1983). 부분-부분-전체 스키마가 발달되면 기지수(전체)는 다른 수들(부분들)의 다양한 조합으로 구성되어 있다는 것이 이해된다. 부분-부분-전체 스키마를 획득하기 전에는 3과 같은 하나의 수는 기수치가 2와 4사이에 있는 일단의 대상으로 개념화된다. 그러나 부분-부분-전체 스키마가 발달되면, 여러 가지 일이 일어난다. 첫째, 3과 같은 수는 이제 0 3, 1 2, 2 1의 조합으로 분할될 수 있는 것으로 개념화된다. 둘째, 덧셈은 부분의 조합(예컨대, 1+2=3)으로 간주되고, 뺄셈은 전체에서 한 부분을 제거하는 것(예컨대, 3−2=1)으로 간주되며, 덧셈과 뺄셈은 서로 역조작인 것으로 간주된다(예를 들면, 3−2=1은 1+2=3의 역이다). 이와는 대조적으로, 부분-부분-전체 스키마를 가지고 있지 않은 아동은 덧셈과 뺄셈문제를 직선적인 온라인 방식으로 해결하고 3+1=4와 1+3=4와 같은 표현 간의 관계를 알지 못한다. 부분-부분-전체 스키마는 받아 내림이 있는 다양한 형식의 뺄셈문제를 이해하는 데 매우 유용하다.

부분-부분-전체 스키마가 없는 아동이 직선적 온라인 방식으로 문장제를 해결하려고 한다면, 출발부분이나 변화부분에 있는 미지수에 이르면 더 이상 나아갈 수가 없을 것이다. 예를 들어, 그림 9.3의 네 번째 문제를 풀 때 이런 아동은 "철수는 알사탕 세 개를 가지고 있다. 그러니까 손가락 세 개를 펼쳐야 하지. 아버지도 알사탕 몇 개를 가지고 있다. 그러니까 손가락을 펼쳐야지. 어, 잠깐 …… 몇 개라는게 얼마나 되는 거지?" 라 할 것이다. 이와는 대조적으로, 부분-부분-전체 스키마를 가진 아동에게는 미지수가 스키마에서 빠진 요소에 지나지 않는 것으로 간주되기 때문에, 미지수가 출발부분에 있건 변화부분에 있건 문제가 되지 않는다. 실제로, 이런 아동에게 그림 9.3의 네 번째 문제를 제시하면, "철수가 몇 개를 가지고 있고, 아버지가 준 것을 합한 것이 몇 개인지도 알고 있으니까 아버지가 몇 개를 가지고 있는지를 알아내면 되지" 라고 추론한다.

아동이 문장제를 풀기 위해서는 정확한 상황모형을 구성하는 것과 더불어 문제 출제자가 요구하는 것도 이해해야 한다. 예를 들어, 그림 9.3의 첫 번째 문제인 "비교" 문제에서 아동이 "철수는 아버지보다 몇 개를 더 가지고 있는가?" 라는 질문은 철수가 가지고 있는 양과 아버지가 가지고 있는 양을 비교하라는 것임을 이해하지 못할 수 있다(Stern, 1993). 이러한 언어요인 때문에 비교문제 점수가 높지 않은 경우가 많다.

정확한 상황모형을 구성하고 요구하는 것을 이해하면, 아동은 마지막으로 답을 도출하기 위하여 덧셈이나 뺄셈을 해야 한다. 물론 어떤 계산을 할 것인지는 구체적인 문제의 의미구조와 미지수의 위치에 달려있을 것이다. 예를 들어, 미지수가 결과부분에 있는 변화형 문제(그림 9.3의 첫 번째 유형)에서는 덧셈을 해야 한다. 그러나 미지수가 변화부분에 있는 변화형 문제(그림 9.3의 두 번째 유형)에서는 뺄셈을 해야 한다.

상황모형 구성과 질문 내용에 대한 이해를 가로막는 장애물이 극복되면, 계속 연습을 통하여 (a) 다양한 유형의 문장제에 대한 **문제 스키마**, (b) 이러한 문제 각각의 해결을 위한 **실행 스키마**(Riley et al., 1983) 그리고 (c) 문제 스키마와 실행 스키마 간의 연결의 발달이 촉진될 가능성이 높다. 이러한 스키마의 발달은 아동이 보다 신속하고 효율적으로 문제를 해결할 수 있도록 도와준다. 즉, 아동은 특정 유형의 문제를 풀 때마다 해결수단을 다시 고안할 필요가 없어지게 된다.

따라서 문장제 해결에서 초등학교 아동이 당면하는 문제는 일반적으로 (a) 부분-부분-전체 스키마의 결여, (b) 상황모형 구성을 어렵게 하는 언어나 읽기 장애 그리고 (c) 문장제 해결 연습의 부족 때문으로 설명되고 있다. 발달경향에 대한 연구결과가 이 때문이긴 하지만, 유치원 아동도 흥미를 끄는 이야기(예컨대, 친구에게 물건을 주는 곰; 물건을 빼앗는 괴물)가 사용되었을 때와 변화의 양이 하나일 때는 덧셈과 뺄셈 문장제를 해결할 수 있다는 것이 밝혀졌다(예컨대, Sophian & Vong, 1995)는 점에 주목하라. 그러므로 유치원 아동에게서도 부분-부분-전체 스키마의 증거를 찾는 것이 가능할 것이다.

새 수학 수업에서의 개념과 전략. 앞에서 밝힌 바와 같이, 지금까지 살펴본 발달경향은 모두 개념에 거의 초점을 맞추지 않고 계산 알고리즘의 기억을 크게 강조한 전통적 수업과 관련이 있다. (a) 중심이 개념지식 형성에 있고, (b) 처음부터 문제 해결을 강조하며, (c) 아동에게 이러한 문제 해결을 위한 전략을 고안하도록 하고, (d) 아동이 해결방법을 공유하고 추론을 설명하는 수업이 이루어지는 학급에서는 어떤 일이 일어나는가? (이러한 특징을 가지고 있는) 연구에 기초한 개혁적 네 교실에 대한 분석에서 아동의 문제 해결 전략이 네 유형으로 분류될 수 있다는 것이 밝혀졌다 (Fuson et al., 1997). 첫 번째 방법—*하나의 수로 시작하는 방법*—에서는 아동이 하나의 수에서 시작하여 10씩 그리고 1씩 올리거나 내린다. 예를 들어, 38+26=? 문제에서 아동은 38+20은 58, 58+6은 64라고 추론한다. 두 번째 방법—*혼합방법*—의 경우에는 아동이 10씩 더하거나 빼고, 원래 수로 수열을 만들고, 이어서 다른 수를 더하거나 뺀다. 예를 들어, 38+26에서 아동은 50을 만들기 위해 30과 20을 더하여 50을 만들고, 여기에 8을 더하여 58을 만들고, 이어서 6을 더하여 64를 만들 것이다. 세 번째 방법—두 수를 모두 바꾸기 방법—의 경우에는 아동이 문제를 보다 쉬운 문제로 만들기 위해 수를 변화시킨다. 예를 들어, 38+26에서 아동은 38에 2를 더하여 40으로 만들고, 26에서 같은 수인 2를 빼어 24를 만든다. 이어서 아동은 40과 24를 더하여 64를 얻는다. 마지막으로 38과 26과 같은 수가 분해(각각 30+8과 20+6)되는 *10단위와 1단위로 분해*하는 방법이 있다. 아동은 10단위 각각과 1단위 각각을 별도로 더하거나 뺀다(예컨대, 30+20은 50, 8+6은 14, 14+50은 64).

이러한 전략은 전통적 수업에서는 나타나지 않는다는 사실에 주목할 필요가 있다. 전통적 수업에서 전략은 두 부류, 즉 정 알고리즘(correct algorithms)과 버기 알고리즘(buggy algorithms)(위 참조)밖에 없을 것이다. 따라서 개혁적 수업은 개념지식과 밀접하게 연결되어 있는 전략을 산출하는 경향이 있다. 이런 교실의 아동은 전통적 교실의 아동보다 10단위 개념지식을 더 가지고 있는 것으로 밝혀졌고, 버기 알고리즘을 덜 보이는 것으로 밝혀져 이 주장을 지지하고 있다(Carpenter et al., 1997).

여타의 관련 연구결과와 논쟁점. 초등학생 대상의 연구 대부분이 덧셈과 뺄셈에서 사용하는 전략에 초점을 맞추어온 반면에 다른 연구들은 수의 크기에 대한 부호화와 더불어 수의 기우성(즉, 홀수/짝수)에 대한 아동의 부호화 경향성(예컨대, Berch, Foley, Hill, & Ryan, 1999), 3+2+5=______+5와 같은 동치문제(equivalence problem)에 대한 아동의 이해(예컨대, Rittle-Johnson & Aliali, 1999), 특정 사례에서 아동의 전략 선정에 영향을 미치는 요인(Alibali, 1999; Siegler, 1996), 덧셈과 뺄셈 간의 역수관계(inverse relationship)에 대한 아동의 이해(예컨대, Bryant, Christie, & Rendu, 1999) 그리고 덧셈과 뺄셈에서의 개념지식과 절차지식 간의 결합(Canobi, 2004; Canobi et al., 2003) 등을 연구해 왔다. 전체적으로, 이러한 연구결과와 위에서 설명된 연구결과를 종합하면 여러 결론이 도출될 수 있다. 첫째, 수학교육, 발달심리 및 인지심리 분야의 학자들은 분명히 서로 다른 방식으로 수학영역에 접근하고 있다. 예를 들어, 발달심리학자는 맥락적 지원이 충분히 제공되었을 때 어린 아동(예컨대, 유치원 원아)이 할 수 있을 것을 보여주려고 한 반면에 수학교육자는 여러 해에 걸쳐 수학을 가르쳤을 때 아동이 실제로 할 수 있는 것을 보여주려 한다. 이와 유사하게, 수학교육자는 숙달하는 데 오랜 기간이 필요한 연구주제(예컨대, 자리 값)를 선정하여 일찍 관찰을 시작한다. 이와는 대조적으로, 발달심리학자는 단기간에 보다 빠르게 이해되거나 획득될 수 있는 주제를 선정한다. 인지심리학자와 발달심리학자는 연결주의 기억모형(3장 참조)으로 오류율이나 반응시간을 설명하려고도 한다. 대조적으로, 수학교육자는 아동의 이해와 전략 고안의 완만한 점진적 변화를 추적하는 데 구성주의적인 관점을 취한다.

이러한 관점의 다양성으로 초등학교 시기 동안의 수학 능력의 획득은 다면적이고 복합적이라는 두 번째 중요한 결론이 도출되었다. 발달심리학자가 유치원 유아나 초등학교 1학년 아동이 가진 완벽하진 않지만 어느 정도의 초보적인 능력을 밝히려고 한 것은 바람직하다. 왜냐하면, 발달심리학자의 이런 노력이 없었다면, 수학교육 분야의 연구결과로 인하여 어린 아동은 어떤 개념이나 기능을 학습할 수 없다는 인상을 줄 수도 있었기 때문이다. 또한 수학교육자가 실제 교실수업에서 당면하는 개념적으로 어려운 내용에 초점을 맞추는 것도 좋은 일이다. 왜냐하면, 이런 노력이 없었다면, 아동이 이런 내용을 어려워하는 이유를 이해하지 못했을 것이기 때문이다(유치원 원아가 할 수 있는 것이라면, 왜 3학년 학생에게 어렵지?). 마찬가지로, 두 부류의 학습을 모두 설명할 수 있는 이론을 개발하기 위해서는 아동이 어떤 내용은 빨리 학습하지만 또 어떤 내용은 보다 느리게 학습한다는 사실도 아는 것이 중요하다. 마지막으로, 인지심리학자와 발달심리학자가 연합과 회상을 강조했다는 것도 바람직하다. 왜냐하면, 그렇지 않았으면 모든 것이 NCTM의 기준에 따라 이루어지는 교실에서 범하는 오류를 설명할 수 없었을 것이기 때문이다. 예를 들어, 혁신적 방법에 따라 이루어지는 수업을 받는 학생이 전통적 방법에 따르는 수업을 받는 학생보다 버기 알고리즘을 덜 보이긴 하지만, 이들도 여전히 이러한 실수를 보인다는 사실에 주목해야 한다. 전략의 성공적 수행을 위해서는 절차에 대한 개념적 이해뿐 아니라 반복, 연습 및 간섭효과와 같은 사항을 반영하는 저장과 회상절차도 필요하다(3장 참조). 이런 점을 이해하기 위해서는 절차학습에 대한 개념지식의 역할에 관한 연구에 참가했던 4학년 학생이 한 말을 살펴보는 것이 좋을 것이다. 이 학생은 (개념지식에 관한 수업을 받은 1주일 후에 치러진) 시험을 보고 교실을 나오면서 "분수를 더할 때 분자는 분자끼리, 분모는 분모끼리 더하면 안 된다는 것은 알고 있었는데 그 대신 어떻게 해야 하는지는 알 수가 없었어!" 라고 하였다. 따라서 초등학교 시기에 전체적인 수 개념과 절차를 학습하고 이해하고 기억해야 할 것이 많이 있다. 선행연구는 전체적으로 교사는 기초를 쌓기 위해 아동의 미성숙한 능력을 활용할 수 있지만, 아동이 주요 아이디어, 절차 및 전략을 이해하고 학습할 수 있도록 충분한 시간을 제공하여야 한다는 것을 시사하고 있다(Carpenter & Lehrer, 1999).

중학교 시기

중학생이 되면 정수의 덧셈, 뺄셈, 곱셈 및 나눗셈의 알고리즘을 능숙하게 수행할 수 있다. 새로운 혁신적 방법으로 수학 수업을 받은 학생도 (낯선 문제인 경우에도) 아주 능숙하게 문제를 해결한다. 이제, 교사는 유리수(예컨대, 분수와 소수)와 정수(예컨대, +7, −4)와 같은 개념을 소개한다. 이런 개념은 이제 더 이상 3과 같은 숫자가 대상 세 개의 묶음이나 2+1과 같은 조합의 산물이 아니라고 소개한다. 3은 이제 유리수 3/1 또는 −3의 반대 수로 기술된다. 전통적 방식으로 수학을 학습한 대부분의 학생이 이러한 개념을 쉽게 이해하지 못하는 것을 보는 것은 놀라운 일이 아니다. 지금부터 학생이 유리수나 정수를 잘 이해하지 못하는 이유를 살펴볼 것이다.

학생이 유리수와 정수를 어려워하는 것은 개념적인 것과 절차적인 것 모두와 관련이 있다(Wearne & Hiebert, 1988). 분수의 경우, 아동은 기수관계, 서수관계, 그리고 등치관계와 관련된 개념을 이해하는 데 어려움이 있다(Byrnes & Wasik, 1991; Hecht et al., 2003; Hiebert & Behr, 1988; Post, Wachsmuth, Lesh, & Behr, 1985). 즉, 학생은 (a) 3/5와 같은 상징을 적절한 지시대상과 관련시키고(기수관계), (b) 1/4은 3/1보다 작다는 것(서수관계)을 이해하고, (c) 1/2은 3/6과 같은 양임(등치관계)을 이해하는 데 어려움이 있다. 절차적 측면에서, 학생은 분수의 덧셈을 위한 최소 공분모법 그리고 분수의 나눗셈을 위한 "뒤집어 곱하기" 의 학습을 힘들어한다.

십진수(소수)와 정수의 경우에도 학생들은 기수관계 및 서수관계와 관련된 개념을 이해하는 데 어려움이 있다. 예를 들어, 학생들은 십진수에서 0의 역할을 이해하지 못하고 .30이 .047보다 얼마나 큰지를 알지 못한다(Moss & Case, 1999; Resnick et al., 1989). 이와 유사하게, 학생들은 음수를 구체적인 지시대상과 관련시키는 데 어려움이 있고, −9가 2보다 어떻게 작을 수 있는지를 알지 못한다(Byrnes, 1992b). 절차적 측면에서 학생들은 (a) 소수를 더하거나 뺄 때 소수점 자리를 맞추어야 하는 이유나(Wearne & Hiebert, 1988) (b) 3+ −2−−2와 같은 문제의 답을 구하는 방법을 이해하지 못한다(Byrnes, 1992b).

학생들이 왜 유리수와 정수에서 이러한 어려움을 겪는가? 세 가지의 설명이 가능할 것 같다. 첫째, 유리수와 정수는 양수보다 추상적이다. 5를 5달러로 개념화하는 것이 −5를 "5달러 적자" 로 개념화하는 것보다 훨씬 쉽다. 마찬가지로, 3+2를 구체적인 행위와 관련시키는 것(예컨대, 가지고 있는 과자를 합치는 두 아이)은 쉽지만 분수의 부분을 구체적인 행위와 관련시키는 것은 그렇게 쉽지가 않다.

두 번째 설명은 유리수 및 정수와 관련된 개념과 절차는 양수와 관련된 개념과 절차와는 매우 다르다는 것이다. 예를 들어, 1/3+1/2를 계산하는 절차는 3+2를 계산하는 과정과 전혀 다르다. 따라서 학생들은 유리수와 정수에 관한 정보를 기존의 정수에 관한 지식에 쉽게 동화시킬 수 없다. 학생들은 이 새로운 수를 위한 새로운 스키마를 구성해야 한다.

유리수와 정수에 대한 것은 학생들이 알고 있는 정수에 관한 것과는 아주 다르기 때문에, Piaget 이론과 Vygotsky 이론은 모두 학생이 이 새로운 정보를 무시하거나 이미 알고 있는 것에 맞추기 위하여 왜곡시킬 것으로 예측하였다. 학생의 실수를 면밀하게 검토한 결과에 의하면, 많은 학생이 학습하고 있는 것을 왜곡하는 것 같다는 것이 시사되고 있다. 분수의 경우를 살펴보자. 개념적으로, 학생은 3이 4보다 작기 때문에 1/3이 1/4보다 작기를 바란다. 절차적으로, 이 학생은 정수를 더하는 방법과 마찬가지로 단순히 분자는 분자끼리, 분모는 분모끼리 더하려 한다. 유사한 "과동화(over-assimilations)" 혹은 "잘못된 유추(mis-analogies)"를 소수와 정수의 경우에도 볼 수 있으며(Byrnes, 1992b; Byrnes & Wasik, 1991), 아동이 덧셈에서 곱셈학습으로 이동할 때도 볼 수 있다(Baroody, 1999).

세 번째 설명은 전통적 수업에서 많은 교사가 유리수 및 정수와 관련된 절차의 개념적 토대를 가르치는 데 시간을 거의 투자하지 않는다는 것이다. 이들은 순전히 계산방식으로 절차를 가르치는 데 대부분의 시간을 할애한다(Byrnes, 1992b; Hecht et al., 2003; Gearhart et al., 1999; Hiebert & Behr, 1988). 앞에서 밝힌 바와 같이, 개념지식이 부족한 학생은 계산상의 오류를 많이 범할 가능성이 높다. Byrnes (1992b), Byrnes와 Wasik(1991), Hecht(1998) 그리고 Hecht 등(2003)은 분수와 정수 개념지식을 많이 가지고 있는 학생이 성적과 지적 능력을 통제한 후에도 개념지식이 많지 않은 학생보다 이들 수의 덧셈을 더 잘한다는 것을 밝혀 이러한 주장을 지지하고 있다. 또한 Hecht(1998)는 분수에 대한 개념지식이 분수 문장제 문제의 성취를 예측한다는 것도 보여주었다.

그럼에도 불구하고, 다른 경우와 마찬가지로, 5세 정도의 어린 아동도 분수와 비율을 이해하는 데 필요한 부분-전체 추론에 대한 암묵적 통찰을 보인다는 것을 보여준 연구도 있다(예컨대, Sophian, Garyantes, & Chang, 1997; Sophian & Wood, 1997). 그러나 이 암묵적 이해를 분수가 포함된 문제를 성공적으로 해결할 수 있도록 가르치는 것은 또 다른 문제이다. 이러한 연구결과가 1학년 아동이 "파티가 끝나고 나서 4조각으로 나뉜 피자의 반이 남았다고 가정하자. 이것을 똑 같은 크기로 잘라서 청소를 도와준 8명에게 나누어 주려고 한다면, 학생은 몇 조각씩 받겠는가?"와 같은 문제에 대한 해결방법을 낼 수 있다는 것을 시사하고 있는가? 아마, 아닐 것이다. 그러나 어린 아동 대상의 연구결과는 (3학년까지) 정수를 먼저 가르치고 이어서 분수를 가르치는 전형적 접근은 문제가 있을 수 있다는 것을 시사하고 있다. 아마도, 학생이 분수를 정수와 병행하여 학습한다면 잘못된 유추 경향이 감소될 것이다. 그럼에도, 이런 순서는 분수와 다른 유리수가 아동에게 제시되는 방식보다는 덜 문제가 될 것이다. 아동이 유리수의 다양한 표현(예컨대, 1/2, 50% 그리고 .50 간의 관계)을 학습할 때, 이들은 그렇게 많은 개념적 어려움이나 절차적 어려움을 보이지 않는다(Moss & Case, 1999).

고등학교 시기

많은 고등학생이 대수, 기하, 삼각함수와 미적분 강좌를 이수하지만, 대부분의 교육연구자는 단 하나의 강좌, 즉 대수에만 초점을 맞추어 연구했다. 따라서 여기에서는 대수에 관한 연구만 살펴볼 것이다. 이후에서는, 먼저 대수공식에 대한 이해에 관한 연구결과를 요약하고, 이어서 대수 문장제에 대한 이해에 관한 연구결과를 요약할 것이다.

대수 공식. 역사적으로, 수학자들은 대수를 "일반화된 산술(generalized arithmetic)"로 발전시켜 왔다. 즉, 대수 공식은 큰 부류의 구체적 산술 "문장"에 대한 추상화이다(Kaput, 1999; Resnick, Cuzinille-Marmeche, & Mathieu, 1987). 예를 들어, $x+y$라는 표현은 2+1, 3+2 및 9+7과 같은 특정한 산술 문장에 대한 추상화이다. 대수 공식을 이해하기 위해서는 무엇보다 먼저 x가 세 산술 문장의 2, 3 또는 9를 나타낼 수 있다는 사실을 파악해야 한다. 실제로, x는 어떤 수든 나타낼 수 있다.

처음에는 이러한 **변수**(variable)의 개념 이해가 매우 어렵다. 특히, 변수를 완전히 이해하기까지 여러 수준의 이해를 거치는 것 같다는 것을 보여주는 연구가 있다. 가장 낮은 수준에서 학생은 "미지값"의 개념을 파악할 수 없기 때문에 x에 하나의 수를 곧바로 배정한다. 예를 들어, 이 수준의 학생에게 "x보다 3이 큰 수를 써라"라고 하면, x의 값(예컨대, 5)을 먼저 쓰고 나서 x의 주어진 값보다 3이 큰 수(예컨대, 8)를 적는다. 두 번째 수준에서, 학생은 가능한 수의 범위를 나타내는 것이 아니라 아직 알려지지 않은 특정한 수를 나타내는 것으로 생각한다. 세 번째 수준에서는 x가 일반화된 수, 즉 하나의 값 이상을 가질 수 있는 수로 간주된다. 네 번째 수준에서 x는 값의 범위를 나타낼 뿐만 아니라 체계적인 방식으로 y와 같은 다른 변수에 의해 표현되는 일단의 값과 연결되는 변수로 간주된다(Herscovics, 1989; Kieran, 1989).

물론, 변수의 개념을 이해하기가 어려우면, 대수적 표현을 다루기도 어려울 것이다. $x+3-y$와 같은 표현이 주어지고 "y의 값은 얼마인가?"라는 질문을 받으면, 단 하나의 기지수로 대답해야 한다고 생각하기 때문에, 학생들은 처음에는 $x+3$을 답으로 적으려 하지 않는다. 이와 더불어, 이들은 대수적 표현에서 변수들을 결합시키는 데도 어려움이 있다. 예를 들어, 어떤 학생은 $7a$가 $2a+5a$의 답인 이유를 이해하지 못하고, 또 어떤 학생은 z를 $2yz-2y$의 답으로 가정하는 오류를 범한다(Kieran, 1989).

왜 학생들은 이러한 오류를 범하는가? 네 가지 설명이 있을 수 있다. 첫째, -5가 5보다 추상적인 것처럼, x는 -5나 5보다 더 추상적이다(Resnick et al., 1987 참조). 특히, 음수나 양수는 모두 대상의 구체적 배열과 연결될 수 있지만, 변수는 가능한 수의 배열과 연결되어야 한다. 둘째, 대수 조작은 산수 조작에 쉽게 동화될 수 없다. 예를 들어, $(3+2)^2$이라는 표현은 형식적으로 일반화된 표현인 $(a+b)^2$와 관련되긴 하지만, 이 두 문제에 대한 "답"은 서로 다른 방식으로 계산될 것이다. 특히, 앞의 문제를 먼저 $(3+2)(3+2)$로 표현하고 나서 $3^2+(2)(3*2)+2^2$이라는 식을 만들기 위해 인수분해 공식을 사용하여 해결하는 학생은 거의 없을 것이다. 대부분의 학생은 "5의 제곱은 25이다."라고 대답할 것이다. 셋째, 교사들은 일반적으로 대수 조작을 비개념적인 계산방식으로 가르친다(Wagner & Kieran, 1989). 이상의 세 설명이 낯익어 보인다면, 그것은 앞에서 유리수와 정수를 설명할 때 이러한 설명을 했기 때문일 것이다.

네 번째 설명은 *부적절한 규칙*(malrules)이라는 개념과 관련이 있다(Matz, 1982; Resnick et al., 1987). 이 제안에 따르면, 학생은 새로운 규칙을 추정하는 전형적인 규칙을 구성한다. 예를 들어, 학생은 $3*(4+2)=3*4+3*2$ 및 $a(b+c)=ab+bc$와 같은 분배법칙 문제를 많이 학습하고 나면, $a\#(b \ @ \ c)=(a\#b) \ @ \ (a\#c)$라는 전형 규칙을 형성한다. 그래서 학생은 다음과 같은 문제를 풀 때, 아래와 같이 두 부분으로 분해될 수 있다는 잘못된 결론을 이끌어 낸다.

$$\sqrt{a+b}=\sqrt{a}+\sqrt{b}$$

대수의 인지적 복잡성을 고려할 때, 많은 고등학생이 전국 단위의 대규모 평가(예컨대, Carpenter et al., 1981)의 대수 문제에서 성취도가 낮은 것은 놀랄 일이 아닐 것이다. 예를 들어, $w=17+5a$라는 식을 제시하고 "어떤 사람의 몸무게가 해마다 이 공식에 따라 증가한다면, 이 사람의 몸무게는 일년에 얼마씩 증가하는가?"라는 문제에 2년 동안 대수를 학습한 17세 학생의 64%만이 "해마다 5파운드가 증가한다."는 정답을 하였다. 이와 유사하게, 아래와 같은 표를 제시하고 빈칸을 채우라고 했을 때, 대수를 2년 동안 공부한 학생의 80%만이 답을 쓸 수 있었으며, 이들 중

25%만이 이 표의 식인 $y=x+3$을 만들 수 있었다.

x:	6	4	5	8	1
y:		7	8		4

학생의 대수 수행 능력의 향상을 도와주는 한 가지 방법은 변수 및 대수 조작에 대한 보다 정확한 정신 모형을 발달시키도록 도와주는 것이다(Kaput, 1999). $y=f(x)$와 같은 함수를 분명하게 이해할 수 있도록 도와주는 직접적인 방법은 다양한 높이에서 공을 떨어뜨리고 튀어 오르는 높이를 측정하도록 하는 것이다. 이 방법을 통하여, 학생들은 낙하 위치(즉, x값)와 이에 상응하는 튀어 오르는 높이(즉, y값)의 관계를 나타내는 표를 작성할 수 있다. 학생들은 튀어 오르는 높이가 떨어지는 지점에 따라 다를 것이라는 것을 알게 될 것이다. 또한, 학생들은 (변수들에 대해 하나의 값으로 해석하는 것을 배제함으로써) 한 가지 값으로 가능한 높이의 범위는 아주 크다는 것도 분명하게 이해할 수 있을 것이다.

대수 문장제. 간단하게 말하면, 학생들은 대수 문장제를 상당히 어려워한다(Chaiklin, 1989; Mayer, Larkin, & Kaldane, 1984). 그 이유를 이해하기 위하여, 대부분의 연구자는 두 단계의 실험을 수행해 왔다. 연구자들은 첫 단계에서 대수 문장제의 성공적 해결과 관련이 있는 인지적 조작 모형을 제안하였다. 즉, 이들은 "대수 문장제를 해결하기 위해서 머릿속에서 어떤 것을 해야 하는가?" 라는 질문에 대답했다. 두 번째 단계에서는 학생들이 문제를 해결하기 위해 필요한 하나 이상의 조작을 수행하는 능력을 방해하는 요인을 확인하려고 하였다.

대수 문장제 해결 능력을 설명하는 가장 영향력이 있는 모형은 Mayer 등(1984)에 의해 제안되었다. 이들은 그림 9.4에 제시된 것과 같은 문제를 해결하기 위해서는 네 단계가 수행되어야 한다고 주장하였다.

1. 문제가 분절된 내적 표상으로 번역되어야 한다. 즉, 학생들은 언어적 지식과 사실적 지식을 사용하여 문제에 들어 있는 알려진 것(knowns)과 알려지지 않은 것(unkowns)을 구성하여야 한다. 예를 들어, 그림 9.4의 우주선 문제를 해결하기 위해서 학생은 우주인 한 사람이 하루에 필요한 산소=2.2, 우주인 수=3 등과 같은 정신적 명제를 구성해야 한다.
2. 분절된 내적 표상이 응집된 구조로 재조직되어야 한다(예컨대, 전체 산소량=우주인 한 명이 하루에 필요한 산소량×우주인 수×날 수). 응집된 구조가 형성되면, 문제가 이해된다. Mayer 등은 문제의 구체적 유형은 학생들이 명제를 응집된 구조로 재조직화하는 것을 도와준다고 하였다.

그림 9.4 대수 문장제의 예

우주선 문제

우주에 있는 동안 우주인 한 사람에게는 하루에 2.2파운드의 산소가 필요하다. 3명의 우주인이 5일 동안 우주에 있기 위해서는 얼마의 산소가 필요한가?

____13.2 ____15.2 ____33 ____330

학생-교수 문제

"이 대학에는 교수보다 학생이 여섯 배 많다."는 문장을 S와 P를 사용하여 식으로 쓰라. 학생 수는 S로 그리고 교수 수는 P로 표시하라.

강 문제

증기 기관선이 강을 따라 36마일 내려가고 동시에 24마일을 거슬러 올라간다. 이 배는 정지된 물에서 현재 속도보다 시속 12마일이 빠르다. 이 배의 현재 속도를 구하라.

출처: Mayer 등(1984)에서 인용된 예

3. 정답 산출 방법을 위한 계획(예컨대, "그래, 시간을 파악할 필요가 있어. 그리고 나서 이 숫자를 필요한 전체 산소량을 찾는 데 사용할 수가 있어")이 세워져야 한다. 학생이 이미 가지고 있는 전략지식이 효과적인 계획을 세우는 데 도움이 된다.
4. 적절한 알고리즘을 사용하여(예컨대, "2.2×3×5"와 같은 계산을 수행하여) 계획이 수행되어야 한다. 물론, 수행단계에서는 다양한 알고리즘에 대한 지식이 요구된다.

Mayer 등의 모형이 신빙성 있는 것은 두 가지 이유 때문이다. 첫째, 이 모형은 대수 문제 해결에 대한 컴퓨터 시뮬레이션에 기초하고 있다. 둘째, 이 모형은 심리학 연구에서 경험적으로 지지되고 있다. 예를 들어, Mayer(1982)는 대학생이 대수 문장제에 있는 관계 진술(relational statements)(예컨대, "정지된 물에서의 속도는 현재의 속도보다 시속 12마일이 빠르다.")을 이해하려고 할 때, 지정 진술(assignment statements)(예컨대, "정지된 물에서의 속도가 시속 12마일이다.")로 잘못 해석하는 경향이 강하다는 것을 밝혔다. 또한, Clement(1982)도 63%의 대학생만이 그림 9.4의 "학생-교수" 문제 해결에 적합한 공식을 만들 수 있다는 것을 발견하였다. 가장 일반적인 오류는 "학생이 여섯 배 많다"를 6S로 번역하여 6S=P로 답하는 것이었다. 물론, 번역단계에서 이러한 실수를 범한 학생은 정답을 할 수 없을 것이다.

네 단계 모형에 대한 또 하나의 경험적 지지는 문제 스키마의 중요성을 보여주는 연구에서 나왔다. 예를 들어, Hinsley, Hayes와 Simon(1977)은 많은 학생이 문제의 유형을 즉각 재인(예컨대, "그래 이 문제는 속도 문제야.")한다는 것을 발견하였다. 물론, 문제의 유형을 잘 아는 학생은 문제 해결을 위한 계획을 세우는 방법에 대해 매우 좋은 아이디어를 가지고 있을 것이다. 또 다른 연구에서는 (a) 학생들이 문장제가 대수 교과서에서 자주 나타나는 유형이면 보다 용이하게 기억해 낸다(Mayer et al., 1984)는 것과 (b) 학생들은 관련 없는 사항과 관련 있는 사항을 구분하기 위해 문제에 대한 스키마를 사용하는 것 같다(Low & Over, 1993)는 사실이 밝혀졌다.

요약

지금까지 유아기에서 청소년기까지 이루어지는 수학 능력의 발달을 살펴보았다. 이 분야 연구에서는 세 가지의 주요 주제가 논의되어 왔다. 첫 번째 주제는 수학이 추상적일수록 아동은 개념적 어려움과 절차적 어려움을 더 많이 겪는다는 것이다. 두 번째 주제는 아동이 가진 문제 중 많은 것은 전통적 수학 수업이 개념지식보다 절차지식을 훨씬 더 강조하였기 때문이라는 것이다. 그 결과, 학생은 자신이 하는 것을 이해하지 못하여 여러 가지 부주의한 개념적 오류를 범하게 된다. 세 번째 주제는 스키마의 획득은 수학에 대한 이해와 성공적인 학습을 크게 높인다는 것이다.

1장에서 밝힌 바와 같이, 교육문제를 해결하는 열쇠는 이런 발달경향의 원인이 되는 발달기제를 이해하는 것이다. 발달이론과 기억에 대한 논의(2장과 3장)는 학생이 점차적으로 추상화되는 아이디어에 봉착하면서 직면하는 문제를 설명하는 데 도움이 될 것이다. 발달이론과 기억에 대한 논의는 더 나아가 이러한 아이디어에 대한 이해가 증진되기 위해서는 상당히 오랜 시간이 필요할 것이고, 아동은 점진적으로 수학에 대한 이해를 재구성해 간다는 것을 시사하고 있다(Fuson et al., 1997). 더욱이, 고차적 사고의 획득에서 안내받은 문제 해결이 중요하다는 것과 강력한 기억 흔적의 생성과 수학 전문성의 획득을 위해서는 지속적이고 정교한 연습이 중요하다.

수학 능력의 개인차

서로 비슷한 학생으로 구성된 동질 학급이라면, 수학교사는 특정 연령집단을 가르칠 때 발달경향에 관한 문헌만 읽으면 될 것이다. 그러나 한 학급의 학생은 동질적이지 않으며 유사성보다는 개인차가 훨씬 더 큰 것 같다. 그러므로 교사는 발달차는 물론 개인차도 알고 있어야 한다.

수학 능력에서의 개인차를 알아보기 위하여 "이 연령집단을 고려할 때, 다른 아동과 다르게 행동하는 아동이 있는가?" 하는 질문이 제기되어 왔다. 수학에서 학생을 하위집단으로 구분하고 비교하기 위하여 (1) 성, (2) 인종, (3) 학습장애, (4) 전략 선호 및 (5) 동기의 다섯 가지 변인에 관심을 가져 왔다. 여기에서는 이와 관련된 연구를 차례로 살펴본다.

그러나 이 책의 관점에서 보면 보고된 성차와 인종차는 교육의 불가피한 결과가 아니라는 점을 먼저 밝혀둔다. 개인차의 많은 부분은 오히려 교육이 학생의 필요에 충분히 민감하지 못했다는 것을 보여주는 징후이다. 여기에서는 성차와 인종차를 기술하는 데 그친다. 이러한 차이가 발생하는 원인에 대한 설명과 차이를 감소시키거나 제거할 수 있는 방안은 12장에서 논의될 것이다.

성차

다음 세 가지 질문에 대답해 보라.

1. 남학생과 여학생 중에서 누가 선천적으로 수학 능력이 높은가?
2. 남학생과 여학생 중에서 누가 수학 성적이 좋은가?
3. 남학생과 여학생 중에서 누가 수학 성취도 검사나 연구자가 제작한 수학검사에서 잘하는가?

연구자들이 합의하고 있는 것은 첫 질문에 대한 대답은 "둘 다 같다."는 것이고, 두 번째 질문에 대한 대답은 "여학생"이며, "세 번째 질문에 대한 대답은 연령, 검사유형, 표집선정과 같은 요인에 따라 다르다."는 것이다(Halpern, 1992; Hyde, Fennema & Lamon, 1990). 불행하게도, 보통의 미국인은 위의 질문에 대한 대답을 모두 "남학생"으로 생각하는 것 같다(Eccles et al., 1985). 그래서 대부분의 사람은 성차에 대한 근래의 연구결과를 생소해한다.

성취도 검사 결과는 보통 사람의 지각에서 중요한 역할을 하는 것 같으므로, 세 번째 질문과 관련된 연구를 살펴보자. 많은 연구에서는 어떤 때는 남학생이 여학생보다 잘하고, 어떤 때는 여학생이 남학생보다 잘하며, 어떤 때는 남학생과 여학생 간에 차이가 없는 것으로 나타나고 있다. 특히, 문제 해결이 요구되는 성취도 검사(예컨대, SAT)에서는 일반적으로 남학생이 높은 것으로 나타나는데, 이 검사를 받는 학생은 14세 이상이거나 영재 학생이다. 물론, 이러한 일반적 경향에서 예외도 있다. 예를 들어, 한 연구에서는 계산문제를 해결할 때 1학년 남학생은 직접회상 방법을 많이 사용하지만 여학생은 수세기 전략을 더 많이 사용하는 것으로 밝혀졌다(Carr & Jessup, 1997). 또 하나의 예외적인 연구결과는 1992년과 1996년의 NAEP의 수학 성취도에서 나타난 결과일 것이다. NAEP의 수학문제가 SAT 문제와 매우 유사함에도 불구하고 전반적인 성취도에서 성차가 나타내지 않았다(Reese, Miller, Mazzeo, & Dossey, 1997).

두 가지 상황, 즉 (1) 수학 성취도 검사에서 계산능력이 요구되고 학생의 연령이 15세 이하일 때나 (2) 검사에 답하는 데 필요한 정보를 충분히 가지고 있다는 것을 아는 것이 요구되는 문항이 들어 있고 학생이 영재일 때는 여학생이 더 잘할 가능성이 있다(Becker, 1990). 그렇지만, 엄격한 의미에서 큰 차이는 거의 없으며, (예컨대, 수학개념 측정 검사에서) 성차가 나타나지 않는 경우가 많다(Hyde et al., 1990). 따라서 남학생이 항상 수학을 잘한다는 문화적 신념은 잘못된 것이다(Spelke, 2005). 성차에 대한 잘못된 신념의 기원과 사회적 결과는 12장에서 논의된다.

인종차

성차와는 대조적으로, 모든 학년 수준에서 인종차는 큰 경향이 있고, 세 종류의 수학 검사(계산, 개념 및 문제 해결) 모두에서 나타난다. 보다 구체적으로 말하면, 성차의 경우에 대부분의 효과크기는 .20인 반면에(Hyde et al., 1990), 인종차의 경우에는 대부분의 효과크기가 .40 이상이다(예컨대, Stevenson, Chen, Uttal, 1990; 효과크기에 대한 설명은 12장 참조). 더욱이, 한 유형의 검사(예컨대, 계산검사)에서 인종차가 존재하면, 다른 유형의 검사(예컨대, 문제 해결 검사)에서도 유사한 인종차가 존재한다.

인종차의 구체적인 내용에 대해서는 여러 가지 결론이 도출될 수 있다. 첫째, 1학년에서 이미 백인계 학생과 아시아계 학생이 아프리카나 남미계 학생보다 수학 성취도 검사 점수가 높은 경향이 있다(Alexander & Entwhistle, 1988; Johnson, 1989; Stevenson et al., 1990). 둘째, 아프리카계와 남미계 학생 간에는 인종차가 분명하지 않거나 일관된 차이가 나타나지 않는다. 즉, 경우에 따라 아프리카계 학생보다 남미계 학생이 높게 나타나기도 하고(예컨대, College Board, 2006) 두 집단이 같은 것으로 나타나기도 한다(예컨대, Gross, 1993). 셋째, 아시아계 학생이, 특히 중학교와 고등학교에 진학하면서, 백인계 학생보다 성취도가 높은 경향이 있다(Gross, 1993; College Board, 2006). 예를 들어, SAT에서 아시아계 학생의 수학 성적의 평균은 522점인 데 비해 백인계 학생의 평균 성적은 490점이다. 아프리카계 학생과 남미계 학생의 평균은 각각 384점과 424점이다. 이 결과는 아시아계 학생은 60문항 중에서 대략 30문항(50%)을 맞추었고, 백인계 학생은 27문항(45%), 남미계 학생은 19문항(32%) 그리고 아프리카계 학생은 14문항(23%)을 맞추었다는 것을 의미한다. NAEP 결과도 매우 유사하다(Reese et al., 1997).

12장에서 보다 상세하게 논의하겠지만, 인종차에 기여하는 중요한 요인의 하나는 사회 경제적 지위인 것 같다. Stevenson 등(1990)은 사회 경제적 지위를 통제하면 백인계, 아프리카계 그리고 남미계 학생 간의 수학 성취도의 차이는 사라진다는 것을 발견하였다. SAT 성적도 가족의 수입과 관계가 깊은 것 같다. 예를 들어, 가족의 수입이 1만 달러 이하인 학생의 SAT의 평균 점수는 418점이다. 가족의 수입이 3만 달러에서 4만 달러인 학생의 평균 점수는 473점이다. 가족의 수입이 7만 달러 이상인 학생의 점수는 523점이다(College Board, 2006). 이 점수들을 정답률로 환산하면 각각 32%, 42%, 50%가 된다. 가족의 수입 이외의 다른 요인도 역시 관련이 있다.

논의를 더 진행하기 전에, 먼저 소위 말하는 형식적 수학에서 인종차가 가장 크다는 사실, 즉 학년 수준에 적합한 교육과정에 기반한 수학적 아이디어를 학습한 정도에서 인종차가 가장 크다는 사실에 주목할 필요가 있다. 이와는 대조적으로, 학생이 취학 이전이나 학교 밖에서 구성하는 비형식적 수학 아이디어에서는 인종차나 문화 간 차가 거의 없다(Ginsburg & Russell, 1981). 예를 들어, Ginsburg와 Russell (1981)의 연구에서 비형식적인 수학적 아이디어를 평가한 검사에서는 17개 문항 중에서 2개 문항에서만 백인계 취학 전 아동과 아프리카계 취학 전 아동 간에 차이가 있는 것으로 나타났다. 또한, 가족의 수입이 낮은 아프리카계 학생의 성취도가 중류 가정의 백인계 학생의 성취도와 비슷하였다. 1학년 말경에 인종차가 나타난다는 사실은 학교 차가 이상과 같은 인종차를 가져오고 있을지도 모른다는 것을 시사하고 있다.

수학 장애 학생

수학 학습 장애 진단기준에 해당되는 학생이 6% 정도 있다. 수학 학습 장애 학생에 대한 분석에서는 이들이 절차 회상 결함과 사실 회상 결함을 모두 가진 것으로 나타나고 있다. 더욱이, 이러한 결함은 상이한 발달경로를 따르는 것으로 나타났다(Geary, 1993; Geary, Hoard, & Hamson, 1999). 예를 들어, 절차 회상 결함의 경우에, 수학 학습 장애 학생은 종종 (a) 덜 성숙한 전략(예컨대, 모두 세기 대 최소 세기)을 활용하고, (b) 동일한 전략을 보다 느리게 수행하며, (c) 계산에서 실수를 많이 한다는 점에서 일반적으로 다른 학생보다 뒤진다는 것이 밝혀져 왔다. 그러나 2학년 말쯤 되면 수학 학습 장애 학생의 계산 기능은 다른 학생과 거의 비슷해진다. 계산 기능과 달리 사실 회상 결함은 계속되는 경향이 있으며, 집중적인 훈련을 통해서도 쉽게 고쳐지지 않는다. 수학 학습 장애 학생은 사실을 회상하려고 할 때 하지 못하는 경향이 있으며, 이러한 사실과 관련된 회상 추세가 매우 비체계적이고, 실수도 많이 한다(Geary, 1993; Geary et al., 1999). 또 이들은 정보처리 속도, 수에 명명하는 속도, 수의 크기 비교하기, 주의집중 및 작동기억에서 어려움을 보인다(Bull & Johnson, 1997; Fuchs, Compton, Fuchs, Paulsen, Bryant, & Hamlett, 2005; Geary et al., 1999; McLean & Hitch, 1999). 저학년에서 집중적인 개인지도를 해도 효과가 없는 아동이 있을 수는 있지만 수학 학습 장애 가능성이 있는 아동의 장애 출현을 줄일 수는 있다(Fuchs et al., 2005). 대부분의 수학 학습 장애 학생이 뇌 손상을 당한 경력이 없긴 하지만, 일반적으로 이들의 문제에 대한 설명을 위하여 신경 과학적 연구를 검토하곤 한다. 수학 학습 장애에 대한 신경 과학적 접근의 구체적 예를 보기 위하여 이 분야에서 이루어진 몇 가지 연구결과를 간단히 살펴볼 것이다. 이러한 연구로는 뇌 손상 후에 수학 장애를 경험한 뇌 손상 성인에 대한 연구나 신경 과학적 측정 기법(예컨대, 뇌파기록기)을 활용한 연구를 들 수 있다.

뇌 손상 성인에 대한 연구의 경우에는 뇌 손상 이후에 가끔 발생하는 계산 능력 손상의 패턴을 설명하기 위한 두 가지 모형이 근래에 제안되었다. 여러 동료들과 공동으로 연구를 수행하긴 하였지만 여기에서는 편의상 이 두 이론 체계를 각각 McCloskey 모형 그리고 Dehaene 모형이라 하겠다.

McCloskey 모형. Michael McCloskey와 동료들(예컨대, Aliminosa & Sokol, 1991; McCloskey, Caramazza, & Basili, 1985; McCloskey)은 14명의 뇌 손상 성인의 사례를 상세하게 분석하고 나서 계산 능력은 기능적으로 자율적인 두 부류 요소로 나눌 수 있다고 하였다. *정보처리 체제*로 이루어진 한 부류의 요소에는 수 이해를 위한 요소군과 수 산출 요소군이 있다. 더 나아가, 이해 체제의 각 요소와 산출 체제의 각 요소 안에는 아라비아 숫자(예컨대, 53)와 언어 수(예컨대, 오십삼)를 처리하는 독특한 요소가 들어 있다. 이 요소는 원래 다양한 형태의 소위 이중 분리(double dissociations)를 설명하기 위하여 제안되었다. 예를 들어, 일부 환자는 아라비아 숫자를 인식할 수는 있었지만 쓰라고 요구를 받았을 때 이를 쓰지는 못했다. 또 일부 환자는 아라비아 숫자는 쓸 수 있었지만 언어 숫자는 쓸 수가 없었다.

계산 능력의 두 번째 부류 요소는 *계산 체제*(computational system)를 구성하는 요인이다. McCloskey 등(1991)은 이 요소는 세 과정, 즉 (1) 조작을 위한 기호나 단어(예컨대, ÷)의 이해, (2) 수학적 사실(예컨대, 39는 13×3의 답이다.)의 회상 그리고 (3) 계산절차(예컨대, 나눗셈의 알고리즘)의 실행을 수행한다고 주장하였다. 이 요소도 일정한 이중 분리에 기초하여 추론되었다. 예를 들어, 어떤 환자는 조작을 위한 기호를 인식할 수는 있었지만 이 기호가 나타내는 조작을 수행할 수는 없었다. 다른 환자는 조작을 수행할 수는 있었지만 이와 관련된 수학적 사실을 회상할 수가 없었다. 더욱이, 계산 체제로부터 일부 조작을 할 수 있었지만 수 처리 체제로부터 다른 조작을 할 수 없는 환자가 있었다(McCloskey et al., 1991). 그러나 두 체제가 상호작용할 때는 환자가 문제에 있는 수에 대한 추상적 표상과 기호를 생성하는 능력을 통하여 이들을 연결시키는 것으로 간주되었다. 이 추상적 표상도 목표 지향적 절차의 실행을 조정하는 것으로 알려진 실행 체제와 연결된다.

14명의 환자에게서는 이와 같은 이중 분리 이외에 다섯 가지의 흥미로운 사실이 관찰되었다. 첫째, 대부분의 환자(64%)는 좌반구에서 뇌혈관 손상을 경험한 이후에 문제가 생겼다. 두 명(14%)의 다른 환자의 경우에는 우반구에서 뇌혈관 손상이 일어났다. 나머지 환자는 폐쇄성 뇌손상(closed head injury)(14%)이나 무산소증(7%)을 경험하였다. 그러므로 계산 기능은 좌반구에 위치해 있는 것 같지만, 연구결과가 주장과 완전히 일치하는 것은 아니다.

두 번째 흥미로운 연구결과는 14명의 모든 환자의 경우에 계산 결함이 곱셈에 한정된다는 것이다. 이러한 결과는 곱셈과 연결된 뇌 영역이 있으며, 다른 영역은 덧셈 및 뺄셈과 연결되어 있다는 것을 시사한다. 세 번째 연구결과는 모든 환자가 특정 종류의 곱셈문제 수행패턴이 일정하지 않다는 것이다. 예를 들어, 일부 환자는 0이 들어간 문제(예컨대, 3×0이나 0×4)만 빼고 다른 문제는 모두 풀 수 있었다. 다른 환자는 0이 앞에 있을 때는 문제를 풀 수 있으나 두 번째 피승수일 때는 풀지 못했다. 또 다른 환자는 0과 한 자릿수가 있는 문제(예컨대, 3×0이나 1×4)는 푸는 데 문제가 없었으나 피승수가 2와 9 사이에 있는 수의 조합으로 되어 있는 문제는 해결하지 못하였다. 네 번째 결과는 환자들이 해결에 어려움이 있는 문항 유형이 각각 다른 것 같다는 것이다. 이러한 연구결과는 각각의 사실이 고유 형식으로 저장되어 있는 것을 시사하고 있다. 보다 깊은 분석을 통하여 많은 환자는 모든 유형의 문제와 관련된 사실은 망각하지만 0이나 1이 있는 문항에 대한 추상적인 규칙은 단순하기 때문에 0이나 1이 있는 문제의 사실을 신속하게 재구성할 수 있다는 것이 밝혀졌다. 따라서 이러한 추상적 규칙을 저장하는 뇌 영역은 물론 다른 종류의 곱셈 알고리즘(예컨대, 317×32와 같은 문제에서 자리를 정렬하는 방법)을 저장하는 영역도 있는 것 같다.

Dehaene 모형. Dehaene와 Cohen(1997)은 수학 결함과 관련된 연구를 검토하고 나서 수많은 연구결과를 설명하기 위하여 **삼중 코드 모형**(triple-code model)을 제안하였다. 명칭이 암시하듯이, 삼중 코드 모형은 수에 대한 세 가지 주요 표상, 즉 (1) 좌우 하부 후두-측두골 영역에 위치하는 *시각적 아라비아 숫자 코드*(visual arabic code), (2) 좌우 하부 정수리에 위치하는 *유추적 수량 코드*(analogical quantity or magnitude code) 그리고 (3) 좌측 페리실비안(perisylvian) 영역에 위치하는 *언어 코드*가 있다는 것을 시사하고 있다. 다자릿수(multidigit) 조작을 돕는 시각적 아라비아 숫자 코드는 숫자 열을 확인하는 동안과 기우성을 판단(예컨대, 2로 끝나는 수는 짝수라는 것을 아는 것)하는 동안에 활용된다. 수량 코드는 방향이 정해진 숫자 선에서 활성화의 분배에 상응하는 것으로 가정된다. 수량 코드는 근접성(예컨대, 18은 20에 가깝다는 것)을 평가하는 능력에 기여한다. 마지막으로, 언어 코드는 구문화된 단어 계열을 통하여 수를 표상한다. 개인이 수학적 사실에 대한 기계적 언어 기억에 접근할 때 이 코드가 관여한다.

Dehaene과 Cohen은 산수 문제가 해결될 수 있는 두 가지 기본 경로가 있다는 것을 제안하였다. 직접 경로에서는 문제(예컨대, 2×9)가 먼저 언어적 표상(예컨대, 9의 두 배는 ……)으로 부호화된다. 언어적 표상은 이어서 기억에 저장되어 있는 기계적으로 학습된 언어적 대답(예컨대, "십팔")을 유발한다. 이 과정은 기본 신경절과 시상을 통한 좌측 피질교-피질하 루프(left cortico-subcortical loop)와 관련이 있는 것으로 간주된다. 그러므로 직접 경로는 유형에 대한 개념적 분석을 요구하지 않으며 의미가 없다. 이와는 대조적으로, 2차 경로는 보다 간접적이며 저장되어 있는 수에 대한 의미론적 지식에 의존한다. 간접 경로를 통하여 문제가 해결될 때는 아라비아 상징(숫자)이 양적 표상으로 부호화된다. 좌우 정수리 영역에 위치한 것으로 간주되는 이 양적 표상은 5의 크기에 대한 표상을 7이나 3에 대한 표상으로 만들기 위해 변경한다. 이러한 조작의 결과는 좌측 하두정피질(inferior parietal cortex)로부터 명명을 위한 좌측 페리실비안 언어 망(the left perisilvian-language network)으로 전달되는 것으로 간주되고 있다.

이어서 Dehaene과 Cohen의 모형은 계산에 꼭 필요한 두 가지의 주요 뇌 영역, 즉 (1) 수의 양에 대한 의미론적 지식과 관련이 있는 양측 인페리어 영역과 (2) 산술적 사실과 관련이 있는 언어적 계열의 저장에 관여하는 좌측 팰리둠 루프(the left cortico-pallidum loop)가 있다는 것을 제안하고 있다. 이 모형은 더 나아가 이 두 영역 중에서 어느 영역이 손상되느냐에 따라 뇌 손상의 방향이 달라질 것으로 가정한다. 하두정엽피질의 손상으로 생기는 계산 결함은 영역-한정적이며(즉, 손상이 수지식 이외의 다른 지식에는 영향을 미치지 않으며), 추정, 비교, 서수성과 같은 의미론적 수학 지식에 많이 의존하는 문제에 국한된다. 즉, 자동화된 사실은 영향을 받지 않는다. 이와는 대조적으로, 피질교하피질루프의 손상으로 일어나는 계산 결함은 영역-일반적이며(즉, 수학적 사실 이외의 다른 종류의 기계적으로 학습된 수학적 사실에도 영향을 미치며), 최소한 의미론적 기능(예컨대, 추정, 비교, 서수적 관계)과 결합된 수학적 사실의 손실과 관련이 있다.

Dehaene과 Cohen(1977)은 이 모형을 두 가지의 사례연구에 적용함으로써 그 유용성을 보여주었다. 이 중에서 한 사례는 우반구의 하두정엽, 부위가 손상된 환자를 대상으로 하였고, 다른 한 사례는 좌측 하피질 경색 환자 대상이었다. 예측한 바와 같이, 두정엽 손상 환자는 의미적 관계(예컨대, 두 숫자 비교하기)를 고려하는 것은 어려워하지만 자동화된 수학적 사실은 회상할 수 있는 이중 해리(double dissociation)를 보였다. 피질경색 환자는 반대의 이중 해리를 보였다.

수학 학습 장애 학생의 두 가지 주요한 결함은 McClosky와 동료들이 제안한 계산 체제의 세 요소 조작 중에서 두 가지와 상응한다는 것에 주목할 필요가 있다. 사실 회상 문제는 Dehaene과 Cohen 모형의 여러 측면과 일치한다. 이 두 모형이 기초하고 있는 연구는 더 나아가 절차 회상 문제와 사실 회상 문제는 좌반구 손상이나 좌측 내피질교하피질 체제의 손상으로 일어난다는 것을 시사하고 있다. 이러한 좌반구 손상은 수학 장애를 가진 학생의 40%가 읽기 장애도 가지고 있다는 사실을 고려할 때 흥미롭다(Geary, 1993). 여러 가지 중요한 읽기 기능이 좌반구에 위치해 있는 것 같다.

건강한 성인 대상의 신경-영상연구(neuro-imaging studies)와 관련하여, Dehaene 등(1996)은 80명의 건강한 성인에게 수 쌍(number pairs)을 제시하였다. 시행의 1/3에서 피험자는 두 수 중에서 큰 수를 정신적으로 확인하도록 하였다. 또 시행의 1/3에서는 피험자에게 두 수를 곱하도록 하였다. 나머지 1/3 시행에서는 피험자에게 눈을 뜬 채로 휴식을 하도록 했다. Dehaene 등은 PET 스캔을 이용하여 두 조건 중의 어떤 것을 서로 비교(예컨대, 수를 곱하는 것과 큰 수를 확인하는 것)하였을 때 나타나는 혈류 패턴의 차이를 조사하였다. 이 연구에서 여러 뇌 영역에서 혈류의 선택적 증가나 감소가 나타났다. 특히 주목할 것은 "수 비교 과제에서는 자극 확인과 반응 선택과 관련된 영역(좌우후두 피질, 중앙전회 및 보조운동 영역)의 혈류 이상의 의미 있는 활성화가 일어나지 않았다는 것이다. …… 따라서 수 비교의 경우에는 중요한 뇌 영역이 나타나지 않았다." (Dahanes et al., 1996, p. 1103). 그러나 좌우 하두정엽 영역에서는 소규모 활성화가 나타났지만, 이 활성화는 (Dehaene과 Cohen의 모형에 기초한 예측과는 달리) 유의하지 않았다. 이러한 예측과는 다른 결과가 PET 스캔을 이용했기 때문인지 통제 시행이 부적절했기 때문인지 아니면 연구대상의 수가 적었기 때문인지는 분명치 않다.

Dehaene(1996)은 EEG 기법을 이용하여 수 확인과 비교에 한정하여 연구하였다. 그는 수 비교에는 (3과 같은 아라비아 숫자 상징 셋과 같은 언어적 상징을 이해하는 데 필요한 독특한 요소를 가진) 수 이해의 초기 단계, 상징이 해석된 뒤에 출현하는 정신적 표상에 대한 작용하는 비교과정이 있다는 것을 시사하는 3단계 정보처리 모형을 증명하려고 하였다. 연구결과 아라비아 숫자는 먼저 후지오키피토 측두엽(posterior occipito-temporal) 영역에서 양 측면적으로 이해된다는 것이 시사되었다. 그러나 언어 수는 좌측후지 영역에서 주로 처리되는 것 같다는 것이 시사되었다. 수 비교의 두 번째 단계와 관련해서는 활성화가 주로 우측 두정-오키피토-측두엽 연결부(perieto-occipito-temporal junction)에서 일어나는 것처럼 보였다. 이러한 결과는 우측두정엽 손상이 수량 추정에서 문제를 야기한다는 것을 보고한 Dehaene과 Cohen(1997)의 연구결과와 일치한다. Dehaene(1996)은 우측 측두엽이 수를 확인하는 능력과 다른 수와 관련된 양을 표상하는 능력과 관계 있는 것 같다는 것을 밝히면서 논문의 결론을 내렸다.

요약하면, 수학 장애자와 비장애자에 관한 이상과 같은 연구결과는 서로 다른 종류의 수학적 사실(예컨대, 덧셈 사실과 곱셈 사실)과 상이한 종류의 수학적 절차(예컨대, 뺄셈과 곱셈)를 저장하고 처리하는 뇌의 영역이 다르다는 것을 시사한다. 또한 이 영역들은 어떤 종류의 개념적 지식(예컨대, 서수성)과 관련이 있는 영역과는 구분된다. 이 모든 영역은 양쪽 측두엽에 있는 머리의 양 측면과 뒤쪽 근처에 있는 경향이 있다. 그렇지만 수학 장애 학생이 작동기억 및 그와 관련된 과제에 문제를 가지고 있다는 사실은 후지부 영역(예컨대, 두정엽)과 전두엽로부터 나온 정보를 통합하는 데 문제가 있다는 것을 시사한다. 특히, 전-두정엽 체제도 다른 종류의 작동기억 과제에서 활성화되는 것으로 밝혀졌다(3장 참조).

선호 전략의 차

연산에 대한 논의에서 밝힌 바와 같이, 미시 발생학적 연구를 통하여, 아동이 덧셈과 뺄셈문제 해결을 위한 다양한 전략을 가지고 있다는 것이 밝혀져 왔다. 그러나 이러한 연구를 통하여 독특한 방식으로 문제를 해결하는 특성과 거의 유사한 경향을 가진 아동이 있다는 것도 밝혀졌다는 것은 언급되지 않았었다. Sigler(1988)는 학생을 "완벽주의 학생", "잘하는 학생" 그리고 "그렇게 잘하지 못하는 학생"으로 분류했다.

연산문제(예컨대, 3+7=?)가 제시되었을 때, 완벽주의 학생은 기억에서 직접 답을 회상할 수 있다는 확신이 높지 않으면(예컨대, 90% 이상의 확신), 시간이 많이 걸리는 수세기 전략을 활용하는 경향이 있다. 잘하는 학생은 완벽주의 학생보다 회상에 대한 확신정도를 낮게 잡는 것(예컨대, 70% 정도의 확신) 같다. 그래서 이들은 완벽주의 학생보다 수세기 전략을 덜 활용하고 직접회상 전략을 더 자주 활용한다. 잘하는 학생은 직접회상 방법을 사용하였을 때 정답을 하는 경우가 많았기 때문에 이 방법을 효율적인 것으로 생각하는 것 같다. 그렇게 잘하지 못하는 학생은 수세기보다는 직접회상 방법에 더 많이 의존한다는 점에서는 잘하는 학생과 같으나 회상한 답이 틀리는 경우가 많다.

이 세 유형 중에서 어느 유형의 학생의 수학 성취도가 가장 높을까? 완벽주의 학생은 실수할 가능성이 없는 방법(즉, 수세기 방법)을 거의 항상 활용하기 때문에 거의 항상 정답을 할 것이다. 잘하는 학생은 실패할 가능성이 없는 방법을 사용해야 할 때를 알고 있는 것으로 보이기 때문에 이들도 잘할 것이다. 이와는 대조적으로, 그렇게 잘하지 못하는 학생은 잘하지 못할 것이다. Siegler(1988)는 완벽주의 학생은 수학 표준화 검사의 연산문제와 문제 해결 문제에서 각각 백분위 점수가 84%와 80%라는 것을 밝혀 이러한 가정을 지지하였다. 잘하는 학생의 경우에는 백분위 점수가각각 68%(연산), 80%(문제 해결)였다. 잘하지 못하는 학생의 점수는 22%(연산)와 38%(문제 해결)였다.

Mabbott과 Bisanz(2003)도 곱셈전략에 대한 연구에서 학생들은 (1) 개념지식검사, 절차지식검사, 작동기억검사 그리고 표준화 수학검사에서 다른 학생들보다 성적이 좋은, 학생, (2) 이들 검사에서 다른 학생들보다 성적이 낮은, 잘하지 못하는 학생 그리고 (3) 개념지식검사와 작동기억검사에서는 성적이 좋으나 곱셈검사에서는 잘하지 못하는 학생의 성적과 비슷한, 작동기억 용량은 크나 계산능력은 낮은 학생의 세 부류로 분류할 수 있다는 것을 밝혔다.

동기차

5장에서 밝힌 바와 같이, 동기는 전형적인 개인차 변인이다. 그러므로 두 학생이 수학 성취도에서 차이를 보이면, 한 학생이 다른 학생보다 수학 학습 동기가 높은 것은 아닌지 살펴보는 것은 당연하다. 실제로 100개의 연구에 대한 근래의 메타분석에서 수학에 대한 학생의 태도는 수학 성취도와 .25 정도의 상관이 있다는 것이 밝혀졌다(Ma & Kishor, 1997). 다시 말해서, 수학에 대해 긍정적인 태도를 가진 학생은 부정적인 태도를 가진 학생보다 성적이 좋았다. 이에 비해, 수학 불안과 성취도 간의 관계에 대한 26편의 연구에 대한 메타분석에서는 둘 간의 상관계수가 $r = -.27$인 것으로 밝혀졌다. 즉, 수학에 대해 불안이 높은 학생은 수학시험에서 성적이 낮은 경향이 있다. 이러한 상관관계는 그렇게 높지 않은 것으로 보일지도 모른다. 그렇지만 이들이 이항 효과크기 식(binominal effect size display)(Rosenthal, 1994)으로 표현되었을 때는 수학을 가치 있게 보는 학생과 그렇지 않은 학생 간에는 성공률에서 50%의 차이(예컨대, 수학에 대해 부정적인 태도를 가진 학생의 경우에는 25%의 학생이 성적이 좋은 데 비해 긍정적인 태도를 가진 학생의 경우는 75%의 학생이 성적이 좋다.)가 있다는 것에 주목해야 한다.

수업에 주는 시사점

수학 능력의 발달차와 개인차에 관한 연구가 수업에 주는 시사점을 살펴보기 전에, 앞에서 살펴보았던 이상적인 고등학교 졸업생의 네 가지 특성을 다시 생각해 보는 것이 좋을 것이다. 관련 연구는 전반적으로 미국의 고등학생 3학년 학생이 (a) 수학을 실생활과 이론적 맥락에서 문제 해결에 도움을 줄 수 있는 유의미한 목표 지향적인 활동으로 생각하고, (b) 다양한 문제를 해결하는 데 필요한 지식으로 무장되어 있으며, (c) 효율적으로 그리고 유연하게 문제 해결에 접근한다는 것을 보여주고, (d) 적응적인 수학적 행동과 신념을 보여주고 있다(수학에 대한 신념과 가치부여의 발달경향에 대한 상세한 논의는 5장 참조)는 증거를 거의 보여주지 못하고 있다. 1989년과 1998년의 NCTM의 기준은 바로 이러한 상황 때문에 만들어진 것이다.

여기에서는 먼저 NCTM이 제안한 개혁안과 이 장에서 제시된 연구의 관점에서 일반적인 수업지침을 살펴볼 것이다. 오늘날의 구성주의 이론에서는 교사가 단지 "경험에 따른" 기법으로 무장되어 있을 때가 아니라 수학에서의 성공과 실패의 원인을 분명하게 이해할 때 융통성 있는 수업이 보장될 것으로 가정하고 있다(1장 참조). 지침에는 앞에서 시사되었던 성공과 실패의 원인이 반영되어 있다. 일반적인 지침을 제시하고 나서 수학 수업의 사례가 소개될 것이다.

일반 지침

수학적 사고에 대한 연구는 다음과 같은 수업에 대한 시사점을 제공하고 있다.

1. 취학 전 시기의 경험은 아동이 이미 가지고 있는 수학적 지식을 증진시키는 방식으로 구조화되어야 하지만 비형식적이고 암시적인 방법이 되어야 한다. 초기 연산에서의 수세기의 중요성에 비추어 볼 때, (a) 아동이 다섯 가지 수세기 원리를 도입하여 확장하도록 조장하고, (b) 수에 친숙하도록 하는 수업도 필요하다.
2. 연산을 위한 수업은 NCTM(1989와 1998)의 권고에 따라 구체적이고 목표 지향적인 활동을 활용하여 상징에 대한 개념적 참조체제를 구축하는 데 중점을 두어야 한다. 기계적 계산과 문제 해결 간에 공백이 있어서는 안 된다. 모든 계산은 문제 해결에 도움이 되도록 수행되어야 한다. 정수, 유리수, 기하에서도 개념적 이해가 강조되어야 한다. NCTM 기준의 구체적인 예는 그림 9.5를 참조하라.
3. 연산에 관한 수업은 Vygotsky와 Piaget 이론(2장 참조)에 따라서 아동의 비형식적 수학 아이디어와 학교에서 가르치는 형식적 수학을 연결시켜야 한다

그림 9.5 전국수학교사협회의 수학과 기준

"유치원에서 12학년까지의 수학과 수업 프로그램은 다음 기준을 달성하기 위해 노력해야 한다."

수와 연산

- 수, 수 표현방식, 수들 간 관계, 수 체계를 이해한다.
- 사칙연산의 의미와 이들의 관련성을 이해한다.
- 능숙하게 계산하고 합리적으로 추정할 수 있다.(p. 32)

대수

- 패턴, 관계, 함수를 이해한다.
- 대수식을 이용하여 수학적 상황과 구조를 표현하고 분석할 수 있다.
- 수학적 모델을 활용하여 양적 관계를 표상하고 이해한다.
- 다양한 맥락의 변화를 분석할 수 있다.(p. 37)

기하

- 2차원 도형과 3차원 도형의 특징과 속성을 분석하고 기하학적 관계에 대한 수학적 논증을 전개할 수 있다.
- 좌표 기하학 및 기타 표상체제를 이용하여 위치를 구체화하고 공간관계를 기술할 수 있다.
- 수학 상황을 분석하기 위하여 변환을 적용하고 대칭을 사용할 수 있다.
- 시각화, 공간추론 및 기학학적 모델링을 이용하여 문제를 해결할 수 있다.(p. 41)

측정

- 대상의 측정 가능한 속성과 단위, 측정체제 그리고 측정과정을 이해한다.
- 적절한 기법, 도구 및 공식을 적용하여 측정값을 산출할 수 있다.(p. 44)

자료 분석과 확률

- 자료 수집과 조직을 통하여 설정될 수 있는 문제를 공식화하고 그에 대한 대답에 필요한 자료를 제시할 수 있다.
- 적합한 통계 방법을 활용하여 수집된 자료를 분석할 수 있다.
- 수집된 자료에 기초하여 추론하고 예측하며 평가할 수 있다.
- 기본적인 확률 개념을 이해하고 적용할 수 있다.(p. 48)

문제 해결

- 문제 해결을 통하여 새로운 수학지식을 습득한다.
- 수학 및 여타 맥락에서 제기되는 문제를 해결할 수 있다.
- 문제 해결에 적합한 다양한 전략을 적용하고 수정할 수 있다.
- 수학문제 해결 과정을 모니터하고 반추할 수 있다.(p. 52)

추론과 증명

- 추론과 증명이 수학의 기본 특징임을 인식한다.
- 수학적으로 추측하고 연구한다.
- 수학적 논증과 증명을 전개하고 평가할 수 있다.

그림 9.5 전국수학교사협회의 수학과 기준 (계속)

- 다양한 유형의 추론과 증명방법을 선정하고 활용할 수 있다.(p. 56)

의사소통

- 의사소통을 통하여 수학적 사고를 조직하고 통합한다.
- 자신의 수학적 사고를 동료학생, 교사 및 기타 인사와 소통할 수 있다.
- 다른 사람의 수학적 사고와 전략을 분석하고 평가할 수 있다.
- 수학 용어를 사용하여 수학적 아이디어를 정확하게 표현할 수 있다.(p. 60)

관련성

- 수학적 아이디어 간의 관련을 인식하고 활용할 수 있다.
- 수학적 아이디어 간의 관련성과 통합적인 전체의 구성을 위해 관련되는 방식을 이해한다.
- 수학 이외의 맥락에서 수학을 인식하고 적용할 수 있다.(p. 64)

표현

- 표현식을 만들고 활용하여 수학적 아이디어를 조직하고, 기록하고, 의사소통하기 위해 표현을 만들고 사용한다.
- 문제 해결을 위해 수학적 표현을 선정하고, 적용하고, 번역할 수 있다.
- 표현을 활용하여 물리 현상, 사회 현상 및 수학 현상을 모델링하고 해석할 수 있다.(p. 67)

출처: Reprinted with permission from *Principles and Standards for School Mathematics*, copyright 2000 by National Council of Teachers of Mathematics. All rights reserved.

(Allardice & Ginsburg, 1983; Fuson et al., 1997).

4. 수업활동은 다양한 유형의 문장제의 성공적 수행에 기초되는 스키마는 물론 수에 대한 부분-전체 스키마의 획득을 촉진해야 한다. 이러한 목표는 일반적으로 학생들로 하여금 구조적으로 유사한 문제를 해결하도록 하고 이들 간의 유사성을 도출해 내도록 함으로써 달성된다(Gick & Holyoak, 1983; Sweller & Cooper, 1985).
5. 고학년에서 교사는 개인차를 확인하고 이들의 구체적인 요구에 부응하는 수업을 설계하기 위해 노력해야 한다. 저학년 교사는 무엇보다도 개인차가 생기지 않도록 노력해야 한다.
6. 교사는 "완벽주의 학생"과 "잘하는 학생"을 만들기 위해 노력해야 한다. 정확성의 기준을 높이는 것은 완벽주의 학생을 키워낼 가능성을 높인다(개인적 기준에 대한 보다 상세한 논의는 5장 참조). 답을 알 수 있을 때와 모를 때에 대한 정확한 메타인지적 이해를 조장하는 연습은 "잘하는 학생"을 키울 가능성이 높다.
7. 마지막으로, 교사는 개념적 이해, 문제 해결 그리고 수학적 정보의 기억 흔적

에의 용이한 접근 등에 대한 여러 가지 강조 사항을 통합해야 한다. 교사는 개념적 이해와 문제 해결에 중점을 둠으로써 학생이 (a) 먼저 절차를 학습하고, (b) 오랫동안 기억하며, (c) 수학에 있는 문제 해결에 대한 내적 동기를 발달시키고, (d) 친숙하지 않거나 틀에 박히지 않은 문제를 해결하며, (e) 스스로 절차를 고안하거나 구성할 기회를 증가시킨다. 또한 학생은 절차를 고안하고 맥락에서 학습함으로써 생기는 기억 증진을 보완하기 위하여 새롭게 획득한 전략을 연습할 필요도 있다(생성효과와 연습의 역할에 대한 상세한 논의는 3장 참조).

사례

사례 1

수학 학습이론과 연구를 실제에 적용하는 방법을 구체적으로 보여주기 위하여, 앞에서 논의했던 Markovits와 Sowder(1994)의 연구를 보다 상세하게 살펴보자. 이들은 고등학교 1학년의 "수 감각"을 높이기 위하여 현장 교사와 같이 연구하였다. 이 중에서 학생의 추정기능을 증진시키기 위한 한 부분을 살펴보자.

이 수업은 3단계를 거쳤다. 첫 단계에서 교사는 학생과 연습지에 제시된 일곱 문제 각각에 대해 토론하였다. 첫 문제는 "26+58=84이다. 26에 1을 더하고 58에서 1을 빼면 어떻게 되는가?" 였다. 두 번째 문제는 "26×58=1508이다. 26에 1을 더하고 58에서 1을 빼면 어떻게 되는가?" 였다. 학생들이 이 문제에 대하여 토론하는 동안에 교사는 수를 더하거나 빼는 것이 덧셈의 경우와 곱셈의 경우에 어떻게 달라지는지를 보고 이해할 수 있도록 도와주었다.

수업의 두 번째 단계에서 학생들은 숙제로 제시된 추정하기 문제에 대하여 토론하였다. 문제는 세 자릿수나 네 자릿수의 더하기였다. 이 연습의 핵심은 답을 추정할 때, 수를 서로 보상적인 방식으로 올리거나 내리는 것이 중요하다는 것이다. 모든 수를 올리면, 정답이 나오지 않는다. 예를 들어, 450+550+650+750의 답은 2,400이다. 모든 수를 올려 각각 500, 600, 700, 800으로 하면 답은 2600이 나와 정답보다 200이 높게 된다. 이와 반대로 각각을 500, 500, 700, 700으로 하면 정확하게 2400을 얻는다.

수업의 세 번째 단계에서는 학생들에게 하나의 문제를 제시하고 세 개의 답지 중에서 정답과 가장 유사하게 추정된 답지를 고르도록 하였다. 예를 들어, 42×73과 같은 문제를 제시하고 나서 40×70, 42×70, 40×73을 답지로 제시하고, 학생들이 40×70의 경우에는 두 수를 모두 깎아 내렸기 때문에 정답에 가장 근접한 답이 나오지 않는다는 것을 알 수 있도록 하였다. 다른 답지 중에서 선택하도록 하기 위하여, 학생들에게 각각의 추정치에서는 정답보다 얼마나 낮은 수를 얻을 수 있는지를 결정하도록 하였다. 학생들은 42×70으로 하면 3×42나 126 정도가 낮아지고 40×73을 하면 2×73또는 146 정도가 낮아진다는 것을 알게 되었다. 이어서 유사한 곱셈문제를 활용하여 가장 근접한 추정치를 결정하는 카드게임을 하였다.

앞에서 논의된 내용은 물론 이론, 기억, 지능 및 동기에 대해 논의한 장들의 내용을 활용하여 이 수업을 평가해 보시오. 이 수업에 이 장과 앞의 여러 장에서 제시되었던 내용이 잘 반영되어 있는가? 학생들이 이 수업을 통하여 내용을 이해할 수 있을까? 학생들이 얼마나 도움을 받을 수 있을까? 학생들은 흥미를 보일까? 아니면 학생들이 너무 어렵다고 생각하지 않을까?

사례 2

Moss와 Case(1999)는 4학년 학생의 유리수 학습을 도와주기 위한 수업안을 만들었다. 이 수업에서 사용된 시청각 자료는 비커였다. 도입부분에서 학생들에게 다양한 양의 물에 1에서부터 100까지의 수를 배정하도록 하였다. 예를 들어, 학생들에게 "[비커의 바닥을 가리키면서] 비커가 완전히 비어 있을 때가 0이고 [비커의 윗면을 가리키면서] 가득 차 있을 때를 100이라고 하면, [비커의 중간 눈금을 가리키면서] 이 정도면 얼마인가?"라고 질문하였다. 수업의 도입부분의 목적은 학생들이 퍼센트 개념을 통찰할 수 있도록 하는 것이다. 수업이 진행되면서 학생들에게 전체, 수의 절반, 부분의 개념을 직관적으로 탐구하도록 하였다. 이 개념은 비커에 들어있는 물의 양과 연결되어 있으며, 이러한 개념을 시각적 활동과 신체적 활동에 연결시키도록 한다. 예를 들어, 절반의 경우에 학생에게 엄지와 검지로 C자 모양을 만들도록 하고 (비커에 있는 물의 양에 해당되는 숫자들 사이의 공간을 가지고) 비커의 옆면에 이 숫자를 표시하도록 한다. 학생이 퍼센트 값이 계산될 수 있는 방법과 시각-신체 활동과 통합되는 방식을 이해한 것으로 보이면, 두 자리 소수를 도입하였다. 여기에서 학생에게 두 자리 소수는 "중간 지점에 있는 인접한 두 정수 간의 경로의 퍼센트(예컨대, 5.25는 거리이다. 거리는 5와 6 사이 진로의 25%이다.)를 가리키는 것이라는 것을 말해주었다. 마지막으로, 학생들에게 분수, 소수 그리고 퍼센트가 상호교환적으로 사용되는 문제를 주고 연습하도록 하였다.

이 장에서 논의한 정보와 2장에서부터 6장에 걸쳐 제시된 정보를 활용하여 이 수업을 평가해 보시오.

10

과학과 학습

요약

1. 과학 지식은 유능한 의사결정자, 문제 해결가 그리고 비판적 사고가가 되도록 도와준다.
2. 과학자는 현상을 설명하기 위하여 이론을 만든다. 일반인도 이론을 만들지만, 이들의 소박한 이론(naive theories)에는 오개념이 포함된 경우가 많다.
3. 아동은 취학 전에 심리학, 생물학, 물리학에 대한 기초적인 이론을 발달시킨다. 이 이론은 시간이 지나면서 크게 변화된다.
4. 사람은 경험에 기초하여 소박한 이론을 발전시킨다. 서로 다른 경험을 가진 사람은 일반적으로 서로 다른 이론을 발전시킨다. 더욱이 개인의 이론은 매우 특이할 수 있다.
5. 과학교육은 소박한 이론을 과학적 이론으로 변화시키는 것으로 볼 수 있다. 일반적으로 이론은 연령과 더불어 보다 정확하고, 정교하며, 메타인지적 이론으로 변화해 간다.
6. 과학자는 이론을 사용하여 가설을 세운다. 또 이들은 가설을 검증하기 위하여 "변인 분리 기법"을 활용한다. 이와는 대조적으로, 일반인은 변인을 체계적으로 통제하지 않고 실험하는 경우가 많다. 또 이들은 일반적으로 가설을 부정하기보다는 긍정하려고 한다. 과학자나 일반인 모두 증거를 관찰하거나 해석할 때 편견에 빠지기 쉽다.
7. 연령의 증가와 더불어, 통제되지 않은 실험을 수행하거나 가설을 긍정하려는 경향이 줄어들고 편견에 빠질 가능성도 낮아진다. 그럼에도 불구하고 많은 청소년

과 성인은 완벽하지 않은 과학적 추론을 한다.

8. 사실에 대한 지식이 요구되는 과학 성취도 검사에서는 미미한 성차가 있으나 가설검증, 실험 그리고 오개념에 대한 검사에서는 성차가 없는 것으로 밝혀졌다. 이와는 대조적으로, 인종차는 큰 것으로 밝혀졌다.

이 책을 읽는 독자 대부분은 성인 세계에 성공적으로 적응하기 위하여 수학 능력과 읽기 능력이 필수적이라는 데 동의할 것이다. 다시 말해서, 읽기 능력이나 수학 능력이 없는 사람이 높은 급료를 받거나 계획적으로 살림하는 일은 거의 불가능할 것이다. 그러면 과학의 경우를 생각해 보자. 생물학, 물리학, 심리학이나 화학의 핵심 개념이나 방법론적 전략에 대한 지식이 거의 없는 고등학교 졸업자가 성공적인 생활을 영위할 수 있을까? 과학자가 될 마음이 없는 학생도 이런 것을 배워야 할까?

교육자, 부모 및 정책 입안자는 항상 이런 질문에 고심해 왔다. 주어진 수업시간에 어떤 것을 가르치는 것은 다른 것을 가르치지 않다는 것을 의미한다는 점에 주목해야 한다. 학교에서 하루나 일주일에 과학을 얼마나 가르쳐야 하는가? 적절한 수업시간 결정은 여러 가지 중요한 의사결정과 관련을 맺고 있다. 1장에서 밝힌 바와 같이, 특정 학년의 학생이 이해할 수 없는 주제를 그 학년에서 가르치는 것은 거의 소용없을 것이다. 과학의 주제는 언제 처음으로 소개되어야 할까?

이 장의 일차적인 목적은 이런 질문 그리고 이와 관련된 질문에 대답하는 것이다. 첫 절에서는 과학의 고차적 사고 기능 중요성과 관련된 질문이 논의된다. 둘째 절에서는 과학적 지식과 기능의 발달에 관한 연구를 살펴본다. 셋째 절에서는 과학적 지식과 기능의 개인차를 기술한다. 마지막 절에서는 과학적 사고에 대한 연구가 수업에 주는 시사점을 논의한다.

고차적인 과학적 사고의 중요성과 본질

이 절의 목표는 과학에서 유능하다는 것이 의미하는 바를 이해하고 과학적 능력이 중요한 이유를 이해하는 것이다.

왜 교육과정에 과학이 포함되어 있는가?

과학교육자도 수행의 전문가 모형을 강조한다는 점에서 수학, 읽기 및 쓰기 분야의 교육자와 유사하다(6장부터 9장까지 참조). 즉, 고등학교를 졸업할 때, 과학 분야에서 무엇을 알고 할 수 있어야 하는가라는 질문에 대하여 과학교육자도 학생이 과학자처럼 사고하고 행동해야 한다고 주장한다. 여기에서 유념해야 할 것은 과학과 관련된 직업을 가지려는 학생만이 아니라 모든 학생이 과학자와 같은 방식으로 사고하고 행동할 수 있도록 해야 한다는 것이다.

과학적 사고에 어떤 특별한 점이 있어서 학생이 유능한 과학적 사고자가 되기를 바라는가? 먼저 주목할 것은 과학의 일차적 목적이 세상의 인과관계 구조를 밝힌다는 점이다. 우리는 어떤 것이 다른 어떤 것의 원인인지를 이해하려고 할 때 (a) 원하는 일이 일어나도록 하고, (b) (가능하면) 원하지 않는 일은 일어나지 않도록 하기 위해 자연을 조작한다. 우리는 과학을 통하여 사막에서 농작물을 재배하는 방법, 건강을 유지하면서 살을 빼는 방법, 생명을 위협하는 질병을 치료하는 방법, 학생을 잘 가르치는 방법 그리고 책임감 있고 배려심이 있는 아동으로 키우는 방법 등을 알게 된다. 세상의 인과관계가 잘 이해되면 될수록 효과적인 행동과정과 비효과적인 행동과정 간의 차이가 더 잘 인식될 것이다. 실제로 *과학은 유능한 의사결정자와 문제 해결자가 될 수 있도록 도와준다.*

"바람직한 과학적 사고"와 "비판적 사고"는 상당 부분 중첩된다(Klaczynski & Narasimham, 1998). 과학자는 세상의 인과관계에 관한 결정을 내리기 위하여 논리적 주장과 신빙성 있는 증거를 사용하는 방법을 훈련받는다. 예를 들어, 유능한 과학자는 검증되지 않은 귀납적 추론(예컨대, "이 3세 아동 집단이 읽기를 배우려하므로 3세 아동 모두가 읽기를 배우고 싶어할 것이다.")을 하지 않을 것이고, 자료를 액면 그대로 받아들이지도 않을 것이다. 자료는 타당한 측정방법과 실험방법을 통하여 얻어졌을 때, 세상의 인과관계에 대한 정보를 제공할 뿐이다. 예를 들어, 지구의 온도를 측정하기 위해 사용되는 장비에 문제가 있다고 하자. 이 장비는 실제로 변화하지 않았는데 지구의 온도가 높아지거나 낮아지고 있다는 것을 보일 수 있을 것이다. 그러면 이제 정부는 실제로 존재하지도 않은 문제를 해결하기 위한 법안을 통과시킬 것이다. 또 다른 예를 들어보자. 많은 사람은 Steele, Bass와 Crook(1999)이 반복연구에서 지지되지 않을 수 있다는 것이나 실험에 대한 인위적 조작 때문이라는 것을 밝히기 이전에는 음악 수업을 받으면 공간능력과 수학 능력이 향상된다는 연구결과(예컨대, Rauscher, Shaw, Levine, Wright, Dennis, & Newcomb, 1997)에 열광하였다. Steel, Bass와 Crook의 연구결과에도 불구하고 사람들은 자녀의 공간능력이나 수학 능력에 아무 효과가 없는 음악 비디오와 시디를 구입하는 데 많은 돈을 투자하였다. 그 동안 불충분하거나 잘못된 자료에 근거하여 수행되어 온 모든 프로그램이나 정책(특히 교육정책)을 생각하면 혼란스러워진다. 앞으로 문제가 있는 의사결정이 이루어지는 일을 줄이기 위해서는 부모, 교육자 및 정치가가 뛰어난 과학자가 보이는 것과 같은 사고를 하는 것이 매우 중요하다.

과학적 사고 능력과 과학에 대한 긍정적 태도를 조장해야 하는 세 번째 이유는 미국이 세계시장에서 경쟁해야 한다는 것이다(Bybee & Fuchs, 2006). 미국은 과학기술 혁신을 통하여 경제 발전과 삶의 질을 향상시켜 왔다. 일부 국가(예컨대, 중국이나 인도)는 유능하고 혁신적인 사고를 가진 고등학교 졸업자의 수에서 미국을 능가하고 있으며 경제를 급속하게 발전시키고 있다. 본질적으로 부모, 정책 결정자 및 교육자가 미국 학생의 과학 능력 수준에 대해 우려하는 것은 충분한 이유가 있다.

그러나 고등학교와 대학 졸업자가 유능한 과학자처럼 사고하도록 하기 위해서는 두 가지 중요한 질문, 즉 (1) 과학자의 어떤 특성이 세상의 인과관계 구조를 밝히는 데 도움을 주는가라는 질문과 (2) 학생이 이러한 특징을 갖도록 하는 최선의 방법은 무엇인가라는 질문에 대답할 필요가 있다. 여기에서는 첫 번째 질문에 대답할 것이다. 두 번째 질문에 대한 대답은 과학에 관한 연구가 수업에 주는 시사점을 논의할 때 소개될 것이다.

유능한 과학자의 특성

대부분의 학자는 세상의 인과구조가 분명치 않다는 데 동의하고 있다(Byrnes, 1998). 다시 말해서, 어떤 작용의 효과가 항상 분명한 것은 아니다. 효과적인 것으로 보이는 작용이 실제로는 효과가 없는 경우도 종종 있다. 이와 관련하여 건강과 관련된 두 가지 예를 생각해 보자. 어떤 사람은 감기에 걸릴 것 같은 기분이 들면 비타민C를 복용한다. 어떤 사람이 비타민C를 복용한 사람과 복용하지 않은 사람을 비교해 보면, 그 사람은 두 집단의 사람이 감기가 떨어지는 데 걸린 날 수가 같다는 것을 알 수도 있을 것이다. 보통 사람은 이러한 실험을 일부러 하지는 않을 것이다. 따라서 비타민C를 복용한 집단의 사람은 비타민C의 효과에 대한 증거로 감기가 나았다는 사실만 볼 뿐이다(즉, 이들은 비타민C를 복용하지 않으면 어떤 일이 일어날지에 대해서는 생각하지 않는다). 따라서 이들은 비타민C가 효과가 있었다는 생각을 하도록 잘못 유도된다. 이와 유사한 예로는 어린 아이에게 항생제를 사용하는 것을 들 수 있다. 대부분의 경우에, 항생제는 14일은 복용해야 효과가 있다. 많은 아동은 항생제를 복용하지 않아도 사소한 질병(예컨대, 귀앓이)은 2주 정도가 되면 자연적으로 낫지만, 부모는 치료해야 한다는 생각에 이러한 사실을 결코 알 수 없다. 물론, 건강 이외의 영역의 인과구조도 비교적 불분명하거나 사람을 현혹시키기까지 한다. 특정 수업방법이 고소득층 학생과 유능한 교사로 구성된 학교에서 특히 효과적인 것으로 보이는 경우를 생각해 보자. 그 수업방법이 효과적이었다면, 아동 때문인가 아니면 교사 때문인가 또는 그 수업방법이 마음의 설계와 일치한다는 사실 때문

인가?(1장 참조)

세상의 인과관계가 가진 불분명한 특성과 현혹적인 성질은 "진실"에 도달하는 것을 어렵게 한다. 이와 관련하여, 작용과 결과 사이의 진정한 관계를 밝히기 위해서는 어느 정도 전문화된 지식획득 도구가 사용되어야 한다. 과학자는 문제를 조사하고 실험결과를 검토할 때 이런 도구를 활용한다(Chen & Klahr, 1999; Kuhn, Garcia-Mila, Zohar, & Anderson, 1995).

이러한 도구는 어떤 것인가? 본질적으로 과학자는 **가설검증**을 논리적으로 정당한 **측정 및 실험기법**과 결합시킨다. 즉, 과학자는 어떤 결과를 가져올 가능성이 있는 전건(예컨대, 성적을 결정하는 가능한 원인으로서 부모의 지원, 아동의 지능과 교사의 행동)에 대해 생각하고 이 중에 어떤 것은 포함시키면서 다른 것은 배제하는 기법을 사용하여 자료를 수집한다. 모든 것이 정상적으로 이루어지면 과학자는 특정 결과의 원인을 찾을 수 있을 것이다. 여기에서 매우 중요한 것은 필요한 것이 정상적으로 이루어지는 방법을 이해하는 것이다. 과학자가 기본에서 벗어나는 가설을 세우고 연구를 시작한다면 결과의 원인을 찾지 못할 것이다. 예를 들어, 좋은 환경에서 생활하는 것이 시험성적이 올라가는 원인이라고 생각하는 과학자의 경우를 상상해 보자. 과학자는 (자료 수집을 통하여 긍정될 가능성이 어느 정도 있는) 그럴듯한 가설을 가지고 시작하기 위하여 정확하고 정교한 이론을 가지고 있어야 한다. 다음에 더 논의하겠지만, **이론**은 어떤 현상에 내재한 인과관계(예컨대, 작용X는 결과Y의 원인이다)는 물론 전건(예컨대, 작용X)이 후건(예컨대, 결과Y)을 산출하는 방식을 설명하는 **인과기제**를 기술하는 정신적 표상이다.

그러나 과학자가 정확한 이론을 가지고 있는 경우에도 규칙에서 벗어난 방식으로 수집된 자료에 의해 오도될 수 있을 것이다. 과학자는 타당한 형식의 측정방법(예컨대, 관심 현상을 정말로 파악하는 잘 설계된 질문지나 과제)을 사용하는 것과 더불어 **변인 분리** 방법을 사용할 필요가 있다. 변인 분리를 통하여 한 변인을 제외한 다른 변인은 모두 동일하게 하여 비교할 수 있다. 예를 들어, 두 가지 수업방법에 대한 비교연구에서, 연구자는 두 가지 수업방법 이외의 다른 측면(예컨대, 학습준비도, 교사, 가정의 수입, 동기 수준 등)은 동일한지를 확인할 것이다. 물론, 유능한 과학자는 목적에 맞게 사용할 수 있는 다양한 방법도 알고 있다. 예를 들어, 실험을 통해서는 세상의 인과구조를 밝힐 수 있는 반면에 Charls Dawin의 관찰이나 오늘날의 질적 연구(예컨대, 문화기술적 연구)에서 보듯이, 현상에 대한 풍부한 기술을 통하여도 많은 것을 얻을 수 있다.

과학적 사고는 구조측면과 기능측면이 있다. 구조측면에는 현상에 대한 과학자의 선언지식과 개념지식이 포함된다. 여러 장에서 밝힌 바와 같이, 선언지식은 특정 영역의 사실에 대한 지식이다. 이와 대조적으로, 개념지식은 핵심적 아이디어와 사실 간의 관계를 말한다. 개념지식에는 현상과 사실에 대한 이해가 반영된다. 과학의 경우에, 선언지식과 개념지식은 이론의 형식으로 표현된다. 위에서 밝힌 바와 같이, 인과관계는 한 이론에 들어있는 하나의 중요한 개념적 관계를 만들어 낸다. 이론에는 범주 관계도 들어 있다(Carey, 1985a; Murphy & Medin, 1985). 특히, 과학자와 일반인은 일반적으로 대상의 특징을 설명하기 위하여 이론을 개발한 후에 대상을 다양한 범주로 묶는다. 예를 들어, 동물학자는 동물의 특징[예컨대, 유선(mammary glands)]을 설명하기 위해 노력하고 식물학자는 식물의 특징[예컨대, 상록엽(year-round green leaves)]을 설명하려고 노력한다. 동물학자는 동물의 특징에 대한 적절한 설명을 찾은 다음에 이에 대한 분류학적 범주(예컨대, 포유류, 어류, 갑각류 등)를 만들었고, 식물학자도 식물에 대한 분류학적 범주(예컨대, 상록수, 단풍나무 등)를 만들었다. 주요 과학 분야 모두에는 이러한 분류학적 범주가 포함되어 있지만, 일부 이론으로부터 도출된 범주는 그렇게 분명하지가 않다. 예를 들어, 심리학자는 아동이 할 수 있는 것에 기초하여 아동을 범주화(예컨대, 구체적 조작기 아동, 학습장애 아동 등)하였다.

과학적 추론의 구조측면에는 이론적 지식과 범주적 지식 외에도 **과학의 본질**에 대한 정확한 개념을 가지는 것이 포함된다(Khishfe & Lederman, 2005; National Research Council, 1996). 유능한 과학자는 과학이 잠정적이고(즉, 변경될 수 있고), 경험에 기초하며(즉, 관찰과 증거에 의해 정보가 제공되며), 주관적이고(과학자의 배경, 경험 및 편견 등의 영향을 받고), 창의적이며(즉, 과학자의 상상력과 창의성이 부분적으로 반영되며), 사회, 문화, 역사의 영향을 받는다는 것을 안다. 이 관점은 과학이 고정된 것이고, 완벽하며, 편향되지 않고, 보편적이며, 영원한 것이라는 보통 사람의 생각과 대조된다. 정확한 개념을 가진 사람은 모든 것을 설명하는 이론은 없으며(이론의 범위 밖에 있는 각각의 이야기와 현상에는 구멍이 있다), 이론은 계속 수정되고, 가끔 부정확한 예측을 하도록 한다는 것도 인식한다. 그럼에도 불구하고, 맞는 경우가 많고 얼마나 많은 현상을 정확하게 설명하고 예측할 수 있느냐에 따라 이론의 등급이 정해진다. 과학의 본질에 대해 정확한 관점이 결여된 사람은 불행하게도 (예컨대, 진화론에 대한 논쟁에서처럼) 이론은 전적으로 잘못된 것이고 "그저 이론일 뿐"이라는 잘못된 결론을 내리기 위해 틈새나 기타 한계점을 이용한다. 미국에서 많은 고등학교 졸업생이 진화론에 대한 잘못된 주장의 희생자로 전락되고 있다는 사실은 학교가 학생에게 과학의 본질에 대한 적절한 이해를 심어주는 데 실패하고 있다는 것을 암시한다. 여기에서 이론 거부의 근거는 과학적인 것이 아니라 종교적인 것이다.

앞에서 작동기억을 수학, 읽기 및 쓰기에서 성취수준을 예언하는 구조측면으로 설명한 바 있다. 작동기억이 과학에서도 성취와 상관이 있을 것으로 기대하는 것이 온당한 것 같다. 작동기억 용량은 결과에 영향을 미칠 수 있는 다양한 변인에 주의를 기울이고, 실험 전략을 실행하고, 여러 가설을 고려하며, 적절한 추론을 이끌어 낼 수 있도록 해주는 조작 공간을 제공한다(Case, 1995; Mynatt, Doherty, & Dragan, 1993; Stanovich & West, 1977, 1998; Vaquero, Rojas, & Niaz, 1996).

과학적 사고의 구조측면은 지식, 개념 및 작동기억 용량과 관련 있는 반면에 기능측면은 앞에서 기술된 가설검증과 측정 및 실험방법(예컨대, 변인 분리 방법)과 관련 있다. 과학적 사고의 기능측면은 과학자의 절차지식의 많은 부분을 이룬다. 다른 종류의 과학적 절차지식으로는 (a) 인과관계에 대한 지식이 부족할 때, 다른 사람의 연구결과를 찾아내어 자료를 처리하고 (b) 가설을 수용할 것인지 또는 기각할 것인지를 결정하는 데 필요한 결과를 인식하는 능력이 포함된다. 부모가 고학력인 학생은 학교에 잘 적응할 것이라는 가설을 설정한 과학자의 경우를 생각해 보자. 이 가설은 부모가 고학력이고 학생이 학교에 잘 적응하는 경우에는 수용될 것이고, 부모가 고학력이지만 학생이 학교에 잘 적응하지 못하는 경우에는 기각될 것이다. 다른 경우(예컨대, 부모가 고학력이 아니지만 학생이 잘 적응하는 경우)는 가설과 직접적인 관계가 없는 것으로 인식된다. 과학자는 가설을 수용하거나 기각하는 결과 간의 차이를 알기 위해 자신의 이론에 대해 의식적으로 반성하는 능력과 자신의 이론과 이를 지지(또는 부정)하는 증거를 구분할 수 있는 능력이 있어야 한다(Kuhn, 1992; Moshman, 1998). 후자를 과학적 사고의 **메타-이론적 측면**이라 한다.

전체적으로, 바람직한 과학적 사고의 구조 측면과 기능측면은 과학자가 이런 지식이 없는 사람보다 현상을 훨씬 쉽게 파악할 수 있도록 도와준다. 그러나 역사를 보면 과학적 사고의 이런 측면이 복잡한 현상의 본질을 명쾌하게 밝혀주지 못할 수도 있다는 것을 알 수 있다(Kuhn, 1962). 과학자가 일반인에게서 볼 수 있는 여러 종류의 **추론편향**(reasoning biases)에서 완전히 자유로운 것은 아니다(Klaczynski & Narasimham, 1998; Stanovich & West, 1998). 예를 들어, 과학자도 자신의 견해를 지지하는 자료에 크게 비중을 두고, 자신의 견해와 맞지 않는 자료는 무시해 버리는 경향이 있다. 또 이들은 자신의 견해와 맞지 않은 연구에서 결점을 찾는 데 많은 시간을 들이고, 자신의 견해를 지지하는 자료의 신빙성을 평가하는 데는 거의 시간을 투자하지 않는 경향이 있다. 마지막으로 과학자는 자신의 견해와 다른 증거가 반복적으로 나타나는 경우에도 견해를 쉽게 바꾸지 않는 독단적 성격 특성을 가지고 있을 수도 있다(Byrnes, 1998). 따라서 훌륭한 과학적 사고의 네 번째 중요한 측면은 (높은 수준의 이론지식, 높은 수준의 절차지식, 이론 및 증거에 대한 메타인지적 통찰 이외에도) 개인적 편견 가능성에 대한 인식과 **적극적인 개방적 사고**를 통하여 이런 편견을 극복하려는 경향성이다(Baron, 2001). 다시 말해서, 유능한 과학자는 다른 사람이 자신의 연구를 비판할 수도 있고, 자신의 논거나 방법론적 접근에서 결함을 찾아낼 수 있다는 것 등을 인정한다.

과학적 지식과 기능의 발달

과학적 사고의 특징을 이해했으므로 이제 학생이 고등학교나 대학을 마치는 시기에 이런 사고를 나타내 보이는 정도에 대해 생각해 볼 수 있다. 여기서는 지금까지 살펴본 과학적 추론에 대한 분석을 염두에 두면서 (a) 과학적 사고의 구조측면, (b) 과학적 사고의 기능측면 그리고 (c) 추론 편향과 관련된 발달 연구를 살펴본다.

과학적 사고의 구조측면 발달

앞에서 밝힌 바와 같이, 과학적 사고의 구조측면은 주로 개인의 이론과 관계가 있다. 이 절에서는 연령에 따른 학생의 이론의 변화를 살펴본다. 이와 관련된 오늘 날의 사고에 큰 영향을 미친 패러다임은 소위 "이론 이론" (Wellman & Gelman, 1998)이다. 이 관점의 중심 전제는 다음과 같다.

- 특정 영역에 대한 아동의 지식은 소박한 이론으로 해석될 수 있다.
- 소박한 이론은 (a) 형식 교육이 이루어지기 이전에 구성되고 (b) 과학자의 이론과 비교하여 덜 발달되었다는 점에서 소박하다.
- 심리학, 생물학과 물리학에서 아동이 가진 소박한 이론은 생존과 일상생활에서의 상호작용에 중요하다. 또한, 아동의 이론은 학습에서 특히 중요하며 발달적으로 매우 이른 시기에 출현하는 것 같다.
- 아동의 이론은 과학철학 문헌이나 과학사 문헌에 소개된 이론의 변화와 유사한 방식으로 변화할 가능성이 있다.
- 이론 간에는 교신이 거의 없는 것 같다. 예를 들어, 어떤 이론에서의 변화는 다른 이론에서의 변화와 별개로 일어난다. 따라서 이론 이론가는 영역-일반적 구조와 변화를 강조하는 이론(예컨대, Piaget의 이론)과는 대조적으로 영역-특수성을 강조한다.
- 소박한 이론이 특정 시기에 형성된다는 것을 주장하기 위해서는 아동이 선언지식이나 영역 관련 정보를 가지고 있다는 증거를 제시하는 것만으로는 충분치 않다. 그 대신에 아동이 "(a) 세상을 기본적으로 상이한 종류의 '대상' –

예컨대, 사고 대 고체—으로 나누고, (b) 근본적으로 상이한 종류의 원인—예컨대, 고체의 충돌에 의해 활성화되는 과정 대 욕구나 의도에 의해 활성화되는 과정—을 감지하며, (c) 이해의 독특한 기본구인—예컨대, 인간행동의 기초가 되는 [정신]상태 대 고체를 구성하는 원자와 물질—에 호소하고, (d) 이러한 개념, 원인 및 구인을 응집시키는 보다 큰 체제를 만들어 낸다"는 것을 보여줄 필요가 있다(Wellman & Gelman, 1998, p. 525).

- 아동은 결과를 설명하고, 예측하며, 증거를 해석하기 위해 이론을 활용한다.

방법론 견지에서 보면, 이런 전제는 다음과 같은 방식으로 조사될 것이다. 아동이 존재론적 특징을 각각의 이론의 지표로 만든다는 것(예컨대, 사고는 고체와 같은 종류의 것이 아니다)을 보여주기 위해, 귀납적 투사 기법(inductive projection technique)이 사용될 수 있다(예컨대, Carey, 1985a). 이 연구기법에서는 이론-관련 범주의 예(예컨대, "개"와 같은 생물학적 종류)가 특별한 성격(예컨대, 비장)이 있다고 아동에게 말한다. 이어서 다른 이론과 관련이 있는 범주의 예(예컨대, "바위"와 같은 물리적 종류)도 그 특징을 가지고 있는지를 아동에게 질문(예컨대, 개에게 비장이 있는데 바위에게도 비장이 있니?)한다.

아동이 여러 소박한 이론에 걸쳐 상이한 종류의 원인을 열거한다는 사실을 보여주기 위해서 연구자는 종종 어떤 결과(예컨대, 심장이 혈액을 순환시킨다)를 제시하고 아동에게 이 결과를 설명하도록 한다. 이렇게 하는 것은 아동이 어떤 소박한 이론과 관련이 있는 원인 제공자(예컨대, 소박한 심리학의 신념이나 욕구)를 사용하여 다른 소박한 이론의 결과를 설명(예컨대, 심장이 혈액을 순환시키려 한다고 하거나 심장이 혈액을 순환시키는 것을 훌륭한 아이디어라 생각한다고 하는 것)하지 않는다는 것을 밝히기 위한 것이다. 다시 말해서, 이렇게 하는 목적은 아동이 (a) 생물학적 결과나 물리학적 결과를 설명하기 위하여 심리학적 원인을 사용하지 않으며, (b) 심리학적 결과나 물리학적 결과를 설명하기 위하여 생물학적 원인을 사용하지 않고, (c) 심리학적 결과나 생물학적 결과를 설명하기 위하여 물리학적 원인을 사용하지 않는다는 것을 밝히는 것이다. 그렇지만 아동이 결과를 설명하거나 예측하기 위해서는 원인을 조리에 맞게 설명하는 것을 넘어서 눈으로 볼 수 없는 실체를 사용할 필요도 있다. 예를 들어, 아동은 어떤 사람이 특정 상황에서 보이는 행동을 설명하기 위하여 신념이나 욕구를 사용해야 할 수도(예컨대, "그는 사탕이 먹고 싶고, 그것은 찬장에 있다고 생각했기 때문에 찬장 안을 들여다보았다") 있다.

마지막으로, 이론이 어떻게 과학철학 문헌에서 볼 수 있는 것과 유사한 방식으로 변화되는지를 밝히기 위하여(예컨대, Kuhn, 1962), 연구자는 일반적으로 아동에게 그의 가설과 모순되는 증거를 제시하고 반응을 관찰한다. 아동이 대부분의 과학자와 같다면, 이들은 처음에는 그 증거를 버리거나 무시하고, 이어서 사후 방식으로나 일관되지 않은 방식으로 설명하려는 경향을 보이며, 결국에는 증거에 맞게 자신의 이론을 바꿀 것이다(Gopnik & Wellman, 1992; Karmiloff-Smith, 1984). 아동의 이론에서 이루어지는 어떤 변화는 아주 큰 것이어서 과학철학 문헌에 소개되어 있는 과학혁명과 유사할 것이다(Carey, 1985a). 따라서 아동의 이론 변화는 오랜 기간에 걸쳐 일어나고, 편견 경향을 반영하며, 이해에 있어서 질적이거나 심지어는 급진적 변화를 조장하는 주기적 재조직화를 포함할 것이다.

소박한 이론에 관한 문헌에서는 (a) 심리, 물리 그리고 생물의 소박한 이론이 처음으로 출현하는 시기는 언제인가, (b) 어린 아동의 소박한 이론은 나이 많은 아동이나 성인의 이론과 어떻게 다른가와 같은 질문에 대답하기 위해 이 같은 방법론적 접근이 활용되어 왔다. 여기에서는 이런 질문에 대한 대답을 이론별로 살펴볼 것이다.

소박한 심리 이론. 아동은 (자신을 포함한) 사람의 행동을 설명하고, 예측하며, 해석하기 위해 소박한 이론을 사용하는 것으로 가정된다. 정확하고 잘 발달된 소박한 심리 이론을 가진 사람은 지속적인 사회적 관계를 형성하고, 지지받지 못하고 있는 때를 인지하며, 이야기를 이해하고, 성공과 실패를 적절한 원인에 귀인시키는 것과 같은 다양한 적응적 행동을 한다(5장 참조). 성인의 소박한 이론의 핵심은 신념과 욕구에 대한 인식론이다(Gopnik & Wellman, 1992). 즉, 성인은 일반적으로 내적 신념과 욕구가 특정 행동을 하도록 하는 원인이라고 가정한다. 예를 들어, 어떤 사람이 다른 사람에게 방향을 물어본다면, 그것을 본 사람은 길을 잃은 사람이 특정 장소를 찾으려고 하고 있으며(욕구), 그 사람은 멈춰선 상대방이 그 장소가 어디에 있는지를 알고 있을 것으로 생각(믿음)하고 있다고 말하는 것으로 행동을 설명할 것이다. 물론, 보통 성인의 소박한 심리학 이론은 단순한 신념-욕구 망을 넘어서 이 책에 소개된 공식적인 심리학 이론에 들어있는 것과 동일한 구인도 포함하고 있다(이것이 일부 학생이 심리학은 상식에 지나지 않는다고 불평하는 이유이다). 그러나 소박한 이론의 초기 징후를 찾을 때는 기본적인 구인으로 돌아간다.

이 분야의 학자 대부분은 3세나 4세경에 초보적인 소박한 심리학 이론이 나타나기 시작하는 것으로 가정한다(Wellman & Gellman, 1998). 예를 들어, 취학 전 아동은 개의 그림이나 심상이 실제 개와 다르다는 것을 알고 있는 것 같다. 따라서 이들은 이론-이론가가 요구하는 개체 발생적 구분을 한다. 또한 이들은 인물의 행동을 신념과 욕구로 설명하고, 신념과 욕구부터 행동을 예측하기도 한다. 더 나아가, 취학 전 아동은 정서는 목표 같은 다른 정신 상태에 달려있는 주관적인 상태라는 것을 인식하는 것 같다. 예를 들어, 어떤 사람이 무도회에 늦지 않기를 원했지만 결국은 늦었다는 말을 들은 아동은 그 사람이 실망감을 느낄 것이라는 것을 인식한다.

그럼에도 불구하고, 아동은 어떤 과제를 다른 과제보다 더 잘 수행한다. 또한 이들은 행동을 일으키는 신념의 역할을 이해하기(4~5세경) 이전에 행동을 일으키는 동기와 욕구의 역할을 먼저 이해하는(3세경) 것 같다. 행동의 원인으로서 신념의 역할을 이해하는 것이 어렵다는 것은 소위 잘못된 신념 과제에서 분명하게 나타난다. **잘못된 신념** 과제에서는 인형의 집과 인형과 같은 구체적인 소품을 이용하여 아동에게 이야기를 들려준다. 예를 들어, 아동에게 사탕을 특정 장소(예컨대, 식탁)에 놓고 나서 자리를 떠나는 아이에 대해 말해준다. 아이의 엄마가 들어와서 사탕을 다른 장소(예컨대, 찬장)로 옮겨 놓는다. 이어서 아동에게 아이가 돌아왔을 때 어디에서 사탕을 찾겠는가라고 질문한다. 어린 아동은 그 아이는 현재 사탕이 있는 장소(즉, 찬장)에서 찾을 것으로 믿는다. 그러나 4~5세 아동은 맞는 반응을 한다. 그래서 많은 연구자는 이러한 연구결과를 비롯한 관련 연구결과가 이전에 언급된 소박한 이론의 주요 재조직화의 하나를 보여주고 있는 것으로 해석한다.

이외의 중요한 발달이 경험과 학교교육의 요구에 부응하여 출현한다. 예를 들어, 아동은 기억, 읽기 및 지능과 같은 인지 능력에 대한 이해가 성장한다. 이와 더불어, 학교와 관련된 실패 및 관계맺기 실패에 대한 귀인도 변화된다(Weiner, 1986). 더 나아가, 아동은 자신에 대한 추상적인 표상을 발달시키고 동시에 두 가지 정서를 가질 가능성도 인식하게 된다(Harter, 1999). 근래의 많은 연구가 취학 전 시기에 집중되어 왔다는 점을 고려하면, 이런 변화 및 여타의 변화가 아동의 소박한 이론에서 일어나는 주요한 재조직화를 반영하고 있는지는 분명치 않다. 또한 어린 아동이 자신의 소박한 이론에 직접 접근하고, 자신의 이론과 이를 지지하기 위해 사용할 수 있는 증거 간의 차이를 알고 있는지가 분명치 않다. 예를 들어, 대학생 대상의 일부 연구는 많은 학생이 특정 행동(예컨대, 상습적인 범죄)에 대한 자신의 심리학 이론과 이 이론을 지지하기 위해 사용할 수 있는 증거를 구분하지 못한다는 것을 시사하고 있다(Kuhn, 1992). 따라서 취학 전 아동이 괄목할 정도의 능력을 가지고 있긴 하지만, 소박한 심리학 이론은 성인기까지도 계속 발달된다.

소박한 물리 이론. 생존 가능성을 높이는 두 번째 종류의 지식은 물리적 세계에 대한 지식이다(Pinker, 1997; Wellman & Gelman, 1998). 물리 지식은 시야에서 사라지더라도 계속 존재하는 고형의 존재물인 사물은 도구로 주조되거나 변형될 수 있고, 던지면 주어진 궤도를 따라 일정한 거리를 이동하며, 서로 연결되어 피난처가 될 수도 있다는 등을 인식하는 데 도움을 준다. 아동이 이러한 특징을 이해했다는 증거를 처음으로 보이는 시기는 언제인가? Piaget(1952)는 아동은 생후 8개월에서 12개월쯤에 대상영속성을 인지한다는 것을 밝혔다. 예를 들어, 원하는 물건을 담요 아래 숨겼을 때, 이 시기의 아동은 그 물건을 찾으려 하였지만 8개월 미만의 아동은 찾으려고 하지 않았다. 다른 방법을 사용한 연구자들은 대상 영속성이 5~6개월경에 나타난다는 것을 밝혔다(Baillargeon, Kotovsky, & Needham, 1995). 어떤 방법으로 조사하든 간에 대상영속성 개념은 꽤 이른 시기에 출현된다.

연구자들은 효과가 일어나기 위해서는 물체가 서로 접촉되어야 한다는 조건과 원인 바로 뒤에 결과가 있어야 한다는 조건 같은 물리적 인과관계에 대한 제한사항을 인식하는 시기에 관심을 가져왔다. 여기에서도 많은 아동이 12개월경에 물리적 인과관계의 요구조건을 이해하는 것 같다는 것이 밝혀졌다(Wellman & Gelman, 1998). 이러한 지식을 검사하기 위하여 두 개의 영상을 보여준다. 한 영상에서는 당구공이 다른 당구공과 부딪치는 장면을 보여준다. 다른 영상에서는 첫 번째 공이 두 번째 공과 부딪치지만, 두 번째 공이 바로 움직이지 않는 장면을 보여준다. 영아는 기대에 부합하지 않는 장면을 더 오래 응시할 것이다. 이와 유사한 실험에서는 영아에게 (외관상으로 동일하게 보이는) 무거운 공과 가벼운 공을 주고 나서 가벼운 공만이 라켓으로 들리는 것을 보도록 하였다. 영아가 어떻게 반응하는지 보기 위해 반대의 현상이 일어나는 영상을 보여줄 수 있을 것이다(Schilling & Clifton, 1998).

영아기 이후의 발달은 어떻게 이루어지는가? 한 가지 중요한 변화는 아동이 어떤 사건이 어떤 결과의 원인인지를 파악하기 위해 사용하는 인과귀인 규칙이 다양해진다는 것이다. 발달초기에는 물리적 지식이 환경적 사상의 짝 사이의 상관 망에서 시작되는 것 같다(Keil, 1991). 예를 들어, 어린 아동은 유리잔을 밀어 넘어뜨리는 것(사상 1)과 우유가 바닥에 튀는 것 간의 공변관계에 주목할 것이다. 아동은 한 사건이 빈번하게 다른 사건과 동시에 발생하면, 두 사건은 인과적으로 관련된다는 공변규칙을 활용하는 것 같다(Bullock, Gelman & Baillargeon, 1982). 또한 이들은 뒤의 사건은 앞의 사건에 의해 일어난다는 것을 상세화한 시간적 순서 규칙도 이해한다. 이들은 이외에도 (a) 앞의 사건과 뒤의 사건 간의 시간적 간격이 짧고(시간적 근접 규칙) (b) 관련 사물이나 사람이 근접하거나 접촉하면(공간적 근접 규칙) 두 사건 사이에 인과적 관계가 있다는 것을 믿을 가능성이 높다(Shultz, 1982). 이런 규칙에 대한 지식은 취학 전 시기가 끝날 쯤에 형성되는 것 같다.

그러나 아동의 인과분석에서 간과되고 있는 것은 항상적인 공변의 원인이 되는 기제에 대한 지식이다. 인과기제에 대한 지식이 없는 경우, 아동과 성인은 관찰한 바가 위에서 말했던 인과규칙에 맞으면 어쨌든 인과관계에 귀인시킨다(Keil, 1991; Piaget & Garcia, 1974). 즉, 이들은 "나는 이 사건이 인과적으로 관련되어 있다는 것은 알지만, 어떻게 또는 왜 그런지는 아직 모른다."고 믿는 것 같다(Keil, 1991; Gelman & Coley, 1991). 예를 들어, 대부분의 사람은 자동차 엔진이 어떻게 작동되는지에 대해 거의 알지 못함에도 불구하고 키를 돌리는 것이 자동차를 출발시키는 원인이라고 믿는다.

기제를 알게 되면, 인과관계에 대한 신념의 강도가 크게 높아진다. 예를 들어, 많은 교사는 자신의 교수기법이 효과적이라고 믿지만, 그 원인에 대해서는 확신을 갖지 못한다. 이들은 종종 Piaget 이론이나 스키마 이론을 알고 난 후에야 자신의 수업이 효과적이었던 이유를 알게 된다. 이 지식은 원래 가졌던 신념을 다시 강화하게 된다.

그러나 사건이 너무 빠르게 발생하여 시간적 순서, 항상적 동시발생 등을 생각해 볼 시간이 없는 때가 있다. 사실, 인과관계의 귀인을 위해 자신이 반드시 직접 경험할 필요는 없다. 필요한 것은 이해되는 기제에 대한 정보이다. 예를 들어, 몇몇 연구에서 아동이나 청소년이 인과적 판단을 내릴 때, 인과기제에 대한 지식이 앞에서 말한 네 가지의 인과규칙보다 중요할 수 있다는 것이 밝혀졌다(Shultz, 1982; Koslowski & Okagaki, 1986). 예를 들어, 운전하거나 키를 돌려보지 않은 사람도 자동차 엔진이 작동되는 방법에 대한 설명을 듣고 나서는 키를 돌리면 자동차가 출발한다는 것을 믿게 된다.

아동은 아주 이른 시기에 서로 관련된 사건에 대한 정신적 연결망을 구축하기 위해 네 가지 인과규칙을 활용한다. 이들은 아직 자세한 사항은 모르지만 관련된 기제가 반드시 있을 것으로 믿는다. 이들은 나이가 들면서 기제를 고안하거나(Piaget & Garcia, 1974) 학교에서 배우고 이 정보를 상관 연결망에 덧붙인다. 수업을 받지 못한 경우에 아동과 성인이 고안하는 대부분의 기제는 거의 항상 부정확하다. 따라서 계속적인 수업이 아동과 성인의 이론을 "소박한" 이론에서 궁극적으로 "과학적" 이론으로 변화시키게 된다. 그러나 오개념(misconception)에 대한 논의에서 볼 수 있는 바와 같이, 고등학생과 성인 중 많은 사람은 물리 전문가의 이론에는 들어 있지 않은 구인을 물리에 대한 자신의 소박한 이론에 포함시키고 있다.

물리적 현상에 대한 아동의 이해를 증진시키는 한 가지 방법은 아동으로 하여금 물리적 모형을 구성하거나 조작하도록 하는 것이다. 초등학생과 중학생은 요소의 운동을 제약하는 요인이 포함된 체제(예컨대, 연동기어나 인간의 관절)나 추상적인 아이디어와 관련된 체제(예컨대, 힘이나 전류의 균형)를 이해하지 못한다(Penner, Giles, Lehrer, & Schauble, 1997; Piaget & Garcia, 1974). 그러나 모형을 스스로 만들어 조작하고 여러 모형을 서로 연결시켜 예측하는 기회가 제공되었을 때는 학생들이 이러한 체제 구조에 대한 통찰을 획득하게 된다(Frederiksen, White, Gutwill,

1999; Lehrer & Schauble 1998; Penner et al., 1997; Raghavan, Sartoris, Glaser, 1998). 이런 접근방식은 전통적인 강의 중심 접근방법이나 자연 현상(예컨대, 달의 변화)에 대한 관찰로만 이루어지는 접근방식과 대비된다. 후자와 같은 접근방식에서는 아동과 대학생이 오개념을 발달시키거나 그대로 유지하는 경향이 있다(Stahly, Krockover, & Shepardson, 1999).

그렇지만 조작활동은 학생이 서로 연관된 특징만 관찰할 수 있는 정도의 장점만 있는 경우가 종종 있다. 중학생은 한 용기를 채우기 위해 점안기(eyedropper)에서 8방울에서 14방울의 물이 필요하다는 것은 알았지만, 같은 점안기를 사용하여 동일한 용기를 채우기 위해서는 18방울에서 24방울의 비눗물이 필요하다는 것을 보여준 실험결과는 이해하지 못했다(Eilam, 2004).

무엇보다 먼저 주목할 점은 물리에 대한 소박한 이론이 언제 처음으로 나타나는지가 분명치 않다는 것이다. 소박한 심리학에 대한 연구자와는 달리 소박한 물리학에 대한 연구자는 (정신적 상태와 물리적 대상을 구분한다는 사실로부터 간접적으로 보여준 것은 제외하고) 어린 아동이 물리학의 핵심인 존재론적 차이점을 구분하는지를 밝히기 위한 연구를 많이 수행하지 않았다. 또 취학 전 아동이 일상적으로 관찰이 불가능한 가설적 실체를 이용하여 결과를 설명하거나 예측하는지를 밝히기 위한 연구도 수행되지 않았다. 취학 전 아동이 기제를 이해하는 것은 일반적으로 관찰이 가능할 때(예컨대, 도미노 쓰러뜨리기)이다(예컨대, Bullock et al., 1982; Shultz, 1982). 그렇지만 나이 많은 취학 전 아동은 상이한 범주(예컨대, 시계 대 동물)는 그 본질적인 사항을 반영하는 서로 다른 요소를 가지고 있다는 것을 인식한다(Wellman & Gelman, 1998). 또 5세 정도의 아동은 사회적인 법(예컨대, 제한속도를 준수해야 한다)과 물리적 법칙(예컨대, 고체는 다른 고체를 뚫고 지나갈 수 없다) 간의 차이도 인식한다(Kalish, 1998)는 것도 밝혀졌다. 그러나 연구자들은 어린 아동이 물리적 결과를 설명하기 위하여 심리적 원인이나 생물학적 원인을 활용하지 않는다는 것은 밝히지 못했다. 실제로 몇몇 연구에서는 이들이 심리적 구인이나 생물학적 구인을 물리적 영역까지 지나치게 확대한다는 것이 시사되고 있다(예컨대, Kelemen, 1999; Solomon & Cassimatis, 1999). 또한 어린 아동이 자신의 물리에 대한 소박한 이론을 의식적으로 생각해 낸다는 것이나 자신의 이론과 증거를 분별할 수 있다는 것을 보여주는 증거도 거의 없다(Kuhn et al., 1995). 더 나아가, 취학 전 아동과 학령기 아동은 가끔 물질을 쑤셔 넣거나 굴리는 것 같은 것은 그 물질의 양에 영향을 미치지 않는다는 것을 이해하는 것도 어려워하지만(Inhelder & Piaget, 1969), 취학 전 아동은 물질이 용해되었다고 해서 정말로 없어지는 것은 아니라는 것을 인식할 때도 있다(Au, Sidle, & Rollins, 1993). 이러한 연구와 대학생 대상의 연구(아래 참조)를 종합하면, 물리에 대한 소박한 이론의 기본 체계는 5세쯤에 확립되나 이후에도 계속 발달되는 것 같다.

소박한 생물 이론. 생물 영역에 대한 지식은 작물 재배하기와 식용 식물 찾아내기, 포식자 피하기, 신체적 건강 유지하기 같은 활동과 관련이 있기 때문에 적응적 성격이 있는 것으로 간주되어 왔다(Pinker, 1997; Wellman & Gelman, 1998). 심리 및 물리의 경우와 마찬가지로, 이 분야의 이론-이론가에게 중요한 문제는 아동이 소박한 생물 이론을 가지고 있다는 증거가 나타나는 시기를 밝히는 것이었다. 아동이 소박한 생물 이론을 가지고 있다고 하려면 적어도 (a) 개체발생학적으로 생물체와 무생물을 구분하고(Carey, 1985a), (b) "물리적 인과나 신념-욕구 인과와 같은 요인에 따라 작용하지 않는 것도 있다"는 것을 인식하며(Wellman & Gelman, 1998, p. 546), (c) "성장, 재생, 유전성 같은 생물학적 원인에 대해 이해하고 있다"는 것을 보여주어야 한다(Wellman & Gelman, 1998, p. 546).

취학 전 아동은 특정 대상이 생명이 있는가라는 질문을 받으면 (나이 많은 아동이나 성인은 무생물이라고 대답하는) 움직이는 장난감 원숭이 같은 대상에 대해서는 생명을 가지고 있다고 하지만, (나이 많은 아동이나 성인은 생물체라고 대답하는) 식물과 같은 대상에는 생명이 없다고 대답한다(Carey, 1985a; Hatano, Siegler, Rechards, & Inagaki, 1993). 결론적으로, 취학 전 아동은 생물체와 무생물을 발생학적으로 구분하기는 하지만, 반드시 성인과 같은 방식으로 구분하는 것은 아니다. 그러나 일부 연구자는 이러한 결론에 의문을 제기하고 있다. 이들은 '살아 있는' 이라는 말의 의미가 아동과 성인 간에 차이가 있을 수 있다고 주장한다(Wellman & Gelman, 1998). 14세 학생도 장난감을 가지고 모델의 행위를 모방하도록 하였을 때 잠을 자고 물을 마실 수 있는 것(즉, 동물)과 잠을 자거나 물을 마시지 않는 것(예컨대, 자동차)으로 생물체와 무생물을 구분하였다(Mandler & McDonough, 1996). 또한, 다른 일부 연구에서도 3세 아동과 4세 아동이 식물과 동물은 모두 성장한다는 사실(Hickling & Gelman, 1995), 식물은 스스로 치유될 수 있다는 사실(Backscheider, Shatz, Gelman, 1993) 그리고 식물은 분해되어 무생물이 될 수 있다는 사실(Springer, Ngyuen, & Samaniego, 1996)을 알고 있다는 것이 시사되고 있다.

이외에 취학 전 아동이 성취하는 것으로는 (a) 생물학적 요인이 물리적 인과나 심리적 인과와는 다르게 작용한다는 것과 (b) 유전과 전염 같은 생물학과 관련된 현상과 관련이 있는 눈에 보이지 않는 과정이 있다는 것에 대한 이해를 들 수 있다. 전자와 관련하여 Kalish(1997)는 3세 아동의 70%와 4세 아동의 40% 정도는 전염에 의한 질병이 없어지기를 빌면 치료된다고 믿는 반면에 취학 전 아동은 그렇지 않다는 것을 알고 있다는 것을 밝혔다. Inagaki와 Hatano(1993)도 4세와 5세 아동의 85% 정도가 호흡과 소화 같은 자율신경계의 작용에 의한 신체활동은 거의 통제되지 않는다는 것을 알고 있다는 사실을 밝혔다. 눈에 보이지 않는 과정과 관련하여 Springer(1992)는 4세에서 7세 아동은 생물학적 특성(예컨대, 어둠 속에서 볼 수 있는 능력)이 서로 관련 없지만 닮아 보이는 같은 종으로부터 전달되기보다는 어미로부터 새끼에게 전달될 것이라는 것을 안다는 사실을 밝혔다. 아동은 학습된 특성이나 심리적 특성에 대해서는 이와는 다른 형태의 반응을 보였다. 아동들은 유전의 관찰 불가능한 측면에 대한 통찰과 더불어 전염과 관련된 눈에 보이지 않는 과정에 대한 통찰도 보여주었다. 예를 들어, 어린 아동들은 전염원과 접촉해야 전염이 된다는 사실(Springer & Belk, 1994)과 병원균과 같은 눈에 보이지 않는 미립자가 질병을 일으키는 원인이라는 것(Kalish, 1996)을 아는 것 같다.

그럼에도 불구하고, 5세 아동이 생물학의 핵심인 발생학적 특징을 계속 주장하고, 여러 영역의 인과과정을 혼동하지 않으며, 눈에 보이지 않는 미립자를 언급한다는 주장은 현재 큰 논란거리이다(Solomon & Cassimatis, 1999; Wellman & Gelman, 1998). 예를 들어, 전염과 관련된 연구를 검토한 Solomon과 Cassimatis (1999)는 다음과 같이 주장한다.

> 우리는 유치원 아동이 (a) 질병의 원인을 내재적 응보로 설명하는 것을 거부하고 [즉, 질병은 부도덕한 행위에 대한 벌이 아니다]; (b) 전염은 너무 작아 눈에 보이지 않는 미립자의 물질적 전달이 필요할 수 있다는 것을 이해하며; (c) 오염된 음식이나 음료의 섭취로 병에 걸릴 수 있다는 것을 이해하고; (d) 세균이 병의 원인이라는 것을 알며; (e) 접촉에 의해 전염된다는 사실을 알고 있다는 것을 믿고 있다. 그러나 우리는 유치원 아동이 이러한 지식을 예측과 인과적 설명에 대한 응집된 생물학 체제에 통합한다고는 생각하지 않는다(p. 114).

Solomon과 Cassimatis가 다섯 번 연속으로 수행한 엄격하게 통제된 실험에서는 어린 아동이 전염(예컨대, 세균)에 의한 질병과 전염에 의하지 않은 질병(예컨대, 독극물)의 차이를 이해하지 못하는 것 같았다. 더욱이, 아동은 세균이 유일하게 생물학적 요인이 된다는 것을 이해하는 것 같지도 않았다. 예를 들어, 10세에서 11세가 될때 까지 대부분의 아동은 세균이 인간, 곤충 그리고 나무가 가진 것과 동일한 생물학적 속성을 가지고 있다(예컨대, 먹을 수 있고 새끼를 낳을 수 있다)고 하였다.

아동은 4학년 정도가 돼서야 동물과 물체의 속성에 대한 신학적 기초를 믿지 않게 된다(Keleman, 1999). 4학년 이전의 아동은 속성이 하나의 목적을 위해 존재한다(예컨대, 바위는 사람이 도구로 사용할 수 있도록 뾰족한 데가 있다)고 믿는다

(Keleman, 1999). 더 나아가, 아동은 3학년 정도가 되어서야 동물의 뇌나 내부 기관을 이식하면 그 동물의 사고나 기억을 변화시킬 수도 있을 것이라는 것을 알게 된다(Gottfried, Gelman, Schultz, 1999). 마지막으로, 6학년과 고등학교 1학년 학생도 생태계의 종 간 상호의존성을 이해하는 데 어려움이 있고(Palmer, 1997) 고등학교 1학년 학생이 (a) 유전인자를 어미에게서 새끼로 전달되는 수동적 미립자로 생각하지 않고, (b) 유전인자를 특성을 통제하는 능동적 미립자로 생각하도록 하는 데 10주 정도의 유전에 관한 강좌가 필요하다(Venville & Treagust, 1998)는 것도 밝혀졌다. 따라서 취학 전 아동이 생물학적 현상에 대한 초보적 통찰은 가능할지 모르나, 이들의 소박한 이론은 경험과 교육을 통하여 상당한 변화를 계속한다.

소박한 이론에 관한 연구결과 요약. 학생의 심리, 물리, 생물에 대한 소박한 이론에 관한 연구결과를 통하여 취학 전 아동은 과학교육계의 많은 학자가 생각하는 것보다 훨씬 많은 지식을 가지고 있을 수 있다는 것이 밝혀져 왔다. 이런 아동의 능력을 밝혀낸 연구자(즉, 발달심리학자)들은 (a) (생물의 경우에는 여전히 논쟁이 있지만) 초등학교에 입학하는 1학년 정도에 아동이 지금까지 살펴본 중요한 세 분야에 대한 개략적인 기본 지식을 형성하며 (b) 이들 각각의 분야에 대한 이론은 유치원 시기에서 성인기까지 계속적으로 크게 발달한다는 데 동의하는 것 같다. 아직 심리, 물리, 생물 분야 이외의 분야(예컨대, 경제, 화학 등)에서의 소박한 이론의 발달과 아동이 자신의 이론과 이를 지지하거나 부정할 수 있는 증거에 대한 메타인지적 이해의 정도에 대해서는 연구되지 않았다. 또한 아동의 이론은 과학에 관한 철학에서 볼 수 있는 것과 유사한 방식으로 변화된다는 주장을 검증하기 위한 추가적인 연구도 필요하다.

다른 두 가지의 구조측면: 오개념과 NOS 관점. (관심이 다소 줄어드는 것 같긴 하지만) 지난 20여 년에 거쳐 과학교육에서 가장 인기를 끌고 있는 연구주제의 하나는 과학적 오개념이다. 이 분야의 연구는 학생이 "백지" 상태로 과학 수업에 임하는 것이 아니라 수업에서 가르치는 과학적 개념과 일치하지 않은 비형식적이거나 직관적인 개념을 가지고 임한다는 것을 보여주고 있다. 예를 들어, 학생은 과학수업에서 가르치는 힘과 온도라는 개념과는 매우 다른 힘이나 온도에 대한 자신의 개념을 가지고 수업에 들어온다(Linn, 1986). 또한 이들은 수업에서 과학적(형식적) 개념을 학습한 후에도 원래 가지고 있는 생각(비형식적 개념)을 그대로 유지하는 경향이 있다(di Sessa, Elby, & Hammer, 2002; Linn & Eylon, 2006). 비형식적 개념과 수업에서 가르치는 개념 간의 갈등은 적절한 개념화를 왜곡시키거나 망각하게 하는 원인이 된다. 구성주의 지지자들은 사물을 보는 방식이 오직 한 가지만 있다고 믿는 것은 결코 유용하지 않다는 주장에 따라 "대안적 체계(alternative frameworks)"라 하기도 하지만(Eylon & Linn, 1988), 학생의 직관적 개념이 과학계에서 인정된 개념의 기준에서 벗어나 있기 때문에 종종 "오개념"이라 한다.

오개념에 대한 연구를 살펴보기 전에, 과학적 개념이 이론과 어떻게 관련되어 있는지를 이해하는 것이 유용하다. 대부분의 경우, 개념은 과학적 설명의 일부이다. 예컨대, 힘이나 중력 같은 개념은 물체가 왜 그렇게 움직이는지에 대한 설명의 일부이다. 마찬가지로, 결합, 분자, 원자, 반응 같은 개념은 부식작용과 발효작용 같은 과정에 대한 설명의 일부이다. 마지막으로, 부호화와 회상 같은 개념은 인간이 어떻게 기억하는지에 대한 설명의 일부이다. 이론은 본질적으로 개념으로 구성된다. 그러므로 학생이 힘 같은 개념에 대한 오개념을 가지고 있다고 하는 것은 물리에 대한 소박한 이론의 일부가 물리의 과학적 이론에서 벗어나 있다는 것이다.

직관적 개념과 과학적 개념 간의 차이를 이해하기 위해, 그림 10.1에 있는 과제를 살펴보자. 절벽 위에 있는 공을 발로 찼다고 가정하자. 그림 10.1에 있는 세 가지 경우 중에 어느 것이 공의 궤적을 바르게 나타내고 있는가? 그 이유를 말할 수 있는가? 정답은 중간에 제시된 그림이지만, 많은 사람은 공이 차인 후에는 중력만 작용하고 있다는 것을 깨닫지 못하기 때문에 첫 번째 그림이나 세 번째 그림에 제시된 것과 같이 공의 궤적을 그린다. 공은 관성(즉, 특정 방향으로 보내진 물체는 힘이나 마찰이 작용되지 않으면 그 방향으로 계속 나아간다)과 벡터 첨가(vector addition)(직선으로 떨어지는 벡터와 합쳐진 직진하는 벡터는 둘 사이에 있는 벡터이다)와 관련이 있는 법칙 때문에 곡선 모양의 궤적을 따라 움직인다.

그 동안 학생들이 가지고 있는 오개념의 정도를 밝히기 위한 수백 편의 연구가 수행되어 왔다. 대부분의 연구에서 상당히 많은 오개념이 밝혀졌다. 예를 들어, 고등학교 3학년을 대상으로 이루어진 한 연구에서는 원자 및 분자와 관련된 오개념이 52종류나 된다는 것이 밝혀졌다(Griffiths & Preston, 1992). 어떤 학생은 물 분자가 먼지 입자 정도로 크다고 믿었고, 또 어떤 학생은 열을 받으면 분자가 커진다고 생각했다. 8세에서 12세 학생을 대상으로 수행된 다른 연구에서는 학생들이 부력 개념과 관련하여 200개 이상의 독특한 아이디어를 가지고 있다는 것이 밝혀지기도 했다(Howe & Tolmin, 2003).

학생들이 물리학이나 화학을 배우기 이전에 오개념을 가지고 있다는 것은 놀랄 일이 아닐 것이다. Newton과 같이 명석한 과학자도 힘에 대한 적절한 개념을 발전시키는 데 여러 해가 걸렸다. 평균적인 5학년 아동이 스스로 이 개념을 고안할 가능성은 매우 낮다. 게다가 일반적인 수업방법으로 오개념을 없애기도 어렵다. 많은 연구는 과학 수업을 받은 후에도 변하지 않은 오개념이 있다는 것을 보여주고 있다

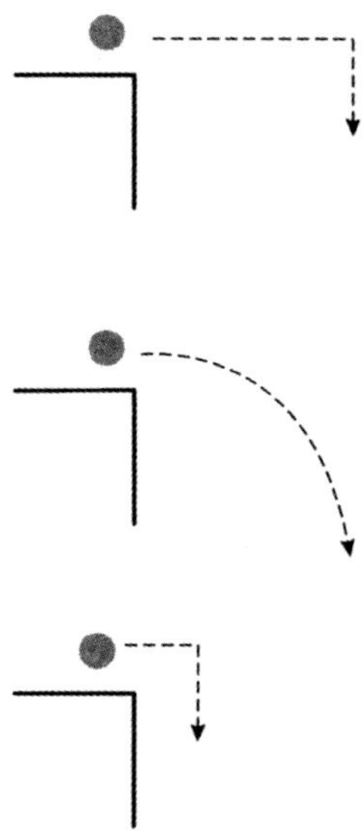

그림 10.1 학생이 생각할 가능성이 있는 공의 궤적

(예컨대, Abraham, Renner, & Marek, 1992; BouJaoude, 1992; Clement, 1982; Garnett & Treagust, 1992; McCloskey, 1983).

학생들이 오개념을 갖는 이유는 무엇인가? 주요 원인은 많은 과학적 개념이 추상적이거나 관찰 불가능한 실체와 관련이 있기 때문인 것 같다. 밀도(한 물질의 단위 용적당 질량)라는 개념을 생각해 보자. 시각과 느낌으로는 12온스짜리 일반 콜라 캔과 12온스짜리 다이어트 콜라 캔은 같아 보인다. 그러나 이 둘을 물에 집어넣으면 다이어트 콜라 캔은 뜨고 일반 콜라 캔은 가라앉는다. 이와 같이 직관과는 반대되는 결과가 일어나는 이유는 다이어트 콜라 캔은 밀도가 물보다 낮고(다이어트 콜라의 단위 용적당 질량이 물보다 작다) 일반 콜라 캔은 밀도가 물보다 높기 때문이다. 학생들은 캔의 크기를 눈으로 볼 수 있고 무게를 손으로 느낄 수 있는 반면, 밀도를 직접 지각할 수 없기 때문에 이 개념을 이해하는 데 어려움을 겪는다. 따라서 교사가 학생으로부터 이론을 이끌어내기 위해 "콜라" 과제를 활용한다면, 밀도에 대한 많은 오개념이 나타날 것이다. 실제로, "바른" 설명에는 추상적 기제가 포함되어 있을 것이기 때문에, 어린 학생은 거의 모든 물리 현상과 관련하여 오개념을 가지고 있을 가능성이 높다.

오개념에 대한 연구결과는 여러 가지 이유에서 중요하다. 첫째, 오개념 관련 연구는 교사가 학생이 오개념을 가지고 있다는 사실을 인식하지 못할 가능성이 있다는 것을 보여주고 있다(예컨대, Abraham et al., 1992). 교사의 지각과 연구자의 지각 간의 이런 불일치는 연구자가 학생에게 교사의 질문과 다른 질문을 하기 때문일 수도 있다. 많은 과학교사는 수업에서 학생들이 적절한 과학적 용어(예컨대, *광합성*이란 무엇인가?)를 학습하는 데 관심이 가장 높고, 일반적으로 "앞에 있는" 학생을 가르친다(Carey, 1986; Roth, 1994). 어떤 학생이 어휘와 사실을 암기로 학습하여 시험에서 A를 받을 수 있었다고 해도, 이 학생은 이 정보의 배후에 있는 개념을 이해하지 못하였을 수 있을 것이다. 연구자들은 교사와는 달리 "저울로 분자의 무게를 잴 수 있을까?" 또는 "분자가 열을 받으면 크기가 커질까?" 같이 보다 깊은 이해를 요구하는 질문을 한다. 교사가 이런 질문을 하고 학생들이 내용을 진정으로 이해하고 있지 않다는 것을 안다면 자신의 수업을 개선하기 위해 노력할 것이다. 이러한 현실을 당장 개선하는 한 가지 방법은 학생들에게 강의 형식으로 정보를 제공하기보다는 질문을 하는 데 더 많은 시간을 보내는 것이다.

오개념이 중요한 두 번째 이유는 이론을 구성하는 개념이 정확하지 않으면, 부정확한 예측이 많을 것이기 때문이다. 더 나아가, 부정확한 개념을 가진 사람은 잘못된 변인을 통제하려 할 것이다. 예를 들어, Newton과 동료들은 에테르(ether)(혹성과 다른 물체 사이의 공간을 "채우고" 있는 것으로 가정되는 가스물질)라는 개념을 신봉했다. 연구자들은 이 물질에 대한 증거를 찾기 위한 연구가 계속 실패한 후인 1800년대 후반에 결국 에테르라는 아이디어를 포기했다. 오개념이 중요한 세 번째 이유는 오개념이 독해를 바르게 할 수 없도록 만들고, 초등학교 고학년, 중등학교 그리고 대학에서는 교재를 통하여 지식을 학습할 것이 요구되기 때문이다(Kendeou & van den Broek, 2005).

어떤 오개념은 거의 모든 학생이 가지고 있지만, 한두 학생만 가지고 있는 오개념도 많이 있다. 따라서 학생들이 가지고 있는 오개념의 수와 유형에 큰 개인차가 있다(Griffiths & Preston, 1992; Heller & Finley, 1992). 예를 들어, Griffiths와 Preston(1992)의 연구에서는 연구 대상자의 절반 이상이 전체 52개의 오개념 중에서 여섯 가지만 가지고 있는 것으로 나타났다.

일반적인 오개념의 경우에도 이를 고집하는 정도는 사람에 따라 다르다. 예를 들어, 어떤 학생은 전기 회로에서 에너지가 전선을 통하여 흐른다는 믿음을 쉽게 포기하지 않는다. 다른 학생은 수업 후에 이 믿음을 보다 쉽게 포기한다(Heller & Finley, 1992). 각각의 학생은 상당한 정도의 확신을 가지고 있는 "중핵 신념(core beliefs)"과 중핵 신념을 방어하기 위해 쉽게 변화시키는 "주변 신념(peripheral beliefs)"을 가지고 있는 것 같다(Linn, 1986; Kuhn et al., 1988).

현재까지는 왜 어떤 오개념은 많은 학생이 가지고 있고 다른 오개념은 소수의 학생만 가지는지에 대한 이유가 전혀 명확하지 않다. 또 왜 어떤 신념은 중핵 신념이 되고 다른 신념은 주변 신념이 되는지도 알려져 있지 않다. 오개념과 관련된 지식이 이렇게 없는 이유는 오개념의 원천이 어디에 있는지가 분명하게 밝혀지지 않았기 때문이다. 오개념이 교과서 때문이라는 연구결과(Abraham et al., 1992)와 많은 교사가 오개념을 가지고 있다는 연구결과(Heller & Finley, 1992)가 있긴 하지만, 오개념의 다양한 원천에 대한 더 많은 정보가 필요하다. 오개념의 원천이 모두 확인되면, 이들이 개인차에 어떻게 기여하는지 결정하기 위해 노력할 수 있을 것이다.

발달차와 관련하여, 오개념에 대한 대부분의 연구는 특정 연령집단의 잘못된 신념을 밝혀왔으며, 아동의 연령에 따른 오개념의 차이를 살펴본 연구는 극히 드물다. 따라서 발달차에 관해 결론을 내리기는 쉽지 않다. 개념을 발달 관점에서 검토한 한 연구에서는 초등학교 1학년에서 고등학교 1학년 사이의 학생의 물질에 대한 개념이 많이 중첩된다는 것이 밝혀졌다(Liu & Lesniak, 2006). 학생들에게 (a) 물, 식초 그리고 베이킹 소다는 무엇으로 만들어졌는지, (b) 이것들을 혼합하면 어떤 일이 일어날 것인지, (c) 액체(즉, 물)을 만들기 위해 두 가지의 기체를 어떻게 혼합할 수 있는지를 물었다. 이 세 가지 물질에 대한 학생의 지각 간에 일관된 발달경향이 거의 나타나지 않는다.

가능한 한 가지 결론은 거의 모든 연령 수준에서 실제로 오개념이 나타난다는 것이다. 대부분의 연구는 학생들이 과학(예컨대, 물리학) 수업을 듣기 직전이나 직후에 면접 조사를 하였다. 또 대부분의 연구는 중학생이나 고등학생 혹은 대학생을 대상으로 하였다. 따라서 특히 이 분야에서 청소년기 이전 학생을 대상으로 하는 발달연구가 더욱 필요하다.

과학의 본질에 대한 관점에 관한 연구는 여전히 걸음마 단계에 있지만, 현재 이루어지고 있는 연구는 대부분의 학생, 대학생들까지도 과학에 대한 관점이 비교적 단순하고 정교하지 못하는 것을 시사하고 있다(Khishfe & Lederman, 2006; Linn & Eylon, 2006). 여러 가지 점에서, 이런 관점은 교재를 통하여 조장되고 있다(Ford, 2006). 하여간, 실제 가르치는 내용에 과학에 대한 바른 관점을 포함시킨 수업을 통하여 이런 생각을 바꿀 수 있다. Khishfe와 Lederman(2006)은 중학교 3학년 두 학급의 학생이 지구 온난화에 대한 수업 내용에서 과학에 들어 있는 잠정적인 측면, 경험적인 측면, 주관적인 측면, 창의적인 측면, 문화적인 측면을 인식할 수 있도록 도와주었다. 그런데 사후검사로 실시된 National Research Council(1996)의 과학의 본질에 대한 이해도 평가에서 기준에 도달한 학생은 절반 정도에 지나지 않았다.

과학적 사고의 기능측면 발달

과학적 사고의 구조측면은 과학의 개념, 사실 혹은 현상에 관한 지식과 관련이 있는 반면에, 기능측면은 과학 문제를 해결하려 할 때 수행하는 것과 관련이 있다. 여기에서는 과학적 사고의 기능측면 두 가지, 즉 가설검증과 실험기법에 대해 논의한다.

가설검증. 이미 밝힌 바와 같이, 가설은 이론으로부터 도출된다. 그리고 이론이 세상의 인과구조를 정확하게 포착하고 있다면, 모든 것이 그대로 될 것이라고 예측하는 것이다. 가설을 진술하는 일반적인 방식은 만약 "~이면, ~이다"라는 문장을 이용하는 것이다(Piburn, 1990; Ward, Byrnes, & Overton, 1990). 예를 들어, Einstein의 상대성 이론을 믿는 사람은 "우주에 있는 우주인이 시계를 가지고 있고 지구의 누군가도 역시 시계를 가지고 있다면, 우주인의 시계가 늦게 간다."라는 가설을 세울 것이다. 마찬가지로, Bowlby의 영아 애착 이론을 믿는 사람은 "12개월 된 영아를 낯선 사람과 같이 방에 있게 하면 울기 시작할 것이다."는 가설을 설정할 것이다. 만일 과학자가 예측한 바와 같은 일이 일어나면(예컨대, 우주에 있는 시계가 늦게 간다면), 이는 이론이 맞다는 것을 의미한다. 그러나 예측된 바와 다른 것으로 밝혀지면, 이는 이론이 맞지 않다는 것을 의미하는 것이다. 따라서 가설검증은 과학자가 자신의 이론이 세상의 인과구조를 제대로 포착하고 있는지를 확인하는 중요한 방법이다.

가설검증 능력을 평가하기 위하여 무엇보다 먼저 학생에게 (a) 가설을 설정하도록 하거나 (b) 기존의 가설을 제시해 주는 것이다. 학생으로 하여금 가설을 설정하도록 하기 위하여 "만일 ~하면, 어떤 일이 일어나겠는가?"(예컨대, "이 책상에서 공을 굴리면 어떻게 되는가?")라는 질문을 할 수 있을 것이다. 가설을 설정하도록 하거나 제시하고 나서, 두 번째 단계로 할 일은 가설의 정확성과 관련이 있거나 없는 증거를 제시하는 것이다. 여기에서도 실험과 관찰을 통하여 학생 스스로 증거를 수집하도록 하거나(예컨대, "공을 몇 번 굴려보고 네가 맞는지 보아라.") 제시해 줄 수 있다. 마지막으로, 학생이 증거를 평가할 필요가 있다. 즉, 학생은 자신의 예측이 맞는지 판단할 필요가 있다(예컨대, "좋아. 공을 굴렸는데 이렇게 되었어. 네 예측이 맞았니?").

가설검증에 관한 초기의 연구는 개인의 이론과 그의 가설을 관련시키려 하지 않았다. 대신에 색상이나 모양 혹은 숫자 간의 임의적인 관계에 관한 가설을 설정하도록 하였다. 예를 들어, Burner, Goodnow 그리고 Austin(1956)은 성인에게 특정 색상의 모양을 제시하고 이것이 "법칙에 맞는지"를 추측하도록 하였다. 피험자가 추측한 후(예컨대, "이 빨간색 사각형이 법칙에 맞는다."), 맞았는지 틀렸는지를 말해 주었다. 모양이 규칙에 맞는다는 말을 들으면 피험자는 "맞다"고 한 모양을 모두 하나의 집합으로 묶는 근거에 관한 가설을 설정해야 한다. 예를 들어, 실험자가 피험자에게 여러 가지 모형을 제시하고 빨간색 원, 빨간색 사각형 그리고 빨간색 삼각형에 대해서 "규칙에 맞다"고 대답한다. 그러면 피험자는 집합으로 묶는 근거가 "빨간색 모양"일 것이라는 가설을 설정할 것이다. 이렇게 한 것은 피험자에게 증거(즉, 모양)를 제시하고 그 증거를 설명하기 위한 가설을 설정하도록 한 것이다.

그림 10.2에는 과학적 이론과는 관계 없는 가설이 들어 있는 다른 두 가지 고전적 과제, 즉 "4카드" 과제와 "2-4-6" 과제가 제시되어 있다. 이 두 과제를 모두 이용한 연구자는 "추상적" 혹은 "일반적" 가설검증 능력에 관심이 있었을 것이다. 그리고 연구자는 성인이 사전지식이나 개인적 이론에 의존할 수 있도록 허용함으로써 인위적으로 성인의 수행을 도와주거나 인위적으로 부풀리기를 원하지 않았을 것이다. Bruner 등의 과제와 그림 10.2에 제시된 과제에서 옳은 행동방식은 무엇인가? 과학철학자(예컨대, Popper, 1950)에 따르면, 이 연구에 참여한 성인은 규칙에 맞는(즉, 규칙이 참임을 지지하는) 증거를 찾지 않을 것이다. 오히려 이들은 규칙에 맞지 않는 증거가 없다고 확신할 것이다. 이런 점에서, 원래의 가설에 맞거나 지지하는 자료를 수집하여 그 가설이 맞는다는 것을 증명하려 한 것은 별 의미가 없다. 왜냐하면 잘못된 추론 때문에 사건은 예측한 대로 일어날 수 있기 때문이다.

예를 통하여 이 주장의 정당성을 이해하기 위해, 비타민 C가 감기를 예방한다는 이론의 경우를 생각해 보자. 이 이론을 검증하기 위해서는 "감기에 걸릴 것 같을 때, 비타민 C를 복용하면 감기에 걸리지 않을 것이다."라는 가설이 설정될 수 있을 것이다. 이 가설이 진임을 증명하기 위해서 감기에 걸릴 것 같은 느낌이 든다는 세 사람에게 여러 날 동안 비타민 C를 복용하도록 할 것이다. 그 다음에 비타민 C가 효과가 있는지를 알아보기 위해 그들을 부를 것이다. 세 사람 모두가 감기에 걸리지 않았다는 것을 알면, "자 보아라. 내가 맞았다."는 결론을 내릴 것이다.

여기에서 무엇이 잘못되었는가? 비타민 C가 감기 예방에 효과가 있다는 것을 밝히기 위해서는 더 많은 사람을 대상으로 동일한 기간 동안 추적해야 할 것이다. 이 사람들 중 일부는 비타민 C를 복용한 사람이어야 하고 일부는 복용하지 않은 사람이어야 할 것이다(아래 참조). 주의할 것은 비타민 C를 복용했고 감기에 걸리지 않은 사람이 아니라 비타민 C를 복용하였는데도 감기에 걸린 사람이다. 가정이 잘못되었다는 것을 증명하기 위해 노력함으로써 가설에 반하는 자료를 발견할 것이다. 가정이 옳다는 것을 증명하기 위해 노력할 때는 가설에서 벗어나는 자료를 찾지 못할 수 있고, 이에 따라 감기에 걸리지 않은 다른 이유(예컨대, 친구는 실제로 감기 기운이 없었다.)를 생각해내지 못할 수도 있을 것이다. 가설을 지지하는 사례만 찾는 경향을 "**확증편향**(confirmation bias)"이라 한다.

확증편향은 수집된 자료가 기대했던 바와 일치하는 다른 이유를 생각할 수 없게 만든다. 확증편향의 또 다른 문제는 지금 당장은 가설이 참이라도 앞으로 위가 될 수도 있다는 생각을 하지 못하게 한다는 것이다. 철학자들은 이런 점을 구체적으로 보여주기 위해 백조의 사례를 예로 들어 왔다. 지금까지 본 백조가 모두 흰색이었던 Harry라는 남자의 경우를 생각해 보자. 그가 "백조는 모두 하얗다"라고 추리하는 것은 틀릴 수 있다. 왜냐하면 검은 백조도 존재하기 때문이다. 단지 Harry는 지금까지 검은색 백조를 보지 못했을 뿐이다. 이제 앞의 비타민 C 문제를 다시 생각해 보자. 비타민 C를 복용한 앞의 세 사람은 감기에 걸리지 않았지만, 그 다음 열 사람은 비타민 C를 복용했음에도 모두 감기에 걸릴 가능성이 있다. 앞의 세 사람만 관찰하였기 때문에 다음 열 사람을 보지 못했을 뿐이다.

확증편향은 1950년 이후에 다양한 실험에서 발견되어 왔다. 성인과 아동은 자신의 가설이나 반대 가설을 부정하려고 하기보다는 긍정하려는 경향이 강하다(Schauble, 1990; Kuhn et al., 1988; Mynatt, Doherty, & Tweney, 1977; Wason, 1983). 예를 들어, 4카드 과제의 경우에는 바로 D카드를 선택하고(그림 10.2 참조), 2-4-6 과제에서는 규칙에 맞는 세 숫자를 계속 제시한다(예컨대, 2씩 증가하는 짝수에 대하여 2-4-6, 6-8-10, 12-14-16 등을 산출한다).

논리 실증주의 전통의 과학 철학자에 따르면, 확증편향은 아동과 성인 모두가 높은 수준의 과학적 사고를 하는 경우가 매우 드물다는 것을 구체적으로 보여주는 것이다. 그러나 이런 행동은 매우 적절한 것이라고 주장하는 학자도 있다(예컨대, Klayman & Ha, 1987; Koslowski & Maqueda, 1993). 첫째, 어떤 변인(예컨대, 오존층의 두께)이 다른 변인(예컨대, 피부암 발생률)과 상관이 있는지를 알기 위해 먼저 자료를 수집하는 것은 의미가 있다. 두 변인 간에 공변관계가 설정되고, 이를 설명하기 위한 이론이 개발되고 나면, 이론을 부정하는 자료(예컨대, 오존층이 지금보다 얇지만 암 발생률이 지금보다 높았던 시대)를 찾을 수 있다.

그림 10.2 가설검증 과제

카드 과제	규칙: 카드의 한쪽 면이 모음이면, 다른 쪽 면은 짝 수이다. A　D　7　4 위에 제시된 넉 장의 카드 각각의 한 면에는 문자가 있고 다른 면에는 숫자가 있다. 이 규칙이 적용되는지를 알아보기 위해서는 어떤 카드를 뒤집어 보아야 할까?
2-4-6 과제	규칙에 따라 세 개의 숫자가 생성되고 있다. 과제는 세 개의 숫자를 생성하기 위해 사용된 규칙을 찾는 것이다. 사용된 규칙을 알았으면 그 규칙을 제시하라. 규칙에 따라 생성된 숫자는 2, 4, 6이다. 이제 이 규칙에 따르는 세 개의 숫자를 제시하라. 규칙을 찾았으면 그 규칙을 제시하라.

둘째, Koslowski와 Maqueda(1993)는 과학자는 자신이 주장하는 인과관계를 지지할 뿐만 아니라 동시에 다른 인과관계, 즉 대안적인 설명을 부정하는 자료도 수집한다고 주장하였다. 예를 들어, 어떤 교육학자는 여학생의 수학성적을 결정하는 중요한 변인은 부모의 신념이라고 주장할 수 있다. 그런데, 다른 교육학자는 여학생의 수학성적을 결정하는 중요한 변인은 부모의 신념이 아니라 유전이라고 주장할 수 있을 것이다. 이 중에서 어느 주장이 옳은지를 증명하기 위해, 연구자는 먼저 태어나자마자 곧바로 서로 다른 가정이나 시설에서 양육된 일란성 쌍생아들을 찾아낼 것이다. 이어서, 이 중에서 한 아이는 성차별주의자인 부모가 양육하고, 다른 한 아이는 성차별주의자가 아닌 부모가 양육한 일란성 쌍생아들만 골라낼 것이다. 마지막으로, 이들의 수학성적을 조사한다. 조사결과, 성차별주의자인 부모가 양육한 쌍생아들에게서만 수학 성취도에 차이가 있는 것으로 나왔다면, 부모의 신념이 유전보다 중요하다는 주장이 지지될 것이다. Koslowski와 Maqueda는 피상적으로 보면 이 연구는 부모의 믿음에 대한 가설의 정확성을 증명하기 위한 것으로 보일 것이나, 자세히 들여다보면, 유전 가설이 맞지 않다는 것을 증명하기 위한 것이기도 하다고 했다. Koslowski와 Maqueda는 이런 점에서 아동과 성인이 자신의 가설을 지지하는 동시에 다른 적대가설을 부정하기 위해 노력하지 않는 것은 아닌지를 밝히기 위하여 가설검증과 관련된 연구를 재검토할 필요가 있다고 주장했다.

교사가 학생과 실험을 하는 과정에서 가설을 부정하는 자료를 지적해 주고 어떻게 해석되어야 하는지를 생각할 수 있도록 도와주는 것이 매우 중요하다. 실제로, 과학 수업에서는 실험에서 나온 자료가 기존의 오개념을 부정하도록 하는 것이 중요한 책략이 되어야 할 것이다. 이론과 오개념은 그에 맞지 않는 자료를 통해서만 바뀔 수 있다.

그렇지만, 이론이나 오개념을 바꾸는 것은 그에 맞지 않는 자료를 제공하는 것으로 가능할 정도로 간단치가 않다. 아동과 성인은 자신의 이론과 일치하는 자료에만 주의를 기울이고 자신의 이론이나 수업 전에 가지고 있던 생각에 반하는 자료는 왜곡하거나 무시할 것이라는 증거가 있다(Chinn & Malhotra, 2002; Karmiloff-Smith & Inhelder, 1974; Kuhn et al., 1988; Shustack, 1988). 이는 확증편향을 보여주는 것이기도 하다. (왼손잡이 여성의 두뇌가 남성의 뇌와 더 유사하기 때문에) 왼손잡이 여성이 수학을 잘한다는 가설을 주장하는 사람이 있다고 하자. 그 사람은 수학 능력이 높은 여성을 많이 보지만, 오른손잡이보다 왼손잡이가 눈에 더 잘 띄기 때문에 왼손잡이에게만 주의를 기울일 가능성이 있다. 따라서 왼손잡이 여성이 눈에 잘 띌 것이고, 그 사람으로 하여금 왼손잡이 여성이 수학 능력이 높다고 생각하도록 한다.

Chinn과 Malhotra(2002)는 수집된 자료에 근거하여 이론이나 생각을 바꾸는 것을 방해하는 요인은 아동이 네 가지의 과학적 추론과정, 즉 (1) 관찰(즉, 실험결과를 정확하게 관찰하지 않는 것), (2) 해석(즉, 결과를 관찰하나 잘못 해석하는 것), (3) 일반화(즉, 발견된 구체적인 사항이 기존의 믿음과 상충된다는 것은 인정하나 이 결과를 다른 유사한 사례에는 일반화하지 않는 것) 그리고 (4) 파지(즉, 일시적으로는 생각을 바꾸나 시간이 지나면 다시 과거에 가졌던 생각으로 되돌아가는 것) 과정을 수행할 때 작용할 가능성이 있다고 주장했다. Chinn과 Malhotra는 교사가 물건을 떨어뜨리는 것을 관찰한 4학년과 5학년 학생을 대상으로 수행한 4가지 실험을 통하여 기존 신념의 영향을 크게 받는 과정이 관찰이라는 것을 밝혀냈다. 이들은 "잘못된 기대를 가진 학생은 일반적으로 정확한 관찰을 하는 데 실패하기 때문에 생각이 변화되지 않았다."(출처: p. 340)고 하였다. 이들은 예측을 하기 전에 과학적으로 정확한 설명을 해주는 것이 생각을 크게 바꿀 수 있도록 한다는 것도 밝혔다. Echevarria(2003)도 유전학 시뮬레이션 프로그램을 이용하여 기대에 벗어나는 사례들을 보여주는 것이 중학교 1학년 학생의 사고의 변화를 조장하는 효과적인 기법이라는 것을 밝혔다.

연구자들은 확증편향과 관련된 행동 이외에도 과학 철학자의 주장과 상충되는 것처럼 보이는 다른 행동을 찾아냈다. 예를 들어, 논리 실증주의자들은 가설이 잘못되었다는 것을 시사하는 증거가 발견되면 그것을 폐기하고 완전히 새로운 가설을 설정해야 한다고 주장한다. 그러나 아동, 성인 그리고 과학자들은 가설을 부정하는 자료가 나와도 폐기하거나 새로운 가설을 설정하지 않고 원래의 가설에 집착하는 것 같다. 사람들은 자신이 옳다는 확신이 강력할 때 그렇게 할 가능성이 더욱 높다(Kuhn et al., 1988; Lakatos, 1971). 예를 들어, 어떤 과학자는 멀리 있는 한 혹성에서 방사능이 방출되는 것을 관찰하고 그 혹성이 위성을 가지고 있다는 믿음을 가질 수 있다. 그런데 망원경으로 관찰했으나 위성을 보지 못한다. 이 과학자는 자신의 가설을 폐기하는 대신에 위성을 찾기 위하여 계속 더 강력한 망원경을 만든다.

일부 과학자는 가설을 부정하는 자료가 나왔음에도 불구하고 가설을 고집하는 것도 확증편향과 마찬가지로 비이성적인 것으로 해석하고, 다른 과학자는 아주 합리적인 것으로 해석해 왔다(Koslowski & Maqueda, 1993; Nisbett & Ross, 1980). 예를 들어, Koslowski와 Maqueda는 대부분의 과학자가 가설을 부정하는 자료가 나온 후에도 연구가설을 그대로 견지하는 경향이 있긴 하지만, 가설을 폐기하기보다는 *수정하기* 위해 그 자료를 활용한다고 주장했다. 자칫하면 모르고 그냥 넘어 갔을 발견 중에 많은 것은 처음의 가설이 수정되기보다는 완전히 폐기되었던 것이 많다. 예를 들어, 앞에서 보았던 비타민 C의 예를 다시 살펴보자. 어떤 사람이 감기에 걸리지 않기 위해서는 감기 바이러스에 대한 특정 항체를 가지고 있어야 하고 동시에 (비타민 C는 항체의 증식을 가속화시키기 때문에) 비타민 C도 섭취해야 할 것이다. 어떤 사람이 비타민 C를 섭취했는데도 감기에 걸렸다고 해서 비타민 C의 섭취가 감기에 효과가 없다는 결론을 내리는 것은 잘못일 수 있다. 더욱이, 인과관계가 있다는 것을 밝히기 위해 실험을 계속하는 것이 의미 있는 것처럼 인과관계가 없음을 밝히기 위해 실험을 계속하는 것도 의미 있다. 문제는 가설을 부정하는 사례가 많음에도 불구하고 그에 집착하거나 수용할 수 없는 방식으로 수정할 때 생긴다.

가설검증 기능의 발달차에 관한 연구는 성인이 아동보다 가설검증 기능을 더 많이 가지고 있다는 것을 시사하고 있다. 특히, 성인은 아동보다 (a) 어떤 증거가 가설을 긍정하는지 그리고 어떤 증거가 부정하는지를 더 잘 알고(Overton, 1990), (b) 처음 설정한 가설을 부정하는 증거를 더 잘 찾아내며(Bruner et al., 1956), (c) 부정하는 증거에 기초하여 가설을 폐기하거나 수정할(Dunbar & Klahr, 1989; Koslowski & Maqueda, 1993; Schauble, 1990) 가능성이 높다. 또한 성인은 아동이나 청소년보다 확증편향을 보일 가능성도 적다. 이 말이 성인 모두가 가설을 제대로 검증할 수 있다는 말은 아니다. 그보다는 가설을 제대로 검증할 수 있는 성인의 비율이 아동의 비율보다 높다고 하는 것이 맞을 것이다.

발달차의 크기는 내용의 유의미성에 달려있다. 성인과 아동이 가진 지식의 정도가 유사하면 발달차는 크지 않을 것이다(Carey, 1985). (a) 가설이 (그림 10. 2에 제시된 과제와 같이) 임의적이거나 추상적 관계인 경우나 (b) 성인이 가설이 도출된 영역의 지식을 더 많이 가지고 있는 경우에는 발달차가 더 클 것이다. 후자와 같은 주장은 Dunbar와 Klahr(1989)의 연구를 통하여 지지되고 있다. 이 연구에서 성인의 경우에는 95%가 첫 시행에서 작은 로봇에 있는 반복키(repeat key) 기능을 알아냈지만, 8세에서 11세 아동의 경우에는 5%만이 세 번째 시행에서 그 기능을 알아냈다. 성인은 컴퓨터 프로그램을 만들었던 경험을 통하여 "5를 반복하라."와 같은 명령문에서 5는 명령문의 목록에 있는 줄 번호를 말하는 것일 수 있다(즉, 10으로 가라는 것은 줄 번호 10으로 가라는 것을 의미할 수 있다)는 것을 분명하게 알았다. 아동은 성인보다 경험과 교육이 부족하여 숫자는 어떤 일이 발생하는 횟수를 나타내는 것으로만 생각했다. 따라서 아동은 "5를 반복하라"를 "명령문에 있는 모든 행동을 다섯 번 수행하라"는 것으로만 해석하였다. 일반적으로, 지식이 많으면 설정할 수 있는 가설의 수도 많아진다. 성인의 지식이 아동의 지식보다 많을 가능성이 높기 때문에 성인이 그럴듯한 가설을 더 다양하게 설정할 수 있을 것이다. 이러한 능력과 성인이 가설에 맞지 않는 증거에 직면했을 때 그것을 부정하는 경향이 강하다는 점을 고려하면, 성인이 연구변인 간의 정확한 관계를 더 잘 찾아낼 것이다.

그렇지만 이 말이 어린 아동은 가설과 증거 간의 관계를 이해하지 못한다는 의미는 아니다. 이 말은 아동을 가르칠 때 단순한 절차와 발판 제공하기를 활용할 필요가 있다는 것을 시사한다. 예를 들어, 연구자들은 특정 색깔(예컨대, 초록색)의 음식 섭취와 치아 손상 간의 공변관계를 나타낸 그림을 학생에게 보여주는 범례를 사용해 왔다(Koerber, Sodian, Thoermer, & Nett, 2006; Ruffman, Perner, Olson, & Doherty, 1993). 대부분의 5~6세 아동이 (완전하지 않을 때도) 공변관계를 이해하고 사례의 일부만을 보면 잘못된 결론이 내려질 수 있다는 것도 인식했다.

지금까지 살펴본 연구결과는 학생에게 비교적 친숙한 자료를 활용하여 효과적인 가설검증 기능을 가르치거나, 학생이 실험을 시작하기 전에 연구주제에 친숙하도록 하는 데 많은 시간을 투자해야 한다는 것을 시사한다. 또한 교사는 어린 아동을 위하여 단순화된 인과관계와 발판 제공하기를 활용할 수도 있다. 불행하게도, 실험실이 전형적으로 강의나 교과서에 제시되는 자료와는 거의 관계가 없다(Roth, 1994). 이런 점에서, 높은 수준의 가설검증 기능을 보이는 학생이 거의 없다는 것이 이해된다. 생물 실험에서 학생에게 예측 과정을 거친 다음에 자료를 수집하도록 하였을 때, 생물에 대한 지식과 과학에 대한 태도가 크게 향상되었다(Lavoie, 1999).

실험기법. 과학적 사고는 정확한 이론과 가설을 설정하는 것과 더불어 가설을 검증하기 위한 자료를 수집하는 최선의 방법을 아는 것으로 구성된다. 대부분의 경우에, 가설검증을 위한 "최선의" 자료수집 방법은 적절하게 통제된 실험이다. 왜 그런가? 비타민 C 문제를 다시 살펴보자. 감기 걸릴 가능성을 결정하는 실질적인 요인은 면역체계 내의 특정 항체의 존재여부라고 생각해 보라. 어떤 사람이 이 항체를 가지고 있다면, 그 사람은 성공적으로 바이러스 침투를 막아 낼 것이다. 항체가 없다면(혹은 어떤 이유로 항체가 스트레스를 받았다면) 감기에 걸릴 것이다. 이제 Joe가 항체를 가지고 있으며 3일 동안 비타민 C를 복용했다고 가정해 보자. 그가 감기를 막아냈다면, 그 이유는 비타민을 섭취했기 때문이 아니라 항체를 가지고 있었기 때문이다. 따라서 비타민 C가 도움이 되었다는 Joe의 생각은 잘못된 것이다.

Joe가 이러한 잘못을 어떻게 피할 수 있겠는가? 그는 먼저 감기에 걸리면 비타민 C를 복용하고, 이후의 일들을 기록해야 한다. 그는 스트레스를 받고 있는지, 다른 만성적인 병이 있는지, 적절한 식사를 했는지, 충분한 수면을 취했는지를 기록해야 한다. 둘째, 그는 다음에 감기 기운을 느낄 때는 비타민 C를 섭취하는 것만 제외하고 이전에 했던 절차를 그대로 반복해야 한다. 비타민 C 복용 여부만 제외하고 다른 모든 것이 동일하다면(예컨대, 이전과 동일한 수준의 스트레스를 받고 동일한 시간의 수면을 취하는 등), 이렇게 하는 것은 매우 확실한 검증방법이 될 것이다. 그가 비타민 C를 복용한 경우에는 감기에 걸리지 않고 복용하지 않은 경우에는 감기에 걸렸다면, 그는 비타민 C가 감기를 막는 데 도움이 된다는 결론을 내려야 한다. 그렇지 않다면, 그는 비타민 C가 도움이 되지 않는다는 것을 알 것이다. 그는 이러한 절차에 기초하여 감기에 걸리는 것을 결정하는 다른 요인(예컨대, 면역체계의 항체)을 찾아야 한다.

다른 변인(예컨대, 수면량)은 통제하면서 한 변인(예컨대, 비타민 C)을 다양하게 조작하는 기법은 "변인 고립 스키마(isolation of variables scheme)" (Inhelder & Piaget, 1958), "변인 분리 스키마(seperation of variables scheme)" (Martorano, 1975), "변인 통제 전략(controlling variables strategy)" (Lin, Clement, & Pulos, 1983) 등으로 명명되어 왔다. 어떻게 불리건, 과학자는 항상 진정한 인과관계와 허상적 인과관계를 구별하려고 노력하기 때문에 이 기법은 과학적 사고의 핵심 측면으로 간주되고 있다.

실험기법의 발달에 관한 초기 연구들은 11세나 12세는 되어야 변인 고립 스키마가 출현된다는 Piaget와 Inhelder(1958)의 주장을 검증하려 하였다. 이들을 통하여 밝혀진 것은 Piaget학파 연구자에게 좋은 소식이기도 했고, 동시에 나쁜 소식이기도 했다. 좋은 소식은 Piaget가 사용했던 과제(예컨대, 추의 무게나 줄의 길이 같은 변인이 진자 운동 속도에 어떻게 영향을 미치는지를 알아내는 과제)를 수행하도록 하였을 때, 10세 이하의 아동은 변인을 통제하는 경우가 거의 없다는 것이었다. 나쁜 소식은 청소년이나 성인이 변인을 통제하긴 하지만 그 비율은 40% 정도에 지나지 않는다는 것이었다(Keating, 1980). 이후에 이루어진 대부분의 연구는 "변인 고립 스키마가 언제 처음으로 나타나는가?" 라는 기본적인 질문에 대답하는 것보다는 변인을 통제하는 청소년이나 성인이 이렇게 적은 이유와 이들의 수행을 향상시키기 위한 방법을 밝히는 데 주력하였다.

이와 관련된 연구를 통하여 청소년과 성인의 수행은 (a) 과제의 내용, (b) 제시된 질문, (c) 훈련이나 피드백의 영향을 크게 받을 수 있다는 것이 밝혀졌다(Kuhn et al., 1988; Linn, 1978; Linn, Pulos & Gans, 1981; Stone & Day, 1982). 예를 들어, 진자를 제시하고 "추의 무게와 줄의 길이 중 어느 것이 진동 속도에 영향을 미치는가?" 라고 질문하는 경우는 피험자의 40% 정도만 변인을 통제한 반면 두 종류의 씨앗 중 어느 것에서 나온 식물이 더 클 것인지를 결정하도록 하였을 때는 피험자의 90% 정도가 변인을 통제했다. 이와 더불어, 특히 나이 많은 청소년의 경우에는 답을 기술하도록 했을 때(서술형 문제)보다 답을 고르도록 했을 때(선다형 문제) 정답자의 비율이 높았다. 마지막으로, 단기간의 훈련이나 간단한 형식의 피드백을 통하여 청소년과 성인의 정답률을 90%까지 높일 수 있었다.

대부분의 연구에서 내용이나 질문형식은 10세 이하 아동의 수행에는 거의 영향을 미치지 않는 것으로 밝혀졌다(Chen & Klahr, 1999; Kuhn et al., 1995). 그렇지만, 보다 집중적으로 훈련하고, 통제할 변인의 수를 줄이고, 비교에 대한 피드백을 제공하면 8세 영재아동(Case, 1974)과 10세 정도의 일반 아동(Chen & Klahr, 1999; Siegler & Liebert, 1974)도 변인 고립 스키마를 발달시킬 수 있다. 예를 들면, 8세 영재아동은 막대의 유연성에 대한 길이의 역할을 검증할 때, 길이가 짧고 얇은 막대와 길이가 길고 두꺼운 막대를 비교해서는 안 된다는 것을 인식할 것이다. 물론, 훈련을 받고 나서 잘못된 검증방법을 인식하는 것과 스스로 통제된 실험방법을 고안하는 것은 별개의 문제이다. 성인이나 청소년이 통제된 실험방법을 스스로 고안하는 것은 어려운 일이 아니나 이들 중에서도 많은 사람이 하라고 하지 않으면 변인을 통제하지 않는 경향이 있다는 사실은 골칫거리이다. Chen과 Klahr(1999)의 연구에서 변인 통제 전략을 실험 방향 안내자(예컨대, 학생이 비교할 사항에 관한 질문을 만드는 것)와 결합시킨 명시적 직접 훈련을 받은 아동은 7개월 후에 실시된 사후검사에서 변인을 통제하지 않고 비교한 사례의 65%를 찾아냈다. 또 이들은 훈련에서 학습한 문제(예컨대, 경사면에서의 공의 운동속도에 관한 문제)와 다른 전이문제(예컨대, 식물의 성장에 관한 문제)도 잘 해결하였다. 컴퓨터를 활용하여 성인을 훈련시킨 Varelas(1997)도 비교를 반추하거나 정당화하도록 하는 것이 변인 통제 전략을 전이시킬 수 있도록 했다고 했다.

지금까지 이루진 관련 연구는 일상생활에서 10세 이하의 아동과 많은 청소년, 성인이 실제로는 그렇지 않은 경우에도 특정 변인(예컨대, 비타민 C)이 특정 결과(예컨대, 감기 예방)와 인과적 관계가 있다고 믿을 가능성이 있다는 것을 시사하고 있다. 현혹에 빠지지 않기 위해 변인을 통제할 필요가 있다는 것을 스스로 알아야 하나 실상은 그렇지 않을 가능성이 있다. 수학교사가 남학생의 수학 성적이 여학생의 성적보다 높은 것으로 나타난 자료를 본 경우를 생각해 보자. 이 결과를 본 교사는 수학 능력과 관련된 유전적 요소가 있다고 믿을 수 있다. 그는 이 때문에 수업에서 남학생에게 호의적이고 여학생을 머리가 나쁜 사람으로 취급할 가능성도 있다. 이 교사가 적절하게 통제된 실험을 수행했다면(아니면, 관련 문헌을 살펴보았다면), 자신의 믿음이 확고하게 증명되지 않았다는 것을 알 것이고, 따라서 여학생에 대한 자신의 행동은 부당하다는 것을 알았을 것이다(12장 참조).

과학적 추론편향

지금까지 아동의 이론과 적절한 형식의 가설검증 및 실험 수행 경향성의 연령에 따른 변화를 살펴보았다. 이 절에서는 아동이 과학적 추론에서 보여주는 편견을 살펴볼 것이다. 추론편향은 어떤 현상의 진정한 인과관계의 발견을 어렵게 하는 또 다른 요인일 수 있다. 즉, 연구자가 아주 정확한 이론을 세우고 적절한 자료수집 기법을 사용한 경우에도 수집된 자료를 왜곡하거나 무시할 가능성이 있다.

Deanna Kuhn과 동료들의 연구에서 (a) 아동 후기에서 성인 전기 사이에 객관적인 과학적 추론능력이 거의 발달되지 않고, (b) 기존 신념이 가설 설정과 평가를 방해하며, (c) 신념과 일치하는 가설은 부정하기보다는 확증하기 위하여 설정된다는 것이 밝혀졌다. Paul Klaczynski와 동료들의 연구에서도 유사한 결과가 밝혀졌다. 예를 들어, 중기와 후기 청소년은 자신의 기존 이론을 부정하는 자료를 제공한 연구보다 (예컨대, 음악은 자살과 같은 행동에 영향을 미친다; 종교적 가정교육은 긍정적 결과를 가져온다.)을 지지하는 증거를 제공한 연구의 강점은 더 많이 찾아내고 결함을 덜 찾아냈다(Klaczynski, 1997; Klaczynski & Lavallee, 2005; Klaczynski & Narasimham, 1998).

그렇지만, Klaczynski와 동료들은 Kuhn과는 달리 과학적 추론의 다른 요소들의 발달은 청소년기 동안에 이루어진다는 것도 밝혀냈다. 이 두 진영의 연구결과가 서로 다른 것은 Klaczynski와 동료들은 피험자에게 개인적으로 유의미한 내용(예컨대, 음악, 자신의 종교, 직업 선택)을 사용했기 때문일 수 있다. 또 이들은 정체성이나 자아감을 위협할 가능성이 있는 자료(예컨대, 신앙심이 강한 청소년에게 신앙심이 강한 청소년 사이에 알코올 중독이 만연하고 있다는 것을 가상하여 보여준 연구의 인위적 증거를 제시하는 것과 같은 자료)를 피험자에게 제시함으로써 보다 높은 수준의 사고를 자극했다. Klaczynski의 이중-처리모형(dual-process model)에서, 청소년과 성인은 일반적으로 "자동 안내" 또는 비반추 모형("auto-pilot" or unreflective model)을 작동시켰으나 동기화가 되었을 때는 보다 높고 분석적인 수준의 처리모형을 작동시켰다.

그렇지만, 전체적으로 볼 때 관련연구는 추론편향이 성인기까지 계속된다는 것을 시사하고 있다. 예를 들어, 대학생의 신앙심은 진화론에 대한 입장에 영향을 미친다는 것이 밝혀졌다(Dagher & BouJaode, 1997). 다른 연구에서도 대학생이 상례에서 벗어난 자료에 대하여 (1) 무시하기, (2) 거부하기, (3) 타당성 믿지 않기, (4) 이론에 포함된 영역에서 제외시키기, (5) 미정인 채로 두기, (6) 재해석하기, (7) 수용하고 이론의 지엽적인 측면 수정하기, (8) 수용하고 이론을 실질적으로 수정하기의 반응을 보인다는 것이 밝혀졌다(Chinn & Brewer, 1998). 이론이나 가설에 맞지 않은 증거가 있을 때, 마지막 두 경우[(7)과 (8)]에만 이론이나 가설이 수정된다는 점에 주목하라. 연구결과를 발표하려는 대학교수도 종종 연구 자료가 편집자나 심사위원의 견해에 반할 때 동료의 편견을 경험한다.

요약

아동은 편향되지 않은 적절한 방식으로 가설을 설정하고 검증하는 능력을 보이기 이전에도 심리, 물리 및 생물 영역에서 자신의 이론을 발전시켜 나간다는 것이 밝혀졌다. 이런 이론은 보다 정교해지고 다양한 현상을 설명하기 위해 추상적인 인과관계를 활용해 간다는 점에서 주로 취학 전 시기 이후에 계속 발달된다. "추상적" 이란 말은 "관찰 불가능" 이란 말 이상의 의미를 가지고 있다는 점을 유념하라. 여기에서 추상적이란 말은 어떤 한 모형(예컨대, 물리에서 힘이라는 개념)에서 쉽게 구체화될 수 없다는 것을 의미한다. 이론이나 실험기법의 경우에는 아동 후기에서 청소년 초기까지 발달하는 반면에 추론편향과 오개념의 존재는 청소년이나 성인까지도 과학적 증거로부터 적절한 결론을 내릴 수 있도록 하는 것을 방해한다. 이 문제점은 실험, 가설검증과 모형 설정보다 사실을 강조하는 경향이 있는 교과서나 전형적인 과학 수업 방식 때문이다.

과학적 사고의 개인차

지금까지 고차적인 과학적 사고의 본질과 그 능력의 발달을 살펴보았다. 이 절에서는 동일 학년이나 연령의 학생 사이에서 볼 수 있는 과학적 추론 기능의 차이를 살펴볼 것이다. 여기에서도 앞 절에서 논의된 순서에 따라 (a) 과학적 사고의 구조측면, (b) 과학적 사고의 기능측면, (c) 추론편향에서 나타나는 개인차를 살펴볼 것이다. 그리고 마지막으로 과학 성취도 자료에서 나타난 성차와 인종차를 살펴본다.

구조측면의 개인차

개인의 이론에서 나타나는 개인차를 살펴보기 위해서 (1) 동일 연령의 사람들이 가지고 있는 이론은 유사한가 아니면 사람에 따라 다른가? 그리고 (2) 동일 학년 학생의 이론이 서로 다른 이유는 무엇 때문인가?라는 두 가지 질문을 제기할 수 있다.

관련 연구에 따르면, 두 번째 질문에 대한 대답은 분명하다. 즉, 나이가 같더라도 특정 주제에 대한 경험이나 교육의 정도가 다르면 이론이 서로 다를 것이다. 첫 번째 경우, 즉 경험의 차이에 따라 이론이 다른 예로 자녀가 있는 여성은 자녀나 남편이 없는 여성과는 다른 "소박한 발달 심리 이론"을 가지는 경향이 있다는 것을 보여준 연구(Holde, 1988)를 들 수 있다. 두 번째 경우, 즉 교육정도에 따라 이론이 다른 예로는 전문가는 초보자보다 정교하고 상세한 이론을 가지고 있다는 것을 들 수 있다. 예를 들어, 대학원에서 물리학을 전공하는 26세의 청년은 26세의 회계사와는 완전히 다른 물리 이론을 가지고 있을 것이다(Chi, Glaser, & Rees, 1982).

경험과 교육 정도에 따라 이론이 다르다는 사실은 성별에 따라 이론이 다를 수 있다는 것을 시사한다. 고등학교에서 과학을 선택하는 비율이 남학생보다 여학생이 낮고 물리학과 관련된 비형식적 경험이 적은 경향이 있다는 점을 고려할 때, 과학과 성취도 검사에서 남학생의 점수가 여학생의 점수보다 높다는 것은 놀랄 일이 아닐 것이다(Linn & Hyde, 1989; 아래 참조). 즉, 남학생이 여학생보다 과학적 사실을 많이 아는 경향이 있다(12장 참조). 그런데 구성 이론과 관련된 연구에서, 어린 아동의 경우에는 성별에 따른 차이가 보고되지 않고 있다.

그러나 소박한 이론의 내용에서 나타나는 개인차가 경험과 교육의 차이에 의하여 모두 설명될 수는 없다. 오개념과 관련된 많은 연구에서 부력과 같은 현상에 대한 한 학년 학생들의 개념이 50가지에서 200가지가 된다.

교사가 학생이 가지고 있는 소박한 믿음(이론)을 알아보는 한 가지 방법은 설명이 필요한 현상(예컨대, 12온스짜리 일반 콜라 캔은 물에 가라앉지만 같은 12온스짜리 다이어트 콜라 캔은 물에 가라앉지 않는 현상)을 제시하는 것이다. 이어서 교사는 학생에게 이 현상에 관한 이론을 소집단별로 제안하도록 할 수 있다. 이를 통하여 집단별로 서로 다른 이론이 제안될 수 있을 것이다. 이제 토론을 통하여 학생들은 제안된 이론들 중에서 어떤 이론이 과학자의 주장과 일치하는지를 알 수 있을 것이다.

기능측면의 개인차

고학년의 학생 중에는 가설검증을 제대로 수행하는 학생이 항상 있다. 이런 학생은 (a) 자신의 가설을 긍정하기보다는 부정하려고 노력하고, (b) 자신의 견해와 일치하는 증거만 아니라 모든 증거를 고려하며, (c) 부정하는 자료가 수집되면 가설을 수정하거나 폐기한다. 이런 학생이 많지는 않지만 이들은 위에서 기술된 편견을 보이는 학생과는 분명히 차이 있다. 아직까지 어떤 학생은 적절한 가설검증 행동을 보이고 다른 학생은 그런 행동을 보이지 않는 이유가 분명하게 밝혀지지 않고 있다. 교육정도와 가설검증 수행 능력은 상관이 있는 것 같으나(예컨대, Kuhn et al., 1988; Kuhn, 1992), 교육수준이 같아도 일부 학생만 가설을 제대로 검증하는 이유는 분명하게 밝혀지지 않고 있다. 특정 개인이 교육의 도움을 어떻게 받는지를 찾아내어 수행수준이 높지 않은 사람의 수행을 고양시키는 방법을 알아내는 것은 매우 가치 있는 일일 것이다.

두 번째 유형의 개인차는 David Klahr와 동료들(예컨대, Klahr & Dunbar, 1988; Dunbar & Klahr, 1992)이 수행한 연구에서 밝혀졌다. 이들은 성인이 소형 로봇의 행동에 대한 가설을 설정할 때, 두 가지 접근방법 중에서 한 방법을 택한다는 것을 발견하였다. 로봇은 제어판에 있는 어떤 단추를 누르느냐에 따라 앞으로 걷고, 돌고, 소리를 내었다. 예를 들어, → 단추는 일정한 각도로 돌라는 것이고, Hold 단추는 일정 시간 동안 그대로 있으라는 것이다. "→ 15/Hold50/Fire 2"의 순서로 단추를 누르면, 로봇은 오른쪽으로 돌아 50초 동안 그대로 있다 총을 두 번 쏜다. 피험자는 여러 단추의 기능을 학습하고 나서, Repeat 단추가 어떻게 작동하는지를 찾아내야 한다. 예를 들어, 피험자는 위의 명령(즉, "→ 15/Hold50/Fire 2")에 "Repeat 2"라는 명령이 추가되면 어떤 일이 일어날지를 예측해야 한다. 처음에는 대부분의 피험자가 Repeat 2를 "세 행동 모두를 2번 반복하라"는 것으로 생각했다. 사실은 "뒤의 두 행동(50초 동안 있다가 발사하는 행동)을 다시 하라"는 것이었다.

Klahr와 Dunbar의 연구에 참여한 피험자의 1/3 정도는 가설을 부정하는 경우가 여러 번 나올 때까지 잘못된 처음의 가설을 계속 검증하였다. 피험자는 새로운 가설이 필요하다는 것을 깨닫고 나서야 가설을 수정하고 이를 검증하기 위해 실험하였다. (Klahr와 Dunbar가 이론가라고 했던) 이들은 "어! 난 2는 전체를 두 번 반복하라는 것을 의미하지 않는 것으로 생각했는데. …… 그러면 2가 나타내는 것으로 어떤 것이 있지? 아마 마지막 두 명령을 나타내는 것인지도 모르겠는데."라고 말하는 것처럼 보였다.

Klahr와 Dunbar는 나머지 2/3의 피험자를 "실험가"라 하였다. 실험가는 이론가와는 달리 자신의 지식에 의존하여 규칙을 찾지 않았다. 오히려, 이들은 처음 가설이 잘못됐다는 것을 깨달은 뒤에 많은 실험을 먼저 수행하고, 이어서 로봇의 행동에 일치하는 가설을 이끌어 냈다.

이론가와 실험가 간의 접근방식의 차이가 성공률에서의 차이를 가져오진 않았다. 한두 명을 제외한 모든 피험자가 Repeat 단추의 작동방식을 찾아냈다. 그러나 두 집단 간에는 Repeat 단추의 작동방식을 찾아내는 효율성에서 차이가 분명하게 나타났다. 실험가는 이론가보다 실험을 두 배 이상 더 했기 때문에, Repeat 단추의 정확한 기능을 찾는 데 실험가 집단이 걸린 시간이 이론가 집단이 걸린 시간보다 두 배가 더 걸렸다.

변인 통제 같은 전략의 개인차는 두 가지 요인 때문인 것으로 밝혀졌다. 첫 번째 요인은 개인의 기존 이론이다. 하나의 결과에 너댓 가지 변인이 작용하는 상황에서 사람들은 제시된 변인을 모두 통제하려 하지 않는 경향이 있다. 이들은 기존 이론을 사용하여 결과와 관련이 있을 것 같은 변인을 결정하고 그 변인만 통제한다(Linn & Swiney, 1981; Kuhn et al., 1988; Schauble, 1990). 통제되는 변인은 기존의 이론에 따라 다를 것이다. 예를 들어, (a) 주행 속도, (b) 자동차의 중량, (c) 연소기의 유형 그리고 (d) 자동차의 색상 중에서 어떤 변인이 연비에 영향을 미치는지를 알아보려고 하는 경우를 생각해 보자. 실험할 때, 어떤 사람은 다른 두 변인은 무시하고 앞의 두 변인, 즉 주행 속도와 자동차의 중량만 통제하려 할 수 있을 것이다. 예를 들어, 자동차 중량의 역할을 검증하기 위하여 (색상과 연소기 유형은 무시하고) 시속 30마일로 주행하는 무거운 차와 같은 속도로 달리는 가벼운 차를 비교한다. 이렇게 하는 이유는 자동차의 색상과 연소기는 연비에 영향을 주지 않는다고 생각하기 때문이다. 그러나 연소기가 연비와 관련이 있다고 생각하는 사람은 연소기를 통제하여 검증할 수도 있을 것이다.

두 번째 개인차 변인은 시각정보를 처리하는 방식과 관계가 있다. 어떤 사람은 자극을 둘러싸고 있는 다른 자극이 주의를 분산시켜도 특정 자극만을 적절하게 지각할 수 있다. 이런 사람을 "장 독립적(field independent)"이라 한다. 주의를 분산시키는 정보를 극복할 수 없기 때문에 중심자극을 지각할 수 없는 사람은 "장 의존적(field dependent)"이라 한다. 관련 연구에 따르면, 장 독립적인 사람만이 덜 분명하거나 효과가 미미한 변인을 지각하고 통제할 수 있기 때문에, 장 독립적인 사람이 장 의존적인 사람보다 변인을 더 잘 통제할 가능성이 있다(Linn, 1978; Linn, Pulos & Gans, 1981).

과학적 추론의 기능측면의 성차와 관련하여 가설검증을 검증하거나 특정 방식으로 변인을 통제하려는 경향성에서 남성과 여성 간에 차이가 없다(Kuhn & Brannock, 1977; Meehan, 1984; Roberge & Flexer, 1979). 그렇지만 Overton과 Meehan(1982)은 변인 고립 과제에서 "학습된 무력감"을 가진 것으로 확인된 여성이 그렇지 않은 남성이나 여성보다 수행이 낮다고 보고하였다.

추론편향의 개인차

추론편향에 관한 모든 연구에서, 정상적인 추론 경향을 보이는 사람은 물론 정상을 벗어난 경향을 보이는 사람도 있는 것으로 나타났다. 따라서 편견이나 교조주의에 빠지는 경향성에도 분명히 개인차가 있다. Keith Stanovich와 동료들은 일련의 연구에서 합리적 사고와 비판적 사고 경향성을 예측하는 요인을 밝히려 했다. 이들은 대학생에게 연역추론 능력, 가설검증 능력, (자료가 신념에 모순되더라도) 편향되지 않은 통계추론 능력 등을 평가하는 검사를 실시하였다. 이들은 지적 역량(예컨대, SAT 점수)과 적극적인 개방적 사고 경향을 알아보는 질문지를 지표로 활용하여, 이 종합 추론 검사 점수를 예측하려 하였다. 연구자들은 "적극적인 개방적 사고"를 반성적으로 사고하고(예컨대, "좀 더 생각하면, 이 문제를 해결 수 있을 거야"), 믿음과 모순되는 증거를 기꺼이 고려하며(예컨대, "항상 신념에 반하는 증거를 고려해야 해"), 기꺼이 결론을 유보하는(예컨대, "여러 쟁점에 대해 결정을 유보하는 것은 나쁜 일이 아니야") 경향이라 했다. 이들은 지적 자원이 풍부하고 적극적인 개방적 사고 경향을 가진 사람이 추론 능력이 높을 가능성이 높을 것으로 기대하였다. 연구 결과는 전체적으로 이러한 기대를 지지하였다(Stanovich & West, 1997, 1998; Sa, West, & Stanovich, 1999). Klaczynski와 Lavallee(2005)도 적극적인 개방적 사고 점수와 추론편향 간에 상관이 있다(즉, 개방적일수록 편견이 적다)는 것을 밝혔다. 또한 편견이 덜한 학생은 정체감 유실(즉, 위기를 탐색하거나 경험하기도 전에 설익은 정체감을 형성하는 것)과는 반대되는 의미의 정체감 유예를 경험한다는 것도 밝혀졌다.

과학 성취도의 성차 및 인종차

국립교육통계청(National Educational Center)은 1996년, 2000년 그리고 2005년에 과학과 학업 성취도 평가를 실시하였다. 1996년 평가에서는 중요한 사실과 개념에 대한 지식을 평가하기 위한 선다형 문항, 과학적 정보에 대한 설명과 추론을 평가하기 위한 반응 구성형 문항과 관찰 능력과 실험결과 평가 능력을 평가하기 위한 조작과제가 포함된 검사가 실시되었다(O' Sullivan, Reese, & Mazzod, 1997). 학생은 시험 성적에 따라 탁월, 우수, 보통, 보통 이하로 등급화되었다. 전국에서 대규모로 표집된 4학년, 8학년, 12학년 학생 대상의 1996년 평가 결과에서는 4학년이나 8학년에서는 성차가 없는 것으로 나타났다. 그러나 12학년에서는 성차가 큰 것으로 나타났다. 남학생의 경우에는 상위 집단에 속하는 비율이 각각 4%(탁월), 25%(우수), 60%(보통)였으나, 여학생의 경우에는 그 비율이 각각 1%(탁월), 17%(우수), 55%(보통)였다. 0점에서 300점 범위의 점수로 환산하였을 때는 남학생과 여학생의 평균성적은 각각 152점과 148점이었다. 2000년과 2005년에 실시된 평가에서도 거의 같은 결과가 나왔다. 엄밀한 의미에서 이러한 차이는 아주 미미한 것이지만, 표집크기를 고려하면 통계적으로 유의하다.

그러나 아프리카계, 백인계 그리고 히스패닉계 학생 간의 성적 차이는 아주 크게 나타났다. 1996년 평가에서 12학년의 경우에 상위 세 등급에 속하는 백인계 학생의 비율은 각각 3%(탁월), 27%(우수), 68%(보통)였고, 아프리카계 학생의 비율은 각각 0.1%(탁월), 4%(우수), 23%(보통)였으며, 히스패닉계 학생의 비율은 각각 0.8%(탁월), 7%(우수), 33%(보통)였다. 점수로 환산하였을 때는 각각 159점(백인계 12학년), 124점(아프리카계 12학년), 130점(히스패닉계 12학년)이었다. 성차에서 밝혀진 바와는 달리 4학년과 8학년에서도 인종차는 큰 것으로 밝혀졌다. 두 상위집단(즉, 백인계와 아시아계 학생)과 두 하위집단(즉, 아프리카계와 히스패닉계 학생) 간의 차이는 1996년 이래 다소 줄어들긴 했지만, 2000년과 2005년에도 그 차이는 여전히 컸다. 12장에서 성차와 인종차가 나타나는 이유가 보다 상세하게 검토될 것이다.

수업에 주는 시사점

앞에서 밝혔듯이, 과학교육 목적 중 하나는 성인이 되었을 때 성공적인 삶을 사는 데 필요한 과학적 지식, 기능 및 태도를 가르치는 것이다. 다시 말해서, 과학교육의 목적은 고등학교 졸업자가 (a) 정확하고 정교한 영역-한정적 이론을 습득하고, (b) 효과적인 지식획득 장치(가설설정 전략과 변인통제 전략)를 습득하며, (c) 적극적으로 개방적이면서 비판적인 사고를 하고, (d) 자신의 이론, 지식획득 전략 및 편견을 분명히 (메타인지적인) 인식을 하도록 하는 것이다. 과학에서의 발달차와 개인차에 관한 연구에 따르면, 오늘날의 과학교육은 이러한 교육목적을 달성하는 것과는 동떨어져 있다. 학생들은 상당한 정도의 사실적 지식을 습득하기는 하나 정확한 개념적 이해는 상대적으로 빈곤하며 과학적 오개념도 많이 가지고 있다. 더욱이, 과학의 연구결과가 자신에게 중요한 신념에 어긋나지 않으면 비판적으로 검토하지 않고, 충분한 증거가 없어도 수용하는 경향이 있다. 과학과 성취도에서 성차가 크지 않다는 것은 고무적이다.

이러한 경향은 (성차를 제외하고) 반드시 고쳐져야 할 문제가 무엇인지를 보여주고 있다. 이 절에서는 목표에 근접하기 위해 활용할 수 있는 전략에 대해 생각해 볼 필요가 있다. 그러나 현재의 접근방식은 분명히 효과가 없다는 점에서 먼저, 과학교육의 실태를 점검해 볼 필요가 있다.

일반적인 과학 수업방법은 많은 과학적 사실과 과학적 용어를 수동적으로 습득하도록 하는 것이다(Carey, 1986; Hogan, 1999). 대부분의 경우, 집중적인 과학수업은 4~5학년부터 시작되어 4학년에서 8학년까지 주당 3시간 이상 이루어지고 있다. 고등학교에서는 55% 정도의 학생이 적어도 7학기에 걸쳐 과학을 이수하고 있다 (O' Sullivan et al., 1997). 8학년에서는 지구과학과 물리학에 중점을 두는 경향이 있는 반면에 75%에서 100%의 고등학생이 생물학과 화학을 이수하고 있고, 40%에서 50%의 고등학생이 지구과학이나 우주과학 또는 물리학을 수강하고 있다. O' Sullivan 등(1997)은 교사 훈련 및 수업자료의 실태를 다음과 같이 보고하였다.

- 4학년에서 8학년까지 학생의 60%는 최종 학위가 학사 이하인 교사의 수업을 받고 있고, 이 교사 가운데 16%는 대학에서 과학(또는 과학교육)을 전공이나 부전공으로 이수하였으며 62%는 대학원을 이수하였고, 4학년 교사의 25%와

8학년 교사의 75%가 과학 교사 자격증을 가지고 있다.

- 4학년과 8학년 교사의 60~65%는 과학을 가르치는 데 필요한 수업자료를 전부 또는 대부분을 가지고 있다고 보고하였으나, 수업에서 컴퓨터를 사용할 수 있다고 보고한 교사는 40~50%에 지나지 않았다.

O' Sullivan 등은 이러한 조사결과에 기초하여 과학교육을 개선하기 위해서는 5학년 이전에 집중적인 과학교육을 시작하고, 과학교육의 영역을 지구과학, 생물 및 화학 이외의 분야로까지 다양화하며, 초등학교와 중학교 교사에 대한 과학교육을 강화하고, 교사들이 탐구나 가설검증을 보다 손쉽게 할 수 있도록 수업자료를 많이 제공해야 할 것이라고 하였다. 이외에도 지금까지 살펴본 연구와 전국연구위원회(National Research Council)의 권고에서 도출된 제안도 있다. 지금부터 이에 기초한 일반적인 지침을 살펴보고 이어서 세 가지 사례를 살펴볼 것이다.

일반 지침

앞에서 말한 것처럼, 많은 과학수업에서 교사들은 사실과 과학적 용어의 숙달을 목표로 하고 있다. 학생이 과학자처럼 사고하고 행동하도록 하기 위한 노력은 거의 없다(Carey, 1986; Linn & Songer, 1993; Roth, 1994). 내용숙달 접근을 취하는 교사는 학생들에게 과학적 지식은 항상 변화하는 것이기보다는 고정되고 절대적인 것이라는 생각을 전달한다. 시중의 교재도 과학에 대한 잘못된 관점을 강화하는 경향이 있다. 많은 교육자는 학생이 확증편향을 보이고, 통제된 실험을 자발적으로 수행하지 못하며, 많은 오개념을 갖게 되는 것은 과학수업에 대한 전통적 접근의 탓이라고 주장한다. 그렇다면 과학교육을 개혁할 필요가 있다.

과학교육을 개혁하는 한 가지 확실한 방법은 수업모형을 내용숙달 모형(content mastery model)에서 *도제모형*(apprenticeship model)으로 바꾸는 것이다(Brown, Collins & Duguid, 1989; Linn & Songer, 1993; Roth, 1994). 도제모형의 일차 목표는 학생이 현직 과학자의 신념과 실제를 내면화하도록 하는 것이다. 이상적으로, 도제모형은 과학수업 초기에 바로 시작되어야 한다. 이 모형에서는 학생들이 사실에 관한 지식을 숙달하는 대신에 과학적 현상을 관찰하고, 이 현상에 대한 설명을 제안하며, 자신의 이론을 검증하기 위해 통제된 실험을 수행할 것이다(Lubb & Eylon, 2006). 이 방법에서는 실험이 일상적인 교실 강의와 동떨어지지 않고 수업의 핵심이 될 것이다.

도제모형에서 교사는 학생이 실험을 구성하고, 실험에서 나온 결과가 자신의 이론을 어떻게 지지하는지 아니면 어떻게 모순되는지를 알도록 도와주는 역할을 한다. 교사는 과학 용어를 별도로 제시하지 않고, 과학적 현상이나 실험의 결과에 대해 학생과 대화하는 과정에서 자연스럽게 제시할 것이다. 이 과정에서 학생은 일상생활에서 자연스럽게 어휘를 학습하는 것과 같은 방식으로 과학 용어를 학습할 것이다. 강의를 한다면, 그 강의는 본질적으로 과학사에 관한 것이다. 강의에서는 학생이 현재 가지고 있는 오개념(예컨대, 힘의 "관성" 개념)에 대해 과학자는 과거에 어떻게 생각했었는지를 알려준다. 학생은 과학사 학습을 통하여 과학적 지식은 항상 변화한다는 것을 이해하게 될 것이다.

과학적 사고에 관한 연구는 이러한 일반적인 시사점 이외에 수업에 대한 보다 구체적인 시사점을 제공하고 있다.

1. 교사는 학생이 소박한 이론을 가지고 있다는 사실을 인정할 필요가 있다. 교육은 학생의 소박한 이론을 과학적 이론으로 변화시켜야 한다. 이러한 변화를 가져오는 최선의 방법 하나는 학생이 다양한 이론적 기제를 정확하게 이해할 수 있도록 도와주는 것이다. 따라서 교사는 수업의 초점을 기제에 직접 맞추어야 한다.
2. 확증편향과 고수편향은 학생이 가설을 검증할 때 보이는 매우 자연적인 경향성이거나 "정신적 습관(habits of mind)"이다. 교사가 실험결과를 해석할 때, 이러한 편향을 극복하는 방법을 반복하여 알려준다면, 학생은 이를 극복할 수 있을 것이다. 그러나 학생이 이를 극복할 수 있도록 도와주는 것으로 그치는 수업은 학생이 보다 유능한 가설 검증자가 되도록 도와주지는 못할 수 있다는 사실을 명심해야 한다. 학생이 결과를 성공적으로 예측하기 위해서는 편향을 극복하는 것은 물론이고 정확한 이론도 가지고 있어야 한다.
3. 실험과 관련하여, 초등학생에게는 변인 통제 방법을 Case(1974), Siegler와 Liebert(1975), 그리고 Chen과 Klahr(1999)가 했던 방식으로 가르쳐야 할 것이다. 즉, 초등학생에게는 공정한 검증을 설계하는 기회를 다양하게 제공해야 한다. 정보처리 용량의 한계(2장 참조)를 고려할 때, 저학년의 경우에는 검증에 포함되는 변인은 두 개 정도로 한정되어야 할 것이다. 그러나 중학생이나 고등학교 학생은 훈련이나 피드백이 없어도 둘 이상의 변인을 포함하는 통제된 실험을 수행할 수 있을 것이다.
4. 오개념의 경우에, 주요 전략은 오개념을 진단하고, 밝히고, 치료하는 것이어야 한다. 오개념을 인식하지 못하고 과학적 주제만 강의하는 교사는 학생의 오개념을 줄이거나 제거하지 못할 것이다. 오개념을 인식할 수 있으나 이를 교정하기 위한 네 단계 과정을 활용하지 않는 교사도 학생의 오개념을 효과

> 적으로 줄이거나 제거하지 못하는 것으로 밝혀졌다(Piquette & Heikkinen, 2005). 오개념 교정을 위한 네 단계 과정은 (1) 학생이 가진 오개념에 문제가 있음을 인식하도록 하고, (2) 새로운 개념은 지적이라야 하며, (3) 새로운 개념은 그럴듯해야 하고, (4) 새로운 개념은 유용해야 한다는 것이다.

오개념을 치유하는 효과적인 전략 하나는 "교량" 유추를 활용하는 것이다(Brown, 1992). 교량유추는 이해시키려는 아이디어와 학생이 이미 이해한 아이디어 간의 간극이 너무 커서 서로 연결시킬 수 없는 경우에 활용하기 위해 고안되었다. 이를 이해하기 위하여 (1) 책을 식탁 위에 놓으면 식탁이 책에 힘을 가하는가, (2) 손으로 용수철을 누르면, 용수철이 손에 힘을 가하는가라는 두 질문에 대답해 보라. 당신은 두 질문에 대한 답은 "예"라는 것을 알 것이나, 실제로는 두 번째 경우만 "참"이라 믿을 수도 있을 것이다. 교사는 교재의 내용을 이해하도록 도와주기 위해 종종 용수철 문제와 같은 예를 활용하려고 한다. 그러나 학생이 두 상황의 연관성을 파악하기에는 둘 간의 간극이 너무 크다.

교량유추에 숨어 있는 논리는 학생이 이미 알고 있는 예(예컨대, 용수철의 예)가 학생이 이해하기를 바라는 예(예컨대, 책의 예)로 변환될 때까지 점진적으로 수정해가는 것이다. 예를 들면, 위의 용수철 문제를 먼저 물을 수 있을 것이다. 이어서 "책을 용수철 위에 놓으면 용수철이 책에 힘을 가하겠는가?"라는 질문을 할 수 있다. 다음으로 "두 개의 톱질 모탕(sawhorses)에 매달린 유연한 판지에 책을 올려놓으면, 판지가 책에 힘을 가하겠는가?"라는 질문을 할 수 있을 것이다. 그리고 마지막으로, 식탁 위에 책 놓기 문제를 제시할 것이다. Brown(1992)은 이 접근이 고등학교 학생의 힘에 대한 오개념을 크게 줄일 수 있었다고 하였다. 그러나 교량유추가 전반적인 효과를 발휘하기 위해서는 학생이 과학의 핵심개념을 배치해 놓은 잘못된 존재론적 범주(ontological categories)에 의문을 제기하도록 하는 유추와 결합되어야 한다(Chiu & Liu, 2004). 예를 들어, 많은 학생은 전기를 에너지의 한 형태로 보기보다는 하나의 물질로 본다.

오개념을 치유하는 두 번째 접근방법은 학습자가 기존 개념에 불만을 가지고 보다 분명하고, 그럴듯하고, 유용하고, 정확한 새로운 개념을 발견할 수 있도록 도와주는 것이다(Stofflett, 1994). 새로운 개념을 분명하게 하기 위해서는 학생이 이미 알고 이해하고 있는 것과 연결시키는 것이 중요하다. 새로운 개념을 그럴듯하게 하기 위해서는 학습자가 그 개념이 믿을 만하다는 것과 자신의 경험(생각하지 못했던 경험)과 일관된다는 것을 알아야 한다. 개념이 유용하기 위해서는 학습자가 그것이 실생활이나 실험에 어떻게 적용되는지를 인식해야 한다.

과학학습에 관한 현대 이론이나 연구에서 도출된 시사점 이외에 전국연구위원회가 1996년에 제안한 과학수업 기준에 들어 있는 권고도 있다. 그림 10.3에 그 내용이 제시되어 있다. 여기에는 실제로 조작하는 탐구학습, 과학적 행동과 태도에 대한 교사의 시범, 학습자 모임을 만들기 위한 폭넓은 의견, 진행 상황을 파악하기 위한 정기적인 평가가 들어있다는 점에 주목해야 한다. 따라서 과학수업 기준은 과학학습에 관한 현대 이론 및 연구와 일치한다. 표면적으로는 전국연구위원회의 기준을 따르는 학급은 전통적 수업을 고집하는 학급보다 성취수준이 높을 것이다. 성취도를 분석한 연구에서는 이것이 사실이지만 코카시아계에 한정된다는 것이 밝혀졌다. 사실, 인종간 차이는 전통적 학급에서보다 개혁적 수업 학급에서 더 큰 것으로 나타났다(Von Secker & Lissitz, 1999). 따라서 과학성적의 인종차를 줄이기 위해서는 개혁적 과학수업 이외의 다른 무엇이 필요할지 모른다.

전체적으로, 학생이 궁극적으로 과학자처럼 생각하고 행동하도록 하기 위해서는 과학수업에서 해야 할 일이 매우 많다. 성취도 검사와 많은 연구에서 학생의 사고에 결함이 많다는 것이 밝혀지긴 했지만, 또 다른 수많은 연구에서는 학생이 좋은 교육을 충분히 받으면 과학적으로 유능해질 수 있다는 것을 보여주고 있다. 이제 강조할 것은 학생이 학교를 졸업하기 전에 그 능력을 보여주도록 하는 것이다.

사례

사례 1

Hewson과 Hewson(1983)의 연구는 질량, 부피 및 밀도에 대한 많은 오개념을 가지고 있는 남아프리카 Soweto 지역의 9학년 학생을 대상으로 수행되었다. Hewson과 Hewson은 학생이 오개념에 만족하지 않고 보다 분명하고, 그럴듯하며, 유용한 올바른 개념을 찾아낼 수 있기를 바랐다. 학생은 이전에 관련 개념에 대한 수업을 두 번 받았으나 여전히 오개념이 바뀌지 않고 있었다.

수업은 크게 세 부분으로 구성되었다. 첫 부분에서 연구자들은 질량, 부피 및 밀도에 대한 기존 개념과 오개념을 확인하였다. 이어서 학생이 오개념을 버리고 올바른 개념을 갖도록 하는 목표가 설정되었다.

예를 들어, 많은 학생은 밀도를 서로 다른 물질의 소립자 묶음으로 정의하였다. 토론을 통하여 교사는 학생으로 하여금 이러한 정의를 버리고 밀도에는 소립자의 묶음과 묶인 소립자의 질량 모두가 포함된다는 정의로 바꾸도록 하였다. 워크북을 이용한 학습을 통하여 학생은 밀도에 대해 단지 "혼잡도"라는 생각을 밀도에 대한

그림 10.3 과학수업 기준(1996)

기준 A: 과학교사는 학생을 위하여 탐구기반 과학 프로그램을 계획해야 한다. 이를 위하여 교사는 (a) 장기목표와 단기목표를 설정하고, (b) 학생의 흥미, 지식, 이해, 능력 및 경험에 부합하는 과학과 교과과정을 선정하며, (c) 과학에 대한 이해의 발달과 과학 학습 공동체의 성장을 지원하는 수업전략과 평가전략을 선정하고, (d) 다른 교과나 학년을 맡고 있는 교사와 협력해야 한다.

기준 B: 과학교사는 학습을 안내하고 촉진해야 한다. 이를 위하여 교사는 (a) 학생과 상호작용할 탐구에 중점을 두고 지원하며, (b) 과학적 아이디어에 대한 학생 간의 담화를 조율하고, (c) 학생이 학습책무를 수용하고 공유하도록 자극하며, (d) 학생 간의 개인차를 인정하고 부응하여 모든 학생이 과학학습에 몰두하도록 격려하고, (e) 호기심, 새로운 아이디어와 자료에 대한 개방적 태도 및 과학적 의구심은 물론 과학탐구 기능을 격려하고 이의 모델이 되어야 한다.

기준 C: 과학교사는 자신의 수업과 학생의 학습을 계속 평가해야 한다. 이를 위하여 교사는 (a) 다양한 방법으로 학생의 이해와 능력에 관한 자료를 체계적으로 수집하고, (b) 수업과 관련된 의사결정을 위하여 평가자료를 분석하며, (c) 학생의 자기평가를 유도하고, (d) 수업실제에 대해 반성하고 개선하기 위하여, 그리고 학생의 성취와 학습기회를 학부모, 정책 입안자 및 일반 대중에게 보고하기 위하여 학생자료, 수업관찰 결과 및 동료교사와의 상호작용을 활용해야 한다.

기준 D: 과학교사는 학생에게 과학학습에 필요한 시간, 공간 및 자료를 제공해야 한다. 이를 위하여 교사는 (a) 학생이 광범위한 조사를 할 수 있도록 활용 가능한 시간을 구조화하고, (b) 융통성 있고 지원적인 과학탐구 사태를 구성하며, (c) 안전한 실험환경을 만들고, (d) 학생이 과학기구, 매체 및 공학적 자원을 활용할 수 있도록 하며, (e) 학교 밖에 있는 자원을 확인하여 활용하고, (f) 학생을 학습 환경에 끌어들여야 한다.

기준 E: 과학교사는 과학학습에 도움이 되는 과학탐구의 지적 엄격성, 과학적 태도와 과학의 사회적 가치를 숙고하는 과학학습 공동체를 발전시켜야 한다. 이를 위하여 교사는 (a) 모든 학생의 다양한 아이디어, 기능 및 경험을 존중한다는 것을 보여주고 또 존경할 것을 요구하며, (b) 학생이 학습내용과 학습맥락에 대한 결정에 의견을 피력할 수 있도록 하면서 학습 공동체의 모든 구성원의 학습을 책임지도록 하고, (c) 학생 간의 협력을 촉진하고, (d) 과학적 담화의 규칙에 공유된 이해를 바탕으로 형식적, 비형식적 토론을 촉진하며, (e) 과학적 탐구의 기능, 태도 및 가치의 모델이 되고 이를 강조해야 한다.

기준 F: 과학교사는 학교에서 과학프로그램의 계획과 개발에 적극적으로 참여해야 한다. 이를 위하여 교사는 (a) 학교에서 과학프로그램을 계획하고 개발하며, (b) 과학 프로그램에 대한 시간과 기타 자원의 배정에 관한 결정에 참여하고, (c) 자신과 동료교사를 위한 전문성 향상과 발달전략을 계획하고 실행하는 데 적극적으로 참여해야 한다.

National Research Council(1996). National Science Education Standards. Wasington, DC: National Academy Press에서 인용.

정의에는 *단위 면적당* 대상의 수가 포함된다는 생각으로 분화시킬 수 있게 되었다. 학생이 아이디어를 분화시키고 새로운 정의를 학습하도록 하기 위한 토론과 연습은 (예컨대, 한 방에 있는 상자의 수와 같은 비유를 활용하여 학생이 개념을 마음속에 그려볼 수 있도록 도와줌으로써) 새로운 아이디어를 분명하고 그럴듯하게 만들어 줄 수 있는 것이어야 한다. 이런 경험이 이루어진 다음에 두 번의 토론과 세 번의 실험이 수행되었다. 토론에서 학생은 (a) 밀도란 단위 부피당 어떤 것의 질량이라는 사실(예컨대, 입방센티미터당 그램 수), (b) 모든 물질은 밀도를 가지고 있다는 사실 그리고 (c) 모든 물질은 부피와 질량을 가지고 있다는 사실을 학습하였다. 실험을 통하여 학생은 밀도의 상대성(즉, 물질에 따라 밀도가 다르다는 것)과 특정 물체가 물에 뜰 것인지의 여부는 무게나 부피가 아니라 밀도에 의해 결정된다는 사실을 알게 되었다. 부양 실험은 가벼운 것도 가라앉을 수 있고 무거운 것도 뜰 수 있다는 것을 알 수 있도록 도와주었다. 자신의 기대와 모순되는 실험결과를 보면서 학생은 오개념에 불만을 가지게 되었고 올바른 개념의 유용성(즉, 더 많은 사례에 적용될 수 있다는 것)을 알게 되었다.

이 장에서 논의된 정보(그림 10.3에 제시된 과학수업 기준도 포함)와 인지발달 및 학습이론(2장), 기억(3장), 고차적 사고(4장) 및 동기(5장)에서 제시된 내용을 참고하여 이 사례를 평가하시오.

사례 2

Brown과 동료들은 "학습자 공동체"라는 이름의 접근을 개발하여 도심에 있는 학교의 2학년과 6학년에 적용하였다(Brown & Campione, 1994). 이 접근의 핵심은 여섯 가지이다. 첫째, 학습내용이 2장에 소개된 상호교수법에 따라 도입된다. 또 교사와 학생은 요약하기와 예측하기 같은 독해전략을 돌아가면서 시범 보이는 것과 더불어 설명, 논증 및 토론 형식을 시범한다. 둘째, 직소(Jigsaw)법을 변형한 협동학습 방법에 따라 수업이 이루어진다. 특정 주제(예컨대, 동물 개체 수의 변화)가 하위주제(예컨대, 동물의 멸종, 멸종위기에 처한 동물, 인공사육, 동물보호, 도시화와 동물)로 세분화되어 제시되었다. 학생들은 소집단을 구성하여 집단별로 각 하위주제를 탐구한다(예컨대, 4명의 학생으로 구성된 한 집단은 동물의 멸종에 대해 탐구할 것이다). 학생들은 소집단별로 배당된 소주제를 연구하고 나서 시중에서 판매되는 컴퓨터 프로그램을 활용하여 수업자료를 준비한다. 이어서 학생들은 상호교수를 위한 집단을 다시 구성하는데, 그 목표는 이전에 소집단별로 탐구한 내용을 다시 수합하여 통합하는 것이다. 각각의 집단에서 학생들은 맡은 부분에 대한 전문가가 되어 다른 학생을 가르치고 모든 학생이 치르게 될 시험(이 시험의 범위는 단원 전체이다)에 대비한 질문을 준비한다. 이 방식을 통하여 모든 학생이 개별적으로 학습하는 것은 물론이고 자신의 전문성을 신장하는 동시에 다른 학생을 가르치기 위한 내용을 준비하여 가르치는 책임을 지게 된다.

매 수업은 학생의 응집성과 예측 가능성을 높이기 위하여 여러 가지 통상적인 절차와 친숙한 참여구조에 따라 진행된다. 예를 들면, 학생들은 보통 세 소집단을 만든다. 한 소집단은 컴퓨터로 창작을 하고, 한 소집단은 다양한 매체를 사용하여 연구를 수행하며, 세 번째 집단은 여러 방식(예컨대, 원고 편집이나 진행 상황에 대한 토론)으로 교사와 같이 작업한다. 다른 한 가지 통상적인 절차는 위에 설명된 것과 같은 상호교수 절차이다. 세 번째 핵심적인 것은 학생이 고안한 "입씨름(crosstalk)"이라는 활동이다. 여기에서, 한 전문가 집단의 구성원은 자신의 진전 상황을 다른 집단 구성원에게 보고한다. 다른 집단 구성원은 내용을 명료화하고 이해를 넓히기 위하여 질문한다. 마지막 통상적인 절차는 교사나 외부 전문가가 사고기능, 자기반성, 새로운 정보 소개, 고차적 관계 강조와 같은 과정을 시범으로 보여주는 표준수업이다. Brown과 동료들은 반복되는 통상적인 절차에 따라 모든 수업이 진행되면 학생이 자동적으로 한 참여구조에서 다른 구조로 이행할 수 있도록 해주고 참여구조에서 자신의 역할을 이해할 수 있게 도와준다(이 예측은 스키마 이론과 Vygotsky 이론－2장 참조－에 근거하고 있다)고 주장한다.

나머지 세 가지의 핵심적인 사항도 살펴볼 필요가 있다. 첫째, 이 접근의 목표 하나는 적극적인 토론, 질문과 비평이 예외적인 것이 아니라 중심적인 활동이 되는 "담화 공동체(community of discourse)"를 형성하는 것이다(Brown & Campione, 1994, p. 236). 둘째, 이 접근에는 한 단원의 특정 주제를 위한 학습 준비도가 서로 다른 학생에게 다양한 학습경로를 제공하기 위한 "다수의 근접발달 영역(multiple zones of proximal development)"이 있다. 정보를 제공하고 다양한 방식으로 시범해 보이는 교사와 학생이 현재의 이해수준보다 높은(그러나 너무 높지 않은) 수준으로 정보를 다양하게 제공한다. 마지막으로, Brown과 동료들이 "파종하기(seeding)", "이동(migration)" 그리고 "아이디어 전유(appropriation of ideas)"라고 한 현상이 있다. 이들이 상징하는 것은 교사가 각 소집단에 확산된 아이디어를 종자 삼아서 다수의 근접발달영역을 구축한다는 것이다. 예를 들어, 교사는 "치타가 육식을 하지 않고 채식을 해도 살아갈 수 있을까?"와 같은 사고실험(thought experiment)을 설계할 수 있을 것이다. 학생은 한 단원의 중핵 원리를 이해하려 노력함으로써, 또 그에 대한 대화를 나눔으로써 이 원리를 무의미한 사실로 받아들이기보다는 진정한 자기 것으로 만들 것이다. 즉, 학생은 학급 문화 안에서 발달된 구성개념에 대한 공유된 이해(the shared understanding)를 통합한 개인적 의미를 구성할 것이다.

이 장에서 논의된 정보(그림 10.3에 제시된 과학수업 기준도 포함)와 인지발달 및 학습이론(2장), 기억(3장), 고차적 사고(4장), 동기(5장)에서 제시된 내용을 참고하여 이 사례를 평가해 보자.

사례 3

하이퍼미디어와 인터넷을 과학수업에 통합시키는 경향이 강해지고 있다(Linn & Eylon, 2006). 과학교육 분야의 교수와 공학 분야(예컨대, 기술 공학, 컴퓨터 과학)의 교수가 제휴하여 과학적 과정에 대한 보다 높은 수준의 통찰을 조장하는 컴퓨터 프로그램을 만들고 있다. California Berkly 대학의 WISE 프로젝트(http://wise.berkly.edu)가 한 예이다. 전 세계의 교사와 학생이 이 프로그램에서 제공되는 활동을 활용할 수 있다. 교사는 한 활동의 기본전제와 수업방법 및 평가방법을 상세하게 기술한 수업안도 활용할 수 있다. 이 프로그램에 있는 활동은 학문 분야(예컨대, 생물, 화학 등)에 따라 분류되어 있다. 예를 들어, 생물 분야에 있는 항생물질에 대한 활동의 경우에 학생은 교재, 그림, 동영상을 사용하여 항생물질에 관한 정보를 제공하는 일련의 화면을 따라가면서 학습한다. 첫 화면은 주제를 소개하는 화면이다. 두 번째 화면에서는 학생이 초기 질문을 메모하거나 활동해 가면서 노트할 수 있는 문서창이 열린다. 다른 프로그램과 마찬가지로, 이 프로그램에서도 학생은 발판 제공하기 방식으로 탐구과정의 각 단계(예컨대, 기존 지식을 이끌어 내고, 새로운 아이디어를 도입하고, 과학적 아이디어를 평가하는 기준을 만들고, 기존 아이디어와 새로운 아이디어가 서로 상충되는 점을 정리하여 더 많은 정보가 필요한 상황을 확인하는 단계)를 밟아 나간다. 이 프로그램은 결과를 예측하고, 결과를 관찰하며, 결과에 대해 설명하도록 할 수도 있으며, 시뮬레이션을 통하여 실험을 하도록 하고, 논거를 구성하도록 하며, 협력하고 자신의 학습을 회고하도록 할 수도 있다.

이 장에서 논의된 정보(그림 10.3에 제시된 과학수업 기준도 포함)와 인지발달 및 학습이론(2장), 기억(3장), 고차적 사고(4장), 동기(5장)에서 제시된 내용을 참고하여 이 사례를 평가하시오.

11

사회과 학습

요약

1. 사회과 교육의 일차적 목표는 (a) 유식하고 활동적인 시민이 되고, (b) 개인적 정체성과 가치에 접하며, (c) 다른 문화와 가치에 대한 민감성을 발달시키는 것이다. 사회과를 구성하는 중핵 학문으로는 역사, 지리, 경제학 및 공민을 들 수 있다.
2. 역사교육은 (a) 주요 사건의 연대를 알고, (b) 원인을 이해하며, (c) 왜 중요한지를 이해하는 것을 목표로 한다. 이와 더불어, 역사학자는 부분적인 증거를 활용하여 사건을 해석하고 재구성한다는 사실을 아는 것도 역사교육의 목표이다. 학교교육을 통하여 이러한 과제를 점진적으로 숙달해 나가기는 하지만, 많은 학생은 고등학교를 졸업할 때까지도 역사를 고차적 수준에서 이해하지는 못하는 것으로 밝혀지고 있다.
3. 지리교육의 주요 목표는 지도를 해석하고, 주요 자연자원의 분포지역을 파악하며, 인구 이동과 관련된 요인을 이해하는 것이다. 관련연구에 따르면, 지리와 관련된 기능이 연령과 더불어 높아지긴 하지만 대부분의 12학년의 지식은 기초 수준에 머물고 있다.
4. 경제교육의 목표는 이윤, 결핍, 공급과 수요 같은 중요한 개념을 이해할 수 있게 되는 것이다. 학생은 이러한 개념을 다양한 수준을 거치면서 이해해 가는 것으로 밝혀지고 있다.
5. 공민에 관한 국가수준 성취도 평가에서 12학년이 될 때까지도 정부와 시민의 권리에 대한 지식을 완벽하게 이해하지 못하는 것으로 나타났다. 성적은 보통 수

준인 것으로 나타났다.

6. 사회교육자들은 4학년이나 5학년 이전에 유의미한 사회과 수업을 실시한다면, 사회과 성적이 크게 향상될 것이라 주장한다.
7. 사회과 지식에서 성차는 아주 미미하고, 연구에 따라 다르게 보고되고 있다. 이와 달리, 인종차는 아주 크고 모든 연령수준에서 일관되게 나타나고 있다.

지난 수년에 걸쳐, 사회과 교육 영역에서는 (1) 사회과는 어떤 학문으로 구성되어야 하는가? (2) 왜 사회과를 학습해야 하는가? (3) 사회과 수업을 몇 학년부터 시작해야 하는가? (4) 가장 바람직한 사회과 수업방법은 무엇인가? 하는 네 가지 문제가 논란이 되어 왔다(Armento, 1986; Brophy, 1990; Brophy & VanSledgight, 1997; VanSledgight & Limón, 2006). 첫 번째 논란과 관련하여, 일부 전문가는 지리학, 공민과 정치학의 내용으로 한정시킬 것을 주장하는 반면, 다른 전문가는 역사학, 심리학, 사회학 내용도 포함시켜야 한다고 주장하고 있다. 이런 점에서, 모든 사람이 동의할 "사회과"에 대한 정의를 내린다는 것은 매우 어렵다. 그럼에도 불구하고, 사회과를 분명하게 정의하지 않고 논의를 전개하는 것은 좋은 생각이 아닐 것이다. 따라서 논의 전개에 필요한 정도의 분명한 정의가 필요하다. 여기에서는 사회과를 역사, 환경, 경제, 생활양식 그리고 전 세계의 정부 등에 관한 상호 관련된 일단의 주제로 구성된다고 정의한다. 두 번째 논란거리인 사회과를 공부해야 하는 이유에 대해서는 대부분의 전문가가 (1) 유식하고 활동적인 시민이 되고, (2) 자신의 정체성과 가치에 접하며, (3) 다른 문화와 가치에 대한 민감성을 발달시키기 위한 것이라는 데 동의하고 있다(Brophy, 1990; VanSledgight & Limón, 2006).

이런 지식이나 가치관을 습득하지 못했을 경우를 생각해 보면, 그 중요성을 이해할 수 있을 것이다. 유식하고 활동적인 유권자가 없으면 정부 관리가 제멋대로 할 것이다. 또 자발적인 시민단체(예컨대, 시민 권리 운동)가 없다면, 아주 중요한 사회변화가 일어나지 않을 것이다. 더 나아가서, 다른 문화나 가치에 대한 지식이 없으면, 특정 인종이나 지역에 대한 편견을 가지게 되며, 자신의 가치를 다른 문화에 강요할 수도 있을 것이다. 자신의 혈통에 대해 알지 못하면, 민족 정체성이나 국가 정체성에 대한 자긍심을 갖지 못할 것이다.

세 번째와 네 번째의 논란거리와 관련해서는 사회과 지식의 발달차와 개인차에 관한 연구를 살펴볼 필요가 있다. 이 장에서는 4개 절로 관련 연구를 나누어 살펴볼 것이다. 먼저, 사회과에 대한 전문성 발달에서 매우 중요한 핵심적 기능을 살펴본다. 두 번째로, 이러한 전문성 발달에 대해 논의한다. 세 번째로, 사회과 학습에서의 개인차를 살펴본다. 마지막으로, 수업에 주는 시사점을 살펴본다.

사회과의 전문성

지금까지 여러 차례 언급된 바와 같이, 교육개혁의 기본 전제는 학생이 특정 분야에서 전문가에 필적할 수 있도록 해야 한다는 것이다. 예를 들어, 수학 교육자는 학생이 12학년을 마치면 수학자처럼 사고할 수 있길 바란다(9장 참조). 또 과학 교육자는 학생이 현직 과학자와 같이 사고하고 행동하길 바라고(10장 참조) 국어 교육자는 학생이 전문 작가와 필적할 정도의 글쓰기 능력을 갖추길 원한다(8장 참조). 사회과 교육을 구성하는 학문 분야(예컨대, 역사)의 교육자도 다른 교과 교육자와 마찬가지로 학생이 그 분야의 전문가(예컨대, 전문 역사가)에 필적할 정도의 전문 능력을 갖추도록 하는 것을 목표로 삼아야 한다고 주장한다. 그런데 전문성의 영역-한정을 고려할 때, 이 주장은 "전반적 사회과 전문성"이라는 그 무엇을 배제시키는 결과를 가져올 가능성도 있다. 그럼에도 불구하고, 사회과 분야의 교육자들은 "학생이 사회과 내용을 독파해야 하는 이유가 무엇인가?" 같은 질문에 설득력 있게 대답하기 위해서는 사회과 수업에서 무엇보다도 강조되어야 할 목표가 설정되어야 한다고 주장한다. 일부 연구자는 "지역사회 관심사에 참여하고 사회적 정의의 실현을 추구하는 훌륭한 민주시민 육성을 도와주는" 사회 문제에 대한 탐구가 사회과 교육의 목표가 되어야 한다고 주장한다(VanSledright & Limón, 2006, p. 545). 그러나 *시민교육*이 강조되면서, 사회과 교육의 목표는 학생이 정보에 기초하여 공공 정책 사항에 대하여 적절한 결정을 내릴 수 있도록 도와주는 것으로 변화되고 있다(Brophy, 1990).

거의 모든 미국인은 지역사회에 살고 있으며 이중의 많은 사람이 부모이다. 그 결과, 대부분의 사람은 자신에게 영향을 미칠 수도 있는 다양한 사항을 잘 알고 있어야 한다. 예를 들어, 미국에서 계속되고 있는 논란을 살펴보자.

- 전 국민 의료보험 제도를 도입해야 하는가?
- 내전으로 발생한 대량학살을 막기 위해 파병해야 하는가?
- 연방정부의 재정적자를 해소하기 위해 세금을 올려야 하는가?
- 공립학교에서 종교교육을 허용해야 하는가?
- 환경오염 범칙금을 부과해야 하는가?
- 국기 훼손 금지법을 제정해야 하는가?
- 차별 철폐 조치가 필요한가?

이제 이 질문 각각에 대한 합리적인 대답을 찾아보자.

이런 질문에 대해 적절한 입장을 취하기 위해서는 상당한 지식이 분명히 필요하다. 특정 사실(예컨대, 미군의 수, 다른 국가의 군인 수 그리고 공격으로 피살될 수도 있는 시민 수 등)에 무지한 사람은 나중에 후회하게 될 입장을 택하게 될 것이다.

효과적인 의사결정에는 지식과 더불어 가치관도 포함된다(Solvic, 1990). 국회위원이 대량학살을 막기 위한 국외파병에 대한 선거구민의 의견을 듣기 위해 시의회 강당에서 회의를 여는 상황을 상상해 보자. 다음으로 회의 참석자 중에서 두 사람이 동일한 정보 즉, 파병을 할 경우 350명의 군인이 목숨을 잃을 수 있다는 정보를 가지고 있다고 생각해 보자. 미국인이 생명을 잃는 것은 정당화될 수 없다고 믿는 사람은 의원에게 파병에 반대하라고 할 것이다. 파병으로 백만 명의 생활이 좋아진다면 500명의 미국인이 희생할 가치가 충분히 있다고 믿는 사람은 의원에게 파병에 찬성하라고 할 것이다. 이는 동일한 정보를 가지고 있어도 가치관에 따라 선택이 다를 수 있다는 것을 잘 보여주고 있다.

사회과 교육자는 역사, 경제, 생활양식 및 세계 여러 나라에 관한 정보를 가르침으로써 논란이 되는 공공정책에 대한 의사결정에 필요한 지식을 가지게 되기를 바란다. 많은 학교에서는 특정 가치관(예컨대, 애국심, 타인존중)을 주입시키는 것도 강조하고 있다. 그러나 학생의 기존 가치와 관련시킬 수 있도록 도와줄 정도로 가치관을 주입하기 위해 노력하지 않는 학교도 있다(Brophy, 1990). 사회과 수업은 역사적으로 애국심과 집단적 국가 정체성 교육의 중심이었으며(VanSledright & Lemón, 2006) 인격교육의 장소였다는 점에 주목할 필요가 있다.

훌륭한 시민과 의사결정자가 되는 데 필요한 사실과 개념이 이해되는 시기는 언제인가? 특정 집단이 다른 집단보다 많은 사회과 지식을 획득하는가? 다음 절에서 이런 질문에 대한 대답을 살펴볼 것이다.

사회과 지식과 기능의 발달

여기에서는 사회과를 구성하는 네 학문분야, 즉 역사학, 지리학, 경제학, 공민 분야를 중심으로 연령에 따른 사회과 지식의 발달경향을 살펴볼 것이다.

역사

역사교육의 목표는 학생이 역사적 사실은 물론 그 의의를 이해하는 것이다(Brophy, 1990; VanSledright & Lemón, 2006). 예를 들어, 보스턴 차 사건을 가르치는 것은 학생이 단지 보스턴 차 사건이 있었다는 사실을 아는 것을 넘어 (a) 보스턴 차 사건의 이유, (b) (역사학자에 따르면) 보스턴 차 사건이 중요한 이유, (c) 미국의 주요 역사적 사건에서 보스턴 차 사건이 차지하는 위치를 이해하도록 하기 위한 것이다.

역사적 사건을 이렇게 이해하기 위해 무엇이 필요한가? 세 가지 인지능력이 반드시 필요한 것 같다. 첫째, 사건을 시간적으로 순서화하는 능력이 필요하다. 둘째, 사건 간의 인과관계를 이해하는 능력이 필요하다. 셋째, 역사학자는 단지 현실을 기록하는 것이 아니라 해석하며, 해석할 것을 선정하는 것도 선택적이라는 것을 인식하는 능력이 필요하다. 여기에서는 이런 능력의 발달에 대하여 자세히 살펴보고, 이어서 역사 성취도 평가에서 밝혀진 연령별 발달경향을 살펴볼 것이다.

시간개념. 과거와 현재의 차이를 이해하지 못하고 과거의 사건을 연대순으로 배열하지 못하는 학생에게 역사를 가르치는 것은 승산 없는 전쟁을 하는 것과 같을 것이다. 다행히 이런 능력은 초등학교 이전에 상당히 발달된다. 2세 정도의 아동도 지금 진행되고 있는 것과 이전에 일어난 것을 구분할 수 있다(Friedman, 1990; Nelson, 1991). 또 이들은 이루어지는 순서가 친숙하고 두 가지로 한정되어 있는 경우에는 다른 사람의 행위를 순서에 맞게 모방하는 것도 가능하다. 4세경에는 사건에 대한 표상은 더욱 확장된 복합적인 순서 "스크립트"(extended, multiple-sequence "scripts")로 발달된다(예컨대, 점심시간 스크립트, 2장 또는 Nelson, 1986 2장 참조).

어린 아동이 과거와 현재 간의 차이를 이해하고 사건을 간단한 순서로 배열할 수도 있긴 하지만, 아동의 시간개념을 집중적으로 연구한 Friedman(1990)은 다음과 같이 말하였다.

> 과거와 미래에 대한 아동의 감각은 성인의 감각과는 많이 달라서 (중략) 장기간의 패턴과 습관적 체제에 대한 지식이 결여되어 있을 것이다. (중략) 어린 아동은 성인에 비해 훨씬 덜 분화된 과거를 경험할 것임은 의심할 여지가 없다. 어린 아동은 과거 사건을 전체 구조의 관점에서 보지 못하고 하나하나를 분리시켜 인지할 뿐이다(p. 93).

또한 어린 유아가 성공한 과제는 자신의 활동에 관한 것이라는 점에 주목할 필요가 있다. 자신이 참여한 일련의 사건을 회상하는 것보다 다른 사람에게 일어난 사건을 개념화하는 것이 더 어렵다.

Friedman(1990, 2005)은 관련연구를 광범위하게 검토하고 나서, 나이 많은 취학 전 아동이 표상할 수 있는 과거의 범위는 24시간 정도인 반면에 6~7세 아동은 계절이나 공휴일을 나타내는 카드를 정확하게 순서화할 수 있으며, 이는 이들이 연례적인 사건을 이해할 수 있다는 것을 보여주는 것이라고 주장하였다. 6~7세 아동은 요일과 달을 순서화할 수도 있다. 시간 패턴에 대한 사고의 범위와 일관성은 8세에서 청소년기 사이에 증가한다. 청소년은 어린 아동보다 시간의 관습성(the conventional quality of time)[예컨대, 일광시간 절약제(daylight savings time)]을 잘 이해할 것이다.

이런 점을 고려할 때, 취학 전 아동에게 역사적 사건의 순서를 가르치려고 하는 것은 분명히 성공하지 못하고, 초등학교 저학년에게 가르치는 것도 성공하지 못할 가능성이 높다. 대부분의 교육구에서 초등학교 4학년 이하의 아동을 위한 사회과 수업의 범위가 "지역사회"까지로 제한되어 있는 것은 이 가정에 따른 것이다(Brophy & VanSledright, 1997; Brophy, VanSledright & Bredin, 1992; Wyner & Farquhar, 1991). 대부분의 *교육구에서*는 사회과 수업의 범위가 유치원은 자신(나), 1학년은 가족, 2학년은 이웃, 3학년은 지역사회 그리고 4학년은 주 수준으로 한정되어 있다. 미국역사나 서양역사에 대한 체계적인 수업은 일반적으로 5학년 이후에 시작된다. 이에 따라 어린 아동을 위한 역사교육은 아동 개인의 역사(즉, 아동이나 그의 가계에서 일어난 사건)에 한정되고, 점진적으로 이웃, 지역사회, 주의 역사로 확대된다. 이러한 역사과 교과과정 구성은 어린 아동이 구체적이고 자기중심적인 사고 경향이 있다는 Piaget의 인지발달 이론에 근거하고 있다.

그럼에도 불구하고, 아동은 종종 가르친 것을 배운다는 사실은 자명하다. 많은 연구자는 Piaget의 연구에 의문을 제기하면서 미국역사나 서양역사를 5학년 이후에나 가르쳐야 한다는 주장에 반대하고 있다(Levstik & Pappas, 1987; VanSledright & Limón, 2006). 일부 연구자는 이보다 이른 시기에 역사를 가르칠 수 있다는 사실을 보여주었다(Alleman & Rosaen, 1991; VanSledright & Limón, 2006). Levstik과 Barton (1996)은 유치원에서 초등학교 6학년까지 학생에게 9개의 사진을 보여주고 연대순으로 배열하도록 하였다. 배열된 순서에는 학년 간에 큰 차이가 없었으나 사용된 전략에는 차이가 있었다. 예를 들어, 가장 어린 유치원 아동은 보다 넓은 범위(예컨대, 현재 대 근래 대 먼 과거)로 구분한 반면, 나이 많은 아동은 보다 미세하게 구분하기 위하여 의상과 같은 단서를 활용하였다. 3학년까지는 시기가 중시되지 않았고, 5학년이나 6학년이 되어서야 시기가 역사적 시대(예컨대, 식민지 시대)와 연관되었다. 연구대상 아동이 전통적인 광역 학구 학생이었다는 사실은 생각하는 것보다 더 일찍 역사를 가르칠 수 있다는 것을 시사하고 있다.

아동이 보다 이른 시기에 역사를 이해하도록 돕는 한 가지 방법은 일련의 역사적 사건을 상응하는 순서로 실연(예컨대, 역할극)하도록 하는 것이다. 아동은 행동에 옮김으로써 사건의 동기를 잘 이해하게 되고, 그에 대한 "스크립트"를 발달시킬 수 있을 것이다. 스크립트 형성을 위해서는 일정 정도의 일관성과 반복연습이 필요하기 때문에, 아동은 여러 해에 걸쳐 연속적으로(예컨대, 유치원, 1학년, 2학년 식으로) 사건의 순서와 동일하게 반복하여 실연해야 할 것이다. 그렇지만 Case(1998)를 비롯한 연구자들(Brophy & VanSledright, 1997)이 지적한 바와 같이, 아동이 역사에 대한 *설화식* 이해(narrative understanding)를 발달시키기 위해서는 스크립트-유사 지식(script-like knowledge)이 소박한 심리학 지식과 융합되어야 한다. 이런 이해는 시대 순으로 단조롭게 기술된 내용을 보다 깊이 이해하는 데 필요한 시간-인과적 통찰을 할 수 있도록 한다. 또한 교사는 설화식 접근을 통하여 아동에게 역사를 생생하게 전달하고 흥미롭게 만들어 주는 각색된 역사교재를 활용할 수 있다(Brophy & VanSledright, 1997).

인과관념. 여러 연구자가 밝힌 바와 같이, 역사에 대한 포괄적 접근의 정수는 *왜* 특정사건이 일어났고, 그것이 역사의 흐름에 *어떤* 영향을 미쳤는지를 이해할 수 있게 하는 것이다(Brophy & VanSledright, 1997; Hallden, 1986; McKeown & Beck, 1990). 영아나 취학 전 아동도 단순한 인과관계를 이해할 수 있다는 것(10장 참조)이 밝혀졌다. 이런 연구결과에 비추어, 좀 더 나이 많은 아동은 보스턴 차 사건이 왜 일어났고, 그 사건이 후속되는 사건에 어떤 영향을 미쳤는지를 이해할 수 있다고 할 수 있는가?

보스턴 차 사건이 일어난 이유를 이해하기 위해서는 적어도 "세금", "대표" 같은 추상적인 개념이 이해되어야 할 것이다(McKeown & Beck, 1990). 더 나아가, 집단행동과 집단과정의 중요한 측면을 이해하는 것은 물론 주요 인사의 동기와 신념체제가 이해되어야 한다. 따라서 심리학, 철학, 사회학 및 정치학의 인과원리에 대한 이해가 필요할 것이다(이들은 개인과 집단의 행동을 설명하기 때문이다). 이러한 원리의 추상성과 정교성을 고려할 때, 교사가 아무리 노력해도 학생은 사건의 원인을 단순히 개인의 동기에서 찾는 경우가 많다는 것은 놀랄 일이 아니다(Hallden, 1986; VanSledright & Limón, 2006). 더 나아가, 인과적 설명과 일반화된 개념이나 원리가 설명되어 있지 않은 교과서가 많다는 점을 고려하면, 학생의 역사 지식이 종종 단순 연합과 서로 연결되지 않은 구조로 특징지어지는 것도 놀랄 일이 아니다(McKeown & Beck, 1990; Twyman, McCleery, & Tindal, 2006).

인과관계를 이해하고 있는지를 알아보는 한 가지 방법은 **사실에 반하는 추론**(counterfactual reasoning)을 하도록 하는 것이다. 사실에 반하는 추론이 가능한 사람은 특정 사건이 일어나지 *않았다면* 어떻게 되었을지를 그릴 수 있다. 사실에 반하는 추론이 어떻게 작용하는지를 알기 위해 다음 세 질문에 대답해 보자.

1. 카톨릭 교회가 Henry 8세의 이혼을 허락하고 Martin Luther가 제기한 문제를 인정했어도 청교도 혁명이 일어났을까?
2. Kennedy 대통령이 암살되지 않았다면 베트남에서 미군이 철수했을까?
3. 2000년 대통령 선거에서 플로리다 주민 600명이 Al Gore를 지지했다면, 미국이 이라크를 침공하지 않았을까?

Piaget 이론에 따르면, 10세나 11세 이전의 아동은 사실에 반하는 추론을 할 수 없다(2장 참조). Piaget가 아동의 능력을 과소평가했다는 비판이 있으므로, 10세 이하의 아동이 어떤 상황에서 사실에 반하는 추론을 할 수 있는지를 밝히는 연구가 나올 것인지는 두고 볼 일이다. 하여간, 어떤 일이 일어나지 않았다면 어떻게 되었을 것인지를 이해하기 위해서는 먼저 왜 그런 일이 일어났는지 이해해야 할 것이다. 어린 학생에게는 이런 이해가 쉽지 않다고 했으므로 초등학생이 사실에 반하는 추론을 하는 것은 어려운 일일 것이다. 그렇지만 이 말이 초등학생은 사실에 반하는 추론을 하는 능력이 없다는 것을 의미하는 것은 아니다. 이 능력의 핵심은 관련된 인과관계를 이해할 수 있는 것이다. 예를 들어, Perner, Sprung과 Steinkogler(2004)는 관광 여정의 구체적 모형을 학생에게 제시하였다. 이 모형에서 구체적인 출발지(예컨대, 정박지)가 한 가지 이상의 여행유형(선박 여행)과 연결되었다. 인형(예컨대, Susan)을 첫 출발지에 가져다 놓아 여정을 선택한 다음에 아동에게 "Susan이 여기 말고 버스 터미널에 있다면, 어떻게 여행했을까?" 식의 사실에 반하는 질문을 하였다. 연구결과, 4세 아동의 75%가 이 질문에 알맞은 답을 하였다.

해석자이면서 증거 수집가인 역사가. 역사에 대한 정교한 이해를 위해서는 정신적 시계열을 구성하고 인과관계를 이해하는 능력이 필요할 뿐 아니라 역사가는 사건을 해석적으로 보도록 하는 지론과 편견을 가지고 있다는 것도 이해해야 한다. 어린 아동은 "실재"는 오직 하나뿐이며, 이 세상 모든 사람이 똑같이 지각하는 것으로 생각한다(Kuhn, Amsel, & O' Loughlin, 1988; VanSledright & Limón, 2006). 어린 아동은 역사가가 역사적 사건(예컨대, 남북전쟁 때의 전투)을 기록할 때 모두가 동일하게 기록했을 것으로 믿는다. 두 역사가가 동일한 사건을 서로 다르게 서술했다면, 아동은 두 사람 중 한 사람의 서술은 거짓이라고 믿는다. 성인은 역사적 사건에 대한 서술이 서로 다를 수 있다는 것을 이해한다. 예를 들어, 성인은 남부의 보수적인 대학 출신 역사가와 북부의 진보적인 대학 출신 역사가는 남북전쟁을 서로 다른 관점에서 볼 것이라는 것을 인식할 것이다.

평균 능력 이상의 5학년 학생도 편향적 해석이 있을 수 있다는 것을 초보적 수준에서 이해할 수 있긴 하지만(Brophy et al., 1992; VanSledright & Limón, 2006), 성인도 역사적 사건에 대한 해석이 다양할 수 있다는 것을 충분히 이해하지 못한다(Kuhn, et al., 1988; Lee & Shemilt, 2003; Rouer, Marron, Perfetti, & Favart, 1998). 따라서 대부분의 초등학생은 역사 수업에서 제시된 모든 정보는 순수한 "사실"로 받아들일 것이다. 초등학생이 이렇게 생각하는 것은 교과서나 교사가 역사적 정보를 그렇게 제시하기 때문일 수도 있다(Twyman et al., 2006; VanSledright & Kelly, 1998). 그렇다면, 수업을 통하여 지금까지 밝혀진 것보다 더 이른 시기에 역사적 사건에 대한 다양한 해석 가능성을 이해할 수 있도록 할 수 있을 것이다. 이를 위한 수업전략으로는 학생을 소집단으로 구성하여 (예컨대, 추수감사절을 위한) 기념장식 만들기 대회를 개최하는 것도 좋을 것이다. 이 때 작품 평가는 각각 집단에서 학생 한두 명을 선정하여 심사하도록 한다. 이 활동을 통하여 학생은 관찰자가 편견을 가질 수 있다는 것을 바로 깨닫게 될 것이다.

역사를 깊이 이해하기 위해 마지막으로 필요한 것은 역사가가 다양한 자료를 이용하여 역사를 재구성한다는 것을 아는 것이다. 이를 이해하기 위해, 한 역사가가 노예가 자신이 노예인 것과 노예해방을 어떻게 생각하는지 조사한다고 하자. 역사가는 어떤 증거를 찾아야 할까? 어떤 노예가 다른 노예에게 쓴 편지는 어떨까? 그 편지에 노예가 불만이 없고 왜 전쟁을 하는지 모르겠다고 쓰여 있었다면, 그 편지가 믿을 만한 증거가 될까? 노예가 도주를 시도한 빈도를 기록한 문서는 어떨까? 도주를 시도한 횟수가 노예가 행복해했는지 아니면 불만이 있었는지를 판단하는 증거가 될 수 있을까? 전문 역사가는 해석하기 위해 사용된 증거의 신빙성에 주목하지만(Rouet, Favart, Britt, & Perfetti, 1997; Wineburg, 1991, 1998), 초등학생이나 중학생은 증거수집 과정을 거의 간파하지 못한다(VanSledright & Kelly, 1998). 그 이유는 교과서나 교사가 역사가의 주장을 의심할 여지 없는 사실로 제시하기 때문일 것이다. 역사를 전공하지 않는 대학생을 대상으로 이루어진 연구에서 학생들은 다양한 자료로부터 응집된 정신적 모형을 만든다는 것이 밝혀졌다(Rouet, Britt, Mason, & Perfetti, 1996). 미국 학생들이 역사적 통찰을 하지 못하는 또 하나의 이유는 가르치는 방식 때문인 것 같다. 예를 들어, 영국에서는 자료와 타당성을 고려하여 증거를 평가하는 방법을 가르친다. 이들은 다양한 증거를 보강하여 해석하는 방법도 가르친다. 미국 학생보다 영국 학생이 증거의 본질과 역사에 대한 추론의 해석적 성격을 훨씬 잘 파악하는 것으로 나타났다(VanSledright & Limón, 2006).

전국 성취도 평가 결과. 1994년에 실시된 NEAP 역사 성취도 평가는 50명 이상의 역사학자, 교육자, 행정가와 연구자의 권고에 기초하였다. 이 권고에서는 학생은 네 가지 주제, 즉 (1) 미국 민주주의의 변천과 연속성: 아이디어, 제도, 실제, 논쟁점(예컨대, 남북전쟁, 민권운동 등과 관련된 쟁점), (2) 인간 및 문화 아이디어의 집결과 상호작용(예컨대, 이민양상, 지역갈등, 남성과 여성의 역할 변화), (3) 경제 및 기술 변천과 이 변화가 사회, 아이디어 및 환경에 미친 영향(예컨대, 농촌 중심의 농업경제에서 산업경제로의 변화) 그리고 (4) 미국의 역할 변화(예컨대, 미국의 외교정책에 영향을 미친 요인에 대한 이해)를 이해할 수 있어야 한다고 강조하였다(Beatty, Reese, Persky, & Carr, 1996). 성취도 검사는 대규모로 대표표집된 4학년, 8학년, 12학년을 대상으로 실시되었다.

학생의 성취도는 기본(능숙한 학습의 기초가 되는 필수 지식과 기능을 부분적으로 학습한 수준), 우수(다소 어려운 교과지식을 충분히 학습하고 실생활 상황에 적용할 수 있으며 분석 능력을 학습한 수준), 탁월(탁월한 성취 수준)로 등급화되었다. 등급에 포함되는 구체적인 내용은 학년별로 차이가 있다. 예를 들어, 4학년의 우수 등급은 역사적 인물과 사건의 중요성을 찾고 의견 말하기, 교재, 지도 및 연대표에 있는 정보 해석하기, 발명과 기술의 변화가 역사에 끼친 영향 인식하기 같은 능력을 가진 수준이다. 8학년의 우수 등급은 4학년의 우수 등급에 해당하는 능력 이외에 역사적 사건과 그 사건의 맥락 간의 연관성 이해하기, 미국의 다양성에 내재한 장점과 문제점 이해하기, 결론을 지지하는 1차 자료와 2차 자료의 증거를 인용하여 자신의 생각을 전달하기 같은 능력이 포함된다. 12학년의 경우에는 역사적 사건의 상호연관성에 대한 이해와 정치, 경제, 지리, 사회, 종교, 기술 및 이념적 요인이 역사에 미치는 영향에 대한 이해도 포함된다.

성취도 분석 결과, 4학년의 경우에 각 등급에 해당되는 학생의 비율은 각각 47%(기본 등급), 15%(우수 등급), 2%(탁월 등급)였고, 8학년의 경우는 각각 46%(기본 등급), 13%(우수 등급), 1%(탁월 등급)로 나타났다. 그리고 12학년은 각각 32%(기본 등급), 10%(우수 등급), 1%(탁월 등급)인 것으로 밝혀졌다. 이러한 결과는 대부분의 4학년과 8학년은 기본 등급 이상의 능력을 성취하였지만 40% 정도의 학생은 기본적 이해 수준에 미치지 못하고 있다는 것을 시사하고 있다. 12학년의 경우에는 57% 정도가 기본적 이해 수준에 미치지 못한 것으로 밝혀져 더욱 실망스러웠다. 2001년의 평가 결과도 1994년 결과와 비슷하였다(예컨대, 기본적 이해 수준 이하의 성취를 보인 학생의 비율이 4학년 33%, 8학년 36%, 12학년 57%였다).

1994년과 2001년의 성취도 분석결과는 역사교육이 고등학교를 졸업할 때까지도 학생이 사실, 유명한 역사적 인물 및 간단한 연대표를 보통 이상의 수준에서 이해할 수 있도록 끌어올리지 못하고 있다는 것을 시사하고 있다. 다시 말하지만, 이렇게 된 것은 교과서나 교사가 정보를 제공하는 방식 때문일 수 있다(VanSledright & Limón, 2006).

요약. 역사 교육자는 학생이 (a) 중요한 역사적 사건이 일어난 연대를 알고, (b) 이 사건의 원인을 이해하며, (c) 이 사건이 중요한 이유를 이해할 수 있길 바란다. 역사 교육자는 더 나아가 학생이 역사가가 부분적인 증거를 사용하여 사건을 해석하고 재구성한다는 것도 이해하길 바란다. 학생은 이러한 과제를 점진적으로 학습해가기는 하지만, 고등학교를 마칠 때까지도 높은 수준에서 역사를 이해하지 못하는 학생도 많다는 사실이 밝혀졌다.

VanSledright와 Limón(2006)은 역사추론 능력에는 두 종류의 지식, 즉 내용지식과 절차지식이 들어 있다고 주장한다. 내용지식은 다시 두 수준, 1차 수준과 2차 수준으로 구분된다. 1차 수준의 개념적, 설화적 아이디어와 지식은 "누가", "언제", "어디서", "어떻게" 같은 질문에 대한 답을 아는 것이다. 2차 수준의 개념적 아이디어와 지식에는 1차 수준의 표상에 의미를 불어넣기 위해 역사가가 부과한 개념이 포함된다. 예를 들어, 보스턴 차 사건의 경과를 아는 것은 1차 수준의 내용지식이다. 이 사건의 발발 원인과 중요한 이유를 이해하는 것은 2차 수준의 내용지식이다. 역사가의 절차지식은 증거를 수집하고, 추론하고, 주장을 도출하는 방식과 관련 있다. 앞에서 살펴보았던 발달에 관한 연구에서, 1차 수준의 역사 내용지식은 연령에 따라 발달하지만 2차 수준의 내용지식과 절차지식은 거의 발달하지 않는다는 것이 시사되고 있다.

지리

지리 교과서에는 "지리학 기능(예컨대, 지도 읽기), 인문지리(예컨대, 주요 문명사회의 위치) 그리고 자연지리(예컨대, 세계 자연자원의 위치)라는 제목으로 묶일 수 있는 다양한 주제가 포함되어 있다(Farrell & Cirrincione, 1989). 교사들은 지도 읽기 및 위치 찾기와 관련된 주제를 가장 중요시한다(그림 11.1 참조). 따라서 이와 관련된 내용의 학습과 발달경향에 관한 연구를 살펴보는 것이 좋을 것이다.

독도 기능. 학생이 지도의 의미를 이해하기 위해서 적어도 세 가지의 일 즉, (a) 지도 제작에 사용되는 상징과 상형문자형의 상징(예컨대, 주의 수도를 나타내는 별표와 주요 도시를 나타내는 상징)을 인지하여 변별하고, (b) 이들이 실재하는 3차원적인 대응체(예컨대, 실제 도시)를 나타낸다는 것을 이해하며, (c) 지도상의 공간 배치(예컨대, Pensylvania에 대한 상징은 Maryland에 대한 상징 위쪽에 있는 것)를 실제 물리적 세계(Pensyvania주는 Maryland주의 북쪽에 있다는 것과 3차원적인 세계와

그림 11.1 지리과 주제의 중요도에 대한 사회과 교사의 평가결과

평정	점수
1. 지도해석	4.32
2. 주요 대륙과 대양의 위치	4.30
3. 세계의 상호의존성	4.29
4. 자연자원의 분포	4.24
5. 지도 및 지도책에서 위치 찾기	4.23
6. 자연자원의 보존	4.17
7. 주요 문명지역의 위치	4.15
8. 주요 문명집단의 위치와 분포	4.14
9. 세계 주요 정치 집단의 위치와 특징	4.11
10. 정책결정과 국토 활용 간의 관계	4.06

Farrell, R.T. & Cirrincione, J. M. (1989). The content of Geography curriculum- a teachers perspective. *Social Education*, 53, 105-108에서 인용. 평정은 "전혀 중요하지 않음(1)" 에서 "매우 중요함(15)" 범위로 이루어졌음.

2차원적인 지도는 완벽하게 상응하지 않는다는 것을 인식하는 것)에 투사할 수 있어야 한다(Bluestein & Acredolo, 1979; Liben & Downs, 1993; VanSledright & Limón, 2006). 더 나아가, 학생은 (쇼핑 몰에서 볼 수 있는 위치도의 경우에서와 같이) 자신의 시좌와 일치하지 않더라도 지도를 사용할 수 있어야 한다.

많은 취학 전 아동이 초보적인 독도 기능을 가지고 있다. 예를 들어, 곰 인형이 숨겨진 장소를 나타낸 2차원적인 방 그림을 보여주었을 때, 3세 아동의 50% 정도와 4~5세 아동 거의 전부가 그림을 이용하여 장난감 곰을 찾아냈다(Bluestein & Acredolo, 1979; Presson, 1982). 그러나 보다 복잡한 교실 지도를 제시하고 교실에 있는 사람의 위치를 표시하도록 하였을 때는 5세 아동의 성공률이 43% 정도였다. 1학년과 2학년에서는 성공률이 각각 65%와 85%로 높아졌다(Liben & Downs, 1993). 또한 지도를 아동의 시좌에서 180도 회전시켜 제시한 경우에 5~6학년 학생의 수행은 달라지지 않았으나 이보다 어린 아동의 수행은 현격하게 떨어졌다.

이런 연구결과는 어린 아동도 지도가 일단의 실제 위치를 나타낸다는 것과 특정 위치를 찾기 위해 지도를 이용할 수 있다는 것을 이해할 수 있다는 것을 시사한다. 지도활용 능력은 아동 중기까지 계속 발달한다. 특히, 아동은 자신의 시좌에 맞지 않는 지도, 가본 적이 없는 위치에 대한 지도 그리고 실제 세계와 유사하지 않은 추상적 상징을 활용한 지도를 다루는 능력도 발달시킨다(Liben & Downs, 1993).

이런 능력의 향상에 기여하는 한 요인은 공간 능력의 발달이다. Piaget의 공간 과제에서의 성공과 지도 읽기 과제에서의 성공 간에 상관관계가 있다는 것이 일관되게 밝혀졌다(Liben & Downs, 1993; Muir, 1985). Piaget의 관점에서 보면, 기능은

경험을 통하여 구성된다(2장 참조). 학교에서 보물 찾기 놀이 등을 통하여 지도활용 기회가 많이 제공되면, 아동은 지도 읽기 기능을 쉽게 학습할 것이다. 지도의 비교적 어려운 측면을 이해할 수 있도록 돕기 위해서는 실제 상징을 추상적 상징(예컨대, 나무는 별표, 그네는 사각표)으로 바꾸어 표시하도록 하거나 시좌를 정신적으로 회전시키는 방법의 학습을 위하여 지도를 시좌와 다른 방향으로 제시하는 것 같은 활동을 할 필요가 있을 것이다.

위치 찾기. 나이 많은 아동은 어린 아동보다 세계지도에서 국가를 잘 찾는다. Herman, Barron, Hawkins와 Berryman(1988)은 2,800여 명의 학생에게 세계지도에서 10개 나라를 찾아내도록 하였다. 10개국 모두를 바르게 찾은 학생의 비율은 4학년이 30%, 5학년이 40% 그리고 6학년이 44%였다. 모든 학년에서 멕시코를 찾은 학생의 비율(4학년 43%, 5학년 63%, 6학년 63%)이 가장 높았고 베네수엘라를 찾은 학생의 비율(각각 18%, 31%, 34%였다)이 가장 낮았다. 대학 1학년을 대상으로 수행된 Cross(1987)의 연구에서는 중국, 쿠바, 영국, 엘살바도르, 에티오피아, 인도, 이란, 레바논, 폴란드, 남아프리카, 러시아의 위치를 모두 찾아낸 학생은 39%에 지나지 않았다. 학생들은 소련(73%)과 쿠바(65%)를 잘 찾았고 레바논(11%)과 폴란드(12%)는 잘 찾지 못했다. Friedman과 deWinstanley(2006)는 문과대학 학생의 위치찾기 기능에 관한 세 편의 연구를 수행하였다. 연구대상 학생들은 제시된 국가의 2/3 정도를 재인하였고, 자유-회상 검사에서는 그 중 1/3 정도의 국가를 기억할 수 있었다. 흥미로운 것은 뉴스에서 언급된 횟수가 재인과 회상의 예측변인이었다는 것이다. 해당 국가의 번영정도, 인구밀도 및 지리적 위치도 영향을 미쳤다. 관련 연구결과는 전반적으로 위치 찾기 기능이 연령과 더불어 발달되기는 하지만 대학생의 경우에도 그 발달정도는 크지 않다는 것이 시사되고 있다.

전국 성취도 평가 결과. 1994년 NAEP의 지리시험은 세 하위검사로 구성되었다. 첫 번째 하위검사는 지리가 "지구에 있는 지역, 지표면의 공간 패턴 및 공간 패턴을 조성한 물적 과정과 인적 과정과 관계있다는 것"을 알고 있는지를 평가하기 위한 문항으로 구성되었다(Persky, Reese, O' Sullivan, Lazer, Moore, & Shakrani, 1996, p. 4). 두 번째 하위검사는 공간 및 위치에 관한 지식과 더불어 환경과 사회에 대한 지식을 평가하기 위한 문항으로 구성되었다. 학생들은 인간에 의한 "환경변화의 본질, 정도 및 파생된 결과"를 알고 있다는 것을 보여주어야 한다(Persky et al., 1996, p. 4). 마지막 하위검사인 공간 역동성과 연관성에 관한 검사는 세계의 자원이 균등하게 분포되어 있지 않으며 이런 상황이 인구이동, 무역 및 국제분쟁에 영향을 미친다는 것을 알고 있는지를 평가하는 문항으로 구성되었다.

지리평가에서도 학생의 성적은 기본, 우수, 탁월의 세 등급으로 범주화되었다. 예를 들어, 4학년의 경우에 탁월은 지도에서 지역의 위치를 찾을 수 있고, 기술된 내용에 따라 자신의 지도를 제작할 수 있으며, 기본적인 지리 용어를 적절하게 사용할 수 있고, 인간이 어떻게 "환경에 의존하고, 적응하며, 변화시키는지"를 구체적인 예를 들어 설명할 수 있는 수준이다(Persky et al., 1996). 8학년과 12학년의 탁월 수준은 이러한 기능을 확장하여 더욱 깊이 분석하고 다양한 자료를 활용하여 해석할 수 있는 수준이다. 성취도 분석 결과, 기본, 우수, 탁월로 평정된 4학년 학생의 비율은 각각 45%, 19%, 3%였다. 8학년의 비율은 각각 39%, 24%, 4%였고, 12학년의 비율은 41%, 25%, 2%였다. 1994년 역사 성취도 평가와 마찬가지로, 대부분의 학생은 기본 수준이었지만 30%의 학생은 기본 수준에 미달하였다. 2004년에 실시된 지리 성취도 평가의 결과도 1994년과 거의 동일하였다(기본 미달 학생의 비율이 4학년이 26%, 8학년은 26%, 12학년은 29%였다). 따라서 많은 미국 학생의 지리에 관한 지식과 기능 수준은 매우 초보적인 수준에 머물러 있다고 할 수 있다.

"별것도 아니네. 어디에 어느 나라가 있는지는 조종사한테나 중요하지!"라고 하면서 이런 결과를 대수롭지 않게 생각할 수도 있을 것이다. 그러나 위치를 아는 것은 세계를 이해하는 데 매우 중요하다. 예를 들어, 폴란드의 불행한 역사는 독일 및 러시아와 국경을 접하고 있다는 사실과 관계있다. 위치를 아는 것은 반복학습을 통해서만 가능하다. 그러나 파지를 높일 수 있는 다양한 기억전략(예컨대, 심상화, 3장 참조)은 학습동기를 높일 수 있는 인센티브도 있다. 어딘가를 가고 싶을 때(예컨대, 봄 휴가 동안에 여러 주를 운전하여 지나갈 계획을 세울 때) 지역이나 지도 활용법 학습이 잘된다.

경제학

모든 사회에는 욕구(예컨대, 갈증, 공복, 이동 등)를 가진 인간과 욕구를 충족시키는 데 활용될 수 있는 자원(예컨대, 물, 음식 및 운송수단 등)이 있다. 경제학이란 개인의 욕구와 한정된 공동의 자원 간에 균형을 유지하는 방법을 연구하는 학문이다(Sunal, 1991). 경제학자는 이런 상황을 기술하고 균형이 어떻게 깨어지는지를 설명하려는 노력으로 결핍, 통화 가치, 이윤, 소비, 생산, 경제적 불평등 같은 개념을 만들었다. 교육연구가와 발달연구자는 아동이 이런 추상적 개념과 이들 간의 기능적 관계(예컨대, 공급과 수요)를 이해할 수 있는 시기를 밝히기 위해 노력해 왔다.

많은 연구자는 경제학에 대한 이해를 평가하기 위하여 Piaget의 방법을 사용하였다. 특히, 반응을 유발하기 위하여 구체적인 자극(예컨대, 가게 놀이의 모조 화폐)을 활용하여 아동의 경제 개념 발달 단계를 제안하였다(Schug, 1987; Sunal, 1991).

개념에 따라 단계의 수와 구체적인 내용이 다르긴 하지만, 여러 연구에서 공통적인 발달경향이 밝혀졌다. 경제에 대한 저학년 아동의 이해는 매우 제한적이다. 예를 들어, 어린 아동은 모든 사람이 필요한 것을 가질 수 있으며, 상인은 자신이 구입한 가격보다 많이 받지 않는다고 믿는다. 더욱이, 가게에서 화폐를 주고받는 것은 관습적 행동에 불과한 것으로 생각한다(Sunal, 1991; Webley, 2005).

아동은 나이가 들면서 점차적으로 결핍, 이익 같은 개념을 보다 정확하게 이해하나, 하나의 체제로 통합시키지는 못한다. 예를 들어, 어린 학생은 사람이 필요한 것이 있기 때문에 상점이 존재한다는 사실과 상점주인은 사람의 욕구를 충족할 수 있도록 도와줌으로써 생활비를 번다(즉, 이익을 얻는다)는 사실을 인식하지 못한다. 학생들은 종종 상거래에 도덕적 고려사항을 그대로 적용하여, 상점주인은 상점을 꾸려나갈 정도의 물건을 이윤을 남기지 말고 팔아야 한다고 주장한다(Leiser & Halachmi, 2006). 청소년기에 이르러 개념은 하나의 체제로 통합되기 시작하고, 학생들은 경제학자과 같은 방식으로 경제의 기본 개념을 이해하는 것 같다(Schug, 1987).

근래에, 사회과의 다른 학문과 마찬가지로 경제학에서도 어린 아동이 경제학의 기본 개념을 이해할 수 없다는 주장에 대해 의문이 제기되고 있다. 대부분의 연구자는 어린 아동이 특정 개념을 이해하지 못하는 것은 경험부족 때문이라고 주장한다. 예를 들어, 학교에서 "미니-경제활동"에 참여한 아동의 경제개념에 대한 이해는 단계이론에서 시사된 것보다 훨씬 높다는 것이 밝혀졌다(Schug & Walstad, 1991). 이와 관련하여, 어린 아동의 경제에 대한 통찰을 발달시킬 수 있는 방법이 많이 제안되었다. 예를 들어, Siegler와 Thompson(1998)은 4세에서 10세까지의 아동에게 레몬주스 가게를 운영하는 아이의 이야기를 들려주었다. 연구문제는 피험자가 다섯 변인, 즉 (1) 수요(즉, 찾는 사람이 많으면 매출이 증가될 것이다), (2) 공급(즉, 경쟁가게가 증가하면 매출이 감소될 것이다), (3) 동기(즉, 주스를 팔려는 욕구의 강도), (4) 도덕성(즉, 매상과 관계없는 상황에서의 윤리), (5) 주스를 담는 컵의 색상과 매출 간의 관련성을 이해하는지 밝히는 것이었다. 세 번의 실험을 통하여, 취학 전 아동도 수요의 효과를 이해하는 것으로 밝혀졌다. 7세 아동은 공급의 효과도 이해하는 것 같았다. 그러나 동기와 도덕성이 매출에 어떻게 영향을 미치는지에 대한 설명 능력은 9세가 되어서야 나타났다.

Tompson과 Siegler(2000)의 추수연구에서도 이와 매우 유사한 결과가 밝혀졌으며, 더 나아가서 어린 아동은 반비례를 이해하지 못하고 여러 사람의 관점을 동시에 고려하지 못한다는 사실도 밝혀졌다. 즉, 어린 아동은 경쟁이 심해지면 가격이 내려갈 것으로 생각하지 않고 "다다익선"(경쟁이 심해지면 가격은 올라간다)의 입장을 보인다. 아동이 경제체제를 이해하기 위해서는 구매자, 판매자 그리고 생산자 사이에서 가끔 발생하는 갈등도 조정해야 한다. Leiser와 Halachmi(2006)는 어린 아동은 화폐 개념을 완벽하게 이해하지 못한다고 주장하였다. 이들은 금전거래에 관한 이야기를 (친구 간의) 물물교환에 관한 이야기로 바꾸어 들려주었을 때는 공급-수요의 법칙에 대한 이해에서 나타나는 연령 간의 차이(발달차)가 나타나지 않을 것으로 가정하였다. 연구결과, 금전거래에 관한 이야기를 들려주었을 때나 물물교환으로 바꾸어 들려주었을 때나 공급-수요의 법칙에 대한 이해에 차이가 없었다. Leiser와 Halachmi(2006)는 보다 이른 시기에 이해되는 개념은 한 개인(즉, 판매자)의 결정에 관한 것이기 때문에 쉽게 이해될 것이라고 하였다. 그러나 보다 복잡한 개념을 이해하기 위해서는 의사결정을 내리고 실행에 옮긴 결과로 간접 효과도 발생할 수 있는 개인 간 체제에서 이루어지는 복잡한 상호작용을 이해할 수 있어야 한다.

공민

민주주의에 참여하기 위해서는 정부의 책임(예컨대, 국가방위, 아동교육 등), 개인의 권리와 책임(예컨대, 선거권과 표현의 자유) 그리고 국민과 정부 간의 상호관계에 대한 학습이 필요하다. 공민 교육자는 학생에게 이런 지식을 주입하려고 한다. 이런 노력이 성공을 거두고 있는가?

불행하게도, 대부분의 연구에서 공민교육이 성공적이지 못하다는 것이 시사되고 있다. 예를 들어, 일부 소규모 연구에서 공민 내용에 대한 학생의 이해는 매우 피상적이며 정부의 기능에 대해 심각한 오개념을 가지고 있다는 것이 밝혀졌다(Patrick & Hoge, 1991). 전국 성취도 평가 결과에서도 공민에 대한 학생의 지식은 연령과 더불어 증가하긴 하지만, 12학년 학생도 민주주의에 완전하게 참여하기에 충분할 정도의 지식은 가지고 있지 않은 것으로 나타났다. 예를 들어, 1988년의 공민과 전국 성취도 평가에서 (a) 정부의 책임, (b) 국민과 정부의 관계 그리고 (c) 개인의 권리를 이해하는 4학년, 8학년, 12학년의 비율이 각각 10%, 61%, 89%로 밝혀졌다. 헌법에 규정된 미국 정부의 구조, 기능 및 권력에 대한 이해의 비율은 각각 0%, 13%, 49%였다(Depart of Education, 1990).

1998년 평가에서도 결과는 비슷하였으나 평가내용의 변화로 다소 차이가 있었다. 1998년 평가에서는 (1) 시민생활, 정치 및 정부, (2) 미국 정치체제의 기초, (3) 헌법에 명시된 미국 민주주의의 목적, 가치 및 원리, (4) 미국과 여타 국가 간의 관계 그리고 (5) 미국 민주주의에서의 시민의 역할에 관한 지식이 평가되었다(Lutkus, Weiss, Campbell, Mazzeo, & Lazer, 1999). 4학년 학생이 우수 등급을 받기 위해서는

"미국이 다른 나라와 교역하는 가장 중요한 이유를 다음 중에서 고르시오; (a) 여행을 하기 위하여, (b) 필요한 것을 얻는 데 도움이 되기 때문에, (c) 다른 나라의 문화를 아는 데 도움이 되기 때문에, (d) 다른 나라의 언어를 배울 수 있기 때문에"와 같은 문제를 풀 수 있어야 한다. 8학년의 경우에는 "그래서 우리(연방대법원)는 법을 제정하고 있는 것입니다, 그렇지요?"라고 말한 전 연방대법원장 Earl Warren의 말을 읽은 후 다음 문제를 해결할 수 있어야 한다.

어떤 사람은 Warren 대법원장의 말에 반대한다. 이들이 내세우는 주장 중 옳은 것은?

(a) 판사와 같은 임명직 공무원에게 많은 권한을 주는 것은 위험하다.
(b) 연방대법원이 주에 대한 연방정부의 권한을 규정하는 것은 너무 어렵다.
(c) 연방법원판사는 공공정책에 관한 의사결정을 내릴 능력이 있다.
(d) 연방법원의 주 업무는 오늘날 발생하는 문제에 대응하여 헌법을 수정하는 것이다.

12학년 우수 등급의 대표적인 문제는 다음과 같은 것이다.

"절대적 전제권력이나 법률에 의하지 않은 통치는 그 어느 것도 사회와 정부의 궁극적 목적에 반한다" —John Locke
"절대적 전제권력"과 "법률에 의하지 않는 통치"를 막기 위해 미국의 정부체제를 설계하는 방법 두 가지를 쓰시오.

1998년 평가에서 4학년의 기본, 우수, 탁월의 비율은 각각 46%, 21%, 2%였다. 8학년의 비율은 각각 48%, 21%, 2%였으며, 12학년은 각각 39%, 22%, 4%였다. 따라서 모든 학년에서 공민 내용에 대한 이해가 탁월한 학생은 5명 중 1명에 지나지 않는다.

지금까지 살펴본 바와 같이, 역사, 지리, 경제 및 공민 학습의 연령에 따른 발달 경향에 관한 연구를 통하여 두 가지의 결론을 내릴 수 있다. 첫째, 사회과의 사실적 지식은 4학년에서 12학년까지 증가되긴 하지만, 많은 학생은 사회과의 중요한 개념을 깊이 이해하지 못한 채 고등학교를 졸업한다. 둘째, 어린 학생의 수행이 낮은 것은 두 요인, 즉 (1) 핵심 주제에 대한 경험 부족(즉, 초등학교에서 극소수의 기본 개념만 학습한다)과 (2) 개념의 추상성 때문일 것이다. 이러한 연구결과와 대부분의 학생은 역사, 지리, 경제 및 공민의 주제를 아주 지루한 것으로 생각한다(Beatty et al., 1996; Lutkus et al., 1999; Persky et al., 1996)는 사실에 비추어 볼 때, 사회과 수업방법에 근본적인 문제가 있는 것 같다. 핵심적인 내용의 개념지식에 대한 학생, 특히 초등학교 고학년과 청소년의 이해를 높일 수 있는 조치가 절실하다.

지금까지 살펴본 사회과 지식의 발달 연구가 모두 학생의 지식에 관한 것이라는 것도 지적해야 할 것 같다. 지식이 많은 12학년이 다른 학생보다 공공 정책 문제와 관련하여 더 바람직한 의사결정을 내린다는 보장은 없다. 또 지식이 많은 학생이 다른 학생보다 적극적 시민이 될 가능성이 높다고도 할 수 없을 것이다. 합리적으로 의사를 결정하고 적극적인 시민으로 활동하도록 하는 것이 사회과의 목표라는 점을 고려할 때, 이러한 목표가 달성되고 있는지를 밝히는 연구가 이루어져야 한다. 대부분의 미국인이 투표 이상의 시민활동은 거의 하지 않는다(Ferguson, 1991)는 사실은 사회과 교육이 크게 변화될 필요가 있음을 명백히 보여주고 있다.

사회과 지식의 개인차

지금까지 연령에 따른 사회과 지식의 전반적인 발달경향을 살펴보았다. 여기에서는 동일 연령 아동 간의 차이가 논의될 것이다. 관련연구에서는 네 변인, 즉 성, 사회경제적 지위, 인종, 전문성이 사회과 지식과 기능의 개인차와 관련이 있는 것으로 밝혀져 왔다. 지금부터 이 네 변인에 관한 연구를 차례로 살펴볼 것이다.

성차

역사, 지리 및 공민. 그림 11.2, 11.3과 11.4에는 2001년에 실시된 역사 성취도 평가와 지리 성취도 평가 그리고 1998년 공민 성취도 평가에서 나타난 남학생과 여학생의 평균 점수가 제시되어 있다. 그림에서 볼 수 있는 것처럼, 남학생의 점수와 여학생의 점수 간에 차이가 있긴 하지만 아주 미미하다. 따라서 역사나 지리의 경우에는 모든 학년에서 남학생과 여학생 간에 성취도 차이는 없다. 공민의 경우는 여학생의 성취도가 조금 높다.

남학생의 성취도와 여학생의 성취도 간에 차이가 미미하다는 것이 일반적인 연구결과이지만, Winsconsin 대학의 한 분교의 학생을 대상으로 위치 찾기 기능을 연구한 Cross(1987)의 연구결과는 달랐다. 이 연구에서는 위치를 정확하게 찾은 남학생의 비율은 48%, 여학생의 비율은 31%로 밝혀졌다. 이 연구에서 특히 문제가 되는 것은 연구대상 여학생 대부분이 교육 전공이었다는 것이다. 그렇다고 해도 이 결과에 나타난 남녀 간 차이의 크기에는 전국 학업 성취도 평가에서 나타난 경향과는 다른 무엇인가가 반영되어 있을 수 있다.

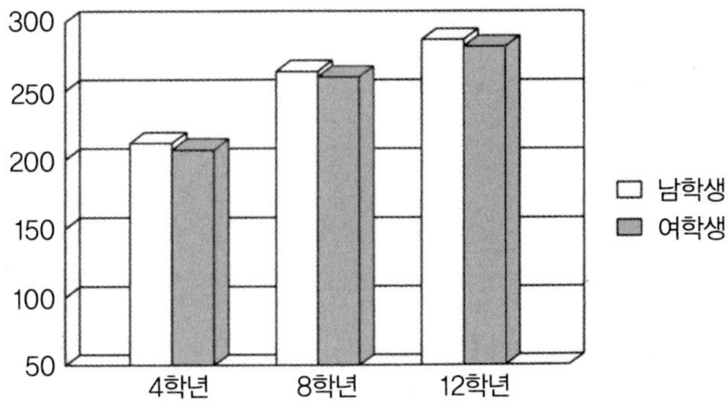

그림 11.2 2001년 역사 성취도 평가의 남녀 학생의 점수

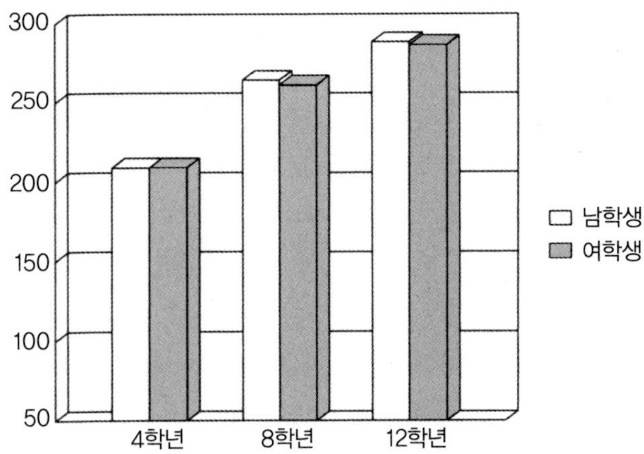

그림 11.3 2001년 지리 성취도 평가의 남녀 학생의 점수

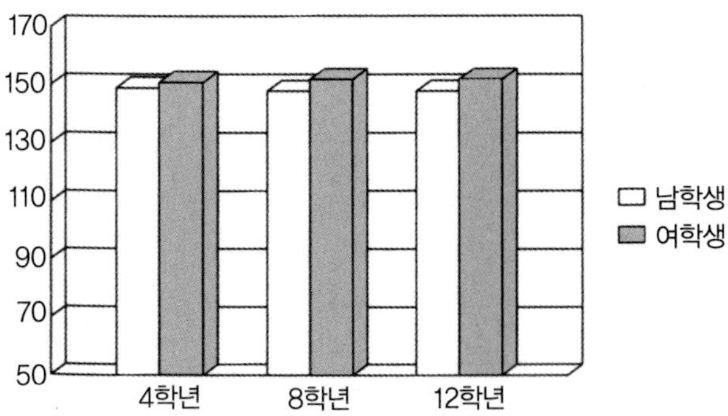

그림 11.4 1998년 공민 성취도 평가의 남녀 학생의 점수

경제학. 경제학에 관한 연구에서는 초등, 중등 및 대학 수준에서 성차가 크진 않지만 일관되게 나타났다(Schug & Walstad, 1991). 성차를 밝힌 대부분의 연구는 선다형 검사를 실시한 연구였다. 논문형 검사를 실시한 연구에서는 여학생의 성취도가 남학생보다 높았다.

요약. 역사, 지리 및 경제의 경우에 남학생의 성취도가 여학생의 성취도보다 다소 높은 경향이 있다. 공민의 경우는 그 반대이다. 연령에 따라 성차의 크기는 달라지지 않았지만(즉, 성차의 크기가 4학년에서부터 12학년까지 동일하였다), 일반적으로 모든 연령에서 차이는 크지 않았다. 쓰기 능력이 영향을 미치는 논문형 검사에서는 여학생의 성취도가 높았다.

사회경제적 지위

이 장에서 살펴보았던 많은 연구에서 학생의 사회경제적 지위와 성취도 간의 관계도 분석되었다. 연구에서는 학생의 사회경제적 수준을 분류하기 위하여 부모의 소득, 교육정도 및 직업은 물론 가족의 특성에 기초한 종합적인 지표가 사용되었다. 일반적으로 사회경제적 지위가 낮은 학생의 성취도가 사회경제적 지위가 높은 학생의 성취도보다 낮았다.

예를 들어, 4, 5, 6학년의 위치 찾기 기능에 대한 Herman 등(1988)의 연구에 따르면, 국가의 위치를 바르게 찾은 상류층과 중류층 학생의 비율이 하류층보다 높았다(정답률은 각각 45%, 42%, 32%였다). 1988년 지리 평가에서도 12학년의 점수가 부모의 교육수준과 소장한 독서물의 양에 따라 달랐다. 예를 들어, 부모가 대학을 졸업하고 4종의 독서물이 있는 학생의 점수는 300점 정도였다. 이와 대조적으로, 부모가 고등학교를 중퇴하고 독서물이 2종류 이하인 학생의 점수는 270점 정도였다(Digest of Educatioanl Statistics, 1990). 1994년 평가에서는 대학 졸업 부모의 학생과 고등학교 졸업 부모의 학생 간의 점수차가 줄기는 했지만 20점 이상 또는 7% 정도의 차이가 났다(Persky, 1996).

1988에 실시된 역사 평가 결과도 매우 유사하였다. 4, 8, 12학년 각각에서 부모의 학력에 따라 10점 정도의 점수 차이가 있었다. 예를 들어, 12학년의 경우에 고등학교를 중퇴한 부모를 둔 학생의 평균점수는 274점이었다. 부모가 고등학교를 졸업한 학생의 평균점수는 285점이었다. 부모가 대학을 중퇴한 학생의 평균점수와 졸업한 학생의 평균점수는 각각 297점과 306점이었다(Hammock et al., 1990). 1994년의 평가결과는 1998년의 평가결과와 거의 같았다(Beatty et al., 1996). 2001년 평가에서는 무상급식 대상 학생과 다른 학생 간의 점수차가 20점 정도였다

(http://nces.ed.gov/nationsreportcard/ushistory/results/lunchprogram.asp).

요약. 성과는 달리, 사회경제적 지위는 사회과 성취도에 영향을 미치는 강력한 요인인 것 같다. 부모의 교육수준이 높고, 수입이 많으며, 다양한 독서물을 제공받는 학생의 점수는 사회경제적 지위가 낮은 가정 학생의 성적보다 높다. 그러나 현재로서는 이러한 가정변인이 사회과 성취도와 인과적 관계인지 아니면 사회경제적 지위에 따라 학생이 받은 교육의 질 차이가 반영된 것인지는 분명치 않다. 결국, 보다 유복한 가정의 아동은 가능한 최선의 교육을 받는 경우가 많다는 것이다.

인종차

인종은 사회경제적 지위와 공변관계라는 사실을 통하여 알았겠지만, 인종 간의 성취도 차이에는 사회경제적 지위에 따른 차이가 반영될 것이다. 특히, 1988년의 평가에서 백인계, 히스패닉계 및 아프리카계 12학년 학생의 지리 성적은 각각 301점, 272점, 258점이었다(Department of Education, 1990). 따라서 백인계 학생의 점수는 히스패닉계 학생의 점수나 아프리카계 학생의 점수보다 각각 11%와 17%가 높았다. 1994년에는 그 차이가 다소 줄어 각각 9%와 13%였다. 1988년 평가에서 백인계, 히스패닉계 및 아프리카계 12학년 학생의 성적은 각각 301점, 274점, 274점이었다. 따라서 백인계 12학년 학생의 점수가 히스패닉계와 아프리카계 학생의 점수보다 각각 10% 높았다. 1994년의 평가결과도 1988년 평가결과와 거의 같았다. 따라서 지리점수와 역사점수의 인종 간 차이는 비교적 크며, 이 차이는 시간이 지나도 거의 줄어들지 않고 있음을 알 수 있다.

공민의 경우에도 결론은 본질적으로 같다. 1998년에 실시된 평가의 경우, 모든 학년에서 정치제도와 정부의 기능을 이해하고 있는 것으로 평가된 백인계 학생의 비율이 아프리카계와 히스패닉계 학생의 비율보다 높았다. 남학생과 여학생 간의 차이가 2~7% 정도인 것과 비교해 보면, 이러한 백인 학생과 다른 소수민족 학생 간의 점수 차이는 3배에서 10배 크다. 1998년 분석결과에서도 백인계 12학년 학생의 점수가 아프리카계 학생이나 히스패닉계 학생의 점수보다 20% 높았다. 사회과 교육에 관한 거의 모든 연구가 사회과 교육에 무엇인가 문제가 있다는 것을 지적하고 있다는 점을 고려할 때, 이 같은 불필요한 인종 간 차이는 불 난 데 기름 붓는 격일 것이다. 2001년 전국 학업성취도 평가에서 나타난 지리와 역사점수의 인종 차가 그림 11.5와 11.6에 있다. 1998년에 실시된 평가에서 나타난 공민 점수의 인종 간 차이는 그림 11.7에 있다. 백인계와 아시아계 학생의 성취도가 아프리카계, 히스패닉계 및 원주민계 학생보다 훨씬 높다.

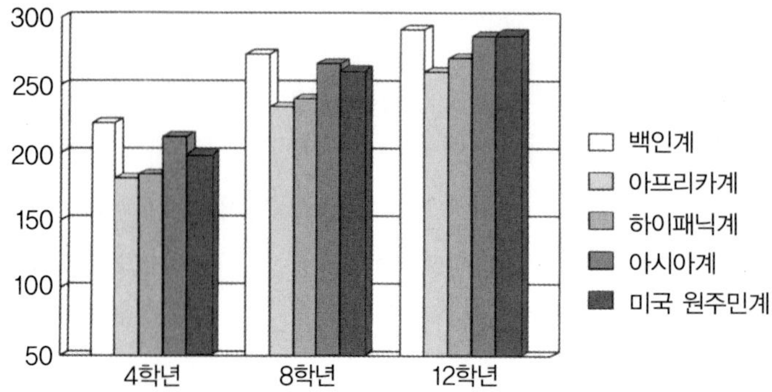

그림 11.5 2001년 역사 성취도 평가의 인종별 점수

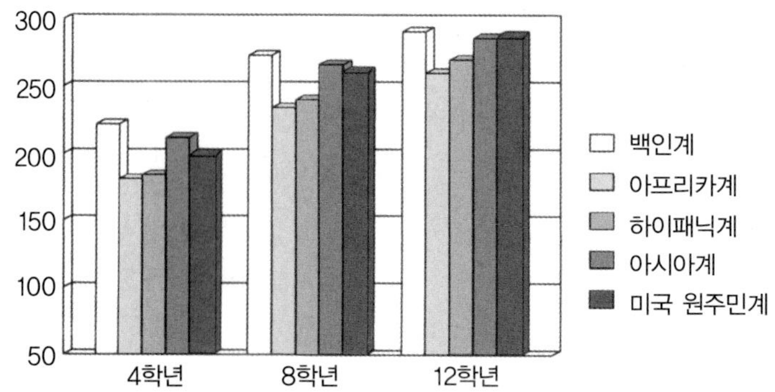

그림 11.6 2001년 지리 성취도 평가의 인종별 점수

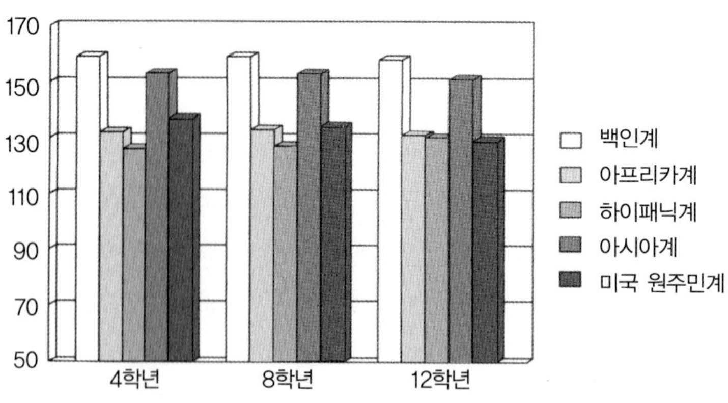

그림 11.7 1998년 공민 성취도 평가의 인종별 점수

초보자와 전문가 간의 차이

6장에서 본 바와 같이, 초보자와 전문가 간의 차이는 영역-한정적 문제를 해결하도록 했을 때 명백히 드러난다. James Voss와 동료들은 정치학 문제에서 전문성과 관련된 차이를 밝히기 위해 문제 해결 접근을 활용하였다(예컨대, Voss, Tyler, & Yengo, 1983).

다음은 이 연구에서 제시되었던 문제 중 하나이다.

> 당신이 러시아의 농림성 장관이라 가정하자. 그런데 지난 수년 동안 러시아의 곡물 생산량이 계속 감소되고 있다. 이제 곡물 생산량을 늘려야 한다. 어떻게 하겠는가?

이 문제는 개선하거나 제거해야 할 바람직하지 못한 골칫거리라는 점에서 사회과학 영역에서 볼 수 있는 대표적인 문제의 하나이다. 이 경우에 사람들은 일반적으로 골칫거리의 원인을 찾아 그것을 제거하여 문제를 해결하는 방안을 제안한다. Voss와 동료들은 이러한 전략을 "원인 찾아 제거하기(Identify and Eliminate Causes; IEC)" 문제 해결법이라 하였다.

Voss와 동료들(1983)은 전문가와 초보자 모두가 곡물생산 문제 및 여타의 문제를 해결하는 방안을 찾기 위하여 IEC 전략을 활용하기는 하지만, 서로 다른 방식으로 접근한다는 것을 발견하였다. 특히, 전문가는 문제의 원인을 곧바로 찾으려 하지 않았다. 전문가는 문제 해결 방법의 실행을 방해하였던 이전 농업 체제의 다양한 측면을 고찰하여 들은 내용을 재정리하였다. Voss 등은 문제 해결 방법의 실행을 막는 장애물을 "제한사항"이라 하였다. 한 전문가의 다음과 같은 첫 반응을 통하여 전문가가 원인을 찾기에 앞서 제한사항을 어떻게 짜 맞추는지 생각해 보자.

> 나는 농림성 장관이 러시아 농업이 가진 특별한 제한요인이 있다는 것을 먼저 인식해야 할 것으로 생각한다. 첫 번째이면서 가장 분명한 것은 러시아 토지 중 경작이 가능한 농토는 10%에 지나지 않는다는 사실이다. …… 두 번째로는 토지의 10%가 경작 가능한 농토라도 여전히 마음대로 되지 않는 문제, 예컨대 기후 문제가 있을 것이다. 그래서 이런 것이 고려되어야 할 변수이다(p. 215).

이 전문가는 계속하여 여타의 제한사항도 제시하였다.

이와는 대조적으로, 초보자는 제한사항에 대하여 거의 언급하지 않았다. 대신에 이들은 원인만 언급하고 이에 기초하여 해결방안을 제시하였다. 예를 들어, 한 초보자는 12가지 원인을 들고 각 원인에 대응하는 12가지 해결방안을 제안하였다. 초보자는 확인한 원인(예컨대, 낡은 농기계)에 대해 그 원인을 제거할 수 있는 해결방안

(예컨대, 농부에게 새 농기구를 제공하는 것)을 제안하였다.

제한사항에 대한 인식 이외에 전문가와 초보자 간의 두 번째 차이는 제안된 원인의 추상성이다. 초보자는 특수하고 구체적인 원인을 제안한 반면에 전문가는 보다 추상적인 원인을 제안하였다. 예를 들어, 한 전문가는 생산성 저하를 낡은 농기계 탓으로 돌리는 대신에 다량 생산에 맞지 않는 공학적 문제(예컨대, 기계, 관계, 비료, 자동화 등)의 탓으로 돌렸다.

세 번째의 중요한 차이는 전문가가 해결방안을 많이 제안하기보다는 하나나 둘 정도의 해결방안을 제안하고 정당화하는 데 많은 시간을 쓰는 경향이 있다는 것이다. 해결방안을 정당화하려는 전문가의 경향성은 이들이 *사회과학자*이기 때문일 수도 있다. 해결방안이 오직 하나인 물리학이나 수학 영역 문제와는 달리 사회과학 문제는 분명한 해결방안이 없는 경우가 많다. 더욱이, 그 해결방안의 효과를 평가하는 방법도 명확하지 않다. 예를 들어, 곡물생산성 문제를 보자. 어떤 해결방법을 실행했을 때, 곡물이 얼마나 증산되어야 효과 있다고 할 것인가? 수용수준에 대한 합의가 거의 불가능할 것이다. Voss 등의 연구에 참여한 사회과학자들은 실행 곤란성 및 평가 곤란성에 대한 논쟁을 계속 이어갈 것이다.

이상과 같은 전문가와 초보자 간의 세 가지 차이점은 두 원천, 즉 (1) 전문가가 초보자보다 지식이 많고 (2) 해당 학문분야에서 얻은 경험이 전문가가 초보자보다 많다는 것에서 나온 것 같다. 지식은 전문가 주장을 지지하는 자료는 물론 제한사항에 대하여 생각하는 데 도움 된다. 더 나아가, 지식은 전문가가 원인을 추상적인 범주로 묶을 수 있도록 도와준다. 정치적 논제에 대한 연구와 저술 경험은 전문가가 해결방안의 복잡성(즉, 단순하거나 완벽한 것은 없다)과 (독자가 종종 전문가의 저술을 비판하기 때문에) 주장에 대한 정당화 필요성을 인식하도록 도와준다.

Voss 등은 사회과학자가 러시아 문제 전문가가 아님에도 불구하고 전문가와 마찬가지로 제한사항을 상정하고 자신의 해결방안을 정당화한다는 것을 밝혀 이 주장을 지지하고 있다. 한편, Voss 등의 연구에서 화학자(전문가)는 초보자와 유사한 대답을 하였다. 이런 결과는 전통적 방식의 강좌운영으로는 초보자가 전문가와 같이 사고하도록 도와주는 데 한계가 있다는 것을 시사하고 있다. 전통적 방식의 강좌운영은 지식을 증대시킬 수 있을지 모르나 탈영역적 문제 해결(예컨대, 제한사항을 생각하고 해결방안을 정당화하는 것을 기억하는 것)의 발달을 촉진시키진 못할 것이다. 학생들은 이 목표의 달성을 위해서 가상적 문제를 통한 사고를 많이 연습해야 할 필요가 있다.

역사추론을 정당화하기 위해 문서 증거를 활용하는 방식에 관한 연구를 통하여 전문가와 초보자 간에는 또 다른 차이가 있다는 것이 밝혀졌다. 어린 아동보다 대학생이 전문 역사가와 동일한 방식으로 출처의 신뢰성을 평가할 가능성이 높지만 (Rouet et al., 1998), 그래도 증거에 관한 전문가의 의사결정 수준이 더 정교하다 (VanSledright Limón, 2006). 예를 들어, 역사 전문가는 증거의 중요성을 보다 넓은 역사적 맥락에서 판단할 가능성이 높다. 그리고 역사 전문가는 출처의 신빙성이 절대적인 것이 아니며 제기된 문제에 따라 달라진다는 것도 인식한다. 예를 들어, 어떤 전투의 구체적인 모습을 알아보려고 할 때, 특정 출처가 다른 출처(예컨대, 장군 보좌관의 설명)보다 신빙성이 높을 것이다. 그러나 관심사(예컨대, 장군의 인간성)가 달라지면 다른 출처(예컨대, 장군에 대해 쓴 부인의 일기)가 신빙성이 높을 것이다. 자신의 주된 관심분야 이외의 분야에 관심을 가진 전문가는 증거를 합리적으로 해석하는 데 도움을 줄 독특한 방식으로 증거를 평가하고 추론한다.

수업에 주는 시사점

여기에서는 사회과 학습에 대한 연구의 시사점을 두 방향에서 살펴볼 것이다. 먼저, 사회과 수업방법에 대한 일반적 지침을 살펴본다. 이어서 일반지침에서 제시된 많은 원리를 실증하는 사례를 살펴본다.

일반 지침

사회과 학습에서의 발달과 개인차에 관한 연구결과는 사회과를 가르치는 방법에 심각한 문제가 있다는 것을 시사하고 있다. 성적이 상대적으로 좋은 학생의 경우에도 그 수준은 높지가 않다.

이렇게 학생의 성적이 낮은 이유는 무엇인가? 전문가들은 (1) 이해, 적용, 의사결정보다는 사실의 학습에 대한 강조(Brophy, 1990; Brophy & VanSledright, 1997) 그리고 (2) 사건이나 쟁점에 대한 설명이 아니라 불필요한 구체적 사실 중심이면서 증거의 불확실성에 대한 의구심을 자극하지 않는 교과서(McKeown & Beck, 1990; VanSledright Limón, 2006)를 그 주된 원인으로 들고 있다. 이러한 지적은 사회과 수업에 아래의 두 가지 점을 시사하고 있다.

1. 사회과 수업에서는 주요 원리와 일반화가 강조되어야 하며, 사실적 지식을 피상적으로 많이 다루기보다는 구체적인 예를 많이 들어주는 것이 바람직하다. 예를 들어, Brophy는 역사 및 지리를 사례로 들어 다음과 같이 주장하였다.

> [교사는] (중요한 사건의 연보가 아니라) [한 국가의] 발전에 영향을 미친 경제적, 사회적, 정치적 요인을 (식민지화 및 현대화와 같은) 학문적인 개념,

> 일반화 및 원리와 관련시키면서 강조해야 한다. 또 교사는 (한 국가)의 지리적 위치에 중점을 두면서 기술적이고 통계적인 사실이 아니라 그 과거사와 현 상태를 결정하는 요인인 기후 및 자연자원, 경제 그리고 영향력을 여타 국가와 비교하면서 강조해야 한다.

학교에서 치러지는 대부분의 시험에서는 사실의 회상이 강조되기 때문에 피상적인 학습보다 고차적인 사고를 강조한다고 해서 학생의 시험점수가 올라간다는 보장은 없을 것이다. 여전히 17세가 된 학생이 남북전쟁이 일어난 해를 기억하지 못할 수도 있다. 그렇지만 오늘날의 사건(예컨대, 다른 나라에 대한 공격)을 수업에서 학습한 일반원리의 한 예로 이해할 수 있는 17세 학생은 더 늘어날 것이다. 더 나아가서, 적극적으로 참여하는 시민의 비율이 그만큼 높아질 것이다. 사회과 수업에서 많은 원리가 다루어지지 않은 한 이러한 결과는 한낱 가설에 지나지 않을 것이다.

학생들이 사실적 정보를 보다 많이 회상할 수 있기를 바란다면, 지리적 사실의 학습에서 다른 접근보다 더 효과적인 것으로 밝혀진 "*정교화 질문법*"(예컨대, Martin & Pressley, 1991) 같은 학습전략을 활용할 수 있을 것이다. 이 기법에서는 학생에게 사실을 암기하도록 하는 대신에 특정 사실이 진실인 이유(예를 들어, Canada에서 Saskatchewan주가 사과 주산지인 이유)를 찾도록 한다. Wood 등(1993)은 정교화 질문법이 유치원 아동이나 초등학생에게도 효과적이라 하였다.

2. 교사가 점진적으로 설명, 이해, 적용 및 일반화를 강조해 나간다면, 교과서도 이 새로운 접근에 맞게 바뀌어야 할 것이다. 지금의 교과서는 (종종 정확하지 않거나 적절하지 않은) 사실로 가득 차 있으며 인과적 설명은 많지 않다. 이와 관련하여, 교과서 이외에 (아동을 주인공으로 한) 역사소설, 당시의 신문이나 문서 같은 것을 활용할 수도 있을 것이다. 학생은 이러한 자료가 훨씬 재미있다는 것을 알게 될 것이고, 학습에도 적극적으로 참여할 것이다.

이외의 지침은 발달차 및 개인차에 관한 연구결과에서 도출되었다.

3. 인지발달 이론과 연구는 개념(예컨대, 사건의 연보, 추상적 인과관계 등)이 어린 초등학생이 이해하기에는 너무 어렵다는 것을 시사하고 있다. 그렇지만 아동이 교사의 도움을 받으면 어려운 개념을 부분적으로라도 이해할 수 있는 능력이 있다. 예를 들어, 아동은 공동 활동에 계속 참여함으로써 이에 대한 정신적 스크립트를 구성할 수 있다. 역사적 사건에 대한 아동의 스크립트도

이와 같은 방식으로 구성될 수 있을 것이다. 말로 설명하는 것보다 놀이 등을 통하여 역사적 사건의 연보를 이해시키는 것이 더 효과적이다. 또한 어린 아동은 유추 추론 능력이 있으며(Brown, 1989) 교사는 유추를 통하여 다소 낯설거나 어려운 개념을 파악할 수 있도록 도와줄 수 있다. 예를 들어, 교사는 학생이 자신의 가족경험을 국내외의 다른 가족의 경험과 관련시키고 비교하도록 할 수 있다. 마지막으로, 경제나 정부에 대한 이해를 도와주기 위해 "시장놀이"나 "모의국회" 같은 모의활동이 활용될 수 있다.

4. 개인차 연구에서 밝혀진 연구결과 중에서 가장 곤욕스러운 문제는 사회경제적 지위가 낮은 학생 및 소수민족 학생과 관련되어 있다. 사회경제적 지위와 성취도 간에 상관이 있다는 사실은 상당히 많은 사회과 지식이 학교가 아닌 다른 곳에서 학습되거나 사회경제적 지위가 높은 학생이 다니는 학교와 사회경제적 지위가 낮은 학생이 다니는 학교 간에 교육격차가 존재할 가능성이 있다(또는 이 두 요인이 모두 작용할 가능성이 있다)는 것을 의미한다. 두 집단 간의 성취도가 전자, 즉 학교 밖에서 습득하는 지식 정도의 차이에만 기인하는 것이라면, 집단 간 차이를 줄이기 위해 세 가지를 시도할 수 있을 것이다. 첫째, 사회경제적 지위가 낮은 학생을 위한 특별활동을 실시할 수 있다(예컨대, 보충학습을 위한 방과 후 학교, 여름학교 또는 주말학교 등 운영). 둘째, 대규모 부모 교육 프로그램을 운영할 수도 있을 것이다. 셋째, 학생에게 교육 프로그램(예컨대, PBS의 *Postcard from Buster*; 역사채널 등)을 시청하게 할 수도 있을 것이다.

   두 집단의 성취도 차이가 후자, 즉 학교 간의 교육격차 때문이라면, 사회경제적 지위가 낮은 학생이 다니는 학교의 문제점을 찾아내는 것이 매우 중요할 것이다. 만일 교장이나 교사의 연수(예컨대, 새로운 교수기법의 학습)가 필요하다면, 이와 관련된 노력을 시작하여야 할 것이다. 학계의 생각과 교육현장의 실제 간에 큰 간극이 있는 경우가 많다. 이런 점에서 대학의 연구자가 빈민 지역 학교의 교사와 협력하여 계층 간 성취도 차이를 줄이기 위한 노력을 해야 할 것이다.

5. 마지막으로, 첫 번째 지침에서 언급된 이해를 높이기 위한 방안은 학생에게 가상적 문제를 해결할 기회를 제공함으로써 그 효과를 더욱 높일 수 있을 것이다. 교사는 학생이 제안한 해결방안을 부드럽게 비판하면서 정당화하도록 할 수 있을 것이다. 이러한 방식을 통하여 학생은 사회과학자와 같이 사고하고 사회 문제에 관한 사고 스크립트를 발달시킬 잠재력을 키우게 될 것이다.

사례

다음 수업사례가 이 책에서 논의된 내용에 어느 정도 부합되는지 검토해 보시오.

사례 1

학생이 사회과 지식을 의사결정과 문제 해결에 활용할 수 있길 바란다면, 의사결정과 문제 해결에 필요한 사회과 지식을 학습하도록 해야 할 것이다. 이 목표의 달성을 위한 방법의 하나로 Judith Torney-Purta와 동료들이 University of Maryland에서 개발한 ICONS 프로젝트를 들 수 있다. ICONS에 참여한 학생들은 먼저 모둠을 만든다. 각 모둠은 세계 각국의 외무장관의 역할을 맡는다. 예를 들어, 한 모둠은 프랑스, 또 한 모둠은 러시아, 또 다른 모둠은 브라질 외무장관의 역할을 맡는다. 이어서 세계의 당면 문제를 해결하기 위한 모의 국제회의를 개최한다. 예를 들어, 회의에서는 남아프리카 공화국의 인종차별 정책을 철폐시키기 위한 제재방안을 마련하는 것이나 멕시코 난민문제 해결방안에 대한 합의를 이끌어 내도록 한다. 또 다른 한 회의에서는 지구 온난화 대처방안이나 보스니아 내전 종식방안 같은 것을 의제로 논의한다.

논의가 효과적으로 이루어지기 위해서 학생들은 자기가 외무장관을 맡고 있는 국가에 대해 많이 공부해야 할 것이다. 예를 들어, 남아프리카 공화국 외무장관의 역할을 맡은 모둠의 학생은 인종차별 정책의 기원과 남아프리카 공화국의 일부 국민이 인종차별 정책을 지지하는 이유를 학습해야 할 것이다. 러시아 외무장관의 역할을 맡은 모둠의 학생은 인종차별 정책에 대한 러시아의 반응을 예상하기 위하여 러시아에 대해 충분히 학습해야 한다. 각 모둠의 학생은 맡고 있는 국가에 관한 단순한 사실 그 자체가 아니라 회의 사안에 대한 해당 국가의 정책을 예상하기 위해 학습해야 한다.

각 모둠은 지시하는 권위자가 아니라 자원의 역할을 하는 교사의 도움을 받는다. 즉, 관련 자료를 수집하고 학생들이 필요한 정보를 찾을 수 있도록 도와준다. 또 교사는 해당 국가에 대한 정보와 다루고 있는 사안에 대한 정보가 충분히 수집되고 나면, 교사는 해당 국가의 입장을 정리하기 위한 토론이 이루어지도록 조정한다. 학생들은 합의점을 도출하기 위한 노력의 과정에서 효과적으로 협상하고 타협하는 방법을 많이 알게 될 것이다. 교사는 의견을 청하는 방법과 민주주의 원리에 기초한 합의 도출 방법의 학습을 조장하는 역할도 한다.

각 모둠에서 의제에 대한 입장이 정리되면, 모의 외무장관 회의가 열린다. 회의는 컴퓨터 네트워크를 통하여 진행된다. 즉, 각 모둠은 독립된 공간에서 컴퓨터 네

트워크를 통하여 다른 모둠과 교신한다. 모둠의 활동 공간은 같은 학교의 다른 교실일 수도 있고, 국내외에 있는 다른 학교일 수도 있다.

ICONS를 경험한 학생이 동일한 내용을 전통적인 강의방식으로 배운 다른 학생보다 외국과 국제적인 현안에 정통하게 되었다. 더 나아가서, 학생의 학습동기가 높아졌을 뿐 아니라 독서, 모둠 내 토론과 모둠 간 논쟁을 통하여 더욱 효과적으로 학습하였다.

사례 2

고등학교 교사였다가 현재는 Maryland 대학의 역사교육 전공 교수인 Bruce VanSledright는 초등학교 5학년을 대상으로 3개월 동안 미국역사를 가르쳤다. 그는 학생들에게 일련의 사실이나 유명한 전투를 기억하도록 하는 대신에 보스턴 대학살 때 일어난 일, 예컨대, 누가, 왜 양민을 향해 총을 쏘았는지를 이해하기와 같은 과제를 정기적으로 수행하도록 하였다. 그는 학생들이 이 과제를 수행할 수 있도록 도와주기 위해 당시에 있었던 청문회의 증언, 신문기사 및 사건현장을 그린 스케치 같은 다양한 문서를 제공하였다. Bruce VanSledright는 역사학자와 같은 방법으로 과제를 수행하도록 했을 때 학생들이 어떻게 반응하는지를 알고 싶었고, 더 나아가 이런 방식의 수업을 통하여 학생들이 식민지 시대에 있었던 중요한 역사적 사건을 더 깊이 이해할 수 있는지도 확인하고 싶었다. 학생들은 역사적인 사건의 실체를 밝히는 데 있어서 증거의 역할을 잘 이해하는 것 같았다. 그럼에도 불구하고 학생들은 완벽하지 않은 또 가끔은 서로 상충되는 증거를 평가하는 일을 어려워했다.

사례 3

Baltimore의 Friends 초등학교 교사인 Linda Fowler는 3학년 사회과 수업에서 다음과 같은 방법을 활용하였다. 미국의 식민지 시대에 관한 단원 수업에서 학생들은 John Henry, Molly Pitcher, Paul Bunyan 같은 영웅을 주인공으로 한 연극을 준비하였다. 연극은 미국 식민지 시대에 관한 단원에 따라 진행되었고, 창작 동화 읽기와 그에 대한 토론이 먼저 이루어졌다. 수업시간에 활용된 책 중에는 Julius Lester의 *John Henry*, Anne Isaacs의 *Swamp Angel*, Stephen Kellogg의 *Paul Bunyan*이 있다. 연극에서 각 인물에 대한 이야기는 노래와 단편 희극 형식으로 공연되었다. 한 모둠이 한 인물을 담당하여서 학생들은 자신이 속한 모둠이 담당한 인물에 대해서는 잘 알 수 있게 되었다. 학생들은 담당하지 않은 다른 인물에 대한 정보도 학습하였다.

사례 4

학생이 교과서에 있는 사실과 정보 모두를 완벽하게 학습하는 것은 쉽지 않다. 앞에서 말한 바와 같이, 교과서에서는 정보가 설명이나 전체를 포괄하는 원리 없이 엉성하게 제시된 경우가 종종 있다. 이런 교과서의 문제를 해결하는 한 가지 방법은 일군의 사실을 구조화하고 의미를 부여할 수 있도록 주요 개념을 제공하는 수업을 하는 것이다. Oregon 대학의 Todd Twyman, Jennifer McCleery와 Gerald Tindal은 중학생을 대상으로 개념-기반 수업을 하였다. 이 수업에서 학생은 올멕 문명, 마야 문명, 아즈텍 문명 및 잉카 문명에 관한 단편적 사실을 순서에 따라 학습하도록 하는 대신에 문명이라는 포괄적 개념이 먼저 제시되고 문명은 (a) 경제적 기반, (b) 일단의 종교적 신념, (c) 형식적 의사소통 수단 그리고 (d) 사회구조를 속성으로 가지고 있다는 것을 알려주었다. 이어서 문명의 공통점을 확인하고 초기 중남미 생활에 미친 영향을 설명하는 정보로 활용할 수 있도록 도와주기 위해 네 문명에 관한 다양한 사실을 문명의 네 가지 속성 중의 하나와 관련시켜 주었다. 한 집단의 학생은 이러한 개념-기반 수업을 받은 반면에 다른 한 집단은 전통적 방식의 수업을 받았다. 연구결과, 사실에 대한 회상에서는 두 집단 간에 차이가 없었으나 제시된 어휘에 대한 검사와 에세이 형식의 문제 해결 검사에서는 개념-기반 수업을 받은 집단의 점수가 유의하게 높았다.

12

개인차에 대한 설명

요약

1. 성차 및 인종차에 관한 연구결과를 쉽게 해석하기 위해서 정답률이나 효과크기를 활용할 수 있다.
2. 성차에 관한 연구를 통하여 쓰기, 독해 및 일부 공민에서 여학생의 점수가 남학생 점수보다 높다는 것이 밝혀졌다. 읽기 및 쓰기의 성차는 초등학교 때 분명히 나타나는 반면에 공민의 성차는 고등학교 시기가 되어야 나타난다. 남학생은 수학문제 해결, 역사 및 지리에서 여학생보다 점수가 높았다. 이 차이는 청소년기에 나타났다. 모든 연령에서 쓰기 유창성과 질의 차이가 가장 컸고(여학생의 성취도가 높았다), 청소년기 동안에는 수학문제 해결에서 차이가 가장 컸다(남학생의 성취도가 높았다).
3. 인지수행의 성차는 (a) 유전/생리학적 관점, (b) 사회화 관점, (c) 경험 차이 관점, (d) 인지 과정 관점, (e) 통합 관점에서 설명되어 왔다. 각 관점의 이론은 문제점이 있지만, 가장 설득력이 있는 관점은 통합 관점이다.
4. 인종차에 관한 연구를 통하여 모든 교과에서 비교적 일관된 차이, 즉 백인계 학생의 성취도가 아프리카계 학생이나 히스패닉계 학생의 성취도보다 훨씬 높고, 히스패닉계 학생의 성취도가 아프리카계 학생의 성취도보다 약간 높다는 것이 밝혀졌다.
5. 인지수행의 인종차를 설명하기 위해 비교적 국소적 관점의 이론(인지 결함 이론, 맥락이론, 문화적 불일치 이론, 인종차별이론)과 보다 포괄적 관점의 이론(학업 경시 이론과 기회-성향 이론)이 제안되었다.

6. 성차 이론이나 인종차 이론은 개인차를 없애기 위한 방안을 찾는 데 도움이 될 단서를 제공하고 있다. 그러나 성차 이론이나 인종차 이론이 모두 문제점을 가지고 있다는 사실은 이론에 기초하여 성차나 인종차를 없애려는 노력은 성공할 가능성이 낮다는 것을 말해주고 있다.

앞에서(8~11장) 동일 학년의 하위집단(예컨대, 남학생 대 여학생)의 성취도에 다양한 차이가 있다는 것이 기술되었지만 그 이유에 대해서는 거의 설명되지 않았다. 여기에서는 이러한 개인차의 원인에 대한 설명을 살펴볼 것이다. 개인차의 측면은 다양할 것이나 지금까지 논의되었던 성차와 인종차에 한정하여 논의할 것이다.

1절에서 성차 및 인종차의 크기를 수량화하기 위해 활용되어 온 핵심 구인인 효과크기(effect size)를 살펴볼 것이다. 2절에서는 인지수행의 성차에 대한 설명을 검토하고 평가할 것이다. 3절에서는 인종차에 대한 설명을 검토하고 평가할 것이다. 마지막으로, 4절에서는 성차 및 인종차에 대한 연구가 수업에 주는 시사점이 제시될 것이다.

효과크기

그 동안 인지기능의 성차를 밝히기 위한 연구가 아주 많이 이루어져 왔다. 연구에 따라 검사도구가 서로 다르기 때문에, "평균적으로, 남성과 여성 간의 차이가 어느 정도인가?"라는 질문에 대답하기가 어려울 것이다. 예를 들어, 한 연구에서 남자와 여자를 대상으로 20문항의 공간지각검사를 실시하였는데 남학생의 평균 정답 수는 15개였고 여학생은 10개였다. 다른 연구에서는 60문항의 수학시험(예컨대, SAT 수학시험)을 실시한 결과, 남학생의 평균 정답 수는 28개였고 여학생의 평균 정답 수는 22개였다. 공간지각검사에서 나타난 남학생과 여학생 간의 평균 정답 수 5개 차이는 큰 것인가 아니면 작은 것인가? SAT에서 나타난 6개 차이는 어떤가? 공간지각검사에서의 차이가 큰가 아니면 수학시험에서의 차이가 큰가?

이 질문에 대답하기 어려운 이유 하나는 차이가 동일한 척도에서 나타난 것이 아니기 때문이다. 모든 차이를 동일 척도상에 위치시키는 한 가지 방법은 정답률로 전환하는 것이다. 예를 들어, 공간지각검사에서 남자의 정답률은 75%(15정답/20문항)이고 여자의 정답률은 50%(10정답/20문항)이다. 수학시험에서는 남학생의 정답률은 47%(28정답/60문항)이고 여학생의 정답률은 37%(22정답/60문항)이다. 점수가 이렇게 전환되면, 정답률에서 차이의 평균적 크기를 알 수 있을 것이다. 25%의 차이(즉, 75%−50%)와 10%차이(즉, 47%−37%)의 평균은 17.5%(25%+10%/2) 차이이다.

앞에서, 개인차가 정답률의 차이로 보고된 경우가 있었다. 이 방법은 서로 다른 검사의 점수를 동일 척도의 점수로 바꾸어 주기는 하지만 평균 차이가 큰지 아니면 작은지에 대해서는 말해주지 않는다. 이와 관련된 기존의 규칙이 없으므로 여기에서 기준을 만들 필요가 있다. 이를 위한 한 가지 방법으로 기존의 평가기준에서 유추하여 기준을 만드는 것이다. 많은 강좌에서 정답률이 90% 이상인 경우에 A학점을 준다. 그리고 정답률이 80%에서 89%인 경우에는 B학점을 준다. 이 기준에서 10%의 차이는 학점 간(예컨대, A학점 대 B학점)의 차이이다. 그렇다면, 5%의 차이는 학점 내의 절반의 차이(예컨대, A 대 A^{+})가 될 것이다. 10% 이상의 점수 차는 꽤 큰 차이라 하자. 5% 이하의 점수 차는 동일 학습에 속할 것이기 때문에 비교적 작고 중요하지 않은 차이이다.

10%의 차이가 실질적인 차이일 수 있다는 것은 다른 방식으로도 정당화될 수 있다. 예를 들어, 남자의 평균 신장은 5피트 11인치 정도이고, 여자의 평균 신장은 5피트 4인치 정도이다. 이 차이는 10%이고 분명히 주목할 만한 차이이다. 이 차이가 생활에 실질적인 영향(예컨대, 높은 곳의 물건 잡기, 소형 자동차에 타기, 운동 기능 등)을 미친다.

두 검사의 점수를 동일 척도로 변환하는 방법에는 이와 같이 점수를 정답률로 변환하는 방법 말고도 평균 차이를 **효과크기**로 변환하는 방법이 있다. 효과크기를 계산하기 위해서는 각 집단의 **평균점수**와 **표준편차**를 계산해야 한다. 표준편차는 개인 점수와 집단 평균점수 간의 합을 평균한 점수이다. 공식에 따라 여자의 SAT 점수의 표준편차를 계산하여 118을 얻었다면, SAT 시험을 본 대부분의 학생은 집단 평균인 453점에서 평균적으로 약 118점이 떨어져 있다고 할 수 있다. 예를 들어, Maria의 점수는 603점(평균점수+150점), Sara의 점수는 335점(평균점수−118점), Marsha의 점수는 557점(평균점수+104점) 그리고 Julia의 점수는 353점(평균점수−100점)일 수 있을 것이다. 이 경우에 이들의 점수는 전체 여성의 평균점수인 458점과 118점(150+118+104+100/4)이 차이 난다.

효과크기는 두 집단(예컨대, 남학생 집단과 여학생 집단) 각각의 평균점수와 전체 표준편차(남학생 집단과 여학생 집단 전체의 표준편차)를 구하고 나서 공식(평균1−평균2/전체 표준편차)에 의하여 산출된다. 예를 들어, SAT 점수의 남자집단 평균이 500이고 여자집단 평균이 453이며 전체 집단의 표준편차가 118이라면 효과크기는 (500−453)/118 혹은 .40 정도(.3983)이다. 이 .40이라는 수치는 두 집단의 평균점수(남학생의 평균점수와 여학생의 평균점수) 간에 4/10표준편차의 차이가 있다는 것을 의미한다. 남학생 평균이 571이고 여학생 평균이 453이라면, 두 집단은 1표준편차 정도의 차이(571−453/118=1.0)가 있다고 할 수 있다. 효과크기는 양수일 수도 있고 음수일 수도 있으며 2.0이 넘는 경우도 종종 있다.

정답률도 의미가 있는데 왜 어렵게 효과크기를 계산하는가? 그 이유는 효과크기가 정답률만으로는 알 수 없는 여러 가지 사항을 알려주기 때문이다. 먼저, 표준편차는 평균 범위 안에 드는 사람이 누구인지, 평균 이상인 사람은 누구인지, 평균 이하인 사람은 누구인지를 알 수 있게 한다. 특히, 한 집단의 평균점수를 취하여 평균에서 +1표준편차와 −1표준편차 범위에 속하는 점수를 산출하고, 이 범위에 속하는 사람의 비율을 계산해 보면 전체 집단의 66%의 사람이 여기에 속하게 된다. 위에서 보았던 여학생의 SAT 점수분포(평균=453, 표준편차=118)를 예로 들어 설명하면, 여자의 66%가 335(−118)점에서 571(+118)점 사이의 점수를 받았다는 것을 알 수 있다. 나머지 34%의 여학생은 0점에서 334점(즉, 평균 이하)이나 572점에서 800점(즉, 평균 이상) 범위에 균등하게 분포되어 있을 것이다.

이런 관점에 비추어 보면, SAT 점수가 평균에서 1표준편차 이상인 학생은 같은 집단의 다른 학생에 비해 꽤 잘한다고 할 수 있다. 실제로 이 점수는 같은 집단에 속한 학생 중에서 83%(즉, 평균의 범위에 있는 66%에 평균 이하 범위의 17%를 합한 비율)의 학생이 받은 점수보다 높은 점수이다. 마찬가지로, 효과크기가 1.0이라는 것은 평균에서 오른쪽의 점수를 받은 상위집단(예컨대, 남학생)의 학생은 상위집단의 83%의 사람보다 높은 점수를 받았다는 것을 말해준다. 다시 말해서, 자신이 속한 집단과 비교할 때 평균인 상위집단의 사람은 비교집단과 비교할 때 평균보다 잘한 사람이다. 효과크기가 1.0에 근접할 때 그것이 크다고 생각하는 것은 바로 이러한 이유 때문이다. 효과크기가 0에 근접할수록 그 크기는 작아지는 것으로 간주된다. 예를 들어, SAT에서 효과크기가 0.4인 것은 1.0보다 0에 가깝기 때문에 작거나 중간정도라고 한다(이는 편견 때문인지도 모른다).

효과크기는 두 종형 점수분포(the bell-shaped distributions of scores)의 중첩 정도에 대한 정보도 제공한다. 효과크기가 0이라는 것은 두 비교집단의 평균이 동일하다(예컨대, 500−500/118)는 것을 의미하는 동시에 두 집단의 점수분포가 완전히 중첩되어 있다는 의미이다. 이 말의 의미를 이해하기 위해 그림 12.1a와 그림 12.1b를 보자. 그림 12.1a는 남학생과 여학생 간의 평균점수 차이가 47점인 실제 점수분포(Digest of Educational Statistics, 1993)이다. 그리고 그림 12.1b는 남학생과 여학생의 평균점수와 점수분포가 같다면 분포가 어떻게 중첩될 수 있는지를 보여주기 위한 가상 그림이다.

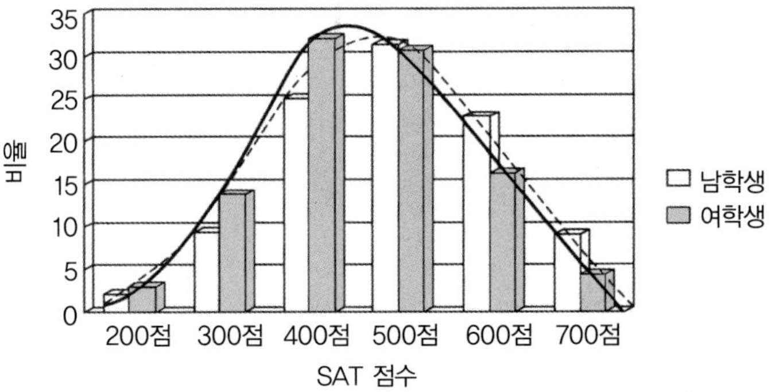

그림 12.1A SAT 점수의 실제 남녀별 분포

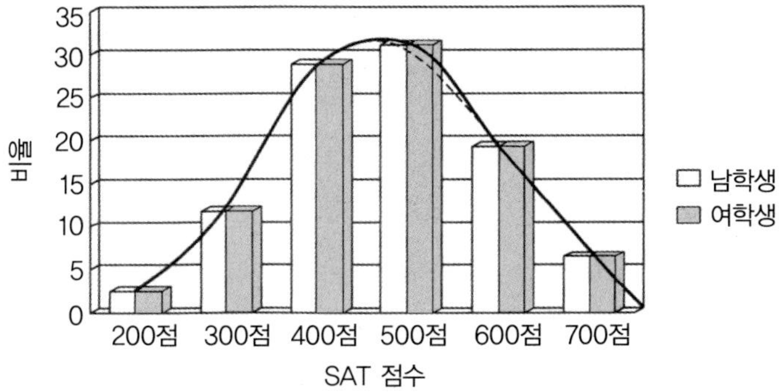

그림 12.1B 성별 효과크기가 0인 분포

효과크기가 정답률보다 많은 정보를 제공하므로, 여기에서는 효과크기를 가능한 한 많이 활용할 것이다. 정답률은 관련정보(예컨대, 표준편차)가 제공되지 않았을 경우에만 활용할 것이다. 어느 경우이든, 점수에서 효과크기가 1.0에 근접하거나 정답률의 차이가 10% 이상이면 큰 차이로 간주한다.

성차에 대한 설명

앞에서 제시되었던 성차에 관한 구체적인 사항을 모두 기억할 수 없을 것이므로 먼저 연구결과를 요약하고 간단하게 설명한다. 이어서 이러한 차이에 대한 설명을 살펴볼 것이다.

성차에 대한 연구결과 요약

읽기. 초기 읽기(1학년에서 3학년까지)에서의 성차를 밝힌 7편의 연구를 분석하여 얻은 평균 효과크기는 −.18(d=−.18)이다(여학생의 점수가 높았으나 그 크기는 표준편차의 1/5이 되지 않는다). 고학년의 독해력의 경우에 1990년 NAEP에서는 9세, 13세, 17세 여학생의 점수가 같은 연령의 남학생 점수보다 3%에서 5% 정도 높았다. 1998년에도 결과는 비슷하여 여학생의 점수가 4학년에서는 3%, 8학년과 12학년에서는 5% 정도 높았다. 2001년 평가의 4학년, 8학년, 12학년의 남녀 간 점수 차이를 효과크기로 환산하면, 각각 $d=-.05$, $-.09$, -17이었다. SAT 언어검사(현재는 "비판적 읽기"라 함)의 경우, 1960년대에는 여학생의 점수가 남학생의 점수보다 약간 높았다. 그러나 1972년 이후에는 남학생의 점수가 평균 7.17점(즉, 1.4%)(2점에서 13점 범위) 높았다. SAT 언어검사에는 독해 이외에 어휘와 언어추리가 포함되어 있다. 2006년의 SAT 비판적 읽기 검사의 효과크기는 $d=.03$으로 남녀 학생 간에 차이가 없다. SAT의 경우를 제외하면, 여학생의 점수가 남학생의 점수보다 조금 높은 경향이 있다. 일부 연구자는 이러한 차이는 너무 작아서 언급할 필요도 없다고 주장한다(예컨대, Hyed & Linn, 1988). 신장의 경우에 비유하면, 5%의 차이는 여학생은 5피트 7인치에 해당하고 남학생은 5피트 4인치에 해당한다는 것을 의미한다. 3인치 차이가 주목할 만한가? 이 차이가 실제적으로 중요한가? 예를 들어, 키가 큰 사람은 키가 작은 사람이 할 수 없는 중요한 일을 할 수 있는가(또는 그 반대로 키 작은 사람은 키 큰 사람이 할 수 없는 중요한 일을 할 수 있는가)?

쓰기. 초등학생의 경우에 철자 유창성 및 작문 유창성에서 여학생의 성적이 남학생보다 높으며, 효과크기는 $-.30$에서 $-.80$인 것으로 나타났다. 이와 더불어, 한 연구에서는 작문 유창성 성적이 하위 5%에 속하는 학생 중 85%가 남학생인 것으로 나타났다. 1990년 NEAP 쓰기 검사에서 4학년, 8학년, 11학년 여학생의 점수가 남학생의 점수보다 9%에서 11% 정도 높았다. 1998년 평가에서는 차이가 더욱 커져서 11%(4학년), 14%(8학년), 14%(12학년)로 나타났다. 2002년 평가에서 밝혀진 4학년, 8학년 및 12학년의 효과크기는 각각 $-.49$, $-.58$, $-.65$였다. 이러한 결과는 여학생의 쓰기 능력이 남학생보다 훨씬 높으며, 그 차이는 연령에 따라 증가한다는 것을 시사하고 있다. 14%의 차이는 신장이 5피트 4인치인 사람과 6피트 1인치인 사람 간의 차이이다. 여학생의 쓰기 능력이 남학생보다 크게 높은 것으로 나타나는 이러한 일반적 경향성에서 벗어난 예외적인 결과는 2006년 SAT의 쓰기에서 밝혀졌다. 이 분석에서는 여학생의 성적이 남학생보다 높으나 효과크기는 $-.10$이었다.

수학. 메타분석을 통하여 수학 성취도의 성차를 조사한 Hyde, Fennema와 Lamón(1990)은 청소년기 이전에는 일반적으로 남학생과 여학생의 성취도에 차이가 없으나(예컨대, 5세에서 14세까지의 $d=-.07$), 수학 능력이 일찍 발달한 학생(영재)의 경우에는 성차가 있다($d=.41$)는 것을 밝혔다. 특히 조사범위를 영재 대학생으로 한정하였을 때, 문제 해결에서 비교적 크지 않은 성차($d=.29$)가 15세경에 나타났다. 수학 개념($d=0$)과 계산 기능($d=-.07$)에 관한 연구에서는 10대 후반 청소년의 경우에는 성차가 없었다. 수학검사 모든 영역과 모든 연령의 평균 효과크기가 $d=.20$(남학생이 높음)인 것은 독해(여학생이 높음)에서 나타난 결과와 유사하다. 평균적인 학생의 경우에 SAT 수학검사에서 효과크기가 가장 큰 것(1990년 이전에 실시된 평가에서의 효과크기 평균=.40)으로 밝혀졌다. 1967년에서 1979년 사이에는 SAT 수학검사에서 남학생과 여학생의 점수 차이가 36점에서 47점(즉, 남학생의 점수가 10% 정도 높음)으로 커졌다. 그러나 1980년 이후 점수 차가 꾸준히 감소하여 47점에서 34점으로 줄었다. 2006년의 SAT 수학의 효과크기는 $d=.30$이었다. 이와 같이 전국적인 수학 성취도 검사에서 남학생의 점수가 여학생 점수보다 높은 것으로 나타났지만, 학교 단위의 수학평가에서는 모든 학년에 걸쳐 여학생의 학점이 남학생의 학점보다 일관되게 높은 것으로 나타났다(효과크기는 −.09에서 −.35 정도였다; Kimbell, 1989). 또 1992년과 1996년의 NEAP에서는 모든 학년에 걸쳐 유의한 성차가 나타나지 않았다(Reese et al., 1997). 예를 들어, 1996년 NEAP에서 4학년 남학생의 수학 평균점수와 여학생의 수학 평균점수는 각각 226점과 222점, 8학년의 점수는 각각 272점과 272점 그리고 12학년의 점수는 각각 305점과 303점이었다. 2000년 NEAP의 효과크기는 .10(4학년), .05(8학년), .12(12학년)였다.

NEAP의 수학시험에는 학교 교육과정의 내용이 반영된 문제가 많기는 하지만 평균적인 학생이 맞출 가능성이 낮은 어려운 문제도 포함되어 있다. 따라서 NEAP의 수학문제는 어려운 편이다. 그러나 이 말은 SAT에 대한 논란과 관련하여 이야기되는 어렵다는 말과는 의미가 다르다. 6장에서 말한 바와 같이, NEAP 같은 검사는 주로 지식을 평가하는 반면에 SAT는 유동성 지능(fluid intelligence)(*g*요인)과 지식 모두를 평가한다는 주장이 있다. 어쨌든, 수학 성취도에서의 성차는 연구에 따라 다르게 보고되고 있다. 성차의 크기는 국가에 따라서도 다르다. 예를 들어, 3차 국제 수학 및 과학 연구(TIMSS; Third International Math and Science Study)에서 오스트레일리아, 오스트리아, 캐나다, 사이프러스, 체코 공화곡, 리투아니아, 뉴질랜드, 남아프리카, 스웨덴 및 미국의 경우, 고등학교 남학생이 여학생보다 수학 성취도가 높은 것으로 나타났다. 효과크기의 범위는 미국의 .17에서부터 스웨덴의 .39까지였다(10개국 평균=.32)(Penner, 2003). 3차 국제 수학 및 과학 연구에서는 문항이 어려울수록 성차의 크기도 커지는 것으로 나타나 성×문항 곤란도 상호작용 효과도 있는 것으로 밝혀졌다. 그러나 아시아권에 속한 국가가 없다는 사실과 아시아권 학생을 대상으로 수행된 연구 중에는 성차가 없는 것으로 보고된 경우가 있다(Byrnes, Li, & Shaoying, 1997)는 사실에도 주목해야 한다.

과학. 과학 성취 검사에서 여학생보다 남학생의 점수가 높은 것으로 나타났다. 예를 들어, 1990년 NAEP의 과학평가에서 성차가 9세에서는 1% 미만인 반면 13세에서는 3%, 고등학교 졸업 즈음에는 5%로 증가하였다. 고등학교 3학년의 성차가 3% 정도 차이 나는 것을 제외하면, 1996년 평가에서도 같은 결과가 나왔다. 이러한 차이는 수학에서 나타난 차이의 1/2에서 1/3 정도에 지나지 않아 큰 차이가 나지 않는 것으로 볼 수 있다. 2005년의 효과크기는 초등학교 4학년이 .12, 중학교 2학년이 .09, 고등학교 3학년이 .12였다. 3차 국제 수학 및 과학 연구에 참여한 10개국의 성차를 분석한 Penner의 연구(2003)에 의하면, 효과크기의 범위는 미국과 사이프러스의 .30에서 스웨덴의 .51까지의 범위(평균 효과크기=.39)이다.

사회. NEAP 결과에 의하면, 역사와 지리에서 남학생의 성적이 여학생의 성적보다 2%에서 5% 정도 높은 것은 것으로 나타났다. 그러나 1990년의 공민의 한 영역에서는 여학생의 성적이 조금 높았고, 다른 영역에서는 남학생의 성적이 높았다. 1996년 평가에서는 8학년과 12학년의 경우, 여학생의 성적이 남학생의 성적보다 전반적으로 3% 정도 높았다. 2001년 역사의 경우에는 성차의 효과크기가 4학년 .0, 8학년 .09, 12학년 .07이었다. 2001년 지리의 효과크기는 각각 .14, .12, .18이었다. 1998년 공민의 효과크기는 각각 −.06, −.12, −.12였다. 전체적으로, 사회과 영역의 성차에 대한 분석결과는 일관성이 없다. 어떤 때는 여학생이 높았고, 또 어떤 때는 남학생이 높았다. 어쨌든 성차의 크기는 매우 미미하다.

요약. 전반적으로, 여학생의 점수가 남학생의 점수보다 쓰기에서는 꽤 높고, 독해에서는 다소 높으며, 일부 공민에서는 조금 높다. 초등학교에서는 읽기 및 쓰기의 성차가 분명하지만 공민에서는 고등학교까지 그 차이가 분명하게 나타나지 않았다. 이와는 대조적으로, 남학생의 성적은 여학생의 성적보다 수학에서는 다소 높고, 역사와 지리에서는 조금 높다. 이러한 차이는 청소년기에 나타난다. 이러한 결과에 비추어 볼 때, 작문의 경우에는 학년에 관계없이 성차(여학생이 높음)가 가장 크며, 수학문제 해결은 청소년기에 성차(특히, 영재 남학생이 높음)가 크다. 이외의 경우에는 성차가 거의 없다. 이러한 결과는 성별 성적분포가 많이 중첩된다는 것을 말해주고 있다.

성차 설명 이론

지금까지 여러 교과에서 성차가 어떻게 나타나는지 그리고 언제부터 나타나기 시작하는지 살펴보았다. 이제, 성차가 나는 이유를 살펴볼 것이다. 인지에서의 성차의 기원을 설명하기 위하여 다섯 관점, 즉 (1) 유전/생리학적 관점, (2) 사회화 관점,

(3) 경험 차이 관점, (4) 인지과정 관점, (5) 통합 관점 이론이 제안되어 왔다. 여기서는 이들을 차례로 검토하고 평가한다. 모든 이론은 여러 교과 영역에 따라 달리 나타나는 성차의 양상을 설명할 수 있어야 할 것이다.

유전/생리학적 관점. 신경심리학자들은 지난 100여 년에 걸쳐 뇌 구조의 성격을 밝히고 인간의 수행과 어떻게 관련되는지를 규명하기 위해 노력해 왔다. 구체적인 내용에 차이가 있지만(Byrnes, 2001; Halpern, 1992; Kosslyn & Koenig, 1992; Squier, 1987), 뇌 구조와 기능에 대해서는 일치된 견해를 보이고 있다. 뇌에 대한 공통된 견해는 다음 같다.

- 정보 유형(예컨대, 시각정보, 언어정보 등)에 따라 처리되고 저장되는 뇌 부위가 다른 것 같다. 이를 소재화(localization)라 한다. 일부 기능은 좌뇌나 우뇌 중 어느 한쪽이 주로 담당하는 것 같다. 이를 편측화(lateralization)라 한다.
- 수행하는 과제(예컨대, 형태지각)별로 주로 관여하는 뇌의 부위가 따로 있는 것 같긴 하지만, 복합적인 과제(예컨대, 전체적인 광경을 보는 것)의 수행에는 뇌의 모든 영역이 관여하는 것 같다. 과제 수행에 관여하는 한 영역이 손상된 경우에도 전반적인 기능 수행에는 큰 영향을 미치지 않는 것은 바로 이 때문이다. 자동차 생산에 비유하면, 자동차는 여러 단계를 거쳐 조립되고, 각 단계를 담당하는 부서도 다르다(공장이 다른 경우도 있다). 한 부서(예컨대, 도장부)나 공장이 마비되는 경우에도 그런대로 작동하는 자동차를 생산할 수 있을 것이다. 물론, 전반적 기능 수행에서 매우 중요한 역할을 하는 영역이 손상된 경우에는 과제 수행이 불가능할 수도 있다.
- 기능의 소재화와 편측화에도 불구하고, 뇌의 부위는 매우 밀접하게 연결되어 있다. 뇌의 모든 영역은 서로 연결되어 소통한다. 따라서 특정 영역이 특정 과제 수행과 주로 연관되어 있다고 할 수는 있지만, 그 부위만 연관되고 다른 부위는 전혀 연관이 없는 것은 아니다.

생리적 관점을 취하는 연구자는 모두 높은 수준의 과제수행에 적합한 뇌 반구가 있을 것으로 가정한다. 예를 들어, 일부 연구자는 뇌의 좌-우반구가 모두 과제수행에 관여하는 것보다 한쪽만 관여하는 것(편측화)이 좋다고 주장한다. 그러나 이렇게 편측화할 수 있도록 하는 기제에 대한 가정은 연구자에 따라 다르다. 어떤 연구자는 유전학적 관점에서 남성 유전자가 여성 유전자보다 편측화를 촉진한다고 주장한다. 이들은 남성이 여성보다 수학을 잘하고, 여성이 남성보다 쓰기를 잘하는 이유는 뇌의 조직과 기능의 차이 때문이라고 한다.

유전적 관점의 연구자 중에는 호르몬이 뇌 구조 변화와 직접적인 관계가 있을 것으로 보는 사람도 있다. 쥐를 대상으로 이루어진 실험에서 남성 호르몬과 여성호르몬이 시상하부와 뇌량(corpus callosum) 같은 부위의 형태를 변경시킨다는 것이 밝혀졌다. 이 실험 결과가 인간에게도 적용되는지를 검증한 연구는 아직 없다(Beaton, 1997; Breedlove, 1994; Halpern, 1996). 단지 독자적으로 이루어진 연구들을 종합하여 그 가능성을 논리적으로 밝히려는 시도가 있을 뿐이다.

예를 들어, Camilla Benbow와 Beth Casey 같은 연구자가 수학에서의 성차를 설명하기 위해 내놓은 제안을 살펴보자(예컨대, Benbow, 1988; Casey, Pezaris, & Nuttall, 1992). 이들은 수학에서의 성차를 생리적 관점에서 뇌의 우반구와 관련시켜 설명하려 하였다. 이들은 해부학으로 난독증의 원인을 밝힌 Norman Geschwind와 동료들의 연구에 기초하였다. Geschwind 등은 (1) 언어장애 발생빈도가 여학생보다 남학생이 높다는 연구결과, (2) 난독증 아동의 경우에 특정 뇌 부위의 크기가 대칭이거나 비정상적 비대칭이라는 연구결과 그리고 (3) 왼손잡이, 언어장애 및 면역장애 간에 예상보다 높은 상관이 있다는 연구결과를 설명하기 위한 모형을 제안한 바 있다(Geschwind & Behan, 1982; Geschwind & Galabura, 1985). Geschwind 등은 이 결과에 대해 다음과 같이 설명하고 있다. 태아기 동안에 테스토스테론 수준이 대뇌 좌반구의 성장에 영향을 미쳐 변칙적인 우세형을 발달시킨다. 즉, 태아기에 테스토스테론의 영향을 받은 사람은 오른손잡이가 되고 언어는 좌반구에 편측화되는 대신에 왼손잡이가 되며, 언어는 우뇌 또는 우뇌와 좌뇌 모두에 편측화된다. 생리적 변화는 다시 난독증, 언어 손상, 자폐증 같은 장애를 일으킨다. 테스토스테론 수준은 흉선에 영향을 주어 면역체계 장애(예컨대, 알레르기, 대장염)를 가져온다. Geschwind 등은 좌-우뇌 크기의 비대칭을 설명하기 위하여 테스토스테론은 좌뇌의 성장을 지체시키거나 우뇌의 정상적 축소를 방해할 것이라고 하였다.

선천적인 왼손잡이이고 우뇌가 정상보다 큰 사람이 있다는 주장에 비추어 볼 때 이 설명은 그럴듯해 보인다(Benbow, 1988). 이와 관련하여 Benbow는 다음과 같이 주장하였다.

> 질적 차이가 아니라 양적 차이이긴 하지만, 우뇌는 전통적으로 비언어 과제와 연관되고 좌뇌는 언어과제와 연관된 것으로 간주되어 왔다. 특히 계산능력과는 대비되는 수학 추론 능력은 우뇌의 영향을 더 크게 받을 것이다(Benbow, 1988, p. 180).

Benbow와 동료들은 이 가정을 검증하기 위하여 영재아동은 다른 아동보다 왼손잡이일 가능성이 높고, 면역장애에 걸릴 가능성도 높은지 조사하였다. 이들은 10만 명이 넘는 영재아동 중에서 (1) SAT 수학 점수가 700점 이상이거나 SAT 언어 점수가 630점 이상인 7학년의 천재성 영재학생(N=303명)과 (2) SAT 수학 점수가 500점 정도인 가능성 영재학생(N=127)을 대상으로 Edinburg Handedness Inventory(Oldfield, 1971)를 실시하였다. Edinburg Handedness Inventory의 규준에 의하면, 스코틀랜드 성인의 8%가 일상생활 과제를 수행할 때 왼손을 빈번하게 사용하는 데 반해 천재성 수학영재 학생의 13%와 가능성 영재학생의 10%가 일상생활 과제를 수행할 때 왼손을 빈번하게 사용한다(Benbow, 1986). 천재성 영재학생 집단의 왼손잡이 비율이 스코틀랜드 성인 집단의 비율보다 유의하게 높은 것(p〈.04)으로 나타난 반면에 (1) 가능성 영재학생 집단과 스코틀랜드 성인집단 그리고 (2) 천재성 영재학생 집단과 가능성 영재학생 집단의 왼손잡이 비율에서는 유의한 차이가 없는 것으로 밝혀졌다.

Benbow(1988)는 천재성 영재학생 중 왼손잡이의 남녀비율을 조사하였다. 그 결과, 왼손잡이 여학생 비율(11%)보다 남학생의 비율(16%)이 높았다(p〈.04). 그러나 필자가 Benbow(1986)의 자료를 빈도비교(즉, chi-square 검증)를 위해 표준검증을 적용하여 분석한 결과 16%와 11%의 차이는 유의하지 않았다(p=.17). 또 수학영재 남학생(14%)과 수학영재 여학생(6%) 간의 핵심적 차이도 유의하지 않았다(p=.33).

Benbow(1988)는 면역결핍장애와 관련해서도 천재성 수학영재 학생이 알레르기에 걸릴 가능성이 일반학생보다 두 배가 높다(53% 대 25%)고 보고하였다. 알레르기 발병률에서는 천재성 수학영재 남학생(53%)과 천재성 수학영재 여학생(54%) 간에 유의한 차이가 없었다.

이러한 연구결과가 일반적으로는 영재학생, 보다 구체적으로는 영재 남학생의 우뇌 우세와 관련 있다는 주장을 완벽하게 지지하고 있진 않다. 그러나 주 사용손이나 알레르기와 같은 지표는 매우 불명확하기 때문에, 이 결과가 우뇌 우세 주장을 직접 검증하지 않았다는 주장은 있을 수 있다. 보다 직접적인 접근은 신경 영상이나 대단위 전자 기록 기법(gross electrical recording techniques)을 이용하여 우뇌와 좌뇌에서 일어나는 활성화 패턴을 살펴보는 것이다. O' Boyle과 Gill(1998)은 영재 청소년은 청각 자극을 듣거나 얼굴 표정을 처리할 때, 일반 청소년보다 우뇌를 더 많이 사용하는 것으로 나타났다고 하였다. 또 영재 청소년의 휴면 신경 활성화(resting neural activation) 패턴이 대학생과 유사하고 다른 청소년의 패턴과는 크게 달랐다(즉, 전두엽과 후두엽이 크게 활성화됨).

마지막으로, 얼굴 및 정신적 회전에 대한 정보처리에 우뇌가 관여하는 정도에서 영재 남학생과 영재 여학생 간에 차이가 있었으나(남학생의 경우가 여학생보다 더 많이 관여), 언어자극의 경우에는 남녀 간에 차이가 없었다. Alexander, O' Boyle과

Benbow(1996)가 제시한 그림에서도 영재 여학생보다 영재 남학생의 경우에 하두정엽과 전두엽이 더 활성화된다는 것이 암시되었으나, 본문에서 자세하게 비교하지는 않았다. 우뇌 관여 정도와 SAT 수학 점수 간의 관련성을 설명할 수도 있는 한 연구(즉, O' Boyle & Benbow, 1990)도 상관관계를 밝히는 데 실패하였는데, 연구자들은 그 이유가 점수 범위가 한정되었기 때문이라 하였다(대부분의 학생의 점수가 500점 이상이었다). 연구자들은 편측성 점수(laterality scores)와 SAT 전체 점수 간의 상관을 $r=-.29$로 보고하였다(즉, 얼굴 정보처리가 우뇌에 편향되는 정도가 높을수록 SAT 점수가 높다).

Benbow와 동료들은 우뇌가 수학 능력과 관련 있다는 것을 시사하였다. Casey와 동료들은 우뇌와 수학 능력 간의 관련성은 공간지각 능력과 관련 있다고 하였다(Casey, Nuttall, Pezaris, & Benbow, 1995). 정신적 회전과 같은 공간지각 능력에 남녀 간 성차가 꽤 크다(순서과제에서의 효과크기는 .70에서 1.50임)는 점에서, 이 가정은 그럴듯해 보인다. 수학에서는 공간지각 능력이 필요하다는 주장이 있으며, Casey 등은 (a) 공간지각 능력이 (다른 요인을 통제하였을 때) SAT 수학 점수를 예측하는지, (b) 공간지각 능력을 통제한 경우에는 SAT 수학 점수의 성차가 없어지는지를 검증하였다. Casey 등(1995)은 SAT 어휘 점수를 통제한 경우에 공간지각 능력이 SAT 수학 점수를 예측한다(여성 9%와 남성 8%)는 것을 밝혔다. 그러나 언어 능력은 공간지각 능력보다 두 배에서 세 배 정도 많게 예측하였다(여자 26%와 남자 15%). 중학교 2학년 대상의 다른 연구에서는 공간지각 능력이 오른손잡이가 아닌 여학생의 수학성적만 예측하였다. 그러나 공간지각 능력은 오른손잡이 여학생이나 오른손잡이 남학생 혹은 왼손잡이 남학생의 수학성적은 예측하지 못하였다(Casey, et al., 1992). 또 Casey 등(1995)은 SAT 수학 점수의 유의한 차이는 공간지각 능력을 통제했을 때 없어질 수 있다는 것도 발견하였다. 그러나 이러한 효과는 대학생과 성적이 높은 고등학생에게서만 나타났고 영재학생에게서는 나타나지 않았다.

이러한 연구결과는 일반적으로는 영재학생, 구체적으로는 영재 남학생이 다른 학생보다 우뇌를 많이 사용하기 때문에 수학을 잘한다는 주장을 강력하게 지지해주지 않고 있다. 이외에도 수학 영재성과 우뇌 간의 관련성에 관한 가정에 의문을 갖게 하는 다른 이유도 있다. 첫째, 대부분의 신경학자는 전두엽이 고차적 사고와 가장 관련이 깊을 것으로 가정하고 있다(Fuster, 2000; Luria, 1973; Squire, 1987). 우뇌의 후두엽 영역이 수학의 개념지식이나 특정 공간 유추와 관련이 있을 가능성이 높으나, 이 영역은 작동기억과 주의집중이 작용할 때도 활성화된다(3장 참조). 따라서 천재성 수학영재가 다른 사람보다 우뇌를 많이 사용한다는 것을 시사하는 증거가 나타나는 경우에도 이 차이는 수학영재가 수학개념이나 공간지각 능력 또는 작용기억에 더 많이 의존하기 때문일 수 있다. 이 능력은 SAT에서 높은 점수를 받는 데 필요한 추론과 관련이 있을지 모르나, 문제이해의 핵심과정과 전략적 계획이 전두엽과 관련이 있을 가능성이 있다.

둘째, 남녀의 우뇌 크기가 서로 다를 것이라는 주장은 뇌 영상촬영 연구나 두뇌 해부학의 지지를 받지 못하고 있다(Byrnes, 2001). 평균적인 여성의 뇌가 전반적으로 9% 정도 작은 경향이 있다. 그 차이는 우뇌에만 한정된 것이 아니다. 여성의 키가 남성에 비해 10% 정도 작다는 사실과 신체 크기를 고려할 때 뇌 크기의 차이는 중요한 것이 아니다.

셋째, 읽기 장애를 설명하기 위한 이론(즉, Geschwind와 동료들의 모형)이 높은 수준의 수학적 재능을 설명하는 데 적절한 이유가 전혀 분명치 않다. Geschwind의 모형이 맞다면 천재성 수학영재나 공간지각 능력이 높은 사람 중에는 읽기 장애를 가진 사람이 많을 것이다. 그러나 천재성 수학영재 대부분은 수학 능력이 높은 것과 더불어 언어 능력도 월등히 높다(Benbow, 1986, 1988). 넷째, Geschwind의 모형을 지지하는 증거가 거의 없다.

다섯째, 많은 연구에서 뇌 형태가 경험에 따라 달라질 수 있다는 사실이 밝혀졌다(Byrnes, 2001; Halpern & Tan, 2001). 그렇다면, 남녀의 뇌 형태가 실제로 다르다고 가정한다 해도, 그 차이가 유전자나 호르몬 때문인지 아니면 경험 때문인지가 분명치 않다.

여섯째, 남녀의 뇌 형태가 같지만 과제를 해결할 때 서로 다른 전략을 사용할 수 있다(Byrnes & Takahira, 1993; Halpern, 1992). 이 차이는 문제를 해결할 때 "활성화" 되는 뇌 영역의 차이로 나타날 것이나, 활성화의 차이가 남자의 뇌와 여자의 뇌가 "자연적으로" 더 편측화되거나 덜 편측화(혹은 더 조직화)되었다는 것을 의미하진 않는다. 모든 학생에게 동일한 전략을 활용하도록 가르친다면, 활성화되는 뇌 영역은 같을 것이다.

마지막으로, 생리학적 관점의 가장 큰 문제점은 여러 내용영역에 걸친 성차의 전반적 양상(예컨대, 쓰기의 경우에 모든 연령에서 여학생의 점수가 높고, 수학 문제 해결의 경우에 성차가 크지 않고 연령에 따라 다르며, 사회과의 경우에는 실제 성차가 나타나지 않는 것)을 설명할 수 있는 통합적인 이론이 없다는 것이다. 몇몇 이론가는 성차의 전반적 양상에 대한 진화론적 설명을 내놓았지만, 이 설명의 핵심 내용은 공간지각 능력과 수학 성적 간의 관련성에 대한 추정에 불과하다(예컨대, Geary, 1998). 바로 앞에서 Casey 등의 연구를 통하여 이 관련성이 잠정적인 것임을 보았다. 다른 연구에서는 관련성을 전혀 찾을 수 없었다(예컨대, Fennema & Sherman, 1977). 공간지각 능력과 관련시킨 견해를 비판하는 연구자는 SAT 문제를 해결하는 데 공간지각 능력이 필요한지도 전혀 분명치 않다고 주장한다(예컨대, Royer, Tronsky, Chan, Jackson, & Marchant, 1999). 뒤에서 다시 밝히겠지만, 한 요인만 상정하는 이론은 여러 주제 영역이나 여러 나라의 수행에서 나타나는 차이를 설명할 수 없기 때문에 곧바로 비판을 받을 것이다. 차이가 커지거나 작아질 때는 다른 한 요인 또는 일단의 요인이 포함되어야 한다.

사회화 관점. 천성 대 양육 논쟁에서 천성을 강조하는 유전/생리적 관점과 극단적으로 대립되는 관점이 양육을 강조하는 사회화 관점이다. 사회화 관점은 유전 관점과 극단적으로 대립된다. 사회화 관점을 취하는 연구자는 가족, 급우 및 교사에 의해 전달되는 한 사회 또는 특정 문화에 내재된 가치 때문에 인지수행의 성차가 발생한다고 가정한다(Eccles, 1983; Halpern, 1992; Parsons, Kaczala, & Meece, 1982). 어떤 영역(예컨대, 수학과 과학)은 "남성" 영역으로 정형화되어 있고, 또 다른 영역(예컨대, 읽기와 쓰기)은 "여성" 영역으로 정형화되어 있다. 이러한 정형화는 다양한 방식으로 학생의 성취관련 신념에 영향을 미칠 가능성이 있다. 첫째, 여학생은 남학생보다 수학에 흥미를 갖거나 중요하다고 생각할 가능성이 낮고, 수학에서 얼마나 잘 수행할 것인지에 대한 기대가 남학생보다 낮을 가능성이 있다. 더 나아가, 여학생은 (a) 수학을 열심히 하고, (b) 수학 능력이 높다고 믿고, (c) 수학 관련 직업을 추구하고, (d) 이러한 직업에서 요구되는 수학과 관련된 강좌를 수강할 가능성도 낮을 것이다. 더 나아가, 교사의 성 편견은 수학 시간에 남학생에게 높은 기대를 하고 상호작용도 많이 하게 할 것이다.

많은 연구에서 이 가정이 지지되었다(Eccles et al., 1998; Leder, 1992). 5장에서 본 바와 같이, 신념의 성차는 초등학교 1학년에서도 실제로 볼 수 있다. 학생과 교사 모두가 문화의 가치를 내면화하는 것 같다. 그러나 문제는 신념의 성차가 읽기, 쓰기, 수학, 과학 및 사회과에서 발견되는 성취의 성차와 인과적 관계가 있는가 하는 것이다.

사회화 관점과 같은 주장을 하기 위해서는 신념을 성취검사에서의 성공적 수행을 중재해주는 행동과 관련시키는 종합적인 이론이 필요하다. 예를 들어, 흥미가 ("멍하게" 앉아 수동적으로 듣기보다는) 수업에 능동적으로 참여하고 열심히 듣도록 한다는 이론이 있을 수 있다. 또 수학에 가치를 부여하고, 수학에 재능이 있다고 믿는 학생은 그렇지 않은 학생보다 더 열심히 그리고 효과적으로 시험 공부를 할 것이다. 이 학생은 학년이 올라가면서 다른 학생보다 교과영역에서 더 높은 전문성을 발달시키게 될 것이다. 또 특정 과목(예컨대, 고등학교에서 수학)을 더 이상 수강하지 않아도 될 때는 흥미가 있고 자기 효능감을 가진 학생만 그 교과를 선택하여 수강할 것이다. 이렇게 강좌를 더 많이 수강함으로써 더 많은 지식과 기능이 발달될 것이고, 지식과 기능이 발달하면 성취검사에서 높은 점수를 받게 될 것이다.

이런 식의 설명은 지금까지 밝혀진 성차를 효과적으로 설명할 수 있었다. 아마 여학생이 남학생보다 읽기와 쓰기를 더 좋아할 것이다. 남학생은 아마 수학, 과학 및 사회과를 잘할 것이다. 이 모두가 합리적인 것처럼 보일지 모르나, 직접적인 검증이 필요하다. 문화 간 연구를 통하여 얻을 수 있는 것 이상의 간접적 증거가 있다. 사회화 관점이 옳고 생리적 관점이 틀리다면, 한 문화의 성 편견 강도와 어떤 교과에서의 성차 크기 간에는 정적 상관관계가 있어야 할 것이다. 예를 들어, 수학은 남성의 과목이라는 신념을 신봉하는 문화에서는 수학 성취도의 성차가 커야 할 것이다. 그러나 성 편견이 덜한 문화에서는 수학 성취도의 성차가 작거나 없어야 할 것이다. 19개 국가 8학년의 수학 성취도에 관한 한 연구에서 이런 관계가 밝혀졌다. 성차가 유전에 전적으로 기인하는 것이라면, 성차는 이렇게 나타나지 않을 것이고 남학생과 여학생의 성적이 같은 국가는 없어야 할 것이다. 그런데 Takahira의 연구(1995) 그리고 Byrnes, Li와 Shaoying(1997)의 연구에서 일본과 중국 고등학생의 SAT 수학 성적에 성차가 없는 것으로 밝혀졌다. 흥미 있는 것은 이 연구에서 활용된 SAT 수학 문항이 미국 학생의 경우에는 성차가 가장 크게 나타나는 문항이었다는 것이다. 따라서 여러 교과와 여러 국가에서 나타나는 성차 크기의 차이를 설명할 수 있는 모형을 만들기 위해서는 유전만 포함시킨 모형에 사회화 요인과 신념을 더 포함시킬 수 있을 것이다. 그러나 사회화 관점을 취하는 대부분의 연구자는 유전적 관점을 계속 유지할 필요성을 느끼지 않고 있다.

이상과 같은 주장과 증거는 설득력이 있어 보이긴 하지만, 사회화 관점에도 문제가 있다. 무엇보다 먼저, 흥미, 참여유형, 학습량 등과 앞에 기술된 요인 간의 종단적 관계를 실증한 연구를 거의 찾을 수 없다. 몇몇 횡단연구가 있긴 하나 이들도 한두 변인 간의 상관을 검증하였으며, 상관관계도 낮은 것($r=.30$)으로 보고되었다. 둘째, 학교에서는 여학생이 수학이나 과학 같은 교과에서 일반적으로 높은 등급을 받는다. 여학생은 남학생보다 수학이 더 어렵다고 생각하고 가치를 덜 둔다(Eccles, Wigfield, Harold, & Blumenfeld, 1993; Parsons et al., 1982). 그렇다면 여학생이 더 높은 등급을 받기 위해 노력하는 것을 어떻게 설명할 것인가? 등급이 학습정도를 나타내는 것이라고 가정한다면, 여학생은 상당한 정도의 기능을 획득하여야 하는 것 아닌가? 셋째, 수학영재에 대한 연구에서 신념에 성차가 없는 것으로 나타났으나, SAT에서 13세 수학영재 남학생의 수학 점수가 같은 연령의 수학영재 여학생의 점수보다 훨씬 높다(Benbow, 1988). 넷째, 초등학교 1학년에서는 신념의 성차를 볼 수 있는 반면에, 성취도 검사 수행에서 보이는 몇몇 성차는 청소년기가 되어야 나타난다. 다섯째, 8학년에서는 문화 가치와 수학 성적 간에 상관이 있는 것으로 나타나는 반면에, 동일한 국가의 12학년에서는 둘 간에 상관이 없는 것으로 나타난다(Hanna, Kundinger, & Larouche, 1992). 사회화는 그 영향이 오랫동안 지속적으로 작용하므로 문화 가치와 수학 성적 간의 상관은 8학년 때보다 12학년 때가 높아야 할 것이다. 1995년에 수행된 3차 국제 수학 및 과학 연구에서 16개 국가 중 12개 국가에서 12학년 남학생의 성적이 같은 학년의 여학생의 성적보다 높았다. (스웨덴, 프랑스, 독일, 캐나다, 리투아니아, 러시아, 스위스, 체코, 오스트리아, 미국, 덴마크가 그리스, 사이프러스, 호주, 이탈리아, 슬로베니아보다 성차별이 강하다는 것을 증명하지 않는 한) 사회화 관점에서 이런 결과를 설명하기가 어려울 것이다. 마지막으로, 일본이나 중국에는 (남성 중심의) 성차별이 존재하기 때문에(Byrnes et al., 1997), 이들 국가의 학생을 대상으로 이루어진 연구에서 성차가 나타나지 않는 것을 사회화 관점에서는 설명하기가 쉽지 않을 것이다.

경험차이 관점. 경험차이 관점에 속하는 초기 이론 중의 하나는 Fennema와 Sherman(1977) 그리고 Pallas와 Alexander(1983) 같은 연구자가 원래 제안한 이수과목 차이 이론이다. Pallas와 Alexander(1983)는 대수, 기하, 미적분 같은 강좌의 수강이 SAT 점수를 예측하는 훌륭한 지표라는 것을 밝혔다. 이 예언적 관계는 SAT에서 연산, 대수, 기하(그러나 미적분학은 아님)에 대한 지식이 필요하다는 사실에 비추어 볼 때 의미가 있다. 더 나아가, Pallas와 Alexander는 수강한 강좌를 통제하면, 1960년대에 보고되었던 47점의 성차를 통계적으로 13점까지 줄일 수 있다는 것을 밝혔다. Byrnes와 Takahira(1993, 1994)는 같은 맥락에서 연산, 대수 및 기하에 대한 지식이 SAT 점수를 예언하는 훌륭한 지표라는 것을 발견하였다. 이러한 지식은 전형적으로 해당 강좌의 수강을 통하여 획득된다.

어떤 의미에서, 이수과목 차이 이론은 사회화 관점의 하위 주제로 간주될 수도 있다. 앞에서 본 바와 같이, 사회화 관점은 고등학교에서 남학생이 이수하는 과목과 여학생이 이수하는 과목이 다를 것으로 가정한다. 이수과목 차이 관점은 수강하는 강좌에만 초점을 맞추고 있다는 점에서 사회화 관점과 다르다. 이수과목 차이 관점은 학생이 특정 강좌를 수강하는 이유를 구체적으로 논의하지 않는다.

이수과목 차이 관점은 Pallas와 Alexander 그리고 Byrnes와 Takahira의 연구에 의하여 경험적으로 지지되고 있음에도 불구하고 문제가 있다. 첫째, 수학과 과학에서 성차는 여학생과 남학생이 다른 강좌를 선택하기 시작하기 바로 전(즉, 13세)이나 후(즉, 15세)에 나타나기 시작한다. 둘째, 미적분학 강좌에서의 수행은 SAT에서의 성공을 예언하지만 SAT에 미적분학은 들어 있지 않다. 셋째, 읽기 및 쓰기에서의 성차는 남학생과 여학생이 수년 동안 서로 다른 과목을 이수한 이후에 나타나는 것이 아니라 학교교육 초기부터 나타난다. 넷째, 1986년에 실시된 과학 학업 성취도 평가를 분석한 결과에 따르면, 고등학교에서 생물을 선택한 남학생과 여학생의 비율(각각 88%와 89%)이 비슷하고, 화학을 선택한 남학생과 여학생의 비율(각 44%와 41%)도 비슷하였다. 생물을 이수한 것과 화학을 이수한 것이 학생의 점수를 크게 높여 주었지만, 높인 정도에 있어서는 남녀 간에 차이가 없었다. 예를 들어, 화학을 이수한 남학생의 점수가 다른 남학생의 점수보다 16%가 높았다. 이 차이는 여학생의 경우에도 같았다. 그러므로 남학생이 여학생보다 과학을 더 많이 수강하고, 이것이 점수향상에 더 도움이 되었다고 하는 것이 과학 성취도 평가에서 나타난 11학년 남녀 간의 5%의 성적 차이를 설명해 주지는 못할 것이다. 지금까지 보고된 성차의 양상을 고려하면, 영어 강좌는 여학생이 더 많이 수강하고, 과학과 수학 강좌는 남학생이 더 많이 수강하며, 사회 강좌의 수강에는 남녀 간의 차이가 없을 것이라는 것이 시사되고 있다. 그러나 표 12.1에서 보듯이, 모든 강좌에서 여학생의 비율이 높다. 다섯째, Linn과 Kessel(1996)은 Maryland에서 대규모로 표집된 여학생과 남학생이 동일 교사가 담당하는 동일 수학 과목을 수강한 경우에도 SAT 수학에서 효과크기가 d=.40으로 나타났다고 보고하였다. 마지막으로, 고등학교에 가지 않은 13세 영재학생의 경우에도 SAT에서 일반적인 경향의 성차를 보인다.

물론, 이런 문제점을 해결하기 위하여, 이수과목 차이 관점을 수정할 수 있을 것이다. 예를 들어 이수과목 차이라는 말 대신에 "경험 차이"라는 말을 사용하여 지식과 기능은 학교에서는 물론 학교 밖에서도 획득할 수 있다고 주장할 수 있을 것이다. 더욱이, 형식적인 과목보다는 특수한 구체적인 강좌에서의 경험이 더 중요할 수 있을 것이다. 예를 들어, 남학생과 여학생 간에는 취학 전 시기에 경험하는 읽기와 쓰기 정도에 차이가 있을 것이다. 마찬가지로, 영재학생은 초등학교에서 평균적인 7학년 학생보다 대수와 기하 수업을 많이 받을 것이다. 마지막으로, 남학생과 여학생 간에는 가정에서 비형식적으로 과학을 접하는 정도에 차이가 있을 것이다. 표 12.2에는 과학기구에 대한 비형식적 경험을 가진 남녀의 비율이 제시되어 있다. 표에서 보는 것처럼, 남학생이 여학생보다 과학기구에 대한 경험이 더 많다. 실제로, 기구 사용에서의 비율 차이가 과학 점수의 남녀 간 5%의 차이를 훨씬 상회한다. 그럼에도 불구하고, 경험 차이 관점을 충분히 평가하기 위해서는 경험의 차이에 관한 자료를 신중하게 수집하고, 그 효과를 추적하는 연구가 더 수행되어야 한다.

인지과정 관점. 지금까지 설명된 관점은 모두 성차에 대한 설명에 근접변인과 원격변인을 포함시키고 있다. 근접이란 말은 설명변인이 공간적으로나 시간적으로 수

표 12.1 2006년 SAT 응시학생의 이수과목 패턴

	남	여
영어		
미국문학	45	55
작문	45	56
영국문학	44	56
심화	39	61
수학		
대수	45	55
기하	45	55
삼각함수	47	53
심화	46	54
과학		
생물	45	55
화학	45	55
물리	50	50
심화	41	56
사회		
미국사	45	55
세계사	45	55
공민	45	55
심화	42	58

주: 수치는 SAT에 응시한 학생 중 해당 과목을 수강한 학생의 비율임.
출처: 2006 Profile of College Bound Seniors(College Board, 2006).

행과 밀접하게 관련되어 있다는 것을 의미한다. 원격이란 말은 설명변인이 실제 수행과 다소 떨어져 있다는 것을 의미한다. 예를 들어,

유전인자 → 호르몬 → 편측화 → SAT 점수

와 같은 일련의 사상에서 유전인자 변인은 수행과 세 단계가 떨어져 있기 때문에 원격변인으로 볼 수 있다. 이와는 대조적으로, 이수과목 차이 관점을 나타내는

신념 → 이수과목 → SAT 점수

와 같은 일련의 사상에서는 이수과목은 한 단계만 떨어져 있기 때문에 근접변인으로 볼 수 있다. 신념은 원격변인이라 할 수 있다.

인지과정 관점에는 이수과목 차이 관점에서보다 많은 근접변인이 포함된다. 왜

표 12.2 과학 관련 활동에 참여한 학생의 비율

	학년		
	3	7	11
사용한 적이 있는 기구			
야드스틱			
남	68	–	–
여	67	–	–
저울			
남	67	–	–
여	72	–	–
확대경			
남	68	–	–
여	71	–	–
현미경			
남	**51**	92	98
여	**37**	90	97
망원경			
남	**58**	**80**	**85**
여	**45**	**64**	**71**
기압계			
남	–	**30**	**51**
여	–	**20**	**41**
전류계			
남	–	**31**	**49**
여	–	**10**	**17**

주: 1986 NAEP 과학 학업 성취도 평가 자료; 빈칸은 각 학년에서 해당 기구에 대한 질문이 없는 것을 나타냄. 차이가 큰 것을 굵게 표시함.

냐하면, 위의 연결에서 이수과목과 SAT 수행 사이에 인지과정 관점의 변인이 들어갈 수 있기 때문이다. 인지과정 관점을 가진 연구자는 성취검사 점수와 관련이 있는 핵심 과정을 찾으려 하였다. 이들은 성취점수와 관련이 있는 핵심 과정을 밝히고, 문제의 두 집단(일반적으로 고득점자 집단과 저득점자 집단)을 확실하게 구분해주는 과정을 확인하기 위해 노력하고 있다.

예를 들어, Byrne과 Takahira(1993, 1994)는 인지과정 관점에서 SAT 검사의 점수를 설명하였다. 이들은 학생이 SAT에서 높은 점수를 받기 위해서는 다음과 같은 과정을 성공적으로 수행하여야 한다고 주장하였다.

1. *문제를 정의한다*(즉, 출제자가 원하는 것이 무엇인지 확인한다).
2. *사전지식에 접근한다*(즉, 장기기억에서 문제와 관련 있는 개념과 절차를 회상한다).
3. *효과적인 전략을 조직한다*(즉, 알고 있는 개념과 절차를 효과적인 일련의 문제 해결 단계로 배열한다).
4. *절차에 따라 정확하게 계산한다*(즉, 연산과 대수를 활용하여 미지수를 해결한다).
5. *오답에 미혹되지 않는다.*
6. 각 문제가 1분 안에 해결될 수 있을 정도로 *신속하게* 1부터 5까지의 단계를 수행한다.

Byrnes와 Takahira(1993)는 남학생이 여학생보다 이러한 과정을 잘 수행하는지를 밝히기 위하여 회귀분석이라는 통계처리 방법을 활용하였다. Byrnes와 Takahira는 (a) 사전지식, (b) 사용된 전략, (c) 수학 성적 그리고 (d) 성별 중에서 SAT 점수를 잘 예언하는 변인을 밝히려 하였다. 분석결과, 사전지식과 사용된 전략은 SAT 점수를 예측해 주었지만(변량의 50%를 설명하였음) 성별은 그렇지 않았다. 즉, 성공여부는 성별보다는 지식과 전략에 의해 결정되었다.

인지과정 접근의 가치는 이를 통하여 밝혀진 연구결과가 점수가 낮은 집단이 실패한 원인을 직접적으로 시사해 준다는 데 있다(예컨대, 점수가 낮은 집단은 적절한 전략을 활용하지 않고 사전지식이 부족한 경향이 있다). 실패의 원인이 확인되면, 수행을 높이기 위한 훈련 프로그램을 실행할 수 있다(예컨대, 더 효과적인 전략을 활용하도록 훈련시킨다). 이는 의학적 진단과 처치에 비유된다.

인지과정 접근도 다른 접근과 마찬가지로 문제점이 있다. 가장 큰 문제점은 차이가 있는 것으로 밝혀진 인지과정에서 남학생과 여학생이 차이 나는 이유를 구체적으로 밝히지 못하는 것이다. 예를 들어, 인지과정 접근은 여학생이 남학생보다 지식이 적은 이유나 적절치 않은 전략을 사용하는 이유 또는 오답지의 유혹에 쉽게 빠지는 이유를 밝히지 못하고 있다. 이 문제점을 해결하는 한 방법은 사회화 관점과 경험 차이 관점 그리고 인지과정 관점을 통합하는 것이다. 즉, 문화 가치는 학생의 경험을 결정한다. 경험은 다시 핵심적 인지과정의 습득을 조장한다. 보다 정교한 설명을 위해서는 생리적 관점도 통합되어야 한다. 이어서 통합 접근이 논의된다. 통합 접근은 둘 이상의 핵심 요인을 고려하여 설명하기 때문에 개인차에 대해 보다 잘 설명할 가능성이 높다. 통합 접근은 교과에 따라 그리고 국가에 따라 개인차의 양상이 다른 이유도 잘 설명해 준다.

통합 접근. 근래에 하나 이상의 요인을 포함시켜 개인차를 설명하려는 이론이 제안되고 있다. 예를 들어, Diane Halpern과 동료들은 **심리생물사회화 모형**(psycho-biosocial model)을 제안하였다. 이 모형은 인지수행을 발달에서 서로 상호작용하는 생물학적 요인과 심리학적 요인의 반복적 순환의 결과인 것으로 본다. Halpern 등은 "모든 사람은 생물학적으로 다른 사람보다 쉽게 기능을 학습하려는 경향성을 가지고 있으며 과거의 학습과 성별에 적합한 행동에 대한 신념에 맞게 경험을 선택한다."고 주장하였다(Halpern & Tan, 2001, p. 395). 예를 들어, 유전은 뇌 형태를 결정하고(단계 1), 뇌 형태는 특정 유형의 사고와 행동을 일으킨다(단계 2). 이런 사고와 행동은 특정 경험을 갖도록 유도하고(단계 3), 이는 다시 정보를 획득하고 신념에 따르도록 하며 호르몬을 변화시킨다(단계 4). 2단계에서 4단계를 거친 결과로 다시 뇌 구조가 변화되고(다시 1단계로 순환) 순환과정은 다시 시작된다. 성 유형화된 행동(sex-typed activities)에 관한 정보를 제공해주는 사회화 작동요인(agents of socialization)도 이 순환과정에서 작용한다. Halpern 등에 따르면, 성 유형화된 행동은 부분적으로 실제 증거에 기초하고 있다. 심리생물사회화 모형은 천성과 양육 두 범주에서 밝혀진 모든 요인을 통합함으로써 생리적 관점과 사회화 관점이 가진 문제점을 해결하려 한다. 그럼에도 불구하고 Halpern과 Tan이 제안한 순환과정의 장기적 결과를 실증한 연구는 거의 없다. 생물학적 요인(예컨대, 호르몬 수준)과 사회화 요인(예컨대, 성 정형화 신념) 모두가 정신적 회전과제와 같이 성차가 나타나는 검사의 수행과 관계있다는 것을 밝힌 몇몇 연구가 있을 뿐이다(예컨대, Halpern & Tan, 2001). 현재로서는 이 모형의 경험적 진실성은 알려져 있지 않다. 앞으로 이 모형의 중요한 주장을 직접 검증하는 연구가 이루어져야 한다.

두 번째 통합 모형은 Philip Ackerman과 동료들에 의해 제안되었다(예컨대, Ackerman, Bowen, Beier, & Kanfer, 2001). 이 **PPIK**(intelligence-as-Process, Personality, Interests, and intelligence-as-Knowledge) **모형**은 두 가정에 기초한 "투자" 이론이다. 첫 번째 가정은 개인이 획득한 현 상태의 지식은 (대학의 전공이나 특정 직업에서 획득된 지식과 같이) 주류문화에서는 일반적이지 않을 수 있는 기능과 정보를 획득하는 데 쏟은 노력의 결과라는 것이다. 이 결정성 지식(crystallized knowledge)(유동성 지능과 결정성 지능의 특징에 대한 논의는 6장 참조)은 시간이 가면서 깊이와 넓이 모두가 분화되어 갈 것이다. 두 번째 가정은 지적 능력(예컨대, 지능)과 비능력 특성(예컨대, 인성과 흥미)의 복합체가 노력을 쏟을 영역을 부분적으로 결정할 것이라는 것이다. PPIK 모형에서는 특정 유형의 지식에서 나타나는 성차를 설명하기 위하여 지적 능력과 비지적 특성의 복합체의 점수를 통계적으로 통제하는 경우에 성별은 지식의 변량을 설명하지 못할 것으로 가정한다.

Ackerman 등은 이 가정을 검증하기 위하여 두 대학에서 표집된 500명 이상의 학생에게 유동성 지능검사, 결정성 지능검사, 지각속도 검사 및 여섯 범주의 비능력 요인(능력에 대한 자기개념, 능력에 대한 자기추정, 인성, 흥미, 동기 특성 및 기능, 활동 및 경험)에 대한 검사를 실시하였다. 이들 검사의 점수에 기초하여 "능력+비능력" 복합체 점수가 산출되었다. 산출된 점수는 19개 영역(예컨대, 물리학, 화학, 미국 정부론, 심리학, 경영학, 음악 등)에서 획득할 지식정도를 예측하는 예측변인으로 사용되었다. 연구결과를 통하여 (a) 유동성 지능검사 점수와 19개 영역에서 획득된 지식의 양에 유의한 성차가 있고, (b) 복합체 점수는 19개 영역에서 획득된 지식의 정도를 강력하게 예측하며, (c) 복합체 점수를 통계적으로 통제하면, 성차는 19개 영역의 점수를 예측하지 못한다는 것이 밝혀졌다. 따라서 성별은 설명력이 없고 복합체에 포함된 보다 중요하고 근거가 있는 요인(예컨대, 유동성 지능과 흥미)의 "대리" 측정치로 보인다.

이러한 연구결과가 예측한 바와 같고 PPIK 투자 모형을 강력하게 지지하고 있긴 하지만, 여기에는 여러 가지 문제점이 있다. 첫 번째 문제점은 유동성 지능에 성차가 없다는 것을 보고한 연구가 상당히 많다는 것이다(예컨대, Colom & García-López, 2002; Lynn & Irwing, 2002). Ackerman 등의 연구결과는 이와 다르다. 왜냐하면 연구대상인 두 대학 학생의 SAT 점수에 성차가 있는 것으로 나타났고 SAT에 유동성 지능 요소가 포함되어 있다(6장 참조)는 것을 고려하면, Ackerman 등의 연구결과에서는 유동성 지능에 성차가 있는 것이 밝혀진 것으로 볼 수 있기 때문이다. 둘째, Ackerman 등의 연구에서 처음 실시된 구조 방정식 분석에서는 복합체의 능력부분이 지식획득 정도를 예측한다는 것이 밝혀졌고, 두 번째 실시된 분석에서는 비능력 특성이 지식획득 정도를 예측한다는 것이 밝혀진 반면에, 동일한 분석에서 능력과 비능력 특성 모두가 지식획득 정도를 예측한다는 것을 밝히진 못했다. 능력 요인과 비능력 특성의 모든 요인이 포함되었을 때 유의한 인과경로가 몇 개가 될지 분명하지 않다. 따라서 성차에 대한 PPIK 설명을 검증하기 위한 연구가 더 이루어져야 할 것이다.

세 번째 이론인 **기회-성향 모형**(opportunity-propensity model)은 필자와 동료들이 제안하였다(예컨대, Byrnes, 2003, 2005; Byrnes & Miller, 인쇄 중; Jones & Byrnes, 2006). 이 모형은 두 가지 필요조건 즉, (1) 아동에게 해당 영역에서 지식과 기능을 획득할 기회가 많이 제공되는 조건(기회조건) (2) 아동이 이러한 기회를 자발적으로 활용하려는 조건(성향조건)이 충족될 때, 수학이나 과학 같은 특정 영역에서 높은 수준의 성취가 이루어질 가능성이 높다는 가정에 기초하고 있다. Byrnes 등은 *학습기회를 문화적으로 규정된 맥락에서*(예컨대, 교실에서 교사에 의해, 가정에서 부모에 의해, 책에서 저자에 의해, 교육방송에서 출연자에 의해 등) *학습할 내용이 제시되는 것*이나 *기능을 연습할 기회가 제공되는 것*으로 정의하였다. 따라서 기회는 학교 안(예컨대, 교실 맥락)과 학교 밖(예컨대, 가정 맥락) 모두에서 주어질 수 있다. 맥락과 관련하여 세 질문, 즉 (1) 성취도 평가에서 요구되는 내용이 이른 맥락에서 제시되는가, (2) 내용이 정확하게 제시되는가, (3) 내용이 효과적으로 제시되는가 하는 질문이 있을 수 있다. 따라서 내용제시(예컨대, 강좌, 교사의 강조, 숙제, 반복 정도)나 교수의 질(예컨대, 효과가 검증된 기법의 활용, 의사소통 기술, 학급관리, 학생을 평등하게 대우하는 것 등)과 관련된 모든 변인이 기회요인 영역에 포함될 것이다.

성향요인은 *내용이 특정 맥락에서 제시되었을 때 그것을 학습할 수 있는 능력 및 자발성과 관계있는 모든 요인*이다. 따라서 지능, 적성, 인지수준 및 기존 기능 같은 인지적 요인은 물론 흥미, 자기 효능감, 가치관, 유능감에 대한 지각 같은 동기적 요인이 모두 성향요인에 포함된다. 자기조절은 인지적 성향(예컨대, 신념)과 동기적 성향(예컨대, 효능감)이 혼성된 요인이다. 따라서 자기조절도 성향요인의 하나로 볼 수 있다. 기회-성향 모형은 더 나아가 기회조건과 성향조건이 충족되면(즉, 내용이 효과적인 방식으로 제시되고, 학습자가 이 학습기회를 자발적으로 활용할 수 있으면) 곧바로 성취도가 높아진다는 것도 가정한다. 따라서 기회요인과 성향요인은 성취의 근접원인으로 간주된다.

Byrnes 등은 지금까지 살펴본(그리고 이 장의 앞부분에서 논의된) 변인 중 많은 것은 학습맥락 측면(기회요인)이나 학습기회를 자발적으로 활용하는 능력과 관련된 학생 특성(성향요인)으로 범주화될 수 있는 반면, 다른 변인은 *학습기회의 출현이나 성향의 출현을 가능하게 하거나 설명하는 요인*으로 볼 수 있다고 주장하였다. 이런 요인을 확인하기 위하여, 성취도 검사에서 필요한 내용이 유능한 교사에 의해 효과적으로 제시되는 맥락에 있다는 것을 아는 아동이 있다는 사실은 어떻게 설명될 수 있는가, 이 기회를 활용하는 데 필요한 기능과 활용하려는 동기를 가지고 이러한 학습맥락에 임하는 학생이 있다는 사실은 어떻게 설명될 수 있는가와 같은 질문이 있을 수 있다. Byrnes 등은 부모의 사회 경제적 지위, 자녀에 대한 부모의 교육적 기대, 학생 자신의 교육적 기대와 이전의 교육경험 같은 요인이 질문에 답해 줄 것이라고 주장하였다. 이런 요인은 시간적으로 초기에 작용하고 기회의 출현과 성향의 출현을 설명한다는 점에서 원격요인이라 할 수 있다.

원격요인, 기회요인 및 성향요인의 시간적 관계와 논리적 관계가 그림 12.2에 제시되어 있다. 이 그림의 기본 가정은 원격요인이 기회요인과 성향요인(근접요인)을 예측하고, 이 두 요인은 학업 성취도를 예언한다는 것이다. Byrnes 등은 더 나아가

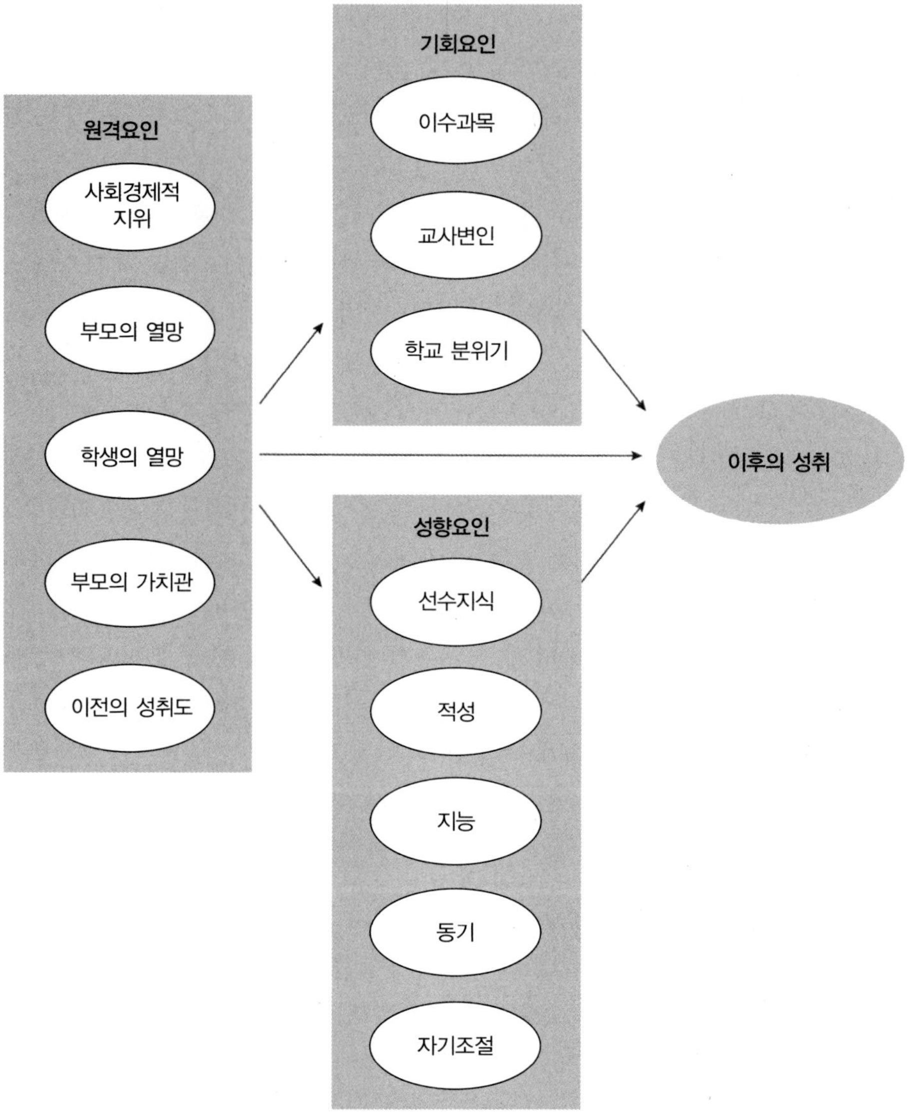

그림 12.2 성취도에 대한 기회-성향 모형

성취도의 성차는 원격요인(예컨대, 부모가 아들과 딸에 대해 차별적인 기대와 열망을 가지고 있는 것), 기회요인(예컨대, 수학 시간에 남학생에게 더 많은 학습기회가 제공되는 것; 작문 시간에 여학생에게 더 많은 학습기회가 제공되는 것) 및 성향요인(예컨대, 남학생이 수학과 관련된 사전지식이 많고, 수학 학습에 대한 동기가 높은 것; 여학생은 쓰기 기능에 대한 사전지식이 많고, 쓰기 학습에 대한 동기가 높은 것)에서 남녀 간에 차이가 있기 때문으로 가정했다.

앞에서 밝힌 바와 같이, 학습내용이 제시되고, 기능을 연습할 기회가 제공되는 특정 시기와 장소(예컨대, 4학년 수학 시간, 방과 후 축구연습 등)에서 이루어지는 문화적으로 정의된 맥락이 학습기회로 정의된다. 학교에 입학하는 것이나 수업을 듣는 것을 학습기회로 보는 경우가 많긴 하나, 이 자체만으로 동등한 기회가 제공되었다고 할 수 없다(Oakes, 2005; Tate, 1995). 유능한 교사의 수업을 받는 학생이 그렇지 않은 교사의 수업을 받는 학생보다 많이 학습할 가능성이 높다(Taylor, Pressley, & Pearson, 2000). 따라서 기회의 역할을 밝히기 위한 연구는 교사의 학급 경영 능력, 수업 능력 등을 고려해야 할 것이다. 교사가 편견을 가지고 있을 가능성이 있기 때문에 같은 학급에서 학습한다고 하여 모든 학생에게 동등한 기회가 제공되었다고 할 수 없다(Leder, 1992; Tate, 1995). 기회의 역할이 과소평가되는 것을 막기 위해서는, 학습기회에 의하여 설명되는 변산 정도를 증대시킬 수 있는 심층적인 형식의 측정을 통하여 이수과목과 같은 요인을 보완해 줄 필요가 있을 것이다.

기회-성향 모형에서는 신중하게 규정되고 측정되는 경우에도 기회요인은 성취도 변산의 일정 부분만 설명해줄 수 있을 것으로 가정된다. 왜냐하면 기회-성향 모형에서는 성취도의 변산은 기회를 활용하는 성향에 의해서도 결정될 것으로 가정되기 때문이다. Byrnes 등은 성향의 세 가지 주요 측면, 즉 (1) 학습기회를 활용할 수 있는 능력과 관련된 요인(예컨대, 기존 기능, 영역-한정적 적성 및 지능), (2) 학습기회 활용의 *자발성*과 관련된 요인(즉, 홍미, 기대 및 자기 효능감 같은 동기 측면) 그리고 (3) *자기조절*과 관련된 요인(예컨대, 공부시간을 효과적으로 조직하여 배분하는 것과 효과적인 학습전략을 사용하는 것)이 있다고 주장한다. 다시 말하면, 학생이 적절한 수준의 사전지식을 가지고 있고, 학습에 필요한 영역-한정적 적성 수준이 높으며, 다양한 종류의 자료를 신속하고 효과적으로 처리할 수 있을 때 지식 성장이 가능할 것이다. 더 나아가, 학생이 학습내용에 홍미 있고, 자신의 교육 기대와 관련이 있는 것으로 생각하며, 완벽하게 학습할 수 있다고 생각할 때 지식이 증대될 것이다. 성취도가 낮은 학생보다 성취도가 높은 학생에게 더 많거나 좋은 학습기회가 제공되는 이유는 원격요인이 영향을 미치기 때문이다. 선행연구(Eccles et al., 1998; Oakes, 2005; Roscigno, 2000)를 통하여 (a) 부모의 교육정도와 수입(즉, 교육수준이 낮고 수입이 적은 부모보다는 교육수준이 높고 수입이 많은 부모가 자녀를 위해 중요한 교육적 자원을 제공하고 질 높은 교육환경을 제공할 가능성이 높다), (b) 부모의 기대(즉, 자녀의 교육과 직업의 목표를 높게 잡은 부모는 자녀를 위해 질 높은 교육환경을 마련하고 좋은 성적을 받을 수 있도록 많이 지원하고 격려할 가능성이 높다), (c) 아동의 기대(즉, 아동이 교육기대가 높으면 학습기회를 찾을 가능성이 높다) 그리고 (d) 이전의 성취수준(즉, 이전 학년에서 높은 성적을 받은 학생은 심화된 내용을 학습할 수 있는 기회를 스스로 선택하거나 교사에 의해 배치될 가능성이 높다)에 따라 학습기회가 달라질 수 있다는 것이 시사되었다.

이러한 원격요인은 성취도가 높은 학생이 보다 높은 수준의 성향을 보이는 이유도 설명할 수 있을 것이다. 예를 들어, 9학년이나 10학년 때 학습에 필요한 선수지식을 가지고 있는 학생은 이전 학년(예컨대, 8학년)에도 부모의 교육기대가 높았을 가능성이 높다. 또 이 학생은 자신의 교육기대가 높고 가정의 사회경제적 지위도 높을 가능성이 있다. 요약하면, 원격요인은 학습에 유리한 기회와 성향을 발생시키고, 기회와 성향은 다시 보다 높은 수준의 성취가 가능하도록 한다(그림 12.2 참조).

Byrnes와 동료들은 학급 단위로 표집된 학생과 전국 단위의 데이터베이스를 이용하여 이상에서 논의된 가정을 실증하였다(예컨대, Byrnes, 2003, 2005; Byrnes & Miller, 인쇄 중; Jones & Byrnes, 2006). 보다 구체적으로 말하면, 이 연구를 통하여, 성취도는 원격요인, 기회요인 및 성향요인이 상호작용하여 결정된다는 것이 일관되게 밝혀졌다. 또한, 원격요인, 기회요인 및 성향요인이 통제되었을 때, 성별은 더 이상 수학과 과학의 성취도 차이를 유의하게 설명하지 못한다는 것도 밝혀졌다. 따라서 여학생과 남학생의 성취수준이 다르게 나타나는 것은 이들의 교육기대가 다르고(부모도 다름), 이수과목이 다르며, 선수기능의 수준과 학습동기가 다르기 때문이다. 그러나 교사의 질, 교사의 편견, 자기조절 및 적성과 같은 핵심 변인의 측정을 정련하고 구체화하기 위한 후속연구가 수행되어야 할 것이다.

기회-성향 모형은 (심리생물사회화 모형에 비하여) 적성 차의 생물학적 요인을 덜 강조하지만, (PPIK 모형에 비해서는) 유동성 지능과 같은 영역-일반적 능력보다 영역-한정적 적성을 강조했다는 점에서 통합 관점의 다른 두 모형과 다르다. 또 기회-성향 모형에는 통합 관점의 다른 두 모형에 들어있는 요인보다 많은 요인이 포함되어 있다. 어쨌든, 통합 관점의 세 이론은 전체적으로 다른 관점의 이론보다 변산을 더 많이 설명하고 있다. 또한, 통합 관점의 이론이 다른 관점의 이론보다 내용 영역과 국가에 따라 달라지는 개인차의 양상을 잘 설명해 준다.

인종차에 대한 설명

인종차에 대한 논의도 성차에 대한 논의와 마찬가지로 먼저 인지수행에서의 인종차의 본질을 재음미하고, 이어서 관련 이론을 살펴볼 것이다. 지금까지 인종차에 대한 논의가 유럽계 미국 학생(백인계), 아프리카계 미국 학생(아프리카계), 아시아계 미국 학생(아시아계) 및 히스패닉계 미국 학생(히스패닉계)을 중심으로 소개된 점과 미국의 경우에 이들이 가장 큰 인종집단이란 점을 감안하여 여기에서는 주로 이들을 중심으로 논의가 전개될 것이다.

인종차에 대한 연구결과 요약

읽기. 초기 읽기와 관련된 한 연구에서는 인종 간 차이의 효과크기가 −.42~−1.05의 범위에 있는 것으로 보고되었다(백인계 학생이 높음). 또 이 연구에서 학생의 사회경제적 지위의 효과가 통제된 경우에도 인종차는 여전히 나타나는 것으로 보고되었다. 9세, 13세 및 17세 학생을 표집한 1990년의 읽기 평가에서도 백인계 학생의 점수가 같은 연령의 소수민족 학생의 점수보다 8%에서 15%까지 높은 것으로 나타났다. 소수민족 학생 간의 비교결과, 히스패닉계 학생의 점수가 아프리카계 학생의 점수보다 1~4% 높았다. 1998년에 실시된 평가에서는 8학년 백인계 학생의 점수가 같은 학년의 히스패닉계 학생의 점수보다 8% 높았고, 히스패닉계 학생의 점수는 아프리카계 학생의 점수보다 2% 높았다. 표 12.3에서 보듯이, 2005년의 읽기 평가에서 나타난 백인계 학생과 다른 소수민족 학생 간의 효과크기는 백인계와 아시아계 학생 간의 비교를 제외한 모든 비교에서 보통 이상이었다. 또한 2006년 SAT의 비판적 읽기에서의 효과크기는 .82(백인계 학생 대 아프리카계 학생), .61(백인계 학생 대 히스패닉계 학생), .15(백인계 학생 대 아시아계 학생) 그리고 .35(백인계 학생 대 원주민계 학생)이었다. 따라서 백인계 학생과 아시아계 학생을 비교한 경우를 제외하고, 인종차는 보통 이상이며 이러한 차이는 1990년 이래 거의 변화하지 않았다.

쓰기. 1990년의 쓰기 점수의 인종차는 읽기 점수의 인종차와 같거나 더 큰 것으로 밝혀졌다. 특히, 백인계 학생의 점수가 아프리카계 학생과 히스패닉계 학생의 점수보다 7~20% 높았다. 1996년 평가에서 백인계 12학년 학생의 점수는 같은 학년의 아프리카계 학생과 히스패닉계 학생의 점수보다 16% 높았다. 표 12.3에서 보듯이, 2002년의 쓰기의 효과크기는 읽기의 효과크기와 거의 비슷하다. 2006년 SAT 쓰기

표 12.3 인종차의 교과별 효과크기(전 학년 평균)

백인계 학생 대	아프리카계	히스패닉계	아시아계	원주민계
지리	1.13	0.93	0.22	0.34
과학	1.05	0.88	0.11	0.73
수학	0.92	0.72	−0.08	0.69
역사	0.81	0.78	0.04	0.59
공민	0.76	0.88	0.18	0.72
읽기	0.76	0.66	0.05	0.56
쓰기	0.62	0.55	−0.03	0.62

주: 효과크기는 지리는 2001년 NEAP, 과학은 2005년 NEAP, 역사는 2001년 NEAP, 공민은 1998년 NEAP, 읽기는 2005년 NEAP 그리고 쓰기는 2002년 NEAP에서 보고된 평균과 표준편차를 사용하여 산출하였음.

에서의 효과크기는 .83(백인계 학생 대 아프리카계 학생), .63(백인계 학생 대 히스패닉계 학생), .06(백인계 학생 대 아시아계 학생) 그리고 .41(백인계 학생 대 원주민계 학생)이었다.

수학. 초등학교 1학년 초의 계산 점수와 문제 해결 점수의 효과크기는 대부분 −.40 이상으로 밝혀졌다. 수학 SAT의 경우에 아시아계 학생의 점수가 백인계 학생의 점수보다 5%, 히스패닉계 학생의 점수보다 18%, 그리고 아프리카계 학생의 점수보다 27%가 높다. 백인계 학생의 점수는 히스패닉계 학생의 점수보다는 13%, 아프리카계 학생의 점수보다는 22%가 높다. 히스패닉계 학생의 점수는 아프리카계 학생의 점수보다 2.5%가 높다. 표 12.3에 2005년의 수학 점수 효과크기가 제시되어 있다. 여기에서 두 가지 사실에 주목할 필요가 있다. 하나는 수학 점수의 효과크기가 읽기 점수와 쓰기 점수의 효과크기보다 크다는 것이다. 다른 하나는 아시아계 학생의 점수가 백인계 학생의 점수보다 다소 높다는 것이다. 이러한 경향은 효과크기가 .93(백인계 학생 대 아프리카계 학생), .68(백인계 학생 대 히스패닉계 학생), .−37(백인계 학생 대 아시아계 학생) 그리고 .37(백인계 학생 대 원주민계 학생)로 나타난 2006년 SAT 수학 점수에 반영되어 있다.

과학. 1896년의 과학에서는 백인계 학생의 점수가 아프리카계 학생의 점수보다는 17~20% 정도 높고, 히스패닉계 학생의 점수보다는 14~16% 정도 높다. 히스패닉계 학생의 점수는 아프리카계 학생의 점수보다 3~5% 정도 높다. 1996년 평가에서 나타난 12학년 백인계 학생의 과학 점수는 히스패닉계 학생의 점수보다 22% 정도 높았고, 히스패닉계 학생의 점수는 아프리카계 학생의 점수보다 5% 정도 높았다. 표 12.3에서 보듯이 2005년의 과학 점수의 인종차는 효과크기가 1.0인 경우(백인계 학생 대 아프리카계 학생)가 있을 정도로 아주 큰 것으로 나타났다. 과학의 경우에도 두 고득점 집단(즉, 백인계 학생과 아시아계 학생)과 세 저득점 집단(히스패닉계 학생, 아프리카계 학생 및 원주민계 학생) 간의 점수 차이는 비교적 크고, 이 경향은 1980년 이후로 거의 변화되지 않고 있다.

사회과. 지난 10여 년에 걸쳐 실시된 NAEP의 지리, 역사 및 공민 점수에서 백인계 학생의 점수가 히스패닉계 학생과 아프리카계 학생의 점수보다 10~20% 정도 높았다. 히스패닉계 학생과 아프리카계 학생 간에는 유의한 차이가 없었다. 표 12.3에서 보듯이, 가장 근래에 실시된 평가에서 나타난 지리, 역사 및 공민의 경우에 효과크기는 백인계 학생과 아시아계 학생을 비교한 경우를 제외하고 모두 비교적 큰 것으로 나타났다.

요약. 인종차는 여러 교과 영역에서 일관되게 나타나고 있다. 백인계 학생의 점수가 아프리카계 학생의 점수나 히스패닉계 학생의 점수보다 상당히 높으며, 히스패닉계 학생의 점수는 아프리카계 학생의 점수보다 조금 높다. 백인계 학생의 점수와 아시아계 학생의 점수 간의 차이는 상당히 작다(수학의 경우처럼 아시아계 학생의 점수가 높은 경우도 있다). 차이가 초기에 나타나기도 하고 나중에 나타나기도 하는 성차와는 달리 인종차는 전 학년에서 보통 이상의 크기를 보인다. SAT 수학 점수의 성차가 10%인 것에 관심을 가져야 한다면, 백인계 학생과 소수민족 학생 간의 점수 차이가 10% 이상이므로 인종차에도 분명히 관심을 기울여야 한다. 이어서, 이렇게 크게 나타나는 인종차를 설명하는 이론을 살펴볼 것이다.

인종차 설명 이론

성차 설명 이론의 경우와 마찬가지로 인종차 설명 이론도 두 부류로 구분된다. 한 부류는 소수의 몇 가지 요인으로 인종차를 설명한다. 다른 한 부류는 보다 많은 요인을 통합하여 인종차를 설명하고 있다. 덜 종합적인 이론으로는 (a) 인지결함이론(cognitive deficit views), (b) 맥락이론(contextual views), (c) 문화불일치이론(cultural incongruity views)과 (d) 인종차별이론(critical race views)을 들 수 있다. 보다 종합적인 이론으로는 Ogbu(2003)의 학업경시이론(academic disengagement theory)과 성차이론에서 소개된 바 있는 기회-성향이론(opportunity-propensity model)이 있다.

인지결함이론. 먼저 인종차와 관련된 주제는 원래 논란이 많고 강력한 논쟁과 감정적 반응을 불러일으킬 수 있다는 것을 염두에 두어야 한다. 이 절의 목표는 일부 독자에게 혐오감을 주고 또 기분을 상하게 할지라도 가장 영향력이 큰 인종차 설명 이론이나 관점을 모두 살펴보는 것이다. 이렇게 모든 이론을 살펴보는 것은 부분적으로는 일부 주요 관련문헌에서 정치적으로 옳지 않은 일부 관점이 무시되고 있다는 Rushton(1997) 등의 주장을 고려한 것이고, 또 한편으로는 공격이 최선의 방어라는 격언에 따른 것이다. 어떤 관점의 오류를 파헤치는 최선의 방법은 그 관점의 가정과 가정을 지지하기 위해 사용된 증거를 철저하게 살피는 것이다. 일반적으로, 완벽하지 않은 관점은 철저한 검증을 통하여 폐기될 것이다. 독자도 각 이론에 대한 평가에 주의를 집중하여 약점을 찾아야 할 것이다. 또 마지막에 제시될 통합 관점은 이전의 이론의 한계를 극복하기 위하여 제안되었다는 점에도 주목해야 한다. 그러면, 먼저 가장 큰 논란이 되고 있는 이론의 하나인 인지결함이론을 살펴보자.

인지결함이론 주장자는 소수민족 학생은 추론능력과 분석능력에 극복하기가 어려운 선천적(즉, 생리학인) 결함을 가지고 있다고 주장한다(Ginsburg & Russell, 1981). 인지결함이론을 신봉하는 연구자는 가정하고 있는 선천적 차이의 원인에 대한 신념에 따라 유전론자(예컨대, Herrnstein & Murray, 1994; Jensen, 1969)나 환경론자(예컨대, Hunt, 1964; Pollit, Gorman, Engle, Martorell, & Rivera, 1993)로 구분된다.

유전론 관점은 자명하기 때문에(즉, 유전자가 뇌의 형태를 결정한다) 더 이상 설명이 필요 없지만 환경론 관점에 대해서는 보다 상세한 설명이 필요할 것이다. 환경론자는 유전자에 의해 인종의 뇌 형태가 달라진다고 가정하지는 않는다. 대신에 이들은 모든 인종이 발달 초기에는 동일한 뇌 구조를 가지고 있을 것이나 태내기의 손상, 출산 후의 영양 및 출산 후의 허약 등과 같은 요인에 의해 원래는 건강했던 소수민족 아동의 뇌가 덜 발달하게 된다고 가정한다.

환경론자는 이러한 주장의 근거로 네 부류의 연구결과를 제시하고 있다(이에 대한 검토와 비판은 Byrnes, 2001 참조). 첫째, 이들은 뇌의 뉴런이 태내기부터 출산 이후까지 계속 성장한다는 사실을 근거로 들고 있다. 둘째, 이들은 영양이 뉴런 성장 속도와 범위에 강력한 영향을 줄 수 있다는 동물 대상의 연구결과를 들고 있다. 셋째, 환경론자들은 생명유지에 반드시 필요한 기능(예컨대, 시각)이 출현하기 위해서는 생애 초기에 뇌세포가 어느 정도 자극되어야 하는지, 그리고 풍부한 환경을 통하여 뇌의 생리적 상태가 얼마나 변화될 수 있는지를 보여주는 연구결과를 제시하였다. 마지막으로, 이들은 인간은 필요보다 세 배가 많은 뇌 세포와 시냅스 연결망을 가지고 태어난다는 사실을 주장의 근거로 들고 있다. 선천적으로 시간이 지나면서 불필요한 세포는 소멸되도록 되어 있으며, 필요하지 않은 시냅스 연결망은 자극이 없으면 제거된다. 환경론자들은 필요한 영양을 공급받지 못하고 필요한 만큼 자극을 받지 못하는 영아의 경우에 생성되는 세포는 너무 적고, 소멸되는 세포가 너무 많게 되며, 제거되는 시냅스 연결망도 지나치게 많아진다고 설명한다.

소수민족 아동이 태내기 손상의 영향을 더 많이 받고, 적절한 영양과 자극을 제공받을 가능성이 낮은 이유는 무엇인가? 빈민지역에 거주하거나 약물에 의존하는 모친 중에 많은 사람이 소수민족으로 밝혀졌다. 이런 모친의 자녀가 국가 수준 평가 대상으로 표집되며, 환경론자들은 이들의 점수가 전체 소수민족 학생의 평균 점수를 끌어내리는 것으로 보고 있다. 미국 인구조사국에 따르면, 모친이 가장인(부친 부재) 저소득 가정 아동의 비율은 백인계가 19.9%, 아프리카계가 39.2%, 아시아계가 14.8% 그리고 히스패닉계는 39.0%이다(www.census.gov/hhes/www/poverty/histpov/histpov2.htm).

유전론자와 환경론자는 뇌가 인종에 따라 다른 이유에 대한 설명에 차이가 있기 때문에 소수민족 아동을 위한 중재 프로그램의 효과성과 유용성에 대한 주장도 달리한다. 유전론자는 처음부터(환경을 경험하기 이전에도) 학생의 뇌 형태가 다르기 때문에 중재 프로그램을 통하여 인종차를 없앨 수 없다고 주장한다. 이와는 대조적으로, 환경론자는 중재 프로그램(예컨대, 3세 이전의 영양보충 프로그램과 자극 풍부화 프로그램)을 통하여 인종차를 줄일 수 있다고 주장한다. 그러나 환경론자도 동일한 중재 프로그램이 투입된다고 해도 제공시기가 너무 늦은 경우에는(예컨대, 3세 이후에 제공) 인종차를 제거하는 효과가 거의 없을 것이라는 데 동의한다.

지금까지 두 이론을 중심으로 인지결함 관점을 살펴보았는데 이제 이 관점을 평가할 것이다. 다섯 가지 점을 지적할 수 있다. 첫째, 현재로서는 인지수행에 최적인 뇌 형태가 구체적으로 밝혀진 바가 없기 때문에 결함이 있는 뇌가 어떤 모습인지를 분명하게 밝힐 수 없다. 즉, 백인계 학생의 뇌와 소수민족 학생의 뇌의 모습을 볼 수 없기 때문에 그 차이를 밝힐 수가 없을 것이다. 이 접근의 핵심인 생리적 주장을 검증할 방법이 없다는 점에서 이는 심각한 문제이다. 둘째, 특정 뇌 형태와 인지수행 간의 관계가 분명하지 않다. 오히려 뇌 형태가 달라도 수행수준은 동일하고, 일란성 쌍생아도 모습이나 우세손이 다른 뇌를 가진 경우가 종종 있다(Byrnes, 2001). 셋째, 성취도 검사 점수가 부모의 사회경제적 지위와 공변관계에 있다. 예를 들어, 부모의 교육수준이나 수입이 각각 올라갈 때마다 NAEP의 읽기 점수가 10점에서 20점까지 증가한다. 가난하고 교육수준이 낮은 부모는 부유하고 교육수준이 높은 부모보다 유아기 동안에 영양과 자극을 적절하게 공급하지 못할 뿐만 아니라(이는 인지결함 관점을 지지하는 것임), 자녀에게 책을 읽어주는 빈도도 적다(이는 다음에 설명할 다른 이론을 지지하는 것임). 상당히 많은 소수민족 가정의 경우, 이 두 가지가 모두 사실이므로, 어느 요인이 읽기에서 나타나는 인종차의 원인인지를 알 수가 없다. 하여간 고소득 소수민족 아동을 선정하고 고소득 백인계 학생과 비교하여 성취 차이가 어떤지를 알아볼 수 있을 것이다. 넷째, 많은 연구에서 개인지도, 협동학습과 기타 방법을 통하여 소수민족 아동의 성취 수준을 향상시킬 수 있다는 것이 밝혀지고 있다(Slavin, Karweit, & Wasik, 1994). 성공을 방해하고 바꿀 수 없는 생리적 결함이 있다면 이런 향상은 불가능할 것이다. 마지막으로, 예측력이 아주 높은 다른 변인(예컨대, 수업의 질, 사회경제적 지위, 양육방식, 동기 및 초등학교 입학 시의 사전지식 등)을 통제하였을 때, 어느 정도의 인종차가 여전히 존재하는지를 밝힌 연구가 없다.

맥락이론. 맥락이론가는 인지결함 관점 주장자와는 달리 성취의 인종차를 설명할 때 생리적 차이를 거의 강조하지 않는다. 대신에 이들은 기능의 발달은 주로 *기회*와

*강조*에 따라 달라진다고 가정한다(Laboratory of Comparative Human Cognition, 1983; Oakes, 2005). 이들은 특히 기능이 고도로 발달된 학생은 (a) 기능을 학습할 수 있는 다양한 기회가 제공되고 (b) 이러한 기능에 높은 가치를 부여하는 문화에서 배출된다고 주장한다. 즉, 사람은 문화가 학습하기를 요구하는 것을 학습한다.

문화는 어떤 방식으로 학습기회를 제공하는가? 부모가 취학 전 아동이 시간을 보내는 방식을 결정한다는 사실을 상기하라. 취학 전 아동이 14시간 깨어 있다고 가정했을 때, 어떤 부모는 자녀가 10시간 동안 혼자 TV를 시청하거나 놀도록 하고 나머지 시간은 먹는 데 할애할 수 있도록 허용할 수 있다. 또 다른 부모는 5시간을 자녀와 언어적으로 상호작용하면서(예컨대, 같이 놀이하고, 대화하고, 책 읽기를 같이 하는 것 등) 보내고, 3시간은 취학 전 프로그램에 참여시키며, 나머지 4시간은 교육 프로그램을 시청할 수 있도록 허용할 수 있을 것이다. 여러 연구에서, 자녀에게 할 수 있도록 허용되는 활동시간은 부모에 따라 다르다는 것이 밝혀졌다(Adams, 1990).

아동은 학교에 입학한 후에도 문화의 영향을 받는다(Schmidt, McKnight, Houang, Wang, Wiley, Cogan, & Wolfe, 2001; Stevenson & Lee, 1990). 교육위원회나 교육 관료가 학교에서 가르칠 교과와 기간을 결정한다. 중요하다고 생각되는 교과(예컨대, 수학, 읽기 등)에는 덜 중요하다고 생각되는 교과보다 많은 시수가 배당된다. 2000년 미국교육 개혁안에서는 수학과 과학에 관한 사항만 언급되었다는 점에 주목할 필요가 있다. 미국의 경우에는 다른 교과보다 더 중요시하는 특정 교과가 분명히 있다.

따라서 특정 문화에서 영향력이 있는 인사(예컨대, 부모, 교사와 그에 상응하는 개인)들이 맥락의 선정과 배치 그리고 존속에 중요한 영향을 미친다. 맥락이론 관점에서 보면, 민족차는 소수민족 집단의 영향력을 가진 인사들이 백인계 집단과는 다른 맥락을 선정하여 다른 방식으로 배치하고 존속기간도 달리하기 때문이다. 예를 들어, 경제적 사정이나 기타 이유로, 중산층 이상의 백인계 학생이 가장 서적을 많이 구입할 것이고, 고급 사설 취학 전 프로그램에 취원하는 학생의 비율도 가장 높을 것이다. 또한, 학교의 민족구성에 따라(예컨대, 백인계 학생이 다수인 학교와 소수민족 학생이 다수인 학교) 강조되는 교과가 다르고, 정도에도 차이가 있을 것이다.

따라서 학교교육 준비도와 학교에서의 실제 수행의 인종차는 백인 학생과 소수인종 학생이 경험하는 맥락에서 제공되는 차이일 것으로 기대된다. 그렇지만 백인 학생이 학교를 졸업할 때 소수민족 학생보다 형식적인 학교 관련 지식이 더 많은 경향이 있다는 사실이 소수민족 학생이 지식이 부족하거나 기능이 낮다는 것을 의미하진 않는다는 점을 유념해야 한다. 맥락이론가는 이와는 반대로 소수민족 학생이 전통적 교실에서는 가치를 두지 않으나 자신의 하위문화에서 가치 있는 것으로 간주되는 다양한 기능(예컨대, 이야기하기, 금전취급 기능)을 습득한다는 것을 시사하였다. 맥락이론가는 인지의 민족차를 설명하기 위하여 "인지결함(cognitive deficit)"이라는 말보다 "인지차이(cognitive difference)"라는 말을 선호하는 것은 바로 이 때문이다(Ginsburg & Russell, 1981). 인지차이는 민족집단 모두가 아는 정도는 같지만 아는 것(내용)에는 차이가 있다는 것을 말하기 위한 개념이다. 공교롭게도 백인계 학생은 주류문화에 속한 영향력 있는 인사(예컨대, 정부관료, 교육위원, 성취도 검사의 내용을 결정하는 인사)가 가치를 높이 평가하는 것을 많이 안다.

인종차를 어떻게 없앨 수 있을까? 맥락이론 관점에 따르면, 인종차를 없애기 위해서는 민족적 하위문화(백인 문화, 아시아 문화, 아프리카 문화 및 히스패닉 문화)에 걸쳐 맥락의 선정, 배열 및 기간이 균질화되어야 할 것이다. 지금까지 이와 관련된 실험적 중재는 수행된 적이 없기 때문에 이 제안은 순전히 이론적인 것이다. 그렇지만 가르치는 내용의 국가 간 차이가 수학 성취도와 상관있다는 수학 및 과학 성취도 국제비교의 분석결과로부터 나온 증거는 있다(Schmidt et al., 2001). 수학 및 과학 성취도 국제비교에서 학생에게 모든 내용을 가르치는 국가의 점수가 높았다. 그러나 이 연구는 실험을 한 것이 아니라 상관관계를 분석한 것이기 때문에 가르치는 내용의 차이가 핵심 요인이라는 결론을 내리기는 어렵다. 헤드 스타트(Head Start)와 같은 프로그램은 중산층 취학 전 아동과 빈곤층 취학 전 아동 간의 맥락 차를 해소하기 위하여 설계되었지만 헤드 스타트 프로그램을 적용한 수업이 중산층 가정에서 이루어지거나 할 수 있는 방식과 동일한 기능을 하는지는 전혀 분명하지 않다. 따라서 현재로서는 맥락이론을 평가할 수 없다. 맥락이론을 평가하기 위해서는 이 주장을 검증하기 위한 연구가 많이 수행되어야 한다. 몇몇 연구에서 백인계 학생 부모와 소수민족 학생 부모 간에 교육의 목표와 가치에 차이가 없는 것 같다는 것이 밝혀져 맥락이론 관점의 주장에 문제가 있다는 것이 시사되고 있다(Stevenson, Chen, & Uttal, 1990). 따라서 인종차는 부모가 아동에게 *원하는 것*이나 가치를 두고 있는 것과 관련 있기보다는 *방법을 아는 것*(knowing how)과 이를 성취하기 위해 할 수 있는 것(being able to)과 관련 있을 가능성이 높다. 맥락이론은 인종 간 성취도 차이를 설명하는 데 있어 성취도 검사에서의 수행을 예측하는 것으로 밝혀진 요인을 전부 고려하지 않았다는 비판도 받을 수 있다.

문화불일치이론. 문화불일치이론의 기본 가정은 많은 점에서 맥락이론과 관련이 있다. 예를 들어, 문화불일치이론가는 문화적 신념과 실제의 중요성을 강조한다. 더 나아가 이들은 인종차에 대한 생리학적 설명에 중점을 두지 않는다. 문화불일치이론과 맥락이론은 문화적 차이가 수행의 차이를 가져오는 방식을 설명하는 데서 차이가 있다.

맥락이론은 가치와 특정 맥락에의 노출에서의 인종차를 강조하는 반면에 문화불일치이론은 의사소통 양상(communication pattern)과 참여구조(participation structures)에서의 인종차와 이런 양상과 구조가 가정에서 나타나는 방식과 학교에서 나타나는 방식 간의 불일치를 강조한다. 예를 들어, 백인계 학생, 원주민계 학생, 아프리카계 학생, 하와이 원주민계 학생이 부모와 대화하고 상호작용하는 방식 간에 차이가 있다는 것이 많은 연구에서 밝혀졌다. 차례 지키기, 질문에 답하기 위해 기다리기 등에 대한 생각에도 인종 간에 차이가 있다(Gay, 1991). 전통적인 수업에서는 한 번에 한 사람만 말하고 질문에 답하는 시간은 1초 정도 주어진다. 이런 양상은 백인계 가정에서 의사소통하는 방식과 유사하다. 동시에 많은 사람이 말하고 질문에 답하는 데 수초가 주어지는 환경에서 자란 사람은 전통적 교실에서 견디기 어려울 것이다.

이 관점은 교사가 학생의 가정에서 수행되는 활동 방식에 맞게 학생과 의사소통하고, 질문하고, 참여를 구조화하는 방법을 학습한 결과, 학생의 수행이 괄목할 정도로 향상되었다는 것을 밝힌 연구에 의해 지지되고 있다(예컨대, Boggs et al., 1985). 문화불일치이론은 인종차를 해소하기 위해 학생과 부모의 가치를 동질화할 것을 시사하는 맥락이론과는 달리 교사가 변화하여 다양성을 인정할 것을 요구한다.

이 접근은 아직도 걸음마 수준에 있기 때문에 종국에 어떤 평가를 받을 것인지를 말하기가 어렵다. 오직 시간만이 알 것이다. 이 접근이 받을 가능성이 있는 두 가지 비판은 (1) 학생이 모두 한 인종이고 교사는 학생과 인종이 다른 학급인 경우에 인종차를 가장 잘 설명할 것 같고(여러 인종의 학생으로 구성된 학급의 경우에는 어떤가?) (2) 학생은 백인계가 주도권을 가진 세계에 적용되는 의사소통 양상과 참여구조를 학습하지 못할 가능성이 있다는 것이다.

인종차별이론. 인종차별이론 주장자는 형사재판에서 인종에 따라 형량이 달리 선고되는 이유를 설명하는 인종차별이론에서 영감을 얻었다. 형량에 대한 인종차별이론은 소수인종계 범죄자가 백인계 범죄자보다 높은 형량을 선고받는다고 주장한다(Ladson-Billings & Tate, 1995). 유전적 관점에서 볼 때 인종은 무의미한 구인이라는 주장(즉, 유전자에 기초하여 인종을 규정하는 것은 불가능하거나 매우 어렵다는 주장)이나 1960년대 이후 인종주의는 철폐되었다고 주장하는 사람과는 달리, 인종차별이론은 인종이 교육의 인종적 불평등을 결정하는 중요한 변인이라고 가정한다. 인종차별이론 주장자는 학생의 배치(Oakes, 2005), 탈락, 정학, 제적 및 학업실패 등과 관련된 결정에서 인종이 중요한 문제가 된다고 주장한다. 이들은, 예를 들어, 학생의 성과 사회 경제적 지위를 통제했을 때 성취에서 인종차가 여전히 나타난다는 것을 지적한다. 다시 말해서, SAT를 치르는 소수인종 여학생이 (소수인종 남학생에 비하여) 많다는 사실에 기초하거나 인종차는 결국 가정의 수입 정도에 의해 결정된다고 주장하는 것으로는 인종차를 설명할 수가 없다(Ladson-Billings & Tate, 1995). 더 나아가, 이들은 동일한 교칙을 위반한 백인계 학생과 소수인종 학생이 차별적인 처벌을 받는다는 주장도 한다. 또 인종차별이론 주장자는 백인계 학생과 소수인종 학생이 같은 교실에서 같은 교사의 수업을 받지만, 학업 성취도가 다르게 나타나는 것도 중요한 무엇인가가 작용하고 있다는 것을 암시하는 것이라 주장한다(Tate, 1995). 이들은 교사가 선입관을 가진 경우에 "같은 교실에 있다"고 해서 "동등한 학습기회"가 주어지는 것은 아니라고 주장한다.

인종이 시험 성적과 결합되어 학생 배치나 징계 결정에 영향을 미칠 수 있다는 일부 증거가 있긴 하지만, 인종적 편견이 학생의 성과 사회 경제적 지위를 통제한 후에도 성취도의 인종차를 설명한다는 증거는 아직까지 거의 없다. 따라서 인종차별이론의 기본 가정에 대한 경험적 검증이 이루어져야 한다. 바로 이어 살펴볼 연구에서 보고된 연구결과는 인종차별이론에서 중심이 되는 기본 가정에 문제가 있다는 것을 보여주고 있다.

Ogbu(2003)의 학업경시이론. (2003년에 사망하기 이전에 California at Berkley 대학의 교수였던) John Ogbu는 1997년에 Ohio Shaker Heights 교육구로부터 중산층 아프리카계 학생이 많은데도 학업 성취도에서 인종차가 나타나는 이유를 설명해 달라는 부탁을 받았다(Ogbu, 2003). Shaker Heights 교육구는 3만 명의 주민 중 60%가 백인이고 34%는 아프리카계인 Cleveland시 근교에 있다. 이 지역 가정의 1999년 소득의 중앙치는 6만 4천 달러였는데 미국 전체 가정의 소득 중앙치는 4만 2천 달러였다(www.census.gov). Ogbu 교수와 동료들은 성취도 차이의 원인을 밝히기 위해, 이 지역에 8개월 동안 거주하면서 학생, 교사, 교장 및 학부모를 면접 조사한 민족기술적 연구를 수행하였다. 또 이들은 학교의 일상적인 운영 실제를 관찰하고, 학교 과제물을 수집하고, 다양한 교육관련 회합(예컨대, 학부모의 밤 행사, 교육위원회 회의 등)에도 참가하였다.

인종차별이론가와 달리, Ogbu와 동료들은 학교 인사의 인종 편견을 인종차의 주요 원인으로 보지 않았다. 이들은 또 아프리카계 학생이 더 잘 수행할 수 있는 능력은 있지만 그렇지 않았기 때문에 아프리카계 학생의 능력이 떨어진다는 인지결함이론가의 주장에도 동의하지 않았다. Ogbu 등은 인종차별이론가와 같이, 많은 아프리카계 학생의 부모가 전문직(예컨대, 변호사와 의사)을 가졌기 때문에 인종차를 소득으로 설명할 수 없다고 주장했다. 이들은 오히려 아프리카계 학생이 성적이 낮은 이유를 학생과 부모의 탓으로 돌리는 것 같다.

보다 구체적으로 설명하면, Ogbu는 면접과 관찰을 통하여 일곱 가지 요인이 작용한다는 결론을 내렸다. 첫째, 학생이 학교와 보다 넓은 사회에서 주류가 백인이라는 것을 인식하는 것 같았다. 아프리카계 학생은 자신이 백인과 같은 지위에 오르기 위해서는 그들보다 두 배는 더 노력해야 한다고 주장했다. 또 아프리카계 학생은 높은 성취를 보이거나 자신의 능력에 대한 의구심을 표현하면 "백인처럼 군다"는 비판을 받을 것으로 걱정했다. 이런 생각은 학생으로 하여금 열심히 노력하지 않거나 공부를 하지 않도록 만든다. 둘째, 아프리카계 학생은 백인계 학생과는 달리 학교와 직업세계 간의 관련성에 대한 지식이 부족한 것 같았다. 백인계 학생은 직업세계에서 성공할 수 있는 경로를 훨씬 상세하게 이해하고 있는 것 같았다. 셋째, 아프리카계 학생은 연예인이나 운동선수와 같이 자신이 추구할 수 있는 성공에 이르는 다른 길이 있다고 주장했다. 넷째, 아프리카계 학생의 역할 모델은 고학력 성취자가 아니고 사회 비판론자와 운동선수였다. 다섯째, 인종차별이론에서 가정하는 것처럼, 아프리카계 학생은 자신과 백인계 학생 그리고 백인계 교사 사이에서 사회적 거리감을 느낀다고 하였다(사회적 거리감은 Shaker Heights 지역의 백인계 주민과 아프리카계 주민이 거주하는 지역이 지리적으로 분리되어 있는 것과 유사하다; 인구조사국에 따르면 남동 지역에는 아프리카계 주민이 36%에서 95%이고 북쪽 지역은 백인계 주민이 95%이다). 학생들은 인종집단 간에 상호 불신감이 있으며 교사가 자신을 보살핀다는 표현이 부족하다고 주장했다. 여섯째, Ogbu는 학생이 스스로 선택할 수 있는 경우에도 수준이 낮은 학업 프로그램에는 주로 아프리카계 학생이 참여하고 수준이 높은 심화 학업 프로그램에는 주로 백인계 학생이 참여하는 사실상의 능력별 학급 편성이 존재한다고 주장했다. 마지막으로, Ogbu는 부모가 중산층 전문가인 경우에도 아프리카계 부모의 교육활동 참여가 부족한 점을 특히 걱정했다. 그는 아프리카계 부모는 자녀의 노력 부족을 인식하지 못하고, 학부모 모임에도 참가하지 않으며, 자녀에게 높은 수준의 성취를 하도록 압력을 가하지도 않는 것으로 보았다. 이런 다양한 요인이 전체적으로 아프리카계 학생이 학업을 경시하도록 조장한다. 이런 점에서 아프리카계 학생은 능력 있는 저성취 학생이라 할 수 있다.

Ogbu의 2003년 보고서는 아프리카계 학생의 성적이 낮은 것을 학생의 노력 부족과 이들 부모의 무관심 탓으로 돌리는 것처럼 보였기 때문에 많은 논란을 불러일으켰다. Ogbu 교수는 2002년 *New York Times*와 인터뷰에서 "학교를 어떻게 개혁하건 이 문제는 해결되지 않을 것이다. …… 한편으로는 사회와 학교가 문제이고 다른 한편으로는 아프리카계 지역사회가 문제다."라고 하였다. Shaker Heights 교육구의 인종차 문제를 해결하기 위한 그의 방법은 아프리카계 학생과 부모의 생각과 행동을 바꾸기 위한 중재 프로그램을 만드는 것이었다.

이 이론은 어떤 평가를 받을까? 여러 가지 사항이 논의될 수 있을 것이다. 첫째, Shaker Heights 교육구의 사례가 미국 전체에 일반화될 수는 없을 것이다. 예를 들어, 미국 전체의 아프리카계 노동자의 2005년 수입 중앙치는 3만 4천 달러인 반면에 이 지역 아프리카계 노동자 수입 중앙치는 6만 4천 달러이다(www.census.gov). 둘째, 민족기술적 연구는 하나의 사례를 심도 있게 기술하고 독자로 하여금 기술된 문화의 구성원이 어떤지를 이해할 수 있도록 해주는 매우 유용한 연구방법이지만 잘 설계된 실험이 할 수 있는 인과관계를 밝힐 수 있도록 설계되지는 않는다. 셋째, 5장에서 밝혔듯이, 학생은 자기 가치감을 보호하기 위하여 자기결함과 방어적 비관주의 같은 행동을 보인다. 따라서 Ogbu의 설명이 가진 장점을 충분히 이해하기 위해서는 더 많은 연구가 필요하다.

기회–성향이론. 앞 절의 성차에 대한 논의에서 밝혔듯이, 기회-성향 모형에서는 부모의 열망과 수입 같은 원격요인이 학습기회의 출현과 성향을 설명하고, 기회와 성향은 다시 학생이 도달할 성취수준을 예측할 것으로 가정한다. 따라서 수행의 인종차를 설명하려면 성과 수입을 통제하는 것과 더불어 (a) 학생이 이수한 과정(즉, 성취검사에서 백인계 학생과 소수민족 학생에게 무엇이 제시되었는가?), (b) 학생이 과정을 이수하기 전에 이미 가지고 있는 기능(즉, 백인계 학생과 소수민족 학생이 동일한 학교에 입학할 때 가지고 있는 선수지식 정도가 동일한가?) 그리고 (c) 학생의 동기와 자기조절(즉, 백인계 학생과 소수민족 학생의 주제에 대한 관심 정도가 동일한가? 이들의 자기 효능감 정도가 같은가? 이들의 자기조절 정도가 동일한가?)도 통제되어야 한다.

이런 변인이 모두 통제되었을 때 인종이 더 이상 성취의 변산을 설명할 수 없다면, 이는 기회-성향이론을 강력하게 지지하면서 다른 이론을 반박하는 강력한 증거가 될 수 있다. 필자와 동료들의 연구를 통하여 이런 결과가 밝혀졌다(Byrnes, 2003; Byrnes & Miller, 인쇄 중; Jones & Byrnes, 2006). 원격요인(예컨대, 부모의 열망, 학생의 열망, 가정의 사회 경제적 지위), 기회요인(예컨대, 학생이 이수한 과정)과 기대요인(즉, 학생이 과정을 이수하기 전에 가지고 있는 기능과 동기)을 통제했을 때, 인종은 수학과 과학의 성취도 변산을 유의할 정도로 설명하지 못했다. 수학과 과학 성취도의 변산을 가장 강력하게 설명하는 요인은 학생의 기능, 이수한 과정과 동기였다. 따라서 원격요인, 기회요인 및 기대요인에서 백인계 학생과 소수민족 학생이 비슷할 때는 성취도가 거의 같았다. 인지결함이론이 사실이라면 이런 결과는 일어나지 않을 것이다. 더 나아가, 교사가 인종적 편견을 가진 것 같지 않고, 편견이 있다 해도 그 정도가 원격요인, 기회요인 및 기대요인의 효과를 상쇄할 정도로 강하지는 않은 것 같다는 것은 좋은 소식인 것 같다.

중요한 것은 이런 연구결과가 백인계 학생과 소수민족 학생이 동일한 수준의 선수기능을 구비하고, 양질의 수업을 통하여 동일한 내용을 학습하는 것을 보장하는 중재 프로그램이 마련된다면 인종차는 사라질 수 있다는 것을 시사하고 있다는 것이다. 예를 들어, 초등학생 대상의 개입 프로그램은 취학 전 아동의 선수기능을 증진할 수 있어야 한다. 선수기능을 습득한 학생이 초등학교에 입학하면 이들은 같은 수준의 교육과정을 양질의 수업을 통하여 학습할 것이다. 마찬가지로, 인종 간 수행차를 해소하기 위한 고등학생 대상의 개입 프로그램도 소수민족 학생이 중학생일 때 선수기능과 동기를 발달시킬 수 있도록 해야 할 것이다. 이 학생이 고등학교에 진학하면 백인계 학생과 동일한 교육과정을 양질의 수업을 통하여 이수할 수 있도록 해야 한다.

수업에 주는 시사점

여기에서는 성차와 인종차에 대한 연구가 수업에 주는 시사점을 찾을 것이다. 먼저 일반적 지침을 제안하고, 이어서 독자로 하여금 지금까지 살펴본 내용을 활용하여 두 사례를 평가하도록 할 것이다.

일반 지침

성차 및 인종차에 관한 연구를 관통하는 여러 주제가 있다. 예를 들어, 성차와 인종차를 설명하기 위하여 생리적 설명과 환경적 설명이 제안되었다. 성차와 인종차에 대한 환경적 설명에서는 가치에 대한 생각이 중시된다. 이에 유념하면 성차 및 인종차를 동시에 고려함으로써 수업에 대한 시사점을 다소 단순화할 수 있다.

1. 연구를 통하여 성 간에 그리고 인종 간에 나타나는 차이의 범위가 밝혀졌다. 이 차이 중에는 작은 것도 있고, 중간 정도인 것도 있으며, 큰 것도 있다. 현실적인 이유 때문에, 여기에서는 차이가 중간 정도 이상인 경우에만 국한하여 논의해야 될 것이다(Hyde & Linn, 1988). 이 책에서는 정답률에서 10% 이

상의 차이가 있거나 효과크기가 .40 이상을 중간 정도나 큰 차이로 보았다. 성차의 경우, 모든 연령 수준에서 나타나는 쓰기에서의 성차와 영재학생과 15세 이상의 일반 학생에서 나타나는 수학문제 해결에서의 성차를 해소하기 위해 조치를 취해야 할 것이다. 읽기, 기초 수학, 과학이나 사회과에서 나타나는 작은 차이는 효과적인 수업을 방해할 정도로 심각한 문제가 되지는 않을 것이다. 인종차의 경우에는 모든 교과영역에서 그 차이가 크다. 따라서 백인계 학생, 아프리카계 학생 그리고 히스패닉계 학생 간의 차이를 해소하기 위해 많은 노력을 경주해야 할 것이다.

2. 앞에서 살펴본 개인차에 대한 여러 설명은 성차 및 인종차를 막기 위한 방법에 대한 시사점을 많이 제공하고 있다.
   a. 인지결함 관점의 환경론적 입장은 수입이 낮은 가정의 아동을 대상으로 영양공급 프로그램과 자극 프로그램을 제공해야 한다는 것을 시사하고 있다.
   b. 성차에 대한 사회화이론, 인종차에 대한 맥락이론, Ogbu의 학업경시이론 및 기회-성향이론은 모든 학생과 부모 및 교사가 동일한 가치를 채택하도록 조장하는 사회기제를 만들 것을 시사한다. 이 기제에는 매체(예컨대, TV 프로그램에 여성 기술자나 아프리카계 기술자 같은 탈정형적 역할 모델), 부모교육 프로그램 그리고 교사 워크숍의 내용도 포함되어야 할 것이다.
   c. 성차에 대한 경험차이 관점, 인종차에 대한 맥락이론 그리고 기회-성향이론은 여성과 남성 그리고 모든 인종이 이용할 수 있는 동일한 학습맥락을 구성할 것을 시사하고 있다. 이 말은 예를 들어, 명문 취학 전 프로그램에 참여하는 소수민족 아동을 위한 장학금을 제공하는 것은 물론 어린 여학생에게도 수학영재 프로그램에 참여할 수 있는 기회를 제공해야 한다는 것이다.
   d. 인지과정 관점에서는 학교체제가 두 단계의 교정 프로그램을 실행해야 한다는 것이 시사되고 있다. 첫 단계에서는 성취검사에서 실패하는 인지적 원인(예컨대, 개념지식과 절차지식의 부족)을 확인할 수 있을 것이다. 둘째 단계에서는 첫 단계에서 확인된 결함을 교정하기 위한 훈련 프로그램이 설계되어야 할 것이다.
   e. 문화불일치이론은 교사에게 지역사회의 양상과 학생 가정의 참여구조에 관한 정보를 제공하는 교사 워크숍과 기타 전문성 개발 경험이 필요하다는 것을 시사하고 있다.
   f. 마지막으로, 기회-성향이론은 앞에서 설명된 바 있는 두 가지의 장기적 접

근, 즉 학생이 학교에 입학하기 전에 동기를 증진하고 선수기능을 습득하도록 하는 접근과 학교에 입학한 후에는 양질의 수업을 제공하는 접근의 필요성을 시사하고 있다. 모든 인종의 학생이 동일한 선수지식을 습득하도록 해야 한다. 그렇지 않으면 획기적인 수업전략을 개발해도 선수기능 수준이 높은 학생들만 그 혜택을 받을 것이다.

사례

사례 1

Maine 북부 농촌지역의 한 공립 고등학교(학생수=750명)에서, 대학 대수학 I을 수강하는 한 학급을 여학생으로만 구성하였다. 컴퓨터로 남학생과 여학생을 이 학급에 배정한 다음 남학생은 남녀 혼성 학급으로 가도록 하였다. 이러한 방식의 학급 편성은 연구대상이 될 77명의 여학생(중재 집단)이 선정될 때까지 4년 동안 계속되었다. 선정된 중재 집단 학생은 대학 대수학 I 을 남녀 혼성 학급에서 수강한 52명의 학생(비중재 집단)과 비교되었다. 연구자들(즉, Wood & Brown, 1997)은 여러 가지 중요한 변인에서 두 집단 간에 차이가 있는지를 분석하였다. 수학 및 과학에서 강좌를 선택하는 패턴을 비교한 결과, 두 집단 간에 차이가 나타나지 않았다. 또 학생의 평점에도 차이가 없었다. 연구자들은 한 성으로만 학급을 구성하는 것이 여학생의 성적을 향상시키지는 않는다는 결론을 내렸다.

사례 2

Georgia Southern 대학의 Saundra Nettles 박사는 Washington D. C.의 남동부 지역에 있는 Stanton 초등학교 교사들과 협력 협정을 체결하였다. 이 학교는 전교생이 아프리카계 학생이었고 이 지역 가정의 연소득 중앙치는 1만 2천 달러이다. 그리고 거의 모든 학생이 무상급식 대상자이다.

Santon 초등학교는 Comer School을 표방하고 있다. 이 말은 이 학교가 학생의 성공에 대한 높은 기대를 가지고 돌보고 지원하는 환경을 만들기 위해 노력하고 있다는 것을 의미한다. 이 학교는 학생의 학업 성취도를 높여야 한다는 요구에 부응하여 (a) 쓰기 능력, 문제 해결 능력 및 고차적 사고 능력 증진, (b) 부모 및 지역사회 참여 제고, (c) 현재의 학교개혁을 반영하기 위한 교사 전문성 발달의 증진을 강조한 다목적 프로그램을 개발하였다. 이런 목표의 실현을 지원하기 위해 Title I 재원을 사용하는 것과 더불어 이 학교 직원들은 여러 학교-지역사회 연대 프로그램(예컨대, 지역 사업체의 지원자를 멘터와 튜터로 활용하기)을 만들었다. 학생들이 일상적으로 스트레스를 유발하는 사건을 경험(예컨대, 범죄의 목격)함에도 불구하고, 근래에 스탠포드 성취도 검사의 읽기와 수학에서 전국 평균이나 그에 가까운 점수를 받은 학생의 비율이 상당히 높은 것으로 나타났다.

참고문헌

Abbott, R. D., & Berninger, V. W. (1993). Structural equation modeling of relationships among developmental skills and writing skills in primary- and intermediate-grade writers. *Journal of Educational Psychology, 85*, 478–508.

Abraham, M. R., Grzybowski, E. B., Renner, J. W., & Marek, E. A. (1992). Understandings and misunderstandings of eighth graders of five chemistry concepts found in textbooks. *Journal of Research in Science Teaching, 29*, 105–120.

Ackerman, P. L. (1987). Individual differences in skill learning: An integration of psychometric and information processing perspectives. *Psychological Bulletin, 102*, 3–27.

Ackerman, P. L., Beier, M. E., & Boyle, M. O. (2005). Working memory and intelligence: the same or different constructs? *Psychological Bulletin, 131*, 30–60.

Ackerman, P. L., Bowen, K. R., Beier, M. E., & Kanfer, R. (2001). Determinants of individual differences and gender differences in knowledge. *Journal of Educational Psychology, 93*, 797–825.

Ackerman, P. L., & Lohman, D. E. (2006). Individual differences in cognitive function. In P. A. Alexander & P. Winne (Eds.), *Handbook of educational psychology* (2nd ed., pp. 139–161). Mahwah, NJ: Erlbaum.

Adams, M. J. (1990). *Beginning to read: Thinking and learning about print.* Cambridge, MA: MIT Press.

Ainley, M., Hidi, S., & Berndorff, D. (2002). Interest, learning, and the psychological processes that mediate their relationship. *Journal of Educational Psychology, 94*, 545–561.

Alba, J. W., & Hasher, L. (1982). Is memory schematic? *Psychological Bulletin, 93*, 203–231.

Alexander, J. E., O'Boyle, M. W., & Benbow, C. P. (1996). Developmentally advanced EEG alpha power in gifted male and female adolescents. *International Journal of Psychophysiology, 23*, 25–31.

Alexander, K. L., & Entwistle, D. R. (1988). Achievement during the first two years of school: Patterns and processes. *Monographs of the society for research in child development* (No. 218).

Alexander, P. A., & Murphy, P. K. (1998). Profiling the differences in students' knowledge, interest, and strategic processing. *Journal of Educational Psychology, 90*, 435–447.

Allardice, B. S., & Ginsburg, H. P. (1983). Children's psychological difficulties in mathematics. In H. P. Ginsburg (Ed.), *The development of mathematical thinking* (pp. 319–353). New York: Academic Press.

Alleman, J. E., & Rosean, C. L. (1991). The cognitive, social-emotional, and moral development of students: Basis for elementary and middle school social studies. In J. P. Shaver (Ed.), *Handbook of research on social studies teaching and learning* (pp. 121–133). New York: Macmillan.

Alloway, T. P., Gathercole, S. E., & Pickering, S. J. (2006). Verbal and visuospatial short-term and working memory in children: Are they separable? *Child Development, 77*, 1698–1716.

Ames, C. (1986). Effective motivation: The contribution of the learning environment. In R. S. Feldman (Ed.), *The social psychology of education.* Cambridge: Cambridge University Press.

Ames, C. (1992). Classrooms: Goals, structures, and student motivation. *Journal of Educational Psychology, 84*, 261–271.

Anderson, J. R. (1983). *The architecture of cognition.* Cambridge: Cambridge University Press.

Anderson, J. R. (1990). *Cognitive psychology and its implications* (2nd ed.). New York: Freeman.

Anderson, J. R. (1993). Problem solving and learning. *American Psychologist, 48*, 35–44.

Anderson, J. R. (1995). *Learning and memory: An integrated approach.* New York: Wiley.

Anderson, J. R., Fincham, J. M., & Douglas, S. (1999). Practice and retention: A unifying analysis. *Journal of Experimental Psychology: Learning, memory, and cognition, 25*, 1120–1136.

Anderson, J. R., & Schooler, L. J. (1991). Reflections on the environment in memory. *Psychological Science, 2*, 396–408.

Anderson, R. C., Wilson, P. T., & Fielding, L. G. (1988). Growth in reading and how children spend their time outside of school. *Reading Research Quarterly, 23*, 285–303.

Anthony, J. L., & Lonigan, C. J. (2004). The nature of phonological awareness: Converging evidence from four studies of preschool and early grade school children. *Journal of Educational Psychology, 96*, 43–55.

Applebee, A. N., Langer, J. A., Mullis, I. V. S., & Jenkins, L. B. (1990). *The writing report card, 1984–1988: Findings from the national assessment of educational progress.* Princeton, NJ: ETS.

Arlin, P. (1981). Piagetian tasks as predictors of reading

and math readiness. *Journal of Educational Psychology, 73*, 712–721.

Armento, B. (1986). Research on teaching social studies. In M. C. Wittrock (Ed.), *Handbook of research on teaching* (pp. 942–951). New York: Macmillan.

Ashcraft, M. H. (1982). The development of mental arithmetic: A chronometric approach. *Developmental Review, 2*, 213–236.

Atkinson, J. W. (1964). *An introduction to motivation*. Princeton, NJ: Van Nostrand.

Atkinson, R. C., & Shiffrin, R. M. (1968). Human memory: A proposed system and its control processes. In K. W. Spence & J. T. Spence (Eds.), *The psychology of learning and motivation: Advances in research and theory* (Vol. 2). New York: Academic Press.

Atwell, N. (1987). *In the middle: Writing, reading, and learning with adolescents*. Portsmouth, NH: Heinemann.

Au, T. K. F., Sidle, A. L., & Rollins, K. B. (1993). Developing an intuitive understanding of conservation and contamination—invisible particles as a plausible mechanism. *Developmental Psychology, 29*, 286–299.

Aunola, K., Leskinen, E., Lerkkanen, M., & Nurmi, E. (2004). Developmental dynamics of math performance from preschool to grade 2. *Journal of Educational Psychology, 96*, 699–713.

Backscheider, A. G., Shatz, M., & Gelman, S. A. (1993). Preschoolers' ability to distinguish living kinds as a function of regrowth. *Child Development, 64*, 1242–1257.

Baddeley, A. D. (1990). *Human memory: Theory and practice*. Boston: Allyn & Bacon.

Baddeley, A. D., & Logie, R. H. (1999). Working memory: The multiple-component model. In A. Miyake & P. Shah (Eds.), *Models of working memory: Mechanisms of active maintenance and executive control* (pp. 28–61). New York: Cambridge University Press.

Bahrick, L. E., Gogate, L. J., & Ruiz, I. (2002). Attention and memory for faces and actions in infancy: The salience of actions over faces in dynamic events. *Child Development, 73*, 1629–1643.

Baillargeon, R., Kotovsky, L., & Needham, A. (1995). The acquisition of physical knowledge in infancy. In D. Sperber & D. Premack (Eds.), *Causal cognition: A multidisciplinary debate* (pp. 79–116). New York: Clarendon Press/Oxford University Press.

Baker, L. (1984). Spontaneous versus instructed use of multiple standards for evaluating comprehension: Effects of age, reading proficiency, and type of standard. *Journal of Experimental Child Psychology, 38*, 289–311.

Baker, L., & Brown, A. L. (1984). Metacognitive skills and reading. In P. D. Pearson, M. Kamil, R. Barr, & P. Mosenthal (Eds.), *Handbook of reading research* (Vol. 1, pp. 353–394). White Plains, NY: Longman.

Baker, L., Fernandez-Fein, S., Scher, D., & Williams, H. (1998). Home experiences related to the development of word recognition. In J. L. Metsala & L. C. Ehri (Eds.), *Word recognition in beginning literacy* (pp. 263–287). Mahwah, NJ: Erlbaum.

Baker, L., & Wigfield, A. (1999). Dimensions of children's motivation for reading and their relations to reading activity and reading achievement. *Reading Research Quarterly, 34*, 452–477.

Bandura, A. (1986). *Social foundations of thought and action: A social cognitive theory*. Englewood Cliffs, NJ: Prentice-Hall.

Bandura, A. (1997). *Self-efficacy: The exercise of control*. New York: Freeman.

Bandura, A., & Schunk, D. (1981). Cultivating, competence, self-efficacy, and intrinsic interest through proximal self-motivation. *Journal of Personality and Social Psychology, 41*, 586–598.

Bandura, A., & Wood, R. (1989). Effect of perceived controllability and performance standards on self-regulation of complex decision making. *Journal of Personality and Social Psychology, 56*, 805–814.

Bangert-Downs, R. L. (1993). The word processor as an instructional tool: A meta-analysis of word processing in writing instruction. *Review of Educational Research, 63*, 69–93.

Barch, D. M., Braver, T. S., Nystrom, L. E., Forman, S. D., Noll, D. C., & Cohen, J. D. (1997). Dissociating working memory from task difficulty in human prefrontal cortex. *Neuropsychologia, 35*, 1373–1380.

Barnett, S. M., & Ceci, S. J. (2002). When and where do we apply what we learn? A taxonomy of transfer. *Psychological Bulletin, 128*, 612–637.

Baroody, A. J. (1999). The roles of estimation and the commutativity principle in the development of third graders' mental multiplication. *Journal of Experimental Child Psychology, 74*, 157–193.

Baron, J. (2001). Actively open-minded thinking. In A. Costa (Ed.), *Developing minds: A resource book for teaching thinking* (3rd ed., pp. 76–79). Alexandria, VA: Association for Supervision and Curriculum Development.

Barratt, L. F., Tugade, M. M., & Engle, R. W. (2004). Individual differences in working memory capacity and dual-process theories of mind. *Psychological Bulletin, 130*, 553–573.

Barron, B. J. S., Schwartz, D. L., Vye, N. J., Moore, A., Petrosino, A., Zech, L., & Bransford, J. D. (1998). Doing with understanding: Lessons from research on problem- and project-based learning. *Journal of the Learning Sciences*, 7, 271–311.

Barrouillet, P., & Lépine, R. (2005). Working memory and children's use of retrieval to solve addition problems. *Journal of Experimental Child Psychology, 91*, 183–204.

Barry, D. (1997). *Dave Barry slept here: A sort of history of the United States*. New York: Ballantine Books.

Bartlett, E. (1982). *Children's difficulties in establishing consistent voice and space/time dimensions in narrative text*. Paper presented at the meeting of the American Educational Research Association.

Baumann, J. F. (1981). Effect of ideational prominence on children's reading comprehension of expository prose. *Journal of Reading Behavior, 13*, 49–56.

Baumann, J. F. (1984). The effectiveness of a direct instruction paradigm for teaching main idea comprehension. *Reading Research Quarterly, 20*, 93–115.

Baumann, J. F. (1986).Teaching third-grade students to comprehend anaphoric relationships: The application of a direct instruction model. *Reading Research Quarterly, 21*, 70–90.

Bayliss, D. M., Jarrold, C., Baddeley, A. D., & Leigh, E. (2005). Differential constraints on the working memory and reading abilities of individuals with learning difficulties and typically developing children. *Journal of Experimental Child Psychology, 92*, 76–99.

Bayliss, D. M., Jarrold, C., Gunn, D. M., & Baddeley, A. D. (2003). The complexities of complex span: Explaining individual differences in working memory in children and adults. *Journal of Experimental Psychology: General, 132*, 71–92.

Beach, S. A., & Robinson, R. J. (1992). Gender and grade level differences in the development of concepts about print. *Reading Psychology, 13*, 309–328.

Beal, C. R. (1990). The development of text evaluation and revision skills. *Child Development, 61*, 247–258.

Beaton, A. (1997). The relation of planum temporale asymmetry and morphology of the corpus callosum to handedness, gender, and dyslexia: A review of the evidence. *Brain and Language, 60*, 255–322.

Beatty, A. S., Reese, C. M., Perksy, H. R., & Carr, P. (1996). *The NAEP 1994 U.S. History Report Card for the nation and the states*. Washington, DC: U.S. Department of Education, Office of Educational Research and Improvement, National Center for Educational Statistics.

Becker, B. J. (1990). Item characteristics and gender differences on the SAT-M for mathematically able youths. *American Educational Research Journal, 27*, 65–87.

Belfiore, P. J., & Hornyak, R. S. (1998). Operant theory and application to self-monitoring in adolescents. In D. H. Schunk & B. J. Zimmerman (Eds.), *Self-regulated learning: From teaching to self-reflective practice* (pp. 184–202). New York: Guilford Press.

Benbow, C. P. (1986). Physiological correlates of extreme intellectual precocity. *Neuropsychologia, 24*, 719–725.

Benbow, C. P. (1988). Sex differences in mathematical reasoning ability in intellectually talented preadolescents: Their nature, effects, and possible causes. *Behavioral and Brain Science, 11*, 169–232.

Benton, S. L., Glover, J. A., Kraft, R. G., & Plake, B. S. (1984). Cognitive capacity differences among writers. *Journal of Educational Psychology, 76*, 820–834.

Benton, S. L., Glover, J. A., Monkowski, P. G., & Shaughnessy, M. (1983). Decision difficulty and recall of prose. *Journal of Educational Psychology, 75*, 727–742.

Berch, D. B., Foley, E. J., Hill, R. J., & Ryan, P. M. (1999). Extracting parity and magnitude from arabic numerals: Developmental changes in number processing and mental representation. *Journal of Experimental Child Psychology, 74*, 286–308.

Bereiter, C. (1985). Toward a solution of the learning paradox. *Review of Educational Research, 55*, 201–226.

Bereiter, C., & Scardamalia, M. (1982). From conversation to composition: The role of instruction in a developmental process. In R. Glaser (Ed.), *Advances in instructional psychology* (Vol. 2, pp. 1–64). Hillsdale, NJ: Erlbaum.

Berg, C. A., Strough, J., Calderone, K. S., Sansone, C., & Weir, C. (1998). The role of problem definitions in understanding age and context effects on strategies for solving everyday problems. *Psychology and Aging, 13*, 29–44.

Berliner, D. C. (1990) What's all the fuss about instructional time? In M. Ben-Peretz & R. Bromme (Eds.), *The nature of time in schools: Theoretical concepts, practitioner perceptions* (pp. 3–35). New York: Teachers College Press.

Berlyne, D. (1966). Curiosity and exploration. *Science, 153*, 25–33.

Berninger, V. W., Mizokowa, D., & Bragg, R. (1991). Theory-based diagnosis and remediation of writing disabilities. *Journal of School Psychology, 29*, 57–79.

Berninger, V. W., & Fuller, F. (1992). Gender differences in orthographic, verbal, and compositional fluency: Implications for assessing writing disabilities in primary grade children. *Journal of School Psychology, 30*, 363–382.

Berry, J. M., & West, R. L. (1993). Cognitive self-efficacy in relation to personal mastery and goal setting across the life span. *International Journal of Behavioral Development, 16*, 351–379.

Betz, N. E., & Hackett, G. (1983). The relationship of mathematics self-efficacy expectations to the selection of science-based college majors. *Journal of Vocational Behavior, 23*, 329–345.

Bialystok, E. (1988). Aspects of linguistic awareness in reading comprehension. *Applied Psycholinguistics, 9*, 123–139.

Bisanz, J., Sherman, J. L., Rasmussen, C., & Ho, E. (2004). Development of arithmetic skills and knowledge in preschool children. In J. I. D. Campbell (Ed.), *Handbook of mathematical cognition* (pp. 143–162). London: Psychology Press.

Bishop, D. V. M., Aamodt-Leeper, G., Creswell, C., McGurk, R., & Skuse, D. H. (2001). Individual differences in cognitive planning on the Tower of Hanoi task: Neuropsychological maturity or measurement error? *Journal of Child Psychology and Psychiatry, 42*, 551–556.

Bjorklund, David F. (2004). *Children's thinking: Developmental function and individual differences* (4th ed.). Belmont, CA: Thomson/Wadsworth.

Bjorklund, D. F., Schneider, W., & Harnishfeger, K. K. (1992). The role of IQ, expertise, and motivation in the recall of familiar information. *Contemporary Educational Psychology, 17*, 340–355.

Blatchford, P., et al. (1985), Educational achievement in the infant school: The influence of ethnic origin, gender and home on entry skills. *Educational Research, 27*, 52–60.

Block, N. (1990). The computer model of the mind. In D. N. Osherson & E. E. Smith (Eds.), *Thinking* (pp. 245–289). Cambridge, MA: MIT Press.

Bloom, B. S. (1974). Time and learning. *American Psychologist, 29*, 682–688.

Bluestein, N., & Acredolo, L. (1979). Developmental changes in map-reading skills. *Child Development, 50*, 691–697.

Boggs, S. T., Watson-Gegeo, K., & McMillan, G. (1985). *Speaking, relating and learning: A study of Hawaiian children at home and at school*. Norwood, NJ: Ablex.

Boiarsky, C. (1982). Prewriting is the essence of writing. *English Journal, 71*, 44–47.

Bolig, J. R., & Fletcher, G. O. (1973). The MRT vs. ratings of kindergarten teachers as predictors of success in first grade. *Educational Leadership, 30*, 637–640.

Bond, G. L., & Dykstra, R. (1967). The cooperative research program in first-grade reading instruction. *Reading Research Quarterly, 2*, 10–141.

BouJaoude, S. B. (1992). The relationship between students' learning strategies and the change in their misunderstandings during a high school chemistry course. *Journal of Research in Science Teaching, 29*, 687–699.

Bower, G. H., Black, J. B., & Turner, T. J. (1979). Scripts in memory for text. *Cognitive Psychology, 11*, 177–220.

Bowey, J. A. (1995). Socioeconomic status differences in preschool phonological sensitivity and first-grade reading achievement. *Journal of Educational Psychology, 87*, 476–487.

Bowey, J. A., & Patel, R. K. (1988). Metalinguistic ability and early reading achievement. *Applied Psycholinguistics, 9*, 367–383.

Braaksma, M. A. H., Rijlaarsdam, G., & van den Bergh, H. (2002). Observational learning and the effects of model-observer similarity. *Journal of Educational Psychology, 94*, 405–415.

Brainerd, C. J. (1978). The stage question in cognitive-developmental theory. *Brain and Behavioral Science, 2*, 173–213.

Bransford, J. D., & Stein, B. S. (1984). *The ideal problem solver: A guide for improving your thinking, learning, and creativity*. New York: W. H. Freeman.

Breedlove, S. M. (1994). Sexual differentiation of the human nervous system. *Annual Review of Psychology, 45*, 389–418.

Brenneman, K., Massey, C., Machado, S. F., & Gelman, R. (1996). Young children's plans differ for writing and drawing. *Cognitive Development, 11*, 397–420.

Briars, D., & Siegler, R. S. (1984). A featural analysis of preschoolers' counting knowledge. *Developmental Psychology, 20*, 607–618.

Brodeur, Darlene A. (2004). Age changes in attention control: Assessing the role of stimulus contingencies. *Cognitive Development, 19*, 241–252.

Brophy, J. (1990). Teaching social studies for understanding and higher-order applications. *Elementary School Journal, 90*, 351–417.

Brophy, J., & VanSledright, B. (1997). *Teaching and learning history in elementary schools*. New York: Teachers College Press.

Brophy, J., Van Sledright, B., & Bredin, N. (1992). Fifth graders' ideas about history expressed before and after their introduction to the subject. *Theory and Research in Social Education, 4*, 440–489.

Brown, A. L. (1989). Analogical reasoning and transfer: What develops? In S. Vosniadou & A. Ortony (Eds.), *Similarity and analogical reasoning* (pp. 369–412). Cambridge: Cambridge University Press.

Brown, A. L., Bransford, J. D., Ferrera, R. A., & Campione, J. C. (1983). Learning, remembering, and understanding. In J. H. Flavell & E. M. Markman (Eds.), *Handbook of child psychology. Vol. 3: Cognitive development* (pp. 77–166). New York: John Wiley.

Brown, A. L., & Campione, J. C. (1994). Guided discovery in a community of learners. In K. McGilly (Ed.), *Classroom lessons: Integrating cognitive theory and classroom practice* (pp. 229–270). Cambridge, MA: MIT Press.

Brown, A. L., & Day, J. D. (1983). Macrorules for summarizing texts: The development of expertise. *Journal of Verbal Learning and Verbal Behavior, 22*, 1–14.

Brown, A. L., Day, J. D., & Jones, R. (1983). The development of plans for summarizing texts. *Child Development, 54*, 968–979.

Brown, A. L., Ferrara, R. A., Bransford, J. D., & Campione, J. C. (1983). Learning, remembering, and understanding. In J. H. Flavell & E. M. Markman (Eds.), *Handbook of Child Psychology: Vol. 3. Cognitive Development* (pp. 263–340). New York: Wiley.

Brown, D. E. (1992). Using examples and analogies to remediate misconceptions in physics: Factors influencing conceptual change. *Journal of Research in Science Teaching, 29*, 17–34.

Brown, G. D. A. (1998). The endpoint of skilled word recognition: The ROAR model. In J. L. Metsala &

L. C. Ehri (Eds.), *Word recognition in beginning literacy* (pp. 121–138). Mahwah, NJ: Erlbaum.

Brown, J. S., & Burton, R. B. (1978). Diagnostic models for procedural bugs in basic mathematical skills. *Cognitive Science, 2*, 155–192.

Brown, J. S., Collins, A., & Duguid, P. (1989). Situated cognition and the culture of learning. *Educational Researcher, 18*, 32–42.

Bruner, J. S. (1966). *Toward a theory of instruction*. Cambridge, MA: Belknap Press of Harvard University Press.

Bruner, J. S., Goodnow, J. J., & Austin, G. A. (1956). *A study of thinking*. New York: Wiley.

Bryant, P., Christie, C., & Rendu, A. (1999). Children's understanding of the relation between addition and subtraction: Inversion, identity, and decomposition. *Journal of Experimental Child Psychology, 74*, 194–212.

Bryant, P. E., MacLean, M., Bradley, L., & Crossland, J. (1990). Rhyme and alliteration, phoneme detection, and learning to read. *Developmental Psychology, 26*, 429–438.

Bryden, M. P., McManus, I. C., & Bulman-Fleming (1994). Evaluating the empirical support for the Geschwind-Behan-Galaburda model of cerebral lateralization. *Brain and Cognition, 26*, 103–167.

Bull, R., & Johnston, R. S. (1999). Children's arithmetical difficulties: Contributions from processing speed, item identification, and short-term memory. *Journal of Experimental Child Psychology, 65*, 1–24.

Bullock, M., Gelman, R., & Baillargeon, R. (1982). The development of causal reasoning. In W. J. Friedman (Ed.), *The developmental psychology of time*. New York: Academic Press.

Burns, D. E. (2006). In praise of protocols. In C. A. Tomlinson, S. N. Kaplan, J. H. Purcell, J. H. Leppien, D. E. Burns, & C. A. Strickland (2006). *The parallel curriculum in the classroom. Book 1: Essays for application across the content areas K–12* (pp. 6–38) Thousand Oaks, CA: Corwin Press.

Bus, A. G., & van Ijzendoorn, M. H. (1999). Phonological awareness and early reading: A meta-analysis of experimental training studies. *Journal of Educational Psychology, 91*, 403–414.

Bybee, R. W., & Fuchs, B. (2006). Preparing the 21st century workforce: A new reform in science and technology education. *Journal of Research in Science Teaching, 43*, 349–352.

Byrnes, J. P. (1992a). Categorizing and combining theories of cognitive development and learning. *Educational Psychology Review, 4*, 309–343.

Byrnes, J. P. (1992b). The conceptual basis of procedural learning. *Cognitive Development, 7*, 235–257.

Byrnes, J. P. (1995). Domain-specificity and the logic of using general ability as an independent variable or covariate. *Merrill-Palmer Quarterly, 41*, 1–24.

Byrnes, J. P. (1998). *The nature and development of decision-making: A self-regulation model*. Mahwah, NJ: Erlbaum.

Byrnes, J. P. (1999). The nature and development of mental representation: Forging a synthesis of competing approaches. In I. E. Sigel (Ed.), *Development of mental representation: Theories and applications* (pp. 273–294). Mahwah, NJ: Erlbaum.

Byrnes, J. P. (2001). *Minds, brains, and education: Understanding the psychological and educational relevance of neuroscientific research*. New York: Guilford.

Byrnes, J. P. (2003). Factors predictive of mathematics achievement in White, Black, and Hispanic 12th graders. *Journal of Educational Psychology, 95*, 316–326.

Byrnes, J. P. (2005). Gender differences in math: Cognitive processes in an expanded framework. In A. M. Gallagher & J. C. Kaufman (Eds.), *Gender differences in mathematics: An integrative psychological approach* (pp. 73–98). New York: Cambridge University Press.

Byrnes, J. P., & Fox, N. A. (1998). The educational relevance of research in cognitive neuroscience. *Educational Psychology Review, 10*, 297–342.

Byrnes, J. P., Li, H., & Shaoying, X. (1997). Gender differences on the math subtest of the scholastic aptitude test may be culture-specific. *Educational Studies in Mathematics, 34*, 49–66.

Byrnes, J. P., & Miller, D. C. (in press). The relative importance of predictors of math and science achievement: An opportunity-propensity analysis. *Contemporary Educational Psychology*.

Byrnes, J. P., & Takahira, S. (1993). Explaining gender differences on SAT-math items. *Developmental Psychology, 29*, 805–810.

Byrnes, J. P., & Takahira, S. (1994). Why some students perform well and others perform poorly on SAT-math items. *Contemporary Educational Psychology, 19*, 63–78.

Byrnes, J. P., & Wasik, B. A. (1991). Role of conceptual knowledge in mathematical procedural learning. *Developmental Psychology, 27*, 777–786.

Cahill, L., & McGaugh, J. L. (1998). Modulation of memory storage. In L. R. Squire & S. M. Kosslyn (Eds.), *Findings and current opinion in cognitive neuroscience* (pp. 85–90). Cambridge, MA: MIT Press.

Cain, K. M., & Dweck, C. S. (1995). The relation between motivational patterns and achievement cognitions through the elementary school years. *Merrill-Palmer Quarterly, 41*, 25–52.

Cain, K., Oakhill, J., & Bryant, P. (2004). Children's comprehension ability: Concurrent prediction by working memory, verbal ability, and component skills. *Journal of Educational Psychology, 96*, 31–42.

Cameron, J., & Pierce, W. (1994). Reinforcement, reward, and intrinsic motivation: A meta-analysis. *Review of*

Educational Research, 64, 363–423.

Canfield, R. L., & Smith, E. G. (1993). *Counting in early infancy: Number-based expectations.* Paper presented at the meeting of the Society for Research in Child Development, New Orleans, LA.

Canobi, K. H. (2004). Individual differences in children's addition and subtraction knowledge. *Cognitive Development, 19*, 81–93.

Canobi, K. H., Reeve, R. A., & Pattison, P. E. (2003). Patterns of knowledge in children's addition. *Developmental Psychology, 39*, 521–534.

Caplan, D., & Waters, G. S. (1999). Verbal working memory and sentence comprehension. *Behavioral and Brain Sciences, 22*, 77–126.

Carey, S. (1985a). *Conceptual change in childhood.* Cambridge, MA: MIT Press.

Carey, S. (1985b). Are children fundamentally different thinkers and learners than adults? In S. F. Chipman, J. W. Segal, & R. Glaser (Eds.), *Thinking and learning skills* (Vol. 2). Mahwah, NJ: Erlbaum.

Carey, S. (1986). Cognitive science and science education. *American Psychologist, 41*, 1123–1130.

Carpenter, P. A., Just, M. A., & Schell, P. (1990). What one intelligence test measures: A theoretical account of the processing in the Raven's Progressive Matrices Test. *Psychological Review, 97*, 404–431.

Carpenter, P. A., Miyake, A., & Just, M. A. (1995). Language comprehension: Sentence and discourse processing. *Annual Review of Psychology, 46*, 91–120.

Carpenter, T. P. (1987). Conceptual knowledge as a foundation for procedural knowledge. In J. Hiebert (Ed.), *Conceptual and procedural knowledge: The case of mathematics* (pp. 113–132). Hillsdale, NJ: Erlbaum.

Carpenter, T. P., Corbitt, M. K., Kepner, H. S., Lindquist, M. M., & Reys, R. E. (1981). *Results from the second mathematics assessment of the National Assessment of Educational Progress.* Reston, VA: National Council of Teachers of Mathematics.

Carpenter, T. P., Fennema, E., Fuson, K., Hiebert, J., Human, P., Murray, H., Olivier, A., & Wearne, D. (1999). Learning basic number concepts and skills as problem-solving. In E. Fennema & T. A. Romberg (Eds.), *Mathematics classrooms that promote understanding* (pp. 45–62). Mahwah, NJ: Erlbaum.

Carpenter, T. P., Franke, M. L., Jacobs, V. R., Fennema, E., & Empson, S. B. (1997). A longitudinal study of invention and understanding in children's multidigit addition and subtraction. *Journal for Research in Mathematics Education, 29*, 3–20.

Carpenter, T. P., & Lehrer, R. (1999). Teaching and learning mathematics with understanding. In E. Fennema & T. A. Romberg (Eds.), *Mathematics classrooms that promote understanding* (pp. 19–32). Mahwah, NJ: Erlbaum.

Carpenter, T. P., & Moser, J. M. (1982). The development of addition and subtraction. In R. Lesh & M. Landau (Eds.), *Acquisition of mathematical concepts and processes* (pp. 42–68). New York: Academic Press.

Carr, M., & Jessup, D. L. (1997). Gender differences in first-grade mathematics strategy use: Social and metacognitive influences. *Journal of Educational Psychology, 89*, 318–328.

Carretti, B., Cornoldi, C., De Beni, R., & Romano, M. (2005). Updating in working memory: A comparison of good and poor comprehenders. *Journal of Experimental Child Psychology, 91*, 45–66.

Carroll, J. B. (1993). *Human cognitive abilities: A survey of factor-analytic studies.* New York: Cambridge University Press.

Carroll, J. M., & Snowling, M. J. (2001). The effects of global similarity between stimuli on children's judgment of rime and alliteration. *Applied Psycholinguistics, 22*, 327–342.

Carver, R. P. (1973). Reading as reasoning: Implications for measurement. In W. H. MacGinitie (Ed.), *Assessment problems in reading.* Newark, DE: International Reading Association.

Case, R. (1974). Structures and strictures: Some functional limitations on the course of cognitive growth. *Cognitive Psychology, 6*, 544–573.

Case, R. (1992). *The mind's staircase: Exploring the conceptual underpinnings of children's thought and knowledge.* Mahwah, NJ: Erlbaum.

Case, R. (1995). Capacity-based explanations of working memory growth: A brief history and reevaluation. In F. E. Weinert & W. Schneider (Eds.), *Memory performance and competencies: Issues in growth and development* (pp. 23–44). Mahwah, NJ: Erlbaum.

Case, R. (1998). The development of conceptual structures. In W. Damon (Series Ed.), D. Kuhn & R. S. Siegler (Vol. Eds.), *Handbook of child psychology. Vol. 2. Cognition, perception, and action* (pp. 745–800). New York: Wiley.

Case, R., & Okamoto, Y. (1996). The role of central conceptual structures in the development of children's thought. *Monographs of the Society for Research in Child Development, 61* (Serial No. 246).

Casey, M. B., Nuttall, R., Pezaris, E., & Benbow, C. P. (1995). The influence of spatial ability on gender differences in mathematics college entrance test scores across diverse samples. *Developmental Psychology, 31*, 697–705.

Casey, M. B., Pezaris, E., & Nuttall, R. L. (1992). Spatial ability as a predictor of math achievement: The importance of sex and handedness patterns. *Neuropsychologia, 30*, 35–45.

Cattell, R. B. (1971). *Abilities: Their structure, growth, and action.* Boston: Houghton Mifflin.

Cepeda, N. J., Pashler, H., Vul, E., Wixted, J. T., & Rohrer, D. (2006). Distributed practice in verbal recall tasks: A review and quantitative synthesis.

Psychological Bulletin, 132, 354–380.

Chaiklin, S. (1989). Cognitive studies of algebra problem solving and learning. In S. Wagner & C. Kieran (Eds.), *Research issues in the learning and teaching of algebra* (pp. 93–114). Reston, VA: National Council of Teachers of Mathematics.

Chall, J. S. (1967). *Learning to read: The great debate*. New York: McGraw Hill.

Chall, J. S. (1983). *Stages of reading development*. New York: McGraw Hill.

Charity, A. H., Scarborough, H. S., & Griffin, D. M. (2004). Familiarity with school English in African American children and its relation to early reading achievement. *Child Development, 75*, 1340–1356.

Chen, Z., & Klahr, D. (1999). All other things being equal: Acquisition and transfer of the control of variables strategy. *Child Development, 70*, 1098–1120.

Chen, Z., & Mo, L. (2004). Schema induction in problem solving: A multidimensional analysis. *Journal of Experimental Psychology: Learning, Memory and Cognition, 30*, 583–600.

Cherny, S., Fulker, D. W., Emde, R. N., Plomin, R., Corley, R. P., & DeFries, J. C. (2001). Continuity and change in general cognitive ability from 14 to 36 months. In R. N. Emde & J. K. Hewitt (Eds.), *Infancy to early childhood: Genetic and environmental influences on developmental change* (pp. 269–282). New York: Oxford University Press.

Chi, M. T. H., Glaser, R., & Farr, M. J. (1988). *The nature of expertise*. Mahwah, NJ: Erlbaum.

Chi, M. T. H., Glaser, R., & Rees, E. (1982). Expertise in problem-solving. In R. Sternberg (Ed.), *Advances in the psychology of human intelligence* (Vol. 1). Hillsdale, NJ: Erlbaum.

Chi, M. T. H., Hutchinson, J. E., & Robin, A. F. (1989). How inferences about novel domain-related concepts can be constrained by structured knowledge. *Merrill-Palmer Quarterly, 35*, 27–62.

Chinn, C. A., & Brewer, W. F. (1998). An empirical test of a taxonomy of responses to anomalous data in science. *Journal of Research in Science Teaching, 35*, 623–654.

Chinn, C. A., & Malhotra, B. A. (2002). Children's responses to anomalous scientific data: How is conceptual change impeded? *Journal of Educational Psychology, 94*, 327–343.

Chiu, M. H., & Liu, J. W. (2004). Promoting fourth graders' conceptual change of their understanding of electric current via multiple analogies. *Journal of Research in Science Teaching, 42*, 429–464.

Chow, B. W.-Y., McBride-Chang, C., & Burgess, S. (2005). Phonological processing skills and early reading abilities in Hong Kong in Chinese kindergarteners learning to read English as a second language. *Journal of Educational Psychology, 97*, 81–87.

Cipielewski, J., & Stanovich, K. E. (1992). Predicting growth in reading ability from children's exposure to print. *Journal of Experimental Child Psychology, 54*, 74–89.

Cizek, G. J. (2004). Review of the Woodcock-Johnson(r) III. *Mental Measurements Yearbook, 15*, 302–304.

Clay, M. (1985). *The early detection of reading difficulties*. Auckland, New Zealand: Heinemann.

Clearfield, M., & Westfahl, S. M. (2006). Familiarization in infants' perception of addition problems. *Journal of Cognition and Development, 7*, 27–43.

Clement, J. (1982). Algebra word problem solutions: Thought processes underlying a common misconception. *Journal for Research in Mathematics Education, 13*, 16–30.

Cobb, P., Yackel, E., & Wood, T. (1992). A constructivist alternative to the representational view of mind in mathematics education. *Journal for Research in Mathematics Education, 23*, 2–33.

Cohen, J. (1992). A power primer. *Psychological Bulletin, 112*, 155–159.

Cohen, L. B., & Cashon, C. H. (2006). Infant cognition. In W. Damon & R. M. Lerner (Series Eds.), D. Kuhn & R. S. Siegler (Vol. Eds.), *Handbook of child psychology. Vol. 2: Cognition, perception, and language* (6th ed., pp. 214–254). New York: Wiley.

Cole, D. A., Maxwell, S. E., Martin, J. M., Peake, L. G., Seroczynski, A. D., Tram, J. M., Hoffman, K. B., Ruiz, M. D., Jacquez, F., & Maschman, T. (2001). The development of multiple domains of child and adolescent self-concept: A cohort sequential longitudinal design. *Child Development, 72*, 1723–1746.

Cole, M. (2006). Culture and cognitive development in phylogenic, historical, and ontogenetic perspective. In W. Damon & R. M. Lerner (Series Eds.), D. Kuhn & R. S. Siegler (Vol. Eds.), *Handbook of child psychology. Vol. 2: Cognition, perception, and language* (6th ed.,pp. 636–683). New York: Wiley.

College Board. (2006). *2006 college bound seniors: Total group profile report*. New York: Author.

Collins, A. M., & Loftus, E. F. (1975). A spreading-activation theory of semantic processing. *Psychological Review, 82*, 407–428.

Colom, R., & García-López, O. (2002). Sex differences in fluid intelligence among high school graduates. *Personality and Individual Differences, 32*, 445–451.

Coltheart, M., Curtis, B., Atkins, P., & Haller, M. (1993). Models of reading aloud: Dual-route and parallel-distributed-processing approaches. *Psychological Review, 100*, 589–608.

Compton, D. L. (2003). Modeling the relationship between growth in rapid naming speed and growth in decoding skill in first grade children. *Journal of Educational Psychology, 95*, 225–239.

Cordova, D. L., & Lepper, M. R. (1996). Intrinsic motivation and the process of learning: Beneficial effects of contextualization, personalization, and choice. *Journal of Educational Psychology, 88*, 715–730.

Corno, L., Cronbach, L. J., Kupermintz, H., Lohman, D. F., Mandinach, E. B., Porteus, A. W., & Talbert, J. E. (2002). *Remaking the concept of aptitude: Extending the legacy of Richard E. Snow*. Mahwah, NJ: Erlbaum.

Covington, M., & Omelich, C. (1981). As failures mount: Affective and cognitive consequences of ability demotion in the classroom. *Journal of Educational Psychology, 73*, 796–808.

Covington, M. V. (1997). *Self-worth and motivation*. New York: Cambridge University Press.

Cowan, N., Nugent, L. D., Elliott, E. M., Ponomarev, I., & Saults, J. S. (1999). The role of attention in the development of short-term memory: Age differences in the verbal span of apprehension. *Child Development, 70*, 1082–1097.

Craik, F. I. M., & Lockhart, R. S. (1972). Levels of processing: A framework for memory research. *Journal of Verbal Learning and Verbal Behavior, 11*, 671–684.

Cronbach, L. J., & Snow, R. E. (1977). *Aptitudes and instructional methods: A handbook for research on interactions*. New York: Irvington.

Cross, J. A. (1987). Factors associated with students' place location knowledge. *Journal of Geography, 86*, 59–63.

Cull, W. L., & Zechmeister, E. B. (1994). The learning ability paradox in adult metamemory research: Where are the metamemory differences between good and poor learners? *Memory & Cognition, 22*, 249–257.

Cunningham, P. M., Hall, D. P., & Defee, M. (1991). Nonability grouped multilevel instruction: A year in a first grade classroom. *Reading Teacher, 44*, 566–571.

Dagher, Z. R., & BouJaoude, S. (1997). Scientific views and religious beliefs of college students: The case of biological evolution *Journal of Research in Science Teaching, 34*, 429–445.

Daiute, C. (2002). Social relational knowing in writing development. In E. Amsel & J. P. Byrnes (Eds.), *Language, literacy, and cognitive development*. Mahwah, NJ: Erlbaum.

Danner, F. (1976). Children's understanding of intersentence organization in the recall of short descriptive passages. *Journal of Educational Psychology, 68*, 174–183.

Davis-Kean, P. E., & Sandler, H. M. (2001). A meta-analysis of measures of self-esteem: a framework for future measures. *Child Development, 72*, 887–906.

De Brauwer, J., Verguts, T., & Fias, W. (2006). The representation of multiplication facts: Developmental changes in the problem size, five, and tie effects. *Journal of Experimental Child Psychology, 94*, 43–56.

Deci, E., & Ryan, R. (1985). *Intrinsic motivation and self-determination in human behavior*. New York: Plenum Press.

DeFries, J. C., Gillis, J. J., & Wadsworth, S. J. (1993). Genes and genders: A twin study of reading disability. In A. M. Galaburda (Ed.), *Dyslexia and development: Neurobiological development of extraordinary brains* (pp. 187–204). Cambridge, MA: Harvard University Press.

Dehaene, S. (1996). The organization of brain activations in number comparison: Event-related potentials and the additive factors method. *Journal of Cognitive Neuroscience, 8*, 47–68.

Dehaene, S., Bossini, S., & Giraux, P. (1993). The mental representation of parity and number magnitude. *Journal of Experimental Psychology: General, 122*, 371–396.

Dehaene, S., & Cohen, L. (1997). Cerebral pathways for calculation: Double dissociation between rote verbal and quantitative knowledge of arithmetic. *Cortex, 33*, 219–250.

Dehaene, S., Tzourio, N., Frak, V., Raynaud, L., Cohen, L., Mehler, J., & Mazoyer, B. (1996). Cerebral activations during number multiplication and comparison: A PET study. *Neuropsychologia, 34*, 1097–1106.

DeMarie, D., & Ferron, J. (2003). Capacity, strategies, and metamemory: Tests of a three-factor model of memory development. *Journal of Experimental Child Psychology, 84*, 167–193.

Dempster, F. N. (1992). The rise and fall of the inhibitory mechanism: Toward a unified theory of cognitive development and aging. *Developmental Review, 12*, 45–75.

Detterman, D. K. (1993). The case for the prosecution: Transfer as an epiphenomenon. In D. K. Detterman & R. J. Sternberg (Eds.), *Transfer on trial: Intelligence, cognition, and instruction*. Norwood, NJ: Ablex.

Dewitz, P., Carr, E., & Patberg, J. P. (1987). Effects of inference training on comprehension and comprehension monitoring. *Reading Research Quarterly, 22*, 99–121.

D'Agostino, J. V., & Murphy, J. A. (2004). A meta-analysis of reading recovery in United States schools. *Educational Evaluation and Policy Analysis, 26*, 23–38.

Dimino, J., Gersten, R., Carnine, D., & Blake, G. (1990). Story grammar: An approach for promoting at-risk secondary students' comprehension of literature. *The Elementary School Journal, 91*, 19–32.

Dimino, J. A., Taylor, R. M., & Gersten, R. M. (1995). Synthesis of the research on story grammar as a means to increase comprehension. *Reading and Writing Quarterly: Overcoming Learning Difficulties, 11*, 53–72.

di Sessa, A., Elby, A., & Hammer, D. (2002). J's epistemological stance and strategies. In G. M. Sinatra & P. R. Pintrich (Eds.), *Intentional conceptual change* (pp. 237–290). Mahwah, NJ: Erlbaum.

Donovan, C. A., & Smolkin, L. B. (2006). Children's understanding of genre and writing development. In C. A. MacArthur, S. Graham, & J. Fitzgerald (Eds.), *Handbook of writing research* (pp. 131–143). New York: Guilford.

Duffy, G., & Roehler, L. (1987). Improving classroom reading instruction through the use of responsive elaboration. *Reading Teacher, 40*, 514–521.

Dunbar, K,. & Klahr, D. (1989). Developmental differences in scientific discovery processes. In D. Klahr & K. Kotovsky (Eds.), *Complex information processing: The impact of Herbert A. Simon*. Hillsdale, NJ: Erlbaum.

Dweck, C. (1986). Motivational processes affecting learning. *American Psychologist, 41*, 1040–1048.

Dweck, C., Davidson, W., Nelson, S., & Enna, B. (1978). Sex differences in learned helplessness II: The contingencies of evaluative feedback in the classroom, and III: An experimental analysis. *Developmental Psychology, 14*, 268–276.

Dweck, C., & Elliot, E. (1983). Achievement motivation. In P. H. Mussen (Ed.), *Handbook of child psychology, Vol. IV: Socialization, personality, and social development* (pp. 643–691). New York: Wiley.

Dweck, C., & Leggett, E. (1988). A social-cognitive approach to motivation and personality. *Psychological Review, 95*, 256–273.

Eccles, J. (1983). Expectancies, values, and academic behavior. In J. T. Spence (Ed.), *Achievement and achievement motives: Psychological and sociological approaches* (pp. 77–146). San Francisco: Freeman.

Eccles, J., Adler, T. F., Futterman, R., Goff, S. B., Kaczala, C. M., Meece, J. L., & Midgley, C. (1985). Self-perceptions, task perceptions, socializing influences, and the decision to enroll in mathematics. In S. F. Chipman, L. R. Brush, & D. M. Wilson (Eds.), *Women and mathematics: Balancing the equation* (pp. 95–121). Hillsdale, NJ: Erlbaum.

Eccles, J. S., Wigfield, A., Flanagan, C., Miller, C., Reuman, D., & Yee, D. (1989). Self-perceptions, domain values, and self-esteem: Relations and changes at early adolescence. *Journal of Personality, 57*, 283–310.

Eccles, J. S., Wigfield, A., Harold, R., & Blumenfeld, P. (1993). Age and gender differences in children's self- and task perceptions during elementary school. *Child Development, 64*, 830–847.

Eccles, J. S., Wigfield, A., & Schiefele, U. (1998). Motivation to succeed. In W. Damon (Series Ed.), N. Eisenberg (Vol. Ed.), *Handbook of child psychology: Vol. 3. Social, emotional, and personality development* (5th ed., pp. 1018–1095). New York: Wiley.

Echevarria, M. (2003). Anomalies as a catalyst for middle school students' knowledge construction and scientific reasoning during science inquiry. *Journal of Educational Psychology, 95*, 357–374.

Eckler, J. A., & Weininger, O. (1989). Structural parallels between pretend play and narratives. *Developmental Psychology, 25*, 736–743.

Ehri, L. C. (1995). Phases of development in learning to read words by sight. *Journal of Research in Reading, 18*, 116–125.

Eilam, B. (2004). Drops of water and of soap solution: Students' constraining mental models of the nature of matter. *Journal of Research in Science Teaching, 41*, 970–993.

Elliot, A. J., McGregor, H. A., & Gable, S. (1999). Achievement goals, study strategies, and exam performance: A mediational analysis. *Journal of Educational Psychology*, 91, 549–563.

Englert, C. S., Stewart, S. R., & Hiebert, E. H. (1988). Young writer's use of text structure in expository text generation. *Journal of Educational Psychology, 80*, 143–151.

English, L. D., & Halford, G. S. (1995). *Mathematics education: Models and processes*. Mahwah, NJ: Erlbaum.

Entwisle, D. R., & Alexander, K. L. (1992). Summer setback: Race, poverty, school composition, and mathematics achievement in the first two years of school. *American Sociological Review, 57*, 72–84.

Ericsson, K. A. (1996). *The road to excellence: The acquisition of expert performance in the arts, science, sports, and games*. Mahwah, NJ: Erlbaum.

Ericsson, K. A. (2003). The acquisition of expert performance as problem solving: Construction and modification of mediating mechanisms through deliberate practice. In J. E. Davidson & R. J. Sternberg (Eds.), *The psychology of problem solving* (pp. 31–83). New York: Cambridge University Press.

Ericsson, K. A., & Charness, N. (1994). Expert performance: Its structure and acquisition. *American Psychologist, 49*, 725–747.

Ericsson, K. A., & Smith, J. (1991). *Toward a general theory of expertise: Prospects and limits*. Cambridge: Cambridge University Press.

Evans, J. J., Floyd, R. G., McGrew, K. S., & Leforgee, M. H. (2001). The relations between measures of Cattell-Horn-Carroll (CHC) cognitive abilities and reading achievement during childhood and adolescence. *School Psychology Review, 31*, 246–262.

Eylon, B., & Linn, M. C. (1988). Learning and instruction: An examination of four research perspectives. *Review of Educational Research, 58*, 251–301.

Fabricius, W. V., & Hagen, J. W. (1984). The use of causal attributions about free recall performance to assess metamemory and predict strategic memory behavior in young children. *Developmental Psychology, 20*, 975–987.

Fantuzzo, J. W., McDermott, P. A., Manz, P. H., Hampton, V. R., & Burdick, N. A. (1996). The Pictorial Scale of Perceived Competence and Social Acceptance: Does it work with low-income income children.

Child Development, 67, 1071–1084.

Farrell, R. T., & Cirricione, J. M. (1989). The content of the geography curriculum—teachers perspective. *Social Education, 53*, 105–108.

Feather, N. T. (1988). Values, expectancies, and course enrollment: Testing the role of personal values within an expectancy-valence framework. *Journal of Educational Psychology, 80*, 381–391.

Feitelson, D., Tehori, B. Z., & Levinberg-Green, D. (1982). How effective is early instruction in reading? Experimental evidence. *Merrill-Palmer Quarterly, 28*, 485–494.

Fennema, E., & Sherman, J. (1977). Sex-related differences in mathematics achievement, spatial visualization and affective factors. *American Educational Research Journal, 14*, 51–71.

Ferguson, P. (1991). Impacts on social and political participation. In J. P. Shaver (Ed.), *Handbook of research on social studies teaching and learning*. New York: Macmillan.

Fielding, L. G., Anderson, R. C., & Pearson, P. D. (1990). *How discussion questions influence children's story understanding* (Tech. Rep. No. 490). Urbana: University of Illinois, Center for the Study of Reading.

Fiorello, C., & Primerano, D. (2001). Research into practice: Cattell-Horn-Carroll cognitive assessment in practice: Eligibility and program development issues. *Psychology in the Schools, 42*, 525–536.

Fireman, G., Kose, G., & Solomon, M. J. (2003). Self-observation and learning: The effect of watching oneself on problem-solving performance. *Cognitive Development, 18*, 339–354

Fitzgerald, J. (1987). Research on revision in writing. *Review of Educational Research, 57*, 481–506.

Flavell, J. H., Miller, P. H., & Miller, S. A. (1993). *Cognitive development* (3rd ed.). Englewood Cliffs, NJ: Prentice Hall.

Flynn, E. (1988). Composing as a woman. *College Composition and Communication, 39*, 423–435.

Ford, D. J. (2006). Representation of science within children's trade books. *Journal of Research in Science Teaching, 43*, 214–235.

Fowler, W. (1971). A developmental learning strategy for early reading in a laboratory nursery school. *Interchange, 2*, 106–124.

Frederiksen, J. R., White, B. Y., & Gutwill, J. (1999). Dynamic mental models in learning science: The importance of constructing derivational linkages among models. *Journal of Research in Science Teaching, 36*, 806–836.

Fredricks, J. A., & Eccles, J. S. (2002). Children's competence and value beliefs from childhood through adolescence: Growth trajectories in two male sex-typed domains. *Developmental Psychology, 38*, 519–533.

Freedman, A. (1987). Development in story writing. *Applied Psycholinguistics, 8*, 153–170.

Friedman, W. J. (1980). *About time: Inventing the fourth dimension*. Cambridge, MA: MIT Press.

Friedman, W. (1990). *About time: Inventing the fourth dimension*. Cambridge, MA: MIT Press.

Friedman, W. J. (2005). Developmental and cognitive perspectives on humans' sense of the times of past and future events. *Learning and Motivation, 36*, 145–158.

Friedman, W. J., & deWinstanley, P. A. (2006). The mental representation of countries. *Memory, 14*, 853–871.

Freppon, P. A., & Dahl, K. L. (1998) Balanced instruction: Insights and considerations. *Reading Research Quarterly, 33*, 240–251.

Frey, M. C., & Detterman, D. K. (2004). Scholastic assessment or g? The relationship between the scholastic assessment test and general cognitive ability. *Psychological Science, 15*, 373–378.

Frijda, N. (1994). Emotions are functional, most of the time. In P. Ekman & R. J. Davidson (Eds.), *The nature of emotion* (pp. 112–122). New York: Oxford University Press.

Fuchs, L. S., Compton, D. L., Fuchs, D., Paulsen, L., Bryant, J. D., & Hamlett, C. L. (2005). The prevention, identification, and cognitive determinants of math difficulty. *Journal of Educational Psychology, 97*, 493–513.

Fuson, K. C. (1988). *Children's counting and concepts of number*. New York: Springer-Verlag.

Fuson, K. C., & Briars, D. J. (1990). Using a base-ten blocks learning/teaching approach for first- and second-grade place-value and multidigit addition and subtraction. *Journal for Research in Mathematics Education, 21*, 180–206.

Fuson, K. C., & Hall, J. W. (1983). The acquisition of early word meanings: A conceptual analysis and review. In H. P. Ginsburg (Ed.), *Children's mathematical thinking*. New York: Academic Press.

Fuson, K. C., Wearne, D., Hiebert, J. C., Murray, H. G., Human, P. G., Olivier, A. I., Carpenter, T. P., & Fennema, E. (1997). Children's conceptual structures for multidigit numbers and methods of multidigit addition and subtraction. *Journal for Research in Mathematics Education, 28*, 130–162.

Fuster, J. M. (2000). The prefrontal cortex of the primate: A synopsis. *Psychobiology, 28*, 125–131.

Gage, N. L., & Berliner, D. C. (1991). *Educational Psychology* (5th ed.). Boston: Houghton Mifflin.

Gagne, E. D., Yekovich, C. W., & Yekovich, F. R. (1993). *The cognitive psychology of school learning*. New York: HarperCollins.

Galabura, A. M. (1993). *Dyslexia and development: Neurobiological aspects of extraordinary brains*. Cambridge, MA: Harvard University Press.

Gambrell, L. B., & Chasen, S. P. (1991). Explicit story instruction and the narrative writing of fourth- and fifth-grade below-average readers. *Reading Research and Instruction, 31*, 54–62.

Gardner, H. (1983). *Frames of mind: The theory of multiple intelligences*. New York: Basic Books.

Gardner, H. (1993). *Multiple intelligences: The theory in practice*. New York: Basic Books.

Garner, R. (1987). Strategies for reading and studying expository texts. *Educational Psychologist, 22*, 299–312.

Garner, R., Alexander, P., Slater, W., Hare, V. C., Smith, T., & Reis, R. (1986). Children's knowledge of structural properties of expository text. *Journal of Educational Psychology, 78*, 411–416.

Garner, R., Hare, V. C., Alexander, P., Haynes, J., & Winograd, P. (1984). Inducing the use of a text lookback strategy among unsuccessful readers. *American Educational Research Journal, 21*, 789–798.

Garnett, P. J., & Treagust, D. F. (1992). Conceptual difficulties experienced by senior high school students of electrochemistry: Electrochemical (galvanic) and electrolytic cells. *Journal of Research in Science Teaching, 29*, 1079–1099.

Garrett, M. F. (1990). Sentence processing. In D. N. Osherson & H. Lasnik (Eds.), *An invitation to cognitive science, Vol. 1: Language* (pp. 133–175). Cambridge, MA: MIT Press.

Gathercole, S. E., Alloway, T. P., Willis, C., & Adams, A. (2006). Working memory in children with reading disabilities. *Journal of Experimental Child Psychology, 93*, 265–281.

Gathercole, S. E., Pickering, S. J., Ambridge, B., & Wearing, H. (2004). The structure of working memory from 4 to 15 years of age. *Developmental Psychology, 40*, 177–190.

Gay, G. (1991). Culturally diverse students and social studies. In J. P. Shaver (Ed.), *Handbook of research on social studies teaching and learning* (pp. 144–156). New York: Macmillan.

Gayan, J., Smith, S. D., Cherny, S. S., Cardon, L. R., Fulker, D. W., Brower, A. M., Olson, R. K., Pennington, B. F., & DeFries, J. C. (1999). Quantitative-trait locus for specific language and reading deficits. *American Journal of Human Genetics, 64*, 157–164.

Gearheart, M., Saxe, G. B., Seltzer, M., Schlackman, J., Ching, C. C., Nasir, N., Fall, R., Bennett, T., Rhine, S., & Sloan, T. F. (1999). Opportunities to learn fractions in elementary mathematics classrooms. *Journal for Research in Mathematics Education, 30*, 286–315.

Geary, D. C. (1993). Mathematical disabilities: Cognitive, neuropsychological, and genetic components. *Psychological Bulletin, 114*, 345–362.

Geary, D. C. (1995). Reflections of evolution and culture in children's cognition: Implications for mathematical development and instruction. *American Psychologist, 50*, 24–37.

Geary, D. C. (1998). *Male, female: The evolution of human sex differences*. Washington, DC: American Psychological Association.

Geary, D. C., Hoard, M. K., & Hamson, C. O. (1999). Numerical and arithmetical cognition: Patterns of functions and deficits in children at risk for a mathematical disability. *Journal of Experimental Child Psychology, 74*, 213–239.

Gelman, R., & Baillargeon, R. (1983). A review of some Piagetian concepts. In P. H. Mussen (Ed.), *Handbook of child psychology: Vol. 3. Cognitive development* (4th ed., pp. 167–230). New York: John Wiley.

Gelman, R., & Gallistel, C. R. (1978). *The child's understanding of number*. Cambridge, MA: Harvard University Press.

Gelman, R., & Meck, E. (1983). Preschoolers' counting: Principles before skill. *Cognition, 13*, 343–359.

Gelman, S. A., & Coley, J. D. (1991). Language and categorization: The acquisition of natural kind terms. In S. A. Gelman & J. P. Byrnes (Eds.), *Perspectives on language and thought: Interrelations in development* (pp. 146–196). Cambridge: Cambridge University Press.

Gelman, S. A., & Kalish, C. W. (2006). Conceptual development. In W. Damon & R. M. Lerner (Series Eds.), D. Kuhn & R. S. Siegler (Vol. Eds.), *Handbook of child psychology. Vol. 2: Cognition, perception, and language* (6th ed., pp. 687–733). New York: Wiley.

Gernsbacher, M. A. (1996). The structure-building framework: What it is, what it might also be, and why. In B. K. Britton & A. C. Graesser, (Eds.), *Models of understanding text*. (pp. 289–311). Mahwah, NJ: Erlbaum.

Geschwind, N., & Behan, P. (1982). Left-handedness: Association with immune disease, migraine, and developmental learning disorder. *Proceedings of the National Academy of Sciences, 79*, 5097–5100.

Geschwind, N., & Galabura, A. M. (1985). Cerebral lateralization: Biological mechanisms, associations, and pathology I: A hypothesis and a program for research. *Archives of Neurology, 42*, 428–459.

Geschwind, N., & Galaburda, A. M. (1987). *Cerebral lateralization*. Cambridge, MA: MIT Press.

Gettinger, M. (1984). Individual differences in time needed for learning: A review of literature. *Educational Psychologist, 19*, 15–29.

Geva, E. (1983). Facilitating reading comprehension through flowcharting. *Reading Research Quarterly, 18*, 383–405.

Ghetti, S., Qin, J., & Goodman, G. S. (2002). False memories in children and adults: Age, distinctiveness and subjective experience. *Developmental Psychology, 38*, 703–718.

Gick, M. L., & Holyoak, K. J. (1983). Schema induction and analogical transfer. *Cognitive Psychology, 15*, 1–38.

Gilligan, C. (1982). *In a different voice: Psychological theory and women's development*. Cambridge, MA:

Harvard University Press.

Ginsburg, H., & Russell, R. L. (1981). Social class and racial influences on early mathematical thinking. *Monographs of the Society for Research in Child Development, 46* (No. 193).

Glaser, R., & Chi, M. T. H. (1988). Overview. In M. T. H. Chi, R. Glaser, & M. Farr (Eds.), *The nature of expertise*. Hillsdale, NJ: Erlbaum.

Glenberg, A. M., Gutierrez, T., Levin, J. R., Japuntich, S., & Kaschak, M. (2004). Activity and imagined activity can enhance young children's reading comprehension. *Journal of Educational Psychology, 96*, 424–436.

Glover, J. A., Ronning, R. R., & Bruning, R. H. (1990). *Cognitive psychology for teachers*. New York: Macmillan.

Goldstein, D. M. (1976). Cognitive-linguistic functioning and learning to read in preschoolers. *Journal of Educational Psychology, 68*, 680–688.

Gombert, J. E., & Fayol, M. (1992). Writing in preliterate children. *Learning and Instruction, 2*, 23–41.

Goodman, Y. M. (1991). Comments in "Beginning to read: A critique by literacy professionals and a response by Marilyn Jager Adams." *The Reading Teacher, 44*, 375.

Goodman, K. S., & Goodman, Y. (1979). Learning to read is natural. In L. B. Resnick & R. A. Weaver (Eds.), *Theory and practice of early reading* (pp. 51–94). Hillsdale, NJ: Erlbaum.

Gopnik, A., & Wellman, H. M. (1992). Why the child's theory of mind really is a theory. *Mind & Language, 7*, 145–171.

Gordon, R. (1988). Increasing efficiency and effectiveness in predicting second grade achievement using a kindergarten screening battery. *Journal of Educational Research, 81*, 238–244.

Gottfried, A. E., Fleming, J. S., & Gottfried, A. W. (2001). Continuity of academic intrinsic motivation from childhood through late adolescence: A longitudinal study. *Journal of Educational Psychology, 93*, 3–13.

Gottfried, G. M., Gelman, S. A., & Schultz, J. (1999). Children's understanding of the brain: From early essentialism to biological theory. *Cognitive Development, 14*, 147–174.

Gough, P. B., Hoover, W. A., & Peterson, C. L. (1996). Some observations on a simple view of reading. In C. Cornoldi & J. Oakhill (Eds.), *Reading comprehension difficulties: Processes and intervention* (pp. 1–13). Mahwah, NJ: Erlbaum.

Graesser, A., Golding, J. M., & Long, D. L. (1991). Narrative representation and comprehension. In R. Barr, M. L. Kamil, P. Mosenthal, & P. D. Pearson (Eds.), *Handbook of reading research, Vol. II* (pp. 171–205). New York: Longman.

Graesser, A. C., Millis, K. K., & Zwaan, R. A. (1997). Discourse comprehension. *Annual Review of Psychology, 48*, 163–189.

Graham, S. (1994). Motivation in African-Americans. *Review of Educational Research, 64*, 55–117.

Graham, S. (1997). Executive control in the revising of students with learning and writing difficulties. *Journal of Educational Psychology, 89*, 223–234.

Graham, S. (2006). Writing. In P. A. Alexander & P. H. Winne (Eds.), *Handbook of educational psychology* (pp. 457–478). Mahwah, NJ: Erlbaum.

Graham, S., Berninger, V. W., Abbott, R. D., Abbott, S. P., & Whitaker, D. (1997). Role of mechanics in composing of elementary school students: A new methodological approach. *Journal of Educational Psychology, 89*, 170–182.

Graham, S., Doubleday, C., & Guarino, P. (1984). The development of relations between perceived controllability and the emotions of pity, anger, and guilt. *Child Development, 55*, 561–565.

Graham, S., & Golan, S. (1991). Motivational influences on cognition: Task involvement, ego involvement, and depth of information processing. *Journal of Educational Psychology, 83*, 187–194.

Graham, S., & Harris, K. R. (1996). Self-regulation and strategy instruction for students who find writing and learning challenging. In C. M. Levy & S. Ransdell (Eds.), *The science of writing: Theories, methods, individual differences, and applications* (pp. 347–360). Mahwah, NJ: Erlbaum.

Graham, S., Harris, K. R., Fink-Chorzempa, B., & MacArthur, C. (2003). Primary grade teachers' instructional adaptations for struggling writers: A national survey. *Journal of Educational Psychology, 95*, 279–292.

Graves, D. H. (1975). An examination of the writing processes of seven year old children. *Research in the Teaching of English, 9*, 227–241.

Greany, V. (1980). Factors related to amount and time of leisure reading. *Reading Research Quarterly, 15*, 337–357.

Greany, V., & Hegarty, M. (1987). Correlates of leisure-time reading. *Journal of Research in Reading, 10*, 3–20.

Greene, R. L. (1986). Sources of recency effects in free recall. *Psychological Bulletin, 99*, 221–228.

Greenwald, E. A., Perksy, H. R., Campbell, J. R., & Mazzeo, J. (1999). *The NAEP 1998 writing report card for the nation and the states*. Washington, DC: U.S. Department of Education, Office of Educational Research and Improvement, National Center for Educational Statistics.

Griffiths, A. K., & Preston, K. P. (1992). Grade-12 students' misconceptions relating to fundamental characteristics of atoms and molecules. *Journal of Research in Science Teaching, 29*, 611–628.

Groen, G. J., & Parkman, J. M. (1972). A chronometric analysis of simple addition. *Psychological Review, 79*, 329–343.

Gross, S. (1993). Early mathematics performance and

achievement: Results of a study within a large suburban school system. *Journal of Negro Education, 62*, 269–287.

Gurney, D., Gersten, R., Dimino, J., & Carnine, D. (1990). Story grammar: Effective literature instruction for high school students with learning disabilities. *Journal of Learning Disabilities, 23*, 335–348.

Guthrie, J. T., Cox, K. E., Knowles, K. T., Buehl, M., Mazzoni, S. A., & Fasulo, L. (2000). Building toward coherent instruction. In L. Baker, M. J. Dreher, & J. T. Guthrie (Eds.), *Engaging young readers: Promoting achievement and motivation* (pp. 209–236). New York: Guilford.

Guthrie, J. T., Van Meter, P., McCann, A. D., Wigfield, A., Bennett, L., Poundstone, C. C., Rice, M. E., Faisbisch, F. M., Hunt, B., & Mitchell, A. M. (1996). Growth of literacy engagement: Changes in motivations and strategies during concept-oriented reading instruction. *Reading Research Quarterly, 31*, 306–332.

Guthrie, J. T., Wigfield, A., Barbosa, P., Perencevich, K. C., Taboada, A., Davis, M. H., Scafiddi, N. T., & Tonks, S. (2004). Increasing reading comprehension and engagement through concept-oriented reading instruction. *Journal of Educational Psychology, 96*, 403–423.

Hackett, G., Betz, N. E., Casas, J. M., & Rocha-Singh, I. A. (1992). Gender, ethnicity, and social cognitive factors predicting the academic achievement of students in engineering. *Journal of Counseling Psychology, 39*, 527–538.

Haden, C. A., Ornstein, P. A., Eckerman, C. O., & Didow, S. M. (2001). Mother-child conversational interactions as events unfold: linkages to subsequent remembering. *Child Development, 72*, 1016–1031.

Halford, G. S., & Andrews, G. (2006). Reasoning and problem solving. In W. Damon & R. M. Lerner (Series Eds.), D. Kuhn & R. S. Siegler (Vol. Eds.), *Handbook of child psychology. Vol. 2: Cognition, perception and language* (6th ed., pp. 557–608). New York: Wiley.

Halford, G. S., Mayberry, M. T., O'Hare, A. W., & Grant, P. (1994). The development of memory and processing capacity. *Child Development, 65*, 1338–1356.

Hallden, O. (1986). Learning history. *Oxford Review of Education, 12*, 53–66.

Halpern, D. F. (1992). *Sex differences in cognitive abilities* (2nd ed.). Hillsdale, NJ: Erlbaum.

Halpern, D. F. (1996). Sex, brains, hands, and spatial cognition. *Developmental Review, 16*, 261–270.

Halpern, D. F. (1999). Teaching critical thinking for transfer across domains. *American Psychologist, 53*, 449–455.

Halpern, D. F. & Tan, U. (2001). Stereotypes and steroids: Using a psychobiosocial model to understand cognitive sex differences. *Brain and Cognition, 45*, 392–414.

Hambrick, D. Z., Kane, M. J., & Engle, R. W. (2005). The role of working memory in higher-level cognition: Domain-specific versus domain-general perspectives. In R. J. Sternberg & J. E. Pretz (Eds.), *Cognition and intelligence: Identifying the mechanisms of the mind* (pp. 104–121). New York: Cambridge University Press, 2005.

Hamill, D. D., & McNutt, G. (1980). Language abilities and reading: A review of the literature on their relationship. *Elementary School Journal, 80*, 268–277.

Hammock, D. C., et al. (1990). *The U.S. History Report Card.* Princeton, NJ: National Assessment of Educational Progress.

Hanna, G., Kundinger, E., & Larouche, C. (1992). Mathematical achievement of grade 12 girls in fifteen countries. In L. Burton (Ed.), *Gender and mathematics: An international perspective* (pp. 86–97). London: Cassell.

Hansen, J., & Pearson, P. D. (1983). An instructional study: Improving the inferential comprehension of good and poor fourth-grade readers. *Journal of Educational Psychology, 75*, 821–829.

Harackiewicz, J., Barron, K., Pintrich, P. R., Elliot, A., & Thrash, T. (2002). Revision of achievement goal theory: Necessary and illuminating. *Journal of Educational Psychology, 94*, 638–645.

Harter, S. (1985). Competence as a dimension of self-evaluation: Toward a comprehensive model of self-worth. In R. L. Leahy (Ed.), *The development of the self* (pp. 55–121).

Harter, S. (1999). *The construction of the self: A developmental perspective.* New York: Guilford Press.

Hartmann, D. P., & George, T. P. (1999). Design, measurement, and analysis in developmental research. In M. H. Bornstein & M. E. Lamb (Eds.), *Developmental psychology: An advanced textbook* (4th ed., pp. 125–198). Mahwah, NJ: Erlbaum.

Hatano, G., Siegler, R. S., Richards, D. D., & Inagaki, K. (1993). The development of biological knowledge: A multi-national study. *Cognitive Development, 8*, 47–62.

Hayes, J. R. (1985). Three problems in teaching general skills. In J. Segal, S. Chipman, & R. Glaser (Eds.), *Thinking and learning, Vol. 2.* Hillsdale, NJ: Erlbaum.

Hayes, J. R. (1996). A new framework for understanding cognition and affect in writing. In C. M. Levy & S. Ransdell (Eds.), *The science of writing: Theories, methods, individual differences, and applications* (pp. 1–27). Mahwah, NJ: Erlbaum.

Hayes, J. R., & Flower, L. S. (1986). Writing research and the writer. *American Psychologist, 41*, 1106–1113.

Hayes, J. R., Flower, L. S., Schriver, K. S., Stratman, J., & Carey, L. (1987). Cognitive processes in revision. In S. Rosenberg (Ed.), *Advances in psycholinguis-*

tics, Vol. 2. Reading, writing, and language processing (pp. 176–240). New York: Cambridge University Press.

Heath, S. B. (1983). *Ways with words: Language, life and work in communities and classrooms*. Cambridge: Cambridge University Press.

Hecht, S. A. (1998). Toward an information processing account of individual differences in fractions skills. *Journal of Educational Psychology, 90*, 545–559.

Hecht, S. A., Close, L., & Santisi, M. (2003). Sources of individual differences in fractions skills. *Journal of Experimental Child Psychology, 86*, 277–302.

Heggestad, E. D., & Kanfer, R. (2005). The predictive validity of self-efficacy in training performance: Little more than past performance. *Journal of Experimental Psychology: Applied, 11*, 84–97.

Heller, P. M., & Finley, F. N. (1992). Variable uses of alternative conceptions: A case study in current electricity. *Journal of Research in Science Teaching, 29*, 259–275.

Herman, W. L., Barron, M., Hawkins, M. L., & Berryman, C. (1988). World place location skills of elementary school students. *Journal of Educational Research, 81*, 374–376.

Herrnstein, R. J., & Murray, C. (1994). *The bell curve: Intelligence and class structure in American life*. New York: Free Press.

Herscovics, N. (1989). Cognitive obstacles encountered in the learning of algebra. In S. Wagner & C. Kieran (Eds.), *Research issues in the learning and teaching of algebra* (pp. 60–86). Reston, VA: National Council of Teachers of Mathematics.

Hewson, M. G., & Hewson, P. W. (1983). Effect of instruction using students' prior knowledge and conceptual change strategies on science learning. *Journal of Research in Science Teaching, 20*, 731–743.

Heyns, B. (1978). *Summer learning and the effects of schooling*. New York: Academic Press.

Hickling, A. K., & Gelman, S. A. (1995). How does your garden grow? Early conceptualization of seeds and their place in plant growth cycle. *Child Development, 66*, 856–876.

Hidi, S., & Boscolo, P. (2006). Motivation and writing. In C. A. MacArthur, S. Graham, & J. Fitzgerald (Eds.), *Handbook of writing research* (pp. 144–157). New York: Guilford.

Hiebert, J. (1987). *Conceptual and procedural knowledge: The case of mathematics*. Hillsdale, NJ: Erlbaum.

Hiebert, J., & Behr, M. (1988). *Number concepts and operations in the middle grades*. Hilldale, NJ: Erlbaum.

Hiebert, J., & LeFevre, P. (1987). Conceptual and procedural knowledge in mathematics: An introductory analysis. In J. Hiebert (Ed.), *Conceptual and procedural knowledge in mathematics* (pp. 1–27). Hillsdale, NJ: Erlbaum.

Hildreth, K., & Rovee-Collier, C. (1999). Decreases in the response latency to priming over the first year of life. *Developmental Psychobiology, 35*, 276–290.

Hillocks, G. (1989). Synthesis of research on teaching writing. *Educational Leadership, 44*, 71–82.

Hinsley, D. A., Hayes, J. R., & Simon, H. A. (1977). From words to equations: Meaning and representation in algebra word problems. In P. A. Carpenter & M. A. Just (Eds.), *Cognitive processes in comprehension*. Hillsdale, NJ: Erlbaum.

Hintzman, D. L. (1986). "Schema abstraction" in a multiple-trace memory model. *Psychological Review, 93*, 411–428.

Hogan, K. (1999). Thinking aloud together: A test of an intervention to foster students' collaborative scientific reasoning. *Journal of Research in Science Teaching, 36*, 1085–1109.

Holden, G. W. (1988). Adults thinking about a childrearing problem: Effects of experience, parental status, and gender. *Child Development, 59*, 1623–1632.

Horn, J. L., & Noll, J. (1997). Human cognitive capabilities: Gf-Gc theory. In D. P. Flanagan, J. L. Genshaft, & P. L. Harrison (Eds.), *Contemporary intellectual assessment: Theories, tests, and issues* (pp. 53–91). New York: Guilford Press, 1997.

Howe, C., & Tomie, A. (2003). Group work in primary school science: Discussion, consensus, and guidance from experts. *International Journal of Educational Research, 39*, 51–72.

Hunt, E. (2005). Information processing and intelligence: Where we are and where we are going. In R. J. Sternberg & J. E. Pretz (Eds.), *Cognition and intelligence: Identifying the mechanisms of the mind* (pp. 1–25). New York: Cambridge University Press.

Hunt, J. McV. (1964). *Intelligence and experience*. New York: Ronald Press.

Hunt, K. W. (1970). Syntactic maturity in school children and adults. *Monographs of the Society for Research in Child Development, 35*(No. 134).

Huttenlocher, J., Levine, S., & Vevea, J. (1998). Environmental input and cognitive growth: A study using time-period comparisons. *Child Development, 69*, 1012–1029.

Hyde, J. S., Fennema, E., & Lamon, S. J. (1990). Gender differences in mathematical performance: A meta-analysis. *Psychological Bulletin, 107*, 139–155.

Hyde, J. S., & Linn, M. C. (1988). Gender differences in verbal ability: A meta-analysis. *Psychological Bulletin, 104*, 53–69.

Hynd, G. W., Marshall, R., & Gonzales, J. (1991). Learning disabilities and presumed central nervous system dysfunction. *Learning Disability Quarterly, 14*, 283–296.

Hyönä, J., Lorch, R. F., & Kaakinen, J. K. (2002). Individual differences in reading to summarize expository text: Evidence from eye fixation patterns. *Journal of Educational Psychology, 94*, 44–55.

Inagaki, K., & Hatano, G. (1993). Young children's understanding of the mind-body distinction. *Child Development, 64*, 1534–1549.

Inhelder, B., & Piaget, J. (1958). *The growth of logical thinking from childhood to adolescence*. New York: Basic Books.

Inhelder, B., & Piaget, J. (1964). *The early growth of logic in the child*. New York: Basic Books.

Inhelder, B., & Piaget, J. (1969). *The psychology of the child*. New York: Basic Books.

Iverson, B. K., & Walberg, H. J. (1982). Home environment and school learning: A qualitative synthesis. *Journal of Experimental Education, 50*, 144–151.

Iverson, S., & Tunmer, W. E. (1993). Phonological processing skills and the reading recovery program. *Journal of Educational Psychology, 85*, 112–126.

Jackson, N. E. (1992). Precocious reading of English: Origins, structure, and predictive significance. In P. S. Klein & A. J. Tannebaum (Eds.), *To be young and gifted* (pp. 171–203). Norwood, NJ: Ablex.

Jackson, R. (1980). The scholastic aptitude test: A response to Slack and Porter's "critical appraisal." *Harvard Educational Review, 50*, 382–391.

Jencks, C., & Phillips, M. (1998). *The Black-White test score gap*. Washington, DC: Brookings Institution.

Jensen, A. R. (1969). How much can we boost IQ and scholastic achievement? *Harvard Educational Review, 39*, 1–123.

Johnson, D. W., & Johnson, R. T. (1987). *Learning together and alone*. Englewood Cliffs, NJ: Prentice-Hall.

Johnson, M. L. (1989). Minority differences in mathematics. In M. M. Lindquist (Ed.), *Results from the fourth mathematics assessment of the national assessment of educational progress* (pp. 135–148). Reston, VA: National Council of Teachers of Mathematics.

Johnson, W., McGue, M., & Iacono, W. G. (2006). Genetic and environmental influences on academic achievement trajectories in adolescence. *Developmental Psychology, 42*, 514–532.

Johnson-Laird, P. N., Savary, F., & Bucciarelli, M. (2000). Strategies and tactics in reasoning. In W. Schaeken & G. De Vooght (Eds.), *Deductive reasoning and strategies* (pp. 209–240). Mahwah, NJ: Erlbaum.

Johnston, P., & Afflerbach, P. (1985). The process of constructing main ideas from text. *Cognition and Instruction, 2*, 207–232.

Johnstone, K. M., Ashbaugh, H., & Warfield, T. D. (2002). Effects of repeated practice and contextual-writing experiences on college students' writing. *Journal of Educational Psychology, 94*, 305–315.

Jones, K. K., & Byrnes, J. P. (2006). Characteristics of students who benefit from high-quality mathematics instruction. *Contemporary Educational Psychology, 31*, 328–343.

de Jong, P. F., & van der Leij, A. (1999). Specific contributions of phonological abilities to early reading acquisition: Results from a Dutch latent variable longitudinal study. *Journal of Educational Psychology, 91*, 450–476.

Just, M. A., & Carpenter, P. A. (1987). *The psychology of reading and language comprehension*. Boston: Allyn & Bacon.

Kail, R. V. (1990). *The development of memory* (3rd ed.). New York: Freeman.

Kail, R. V. (1991). Developmental changes in speed of processing during childhood and adolescence. *Psychological Bulletin, 109*, 490–501.

Kail, R. V. (1996). Nature and consequences of developmental change in speed of processing. *Swiss Journal of Psychology, 55*, 133–138.

Kail, R. V. (2002). Developmental change in proactive interference. *Child Development, 73*, 1703–1714.

Kail, R. V., & Miller, C. A. (2006). Developmental change in processing speed: Domain specificity and stability during childhood and adolescence. *Journal of Cognition and Development, 7*, 119–137.

Kalish, C. (1996). Preschoolers' understanding of germs as invisible mechanisms. *Cognitive Development, 11*, 83–106.

Kalish, C. (1997). Preschoolers' understanding of mental and bodily reactions to contamination: What you don't know can hurt you, but cannot sadden you. *Developmental Psychology, 33*, 79–91.

Kalish, C. (1998). Reasons and causes: Children's understanding of conformity to social and physical laws. *Child Development, 69*, 706–720.

Kaput, J. J. (1999). Teaching and learning a new algebra. In E. Fennema & T. A. Romberg (Eds.), *Mathematics classrooms that promote understanding* (pp. 133–156). Mahwah, NJ: Erlbaum

Karmiloff-Smith, A. (1984). Children's problem-solving. In M. E. Lamb, A. L. Brown, & B. Rogoff (Eds.), *Advances in developmental psychology* (Vol. 3, pp. 39–90). Hillsdale, NJ: Erlbaum.

Karmiloff-Smith, A. (1995). *Beyond modularity: A developmental perspective on cognitive science*. Cambridge, MA: MIT Press.

Karmiloff-Smith, A., & Inhelder, B. (1977). If you want to get ahead, get a theory. *Cognition, 3*, 195–212.

Kaufman, A. S. (1973). Comparison of the WPPSI, Stanford- Binet, and McCarthy scales as predictors of first grade achievement. *Perceptual and Motor Skills, 36*, 67–73.

Kaufman, A. S., & Kaufman, N. L. (1983). *Kaufman assessment battery for children*. Circle Pines, MN: American Guidance Service.

Keating, D. P. (1980). Thinking processes in adolescence. In J. Adelson (Ed.), *Handbook of adolescent psychology* (pp. 211–246). New York: Wiley.

Keil, F. C. (1991). Theories, concepts, and the acquisition of word meaning. In S. A. Gelman & J. P. Byrnes (Eds.), *Perspective on language and thought: Inter-*

relations in development (pp. 197–223). Cambridge: Cambridge University Press.

Kelemen, D. (1999). Why are rocks pointy? Children's preference for teleological explanations of the natural world. *Developmental Psychology, 35*, 1440–1452.

Kellogg, R. T. (1996). A model of working memory in writing. In C. M. Levy & S. Ransdell (Eds.), *The science of writing: Theories, methods, individual differences, and applications* (pp. 57–72). Mahwah, NJ: Erlbaum.

Kelly, K. R. (1993). The relation of gender and academic achievement to career self-efficacy and interests. *Gifted Child Quarterly, 37*, 59–64.

Kendeou, P., & van den Broek, P. (2005). The effects of readers' misconceptions on comprehension of scientific text. *Journal of Educational Psychology, 97*, 235–245.

Kenney-Benson, G, A., Pomerantz, E. M., Ryan, A. M., & Patrick, H. (2006). Sex differences in math performance: The role of children's approach to schoolwork. *Developmental Psychology, 42*, 11–26.

Kessler, B., & Treiman, R. (1997). Syllable structure and the distribution of phonemes in English syllables. *Journal of Memory and Language, 37*, 295–311.

Khishfe, R., & Lederman, N. (2005). Teaching nature of science within a controversial topic: Integrated versus non-integrated. *Journal of Research in Science Teaching, 43*, 395–418.

Kieran, C. (1989). The early learning of algebra: A structural perspective. In S. Wagner & C. Kieran (Eds.), *Research issues in the learning and teaching of algebra* (pp. 33–56). Reston, VA: National Council of Teachers of Mathematics.

Kimball, M. M. (1989). A new perspective on women's math achievement. *Psychological Bulletin, 105*, 198–214.

Kintsch, W. (1974). *The representation of meaning in memory*. Hillsdale, NJ: Erlbaum.

Kintsch, W. (1982). Text representations. In W. Otto & S. White (Eds.), *Reading expository material* (pp. 87–102). New York: Academic Press.

Kintsch, W., & Greeno, J. G. (1985). Understanding and solving arithmetic word problems. *Psychological Review, 92*, 109–129.

Kipp, K., Pope, S., & Digby, S. E. (1998). The development of cognitive inhibition in a reading comprehension task. *European Review of Applied Psychology, 48*, 19–25.

Klaczynski, P. A. (1997). Bias in adolescents' everyday reasoning and its relationship with intellectual ability, personal theories, and self-serving motivation. *Developmental Psychology, 33*, 273–283.

Klaczynski, P. A., Byrnes, J. P., & Jacobs, J. E. (2001). Introduction to the special issue: The development of decision-making. *Journal of Applied Developmental Psychology, 22*, 225–236.

Klaczynski, P. A., & Lavallee, K. L. (2005). Domain-specific identity, epistemic regulation, and intellectual ability as predictors of belief-biased reasoning: A dual-process perspective. *Journal of Experimental Child Psychology, 92*, 1–24.

Klaczynski, P. A., & Narasimham, G. (1998). Development of scientific reasoning biases: Cognitive versus ego-protective explanations. *Developmental Psychology, 34*, 175–187.

Klahr, D., & Dunbar, K. (1988). Dual space search during scientific reasoning. *Cognitive Science, 12*, 1–48.

Klahr, D., & MacWhinney, B. (1998). Information processing. In W. Damon (Series Ed.), D. Kuhn & R. S. Siegler (Vol. Eds.), *Handbook of child psychology: Vol. 2. Cognition, perception and language* (pp. 631–678). New York: Wiley.

Klayman, J., & Ha, Y. (1987). Confirmation, disconfirmation, and information in hypothesis testing. *Psychological Review, 94*, 211–228.

Knudson, R. E. (1992). The development of written argumentation: An analysis and comparison of argumentative writing at four grade levels. *Child Study Journal, 22*, 167–181.

Koerber, S., Sodian, B., Thoermer, C., & Nett, U. (2005). Scientific reasoning in young children: Preschooler's ability to evaluate covariation evidence. *Swiss Journal of Psychology, 64*, 141–152.

Koslowski, B., & Maqueda, M. (1993). What is confirmation bias and when do people actually have it? *Merrill-Palmer Quarterly, 39*, 104–130.

Koslowski, B., & Okagaki, L. (1986). Non-Humean indices of causation in problem-solving situations: Causal mechanism, analogous effects and the status of rival alternative accounts. *Child Development, 57*, 1100–1108.

Kosslyn, S. M., & Koenig, O. (1992). *Wet mind: The new cognitive neuroscience*. New York: Free Press.

Kreutzer, M. A., Leonard, C., & Flavell, J. H. (1975). An interview study of children's knowledge about memory. *Monographs of the Society for Research in Child Development, 40*(No. 159).

Kuhn, D. (1992). Piaget's child as scientist. In H. Beilin & P. Pufall (Eds.), *Piaget's theory: Prospects and possibilities* (pp. 185–210). Hillsdale, NJ: Erlbaum.

Kuhn, D. (1997). Constraints or guideposts? Developmental psychology and science education. *Review of Educational Research, 67*, 141–150.

Kuhn, D., Amsel, E., & O'Loughlin, M. (1988). *The development of scientific thinking skills*. New York: Academic Press.

Kuhn, D., & Brannock, J. (1977). Development of the isolation of variable scheme in experimental and 'natural experience' contexts. *Developmental Psychology, 13*, 9–14.

Kuhn, D., Garcia-Mila, M., Zohar, A., & Anderson, C. (1995). Strategies of knowledge acquisition. *Monographs of the Society for Research in Child Devel-*

opment, 60(4, Serial No. 245).

Kuhn, T. S. (1962). *The structure of scientific revolutions.* Chicago: University of Chicago Press.

Laboratory of Comparative Human Cognition (1983). Culture and cognitive development. In P. H. Mussen (Ed.), *Handbook of child psychology. Vol. 4: History, theory, and methods* (pp. 296–355). New York: Wiley.

Ladson-Billings, G., & Tate, W. F. (1995). Toward a critical race theory of education. *Teachers College Record, 97*, 47–68.

Lakatos, I. (1971). Falsification and the methodology of scientific research programmes. In I. Lakatos & A. Musgrave (Eds.), *Criticism and the growth of knowledge* (pp. 91–180). Cambridge: Cambridge University Press.

Lakoff, G. (1987). *Women, fire, and dangerous things: What categories reveal about the mind.* Chicago: University of Chicago Press.

Lakoff, R. (1973). Language and women's place. *Language and Society, 2*, 45–79.

Langer, J. A. (1986). *Children's reading and writing: Structures and strategies.* Norwood, NJ: Ablex.

Lasnick, H. (1990). Syntax. In D. N. Osherson & H. Lasnik (Eds.), *An invitation to cognitive science. Vol. 1: Language* (pp. 5–22). Cambridge, MA: MIT Press.

Lau, I. C., Yeung, A. S., Jin, P., & Low, R. (1999). Toward a hierarchical, multidimensional English self-concept. *Journal of Educational Psychology, 91*, 747–755.

Lauren, L., & Allen, L. (1999). Factors that predict success in an early literacy intervention project. *Reading Research Quarterly, 34*, 404–424.

Lavoie, D. R. (1999). Effects of emphasizing hypothetico-predictive reasoning within the science learning cycle on high school student's process skills and conceptual understandings in biology. *Journal of Research in Science Teaching, 36*, 1127–1147.

Leder, G. C. (1992). Mathematics and gender: Changing perspectives. In D. A. Grouws (Ed.), *Handbook of research on mathematical teaching and learning* (pp. 597–624). New York: Macmillan.

Lee, K., & Bussey, K. (2001). Children's susceptibility to retroactive interference: The effects of age and degree of learning. *Journal of Experimental Child Psychology, 80*, 372–391.

Lee, K., Ng, S.-W., Ng, E.-L., & Lim, A.-Y. (2004). Working memory and literacy as predictors of performance on algebraic word problems. *Journal of Experimental Child Psychology, 89*, 140–158.

Lee, P. J., & Shemilt, D. (2003). A scaffold not a cage: Progression and progression models in history. *Teaching History, 113*, 13–24.

Lehrer, R., & Schauble, L. (1998). Reasoning about structure and function: Children's conceptions of gears. *Journal of Research in Science Teaching, 35*, 3–25.

Lehrer, R., & Schauble, L. (2005). Developing modeling and argument in the elementary grades. In T. A. Romberg, T. P. Carpenter, & F. Dremock (Eds.), *Understanding mathematics and science matters* (pp. 29–53). Mahwah, NJ: Erlbaum.

Leiser, D., & Halachmi, R. B. (2006). Children's understanding of market forces. *Journal of Economic Psychology, 27*, 6–19.

Lesaux, N. K., & Siegel, L. S. (2003). The development of reading in children who speak English as a second language. *Developmental Psychology, 39*, 1005–1019.

Levin, I., & Bus, A. (2003). How is emergent writing based on drawing? Analyses of children's products and their sorting by children and mothers. *Developmental Psychology, 39*, 891–905.

Levstik, L. S., & Barton, K. (1996). They still use some of their past: Historical salience in elementary children's chronological thinking. *Journal of Curriculum Studies, 28*, 531–576.

Levstik, L. S., & Pappas, C. C. (1987). Exploring the development of historical understanding. *Journal of Research and Development in Education, 21*, 1–15.

Lewis, A. B., & Mayer, R. E. (1987). Students' miscomprehension of relational statements in arithmetic word problems. *Journal of Educational Psychology, 79*, 363–371.

Lewis, J. W., Phinney, R. E., Brefczynski-Lewis, J. A., & DeToe, E. A. (2006). Lefties get it "right" when hearing tool sounds. *Journal of Cognitive Neuroscience, 18*, 1314–1330.

Liben, L. S., & Downs, R. M. (1993). Understanding person-space-map relations: Cartographic and developmental perspectives. *Developmental Psychology, 29*, 739–752.

Linderholm, T., & van den Broek, P. (2002). The effects of reading purpose and working memory capacity on the processing of expository text. *Journal of Educational Psychology, 94*, 778–784.

Lindsey, K. A., Manis, F. R., & Bailey, C. E. (2003). Prediction of first-grade reading in Spanish-speaking English-language learners. *Journal of Educational Psychology, 95*, 482–494.

Linn, M. C. (1978). Influence of cognitive style and training on tasks requiring formal thought. *Child Development, 49*, 874–877.

Linn, M. C. (1986). Science. In R. F. Dillon & R. J. Sternberg (Eds.), *Cognition and instruction* (pp. 155–204). New York: Academic Press.

Linn, M. C., & Eylon, B. (2006). Science education: Integrating views of learning and instruction. In P. A. Alexander & P. H. Winne (Eds.), *Handbook of Educational Psychology* (2nd ed., pp. 511–544). Mahwah, NJ: Erlbaum.

Linn, M. C., Clement, C., & Pulos, S. (1983). Is it formal if it's not physics? (The influence of content on formal reasoning). *Journal of Research in Science Teaching, 20*, 755–770.

Linn, M. C., & Hyde, J. S. (1989). Gender, mathematics,

and science. *Educational Researcher, 18*, 17–27.

Linn, M. C., & Kessel, C. (1996). Success in mathematics: Increasing talent and gender diversity among college majors. *CBMS issues in mathematics education, 6*, 101–144.

Linn, M. C., Pulos, S., & Gans, A. (1981). Correlates of formal reasoning: Content and problem effects. *Journal of Research in Science Teaching, 18*, 435–447.

Linn, M. C., & Songer, N. B. (1993). How do students make sense of science? *Merrill-Palmer Quarterly, 39*, 47–73.

Linn, M. C., & Swiney, J. (1981). Individual differences in formal thought: Role of expectations and aptitudes. *Journal of Educational Psychology, 73*, 274–286.

Little, T. D., Miyashita, T., Karasawa, M., Mashima, M., Oettingen, G., Azuma, H., & Baltes, P. B. (2003). The links among action-control beliefs, intellective skill, and school performance in Japanese, U.S., and German school children. *International Journal of Behavioral Development, 27*, 41–48.

Liu, X., & Lesniak, K. (2006). Progression in children's understanding of the matter concept from elementary to high school. *Journal of Research in Science Teaching, 43*, 320–347.

Loban, D. W. (1976). *Language development: Kindergarten through grade twelve* (Research Report No. 18). Urbana, IL: National Council of Teachers of English.

Lodewyk, K. R., & Winne, P. H. (2005). Relations among the structure of learning tasks, achievement, and changes in self-efficacy in secondary students. *Journal of Educational Psychology, 97*, 3–12.

Lou, Y., Abrami, P. C., Spence, J. C., & Poulsen, C.(1996). Within-class grouping: A meta-analysis. *Review of Educational Research, 66*, 423–458.

Lovett, M. C. (2002). Problem solving. In D. Medin (Vol. Ed.), *Steven's handbook of experimental psychology* (3rd ed., pp. 317–362). New York: Wiley.

Low, R., & Over, R. (1993). Gender differences in solution of algebraic word problems containing irrelevant information. *Journal of Educational Psychology, 85*, 331–339.

Luciana, M., Conklin, H. M., Hooper, C. J., & Yarger, R. S. (2005). The development of nonverbal working memory and executive control processes in adolescence. *Child Development, 76*, 697–712.

Luciana, M., & Nelson, C. A. (1998). The functional emergence of prefrontally-guided working memory systems in four- to eight-year-old children. *Neuropsychologia, 36*, 273–293.

Luna, B., Carver, K. E., Urban, T. A., Lazar, N. A., & Sweeney, J. A. (2004). Maturation of cognitive processes from late childhood to adulthood. *Child Development, 75*, 1357–1372.

Luria, A. R. (1973). *The working brain*. New York: Basic Books.

Lutkus, A. D., Weiss, A. R., Campbell, J. R., Mazzeo, J., & Lazer, S. (1999). *The NAEP 1998 Civics Report Card for the Nation*. Washington, DC: U.S. Department of Education, Office of Educational Research and Improvement, National Center for Educational Statistics.

Lynn, R., & Irwing, P. (2002). Sex differences in general knowledge, semantic memory and reasoning ability. *British Journal of Psychology, 93*, 545–556.

Ma, X., & Kishor, N. (1997). Assessing the relationship between attitude toward mathematics and achievement in mathematics: A meta-analysis. *Journal for Research in Mathematics Education, 28*, 26–47.

Mabbott, D. J., & Bisanz, J. (2003). Developmental change and individual differences in children's multiplication. *Child Development, 74*, 1091–1107.

Maccoby, E., & Jacklin, C. N. (1974). *The psychology of sex differences*. Stanford, CA: Stanford University Press.

Mackintosh, N. J., & Bennett, E. S. (2005). What do Raven's matrices measure? An analysis of sex differences. *Intelligence, 33*, 663–674.

Mac Iver, D. (1987). Classroom factors and student characteristics predicting students' use of achievement standards during ability self-assessment. *Child Development, 58*, 1258–1271.

Magliano, J. P., Trabasso, T., & Graesser, A. C. (1999). Strategic processing during comprehension. *Journal of Educational Psychology, 91*, 615–629.

Mandler, J. M., & Johnson, N. S. (1977). Remembrance of things parsed: Story structure and recall. *Cognitive Psychology, 9*, 111–151.

Mandler, J. M., & McDonough, L. (1996). Drinking and driving don't mix: Inductive generalization in infancy. *Cognition, 59*, 307–335.

Mantzicopoulos, P., French, B. F., & Maller, S. J. (2004). Factorial structure of the Pictorial Scale of Perceived Competence with two pre-elementary samples. *Child Development, 75*, 1214–1228.

Markman, E. M. (1979). Realizing that you don't understand: Elementary school children's awareness of inconsistencies. *Child Development, 50*, 643–655.

Markman, E. M. (1981). Comprehension monitoring. In W. P. Dickson (Ed.), *Children's oral communication skills*. New York: Academic Press.

Markovits, Z., & Sowder, J. (1994). Developing number sense: An intervention study in grade 7. *Journal for Research in Mathematics Education, 25*, 4–29.

Marr, D. (1982). *Vision: A computational investigation into the human representation and processing of visual information*. San Francisco: Freeman.

Marsh, H. W. (1989). Age and sex effects in multiple dimensions of self-concept: Preadolescence to early adulthood. *Journal of Educational Psychology, 81*, 417–430.

Marsh, H. W., Barnes, J., Cairns, L., & Tidman, M. (1984). The self-description questionnaire (SDQ): Age effects in the structure and level of self-concept for preadolescent children. *Journal of Educational Psychology, 76*, 940–956.

Marsh, H. W., Ellis, L. A., & Craven, R. G. (2002). How do preschool children feel about themselves? Unraveling and multidimensional self-concept structure. *Developmental Psychology, 38*, 376–393.

Marsh, H. W., & Hau, K. T. (2004). Explaining paradoxical relations between academic self-concepts and achievements: Cross-cultural generalizability of the Internal/External frame of reference predictions across 26 countries. *Journal of Educational Psychology, 96*, 56–67.

Marsh, H. W., Trautwein, U., Lüdtke, O., Köller, O., & Baumert, J. (2005). Academic self-concept, interest, grades, and standardized test scores: Reciprocal effects models of causal ordering. *Child Development, 76*, 97–416.

Martin, A. J., Marsh, H. W., & Debus, R. L. (2003). Self-handicapping and defensive pessimism: A model of self-protection from a longitudinal perspective. *Contemporary Educational Psychology, 28*, 1–36.

Martin, V. L., & Pressley, M. (1991). Elaborative-interrogation effects depend on the nature of the question. *Journal of Educational Psychology, 83*, 113–119.

Martorano, S. C. (1977). A developmental analysis of performance on Piaget's formal operations tasks. *Developmental Psychology, 13*, 666–672.

Matz, M. (1982). Toward a process model for high school algebra errors. In D. Sleeman & J. S. Brown (Eds.), *Intelligent tutoring systems* (pp. 25–50). New York: Academic Press.

Mayer, R. E. (1979). Twenty years of research on advance organizers: Assimilation theory is still the best predictor of results. *Instructional Science, 8*, 133–167.

Mayer, R. E. (1982). Memory for algebra story problem. *Journal of Educational Psychology, 74*, 199–216.

Mayer, R. E. (1987). *Educational Psychology*. Boston: Little, Brown.

Mayer, R. E. (1989). Models for understanding. *Review of Educational Research, 59*, 43–64.

Mayer, R. E., Larkin, J. H., & Kaldane, J. B. (1984). A cognitive analysis of mathematical problem-solving ability. In R. J. Sternberg (Ed.), *Advances in the psychology of human intelligence* (pp. 231–273). Hillsdale, NJ: Erlbaum.

Mayer, R. E., Moreno, R., Boire, M., & Vagge, S. (1999). Maximizing constructivist learning from multimedia communications by minimizing cognitive load. *Journal of Educational Psychology, 91*, 638–643.

Mayer, R. E., & Wittrock, M. C. (2006). Problem solving. In P. A. Alexander & P. H. Winne (Eds.), *Handbook of educational psychology* (2nd ed., pp. 289–303). Mahwah, NJ: Erlbaum.

McCall, R. B., Appelbaum, M. I., & Hogarty, P. S. (1973). Developmental changes in mental performance. *Monographs of the Society for Research in Child Development, 38*(3, Serial No. 150), 83–125.

McCann, T. M. (1989). Student argumentative writing knowledge and ability at three grade levels. *Research in the Teaching of English, 23*, 62–72.

McCarthy, R. A., & Warrington, E. K. (1990). *Cognitive neuropsychology: A clinical introduction*. San Diego: Academic Press.

McClelland, J. L., & Rumelhart, D. E. (1981). An interactive model of context effects in letter perception: I: An account of the basic findings. *Psychological Review, 88*, 375–407.

McCloskey, M. (1983). Naive theories of motion. In D. Gentner & A. L. Stevens (Eds.), *Mental Models* (pp. 299–324). Hillsdale, NJ: Erlbaum.

McCloskey, M., Aliminosa, D., & Sokol, S. M. (1991). Facts, rules, and procedures in normal calculation: Evidence from multiple single-patient studies of impaired arithmetic fact retrieval. *Brain and Cognition, 17*, 154–203.

McCloskey, M., Caramazza, A., & Basili, A. (1985). Cognitive mechanisms in number processing and calculation: Evidence from dyscalculia. *Brain and Cognition, 4*, 171–196.

McCutchen, D. (1986). Domain knowledge and linguistic knowledge in the development of writing ability. *Journal of Memory and Language, 25*, 431–444.

McCutchen, D. (2006). Cognitive factors in the development of children's writing. In C. A. MacArthur, S. Graham, & J. Fitzgerald (Eds.), *Handbook of writing research* (pp. 115–130). New York: Guilford.

McCutchen, D., Covill, A., Hoyne, S. H., & Mildes, K. (1994). Individual differences in writing: Implications of translating fluency. *Journal of Educational Psychology, 86*, 256–266.

McCutchen, D., Francis, M., & Kerr, S. (1997). Revising for meaning: Effects of knowledge and strategy. *Journal of Educational Psychology, 89*, 667–676.

McCutchen, D., & Perfetti, C. A. (1982). Coherence and connectedness in the development of discourse production. *Text, 2*, 113–139.

McDaniel, M. A., Einstein, G. O., Dunay, P. K., & Cobb, R. S. (1986). Encoding difficulty and memory: Toward a unifying theory. *Journal of Memory and Language, 25*, 645–656.

McDaniel, M. A., Waddell, P. J., & Einstein, G. O. (1988). A contextual account of the generation effect: A three factor theory. *Journal of Memory and Language, 27*, 521–536.

McGee, L. M. (1982). Awareness of text structure: Effects on children's recall of expository text. *Reading Research Quarterly, 17*, 581–591.

McKeown, M. G., & Beck, I. L. (1990). The assessment and charactertization of young learners' knowledge of a topic in history. *American Educational Research Journal, 27*, 688–726.

McKoon, G., & Ratcliff, R. (1992). Inference during reading. *Psychological Review, 99*, 440–466.

McLean, J. F., & Hitch, G. J. (1999). Working memory

impairments in children with specific arithmetic learning difficulties. *Journal of Experimental Child Psychology, 74*, 240–260.

Meehan, A. M. (1984). A meta-analysis of sex differences in formal operational thought. *Child Development, 55*, 1110–1124.

Metsala, J. L. (1999). Young children's phonological awareness and nonword repetition as a function of vocabulary development. *Journal of Educational Psychology, 91*, 3–19.

Metsala, J. L., Stanovich, K. E., & Brown, D. A. (1998). Regularity effects and the phonological deficit model of reading disabilities: A meta-analytic review. *Journal of Educational Psychology, 90*, 279–293.

Metsala, J. L., & Walley, A. C. (1998). Spoken vocabulary growth and the segmental restructuring of lexical representations: Precursors to phonemic awareness and early reading ability. In J. L. Metsala & L. C. Ehri (Eds.), *Word recognition in beginning literacy* (pp. 89–120). Mahwah, NJ: Erlbaum.

Metz, K. (1995). Reassessment of developmental constraints on children's science instruction. *Review of Educational Research, 65*, 93–127.

Meyer, B. J. F. (1985). Prose analysis: Purposes, procedures, and problems. In B. K. Britton & J. B. Black (Eds.), *Understanding expository text* (pp. 11–66). Hillsdale, NJ: Erlbaum.

Meyer, B. J. F., Brandt, D. M., & Bluth, G. J. (1980). Use of top-level structure in text: Key for reading comprehension of ninth-grade students. *Reading Research Quarterly, 16*, 73–103.

Midgley, C., Kaplan, A., & Middleton, M. (2001). Performance- approach goals: Good for what, for whom, under what circumstances, and at what cost? *Journal of Educational Psychology, 93*, 77–86.

Miller, G. A. (1956). The magical number seven, plus or minus two: Some limits on our capacity for processing information. *Psychological Review, 63*, 81–97.

Miller, G. E., Giovenco, A., & Rentiers, K. A. (1987). Fostering comprehension monitoring in below average readers through self-instruction training. *Journal of Reading Behavior, 19*, 303–317.

Miller, L. M. S., Stine-Morrow, E. A. L., Kirkorian, H. L., & Conroy, M. L. (2004). Adult age differences in knowledge- driven reading. *Journal of Educational Psychology, 96*, 811–821.

Mix, K. S. (1999). Preschoolers' recognition of numerical equivalence. *Journal of Experimental Child Psychology, 74*, 309–332.

Mix, K. S., Huttenlocher, J., & Levine, S. C. (2002). *Quantitative development in infancy and early childhood*. Oxford, UK: Oxford University Press.

Moffitt, T. E., Caspi, A., & Harkness, A. R. (1993). The natural history of change in intellectual performance: Who changes? How much? Is it meaningful? *Journal of Child Psychology and Psychiatry, 34*, 455–506.

Montague, M., Maddux, C. D., & Dereshiwsky, M. I. (1990). Story grammar and comprehension and production of narrative prose by students with learning disabilities. *Journal of Learning Disabilities, 23*, 190–197.

Morales, R. V., Shute, V. J., & Pelligrino, J. W. (1985). Developmental differences in understanding and solving simple mathematics word problems. *Cognition and Instruction, 2*, 59–89.

Morphett, M., & Washburn, C. (1931). When should children begin to read? *Elementary School Journal, 31*, 496–503.

Moshman, D. (1998). Cognitive development beyond childhood. In W. Damon (Series Ed.), D. Kuhn & R. S. Siegler (Vol. Eds.), *Handbook of child psychology: Vol. 2. Cognition, perception and language* (pp. 997–1016). New York: Wiley.

Moss, J., & Case, R. (1999). Developing children's understanding of the rational numbers: A new model and an experimental curriculum. *Journal for Research in Mathematics Education, 30*, 122–147.

Muir, S. P. (1985). Understanding and improving students' map reading skills. *The Elementary School Journal, 86*, 207–216.

Munakata, Y. (2006). Information processing approaches to development. In W. Damon & R. M. Lerner (Series Eds.), D. Kuhn & R. S. Siegler (Vol. Eds.), *Handbook of child psychology. Vol. 2: Cognition, perception, and language* (6th ed., pp. 426–463). New York: Wiley.

Murphy, G. L., & Medin, D. L. (1985). The role of theories in conceptual coherence. *Psychological Review, 92*, 289–316.

Murphy, K., McKone, E., & Slee, J. (2003). Dissociations between explicit and implicit memory in children: The role of strategic processing and the knowledge base. *Journal of Experimental Child Psychology, 84*, 124–165.

Muter, V., Hulme, C., Snowling, M., & Stevenson, J. (2004). Phonemes, rimes, vocabulary, and grammatical skills as foundations of early reading development: Evidence from a longitudinal study. *Developmental Psychology, 40*, 665–681.

Mynatt, C. R., Doherty, M. E., & Dragan, W. (1993). Information relevance, working memory, and the consideration of alternatives. *The Quarterly Journal of Experimental Psychology A: Human Experimental Psychology, 46*, 759–778.

Mynatt, C. R., Doherty, M. E., & Tweney, R. D. (1977). Confirmation bias in a simulated research environment: An experimental study of scientific influence. *Quarterly Journal of Experimental Psychology, 29*, 85–95.

Nagle, R. J. (1979). The predictive validity of the metropolitan readiness tests, 1976 edition. *Educational and Psychological Measurement, 39*, 1043–1045.

Nagilieri, J. A., & Bornstein, B. T. (2003). Intelligence and achievement; Just how correlated are they? *Journal of Psychoeducational Assessment, 21*, 244–260.

National Council of Teachers of Mathematics. (1989). *Curriculum and evaluation standards for school mathematics*. Reston, VA: Author.

National Council of Teachers of Mathematics. (1998). *Principles and standards for school mathematics: Discussion draft*. Reston, VA: Author.

National Research Council. (1996). *National Science Education Standards*. Washington, DC: National Academy Press.

Neisser, U. (1967). *Cognitive psychology*. New York: Appleton-Century-Crofts.

Neisser, U., Boodoo, G., Bouchard, T. J., Boykin, A. W., Brody, N., Ceci, S. J., Halpern, D. F., Loehlin, J. C., Perloff, R., Sternberg, R. J., & Urbina, S. (1996). Intelligence: Knowns and unknowns. *American Psychologist, 51*, 77–101.

Nell, V. (1988). The psychology of reading for pleasure: Needs and gratification. *Reading Research Quarterly, 23*, 6–50.

Nelson, K. (1986). *Event knowledge: Structure and function in development*. Hillsdale, NJ: Erlbaum.

Nelson, K. (1991). The matter of time: Interdependencies between language and thought in development. In S. A. Gelman & J. P. Byrnes (Eds.), *Perspectives on language and thought: Interrelations in development* (pp. 278–318). Cambridge: Cambridge University Press.

Newell, A., & Rosenbloom, P. S. (1981). Mechanisms of skills acquisition and the law of practice. In J. R. Anderson (Ed.), *Cognitive skills and their acquisition*. Hillsdale, NJ: Erlbaum.

Newell, A., & Simon, H. A. (1972). *Human problem solving*. Englewood Cliffs, NJ: Prentice-Hall.

Newman, R. (1991). Goals and self-regulated learning: What motivates children to seek academic help? In M. Maehr & P. Pintrich (Eds.), *Advances in motivation and achievement, Vol. 7* (pp. 151–183). Greenwich, CT: JAI Press.

NICHD Early Childhood Research Network. (2005). Pathways to reading: The role of oral language in the transition to reading. *Developmental Psychology, 41*, 428–442.

Nicholls, J. (1983). Conceptions of ability and achievement motivation: A theory and its implications for education. In S. Paris, G. Olson, & H. Stevenson (Eds.), *Learning and motivation in the classroom* (pp. 211–237). Hillsdale, NJ: Erlbaum.

Nisbett, R. E., & Ross, L. (1980). *Human inference: Strategies and shortcomings of social judgment*. Englewood Cliffs, NJ: Prentice Hall.

Norris, J. A., & Bruning, R. H. (1988). Cohesion in the narratives of good and poor readers. *Journal of Speech and Hearing Disorders, 53*, 416–424.

Nurmi, J.-E., Aunola, K., Salmela-Aro, K., & Lindroos, M. (2003). The role of success expectation and task-avoidance in academic performance and satisfaction: Three studies on antecedents, consequences, and correlates. *Contemporary Educational Psychology, 28*, 59–90.

Nussbaum, E. M., & Kardash, C. M. (2005). The effects of goal instructions and text on the generation of counterarguments during writing. *Journal of Educational Psychology, 97*, 157–169.

Oakes, J. (2005). *Keeping track: How schools structure inequality* (2nd ed.). New Haven, CT: Yale University Press.

O'Boyle, M. W., & Benbow, C. P. (1990). Enhanced right hemisphere involvement during cognitive processing may relate to intellectual precocity. *Neuropsychologia, 28*, 211–216.

O'Boyle, M. W., & Gill, H. S. (1998). On the relevance of research findings in cognitive neuroscience to educational practice. *Educational Psychology Review, 10*, 397–410.

Ogbu, J. U. (2003). *Black American students in an affluent suburb: A study of academic disengagement*. Mahwah, NJ: Erlbaum.

Oldfield, R. C. (1971). The assessment and analysis of handedness: The Edinburgh inventory. *Neuropsychologia, 9*, 97–113.

Ornstein, P. A., & Naus, M. J. (1985). Effects of the knowledge base on children's memory strategies. In H. W. Reese (Ed.), *Advances in child development and behavior* (Vol. 19). New York: Academic Press.

O'Sullivan, C. Y., Reese, C. M., & Mazzeo, J. (1997). *The NAEP 1996 science report card for the nation and the states*. Washington, DC: U.S. Department of Education, Office of Educational Research and Improvement, National Center for Educational Statistics.

Overton, W. F. (1990). Competence and procedures: Constraints on the development of logical reasoning. In W. F. Overton (Ed.), *Reasoning, necessity and logic: Developmental Perspectives* (pp. 1–32). Hillsdale, NJ: Erlbaum.

Overton, W. F., & Byrnes, J. P. (1991). Cognitive development. In R. M. Lerner, A. C. Petersen, & J. Brooks-Gunn (Eds.), *Encyclopedia of adolescence* (Vol. 1, pp. 151–156). New York: Garland.

Overton, W. F., & Meehan, A. M. (1982). Individual differences in formal operational thought: Sex role and learned helplessness. *Child Development, 53*, 1536–1543.

Page-Voth, V., & Graham, S. (1999). Effects of goal setting and strategy use on the writing performance and self-efficacy of students with writing and learning problems. *Journal of Educational Psychology, 91*, 230–240.

Paige, J. M., & Simon, H. A. (1966). Cognitive processes in solving algebra word problems. In B. Kleinmuntz (Ed.), *Problem-solving: Research, method, and theory*. New York: Wiley.

Paivio, A. (1971). *Imagery and verbal processes*. New York: Holt, Rinehart & Winston.

Pajares, F., Miller, M. D., & Johnson, M. J. (1999). Gender differences in writing self-beliefs of elementary school students. *Journal of Educational Psychology, 91*, 50–61.

Palincsar, A. M., & Brown, A. L. (1984). Reciprocal teaching of comprehension-fostering and comprehension-monitoring activities. *Cognition and Instruction, 1*, 117–175.

Pallas, A. M., & Alexander, K. L. (1983). Sex differences in quantitative SAT performance: New evidence on the differential coursework hypothesis. *American Educational Research Journal, 20*, 165–182.

Palmer, D. H. (1997). Students' application of the concept of interdependence to the issue of preservation of species: Observations on the ability to generalize. *Journal of Research in Science Teaching, 34*, 837–850.

Paris, S. G. (1975). Integration and inference in children's comprehension and memory. In F. Restle, R. Shiffrin, J. Castellan, H. Lindman, & D. Pisoni (Eds.), *Cognitive theory* (Vol. 1). Hillsdale, NJ: Erlbaum.

Paris, S. G. (1978). Coordination of means and goals in the development of mnemonic skills. In P. A. Ornstein (Ed.), *Memory development in children*. Hillsdale, NJ: Erlbaum.

Paris, S. G., & Byrnes, J. P. (1989). The constructivist approach to self-regulation and learning in the classroom. In B. J. Zimmerman & D. H. Schunk (Eds.), *Self-regulated learning and academic achievement: Theory, research, and practice*. New York: Springer Verlag.

Paris, S. G., Byrnes, J. P., & Paris, A. H. (2001). Constructing theories, identities, and actions of self-regulated learners. In B. Zimmerman & D. Schunk (Eds.), *Self-regulated learning: Theories, research, practice* (2nd ed., pp. 253–287). New York: Guilford.

Paris, S. G., Wasik, B. A., & Turner, J. C. (1991). The development of strategic readers. In R. Barr, M. L. Kamil, P. B. Mosenthal, & P. D. Pearson (Eds.), *Handbook of reading research, Vol. II* (pp. 609–640). New York: Longman.

Parsons, J., Kaczala, C., & Meece, J. (1982). Socialization of achievement attitudes and beliefs: Classroom influences. *Child Development, 53*, 322–339.

Parsons, J. E., & Ruble, D. N. (1977). The development of achievement-related expectancies. *Child Development, 48*, 1075–1079.

Pasewark, R. A., Scherr, S. S., & Sawyer, R. N. (1974). Correlations of scores on the Vane Kindergarten, Wechsler Preschool and Primary Scale of Intelligence, and Metropolitan Reading Readiness Tests. *Perceptual and Motor Skills, 38*, 518.

Passolunghi, M. C., & Siegel, L. S. (2004). Working memory and access to numerical information in children with disability in mathematics. *Journal of Experimental Child Psychology, 88*, 348–367.

Patrick, J. J., & Hoge, J. D. (1991). Teaching government, civics, and the law. In J. P. Shaver (Ed.), *Handbook of social studies teaching and learning* (pp. 427–436). New York: Macmillan.

Pearson, P. D., & Fielding, L. (1991). Comprehension instruction. In M. Barr, M. L. Kamil, P. B. Mosenthal, & P. D. Pearson (Eds.), *Handbook of reading research, Vol. II* (pp. 815–861). New York: Longman.

Peetsma, T., Hascher, T., van der Veen, I., & Roede, E. (2005). Relations between adolescents' self-evaluations, time perspectives, motivation for school, and their achievement in different countries at different ages. *European Journal of Psychology of Education, 20*, 209–225.

Penner, A. M. (2003). International gender x item difficulty interactions in mathematics and science achievement tests. *Journal of Educational Psychology, 95*, 650–655.

Penner, D. E., Giles, N. D., Lehrer, R., & Schauble, L. (1997). Building functional models: Designing an elbow. *Journal of Research in Science Teaching, 34*, 125–143.

Perfetti, C. A. (1985). *Reading ability*. New York: Oxford University Press.

Perfetti, C. A., & McCutchen, D. (1987). Schooled language competence: Linguistic abilities in reading and writing. In S. Rosenberg (Ed.), *Advances in applied psycholinguistics* (pp. 105–141). Cambridge: Cambridge University Press.

Perner, J., Sprung, M., & Steinkogler, B. (2004). Counterfactual conditionals and false belief: A developmental dissociation. *Cognitive Development, 19*, 179–201.

Persky, H. R., Reese, C. M., O'Sullivan, C. Y., Lazer, S., Moore, J., & Shakrani, S. (1996). *The 1994 NAEP geography report card for the nation and the states*. Washington, DC: U.S. Department of Education, Office of Educational Research and Improvement, National Center for Educational Statistics.

Peterson, S. (2006). Influence of gender on writing development. In C. A. MacArthur, S. Graham, & J. Fitzgerald (Eds.), *Handbook of writing research* (pp. 311–323). New York: Guilford.

Petersen, S. E., Fox, P. T., Snyder, A. Z., & Raichle, M. E. (1990). Activation of extrastriate and frontal cortical areas by visual words and word-like stimuli. *Science, 240*, 1041–1044.

Piaget, J. (1952). *The origins of intelligence in children*. New York: International Universities Press.

Piaget, J. (1962). *Play, dreams, and imitation in childhood*. New York: Norton.

Piaget, J. (1963). *Psychology of intelligence*. Patterson, NJ: Littlefield, Adams.

Piaget, J. (1965). *The child's conception of number*. New York: Norton.

Piaget, J. (1969). *The child's conception of time*. New York: Basic Books.

Piaget, J. (1970). *Structuralism*. New York: Harper & Row.

Piaget, J. (1976). *The grasp of consciousness*. Cambridge, MA: Harvard University Press.

Piaget, J. (1980). *Experiments in contradiction*. Chicago: University of Chicago Press.

Piaget, J. (1983). Piaget's theory. In P. H. Mussen (Ed.), *Handbook of child psychology: Vol. 1. History, theory, methods* (pp. 103–128). New York: John Wiley.

Piaget, J., & Garcia, R. (1974). *Understanding causality*. New York: Basic Books.

Piaget, J., & Inhelder, B. (1969). *The psychology of the child*. New York: Basic Books.

Piburn, M. (1990). Reasoning about logical propositions and success in science. *Journal of Research in Science Teaching, 27*, 887–900.

Pind, J., Gunnarsgottir, E. K., & Johannesson, H. S. (2003). Raven's standard progressive matrices: New school age norms and a study of the test's validity. *Personality and Individual Differences, 34*, 375–386.

Pinker, S. (1997). *How the mind works*. New York: Norton.

Pintrich, P. R. (2003). A motivational science perspective on the role of student motivation in learning and teaching contexts. *Journal of Educational Psychology, 95*, 667–686.

Pintrich, P. R., & DeGroot, E. V. (1990). Motivational and self-regulated learning components of classroom academic performance. *Journal of Educational Psychology, 82*, 33–40.

Piquette, J. S., & Heikkinen, H. W. (2005). Strategies reported used by instructors to address student alternative conceptions in chemical equilibrium. *Journal of Research in Science Teaching, 42*, 1112–1134.

Pollitt, E., Gorman, K. S., Engle, P. L., Martorell, R., & Rivera, J. (1993). Early supplemental feeding and cognition: Effects over two decades. *Monographs of the Society for Research in Child Development, 58*(No. 235).

Popper, K. R. (1959). *The logic of scientific discovery*. London: Hutchinson.

Posner, M. I., Peterson, S. E., Fox, P. T., & Raichle, M. E. (1988). Localization of cognitive operations in the human brain. *Science, 240*, 1627–1631.

Post, T. R., Wachsmuth, I., Lesh, R., & Behr, M. J. (1985). Order and equivalence of rational numbers: A cognitive analysis. *Journal for Research in Mathematics Education, 16*, 18–36.

Powell, D., Plaut, D., & Funnell, E. (2006). Does the PMSP connectionist model of single word reading learn to read in the same way as a child? *Journal of Research in reading, 29*, 229–250.

Pressley, M. (1997). The cognitive science of reading: Comments. *Contemporary Educational Psychology, 22*, 247–259.

Pressley, M., Almasi, J., Schuder, T., Bergman, J., Hite, S., El-Dinary, P. B., & Brown, R. (1994). Transactional instruction of comprehension strategies: The Montgomery County Maryland SAIL program. *Reading and Writing Quarterly, 10*, 5–19.

Pressley, M., Borkowski, J. G., & Schneider, W. (1987). Cognitive strategies: Good strategy users coordinate metacognition and knowledge. In R. Vasta & G. Whitehurst (Eds.), *Annals of child development* (Vol. 5, pp. 89–129). Greenwich, CT: JAI.

Pressley, M., & Hilden, K. (2006). Cognitive strategies. In W. Damon & R. M. Lerner (Series Eds.), D. Kuhn & R. S. Siegler (Vol. Eds.), *Handbook of child psychology. Vol. 2: Cognition, perception and language* (6th ed., pp. 511–556). New York: Wiley.

Pressley, M., Johnson, C. J., Symons, S., McGoldrick, J. A., & Kurita, J. A. (1989). Strategies that improve children's memory and comprehension of text. *Elementary School Journal, 90*, 3–32.

Pressley, M., Levin, J., & Delaney, H. D. (1982). The mnemonic keyword method. *Review of Educational Research, 52*, 61–92.

Presson, C. C. (1982). The development of map-reading skills. *Child Development, 53*, 196–199.

Pretz, J. E., Naples, A. J., & Sternberg, R. J. (2003). Recognizing, defining, and representing problems. In J. E. Davidson & R. J. Sternberg (Eds.), *The psychology of problem-solving* (pp. 3–30). New York: Cambridge University Press.

Price, G. B., & Graves, R. L. (1980). Sex differences in syntax and usage in oral and written language. *Research in the Teaching of English, 14*, 147–153.

Proctor, C. P., Carlo, M., August, D., & Snow, C. (2005). Native Spanish-speaking children reading in English: Toward a model of comprehension. *Journal of Educational Psychology, 97*, 246–256.

Pylyshyn, Z. W. (1981). The imagery debate: Analogue media versus tacit knowledge. *Psychological Review, 88*, 16–45.

Pylyshyn, Z. W. (1989). Computing in cognitive science. In M. I. Posner (Ed.), *Foundations of cognitive science* (pp. 49–92). Cambridge, MA: MIT Press.

Raaijmakers, J. G. W., & Shiffrin, R. M. (1992). Models for recall and recognition. *Annual Review of Psychology, 43*, 205–234.

Raghavan, K., Sartoris, M. L., & Glaser, R. (1998). Why does it go up? The impact of the MARS curriculum as revealed through changes in student explanations of a helium balloon. *Journal of Research in Science Teaching, 35*, 547–567.

Randhawa, B. S., Beamer, J. E., & Lundberg, I. (1993). Role of mathematics self-efficacy in the structural model of mathematics achievement. *Journal of Educational Psychology, 85*, 41–48.

Randle, M. A., Fry, M. A., & Ralls, E. M. (1977). Two readiness measures as predictors of first and third grade reading achievement. *Psychology in the Schools, 14*, 37–40.

Ransdell, S., & Levy, C. M. (1996). Working memory constraints on writing quality and fluency. In C. M.

Levy & S. Ransdell (Eds.), *The science of writing: Theories, methods, individual differences, and applications* (pp. 93–106). Mahwah, NJ: Erlbaum.

Rapcsak, S. Z. (1997). Disorders of writing. In L. J. Gonzalez Rothi & K. M. Heilman (Eds.), *Apraxia: The neuropsychology of action* (pp. 149–172). London: Taylor & Francis.

Rasmussen, C., & Bisanz, J. (2005). Representation and working memory in early arithmetic. *Journal of Experimental Child Psychology, 91*, 137–157.

Raynor, K., & Pollatsek, A. (1989). *The psychology of reading*. Englewood Cliffs, NJ; Prentice-Hall.

Rauscher, F. H., Shaw, G. L., Levine, L. J., Wright, E. L., Dennis, W. R., & Newcomb, R. L. (1997). Music training causes long-term enhancement of preschool children's spatial-temporal reasoning. *Neurological Research, 19*, 2–8.

Raven, J. C. (1958). *Standard progressive matrices*. San Antonio, TX: Harcourt Assessment.

Recht, D. R., & Leslie, L. (1988). Effect of prior knowledge on good and poor readers' memory of text. *Journal of Educational Psychology, 80*, 16–20.

Reese, C. M., Miller, K. E., Mazzeo, J., & Dossey, J. A. (1997). *The NAEP 1996 Mathematics Report Card for the Nation and the States*. Washington, DC: U.S. Department of Education, Office of Educational Research and Improvement, National Center for Educational Statistics.

Rehder, B. (1999). Detecting unsolvable algebra word problems. *Journal of Educational Psychology, 91*, 669–683.

Renninger, K. A. (1991). Individual interest and development: Implications for theory and practice. In K. A. Renninger, S. Hidi, & A. Krapp (Eds.), *The role of interest in learning and development* (pp. 361–396). Hilldale, NJ: Erlbaum.

Renninger, K. A., Hidi, S., & Krapp, A. (1991). *The role of interest in learning and development*. Hillsdale, NJ: Erlbaum.

Reschly, D. J., & Gresham, F. M. (1989). Current neuropsychological diagnosis of learning problems: A leap of faith. In C. R. Reynolds & E. Fletcher-Janzen (Eds.), *Handbook of clinical child neuropsychology* (pp. 503–519). New York: Plenum.

Resnick, L. B. (1980). The role of invention in the development of mathematical competence. In R. H. Kluwe & H. Spada (Eds.), *Developmental models of thinking* (pp. 213–244). New York: Academic Press.

Resnick, L. B. (1983). A developmental theory of number understanding. In H. P. Ginsburg (Ed.), *The development of mathematical thinking* (pp. 109–151). New York: Academic Press.

Resnick, L. B. (1987). Constructing knowledge in school. In L. S. Liben (Ed.), *Development and learning: Conflict or congruence*? (pp. 19–50). Hillsdale, NJ: Erlbaum.

Resnick, L. B., Nesher, P., Leonard, F., Magone, M., Omanson, S., & Peled, I. (1989). Conceptual bases of arithmetic errors: The case of decimal fractions. *Journal for Research in Mathematics Education, 20*, 8–27.

Resnick, L. B., Cauzinille-Marmeche, E., & Mathieu, J. (1987). Understanding algebra. In J. A. Sloboda & D. Rogers (Eds.), *Cognitive processes in mathematics*. Oxford: Oxford University Press.

Riggs, K. J., McTaggart, J., Simpson, A., & Freeman, R. P. J. (2006). Changes in the capacity of visual working memory in 5- to 10-year-olds. *Journal of Experimental Child Psychology, 95*, 18–26.

Riley, M. S., Greeno, J. G., & Heller, J. I. (1983). Development of children's problem-solving ability in arithmetic. In H. P. Ginsburg (Ed.), *The development of mathematical thinking* (pp. 62–71). New York: Academic Press.

Rinehart, S. D., Stahl, S. A., & Erickson, L. G. (1986). Some effects of summarization training on reading and studying. *Reading Research Quarterly, 21*, 422–438.

Rittle-Johnson, B., & Alibali, M. W. (1999). Conceptual and procedural knowledge of mathematics: Does one lead to the other? *Journal of Educational Psychology, 91*, 175–189.

Robbins, S. B., Lauver, K., Le, H., Davis, D., Langley, R., & Carlstrom, A. (2004). Do psychosocial and study skill factors predict college outcomes? A meta-analysis. *Psychological Bulletin, 130*, 261–288.

Robbins, T. W., & Everitt, B. J. (1995). Arousal systems and attention. In M. S. Gazzaniga (Ed.), *The cognitive neurosciences* (pp. 703–720). Cambridge MA: MIT Press.

Roberge, J. J., & Flexer, B. K. (1979). Further examination of formal operational reasoning abilities. *Child Development, 50*, 478–484.

Robinson, K. M., Arbuthnott, K. D., Rose, D., McCarron, M. C., Globa, C. A., & Phonexay, S. D. (2006). Stability and change in children's division strategies. *Journal of Experimental Child Psychology, 93*, 224–238.

Rogers, C. S. (1987). *Kindergarten children's concepts about print*. Unpublished doctoral dissertation. University of Maryland, College Park.

Rokeach, M. (1973). *The nature of human values*. New York: Free Press.

Roller, C. M. (1990). The interaction between knowledge and structure variables in the processing of expository prose. *Reading Research Quarterly, 25*, 80–89.

Romberg, T. A., & Kaput, J. J. (1999). Mathematics worth teaching, mathematics worth understanding. In E. Fennema & T. A. Romberg (Eds.), *Mathematics classrooms that promote understanding* (pp. 1–18). Mahwah, NJ: Erlbaum.

Roscigno, V. J. (2000). Family/school inequality and African-American/Hispanic achievement. *Social Problems, 47*, 266–290.

Rose, S. A., Feldman, J. F., & Jankowski, J. J. (2001). Visual short-term memory in the first year of life: Capacity and recency effects. *Developmental Psychology, 37*, 539–549.

Rosenshine, B., & Meister, C. (1994). Reciprocal teaching: A review of the research. *Review of Educational Research, 64*, 479–530.

Rosenthal, R. (1994). Parametric measures of effect size. In H. Cooper & L. V. Hedges (Eds.), *The handbook of research synthesis* (pp. 231–244). New York: Russell Sage Foundation.

Roth, W. M. (1994). Experimenting in a constructivist high school physics laboratory. *Journal of Research in Science Teaching, 31*, 197–223.

Rouet, J.-F., Britt, M. A., Mason, R. A., & Perfetti, C. A. (1996). Using multiple sources of evidence to reason about history. *Journal of Educational Psychology, 88*, 478–493.

Rouet, J.-F., Favart, M., Britt, M. A., & Perfetti, C. A. (1997). Studying and using multiple documents in history: Effects of discipline expertise. *Cognition and Instruction, 15*, 85–106.

Rouet, J.-F., Marron, M. A., Perfetti, C. A., & Favart, M. (1998). Understanding historial controversies: Students' evaluation and use of documentary evidence. In J. Voss & M. Carretero (Eds.), *International Review of History Education: Vol. 2. Learning and reasoning in history* (pp. 114–137). London: Woburn Press.

Rovee-Collier, C., Hartshorn, K., & DiRubbo, M. (1999). Long-term maintenance of infant memory. *Developmental Psychobiology, 35*, 91–102.

Royer, J. M., Tronsky, L. N., Chan, Y., Jackson, S. J., & Marchant, H. (1999). Math-fact retrieval and the cognitive mechanism underlying gender differences in math test performance. *Contemporary Educational Psychology, 24*, 181–266.

Rubin, D. C., Hinton, S., & Wenzel, A. (1999). The precise time course of retention. *Journal of Experimental Psychology: Learning, Memory, and Cognition, 25*, 1161–1176.

Rubin, D. L., & Greene, K. (1992). Gender-typical style in written language. *Research in the Teaching of English, 26*, 7–40.

Ruffman, T., Perner, J., Olson. D. R., & Doherty, M. (1993). Reflecting on scientific thinking: Children's understanding of the hypothesis-evidence relation. *Child Development, 64*, 1617–1636.

Rumelhart, D. E. (1984). Schemata and the cognitive system. In R. S. Wyler & T. K. Srull (Eds.), *Handbook of social cognition* (Vol. 1, pp. 161–188). Hillsdale, NJ: Erlbaum.

Rumelhart, D. E. (1989). The architecture of min: A connectionist approach. In M. I. Posner (Ed.), *Foundations of cognitive science* (pp. 133–160). Cambridge, MA: MIT Press.

Rushton, J. P. (1997). Race, IQ, and the APA report on The Bell Curve. *American Psychologist, 52*, 69–70.

Ryan, A. M. (2001). The peer group as a context for the development of young adolescent motivation and achievement. *Child Development, 72*, 1135–1150.

Ryan, R. M., & Deci, E. L. (1996). When paradigms clash: Comments on Cameron and Pierce's claim that rewards do not undermine intrinsic motivation. *Review of Educational Research, 66*, 33–38.

Ryan, R. M., & Deci, E. L. (2000). Self-determination theory and the facilitation of intrinsic motivation, social development, and well-being. *American Psychologist, 55*, 68–78.

Sa, W. C., West, R. F., & Stanovich, K. E. (1999). The domain specificity and generality of belief bias: Searching for a generalizable critical thinking skill. *Journal of Educational Psychology, 91*, 497–510.

Salomon, G., & Perkins, D. N. (1989). Rocky roads to transfer: Rethinking mechanisms of a neglected phenomenon. *Educational Psychologist, 24*, 113–142.

Sapolsky, R. M. (1999). Glucocorticoids, stress, and their adverse neurological effects: Relevance to aging. *Experimental Gerontology, 34*, 721–732.

Savage, R., Cornish, K., Manley, T., & Hollis, C. (2006). Cognitive processes in children's reading and attention: The role of working memory, divided attention, and response inhibition. *British Journal of Psychology, 97*, 365–385.

Scarborough, H. S. (1998). Early identification of children at risk for reading disabilities: phonological awareness and some other promising predictors. In B. K. Shapiro, A. J. Capute, & B. Shapiro (Eds.), *Specific reading disability: A view of the spectrum* (pp. 77–121). Mahwah, NJ: Erlbaum.

Scardamalia, M., & Bereiter, C. (1986). Research on written composition. In M. C. Wittrock (Ed.), *Handbook of research on teaching* (3rd ed., pp. 778–803). New York: Macmillan.

Scardamalia, M., Bereiter, C., & Goelman, H. (1982). The role of production factors in writing ability. In M. Nystrand (Ed.), *What writers know: The language, process, and structure of written discourse*. New York: Academic Press.

Schacter, D. L. (1989). Memory. In M. I. Posner (Ed.), *Foundations of cognitive science* (pp. 683–726). Cambridge, MA: MIT Press.

Schatschneider, C., Fletcher, J. M., Francis, D. J., Carlson, C. D., & Foorman, B. R. (2004). Kindergarten prediction of reading skills: A longitudinal comparative analysis. *Journal of Educational Psychology, 96*, 265–282.

Schauble, L. (1990). Belief revision in children: The role of prior knowledge and strategies for generating evidence. *Journal of Experimental Child Psychology, 49*, 31–57.

Schilling, T. H., & Clifton, R. K. (1998). Nine-month-old infants learn about physical events in a single session: Implications for infants understanding of physical phenomena. *Cognitive Development, 13*, 165–184.

Schlagmüller, M., & Schneider, W. (2002). The development of organizational strategies in children: Evidence from a microgenetic longitudinal study. *Journal of Experimental Child Psychology, 81*, 298–319.

Schmidt, L., Fox, N. A., Goldberg, M. C., Smith, C. C., & Schulkin, J. (1999). Effects of acute prednisone administration on memory, attention and emotion in healthy human adults. *Psychoneuroendocrinology, 24*, 461–483.

Schmidt, W. H., McKnight, C. C., Houang, R. T., Wang, H. C., Wiley, D., Cogan, L. S., & Wolfe, R. G. (2001). *Why schools matter: A cross-national comparison of curriculum and learning*. San Francisco, CA: Jossey-Bass.

Schneider, W. (1985). Developmental trends in the metamemory- memory behavior relationship: An integrative review. In D. L. Forrest-Pressley, G. E. MacKinnon, & T. G. Waller (Eds.), *Cognition, metacognition, and performance*. New York: Academic Press.

Schneider, W., Kron, V., Hünnerkopf, M., & Krajewski, K. (2004). The development of young children's memory strategies: First findings from the Würzburg Longitudinal Memory Study: *Journal of Experimental Child Psychology*, 88, 193–209.

Schooler, L. J., & Anderson, J. R. (1997). The role of process in the rational analysis of memory. *Cognitive Psychology, 32*, 219–250.

Schug, M. C., (1987). Children's understanding of economics. *Elementary School Journal, 87*, 507–518.

Schug, M. C., & Walstad, W. B. (1991). Teaching and learning economics. In J. P. Shaver (Ed.), *Handbook of research on social studies teaching and learning* (pp. 411–419). New York: Macmillan.

Schunk, D. (1991). Goal-setting and self-evaluation: A social-cognitive perspective on self-regulation. In M. Maehr & P. Pintrich (Eds.), *Advances in motivation and achievement* (Vol. 7, pp. 85–113). Greenwich, CT: JAI Press.

Schunk, D. H., & Ertmer, P. A. (1999). Self-regulatory processes during computer skill acquisition: Goal and self-evaluative influences. *Journal of Educational Psychology, 91*, 251–260.

Schunk, D., & Rice, J. (1989). Learning goals and children's reading comprehension. *Journal of Reading Behavior, 21*, 279–293.

Schwartz, B. (1976). *Psychology of learning and behavior* (2nd ed.). New York: Norton.

Schwartz, B. B., & Reznick, J. S. (1999). Measuring infant spatial working memory using a modified delayed-response procedure. *Memory, 7*, 1–17.

Searle, J. (1983). *Intentionality*. Cambridge: Cambridge University Press.

Seidenberg, M. S., & McClelland, J. L. (1989). A distributed, developmental model of word recognition and naming. *Psychological Review, 96*, 523–568.

Sénéchal, M., & LeFevre, J. (2002). Parental involvement in the development of children's reading skill: A five-year longitudinal study. *Child Development, 73*, 445–460.

Shanteau, J., Weiss, D. J., & Thomas, R. P. (2003). How can you tell if someone is an expert? Performance-based assessment of expertise. In S. L. Schneider & J. Shanteau (Eds.), *Emerging perspectives on judgment and decision research* (pp. 620–639). New York: Cambridge University Press.

Shapiro, L. R., & Hudson, J. A. (1991). Tell me a make-believe story: Coherence and cohesion in young children's picture-elicited narratives. *Developmental Psychology, 27*, 960–974.

Share, D., & Levin, I. (1999). Learning to read and write in Hebrew. In M. Harris & G. Hatano (Eds.), *Learning to read and write: A cross-linguistic perspective* (pp. 89–111). New York: Cambridge University Press.

Sharon, T., & Woolley, J. D. (2004). Do monsters dream? Young children's understanding of the fantasy/reality distinction. *British Journal of Developmental Psychology, 22*, 293–310.

Shaywitz, S. E. (1996). Dyslexia. *Scientific American, 94*, 98–104.

Shaywitz, S. E., Shaywitz, B., Fletcher, J. M., & Escobar, M. D. (1990). Prevalence of reading disability in boys and girls. *Journal of the American Medical Association, 264*, 998–1005.

Shaywitz, S. E., Escobar, M. D., Shaywitz, B. A., Fletcher, J. M., & Makuch, R. (1992). Evidence that dyslexia may represent the lower tail of a normal distribution of reading ability. *The New England Journal of Medicine, 326*, 144–150.

Shaywitz, S. E., Shaywitz, B., Pugh, K. R., Fulbright, R. K., Constable, R. T., Mencl, W. E., Shankweiler, D. P., Liberman, A. M., Skudlarksi, P., Fletcher, J. M., Katz, L., Marchione, K. E., Lacadie, C., Gatenby, C., & Gore, J. C. (1998). Functional disruption in the organization of the brain for reading in dyslexia. *Proceedings of the National Academy of Science, 95*, 2636–2641.

Shimamura, A. P. (1995). Memory and frontal lobe function. In M. S. Gazzaniga (Ed.), *The cognitive neurosciences* (pp. 803–813). Cambridge, MA: MIT Press.

Shultz, T. R. (1982). Rules of causal attribution. *Monographs of the Society for Research in Child Development, 47*(No. 194).

Shustack, M. (1988). Causal thinking. In R. Sternberg & E. E. Smith (Eds.), *The psychology of human thought*. Cambridge, MA: MIT Press.

Siegler, R. S. (1983). Information processing approaches to cognitive development. In P. H. Mussen (Ed.), *Handbook of child psychology: Vol. 1: History, theory, and methods*. New York: Wiley.

Siegler, R. S. (1988). Individual differences in strategy choices: Good students, not-so-good students and perfectionists. *Child Development, 59*, 833–851.

Siegler, R. S. (1989). Hazards of mental chronometry: An example from children's subtraction. *Journal of Educational Psychology, 81*, 497–506.

Siegler, R. S. (1998). *Children's thinking* (3rd ed.). Englewood Cliffs, NJ: Prentice Hall.

Siegler, R. S., & Alibali, M. W. (2004). *Children's thinking* (4th ed.). Englewood Cliffs, NJ: Prentice Hall.

Siegler, R. S., & Booth, J. L. (2004). Development of numerical estimation in young children. *Child Development, 75*, 428–444.

Siegler, R. S., & Jenkins, E. A. (1989). *How children discover new strategies*. Hillsdale, NJ: Erlbaum.

Siegler, R. S., & Liebert, R. M. (1975). Acquisition of formal reasoning by 10- and 13-year-olds: Designing a factorial experiment. *Developmental Psychology, 11*, 401–402.

Siegler, R. S., & Thompson, D. R. (1998). "Hey, would you like a nice cold cup of lemonade on this hot day": Children's understanding of economic causation. *Developmental Psychology, 34*, 146–160.

Simon, H. A. (1956). Rational choice and the structure of the environment. *Psychological Review, 63*, 129–138.

Singly, M. K., & Anderson, J. R. (1989). *The transfer of cognitive skill*. Cambridge, MA; Harvard University Press.

Skinner, E., Chapman, M., & Baltes, P. (1988). Control, means-ends, and agency beliefs. A new conceptualization and its measurement during childhood. *Journal of Personality and Social Psychology, 54*, 117–133.

Slack, W. V., & Porter, D. (1980). The scholastic aptitude test: A critical appraisal. *Harvard Educational Review, 50*, 154–175.

Slater, W. H., Graves, M. F., & Piche, G. L. (1985). Effects of structural organizers on ninth grade students' comprehension and recall of four patterns of expository texts. *Reading Research Quarterly, 20*, 189–202.

Slavin, R. (1990). *Cooperative learning: Theory, research, practice*. Englewood Cliffs, NJ: Prentice-Hall.

Slavin, R. E., Karweit, N. L., & Wasik, B. A. (1994). *Preventing early school failure: Research, theory, and practice*. Boston: Allyn & Bacon.

Slovic, P. (1990). Choice. In D. N. Osherson & E. E. Smith (Eds.), *Thinking*. Cambridge, MA: MIT Press.

Smith, E. E. (1989). Concepts and induction. In M. I. Posner (Ed.), *Foundations of cognitive science* (pp. 501–526). Cambridge, MA: MIT Press.

Smith, E. E., Jonides, J., & Koeppe, R. A. (1996). Dissociating verbal and spatial working memory using PET. *Cerebral Cortex, 6*, 11–20.

Smith, E. E., & Medin, D. L. (1981). *Categories and concepts*. Cambridge, MA: Harvard University Press.

Smith, L. B., Thelen, E., Titzer, R., & McLin, D. (1999). Knowing in the context of acting: The task dynamics of the A-not-B error. *Psychological Review, 106*, 235–260.

Smith, R. W., & Healy, A. F. (1998). The time-course of the generation effect. *Memory and Cognition, 26*, 135–142.

Snow, C. E., Burns, M. S., & Griffin, P. (1998). *Preventing reading difficulties in young children*. Washington, DC: National Academy Press.

Snow, R. E. (1992). Aptitude theory: Yesterday, today, and tomorrow. *Educational Psychologist, 27*, 5–32.

Snow, R. E. (1994). A person-situation interaction theory of intelligence in outline. In A. Demetriou & A. Efklides (Eds.), *Intelligence, mind, and reasoning: Structure and development* (pp. 11–28). Amsterdam: North-Holland.

Sohn, D. (1982). Sex differences in achievement self-attributions: An effect size analysis. *Sex Roles, 8*, 345–357.

Solomon, G. E. A., & Cassimatis, N. L. (1999). On facts and conceptual systems: Young children's integration of their understandings of germs and contagion. *Developmental Psychology, 35*, 113–126.

Sophian, C., Garyantes, D., & Chang, C. (1997). When three is less than two: Early developments in children's understanding of fractional quantities. *Developmental Psychology, 33*, 731–744.

Sophian, C., & Kailihiwa, C. (1998). The relation between conceptual understanding of mathematical equivalence and procedures for solving units of counting: Developmental changes. *Cognitive Development, 13*, 561–585.

Sophian, C., & Vong, K. I. (1995). The parts and wholes of arithmetic story problems: Developing knowledge in the preschool years. *Cognition and Instruction, 13*, 469–477.

Sophian, C., & Wood, A. (1997). Proportional reasoning in young children: The parts and the whole of it. *Journal of Educational Psychology, 89*, 309–317.

Spearman, C. (1927). *The abilities of man*. New York: Macmillan.

Spelke, E. S. (2005). Sex differences in intrinsic aptitude for mathematics and science? A critical review. *American Psychologist, 60*, 950–958.

Spinath, B., Spinath, F. M., Harlaar, N., & Plomin, R. (2006). Predicting school achievement from general cognitive ability, self-perceived ability, and intrinsic value. *Intelligence, 34*, 363–374.

Spires, H. A., Gallini, J., & Riggsbee, J. (1992). Effects of schema-based and text structure-based cues on expository prose comprehension in fourth graders. *Journal of Experimental Education, 60*, 307–320.

Springer, K. (1992). Children's awareness of the biological implications of kinship. *Child Development, 63*, 950–959.

Springer, K., & Belk, A. (1994). The role of physical contact and association in early contamination sensitivity. *Developmental Psychology, 30*, 864–868.

Springer, K., Ngyuen, T., & Samaniego, R. (1996). Early understanding of age- and environment-related noxiousness in biological kinds: Evidence for a naive theory. *Cognitive Development, 11*, 65–82.

Squire, L. R. (1987). *Memory and brain*. Oxford: Oxford University Press.

Squire, L. R. (1989). On the course of forgetting in very long term memory. *Journal of Experimental Psychology: Learning, memory, and cognition, 15*, 241–245.

Squire, L. R., & Knowlton, B. J. (1995). Memory, hippocampus, and brain systems In M. S. Gazzaniga (Ed.), *The cognitive neurosciences* (pp. 825–837). Cambridge, MA: MIT Press.

Stahl, S. A., & Miller, P. D. (1989). Whole language and language experience approaches to beginning reading: A quantitative research synthesis. *Review of Educational Research, 59*, 87–116.

Stahly, L. L., Krockover, G. H., & Shepardson, D. P. (1999). Third grade students' ideas about the lunar phases. *Journal of Research in Science Teaching, 36*, 159–177.

Stanovich, K. E. (1980). Toward an interactive-compensatory model of individual differences in the development of reading fluency. *Reading Research Quarterly, 16*, 32–65.

Stanovich, K. E. (1986). Matthew effects in reading: Some consequences of individual differences in the acquisition of literacy. *Reading Research Quarterly, 21*, 360–407.

Stanovich, K. E. (1988). Explaining the differences between the dyslexic and the garden-variety poor reader: The phonological-core variable-difference model. *Journal of Learning Disabilities, 21*, 590–604, 612.

Stanovich, K. E., & Cunningham, A. E. (1992). Studying the consequences of literacy within a literate society: The cognitive correlates of print exposure. *Memory and Cognition, 20*, 51–68.

Stanovich, K. E., Cunningham, A. E., & Feeman, D. J. (1984). Intelligence, cognitive skills, and early reading progress. *Reading Research Quarterly, 29*, 278–303.

Stanovich, K. E., & Siegel, L. S. (1994). Phenotypic performance profile of children with reading disabilities: A regression-based test of the phonological-core variable-difference model. *Journal of Educational Psychology*, 86, 24–53.

Stanovich, K. E., & West, R. F. (1997). Reasoning independently of prior belief and individual differences in actively open-minded thinking. *Journal of Educational Psychology, 89*, 342–357.

Stanovich, K. E., & West, R. F. (1998). Individual differences in rational thought. *Journal of Experimental Psychology: General, 127*, 161–188.

Stanovich, K. E., West, R. F., & Harrison, M. R. (1995). Knowledge growth and maintenance across the lifespan: The role of print exposure. *Developmental Psychology, 31*, 811–826.

Starkey, P., & Cooper, R. G. (1980). Perception of numbers by human infants. *Science, 210*, 1033–1035.

Steele, K. M., Bass, K. E., & Crook, M. D. (1999). The mystery of the Mozart effect: Failure to replicate. *Psychological Science, 10*, 366–369.

Steel, S., & Funnell, E. (2001). Learning multiplication facts: A study of children taught by discovery methods in England. *Journal of Experimental Child Psychology, 79*, 37–55.

Stein, N. L. (1982). What's in a story: Interpreting the interpretations of story grammars. *Discourse Processes, 5*, 319–335.

Stein, N. L., & Glenn, C. G. (1979). An analysis of story comprehension in elementary school children. In R. O. Freedle (Ed.), *New directions in discourse processing*. Norwood, NJ; Ablex.

Stein, N. L., & Policastro, T. (1984). The story: A comparison between children's and teacher's viewpoints. In H. Mandel, N. L. Stein & T. Trabasso (Eds.), *Learning and comprehension of text*. Hillsdale, NJ: Erlbaum.

Stern, E. (1993). What makes certain arithmetic problems involving the comparison of sets so difficult for children? *Journal of Educational Psychology, 85*, 7–23.

Sternberg, R. J. (1985). *Beyond IQ: A triarchic theory of human intelligence*. New York: Cambridge University Press.

Sternberg, R. J. (1993). *The Sternberg triarchic abilities test*. Unpublished test.

Sternberg, R. J. (2003). A broad view of intelligence: The theory of successful intelligence. *Consulting Psychology Journal: Research and Practice, 55*, 139–154.

Sternberg, R. J. (2004). North American approaches to intelligence. In R. J. Sternberg (Ed.), *International handbook of intelligence* (pp. 411–444). New York: Cambridge University Press.

Sternberg, R. J. (2005). Intelligence. In K. J. Holyoak & R. G. Morrison (Eds.), *The Cambridge Handbook of Thinking and Reasoning* (pp. 751–775). New York: Cambridge University Press.

Sternberg, R. J., Grigorenko, E. L., & Bundy, D. A. (2001). The predictive value of IQ. *Merrill-Palmer Quarterly, 47*, 1–41.

Sternberg, R. J., Grigorenko, E. L., Ferrari, M., & Clinkenbeard, P. (1999). A triarchic analysis of an aptitude-treatment interaction. *European Journal of Psychological Assessment*, 15, 1–11.

Stevenson, H. W., Chen, C., & Uttal, D. H. (1990). Beliefs and achievement: A study of Black, White, and Hispanic children. *Child Development, 61*, 508–523.

Stevenson, H. W., & Lee, S.-Y. (1990). Contexts of achievement. *Monographs of the Society for Research in Child Development, 55*(No. 221).

Stipek, D. J. (1993). *Motivation to learn: From theory to practice* (2nd ed.). Boston: Allyn & Bacon.

Stipek, D., & Hoffman, J. (1980). Children's achievement-related expectancies as a function of academic performance histories and sex. *Journal of Educational Psychology, 72*, 861–865.

Stipek, D., Recchia, S., & McClintock, S. (1992). Self-evaluation in young children. *Monographs of the Society for Research in Child Development, 57* (No. 226).

Stofflett, R. T. (1994). The accommodation of science pedagogical knowledge: The application of conceptual change constructs to teacher education. *Journal of Research in Science Teaching, 31*, 787–810.

Stoianov, I., Zorzi, M., & Umiltà, C. (2004). The role of semantic and symbolic representations in arithmetic processing: Insights from simulated dyscalculia in a connectionist model. *Cortex, 40*, 194–196.

Stone, C. A., & Day, M. C. (1978). Levels of availability of a formal operations strategy. *Child Development, 49*, 1054–1065.

Strauss, M. S., & Curtis, L. E. (1981). Infant perception of numerosity. *Child Development, 60*, 521–538.

Sulzby, E. (1991). Assessment of emergent literacy: Storybook reading. *The Reading Teacher, 44*, 498–500.

Sunal, C. S. (1990). *Early childhood social studies*. Columbus, OH: Merrill.

Swanson, H. L. (1999). What develops in working memory? A life span perspective. *Developmental Psychology, 35*, 986–1000.

Swanson, H. L. (2003). Age-related differences in learning disabled and skilled readers' working memory. *Journal of Experimental Child Psychology, 85*, 1–31.

Swanson, H. L., & Beebe-Frankenberger, M. (2004). The relationship between working memory and mathematical problem solving in children risk and not at risk for serious math difficulties. *Journal of Educational Psychology, 96*, 471–491.

Swanson, H. L., Sáez, L., Gerber, M., & Lefstadt, J. (2004). Literacy and cognitive functioning in bilingual and nonbilingual children at risk and not at risk for reading disabilities. *Journal of Educational Psychology, 96*, 3–18.

Sweller, J., & Cooper, G. A. (1985). The use of examples as a substitute for problem solving in learning algebra. *Cognition and Instruction, 2*, 59–89.

Sweller, J., van Merrienboer, J. J. G., & Paas, F. G. W. C. (1998). Cognitive architecture and instructional design. *Educational Psychology Review, 10*, 251–296.

Takahira, S. (1995). *Cross-cultural study on variables influencing gender differences in mathematics performance*. Unpublished doctoral dissertation, University of Maryland, College Park.

Tate, W. F. (1995). Returning to the root: A culturally relevant approach to mathematics pedagogy. *Theory into Practice, 34*, 166–173.

Taylor, B. M. (1980). Children's memory for expository text after reading. *Reading Research Quarterly, 25*, 399–411.

Taylor, B. M. (1986). Summary writing by young children. *Reading Research Quarterly, 21*, 193–208.

Taylor, B. M., & Beach, R. W. (1984). The effects of text structure in the recall of expository material. *Reading Research Quarterly, 25*, 79–89.

Taylor, B. M., Frye, B. J., & Maruyama, G. M. (1990). Time spent reading and reading growth. *American Educational Research Journal, 27*, 351–362.

Teale, W. H. (1986). Home background and young children's literacy development. In W. H. Teale & E. Sulzby (Eds.), *Emergent Literacy* (pp. 173–206). Norwood, NJ: Ablex.

Teale, W. H., & Sulzby, E. (1986). *Emergent literacy*. Norwood, NJ: Ablex.

Thiede, K. W., Anderson, M. C. M., & Therriault, D. (2003). Accuracy of metacognitive monitoring affects learning of texts. *Journal of Educational Psychology, 95*, 66–73.

Thompson, B. (2004). Review of the Wechsler Intelligence Scale for Children—Fourth edition. *Mental Measurements Yearbook*, Vol. 15.

Thompson, D. R., & Siegler, R. S. (2000). Buy low, sell high: The development of an informal theory of economics. *Child Development, 71*, 660–677.

Thorndike, E. L. (1913). *Educational Psychology* (Vols. 1 & 2) New York: Teachers College Press.

Thorndike, E. L., & Woodworth, R. S. (1901). The influence of improvement in one mental function upon the efficiency of other functions. *Psychological Review, 8*, 247–261.

Thurstone, L. L. (1938). *Primary mental abilities*. Chicago: University of Chicago Press.

Thurstone, L. L., & Thurstone, T. G. (1962). *Primary mental abilities test*. Chicago: Scientific Research Associates.

Thurstone primary mental abilities test (1962). Chicago Science Research Associates.

Tomlinson, C. A., Brighton, C., & Hertberg, H. (2003). Differentiating instruction in response to student readiness, interest, and learning profile in academically diverse classrooms: A review of the literature. *Journal for the Education of the Gifted*, 27, 119–145.

Tomlinson, C. A., Kaplan, S. N., & Hedrick, K. (2006). Ascending intellectual demand within and beyond the parallel curriculum model. In C. A. Tomlinson, S. N. Kaplan, J. H. Purcell, J. H. Leppien, D. E. Burns, & C. A. Strickland (2006). *The parallel curriculum in the classroom. Book 1: Essays for application across the content areas K–12* (pp. 80–100). Thousand Oaks, CA: Corwin Press.

Tomlinson, C. A., Kaplan, S. N., Purcell, J. H., Leppien, J. H., Burns, D. E., & Strickland, C. A. (2006). *The parallel curriculum in the classroom. Book 1: Essays for application across the content areas K–12*. Thousand Oaks, CA: Corwin Press.

Torgesen, J. K., & Burgess, S. R. (1998). Consistency of reading-related phonological processes throughout early childhood: Evidence from longitudinal-correlational and instructional studies. In J. L. Metsala & L. C. Ehri (Eds.), *Word recognition in beginning literacy* (pp. 161–188). Mahwah, NJ:

Erlbaum.

Treiman, R., Mullennix, J., Bijeljac-Babic, R., & Richmond-Welty, E. D. (1995). The special role of rimes in the description, use, and acquisition of English orthography. *Journal of Experimental Psychology: General, 124*, 107–136.

Treiman, R., & Tincoff, R. (1997). The fragility of the alphabetic principle: Children's knowledge of letter names can cause them to spell syllabically rather than alphabetically. *Journal of Experimental Child Psychology, 64*, 425–451.

Treiman, R., Tincoff, R., & Richmond-Welty, E. D. (1996). Letter names help children to connect print to speech. *Developmental Psychology, 32*, 505–514.

Treiman, R., Weatherston, S., & Berch, D. (1994). The role of letter names in children's learning of phoneme-grapheme relations. *Applied Psycholinguistics, 15*, 97–122.

Treiman, R., & Zukowski, A. (1996). Children's sensitivity to syllables, onsets, rimes, and phonemes. *Journal of Experimental Child Psychology, 61*, 193–215.

Troia, G. A. (2006). Writing instruction for students with learning disabilities. In C. A. MacArthur, S. Graham, & J. Fitzgerald (Eds.), *Handbook of writing research* (pp. 324–336). New York: Guilford.

Tulving, E. (1983). *Elements of episodic memory*. New York: Oxford University Press, 1983.

Tulving. E. (1984). How many memory systems are there? *American Psychologist, 40*, 385–398.

Tulving, E., & Psotka, J. (1971). Retroactive inhibition in free recall: Inaccessibility of information available in the memory store. *Journal of Experimental Psychology, 87*, 1–8.

Tunmer, W. E., Herriman, M. L., & Nesdale, A. R. (1988). Metalinguistic abilities and beginning reading. *Reading Research Quarterly, 23*, 134–158.

Twyman, T., McCleery, J., & Tindal, G. (2006). Using concepts to frame history content. *Journal of Experimental Education, 74*, 331–349.

Vancouver, J. B., & Kendall, L. N. (2006). When self-efficacy negatively relates to motivation and performance in a learning context. *Journal of Applied Psychology, 91*, 1146–1153.

Van den Broek, P. (1989). Causal reasoning and inference making in judging the importance of story statements. *Child Development, 60*, 286–297.

Van den Broek, P., Lorch, E. P., & Thurlow, R. (1996). Children's and adults' memory for television stories: The role of causal factors, story-grammar categories, and hierarchical level. *Child Development, 67*, 3010–3028.

Van Dyke, T. A., & Kintsch, W. (1983). *Strategies of discourse comprehension*. New York: Academic Press.

Van Gelderen, A., Schoonen, R., de Gloppen, K., Hulstijn, J., Simis, A., Snellings, P., & Stevenson, M. (2004). Linguistic knowledge, processing speed, and metacognitive knowledge in first and second language reading comprehension: A componential analysis. *Journal of Educational Psychology, 96*, 19–30.

VanSledright, B. A., & Kelly, C. (1998). Reading American history: The influence of multiple sources on six fifth graders. *Elementary School Journal, 98*, 239–265.

VanSledright, B., & Limón, M. (2006). Learning and teaching social studies: A review of cognitive research in history and geography. In P. A. Alexander & P. H. Winne (Eds.), *Handbook of educational psychology* (2nd ed., pp. 545–570). Mahwah, NJ: Erlbaum.

Vaquero, J., Rojas, L., & Niaz, M. (1996). Pasqual-Leone and Baddeley's models of information processing as predictors of academic performance. *Perceptual and Motor Skills, 82*, 787–798.

Varelas, M. (1997). Third and fourth graders' conceptions of repeated trials and best representatives in science experiments. *Journal of Research in Science Teaching, 34*, 853–872.

Vellutino, F. R., & Scanlon, D. M. (1987). Phonological coding, phonological awareness, and reading ability: Evidence from a longitudinal and experimental study. *Merrill-Palmer Quarterly, 33*, 321–363.

Vellutino, F. R., & Scanlon, D. M. (1991). The preeminence of phonologically based skills in learning to read. In S. A. Brady & D. P. Shankweiler (Eds.), *Phonological processes in literacy*. Hillsdale, NJ: Erlbaum.

Vellutino, F. R., Scanlon, D. M., Sipay, E. R., Small, S. G. et al. (1996). Cognitive profiles of difficult-to-remediate and readily remediated poor readers: Early intervention as a vehicle for distinguishing between cognitive and experiential deficits as basic causes of specific reading disability. *Journal of Educational Psychology, 88*, 601–638.

Venville, G. J., & Treagust, D. F. (1998). Exploring conceptual change in genetics using a multidimensional interpretive framework. *Journal of Research in Science Teaching, 35*, 1031–1055.

Verguts, T., & Fias, W. (2005). Interacting neighbors: A connectionist model of retrieval in single digit multiplication. *Memory & Cognition, 33*, 1–16.

Vispoel, (1995). Self-concept in artistic domains: An extension of the Shavelson, Hubner, and Stanton (1976) model. *Journal of Educational Psychology, 87*, 134–153.

Von Secker, C. E., & Lissitz, R. W. (1999). Estimating the impact of instructional practices on student achievement in science. *Journal of Research in Science Teaching, 36*, 1110–1126.

Voss, J. F., Tyler, S. W., & Yengo, L. A. (1983). Individual differences in the solving of social science problems. In R. F. Dillon & R. R. Schmeck (Eds.), *Individual differences in cognition* (Vol. 1, pp. 205–232). New York: Academic Press.

Vygotsky, L. S. (1962). *Thought and language*. Cambridge, MA: MIT Press.

Vygotsky, L. S. (1978). *Mind in society*. Cambridge, MA: Harvard University Press.

Waggoner, J. E., Meece, R., & Palermo, D. (1985). Grasping the meaning of metaphor: Story recall and comprehension. *Child Development, 56*, 1156–1166.

Wagner, S., & Kieran, C. (1989). *Research issues in the learning and teaching of algebra*. Reston, VA: National Council of Teachers of Mathematics.

Wakeley, A., Rivera, S., & Langer, J. (2000). Not proved: A reply to Wynn. *Child Development, 71*, 1537–1539.

Walberg, H. J., & Tsai, S. (1984). Reading achievement and diminishing returns to time. *Journal of Educational Psychology, 76*, 442–451.

Walker, C. H. (1987). Relative importance of domain knowledge and overall aptitude on acquisition of domain-related information. *Cognition and Instruction, 4*, 25–42.

Wallach, L., Wallach, M. A., Dozier, M. G., & Kaplan, N. E. (1977). Poor children learning to read do not have trouble with auditory discrimination but do have trouble with phoneme recognition. *Journal of Educational Psychology, 69*, 36–39.

Wang, Q. (2006). Relations of maternal style and child self-concept to autobiographical memories in Chinese, Chinese immigrant and European American three-year-olds. *Child Development, 77*, 1794–1809.

Ward, S. L., Byrnes, J. P., & Overton, W. F. (1990). Organization of knowledge and conditional reasoning. *Journal of Educational Psychology, 82*, 832–837.

Wasik, B. A. (1986). *Familiarity of content and inference making in young children*. Unpublished doctoral dissertation, Temple University.

Washburn, D. A., & Astur, R. S. (1998). Nonverbal working memory of humans and monkeys: Rehearsal in the sketchpad? *Memory and Cognition, 26*, 277–286.

Wason, P. C. (1983). Realism and rationality in the selection task. In J. St. B. T. Evans (Ed.), *Thinking and reasoning: Psychological Approaches* (pp. 44–75). London: Routledge & Kegan Paul.

Watkins, M. W., & Coffey, D. Y. (2004). Reading motivation: Multidimensional and indeterminate. *Journal of Educational Psychology, 96*, 110–118.

Watt, H. M. G. (2004). Development of adolescents' self-perceptions, values, and task perceptions according to gender and domain in 7th- through 11th grade Australian students. *Child Development, 75*, 1556–1574.

Wearne, D., & Hiebert, J. (1988). Constructing and using meaning for mathematical symbols: The case of decimal fractions. In J. Hiebert & M. Behr (Eds.), *Number concepts and operations in the middle grades* (pp. 220–235). Reston, VA: National Council of Teachers of Mathematics.

Weaver, C. A., & Kintsch, W. (1991). Expository text. In R. Barr, M. L Kamil, P. Mosenthal, & P. D. Pearson (Eds.), *Handbook of reading research* (Vol. II, pp. 230–245). New York: Longman.

Webley, P. (2005). Children's understanding of economics. In M. Barrett & E. Buchanan-Barrow (Eds.), *Children's understanding of society*. Hove, UK: Psychology Press.

Weiner, B. (1986). *An attribution theory of motivation and emotion*. New York: Springer-Verlag.

Weinstein, C. E., & Mayer, R. E. (1986). The teaching of learning strategies. In M. C. Wittrock (Ed.), *Hand-book of research on teaching* (3rd ed.). New York: Macmillan.

Weitzman, R. A. (1982). The prediction of college achievement by the Scholastic Aptitude Test and the high school record. *Journal of Educational Measurement, 19*, 179–191.

Wellman, H. M. (1992). *The child's theory of mind*. Cambridge, MA: MIT Press.

Wellman, H. M., & Gelman, S. A. (1998). Knowledge acquisition in foundational domains. In W. Damon (Series Ed.), D. Kuhn & R. S. Siegler (Vol. Eds.), *Handbook of child psychology: Vol. 2. Cognition, perception, and language* (pp. 523–567). New York: Wiley.

Wentzel, K. R. (1989). Adolescent classroom goals, standards for performance, and academic achievement: An interactionist perspective. *Journal of Educational Psychology, 81*, 131–142.

Wentzel, K. R. (1991). Social and academic goals at school: Motivation and achievement in context. In M. Maehr & P. Pintrich (Eds.), *Advances in motivation and achievement,* Vol. 7 (pp. 185–212). Greenwich, CT: JAI.

Wentzel, K. R., & Wigfield, A. (1998). Academic and social motivational influences on students's academic performance. *Educational Psychology Review, 10*, 155–175.

Wertheimer, M. (1945). *Productive thinking*. New York: Harper & Brothers.

Wertsch, J. V. (1985). *Vygotsky and the social formation of mind*. Cambridge, MA: Harvard University Press.

White, D. R., & Jacobs, E. (1979). The prediction of first grade reading achievement from WPPSI scores of preschool children. *Psychology in the schools. 16*, 189–192.

Whitehurst, G. J., & Lonigan, C. J. (1998). Child development and emergent literacy. *Child Development, 69*, 848–872

Whittlesea, B. W. A., & Cantwell, A. L. (1987). Enduring influence of the purpose of experiences: Encoding-retrieval interactions in word and pseudoword perception. *Memory and Cognition, 15*, 465–472.

Wigfield, A., & Eccles, J. S. (1992). The development of achievement task values: A theoretical analysis. *Developmental Review, 12*, 265–310.

Wigfield, A., Eccles, J., Harold-Goldsmith, R., Blumenfeld, P., Yoon, K. S., & Friedman-Doan, C. (1989). *Gender and age differences in children's achievement self-perceptions during elementary school.* Paper presented at the Biennial Meeting of the Society for Research in Child Development, Kansas City, April.

Wigfield, A. W., & Eccles, J. S. (1989). Test anxiety in elementary and secondary school students. *Educational Psychologist, 24*, 159–183.

Wigfield, A. W., Eccles, J., Mac Iver, D., Reuman, D., & Midgley, C. (1991). Transitions at early adolescence: Changes in children's domain-specific self-perceptions and general self-esteem across the transition to junior high school. *Developmental Psychology, 27*, 552–565.

Wigfield, A. W., & Eccles, J. S. (2000). Expectancy-value theory of achievement motivation. *Contemporary Educational Psychology, 25*, 68–81.

Wilson, M., & Emmorey, K. (1998). A "word length effect" for sign language: Further evidence for the role of language in structuring working memory. *Memory and Cognition, 26*, 584–590.

Wineburg, S. S. (1991). Historical problem solving: A study of the cognitive processes used in the evaluation of documentary and pictorial evidence. *Journal of Educational Psychology, 83*, 73–87.

Wineburg, S. (1998). Reading Abraham Lincoln: An expert/expert study in the interpretation of historical texts. *Cognitive Science, 22*, 319–346.

Winograd, T. (1975). Frame representations and the declarative/ procedural controversy. In D. G. Bobrow & A. Collins (Eds.), *Representation and understanding: Studies in cognitive science* (pp. 185–210). New York: Academic Press.

Wood, B. S., & Brown, L. A. (1997). Participation in an all-female Algebra I class: Effects on high school math and science course selection. *Journal of Women and Minorities in Science and Engineering, 3*, 265–277.

Wood, D., Bruner, J. S., & Ross, G. (1976). The role of tutoring in problem solving. *Journal of Child Psychology and Psychiatry, 17*, 89–100.

Wood, J. N., Tierney, M., Bidwell, L. A., & Grafman, J. (2005). Neural correlates of script event knowledge: A neuropsychological study following prefrontal injury. *Cortex, 41*, 796–804.

Woodcock, R. W., McGrew, K. S., & Mather, N. (2001). *Woodcock-Johnson psychoeducational battery—third edition.* Itasca, IL: Riverside.

Woodrow, H. (1946). The ability to learn. *Psychological Review, 53*, 147–158.

Wright, R. E., & Rosenberg, S. (1993). Knowledge of text coherence and expository writing: A developmental study. *Journal of Educational Psychology, 85*, 152–158.

Wyner, N. B., & Farquhar, E. (1991). Cognitive, emotional, and social development: Early childhood social studies. In J. P. Shaver (Ed.), *Handbook of research on social studies teaching and learning* (pp. 109–120). New York: Macmillan.

Wynn, K. (1990). Children's understanding of counting. *Cognition, 36*, 155–193.

Wynn, K. (1992). Addition and subtraction by human infants. *Nature, 358*, 749–750.

Yerkes, R. M., & Dodson, J. D. (1908). The relation of strength of stimulus to rapidity of habit-formation. *Journal of Comparative Neurology and Psychology, 18*, 459–482.

Yeung, A. S., & Wong, E. K. P. (2004). Domain specificity of trilingual teachers' verbal self-concepts. *Journal of Educational Psychology, 96*, 360–368.

Zevin, J. D., & Seidenberg, M. S. (2006). Simulating consistency effects and individual differences in nonword naming: A comparison of current models. *Journal of Memory and Language, 54*, 145–160.

Zimmerman, B. J., & Kitsantas, A. (1999). Acquiring writing revision skill: Shifting from process to outcome self-regulatory goals. *Journal of Educational Psychology, 91*, 241–250.

Zimmerman, B. J., & Martinez-Pons, M. (1990). Student differences in self-regulated learning: Relating grade, sex, and giftedness to self-efficacy and strategy use. *Journal of Educational Psychology, 82*, 51–59.

Zinar, S. (1990). Fifth graders' recall of propositional content and causal relationships from expository prose. *Journal of Reading Behavior, 22*, 181–199.

Zwaan, R. A., & Radvansky, G. A. (1998). Situation models in language comprehension and memory. *Psychological Bulletin, 123*, 162–185.

찾아보기

ㄱ

ㄴ

ㅈ

기타

역자 약력

강영하는 제주에서 태어나 공주사범대학(교육학사), 서울대학교 대학원(교육학 석사)를 거쳐 충남대학교 대학원(교육학 박사)에서 공부하였다.

1986년부터 현재까지 25년간 공주교육대학교 교육학과에 재직하면서 초기에는 통합교과와 아동발달 강의를 하였고, 현재는 교육심리학 강좌와 아동발달과 교육 강좌를 담당하고 있으며, 1993년에 University of Alberta의 초빙교수 경험을 가졌다.

역자는 발달, 학습, 인지에 관심이 있으며 근래에는 아동의 행복감에 지대한 관심을 가지고 있다. 역자는 아동의 행복감 구성요인 탐색(1999)을 비롯한 교육심리학 분야의 논문을 발표하였고, Ormrod의 교육심리학(2011)을 비롯한 역서와 저서를 출간하였다.

yhkang@gjue.ac.kr를 통하여 역자와 교신할 수 있다.

교과수업 맥락에서의 **인지발달과 학습** 제3판

Cognitive Development and Learning in Instructional Contexts

발행일 | 2011년 6월 8일 초판 발행
저 자 | James P. Byrnes
역 자 | 강영하
발행인 | 홍진기
발행처 | 아카데미프레스
주 소 | 122-900 서울시 은평구 역촌동 58-9
부호아파트 102동 상가 3호
전 화 | (02)2694-2563
팩 스 | (02)2694-2564
웹사이트 | www.academypress.co.kr
등록일 | 2003. 6. 18, 제313-2003-220호
ISBN | 978-89-91517-38-7 93370

값 25,000원